Taunusstein. Geschichte und Gegenwart

TAUNUSSTEIN

Landschaft, Natur und Geschichte

Herausgegeben vom Magistrat der Stadt Taunusstein

TAUNUSSTEIN

Band 2

Geschichte und Gegenwart

Herausgegeben vom Magistrat der Stadt Taunusstein

Idee und Vorarbeiten zur Herausgabe dieses Buches	Heimat- und Geschichtsverein Taunusstein e. V. (inzwischen erloschen) unter den Vorsitzenden Hans Jörg Vogel und Rudolf Pereira; Magistrat der Stadt Taunusstein
Schriftleitung, Bildbeschaffung und Bildauswahl, Umschlaggestaltung und Layout	Guntram Müller-Schellenberg, Taunusstein
Herstellung und drucktechnische Betreuung	Schellenberg'sche Verlagsbuchhandlung, Taunusstein
Satz (Konvertieren von Autorendisketten) und Umbruch	Lieselotte Kuntze, Text- und Bildbearbeitung, Wiesbaden
Korrekturlesen	Kurt Hildebrandt, Taunusstein
Reproduktion der Abbildungen	Koch Lichtsatz und Scan GmbH, Wiesbaden; Lieselotte Kuntze, Text- und Bildbearbeitung, Wiesbaden
Druck	Zechner, Speyer
Binden	Großbuchbinderei Fickentscher GmbH, Seeheim–Jugenheim
Papier	Bilderdruck, 115 g/qm, chlorfrei gebleicht
©	2001 Magistrat der Stadt Taunusstein. Alle Rechte vorbehalten
ISBN	3-922027-81-4

Großzügige Zuschüsse zu den Druckkosten leisteten

    Der Magistrat der Stadt Taunusstein

    BRITA GmbH, Taunusstein-Neuhof

    Hofgut Georgenthal – Hotel, Konferenzen, Feierlichkeiten

    Wiesbadener Volksbank eG

    Gaststätte Zum Taunus, Taunusstein-Hahn

    Hotel-Restaurant Zur Burg, Taunusstein-Neuhof

Vorwort und Einleitung

Taunusstein und Geschichte?

Nun ja, hier und da mal ein Bauwerk, dem man ein Alter von zwei- bis dreihundert Jahren zutrauen könnte. Aber sonst?

Das »Sonst« blüht im Verborgenen.

Zwischen dem ältesten sichtbaren »öffentlichen« Gebäude – dem rekonstruierten römischen Wachtturm bei Orlen – und dem nagelneuen Rathaus in Hahn liegt eine Zeitspanne von fast zweitausend Jahren.

Zweitausend Jahre angefüllt mit spannenden, oft dramatischen Ereignissen. Aber diese zweitausend Jahre sind viel zu kurz gegriffen. Bodenfunde belegen, daß schon Steinzeitmenschen zumindest zeitweise ihren Lebensunterhalt in der Region der heutigen Stadt Taunusstein gesucht haben.

Und doch ist »Taunusstein« eine junge Stadt. In diesen Monaten feiert sie ihren 30. Geburtstag. In den Jahren 1971 und 1972 schlossen sich auf sanften Druck der hessischen Landesregierung die geschichtsträchtigen Orte Bleidenstadt, Hahn, Hambach, Niederlibbach, Neuhof, Orlen, Seitzenhahn, Watzhahn, Wehen und Wingsbach zur größten Stadt im Rheingau–Taunus–Kreis zusammen.

Nach längeren Debatten in der Öffentlichkeit und in den politischen Gremien wurde der neuen Stadt der Name »Taunusstein« gegeben.

Um das Zusammenwachsen der zehn Gemeinden zur neuen Stadt zu fördern und das »Wir Taunussteiner«-Gefühl zu festigen, haben die Verantwortlichen der Stadt vor gut zehn Jahren die vom damaligen Vorsitzenden des Heimat- und Geschichtsvereins Taunusstein, Hans Jörg Vogel, geborene Idee aufgegriffen, dieses Buch herauszugeben. Sein Nachfolger im Amt, Rudolf Pereira, hat das Projekt weiter vorangebracht. Auch nach der Auflösung des Geschichtsvereins konnten die Arbeiten kontinuierlich fortgeführt werden, da Guntram Müller-Schellenberg, der von Anfang an Regie geführt hat, die Fäden in der Hand behielt.

Es hatte sich sehr schnell herausgestellt, daß *ein* Autor alleine die ebenso umfang- wie themen- und facettenreiche Aufgabe nicht würde bewältigen können. So haben sich dann nach und nach fünfzehn für ihr jeweiliges Gebiet fachkundige Autoren zu einem Team zusammengefunden. Alle haben sich bemüht, ihre wissenschaftlich fundierte und mit Quellen belegte Arbeit auch in ein stilistisch einwandfreies und farbiges Deutsch zu bringen. Die Anhänger der neuen Rechtschreibung mögen verzeihen, daß sich die Autoren entschlossen haben, für dieses Buch bei der alten Orthographie zu verharren.

Da »Taunusstein« bis tief in das zwanzigste Jahrhundert hinein von der Landwirtschaft geprägt war, zieht sich das meist mühsame Leben der Landleute in Texten und Bildern wie ein roter Faden durch das Buch.

Allen Text- und Bildautoren, Herrn Horst Fink sowie allen anderen Köpfen und Händen, die am Gelingen dieses Buches Anteil hatten, sei auch an dieser Stelle sehr herzlich gedankt.

Die verdienstvollen Arbeiten von Dr. Eduard Wilhelmi (Wehen und sein Grund) und von Helge Schmidt (Das war ihr Leben) behalten ihren Wert auch nach der nun vorliegenden Veröffentlichung. In Details durften sie teilweise ausführlicher vorgehen, als das hier aus Platzgründen geschehen konnte. Beide Werke sind von einigen der Autoren dieses Buches als Quellen benutzt worden.

Möge dieses Buch dazu beitragen, daß sich das »Wir Taunussteiner«-Gefühl weiter festigt und sich alle Bürgerinnen und Bürger einig sind in der Aussage:

»Hier fühle ich mich wohl – hier möchte ich bleiben!«

Taunusstein, im Februar 2001

Hofmann
Bürgermeister

Inhalt

Vorwort — 6

Dr. Bernhard Pinsker
Die Gemarkung Taunusstein von der Vorgeschichte bis zum frühen Mittelalter — 11

Ferdinand Weckmüller
Die Geschichte des Klosters Bleidenstadt — 53

Dr. Ludolf Pelizaeus
Von der Reformation bis zum Vorabend des Dreißigjährigen Krieges — 95

Dr. Ludolf Pelizaeus
Leben in der Stadt und auf dem Lande vom 17. bis in das frühe 19. Jahrhundert — 109

Heike Gockel, MA
Der Dreißigjährige Krieg in der Region der heutigen Stadt Taunusstein — 145

Heike Gockel, MA
Der Wiederaufbau nach dem Dreißigjährigen Krieg — 159

Prof. Dr. Hella Hennessee
Leben und Wirken der Pfarrer in Wehen und Bleidenstadt im 17. und 18. Jahrhundert — 167

Guntram Müller-Schellenberg
Zwischen Reform und Reaktion. ›Taunusstein‹ in den Jahren von 1792 bis 1848 — 181

Dr. Michael Wettengel
Die Revolution von 1848/49 im Gebiet des heutigen Taunusstein — 221

Guntram Müller-Schellenberg
Die letzten Jahre im Herzogtum Nassau. 1850 bis 1866 — 233

Inhalt

GUNTRAM MÜLLER-SCHELLENBERG
Unter König und Kaiser. Das Leben in ›Taunusstein‹ von 1866 bis 1918 — 253

DR. PETER JAKOBI UND FERDINAND WECKMÜLLER
In der Weimarer Republik — 279

DR. PETER JAKOBI
Die Zeit des Nationalsozialismus und des Zweiten Weltkrieges — 299

RUDOLF PEREIRA
Kirchliches Leben in schwerer Zeit — 323

DR. WALTER MÜLLER
Taunusstein. Zweite Heimat für eine Mehrheit — 335

GERHARD HOFMANN
Stadt Taunusstein – Die neue Kraft an der »Oberen Aar« — 351

DR. FERDINAND TONKE
Die Freiwilligen Feuerwehren in unserer Stadt — 359

HANS JÖRG VOGEL
Vereine, Verbände und Parteien — 367

KLAUS KOPP
Die Aartalbahn — 377

GERTRUD KULA
Die Kriegstoten der beiden Weltkriege — 387

Abkürzungen — 400

Abbildungsnachweis — 401

Die Autoren — 403

Bernhard Pinsker

Die Gemarkung Taunusstein von der Vorgeschichte bis zum frühen Mittelalter

Inhalt

1.	Einleitung	13
2	Erste sichere Hinweise auf die Anwesenheit von Menschen in der Jungsteinzeit	13
3.	Hügelgräber als sichtbare Zeugen eisenzeitlicher Besiedlung	14
4.	Ringwälle oder nicht?	17
5.	Der obergermanische Limes, seine Kastelle und Wachtürme	18
6.	Die römischen Kastelle auf dem Zugmantel	20
7.	Vier Kastelle an gleicher Stelle	23
8.	Der Kastellvicus auf dem Zugmantel	27
8.1	Die Häuser des Vicus und ihre Funktion	31
8.2	Die Tempel und Heiligtümer des Vicus	33
8.3	Die Friedhöfe des Kastells und des Vicus	35
9.	Germanen auf dem Zugmantel	36
10.	Die Menschen des Vicus	36
10.1	Handwerk und Handel im Vicus	37
11.	Truppenbetreuung und andere Kurzweil auf dem Zugmantel	39
12.	Zerstörungen und Wiederaufbau – das Ende römischer Präsenz auf dem Zugmantel	41
13.	Das Kleinkastell Heidekringen	42
14.	Römische Einzelfunde in der Gemarkung	43
15.	Nachrömische Funde auf dem Zugmantel	45
16.	Anmerkungen	46

1. Einleitung

Die ältesten Objekte, die auf menschliche Aktivitäten zurückgehen und damit auch der früheste Nachweis des Menschen selbst auf Taunussteiner Gebiet, reichen möglicherweise bis in die mittlere Altsteinzeit, dem Mittelpaläolithikum, zurück. Es ist jener Zeitabschnitt der Menschheitsgeschichte, der hauptsächlich vom Neandertaler geprägt wurde (etwa 300000 bis 40000 v. Chr.). Wie wir seit einigen Jahren wissen, war er im ehemaligen Nassau kein Fremder. Zwar haben sich neuerdings die dem Neandertaler zugesprochenen Schädelreste aus der Wildscheuerhöhle bei Runkel-Steeden, Kr. Limburg-Weilburg,[1] als die von Höhlenbären erwiesen, so bleibt doch noch ein Faustkeil aus der Gegend von Hünfelden-Dauborn, Kr. Limburg-Weilburg, als Beleg seiner Anwesenheit.[2] Bei den Funden aus Taunusstein-Orlen, über deren Verbleib zur Zeit nichts Genaues bekannt ist und die sich daher einer Überprüfung auf ihre Echtheit entziehen[3], soll es sich um mehrere aufgelesene Steinwerkzeuge handeln.[4] Das Material dieser Werkzeuge soll von der Quarzklippe bei Orlen stammen, einem milchigen Quarz, der aufgrund seiner homogenen Struktur dem Quarzit vergleichbar sein soll.[5] Das ist augenblicklich leider alles, was man zu diesen Artefakten (Werkzeuge aus vorgeschichtlicher Zeit), sollten es wirklich welche sein, bemerken kann. Es wäre dringend wünschenswert, daß sie wieder auftauchten und eine Untersuchung jeden Zweifel an ihrer Echtheit zerstreuen könnte.

2. Erste sichere Hinweise auf die Anwesenheit von Menschen in der Jungsteinzeit

Die ersten sicheren Hinterlassenschaften, die auf die Anwesenheit von Menschen auf Taunussteiner Gebiet hinweisen, entstammen einer Zeit- und Kulturstufe, die einige zehntausend Jahre später anzusiedeln ist, der Jungsteinzeit oder Neolithikum. Nach derzeitigem Forschungsstand begann in unseren Breiten das Neolithikum etwa in der ersten Hälfte des 6. Jt.s v. Chr. und ging ab etwa der Mitte des 3. Jt.s v. Chr. bruchlos in die Bronzezeit über. Der älteste Abschnitt der Jungsteinzeit, das Altneolithikum, wurde von den Trägern der sogenannten bandkeramischen Kultur und der Hinkelsteingruppe bestimmt.[6] Von ihnen sind bisher noch keine Relikte aus dem Taunussteiner Gebiet bekannt geworden, ebenso wie aus dem mittleren Abschnitt, dem Mittelneolithikum, das von der Großgartachergruppe und Rössenerkultur geprägt wurde.[7] Aus dem Jungneolithikum, dem Zeitabschnitt, der von der Bischheimergruppe, Michelsbergerkultur und Wartberggruppe getragen wurde[8], gibt es aus der Taunussteiner Gemarkung zwei, vielleicht auch drei oder vier Einzelfunde. Davon belegt wenigstens einer ziemlich sicher, daß das Gebiet im Jungneolithikum von Menschen zumindest begangen worden ist. Andeutungen, geschweige denn Nachweise für eine Ansiedlung liegen aus dieser frühen Zeit bisher nicht vor. Bei jenem Beleg handelt es sich um ein Steinbeil aus hartem, hellgrau-braunem gebänderten Kieselschiefer – genau genommen ist es, wie auch bei den noch folgenden Stücken, nur die steinerne Klinge eines Beiles, die in einem Holzschaft befestigt war. Es hat einen trapezförmigen Umriß, ist 6,8 cm lang und an der Schneide 5,3 cm breit (Abb. 1 s. Taf. 1, S. 24). Es wurde 1966 von einem Schüler im Erdaushub für den Neubau der Turnhalle in Wehen gefunden.[9] Nachdem dieser Fund im Wiesbadener Museum als vorgeschichtliches Beil erkannt worden war, begab sich der Schüler erneut zu der Fundstelle und fand auch ein zweites Beilchen sowie das Fragment einer (menschlichen?) Rippe.[10]

Das nächste neolithische Fundobjekt aus der Gemarkung Taunusstein ist ebenfalls ein Steinbeil, allerdings eines von herausragender Qualität. Es besteht aus sehr gleichmäßig beschliffenem grünlich-blauem Nephrit – ein kostbares Gestein, das eher bei der Schmuckherstellung Verwendung fand – und hat einen trapezoiden Umriß mit auffallend stark geschwungener Schneide und schrägem Nacken. Seine Länge beträgt 7,4 cm, an den Schneideansätzen ist es 5,7 cm, am Nacken 1,8 cm breit (Abb. 2 s. Taf. 1, S. 24). Zeitlich ist es etwas jünger als die beiden anderen anzusetzen. Möglicherweise gehört es noch in die Endphase des Jungneolithikums, hier vertreten durch die

Wartberggruppe, eher jedoch schon in das folgende Endneolithikum, das von den Trägern der schnurkeramischen und Glockenbecherkultur geprägt wurde.[11] Aufgrund seines wertvollen Materials, dessen nächste Vorkommen in den Alpenregionen anstehen, und aufgrund der Fundumstände vergleichbarer Beile aus der Rhein-Main-Region, dürfte es sich bei diesem Stück nicht um ein profanes Werkzeug oder eine schlichte Waffe handeln.[12] Eher ist vielleicht ein religiöser Rahmen anzunehmen, in dem es Verwendung fand. Denkbar wäre auch ein Statussymbol, das seinen Träger für alle sichtbar mit einer bestimmten Funktion oder Stellung innerhalb einer Sozialgemeinschaft verband.

Das Beil wurde schon 1856 auf dem Gelände des römischen Kastells auf dem Zugmantel bei Orlen im Rahmen von Ausgrabungsarbeiten des Nassauischen Altertumsvereins gefunden.[13] Damit ist leider die Authentizität des Fundplatzes nicht als solcher, jedoch als neolithischer in Frage zu stellen. Es erscheint in diesem Zusammenhang viel wahrscheinlicher, daß dieses Beil, schon damals ein Altstück, im Gepäck eines Römers – vielleicht als sein Talisman – an diesen Platz gekommen ist. Man kann aber auch nicht ausschließen, daß es in der Umgebung vom Zugmantel von einem Römer aufgelesen und mit in das Kastell genommen wurde. Wie dem auch sei, es ist ein hervorragendes Beispiel für die Materialauswahl sowie den hohen Stand der Steinbearbeitung und -gestaltung während des ausgehenden Neolithikums.

Ein drittes Steinbeil wurde im ehemaligen Tiergarten hinter der Platte (497,8 m) gefunden, gerade noch auf dem Gebiet von Taunusstein.[14] Leider gibt es keine Beschreibung dazu und der derzeitige Aufbewahrungsort wird auch nicht angegeben, so daß die Frage nach dem Aussehen und dem Alter des Stückes vorerst unbeantwortet bleiben muß.

Anscheinend gingen seitdem wieder einige Jahre ins Land, genauer gesagt einige Jahrhunderte, in denen sich auf der Taunussteiner Gemarkung siedlungsgeschichtlich für uns heute nichts Faßbares abgespielt hat. Vermutlich war das Aartal zum Wohnen und Leben nicht sonderlich geeignet, sicherlich naß und sumpfig, während die mehr oder weniger steil ansteigenden Taunushänge dicht bewaldet waren.[15] Für Siedler, die im wesentlichen vom Ackerbau und der Viehzucht lebten, Grund genug, einen Bogen um diese Gegend zu machen und auf der Hühnerstraße, der uralten Verbindung vom Main und Rhein über den Zugmantel zur Lahn, in Richtung des weitaus siedlungsfreundlicheren Limburger Beckens zu enteilen. Gleiches gilt natürlich in umgekehrter Richtung für die Rhein-Main-Ebene.

3. Hügelgräber als sichtbare Zeugen eisenzeitlicher Besiedlung

Der nächste Beleg für die Anwesenheit von Menschen in der Taunussteiner Gemarkung stammt aus der älteren Eisenzeit, nach dem österreichischen Ort Hallstatt auch als Hallstattzeit bezeichnet (etwa 800 bis 450 v. Chr.). Waren vom (nachgewiesenen?) möglichen ersten menschlichen Auftreten während des Mittelpaläolithikums bis zum nächsten im Neolithikum noch einige Jahrzehntausende vergangen, so sind es jetzt »nur« noch einige Jahrhunderte. Dennoch sind kulturgeschichtlich wichtige Zeitabschnitte nicht vertreten, wie die frühe (etwa 2400–1600 v. Chr.) und die späte Bronzezeit (etwa 1250–800 v. Chr.), aufgrund bestimmter Bestattungssitten – Brandbestattung in Urnen auf zum Teil größeren Friedhöfen – auch als Urnenfelderzeit bezeichnet, oder aber so gut wie nicht, wie die mittlere Bronzezeit (etwa 1600–1250 v. Chr.), ebenfalls nach der charakteristischen Bestattungsform – diesmal unter Hügeln – auch Hügelgräberbronzezeit genannt. Aus ihr könnte das Fragment einer bronzenen Radnadel stammen[16], das im römischen Kastell am Zugmantel gefunden wurde. Sollte es sich allerdings um einen Radanhänger handeln, dann wäre er der späten Bronze- oder Urnenfelderzeit zuzuordnen. Eine genaue Zuweisung kann leider nicht erfolgen, da die entscheidende Stelle des fragmentierten Stückes – der eventuelle Ansatz des Nadelschaftes – nicht mehr vorhanden ist.[17] In diesem Zusammenhang ist auch nicht mit letzter Sicherheit auszuschließen, daß es sich bei der erst 1994 von dem Forstdirektor des Hessischen Forstamtes Taunusstein, Dr. Ernst Munzel, entdeckten bis dato unbekannten Grabhügelgruppe im Niederlibbacher Walddistrikt »Kohlwald«[18] von mindestens zehn Hügeln[19] nicht um solche aus der mittleren Bronzezeit handelt. Die Wahrscheinlichkeit ist jedoch eher gering, wie die wenigen bekannt gewordenen Funde aus Hügelgräbern der Umgebung zeigen. Größere Grabhügelfelder gibt es noch heute in Hohenstein-Breithardt, Rheingau-Taunus-Kreis, mit 29 Hügeln (keine Funde bekannt)[20], in Hohenstein-Born, Rheingau-Taunus-Kreis, mit etwa 84 Hügeln (keine Funde bekannt)[21], an drei Stellen der Gemarkung Heidenrod-Zorn, Rheingau-Taunus-Kreis, mit fast 40 Hügeln, 11 Hügeln und 36 Hügeln (von allen drei Stellen keine Funde bekannt)[22] und auf einem Höhenrücken bei Heidenrod-Kemel, Rheingau-Taunus-Kreis, mit noch fast 50 Hügeln (1823 drei untersucht, hallstattzeitliche Funde).[23] Auf der Gemarkung von Heidenrod-Laufenselden, Rheingau-Taunus-Kreis, liegen zahlreiche Grabhügelgruppen auf den Höhenzügen links und rechts des Dörstbaches (aus einem Hügel wurde Ende des 19. Jh.s ein späthallstatt-/frühlatènezeitliches Wagengrab unsachgemäß geborgen).[24] Wie man sieht, gehören die spärlichen Funde in die Hallstatt- (ältere Eisenzeit, etwa 800 bis 450 v.Chr.), vielleicht vereinzelt auch schon in die beginnende Latènezeit (jüngere Eisenzeit, etwa 450 v.Chr. bis um Christi Geburt), benannt nach dem schweizer Ort La Tène. In die Hallstattzeit datiert wahrscheinlich auch, wie einige Scherbenfunde zeigen, die Hügelgruppe von 30 Hügeln 2 km südöstlich von Hünstetten-Strinz-Trinitatis, Rheingau-Taunus-Kreis, von denen einige noch auf die Niederlibbacher Gemarkung und damit auf Taunussteiner Gebiet hinüberreichen.[25] Sie haben nichts mit der oben erwähnten neu gefundenen Gruppe zu tun. Auch die Entdeckung – ebenfalls 1994 – eines zweiten bisher unbekannten Grabhügelfeldes mit 16 Hügeln auf Taunussteiner Gebiet geht auf Dr. E. Munzel zurück. Es liegt bei Wingsbach im Distrikt »Strüthchen«.[26] Funde daraus sind bisher nicht bekannt, obwohl einer der Hügel einen deutlichen Trichter einer unerlaubten Grabung aufweist. Auch für dieses Hügelfeld dürfte das oben gesagte zutreffen, d.h., daß es höchstwahrscheinlich während der älteren oder vielleicht am Anfang der jüngeren Eisenzeit angelegt wurde.

Ganz sicher aus der Hallstattzeit stammen mehrere Funde aus der Gegend von Wehen. Der genaue Fundort läßt sich nicht mehr lokalisieren und auch die Fundumstände sind nur unzureichend bekannt. Im einzelnen handelt es sich um einen massiven Bronzehalsring mit etwa 14,6–14,8 cm Durchmesser bei 0,7–0,8 cm Dicke. Ursprünglich geschlossen, ist er heute an einer Stelle gesprungen und es fehlt ein kleines Stück (Abb. 3 s. Taf. 1, S. 24). Typisch für diese Art Ringe der Hallstattzeit ist die wirklich schlechte Nachbearbeitung des Gußrohlings sowie ein Rest des Gußzapfens.[27] Die beiden anderen Stücke sind Tongefäße, und zwar ein bauchiger Schrägrandtopf von 22,5 cm Höhe und einem Randdurchmesser von 20,0 cm sowie ein kleiner Trinkbecher. Für die beiden Gefäße gibt es immerhin den Hinweis »aus einem Grabhügel«[28], während zu den Fundumständen des Ringes nichts weiter ausgeführt ist. Obwohl auch seine Herkunft aus einem Grab am wahrscheinlichsten und die Zeitstellung die gleiche der Gefäße ist, kann man doch nicht davon ausgehen, daß diese Funde zusammengehörten.

Zieht man an dieser Stelle ein kurzes Fazit aus den bisherigen Erkenntnissen, so kommt man zu dem Ergebnis, daß es neben einigen unsicheren Funden nur solche gibt, die entweder einzeln ohne einen für uns heute erkennbaren Zusammenhang gefunden wurden, oder sie stammen aus Gräbern. Die Einzelfunde stehen sicher nicht unmittelbar mit einem Siedlungsniederschlag auf Taunussteiner Gebiet im Zusammenhang. Eher sind sie ein Beleg dafür, daß diese Region begangen bzw. durchquert wurde. Zwei sehr alte Straßen treffen sich beim Zugmantel, eine in Nord–Süd-Richtung vom Lahntal zum Rhein und Main, eine andere in West–Ost-Richtung vom Rheingau in die Wetterau.[29] Diese alten Straßen mieden die Täler, durchquerten sie, wenn es nicht anders ging, zogen sich aber vorwiegend auf den Höhenrücken entlang (s.a. Kartenbeilage zu: Taunusstein – Landschaft, Natur und Geschichte. In Bd. 1: Landschaft und Natur). In diesem Zusammenhang müssen auch die vielen Grabhügel und Grabhügelfelder der näheren Umgebung und neuerdings auch verstärkt auf Taunussteiner Gebiet gesehen werden. Sie wurden nämlich bewußt konzentriert an eben diesen alten Verkehrswegen angelegt, einmal sicherlich um deren Verlauf zu markieren und Kreuzungspunkte anzuzeigen, andererseits vielleicht auch um einen Hinweis zu geben, daß sich etwas abseits der Hauptverkehrsroute eine Siedlung befindet. Es liegt auf der Hand, daß diese Grabanlagen mit Siedlungen in unmittelbare Verbindung gebracht werden müssen, manchmal sogar mit Siedlungen, in denen sozial und gesellschaftlich höher gestellte Persönlichkeiten lebten, wie mancher der herausragenden Grabfunde zeigt (z. B. Heidenrod-Laufenselden). Es muß sie also gegeben haben, die Gehöfte und vielleicht kleineren, weileratigen Anwesen, möglicherweise sogar auch auf der heutigen Taunussteiner Gemarkung. Leider weiß man über sie bisher so gut wie gar nichts. Zum einen sind sie in den Waldgebieten nicht zu finden, da es keine obertägig sichtbaren Hinweise gibt, zum anderen können sie auf heute ackerbaulich genutzten Flächen schon längst hinweggepflügt sein, ein Schicksal, das sie mit zahlreichen Grahügeln verbinden würde.[30]

Gab es bisher nur indirekte Nachweise für periodische, längerfristige Besiedlung des Taunussteiner Gebietes von der Steinzeit bis zur Eisenzeit, so weist ein Fund aus dem Jahre 1857 doch konkreter auf einen Wohnplatz hin. Es handelt sich laut Erstpublikation[31] um *einen germanischen Mahlstein von Basalt, im Felde bei Neuhof gefunden.* Er wurde von seinem Finder, Herrn Posthalter Bücher zu Neuhof, der Sammlung Nassauischer Altertümer in Wiesbaden geschenkt.[32] Später wird er, aufgrund seiner charakteristischen dreieckigen Form, als »Napoleonshut« der Latènezeit aus porösem Basalt beschrieben.[33] Diese »Napoleonshüte« waren die geläufige Form der Reibsteine – gemahlen wurde erst später – während der gesamten älteren und den beiden ersten Dritteln der jüngeren Eisenzeit, bevor sie in derem letzten Drittel allmählich von runden Mühlsteinen abgelöst wurden. Ihr Ausgangsmaterial, den porösen Basalt oder Tuff, hat man überwiegend in der Vulkaneifel abgebaut und von dort über weite Strecken verhandelt. Im Verlaufe ihrer Verwendung wurde ihre Form immer flacher, was heute zu einer zeitlich genaueren Einordnung herangezogen werden kann.[34] Bei diesem einen Reibstein als relativ verläßlichen Siedlungsindikator wahrscheinlich der Latènezeit bleibt es dann auch vorläufig bewendet.

Die nächsten Funde stammen aus der Mittel- bis Spätlatènezeit und sind im Zusammenhang der Grabungen in den römischen Kastellen auf dem Zugmantel ans Tageslicht gekommen. Wie sie an diesen Ort gekommen sind, wo später die Römer mehrere Militärstationen und Ansiedlungen erbauten, ist nicht bekannt. Unwahrscheinlich ist jedenfalls, daß sich dort schon während der Mittel- bis Spätlatènezeit eine keltische oder germanische Siedlung befunden hat. Man hätte dann bei den umfangreichen Grabungen am Zugmantel bedeutend mehr Material aus dieser Zeit finden müssen als lediglich eine handvoll Objekte.

Von der Zugmantelgrabung des Jahres 1908 stammt ein bronzener Gürtelhaken mit Tierkopfende (Abb. 4) der Mittel- bis Spätlatènezeit aus dem Kastellgelände.[35] Auch die Fragmente einer vermutlich mittellatènezeitlichen Gürtelkette aus Doppelringen liegen vor.[36] Es ist durchaus vorstellbar, daß sie als Alt(Erb)stücke mit einem Auxiliarsoldaten dorthin gelangt sind, zumal die am Zugmantel stationierte römische Einheit sich

Abb. 4: Bronzener Tierkopfgürtelhaken der Spätlatènezeit vom Zugmantel.

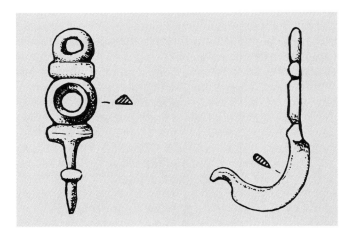

einst aus keltischen Treverern rekrutiert hatte. Ebenfalls noch in die Spätlatènezeit datiert das Henkelfragment eines Bronzesiebes italischer Provenienz.[37]

Ein anderes Stück ist eher unscheinbar von Material und Form, doch zeigt es Bezüge auf, die von nicht geringem Interesse sind. Es ist ein tönernes, dreieckiges, durchlochtes Gewicht, dessen kontinentale Hauptverbreitung Nordwesteuropa sowie Südengland umfaßte. Sie reichten im Osten nicht über die Weser und im Süden nicht über die Lippe hinaus.[38] Demzufolge stammt es auch nicht aus dem keltischen Kulturbereich, sondern ist eindeutig einem germanischen Umfeld zuzuweisen. Seine Funktion bestand darin, die Kettfäden an Webstühlen straff zu halten. Das Stück vom Zugmantel hielt man zuerst für einen Untersetzer von Terra sigillata-Geschirr, später immerhin schon für ein »Hängegewicht in Gestalt dreieckiger Ziegel«. An einen germanischen Kontext hat lange Zeit keiner gedacht. Die Verwendung derartiger Tongewichte ist bis an den Anfang der römischen Kaiserzeit (Kaiser Augustus 27 v. Chr.) nachweisbar.[39]

Weiterhin befinden sich unter den Zugmantelfunden Fragmente von drei Wellenarmbändern aus Bronze, die nicht zum römischen Formenkreis gehörten, in unseren Breiten aber seit der Mittellatènezeit (250/235–130/120 v. Chr.) bekannt waren, auch in der Spätlatènezeit (130/120 v. Chr. – um Christi Geburt) noch getragen wurden und in ostgermanischen Gebieten jenseits von Elbe und Oder sogar noch in der späten Kaiserzeit (4. Jh. n. Chr.) vorkamen.[40] Bei dieser weiten zeitlichen und räumlichen Streuung könnte es durchaus möglich sein, daß sie nicht keltischen Ursprungs sind, sondern im Verlauf des 2. Jh.s n. Chr. mit den germanischen Einwohnern des Lagerdorfes dorthin gelangten.

4. Ringwälle oder nicht?

Als letzte vielleicht vor- oder frühgeschichtliche Relikte sind noch ein Ringwall auf dem Altenstein bei Hahn[41] und eine Wallburg auf der Rentmauer, halb auf Taunussteiner und halb auf Wiesbadener Gemarkung[42] anzuführen. Auf dem Altenstein soll es sich nach C. A. v. Cohausen um einen 200 m x 50 m messenden Steinwall handeln, von dessen Ringwallcharakter er allerdings selbst nicht ganz überzeugt war. Vielmehr wies er völlig zu Recht darauf hin, daß auf dem Altenstein schon seit längerer Zeit Steinbruchbetriebe Abbau vornehmen und die Entstehung dieses Walles vielleicht in diesem Zusammenhang zu sehen ist.[43] Einige Jahre später stimmte Ch. L. Thomas zwar dieser Steinbruchhypothese zu, wollte aber gleichzeitig auf der zweiten flachen Kuppe des Altenstein westlich des vermeintlichen Ringwalles einen anderen, wirklichen, sogar doppelten Ringwall erkannt haben. Der innere, stark zerstörte Rest eines ovalen Steinwalles soll 40 m x 27 m groß sein und einen Tordurchgang aufweisen. Weiterhin glaubte Thomas auch einen weitläufigeren Vorwall ausgemacht zu haben, und darüber hinaus erinnerten ihn *kleine rundliche Abplattungen auf dem Südosthange, etwa 70 m unterhalb der Verwallung [...] in Form und Gruppierung lebhaft an Podien und verdienen besondere Beachtung.*[44]

Der Ringwall auf dem Altenstein ist zwar als solcher in den topographischen Karten noch ausgewiesen, Begehungen in jüngerer Zeit haben jedoch keinerlei Hinweise im Gelände auf eine vor- oder frühgeschichtliche Wallanlage ergeben.[45] Man wird ihn wohl endgültig aus der Liste der Ringwälle streichen müssen, zusammen mit den 24 anderen, die mit ihm noch 1983 (!!) in einem Zeitungsartikel als chattische Taunusfestungen bezeichnet, namentlich aber nicht genannt werden, und deren Eroberung und Zerstörung vorrangigstes Ziel der Chattenkriege Kaiser Domitians in den Jahren 83–85 n. Chr. gewesen sein soll.[46] Auf dem Altenstein[47] oder irgend einer anderen Höhe des Taunus war mit Sicherheit keine germanische »Fliehburg«, weil es derartige Einrichtungen in dieser Form nicht gab. Dieser einmal verbreitete Irrtum wurde immer wieder unkritisch ganzen Schülergenerationen vermittelt, und es wird bedauerlicher Weise an vielen Schulen zum Teil noch heute getan. Wir können beim derzeitigen Stand der Forschung keinen der wirklich zahlreich vorhandenen Ringwälle des Taunus den Chatten als Erbauer und Bewohner zuordnen. Daß sich zeitweilig chattische Verbände oder raubende Horden in dem einen oder anderen von ihren ursprünglichen Bewohnern schon längst aufgegebenen und teilweise verfallenen Ringwällen aufgehalten oder zurückgezogen haben, kann nicht ausgeschlossen werden. Jedoch fehlt jeder sichere – auch schriftliche – Hinweis, daß sie z. B. Ringwallanlagen aufgeräumt, die Befestigungen repariert und verstärkt und im Inneren neue Häuser errichtet hätten.

Was die vermeintliche Wallburg auf der Rentmauer betrifft, so verweist v. Cohausen lediglich auf eine ältere Überlieferung von G. A. Schenck aus dem Jahre 1758, worin dieser eine Mauer von *ganz außerordentlicher und erstaunungswürdiger Breite* nannte, die *in einer ordentlichen Rundung erbaut [...] hat inwendig einen leeren Platz, der an Größe dem Marktplatze zu Wiesbaden fast gleichkommen wird.*[48] E. Ritterling[49] geht auf eine noch etwas ältere Stelle von 1733 bei E. G. Hellmund ein, worin dieser ausführt: *Die Rend-Mauer ist eine Wald-Gegend mitten im Walde zwischen Wißbaden und Wehen, ganz oben auff der Höhe, welche von Alters her von denen alten vielen und grossen Mauer-Steinen oder Steinhauffen so genennt wird, welche daselbst über Hausses breit liegen, auch anzeigen, daß von Alters ein großes Mauer-Werck daselbst gestanden habe, [...].*[50] Etwas weiter führt Hellmund aus, daß es vielleicht *[...] einem Götzen-Walde oder gar zum Götzen-Hausse zum Schutze gebauet und gebraucht worden seyn kann.* Vielleicht nimmt diese Literaturstelle gar nicht Bezug auf die vermeintliche Wallanlage von Schenck, sondern auf die römischen Ruinen an einer römischen Straßenkreuzung auf der Rentmauer – heute zu Wiesbaden gehörig –, die 1899/1900 von Ritterling ausgegraben wurden und bei denen es sich u. a. sicher um ein Merkurheiligtum und möglicherweise noch um zwei weitere nicht mehr zuweisbare Tempelchen gehandelt hat.[51]

Als kurzes Resumee läßt sich an dieser Stelle zusammenfassen, daß die Gemarkung der heutigen Stadt Taunusstein in vorgeschichtlicher Zeit anscheinend wenn überhaupt, dann nur sehr sporadisch aufgesucht worden ist. Bis auf einen Mahlstein aus der älteren bis jüngeren Eisenzeit gibt es keinen konkreten Hinweis auf einen Siedlungsniederschlag. Einerseits kann dies einen Forschungsstand wiedergeben, der den geschichtlichen Gegebenheiten nicht gerecht wird, das heißt, es gab zu gewissen Zeiten Siedlungen, man muß sie halt nur finden. Andereseits ist vom gleichen Forschungsstand ausgehend mit hoher Wahrscheinlichkeit nicht damit zu rechnen, direkt im Aartal, wo sich die heutige Siedlungskonzentration befindet, und den angrenzenden Taunushängen eine intensive vorgeschichtliche Besiedlung nachweisen zu können.

5. Der obergermanische Limes, seine Kastelle und Wachtürme

Diese Bild verändert sich erst mit der Besetzung rechtsrheinischer Gebiete durch die Römer ab etwa 15 v. Chr. Es sollte aber seit dem Auftauchen der Römer in Germanien noch gut hundert Jahre dauern, bis das erste Kastell und Kastellvicus (Lagerdorf) auf Taunussteiner Gebiet errichtet wurden. Diese vordergründig militärische Maßnahme ist vor dem Hintergrund des domitianischen Chattenkrieges der Jahre 83–85 n. Chr. zu sehen, der zum eigentlichen Auslöser der Errichtung des römischen Limes quer durch halb Deutschland wurde. Der Limes stellt noch heute das größte zusammenhängende Bau- und Kulturdenkmal Europas dar, was ihm angesichts seiner rund 75jährigen Entstehungszeit nur recht und billig sein kann. In der Mitte des 2. Jh.s n. Chr. erstreckte er sich über etwa 550 km. Mindestens 900 Wachtürme, 60 größere Kastelle sowie zahlreiche kleinere Militäranlagen sicherten und markierten seinen Verlauf.[52] Alleine auf der Strecke, die durch die Taunussteiner Gemarkung verläuft, sind ein Kastell sowie sechs Turmstandorte mit z. T. mehreren Bauphasen sicher nachgewiesen, vier Turmstandorte werden aufgrund der Topographie angenommen.[53]

Während vier aufeinanderfolgenden Ausbauphasen erhielt der obergermanische Limes mit einer Länge von 382 km sein charakteristisches Aussehen, wie es streckenweise noch heute deutlich im Gelände anzutreffen ist. Den Palisadenzaun muß man sich allerdings hinzudenken, oder man besucht das rekonstruierte Stückchen Limes am Zugmantel bei Orlen. In seiner Anfangszeit, am Ende des 1. Jh.s n. Chr., war er lediglich eine in den Wald geschlagene Schneise – als bessere Operationsbasis gegenüber den benachbarten und nicht immer friedlichen Chatten gedacht[54] – mit einem Weg für die Posten zwischen den ersten hölzernen Wachtürmen. Seit etwa 110/120 n. Chr. wurde damit begonnen, einen Palisadenzaun entlang des Postenweges zu errichten. Ab der Mitte des 2. Jh.s n. Chr. ersetzte man die Holztürme durch massivere aus Stein, bis man schließlich gegen Ende des 2. und Anfang des 3. Jh.s n. Chr. daran ging, hinter dem Palisadenzaun einen Graben und einen Wall anzulegen. Entlang der Strecke des obergermanischen Limes waren drei Alen[55], über 20 Kohorten[56] sowie zahlreiche Numeri[57] der Hilfstruppen (Auxiliartruppen) stationiert.[58] Legionen wurden nicht zur Sicherung des Limes herangezogen. Sie blieben in ihren Garnisonen im Hinterland. In unserer Region war dies Mainz, das römische Moguntiacum, wo bis 87/89 n. Chr. zwei Legionen standen, danach nur noch eine.[59]

Die wichtigsten Bauwerke entlang des Limes waren zweifellos die Kastelle dieser Hilfstruppen. Sie stellten keine uneinnehmbaren Festungen oder Bollwerke dar, sondern man darf in ihnen allenfalls befestigte Kasernen sehen.[60] Ihre Größen reichten von 0,6 bis 6,0 ha. In den Limeskastellen der Größenordnung 4,2 bis 6,0 ha standen Alen (Reitereinheiten) mit 1000 Mann, in denen der Größenordnung 3,2 bis 4,2 ha Alen mit 500 oder Kohorten (Fußtruppen) mit 1000 Mann. Kastelle mit einer Fläche von 1,4 bis 3,2 ha waren mit 500 Mann starken Kohorten belegt, die größeren unter ihnen mit Cohortes quingenariae equitatae, also mit zusätzlichen berittenen Truppenteilen. Daneben wurden oftmals in den Kastellen auch noch kleinere Numeri untergebracht[61], Einheiten aus vier Abteilungen zu je 30 Mann, die teilweise auch beritten waren.

Kaum weniger wichtige Bauwerke entlang des Limes waren die Wachtürme. Wie schon kurz erwähnt, konnten auf der heutigen Taunussteiner Gemarkung sechs Turmstandorte mit insgesamt 15 Türmen aus zeitlich aufeinanderfolgenden Bauphasen nachgewiesen werden. Die Limesstrecke, die durch Taunussteiner Gebiet führt, die Strecke 3[62], gehört – mit der Strecke 2, der Hochtaunusstrecke und der westlichen Wetteraulinie – zu den ältesten Abschnitten des Limes überhaupt.[63] Entsprechend sind alle seine Bauphasen sowie auch die der Türme gut belegt. Folgen wir dem Limes, der an dieser Stelle einen von seiner Hauptrichtung abweichenden südwestlich/nordöstlichen Verlauf nimmt von Südwesten, so durchquert er, noch als flacher Graben im Gelände sichtbar, zum ersten Mal am »Sangerts« bei Watzhahn Taunussteiner Gebiet. Dort befand sich auch, etwa 20 m hinter dem Limes, ein Steinturm – in der offiziellen Zählung Wp. 3/5, d. h., auf der Strecke 3 der Wachposten Nr. 5 –, der heute noch als Schutthügel in der Landschaft sichtbar ist. Er wurde 1991 bei Wegebauarbeiten geringfügig beschädigt und wäre vielleicht vollständig zerstört worden, wenn dies nicht dank der guten Zusammenarbeit des Hessischen Forstamtes in Taunussstein und der archäologischen Denkmalpflege in Wiesbaden noch rechtzeitig verhindert worden wäre.[64] 300 m südöstlich des Steinturmes befinden sich noch die Überreste von zwei Holztürmen entlang eines älteren, nicht mehr sichtbaren Verlaufs des Limes. Der ältere Holzturm von beiden, der zwei Bauphasen aufzuweisen hat, war von einem Ringgraben umgeben. Der benachbarte jüngere Holzturm hatte einen viereckigen Graben. Beide Standorte sind im Gelände noch deutlich sichtbar.[65]

Etwa 300 m westlich von Wp. 3/11 in der Gemarkung »Fladenheiligenstock« erreicht der Limes wieder Taunussteiner Gebiet, das er endgültig bei Wp. 3/18 in der Gemarkung »Maisel« verläßt.

In der Gemarkung »Fladenheiligenstock« liegen etwa 15 m hinter dem Limes die noch sichtbaren Reste des Wp. 3/11, einem Steinturm mit zwei aufeinanderfolgenden Bauphasen.[66] Der nächste Turm, Wp. 3/12 befand sich etwa 700 m nördlich von Orlen, unmittelbar östlich der heutigen Straße Orlen–Hambach. Der Limes ist an dieser Stelle nicht mehr zu sehen, wohl aber die etwa 7 m dahinter liegenden Überreste des Turmes.[67] Wp. 3/13 wird bislang nur als ehemals vorhanden angenommen, etwa 750 m südöstlich von Hambach an der Stelle, wo die Taunussteiner Gemarkungsgrenze von Norden kommend einen fast rechtwinkligen Knick macht und nach Osten direkt auf dem Limes Richtung Zugmantel weiterführt.[68] Kurz vor Wp. 3/14 setzt wieder sichtbarer Limes ein. Wp. 3/14, in Überresten ebenfalls noch erkennbar, stand etwa 200 m westlich der heutigen B 417, der Hühnerstraße. Er kann auf drei Bauphasen zurückblicken, eine aus Holz, zwei aus Stein.[69] Hinter Wp. 3/14 ist der Limes wieder verschwunden und taucht erst bei Wp. 3/15 am Zugmantel wieder auf, wo er auf einem Stück von vielleicht 50 m in seiner letzten Ausbauphase – also mit Palisadenzaun, Graben und Wall – rekonstruiert ist. Auch der Wachturm Wp. 3/15 ist an dieser Stelle 1971/72 als Rekonstruktion wieder aufgebaut worden (Abb. 5). Trotz einiger Mängel vermittelt der Turm einen recht guten allgemeinen Eindruck derartiger Bauwerke. Zur Zeit der Römer waren sie wohl etwas höher und alle mit einem hellem Putz versehen, in dem durch eingefurchte und rot ausgemalte Linien Quadermauerwerk nachgeahmt wurde. Die Eingänge zu den Türmen waren nie ebenerdig angelegt. Aus Sicherheitsgründen wurden sie ins erste Obergeschoß eingebaut, wo man sie nur über eine Leiter erreichen konnte.[70] Das zweite Obergeschoß mit Fenstern war dem Wachdienst vorbehalten. Vielleicht hatten sie auch schon von Anfang an eine umlaufende Galerie[71], wie man sie von Darstellungen auf der Traianssäule kennt und wie sie am Zugmantel rekonstruiert worden ist. Die Türme lagen je nach Geländeform zwischen 200 m in unübersichtlichem und 1 000 m in übersichtlichem Gelände voneinander entfernt. Der Wachdienst, aus den benachbarten Kastellen abkommandiert, bestand aus vier bis fünf Mann.[72]

Das Vorbild dieses Turmes, der originale Wp. 3/15, stand etwas westlich von seinem modernen Nachfolger. Er wurde 1966 untersucht, bevor die heutige B 417, die alte Hühnerstraße, genau über ihn hinweg gebaut wurde.[73] Der Turm stand 3,10 m von der Terrassenkante des Limes entfernt. Seine Form war quadratisch mit einer Mauerlänge von 6,30 m. Die Mauer war 0,60 m dick und aus plattig gelegten grünen Schiefersteinen mit einer Art Lehmmörtel aufgemauert. Im südlichen Teil der Ostmauer waren die Steine auch als Fischgrätmuster gesetzt. Der Fundamentgraben war 0,50 m tief und mit Quarzitsteinen angefüllt. Im Abstand von 1,20 m umzog ein 0,80 m breites und 0,40 m tiefes Gräbchen den Turm. Brandschutt im Turminneren und im Gräbchen davor sprechen dafür, daß der Turm ein Opfer der Flammen wurde.

Die drei nächsten Türme – Wp. 3/16 im Ehrenbacher Wald, Distrikt »Alteburg«, etwa 445 m östlich der Hühnerstraße[74], Wp. 3/17 im Ehrenbacher Wald, etwa 970 m östlich der Hühnerstraße[75], Wp. 3/17a – werden bisher nur vermutet[76], bevor dann mit Wp. 3/18 der nächste sicher nachgewiesene kommt, von Wp. 3/15 am Zugmantel etwa 1,7 km entfernt. Er stand einst bei der Alten Schanz im Distrikt »Maisel«. Drei Holzturmphasen[77] und ein Steinturm ließen sich nachweisen. An dieser markanten Stelle im Gelände – nach Osten hat man einen weiten Blick in die Idsteiner Senke, eine der heutigen Hauptverkehrswege durch den Taunus in Süd–Nord–Richtung (Bundesstraße, Autobahn, Eisenbahn), der allerdings auch in vor- und frühgeschichtlichen Zeiten mit Sicherheit begangen wurde – verläßt der Limes die Taunussteiner Gemarkung (s. a. Kartenbeilage zu: Taunusstein – Landschaft, Natur und Geschichte. In Bd. 1: Landschaft und Natur).

6. Die römischen Kastelle auf dem Zugmantel

Seit etwa 90 n. Chr. wurden zahlreiche kleine Kastelle entlang des Limes errichtet.[78] Eines davon befand sich auf heutigem Taunussteiner Gebiet auf dem Zugmantel. Eigentlich heißt der Distrikt, auf dem sich die Überreste des Kastells und des Kastellvicus befinden »Alteburg« und der unmittelbar westlich benachbarte Distrikt »Zugmantel«, wo sich nur noch ein kleiner Teil des Lagerdorfes feststellen ließ. K. Rossel führte 1876 für den Kastellplatz den Namen Zugmantel ein, um diesen Ort von den überall und in den verschiedensten Varianten vorkommenden »Alteburg«-Namen deutlich abzuheben, und auf diese Weise Verwechselungen zu vermeiden.[79] Im Volksmund wurde diese Gegend gewöhnlich als Liebbacher Haide, Libbacher Heide oder Pohlheide bezeichnet, das Kastell als »Alteburg« oder »Hohebürk«.[80] Der Name »Zuckmantel« fand erstmals 1653 bei einem Wehener Grenzbegang Erwähnung[81],

Abb. 5: Einige Meter östlich vom authentischen Ort wurde 1971 auf Initiative des damaligen Landrats Dr. Herbert Günther der römische Wachturm 3/15 rekonstruiert. Der Realisierung dieses Vorhabens standen zunächst sowohl wissenschaftliche wie auch finanzielle Schwierigkeiten entgegen. Die bautechnischen Einzelheiten der römischen Wachtürme sind auch heute noch nicht völlig erforscht. Zur Finanzierung trat ein »Förderkreis Zugmantel-Limes« zusammen, im dem sich Firmen und Privatpersonen mit erheblichen Geld- und Sachspenden engagierten. Das römische Original war wohl etwas höher und sicherlich mit einem hellen Putz versehen. Aus Sicherheitsgründen befand sich der Eingang im ersten Stock und war durch eine Leiter, die bei Gefahr eingezogen werden konnte, erreichbar. Trotz dieser kleinen Mängel vermittelt der Turm einen recht guten allgemeinen Eindruck.

die nächste schriftliche Überlieferung datiert 1724. Die heutige Schreibweise Zugmantel mit »g« anstelle des älteren »ck« ist wohl durch Hörensagen entstanden und steht im Zusammenhang mit dem im Süden Nassaus gesprochenen Dialekt. Über die Herleitung sowie ursprüngliche Bedeutung des Begriffes »Zuckmantel/Zugmantel« ist man sich nicht ganz klar. Der Name kommt relativ viel in östlichen Gebieten vor. Der Wortbestandteil »Mantel« steht dort im Dialekt für Föhre/Kiefer. Einen Beleg der Bezeichnung »Mandel« für Kiefer kennen wir aus dem Cronberger Burgfrieden vom 24.02.1367, wo ein »mandelboym« genannt wird.[82] Weniger klar ist der Bestandteil »Zuck«, der wohl nicht als »zucken« in der mittelhochdeutschen Bedeutung »rauben, entreißen« interpretiert werden kann (Zuckmantel = Räuberföhre). Es könnte aber durchaus sein, daß der Bestandteil »Zuck« aus dem bayerischen »Zuecken, Zueggen« = Zweig, Zacken an einem Baum abzuleiten wäre. Der Name Zuckmantel steht oftmals mit bedeutenden Straßenkreuzungen in Verbindung, wie es auch hier der Fall ist: *Da, wo die Hühnerstraße sich dem Pfahlgraben nähert, stiessen einst aus allen Gegenden die Wege zusammen.*[83] Solche Straßenkreuzungen sollen vielfach durch Föhren/Kiefern in dem sie umgebenden Laubwald kenntlich gemacht worden sein. Auch dies könnte hier durchaus zutreffen, da Nadelbäume im Taunus frühestens ab dem 17. Jh. anzutreffen waren und dann ab 1750 verstärkt als Werkholz genutzt wurden, während die Kiefer überhaupt erst im 19. Jh. in Nassau eingeführt wurde. Vielleicht entstand der Name im Zuge dieser verstärkten Nadelwaldanpflanzungen. Natürlich wurde auch in Erwägung gezogen, daß es sich beim Zugmantel um eine zugige Höhe handelt, auf der man doch besser einen Mantel gegen den starken Wind bräuchte.[84] Abschließend sei zu dieser Namensproblematik noch bemerkt, daß der Name Zuckmantel z. B. im Rheingau schon recht früh als Personenname vorkommt, so im Eberbacher Güterverzeichnis aus dem 14. Jh. ein »Zuckemantel«. In einer anderen Urkunde wird 1394 ein Henne Zückemantel, Bürger zu Limburg, genannt.[85] Wie dem auch sei, der Name Zugmantel hat mit Sicherheit nichts mit den römischen Kastellen zu tun, die dort einst zur Überwachung des Limes angelegt wurden, sowie der Zivilsiedlung, deren Namen wir nicht kennen.

Zu Beginn des 20. Jh.s waren von dem Kastell nur noch Reste des Wehrgangs als flache, halbverschleifte Wälle im Gelände zu sehen.[86] Dagegen war in der ersten bekannten Beschreibung des Kastells aus dem Jahre 1760 von C. P. de Biebourg der gesamte Umfang des Kastells im Wald und Gebüsch erkennbar.[87] Was war also zwischen 1760 und 1909 geschehen?

Das noch aufgehende Mauerwerk des Kastells wurde beim Ausbau der Hühnerstraße zwischen 1778 und 1780 weitgehend abgetragen und zur Stickung des Straßenkörpers benutzt. Dafür wurden *wohl an die 2000 Karren grober Steine aus der Schanze geholt und zum Straßenbau verwendet*.[88] Dabei kamen Funde aller Art in großen Mengen zutage, um dann sofort wieder in den verschiedensten Kanälen zu verschwinden oder, wie überliefert ist: *Vieles war auch nach dem Orte Wehen verbracht.*[89] Das hatte zur Folge, daß der Platz 1802 weitgehend eingeebnet war und abwechselnd als Drieschland (Brache) und Wald genutzt wurde oder als Feld »gehackt, geackert und geegget«.[90]

Erste Ausgrabungen auf dem Zugmantel wurden im Herbst 1853 und Juli 1856 von dem Historischen Verein für Nassau veranlaßt und unter der Leitung des Konservators und Architekten V. Kihm durchgeführt. Die Funde aus diesen Grabungen kamen ins Nassauische Landesmuseum, heute Sammlung Nassauischer Altertümer des Museums Wiesbaden. Alle späteren Grabungsfunde bekam das Saalburg-Museum auf der Saalburg, so auch jene der Ausgrabungen der Reichs-Limes-Kommission der Jahre 1894/95, die sich allerdings nur auf Schnitte durch die Umfassungsmauern beschränkten.[91] Von 1901 wurden fast ununterbrochen bis 1914, zuerst von L. Jacobi, dann ab 1908 von dessen Sohn H. Jacobi, Jahr für Jahr Grabungen vom Saalburg-Museum aus vorgenommen. 1921 nahm man die wegen des 1. Weltkriegs eingestellten Grabungen wieder auf und führte sie mit Unterbrechungen bis 1937 weiter. Nach dem 2. Weltkrieg fanden nur noch in den Jahren 1949, 1950 und 1956 Ausgrabungen auf dem Zugmantel statt.[92] Erst ab 1935 begann man mit »modernen Flächengrabungen«, bei denen es vorwiegend auf zusammenhängende Befundsituationen ankam, während man davor nach Mauern, Kellern, Brunnen und natürlich nach attraktiven Fundstücken suchte.[93] Dafür wurden kleine, unzusammenhängende Flächen geöffnet oder »umgegraben«, wie H. Jacobi sich gelegentlich ausdrückte.[94] Um dies noch zu verdeutlichen sei ein Besuch des Kaisers auf den Grabungen erwähnt, bei dem an einem Tag ein Keller komplett »ausgegraben« wurde, andere normalerweise über mehrere Wochen.[95]

Angesichts dieser umfangreichen Grabungstätigkeiten und begleitenden Publikationen ist es nicht verwunderlich, daß das Kastell, vor allem aber der zugehörige Kastellvicus mit über 6 ha freigelegter Fläche noch heute derjenige mit dem größten ausgegrabenen Areal überhaupt ist.[96] Die Ausgrabungen auf dem Zugmantel bei Orlen bilden bis heute die Grundlagen für die Erforschung römischer Kastellvici.[97]

7. Vier Kastelle an gleicher Stelle

Alle vier Kastelle am Zugmantel waren standortgleich. Sie standen mit ihren Längsseiten parallel zum Limes, etwa 325 m von ihm entfernt.[98] Während ihren Bau- bzw. Umbauphasen wurde diese West-Ost gerichtete Hauptachse nicht verändert. Das erste Lager war ein reines Holz-/Erdekastell von etwa 0,7 ha Größe (ca. 95 m auf 81 m). Es konnte fast nur noch anhand seines vorgelagerten Spitzgrabens von 5,0 m Breite und 2,4 m Tiefe nachgewiesen werden. Drei Tore, an der Süd- und Ostseite je 3,0 m und an der Nordseite 6,0 m breit, führten ins Innere, von dessen Bebauung keinerlei Spuren mehr erkennbar waren.[99] Das erste Holzkastell dürfte noch in der Regierungszeit Kaiser Domitians (81–96 n. Chr.) errichtet worden sein.[100] Einige Forscher sehen dies im Zusammenhang mit dem Chattenkrieg Domitians 83–85 n. Chr., andere mit dem Aufstand des Statthalters Obergermaniens, L. Antonius Saturninus, 88/89 n. Chr. in Mainz, und der Niederschlagung durch A. Bucius Maximus, dem Oberbefehlshaber des niedergermanischen Heeres, woraufhin bald nach 90 n. Chr. das Kastell gebaut worden sein soll.[101] Die Besatzung stellte wohl von Anfang an ein Numerus der Treverer von 100 bis 150 Mann.[102] Das war immerhin bis in die Mitte des 2. Jh.s n. Chr. die stärkste Belegung eines Kastells an dieser Limesstrecke.[103] Unter Kaiser Hadrian (117–138 n. Chr.) fand – vielleicht um 120 n. Chr. – eine Erweiterung des Erdkastells statt.[104] Die ältere Anlage wurde nach Westen ausgedehnt, so daß sich nun eine Fläche von 1,1 ha ergab.[105] Es ist heute allerdings nicht mehr zu entscheiden, ob es sich bei dieser Maßnahme um eine wirkliche Erweiterung des noch bestehenden Erdkastells, oder nur um einen Annex (Anbau) gehandelt hat.[106]

Im Zuge der nächsten Bauphase auf dem Zugmantel wurde an gleicher Stelle das erste Steinkastell während der Regierungszeit des Antoninus Pius (138–161 n. Chr.) errichtet[107], unter dem auch der obergermanisch-rätische Limes seinen entgültigen Verlauf erhielt.[108] Auf diesen Neubau nehmen wahrscheinlich zwei Inschriftensteine Bezug, in diesem Fall sogenannte Pedaturasteine, wovon der eine (Abb. 6 s. Taf. 1, S. 24) schon 1778 bei der Nutzung der Kastellruinen als Steinbruch für den Bau der Hühnerstraße, der andere 1904 bei Ausgrabungen am Westtor des Kastells gefunden wurde.[109] Aufgrund ihrer Gesteinsart (Schiefer) dürften sie zum ersten Steinkastell gehört haben, dessen 1,25 m dicken Mauern aus Schieferbruchsteinen ohne Vermörtelung aufgebaut waren. Der Text auf dem Stein von 1778 (Abb. 6) lautet: Pedat(ura) Treverorum P(edum) LXXXXVI Sub Curagente Crescentino Respecto (Centurione) Leg(ionis) VIII Aug(usta), der auf dem von 1904: (Centuria) Leubacci G[...] P(edatura) P(edum) LXII Sub Cur(a) Cres(centini) Respecti (Centurionis) Leg(ionis) VIII Augusta.[110] Die zwei Inschriften besagen, daß jeweils eine gewisse Strecke der Umfassungsmauer des Kastells von einer bestimmten Abteilung errichtet worden war. Im ersten Fall wurden 96 Fuß, etwa 28,4 m, von einer Trevererabteilung, im zweiten 72 Fuß, etwa 21,3 m, von der Centurie des Leubaccus erbaut. Beide Baumaßnahmen standen unter der Aufsicht des Crescentius Respectus, einem Centurio der VIII. Legion Augusta, der, von dieser abkommandiert, wahrscheinlich Lagerkommandant auf dem Zugmantel war.[111]

Ungewöhnlich für ein römisches Militärlager war die langgestreckte Form des ersten Steinkastells, die fast im Seitenverhältnis von 1:2 stand (etwa 99 m x 172 m). Seine Innenfläche betrug etwa 1,7 ha.[112] Vor der Mauer lag entweder ein zweiperiodiger einfacher Spitzgraben oder ein Doppelspitzgraben von etwa 6,6 m Breite und 1,5–1,8 m Tiefe.[113] Drei Tordurchlässe konnten festgestellt werden. Süd- und Westtor waren vermutlich jeweils einfache Durchfahrten mit je zwei flankierenden Türmen. Das Südtor war etwa 4,25 m breit mit einem

Tafel 1: **1** Neolithisches Steinbeilchen aus Wehen (Abb. 1, S. 13). **2** Neolithisches Nephritbeil vom Zugmantel (Abb. 2, S. 13). **3** Bronzehalsring der Hallstattzeit aus der Umgebung von Wehen (Abb. 3, S. 15). **4** Bronzener Tüllenaufsatz mit Stierkopf und Greifenköpfen vom Zugmantel (Abb. 12, S. 35). **5** Pedaturastein vom Zugmantel (Abb. 6, S. 23). **6** Eine von zwei steinernen Stierskulpturen eines Kulttisches aus dem Dolichenustempel auf dem Zugmantel (Abb. 13, S. 35).

hölzernen Torgerüst, das den Durchgang auf 3,25 m einengte. Die beiden Tortürme hatten ein Grundmaß von 5,0 m x 4,5 m.[114] Das Osttor ist unbekannt, das dem Limes zugewandte Nordtor war wahrscheinlich nur ein mit Holzbohlen verschalter Durchlaß, möglicherweise mit einem einfachen Turm darüber.[115] Mauertürme wurden keine gefunden, aber zumindest vier Ecktürme könnten vorhanden gewesen sein.[116]

Aufgrund der schlechten Erhaltungsbedingungen bzw. verwirrenden Befundüberlieferungen konnte der Ausgräber Jacobi zu der Innenbebauung bzw. -struktur keine Erkenntnisse gewinnen. Ihm fielen nur die sehr zahlreichen Keller und die für ein Kastell merkwürdigen Funde auf (z.B. zahlreiche Amphoren, Frauenschmuck, Waagen), die ihn an einer rein militärisch genutzten Anlage zweifeln ließen. Für ihn schienen vielmehr auch Zivilisten und Händler, eben jener Personenkreis, den man im Kastellvicus anzutreffen pflegte, innerhalb der Befestigung seßhaft gewesen zu sein.[117] Einen Keller z.B., in dem sich sechs Amphoren und ein Krug noch in situ (Originallage) befanden, interpretierte er als Schenke, andere größere Keller mit Treppe von außen und Herdstelle im Inneren als Erdwohnungen.[118]

Die Besatzung des ersten Steinkastells war weiterhin eine Trevererenheit, die schon anfangs als Numerus dort stationiert war, und nun möglicherweise verstärkt und nach Centurien gegliedert wurde[119] (siehe oben Pedaturastein: Centurie des Leubaccus), was die Vergrößerung des Kastells erforderlich machte. Vielleicht wurde aber auch eine zusätzliche Einheit von Exploratores, eine berittene, leichte Aufklärungstruppe, dorthin verlegt.[120]

Die Jahrzehnte vom Ende des 1. Jh.s n.Chr. bis zum Tode des Kaisers Antoninus Pius im Jahre 161 n.Chr. waren für die Provinz Germania Superior (Obergermanien) die friedlichste Zeit.[121] Ab 162 n.Chr. jedoch bis etwa 172 n.Chr. fanden immer wieder Einfälle der Chatten ins römische Reich statt, von denen es allerdings keine archäologischen Nachweise, sondern nur schriftliche Überlieferungen in der Historia Augusta gibt.[122] So schlugen z.B. im Jahre 162 n.Chr. Aufidius Victorinus und 169 n.Chr. Didius Julianus über den Limes eingedrungene Chatten zurück.[123] Auch in den folgenden Jahrzehnten fanden weiterhin Auseinandersetzungen der Römer mit den Germanen statt, die wahrscheinlich 185/87 n.Chr., während der Regierungszeit des Kaisers Commodus (180–192 n.Chr.), auch zu Zerstörungen am Kastell sowie im Kastellvicus auf dem Zugmantel führten.[124] Aus diesem Grund ist es naheliegend, in dieser Zeit, also etwa um 190 n.Chr., den Bau des zweiten Steinkastells anzunehmen[125], und nicht etwa 25 Jahre später unter Kaiser Caracalla (211–217 n.Chr.)[126] oder sogar 30 Jahre später unter Kaiser Severus Alexander (222–235 n.Chr.), obwohl aus dessen Regierungszeit eine Bauinschrift[127] aus dem Jahre 223 n.Chr. vom Zugmantel vorliegt.[128] Wahrscheinlich bezieht sich diese Inschrift auf eine »Renovierungsmaßnahme«[129], die nach einem vielleicht vorausgegangenen Alamanneneinfall – noch unter Kaiser Marcus Aurelius Antoninus, besser bekannt als Elagabal (218–222 n.Chr.) – notwendig geworden war. Darüber gehen die Meinungen allerdings auseinander.[130] Jedenfalls wäre es schon merkwürdig und bei der gut funktionierenden römischen Militärorganisation schwer vorstellbar, sollten die Trockenmauern des ersten Steinkastells mit ihrer »schlechten Beschaffenheit«[131] weit über zwei Generationen bestand gehabt und die »Neubauwelle« der Kastelle an den Limesstrecken 1 bis 3 am Ende des 2. Jh.s n.Chr. ausgerechnet den Zugmantel vergessen haben, an dem unmittelbar einer der Hauptverkehrswege ins freie Germanien vorbeiführte.[132]

Planierte Brandschichten und Brandschutt scheinen darauf hinzudeuten, daß das zweite Steinkastell möglicherweise nach einem Brand errichtet wurde. Die Mauern des neuen, des zweiten Steinkastells hat man aus Quarzitsteinen mit Mörtel aufgemauert und dabei seine umwehrte Fläche auf 2,1 ha erweitert, wahrscheinlich eine Folge der Erhebung des bisherigen Numerus Treverorum zur Cohors I Treverorum equitata.[133] Die Herkunftsangabe einer Einheit, im Falle des Zugmantels Treverer, Angehörige eines keltischen Stammes mit Sitz im Hunsrück-Mosel-Gebiet, wurde im Laufe der Zeit zu einer reinen Traditionsbezeichnung. Notwendige Ergänzungen der Hilftruppen erfolgten immer aus der Region in der sie standen, völlig unabhängig davon, aus welchem Winkel des Imperium Romanum sie einst kamen.[134]

Die Quarzitsteine zum Bau des zweiten Steinkastells (Abb. 7) wurden anscheinend am südlich des Zugmantel gelegenen sogenannten Trompeterberg abgebaut und herbeigeschafft.[135] Der Fundamentgraben der Mauer war etwa 2,1 m breit und 0,5 m tief. Außen vor der Mauer war eine etwa 1,7–1,8 m breite Berme ange-

Abb. 7: Situationsplan des 2. Steinkastells und der Rundschanzen auf dem Zugmantel.

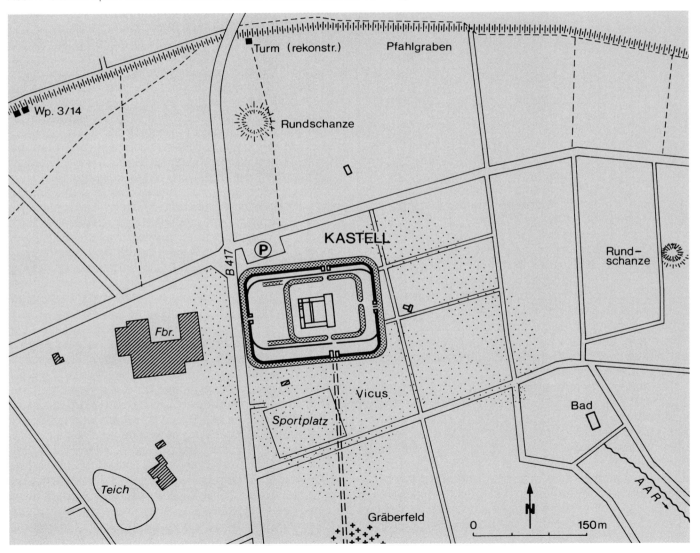

legt, bevor der 5,5 m breite und 1,9 m tiefe Graben folgte.[136] In die Umfassungsmauer waren in regelmäßigen Abständen von etwa 30 m nach innen und außen vorspringende Türme eingebunden, vielleicht waren es aber auch nur massive Unterbauten zur Aufstellung von Geschützen.[137] Drei einfache Tore führten an der Nord-, Süd- und Westseite ins Innere, an der Ostseite ein doppelter Durchgang. Auffällig sind die sehr schmalen Durchlässe der Porta principalis dextra (Südtor) und der Porta pricipalis sinistra (Nordtor), kontrastiert von jeweils zwei sehr mächtigen und weit nach innen zurückspringenden Tortürmen. Der lichte Durchlaß von nur noch 2,0 m war schon fast zu wenig für einen Ochsenkarren.[138] Die beiden anderen Tore, die Porta decumana (Westtor) und Porta praetoria (Osttor), waren von weniger mächtigen Tortürmen flankiert. Von den Innenbauten ist einzig sicher nachgewiesen die Principia (Stabs- und Verwaltungsgebäude), von der sich noch Fundamentgräbchen und Pfostenlöcher fanden.[139] Wahrscheinlich war sie aus Stein erbaut und hatte eine vermutlich überdachte hölzerne Vorhalle.[140] Die Wehrmauern darf man sich weiß verputzt vorstellen. In den Putz waren Fugen gezogen, die, meist rot ausgemalt, den optischen Eindruck eines massiven Quadermauerwerks wiedergeben sollten. Auch die Innenbauten waren in der Regel weiß verputzt. Die meisten von ihnen, vorwiegend die Mannschaftsbaracken, Speicher und, da es sich auch um berittene Einheiten handelte, Pferdeställe, waren in der Regel Fachwerkkonstruktionen.[141] Sie lassen sich lediglich anhand der zahlreichen Keller, Gruben und Pfostenlöcher in der Praetentura (vorderer Kastellbereich) und Retentura (hinterer Kastellbereich) indirekt erschließen.[142]

Eine 1908 in einem Keller an der Südostecke des Kastells gefundene Steininschrift[143] belegt, daß im Kastell am Zugmantel auch noch während der Regierungszeit des Kaisers Maximinus Thrax (235–238 n.Chr.) die Cohors I Treverorum equitata stationiert war. Historisch gesehen bedeutet dies, daß das Kastell auf dem Zugmantel nach 233 n.Chr. noch bestand, nachdem 230/33 n.Chr. ein groß angelegter Alamanneneinfall ins römische Reich stattgefunden hatte.[144] Auch die für den Zugmantel aufgestellte, bis Kaiser Trebonianus Gallus (251–253 n.Chr.) durchlaufende Münzreihe, spricht für eine kontinuierliche Belegung des Kastells bis in die Mitte des 3. Jh.s n.Chr. Wahrscheinlich ging der Zugmantel – wie auch die Saalburg – infolge ständiger und wohl auch besser organisierter germanischer Einfälle 259/60 unter, bzw. wurde aufgegeben. Die Reichsgrenze des römischen Reiches, bis dahin durch den Limes symbolisiert, wurde an den Rhein zurückverlegt und das ehemalige Limesland war bis etwa 300 n.Chr. Niemandsland.[145]

8. Der Kastellvicus auf dem Zugmantel

Zu jedem römischen Kastell gehörte im unmittelbaren Umfeld auch eine zivile Niederlassung, der sogenannte Kastellvicus. Kastell und Kastellvicus muß man prinzipiell als eine Einheit betrachten[146], wobei der Vicus immer nach der Gründung eines Auxiliarkastells entstand. Der umgekehrte Vorgang ist bisher nicht bekannt geworden. Ebensowenig ist nachgewiesen, daß eine bestehende keltische oder germanische Siedlung zu einem Kastellvicus umgenutzt bzw. ausgebaut worden ist.[147] Der Satz: *Nicht eine einzige frührömische (augusteische oder tiberische) Anlage hat einen spätlatènezeitlichen Vorläufer*[148] hat nicht nur auch heute noch Gültigkeit, sondern man kann ihn sogar noch auf »germanischen« erweitern.[149]

Am Zugmantel ist man in der glücklichen Lage, den bisher am umfangreichsten, zumindest annähernd komplett ausgegrabenen Kastellvicus am Limes überhaupt vor sich zu haben.[150] Der Kastellvicus lag hauptsächlich an der dem Limes abgewandten Ost- und Südseite des Kastells.[151] Seine Orientierung stand in direkter Abhängigkeit zum Kastell und änderte während dessen vier Bauphasen nicht seine Richtung. Im Falle des Zugmantels war für die Orientierung der Kastelle und des Kastellvicus sicherlich die Nord–Süd–Verbindung von Limburger Becken nach Wiesbaden und Mainz ausschlaggebend (s.a. Kartenbeilage zu: Taunusstein – Landschaft, Natur und Geschichte. In Bd. 1: Landschaft und Natur). Dabei ist zu berücksichtigen, daß der heutige Verlauf der Hühnerstraße nicht dem zur Zeit der Römer oder auch davor entspricht. Es ist anzunehmen, daß die Kastelle sich mit ihrer Nord–Süd–Achse, der Via principalis, genau auf der Hühnerstraße befanden (Abb. 8), mit anderen Worten, die Hühnerstraße führte mitten durch die Kastelle hindurch und dann weiter zu einem (bislang nur vermuteten) Limesübergang.[152]

Für das Straßensystem des Kastellvicus auf dem Zugmantel gibt es allenfalls spärliche archäologische Hinweise. Nur an drei Stellen konnten anhand eines Straßenkörpers oder Resten von Pflasterung Straßen sicher nachgewiesen werden.[153] Zwei Straßen waren für die Anlage des Kastellvicus bestimmend. Einmal die von der Porta praetoria, dem Osttor des Kastells kommende, in südöstliche Richtung zur Aarquelle (weiterhin Aarstraße genannt) sowie die von der Porta principalis dextra, dem Südtor, ausgehende und nach Süden Richtung Aquae Mattiacae (Wiesbaden) und Mogontiacum (Mainz) führende (weiterhin Südstraße genannt). Andere Straßen lassen sich aufgrund verschiedener Bauten, Keller und Kellerreihen vermuten bzw. indirekt erschließen. So zweigte z. B. von der Aarstraße eine Straße Richtung Nordwesten (weiterhin Nordweststraße genannt) ab, die, vorbei an einem Heiligtum, wahrscheinlich zum (vermuteten) Limesübergang führte.[154] Eine weitere Straße dürfte von der Porta decumana (Westtor) kommend nach Westen in den dortigen Bereich des Kastellvicus geführt haben (weiterhin Weststraße genannt). Eine Ost–West–Straße entlang der Südseite des Kastells stellte schließlich die Verbindung der Weststraße mit der Südstraße und von da weiter mit der Aarstraße her. In der Kurve der Ost–West–Straße vor der Südostecke des Kastells zweigte höchstwahrscheinlich die Südoststraße ab, die erst parallel, dann im spitzen Winkel zur Aarstraße, ebenfalls zur Aarquelle führte. Bliebe eigentlich nur noch die Nordstraße, von der Porta principalis sinistra, dem Nordtor, aus in direkter Verlängerung der Südstraße zum Limes. Sie konnte nicht nachgewiesen werden[155], darf aber als vorhanden angenommen werden. Wahrscheinlich führte von ihr eine Abzweigung zu der kleinen Rundschanze (Abb. 7) zwischen Limes und Kastell.[156]

Man kann davon ausgehen, daß mit der ersten Kastellgründung auch der erste Kastellvicus entstanden ist. Spuren dieser ältesten Bebauung konnten nicht nachgewiesen werden. Am ehesten wird man sie bei-

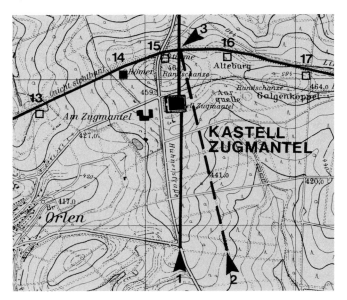

Abb. 8: Umgebung des Kastells Zugmantel mit Verlauf des Limes und der Hühnerstraße. 1: Verlauf der Hühnerstraße; 2: Waldweg; 3: ursprünglicher Limesübergang. Siehe auch Kartenbeilage zu: Taunusstein – Landschaft, Natur und Geschichte. In: Bd. 1: Landschaft und Natur.

Tafel 2: 1 Bronzenes Votivblech für Jupiter Dolichenus aus Nida (Frankfurt am Main-Heddernheim) (Abb. 14, S. 35). 2 Standartenaufsatz einer Kohorte in Gestalt eines Capricorns (Ziegenfisch), gefunden nödlich der Platte (Abb. 20, S. 43). 3 Teil von einem Bronzehenkel (Abb. 16, S. 37). 4 Gefaßter und geschnittener Stein eines Fingerrings mit Darstellung des Romulus, die Spolia Optima (Feldherrenbeute) schulternd, gefunden bei Neuhof (Abb. 19, S. 43). 5 Bronzener Greifenkopf von der Crista eines Gladiatorenhelms vom Zugmantel (Abb. 17, S. 39). 6 Germanische Keramik vom Zugmantel (Abb. 15, S. 36).

Von der Vorgeschichte bis zum frühen Mittelalter

derseits entlang der Südstraße vermuten dürfen, an der etwa 250 m vom Kastell entfernt ein Friedhof lag, auf dem schon nachweislich seit der Erdkastellzeit bestattet wurde.[157] Die Gegend der Aarstraße dürfte spätestens nach Errichtung des ersten Badegebäudes an der Aarquelle[158] unter Kaiser Traian (98–117 n.Chr.) zu Beginn des 2. Jh.s n.Chr. bebaut worden sein.[159] Nach der Erweiterung des Erdkastells unter Kaiser Hadrian (117–138 n.Chr) wurde der Kastellvicus auch auf den Bereich westlich des Kastells ausgedehnt, während um die Mitte des 2. Jh.s n.Chr. die Bebauung westlich der Südstraße anscheinend aufgegeben worden ist.[160] In seiner Blütezeit könnte die Ausdehnung des Kastellvicus etwa 12 ha betragen haben, die Größe des Kernbereichs lag jedoch gleichbleibend bei etwa 8 ha.[161] Wenn man pro Hektar 100 Einwohner zugrunde legt, so hätte der Vicus auf dem Zugmantel ab der Mitte des 2. Jh.s n.Chr. bei 8 ha Fläche etwa 800 Einwohner gehabt.[162]

Früher dachte man, in einem Kastellvicus gäbe es neben einem zivilen Wohnbereich auch einen Teil, der unter militärischer Aufsicht bzw. Nutzung stünde.[163] Heute geht man nicht mehr von einer Zweiteilung solcher Einrichtungen aus. Nichts deutet darauf hin, daß das Militär einen existierenden Kastellvicus direkt beeinfluß hätte.[164] Es gibt auch z.B. keine stichhaltigen Beweise für eine Trennung der Friedhöfe in solche für Militärangehörige und solche für Zivilisten.[165] Möglicherweise nahm das Militär im Vorfeld der Vicusgründung Einfluß auf seine Anlage, den Verlauf der Straßen, die Benutzung des Bades und vielleicht sogar auf die Parzellierung der Baugrundstücke. Dennoch war der Kastellvicus kein Militärterteritorium sondern gehörte zur zivil verwalteten Civitas, ausgestattet mit einem weitreichenden Selbstbestimmungsrecht.[166] Man weiß allerdings nicht genau, ob ein Kastellvicus bei aller formalen Ähnlichkeit mit einem rein zivilen Vicus ohne unmittelbar benachbartes Kastell verwaltungstechnisch nicht doch eine Sonderform darstellte, die sich aufgrund seiner besonderen Lage und Beziehung unterschied.[167] Jedenfalls hörte ein Kastellvicus dann auf Kastellvicus zu sein, wenn das Kastell – aus strategischer Sicht – nicht mehr benötigt und daher aufgegeben wurde. In zahlreichen Fällen blieben aber die Siedlungen weiter bestehen, jetzt natürlich mit anderen Aufgaben und Funktionen, wie z.B. Aquae Mattiacae (Wiesbaden) – wo etwa um 120 n.Chr. das Kastell aufgegeben wurde – als Vorort (Verwaltungssitz) der Civitas Mattiacorum (Verwaltungsbezirk).[168]

Das, was man früher unter verschiedener Verwaltung stehend ansah, war eine bautechnische und damit verbundene funktionale Trennung. Auf dieser Grundlage ließen sich im Kastellvicus am Zugmantel drei Siedlungsschwerpunke unterscheiden, einer im Westen des Kastells, einer entlang des Südstraße und einer entlang der Aarstraße.

Schon 1912 hat man westlich der Hühnerstraße kleinere Untersuchungen durchgeführt. Dabei kamen auf einem Acker mehrere Gräber sowie Pfostenlöcher zutage. Jacobi war der Meinung, daß es sich vielleicht um ein Heiligtum handeln könnte. Von einem solchen hatte man bis dato noch keine Spur gefunden.[169] H. Schönberger konnte nach seiner Grabung im Jahre 1956 westlich der Hühnerstraße im Bereich der Waffelfabrik – dies war bis zum heutigen Tage die letzte Ausgrabung auf dem Zugmantel – Jacobis Annahme nicht verifizieren. Es ließen sich kaum sichere Befunde feststellen. Was da war, waren einige Gruben und Fundamentgräbchen, die sich am ehesten zu Schuppen ergänzen lassen. Pfostenlöcher wurden kaum gefunden. Dennoch konnten die Grundrisse von zwei Gebäuden einigermaßen sicher festgestellt werden. Eines davon stand etwa ab der Mitte bis weit in die zweite Hälfte des 2. Jh.s n.Chr. Wahrscheinlich war dieser westliche Bereich des Kastellvicus bis in das 3. Jh. n.Chr. bebaut bzw. in Benutzung.[170]

Da die Gemeinde Orlen plante, zukünftig am Zugmantel einen Vieh- und Jahrmarkt abzuhalten, wurde im Jahre 1935 eine Grabung auf der dafür vorgesehenen Fläche von etwa 1,4 ha Größe südlich vor dem Kastell im Bereich der Südstraße durchgeführt. Nach Ende des 2. Weltkrieges wurde der Plan zur Einrichtung dieses Vieh- und Jahrmarktes wieder verworfen. Stattdessen baute man 1950 an besagter Stelle einen Sportplatz.[171] Bei der Grabung 1935 kamen eine Unmenge kleiner und großer Gruben zutage sowie zahlreiche Mulden, die jedoch nur selten zu größeren Einheiten zusammengefaßt und funktional interpretiert werden konnten. Hinzu kamen Keller und Brunnen, die zumindest hervorragende Fundobjekte lieferten. Zur Hühnerstraße hin nahm die römische Siedlungstätigkeit stark ab.[172] Entlang der Westseite der Südstraße sowie südlich entlang der Oststweststraße, in der Verbindung zwischen Süd- und Südoststraße, standen sicherlich, wie die dort ausgegrabenen Keller zeigen, auch einige wenige, aufgrund ihrer langrechteckigen Form sogenannte Lang- oder Streifenhäuser, ein Haustyp, der eigentlich sonst nur den Bereich der Aarstraße prägte. Dahinter wurde eine Ansammlung von »Standspuren leichter Holzbauten« angetroffen, bei denen es sich um kleine Getreidespeicher gehandelt haben könnte.[173]

8.1 Die Häuser des Vicus und ihre Funktion

Die Aarstraße war unbestritten gleichermaßen die Hauptgeschäftstraße wie auch die »sündige Meile« des Kastellvicus am Zugmantel. Dort befanden sich alle erdenklichen Handels- und Gewerbeniederlassungen, die ihren Erfordernissen entsprechend einen speziellen Haustyp benötigten. Da es für ein Geschäft wichtig ist, mit einem »Schaufenster« zur Straße hin präsent zu sein[174], der Platz zum Bau des Hauses aber nur bedingt vorhanden war, und weil auch andere Händler das gleiche Recht beanspruchten, hat man dieses Problem recht elegant gelöst, indem man die Grundstücke in relativ lange, dafür schmale Streifen parzellierte. Dadurch war man gezwungen, die schmale Giebelseite an die Straße, nach hinten aber ein in die Länge gezogenes Haus zu bauen. Die Parzellenbreite betrug meistens 30 römischen Fuß, was 9,0 m entsprach (Abb. 9). Wurden Parzellen vergrößert bzw. verkleinert, so geschah dies anscheinend 3fußweise (0,9 m). Auch Parzellenverschiebungen kamen vor. Allerdings zeichnete sich eine Platzkonstanz ab, auch nach größeren Zerstörungen innerhalb des Kastellvicus.[175]

Der Haustyp auf diesen langrechteckigen Parzellen wird heute Streifen- oder Langhaus genannt.[176] Die Breite dieser Häuser am Zugmantel schwankte zwischen 5,5 m und 11,1 m, die Länge konnte im Einzelfall durchaus 40 m oder mehr erreichen. Die Mauerstärke betrug immerhin um die 0,7 m, die Pfosten der Fachwerkkonstruktion waren bis zu 0,2 m x 0,2 m mächtig. Teilweise war die Bebauung entlang der Straße so dicht, daß man annehmen darf, daß in manchen Fällen zwei benachbarte Häuser nur eine gemeinsame Wand hatten, also faktisch Doppel- oder Reihenhäuser im modernen Sinn waren.[177] Dennoch bildeten mehrere Langhäuser zusammen nie eine gemeinsame funktionale Gruppe. Jedes Haus wurde einzeln und individuell genutzt.[178]

Als H. Jacobi die ersten Langhäuser als solche erkannt hatte, sprach er sie fälschlicherweise als Getreidemagazine nach Art der Kastellhorrea (Magazine) an.[179] Über die Inneneinteilung liegen keine Erkenntnisse vor, ebenso wenig ist die Dachkonstruktion bekannt. In einigen Häusern waren in einzelnen Räumen Hypokausten (Fußbodenheizungen) nachweisbar.[180] Die zur Straße hin offene Front der Häuser, dort wo sich die Geschäfte und Gewerbebetriebe befanden, waren durch Läden verschließbar. Meist war noch ein Portikus (Säulengang) davorgesetzt (Abb. 10).[181]

Ein fester Bestandteil der Langhäuser war ein Keller, der sich in der Regel immer nur unter einem kleinen Teil des Hauses, dem vorderen Bereich zur Straße hin befand. Vater und Sohn Jacobi sahen in den Kellern noch die Hauptwohnungen, höchstens mit einem kleinen Gebäude darüber, kaum größer als der Keller selbst.[182] Auch Schönberger schloß aufgrund mehrfach gefundener Feuerstellen und Erdbänke entlang der Kellerwände nicht aus, daß sie teilweise zu Wohnzwecken genutzt worden sein könnten.[183] Heute sieht man in den Kellern keine Wohnräume mehr. Die Bänke waren sicherlich keine Sitzbänke sondern eher Abstell- und Lagerflächen. Andererseits lassen die zahlreich nachgewiesenen Feuerstellen doch an eine intensivere Nutzung verschiedener Keller denken, z.B. die als Verkaufslokal.[184] Auf dem Magdalensberg in Österreich sind mehrere Keller aufgrund von Graffitis eindeutig als Verkaufslokale und Warenumschlagsplätze ausgewiesen.[185] Zwei Arten von Kellern kamen hauptsächlich vor: kleine mit Holz verschalte und größere mit Steinmauern.[186] Zu erreichen waren sie in der Regel über Treppen im Inneren der Häuser. Sie haben sich, neben den Brunnen, als die ergiebigsten Lieferanten von Funden auf dem Zugmantel erwiesen.

Von den mindestens 46 Brunnen, die in Ermangelung von fließendem Wasser die Wasserversorgung des Kastellvicus übernahmen, waren auch einige direkt in den Langhäusern angelegt.[187] Oftmals ließen sich hinter Langhäusern Spuren weiterer Bauten erkennen, über deren Funktion man kaum etwas weiß. Vielleicht waren sie z.T. kleine Speicher oder Lagerhäuser, vielleicht auch Ställe für eine Ziege oder ein paar Schafe.[188]

Abb. 9: Vermutliche Parzellierung an der Aar- und Nordweststraße auf dem Zugmantel.

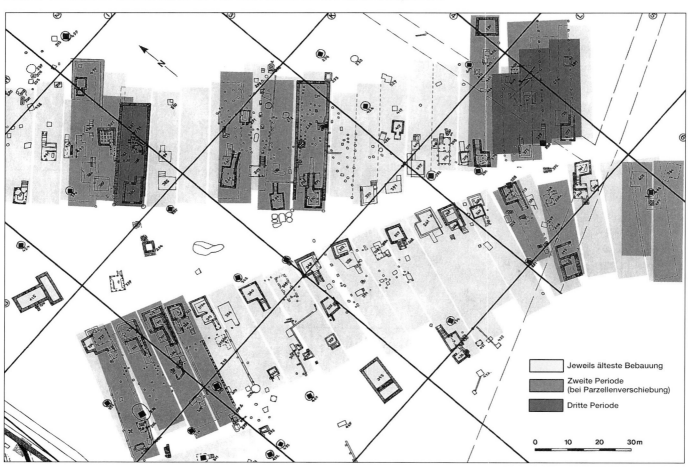

8.2 Die Tempel und Heiligtümer des Vicus

Dort, wo die Aarstraße an der Porta praetoria (Osttor) des Kastells begann, öffnete sich zuerst ein großer, dreieckiger und bis auf einen Steinbau in seiner Mitte weitgehend freier Platz (Abb. 11). Man wird ihn wohl am ehesten als Forum, den Marktplatz des Kastellvicus deuten können, wo vielleicht an festgesetzten Markttagen auch Handel mit den Germanen von jenseits des Limes betrieben wurde.[189] Über die einstige Funktion des Baues in der Mitte des Platzes kann man nur Überlegungen anstellen, da es an einer eindeutigen Ansprache fehlt. Das Gebäude bestand aus zwei großen, T-förmig aneinanderstoßenden, aus Stein gemauerten

Abb. 10: Rekonstruktion des Kastellvicus. Blick entlang der Südstraße nach Norden zur Porta principalis dextra (Südtor).

Räumen (10,0 m x 4,0 m bzw. 10,0 m x 6,0 m). Umgeben war es von zahlreichen, wahrscheinlich dazugehörigen Pfostenlöchern. Ganz zu Anfang der Forschungen auf dem Zugmantel wurde das Gebäude für ein öffentliches Bad gehalten, später wurde darin eine »stolze villa« gesehen und schließlich ein Heiligtum. Für letztere Interpretation als Tempel gibt es einige vage Anhaltspunkte, doch reichen sie insgesamt nicht aus, den Bau als solchen festzuschreiben. Seine ursprüngliche, aufgrund der zentralen Lage sicherlich bedeutende Funktion muß also weiterhin offen bleiben.[190]

Zwei Heiligtümer konnten im Kastellvicus eindeutig nachgewiesen werden. Das eine, nördlich des Kastells

Abb. 11: Rekonstruktion des Kastellvicus. Blick von Osten über die platzartige Erweiterung vor der Porta praetoria (Haupttor im Osten).

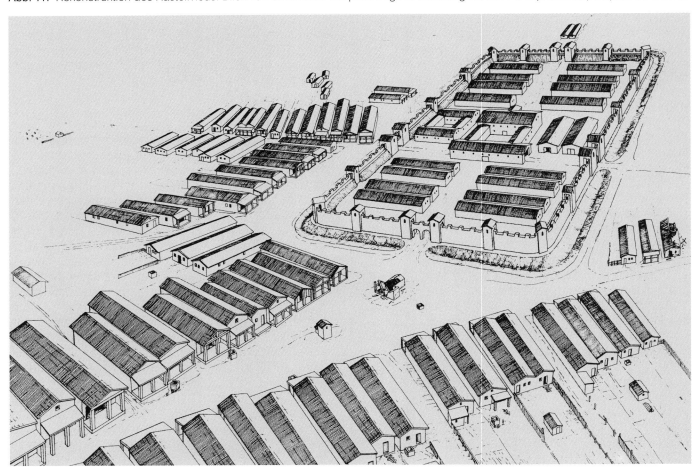

außerhalb des Vicus an der Nordweststraße, fiel nicht nur durch seine Alleinlage, sondern auch durch seinen Grundriß völlig aus dem Rahmen der üblicherweise anzutreffenden Baubefunde. Seine Grundform mit einer länglichen Cella (10,8 m x 5,8 m), flankiert von zwei schwachen Mauerzügen, die vielleicht zusammen mit zwei Säulen- oder Pfeilerbasen das Fundament eines Umgangs bildeten, erinnert sehr stark an die eines Mithräums. Die Funde kultischer Geschirrfragmente weisen gleichfalls auf ein Mithräum hin, die Fragmente steinerner Kultbilder scheinen dagegen zu sprechen.[191] Jacobi vermutete in dem Bau einen Tempel für Kybele, wofür seiner Meinung nach noch zwei dort geborgene Terrakotten Zeugnis ablegten.[192] Mittlerweile ist aber bekannt, daß gerade zwischen dem Kult der Kybele und dem des Mithras durchaus Beziehungen bestanden und fremde Kultbilder in Mithräen keine Seltenheit darstellten.[193] Wie dem auch sei, dieses Gebäude war jedenfalls mit Sicherheit ein Heiligtum, wenn auch nicht restlos geklärt ist, wer letztendlich darin verehrt wurde.

Der Tempel des zweiten Heiligtums, unmittelbar der Nordostecke des Kastells gegenüber ebenfalls an der Nordweststraße gelegen, ist nur sehr fragmentarisch überliefert. Es ist fraglich, ob man ihn als solchen erkannt hätte, wären da nicht die Funde, die nur als Tempelinventar angesprochen werden können. Aus seinem Keller und dem unmittelbar benachbarten Brunnen kamen größere Mengen steinerner Skulpturenfragmente zutage sowie auch ein außergewöhnlicher Tüllenaufsatz aus Bronze mit Stierkopf und in Greifenköpfen endenden Schlangenkörpern (Abb. 12 s.Taf. 1, S. 24).

Aus den zahlreichen steinernen Skulpturenbruchstücken ließ sich ein Kulttisch rekonstruieren, bestehend aus zwei dreiviertelplastisch ausgeformten Stieren von 1,25 m Länge und 0,64 m Höhe als Träger einer 0,14 m dicken Altarplatte (Abb. 13 s. Taf. 1, S. 24). Die stark fragmentierte, dreizeilige Inschrift auf der Stirnseite der Platte nennt als verehrte Gottheit Jupiter Dolichenus (...OLI... = [I O M D]OLI[CHENO]) und möglicherweise Angehörige der Cohors I Treverorum equitata (...H I ...) als Stifter. Je nach Lesart ist der Altar in die Jahre 211/12 n.Chr. bzw. 223/35 n.Chr. zu datieren.[194]

Auf der Rückseite des bronzenen Tüllenaufsatzes mit Stierkopf wurden an den Greifenköpfen Reste von Lot festgestellt. Jacobi interpretiert dies so, daß dieser Tüllenaufsatz der Träger eines dreieckigen Votivbleches des Jupiter Dolichenus war, wie sie allenthalben bekannt sind. Eines der herausragenden Stücke aus Frankfurt am Main-Heddernheim (Abb. 14 s. Taf. 2, S. 29), dem römischen Nida, wird in der Sammlung Nassauischer Altertümer des Museums Wiesbaden aufbewahrt.[195]

Bei den Gebäuden des Kastellvicus, die man als Speicher interpretiert, weiß man nicht genau, ob sie unter militärischer oder ziviler Verwaltung standen. Sie konnten bis zu 5,0 m x 11,0 m groß sein und wurden wahrscheinlich erst am Ende des 2. und Anfang des 3. Jh.s n.Chr. erbaut.[196] Mehr oder weniger unter militärischer Aufsicht standen die Bäder und Rasthäuser oder Herbergen, ebenso die Tempelanlagen.[197]

8.3 Die Friedhöfe des Kastells und des Vicus

Bei den etwa 800 Einwohnern des Kastellvicus und den einigen hundert Mann starken Truppen im Kastell blieben Todesfälle nicht aus. Nach römischen Recht mußten die Verstorbenen außerhalb der Siedlungsgrenzen bestattet werden. Am Zugmantel geschah dies auf mindestens drei Friedhöfen, wobei sich Friedhöfe nur für Zivilisten oder nur für Militärangehörige nicht unterscheiden ließen.[198] Das wahrscheinliche Hauptgräberfeld lag etwa 220 m südlich des Kastells[199], ein weiterer großer Friedhof 300 m.[200] Auf letzterem hat man 1909/10 insgesamt 180 Gräber aufgedeckt, wovon viele schon durch den Pflug zerstört waren, andere kaum Beigaben hatten. Die Gräber lagen teils in Reihen, teils in Gruppen, andere wiederum durcheinander. Bestattungen aus verschiedenen Zeitperioden ließen sich kaum auseinanderhalten. Bemerkenswert für diesen Friedhof ist, daß sich keine Münze des 3. Jh.s n.Chr. dort fand.[201] Vielleicht bestattete man im 3. Jh. n.Chr. auf dem dritten nachgewiesenen, kleinen, etwa 500 m östlich vom Kastell gelegenen Friedhof? Einige wenige Gräber wurden noch beim Dolichenum, dem Tempel des Jupiter Dolichenus, gefunden.[202] Insgesamt war der Erhaltungszustand der Gräber – es handelte sich nach römischer Sitte ausschließlich um Brandbestattungen – so schlecht, daß über sie in ihrer Gesamtheit nichts ausgesagt werden kann.

9. Germanen auf dem Zugmantel

Der Zugmantel lieferte den bisher einzigen archäologischen Nachweis für die Anwesenheit einer größeren germanischen Bevölkerungsgruppe innerhalb des Limes während des 2. Jh.s n. Chr.[203] Ihre Häuser oder Unterkünfte scheinen vorwiegend in dem »Viertel« des Kastellvicus, der sich entlang der Südstraße hinzog, gestanden zu haben. Ihr Auftreten geht zeitlich etwa mit dem Bau des ersten Steinkastells parallel.[204] Nachgewiesen sind sie anhand der ungewöhnlich großen Menge ihrer typischen, handgemachten Keramik (Abb. 15 s. Taf. 2, S. 29) und auch zahlreicher Fibeln.[205] Anfangs vermutete man eine germanische Siedlung in der Gegend von Orlen, von wo aus das Kastellvicus in Tauschhandel mit dieser Keramik beliefert worden wäre.[206] Andere waren der Meinung, es handele sich um reinen Import aus dem Lahntal, der die engen Beziehungen der Germanen auf der einen und der Treverer auf der anderen Seite des Limes bezeugte.[207] Heute ist man eher der Ansicht, daß man es nicht mit Import, egal woher auch immer, zu tun hat, sondern daß diese Keramik vor Ort im Kastellvicus auf dem Zugmantel von Germanen hergestellt wurde.[208] Ob diese – wohl Chatten aus dem Limburger/Gießener Raum – sich freiwillig oder gezwungenermaßen dort aufhielten, ist eine noch weitgehend unbeantwortete Frage.[209] Eine möglicher Erklärung könnte sein, daß es vielleicht überwiegend nur Frauen waren, die die Römer als Geiseln dort festhielten, damit der Rest der Chatten im Lahntal sich ruhig verhielte. Die am Zugmantel gefundenen germanischen Fibeln bilden immerhin 10% des gesamten Fundbestandes von 557 Fibeln. Sie zeigen deutliche Verbindungen zum westgermanischen und elbgermanischen Gebieten, wo sie vorwiegend zur Tracht der Frauen gehörten. Andere Formen kamen hauptsächlich in Dänemark und Südschweden vor.[210]

Bei den jüngeren Fibeltypen des ausgehenden 2. und des 3. Jh.s n. Chr. ist noch unklar, ob sie zur Frauen- oder Männertracht gehörten.[211]

Eine andere, wahrscheinlich näherliegende Erklärung für das verstärkte Auftreten von Germanen wäre, da es zeitlich ungefähr in die Zeit des Umbaus und der Erweiterung des zweiten Erdkastells in das erste Steinkastell fällt, daß aufgrund des nun größeren ersten Steinkastells auch die Besatzung verstärkt wurde, und zwar mit einem germanischen Kontingent. Dessen Angehörige zogen wahrscheinlich mitsamt ihrem Anhang auf den Zugmantel.[212] Sollte es sich so verhalten haben, wäre damit die dauerhafte Stationierung eines zusätzlichen, für uns völlig anonymen germanischen Hilfskontingentes in einem obergermanischem Limeskastell erschlossen.[213]

10. Die Menschen des Vicus

Überhaupt wird man sich die Einwohner des Kastellvicus, wenn vielleicht auch noch nicht von anfang an, so doch im Laufe der Zeit, als eine buntgewürfelte Mischung von Menschen vorstellen dürfen, als eine kleine multikulturelle Gesellschaft. Die Erbauer und ersten Besiedler des Kastellvicus kamen im Schlepptau der Truppe höchstwahrscheinlich aus dem gallischen Raum des römischen Reiches, vornehmlich aus der Heimat der am Zugmantel stationierten Treverereinheit.[214] Diese namentlich erwähnten Treverer, ursprünglich Angehörige eines linksrheinischen keltischen Stammes, lassen sich allerdings zu dieser Zeit schon nicht mehr fassen, da sie völlig in der gallo-römischen Kultur aufgegangen waren.[215] Wie einige gefundene Fibeln, deren Hauptverbreitung im heutigen Großbritannien lag, zeigen, sind wahrscheinlich auch Menschen aus Britannien auf dem Zugmantel gewesen. Möglicherweise kann man sie mit Soldaten aus England in Verbindung bringen, die an anderen Kastellstandorten entlang des Limes inschriftlich belegt sind.[216] Ebenfalls durch charakteristische Fibeln wird die Anwesenheit von Menschen aus den östlichen Donauprovinzen des römischen Reiches, heute Rumänien und Bulgarien, wahrscheinlich.[217] Vielleicht waren es, wie schon gesagt, Soldaten, vielleicht Händler auf der Durchreise, vielleicht auch niedergelassenen Kaufleute, Handwerker oder Schankwirte. Letztere drei Spezies wird man hauptsächlich in den Langhäusern entlang der Aarstraße angetroffen haben, wo sicherlich in jedem Haus einem Gewerbe nachgegangen wurde und an der Straßenseite der Häuser die Waren oder Dienstleistungen feilgeboten wurden. Heute kann man, bis auf ganz wenige Ausnahmen, den einzelnen Häusern ihre ursprüngliche Nutzung nicht mehr zuweisen. In einem Keller z.B. wurden 40 Webgewichte gefunden.[218] Sicherlich stand dort einst ein Webstuhl, auf dem Stoffe hergestellt und – vielleicht in einem Laden darüber – gleich zum Kauf angeboten wurden. Fester Bestandteil der Kaufleuteschaft eines Kastellvicus war mindestens ein Keramikhändler, eher mehrere *artis cretariae*. Der Grund war einfach der, daß fast jeder Keramikhändler einen Exklusivvertrag mit nur einer der zahlreichen Produktionsstätten z.B. der Terra-sigillata, dem etwas feinerem Tafelgeschirr der Römer, abgeschlossen hatte, deren Produkte ausschließlich er vor Ort verkaufte.[219] Einer dieser Terra-sigillata Händler konnte auf dem Zugmantel nachgewiesen werden. Im Keller eines der Langhäuser hatte er wohl sein Lager eingerichtet, das er aus unbekanntem Grund nicht mehr räumen konnte. Unter diesen Hinterlassenschaften befanden sich u.a. 50 gleichartige, ungestempelte Tassen, neun gleichartige Teller sowie zwölf reliefverzierte Gefäße.[220] Dieser Händlernachweis ist gleichzeitig ein guter Beleg dafür – ebenso wie die mehrfach gefundenen Münzschätze[221] –, daß im Kastellvicus Kaufkraft vorhanden gewesen sein muß. Sicherlich zielte die ökonomischen Ausrichtung jener Gewerbetreibenden auf zwei Bereiche: einmal auf den Grenzhandel mit den Germanen und dann natürlich auf den Sold der Soldaten, der ihnen eigentlich so gut wie sicher war.[222] Entsprechend vielfältig war auch das Angebot an Waren und Dienstleistungen im Kastellvicus am Zugmantel, das sich anhand zahlreicher Funde nachweisen läßt. Lassen wir einmal die große Zahl der reisenden Händler außen vor, die die Soldaten wahrscheinlich mit Versorgungsgütern, einzelne auch mit Luxusgütern (Abb. 16 s. Taf. 2, S. 29) belieferten sowie mit Lebensmitteln und Ausrüstungsgegenständen versorgten, die nicht vom Dienstherrn gestellt wurden, daneben aber auch ihrerseits »Beute« aus kriegerischen Auseinandersetzungen aufkauften[223], dann bleiben doch noch eine ganze Menge Betriebe übrig, die dauerhaft im Vicus ihrem Broterwerb nachgingen.

10.1 Handwerk und Handel im Vicus

Durch sehr zahlreiche Werkzeugfunde[224] und Produktionsabfälle[225] ließen sich die folgenden Handwerks- und Tätigkeitsbereiche erschließen. In dem »Viertel« westlich des Kastells hat man möglicherweise – in sehr bescheidenem Umfang – Eisen verhüttet, d.h., schmiedbares Eisen aus Eisenerz hergestellt. Es wurden dort einige Brocken Roteisenstein gefunden, der in der Umgebung vorkommt, sowie eine Rennfeuerschlacke, ein Abfallprodukt des Verhüttungsprozesses in einem Rennofen.[226] Ein Bronzegießer und Schmuckhersteller ist durch drei Schmelztiegelchen und eine Gußform für Anhänger nachgewiesen.[227]

Aufgrund der Unmenge von Knochen- und Geweihresten dürften einige Knochenschnitzer ihre Produkte wie Haarnadeln, Messer- und Schwertgriffe, Möbel- und Kästchenbeschläge, Amulette, Spielsteine usw. auf dem Zugmantel hergestellt und zum Kauf oder Tausch angeboten haben.[228]

Eine Grube mit »schräg gepflasterten Wänden« wurde vielleicht von einem Färber oder Gerber benötigt.[229] In diesem Zusammenhang ist auch die Lederverarbeitung zu stellen, die am Zugmantel anscheinend ein zentrales Gewerbe darstellte. Bisher konnten nur für die Kastelvici des Zugmantels und der Saalburg Schuhmachereien sicher nachgewiesen werden.[230] Der Grund dafür ist, daß sich in den Brunnen das Leder hervorragend erhalten hat. Von den 46 Brunnen am Zugmantel fand man in 14 Lederreste, weitere stammen aus dem Badegebäude an der Aarquelle.[231] Die Hauptmasse der Funde bildeten Schuhe. Mindestens 82 Einzelstücke, keine Paare, konnten ausgezählt und geschlechtsspezifisch zugewiesen werden: 39 wurden von Männern, 13 von Männern oder Frauen, 21 von

Frauen, acht von Kindern und einer von einer Frau oder einem Jugendlichen getragen.[232] Es ließen sich sogar noch verschiedene Arten der Schuhe bestimmen. Vier Varianten sind mehrfach belegt: 1. Schuhe, die aus einem einzigen Lederstück geschnitten sind (carbatina); 2. Sandalen (solea); 3. Hausschuhe (soccus); 4. geschlossene Schuhe (calceus, pero, caliga).[233]

Vor allem der letztgenannte, der geschlossenen Schuh, war die Arbeit eines speziell ausgebildeten Handwerkers, eben eines Schuhmachers. Er ist unserem heutigen Schuh durchaus ähnlich, d.h., man hat ihn nach dem gleichen Prinzip angefertigt. Dabei wurde eine geschlossene Oberseite mit einer separat angefertigten Sohle vernäht. Ohne die Verwendung eines Leisten ist die Herstellung solcher Schuhe nicht denkbar.[234] Die Sohlen der Schuhe waren wohl überwiegend aus Rindleder, der aufgehende Teil aus Maultier-, Esel-, Schaf- oder Wildleder, wobei es heute nicht immer leicht ist, die einzelnen Lederarten genau zu bestimmen. Nur Ziegenleder macht da eine Ausnahme. Technisch interessant ist auch, daß das Leder nie einfach, sondern immer doppelt zusammengeklebt verwendet wurde, und zwar Fleischseite auf Fleischseite. Dadurch war gewährleistet, daß ein Lederstück immer zwei glatte, widerstandsfähige Außenseiten aufwies.[235]

Betrachtet man die Lage der Brunnen mit Lederresten, dann fällt auf, daß sie bis auf zwei Ausnahmen allesamt recht konzentriert entlang der nördlichen Aar- und südlichen Nordwestraße lagen und zwar meist noch im Bereich des großen, freien dreieckigen Platzes vor dem Osttor des Kastells, der wahrscheinlich der Marktplatz des Vicus war.[236] So wie es aussieht, wird man also mit mehreren Schuhmacherbetrieben und Schuhläden auf dem Zugmantel rechnen müssen, die räumlich nicht allzu weit voneinander entfernt lagen. Obwohl die Sohlen der Schuhe in der Regel benagelt waren, dürfte der Verschleiß an Schuhen doch sehr hoch gewesen sein. Auch ist denkbar, daß die Germanen außerhalb des Limes dankbare Kunden der Schumacher waren, so daß alle trotz der internen Konkurrenz ihr Auskommen gefunden haben werden.

Nachgewiesen ist auch mindestens ein recht ansehnlicher Mühlenbetrieb, bei dem etwa 4–6 Mann Beschäftigung fanden. So viele waren nämlich zur Bedienung des Mahlwerks nötig, dessen zwei zusammengehörigen Mühlsteine von 0,76 m Durchmesser 1912 in einem Brunnen gefunden wurden. Sie waren Bestandteile einer Getriebemühle, wie die Beifunde zeigten. Erhalten ist nämlich auch das Getrieberad aus Eisen und Holz sowie die schwere eiserne Getriebeachse. Zusammen ergibt dies das bisher einzige Mühlengetriebe aus der Antike, das bis heute archäologisch überliefert ist. Zwei fast identische Mühlenachsen wurden noch 1913 in einem anderen Brunnen des Vicus gefunden.[237] Da es auf dem Zugmantel kein fließendes Wasser gab, kann das Getriebe auch nicht von einer Wassermühle stammen. Vielmehr ist an einen Antrieb durch ein Tier – Maultier oder Esel – über Zahnkränze eines Göpelwerkes zu denken.[238] Ein Nachbau dieser Mühle erbrachte eine Mahlleistung von ca. 100 kg Getreide in der Stunde. Dies entsprach etwa dem Tagesbedarf einer Centurie.[239]

So wie es aussieht, wurde das Getreide zur Verpflegung der Soldaten und der Vicusbewohner auf dem Zugmantel »importiert«, d.h., die Versorgung fand nicht vor Ort statt, sondern kam aus den Landgütern, den Villae rusticae des Hinterlandes. Landwirtschaft ist auf und um den Zugmantel in römischer Zeit nicht nachzuweisen.[240] Pollenanalytische Untersuchungen von vier Proben aus zwei Brunnen – wahrscheinlich vom Ende des 2./Anfang des 3. Jh.s n.Chr. – scheinen dies zu bestätigen. Auf der Florenliste stehen: 1. Pflanzen, die sich auch noch heute in der Vegetation im unmittelbaren Umfeld des Kastellplatzes finden lassen, Pflanzen die schnell Fuß fassen, sobald ein Stück Wald gerodet und öfters begangen wurde. 2. Pflanzen, die feuchtere Böden bevorzugten. Sie sind heute dort weitgehend verschwunden. 3. Gebüsche und Ackerkräuter, die sich dann breitmachen, wenn zuvor eine tiefgreifende Veränderung der ursprünglichen Vegetation stattgefunden hat, z.B. durch die Anlage eines Kastells und eines Kastellvicus. Pollen von Waldbäumen waren nur sporadisch vertreten, anders als Weiden- und Kräuterpollen, die in großen Mengen vorhanden waren. Vielleicht wuchsen die Weiden in unmittelbarer Nähe der Brunnen und der Aarquelle.[241]

Was über den Getreideanbau gesagt wurde, gilt in gleicher Weise auch für die Viehwirtschaft. Tierhaltung oder gar -zucht in größerem Umfange war sicher nicht vorhanden. Dazu waren die Langhäuser aufgrund ihrer Größe und Bauweise völlig unzureichend. Die Tiere, die im Kastellvicus untergebracht waren, dürften in erster Linie Arbeitstiere gewesen sein, danach Lieferanten von Nahrungsmitteln und Rohstoffen und schließlich vielleicht selbst Nahrung für ihre Besitzer. Gefunden wurden zahlreiche Rinderknochen, darunter auch Schädel, anhand derer sich sogar zwei verschiedene Rinderrassen am Zugmantel nachweisen ließen, eine Primigenius-Rasse und eine Longifons-Rasse.[242] Weiterhin waren nachweisbar Schaf und Ziege sowie das Schwein vertreten, von dem sich allerdings fast nur Zähne fanden. Einige Pferdeknochen sowie einige Hühnerknochen und der Schädel eines Zwerghundes runden das Bild der Nutz- und Haustiere ab.[243] Aus römischem Zusammenhang sind mehrere Hunderassen bekannt, so Zwergspitze, Schäferhunde – sie haben nichts mit der Neuzüchtung zu tun, die wir heute als Schäferhund bezeichnen –, Dachshunde, Jagdhunde, Doggen und natürlich Windhunde.[244] Das Exemplar vom Zugmantel dürfte in Richtung Zwergspitz gegangen sein. Als Nahrungslieferanten schieden wohl Hunde und wahrscheinlich auch Pferde aus. Das Geflügel kann als Ergänzung des Speiseplans vernachlässigt werden und wird eher als Opfertier gedient haben.[245] Wildtiere spielten bei der Ernährung eine eher untergeordnete Rolle. Jagd wurde von den Vicusbewohnern anscheinend kaum ausgeübt. Was sich fand, waren einige wenige Knochen vom Reh sowie einer vom Hasen. Was dagegen in großen Mengen vorkam, waren Hirschgeweihreste. Sie stammten aber in der Mehrzahl von aufgelesenen Abwurfstangen.[246]

11. Truppenbetreuung und andere Kurzweil auf dem Zugmantel

Da Essen und Trinken zeitweise über die Befriedigung eines Grundbedürfnisses weit hinausgehen, und Genuß ebenso wie Kurzweil damit verbunden sein können, gab es natürlich in einem Kastellvicus auch Einrichtungen, die sowohl Essen und Trinken sowie andere Sinnenfreuden feilboten. Man könnte sie kurz unter dem Begriff »Dienstleistungsbetriebe« zusammenfassen. Die in vielen Kellern gefundenen Amphoren für Wein und Öl und auch andere Stoffe, könnten durchaus der Lagerbestand von Kneipen und Schenken gewesen sein, vielleicht auch verbunden mit einem Verkaufsladen.[247] Man wird auch, um die Worte Jacobis zu gebrauchen, *auf die Anwesenheit freundlicher Mädchen in den Kneipen und Schaubuden schließen* dürfen.[248] Einen Hinweis auf die möglichen Folgen eines Besuches der »freundlichen Mädchen« lieferte ein Augenarztstempel, worauf ein Heilmittel namens »diamisus« gegen »Blenorrhoe der Augen« aufgeführt ist.[249] Er ist zugleich ein Beleg dafür, daß es im Kastellvicus medizinische Betreuung gab, daß vielleicht sogar ein niedergelassener Arzt seinem Gewerbe nachging. Bei etwa 800 Einwohnern sicher kein schlechtes Geschäft.

Neben den zahlreichen Händlern und anderen Gewerbetreibenden lebten im Kastellvicus natürlich auch die Frauen und Kinder der im Kastell stationierten Soldaten. Eigentlich war es den Soldaten der frühen und mittleren Kaiserzeit offiziell nicht erlaubt zu heiraten. Schon bestehende Ehen aus der Zeit vor dem Eintritt ins Militär wurden sozusagen ausgesetzt, d. h. sie »ruhten« während der Dienstzeit. Kinder aus diesen Verbindungen wurden als unehelich betrachtet. Dennoch wurden die Soldatenfamilien durchaus gerne geduldet, vor allem wegen des so zahlreich daraus hervorgehenden Nachwuchses, dessen männlicher Teil wiederum zur Rekrutierung der Truppen gebraucht wurde.[250]

Zum Zwecke kurzweiliger und geselliger Unterhaltung der Vicusbewohner und der Soldaten waren wahrscheinlich auch Schauspieler und Gladiatoren zeitweise auf dem Zugmantel. Zumindest die Gladiatoren lassen sich indirekt durch einen sehr schönen bronzenen Greifenkopf nachweisen (Abb. 17 s. Taf. 2, S. 29). Anfangs wurde gar nicht erkannt, um was sich bei diesem Fundstück handelte. Man glaubte, es wäre die Attasche eines Bronzegefäßes, der Zierbeschlag eines Wagens oder eines Möbelstückes gewesen.[251] Heute ist man übereinstimmend der Meinung, daß es der Crista-Beschlag eines Gladiatorenhelmes war, das vordere, dem Gegner zugewandte Ende des Helmaufsatzes. Gladiatoren mit derartig ausgestalteten Helmen gehörten zur Waffengattung der »Thraex«, der Thraker.[252] Zu ihrer Standardausrüstung gehörten der Visierhelm (galea) mit dem Greifenkopf (Abb. 18), ein kleiner runder oder rechteckiger Schild (parma) und das sichelförmig gebogene oder winkelartig abknickende Kurzschwert (sica) – parma und sica galten als Nationalwaffen der Thraker. Der Schwertarm war mit einer elastischen Binde (manica) umwickelt, Beinschienen (ocreae) schützen die Beine von unten bis kurz über die Knie. Die Beine steckten oftmals in hautengen Beinkleidern, die gesteppt oder bestickt gewesen sein konnten, ein Trachtbestandteil thrakischer Reiterstämme. Vervollständigt wurde die Ausrüstung des Thraex noch durch einen Gürtel (balteus) und Schurz (subligaculum).[253] Es versteht sich von selbst, daß nicht immer ein Thraker in dieser Ausrüstung steckte. Der Thraex war eine feste »Rolle« im Gladiatorenzirkus, die jeder trainieren und übernehmen konnte, egal aus welchem Teil der Welt er letztlich stammte.

Theateraufführungen und Gladiatorenspiele dürften in den beiden Rundschanzen stattgefunden haben, eine zwischen Kastell und Limes an der Hühnerstraße, eine etwa 350 m östlich des Kastells am Galgenköppel gelegen (Abb. 7). Beide haben einen kreisrunden Grundriß und wurden als Holz-Erde-Konstruktion, möglicherweise mit einer steinernen Stützmauer erbaut. Die Größe der Arena am Galgenköppel betrug etwa 370 qm, der Kreisumfang der ersten Zuschauerreihe etwa 68 m, die an der Hühnerstraße war etwa 450 qm groß, der Kreisumfang der ersten Zuschauerreihe etwa 75 m. Bei der Schanze an der Hühnerstraße sind zwei gegenüberliegende Eingänge nachgewiesen, wie sie von vergleichbaren Anlagen aus Dambach am rätischen Limes, Tomen-y-Mur (Merionethshire) in Wales und eventuell Charterhouse-on-Mendip (Somerset) in England bekannt sind.[254]

Zuerst hat man bei diesen Rundschanzen an Tierzwinger gedacht, in denen in den Wäldern gefangene wilde Tiere, die für die Spiele in den größeren Arenen der Städte bestimmt waren, »zwischengelagert« wurden. Tierfang zu diesem Zweck wurde von den Soldaten am Limes systematisch betrieben, nachweislich auch auf dem Zugmantel. Auf einer Trierer Bilderschüssel aus dem zweiten Steinkastell ist das Grafitto »vestigiatorum« zu lesen, was ihren ehemaligen Besitzer als einen Angehörigen eines Tierfängertrupps ausweist.[255] Heute geht man davon aus, daß es sich doch eher um richtige kleine Amphitheater gehandelt hat, in denen sowohl Theatergruppen auftraten sowie auch Gladiatoren ihr rüdes Handwerk pflegten.[256] Das schließt natürlich nicht aus, daß kurzfristig nicht doch ein paar eingefangene Tiere dort vorübergehend untergebracht wurden. Das chronologische Verhältnis der beiden Anlagen zueinander ist noch ungeklärt.[257]

Soweit das, was wir über das tägliche Treiben und Leben in dem Kastellvicus auf dem Zugmantel in aller

Abb. 18: Gladiatorenhelm eines Thraex aus Pompeji. Siehe auch Tafel 2 (S. 29, Abb. 17).

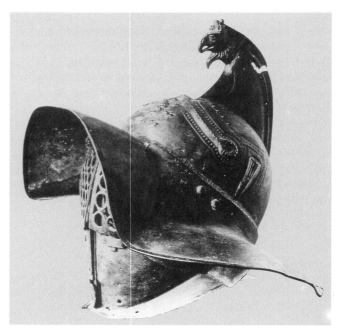

gebotenen Kürze sagen können. Wer aber nun glaubt, daß dies Jahr für Jahr friedlich immer weiter so vonstatten ging, irrt sich gewaltig. Ein Kastellvicus war immer aufgrund seiner engen Beziehung und vor allem Lage zu seinem Kastell, das ausschließlich aufgrund rein militärisch-strategischer Gesichtspunkten an einem bestimmten Ort errichtet wurde, gefährdet, im Verlaufe kriegerischer Auseinandersetzungen zerstört zu werden. Dies traf natürlich in besonderem Maße für Kastelle und Kastellvici in vorderster Lage, in unserem Falle dem Limes, zu. Schließlich hatten die Römer das Land hinter der von ihnen eingerichteten Grenze nicht gekauft, sondern es sich einfach genommen, es besetzt, was die vorherigen Besitzer, wahrscheinlich die zu den germanischen Chatten zu zählenden Mattiacer, keinesfalls mit Beifall quittiert haben dürften.

12. Zerstörungen und Wiederaufbau – das Ende römischer Präsenz auf dem Zugmantel

Wir können nicht alle durch Germaneneinfälle hervorgerufenen Zerstörungen archäologisch nachweisen, ebensowenig wie die durch eigene Unachtsamkeit entstandenen. So wie es sich heute darstellt, war mehr als die erste Hälfte des 2. Jh.s n. Chr. eine friedliche Zeit in Obergermanien. Erst in den Jahren 162 und 169 n. Chr., in der Regierungszeit des Kaisers Marc Aurel (161–180 n. Chr.), werden Germaneneinfälle vermeldet[258] und vielleicht wurde im Verlauf dieser Auseinandersetzungen etwa 170 n. Chr. auch der Kastellvicus auf dem Zugmantel überfallen und teilweise zerstört.[259] Die nächsten Jahre verbrachten die Vicusbewohner in ständiger Anspannung und Furcht davor, daß jederzeit wieder germanische Verbände auf Raubzügen in ihre Siedlung einfallen konnten.

Den anscheinend um die Mitte des 2. Jh.s n. Chr. nicht mehr weiter ausgebauten, teilweise sogar schon aufgegebenen Vicusbereich westlich der Südstraße verwüstet unter Kaiser Commodus (180–192 n. Chr.) 180/183 n. Chr. ein Großbrand[260]. Andere Vicusteile wurden ein paar Jahre später ebenfalls Opfer einer Brandkatastrophe. Zwischen 185 und 187 n. Chr. fielen erneut Germanen, jetzt erstmals unter dem Sammelnamen Alamannen zusammengefaßt, über den Limes ins römische Reich ein[261]. In dieser Zeit wurde auch der Kastellvicus großflächig zerstört, wofür man drei Hypothesen entwickelt hat: 1. Ein Angriff der Alamannen führte zur Plünderung und Zerstörung des Kastellvicus, während das zu dieser Zeit noch bestehende erste Steinkastell unbehelligt blieb. 2. Während des Um- oder Neubaus des ersten zum zweiten Steinkastell kam es zu einem unbeabsichtigten Brand, der auf den Vicus übergriff und ihn weitgehend zerstörte. 3. Im Rahmen des Um-/Neubaus des ersten zum zweiten Steinkastell wurde der Kastellvicus planmäßig niedergebrannt, um ihn von Grund auf neu zu errichten.[262] Am wenigsten wahrscheinlich dürfte die dritte Version sein. Zur zweiten stellt sich die Frage, ob es der richtige Zeitpunkt war, ein bestehendes Kastell abzubauen um ein neues zu errichten, wenn es an der Grenze lichterloh brannte? Bleibt eigentlich als plausibelste Erklärung die erste Hypothese übrig.

Ein erneuter Brand scheint um 200 n. Chr. im Vicus gewütet zu haben, dessen Ursache jedoch nicht bekannt ist[263]. Weitere Alamanneneinfälle fanden noch unter Kaiser Elagabal (218–222 n. Chr.)[264] oder zu Beginn der Herrschaft des Kaisers Severus Alexander (222–235 n. Chr.)[265] sowie während dessen Regierungszeit 230/233 n. Chr. statt[266], bevor die umfassende Vernichtung des Kastellvicus um die Mitte des 3. Jh.s n. Chr. vollzogen war. Auf dieses Datum weist auch einer der zahlreichen Schatzfunde hin, bestehend aus 140 Silbermünzen, 53 Denare und 87 Antoniniane.[267] Die Münzreihe beginnt mit Prägungen des Kaisers Septimius Severus (193–211 n. Chr.) und endet mit Prägungen des Kaisers Traianus Decius (249–251). Die späteste bekannte Fundmünze aus dem Kastellvicus auf dem Zugmantel wurde unter Kaiser Trebonianus Gallus (251–253 n. Chr.) geprägt.[268] Ob der Vicus schon 243/254 n. Chr. oder erst 259/260 n. Chr. untergegangen war, kann nicht mit letzter Sicherheit entschieden werden. So wie es sich darstellt, scheinen nach seiner Zerstörung und Auflassung doch noch einige Menschen am Platz geblieben zu sein, bevor er völlig brach fiel.[269]

Es würde zu weit führen, auf die teilweise außerordentlich qualitätvollen Funde vom Zugmantel hier näher eingehen zu wollen, zumal die meisten in zahlreichen Sammel- und Einzelpublikationen schon vorgelegt wurden.[270] Einige bemerkenswerte Stücke wurden bei der Beschreibung des Kastells und des Kastellvicus berücksichtigt. Auf den Zugmatel als Ort wird, allerdings in zeitlich anderen Zusammenhängen, nochmals zurückzukommen sein.

13. Das Kleinkastell Heidekringen

Neben dem Kastell und Kastellvicus auf dem Zugmantel gab es auf Taunussteiner Gemarkung eine zweite viel kleinere, aber ähnlich strukturierte Anlage aus römischer Zeit. Etwa 2,0 km nordwestlich der Kreuzung des »Alten Sonnenberger Weges« von Wehen nach Sonnenberg mit der Platter Straße am Jagdschloß Platte und etwa 1,5 km südöstlich von Wehen, liegen im Wald am Nordabhang des Eichelberges die Ruinen des römischen Kastells und kleinen Vicus Heidekringen. Da der römische Name dieser Anlage nicht überliefert ist, war, wie auch beim Zugmantel, der Distrikt namensgebend, in dem sich die Überreste heute befinden.[271] Schon von A. v. Cohausen als römische Anlage erkannt[272], wurden 1897 Ausgrabungen von E. Ritterling im Auftrag der Reichs-Limes-Kommission[273] und 1949 von H. Schoppa durchgeführt.[274]

Heidekringen zählte mit 0,4 ha Fläche zu den Kleinkastellen.[275] Für eine vollständige Hilfstruppe war es nicht groß genug. Wahrscheinlich bestand seine Besatzung aus einer Abteilung Auxiliarsoldaten, die aus einem anderen Kastell – vielleicht dem auf dem Zugmantel – zeitweise dorthin abkommandiert waren.[276] Es war ein schlichtes Holz-Erde-Kastell. Von außen gesehen folgte auf einen einfachen Spitzgraben von etwa 2,8–3,2 m Breite und 0,9–1,0 m Tiefe ein hölzerner Palisadenzaun mit dahinter aufgeschüttetem, etwa 4,0 m breitem Erdwall, auf dem sich der Wehrgang befand.[277] Je ein Tor in der Nord- und Südmauer, nicht genau in deren Mitte, sondern leicht nach Westen versetzt, führten ins Innere des Kastells. Die Breite des Nordtores betrug 4,5 m, die des Südtores 4,0 m. Die Tore waren einfache Walldurchlässe ohne flankierende Türme. Verbunden wurden sie durch eine gerade Straße – vergleichbar der Via principalis anderer Kastelle –, die durchgehend gepflastert war. Steinstickungen an der Nordseite lassen dort auf eine weitere Straße schließen, ebenso wie etwa 5,2 m hinter der Palisade an der Westseite. An der Ost- und Südseite ließen sich keine Straßen nachweisen, genauso wenig wie Reste der einst vorhanden gewesenen Innenbebauung.[278] Auf sie verweisen zahlreiche Funde von Eisennägeln sowie auch Fragmente von Glasfenstern, wohingegen z. B. Münzen und Gegenstände aus Bronze ganz fehlen. Ziegel mit Stempeln der XXII. Legion gehören in die Zeit Kaiser Hadrians (117–138 n. Chr.).[279] Anscheinend wurde das Kleinkastell zu Beginn des 2. Jh.s n. Chr. errichtet und war dann nur relativ kurze Zeit in Benutzung.[280]

Es war nicht ein nie fertiggestelltes Provisorium, wie Schoppa annahm, nur gebaut, um Wiesbaden – nach der Aufgabe seines eigenen Kastells etwa zwischen 110 und 120/22 n. Chr. – so lange zu schützen, bis die Limeskastelle fertiggestellt waren. Heidekringen soll dann überflüssig geworden sein, als das Kastell auf dem Zugmantel in Betrieb genommen wurde.[281] Dieser Ansicht widersprechen Erkenntnisse und Forschungsergebnisse, wonach das erste Kastell auf dem Zugmantel etwa schon 20 Jahre bestand, bevor das Kastell Heidekringen gebaut wurde, in dem Fundmaterial des ausgehenden 1. Jh.s n. Chr. ganz fehlt.[282] Man ist sich heute einig, daß dieses Kleinkastell wohl die Funktion eines militärischen Straßenpostens inne hatte.[283] Nach der Auflassung des Kastells soll – nach Schoppa – an gleicher Stelle ein Steinturm diese Funktion übernommen haben.[284]

Die römische Straße, die etwa 20 m nördlich in südöstlich-nordwestlicher Richtung am Kastell vorbeiführte, stellte die Verbindung von Wiesbaden mit dem Kastell Heidekringen und von da weiter mit dem 5 km nördlich liegenden Kastell auf dem Zugmantel her.²⁸⁵ Ritterling, der in seiner Grabung 1897 die Straße vor dem Kastell Heidekringen sicher nachweisen konnte, glaubte noch, es sei eine in Richtung Wehen führende Abzweigung von der römischen »Hauptstraße« Wiesbaden zum Kastell Zugmantel via Rentmauer, wo sich eine römische Straßenkreuzung mit Station und Heiligtümern befand, und nicht wie heute über die Platte.²⁸⁶

Zwischen Kastell und Straße konnten spärliche Spuren eines Kastellvicus nachgewiesen werden.²⁸⁷ Nördlich des Sonnenberger Weges lassen sich im Gelände Terrassen und Podien erkennen, die auf ehemalige Bebauung hinweisen. Etwa gegenüber der Nordostecke des Kastells wurde von Ritterling der Rest eines 7,0 m mal 10,0 m großen Steinbaues freigelegt, in dem Schoppa später den vermeintlichen Straßenturm sehen wollte, der nach Aufgabe des Kastells die Funktion als Straßenstation weiter aufrecht erhalten haben soll.²⁸⁸ Schon Ritterling hatte seinerzeit die Funktion des Gebäudes richtig erkannt, nämlich die eines Bades, das wahrscheinlich während der zweiten Hälfte der Regierungszeit Kaiser Hadrians dort errichtet wurde.²⁸⁹ Ansonsten wurde nur ein ehemals holzverschaltes Bassin ausgegraben, das wiederum Schoppa als zu einem Bad gehörig ansah.²⁹⁰ Wahrscheinlich war es aber nur eine Pferdetränke neben der Straße.²⁹¹

Damit ist auch schon alles über das Kleinkastell Heidekringen und seinen Vicus sowie fast alles über die römischen Hinterlassenschaften auf Taunussteiner Gebiet gesagt. Was noch fehlt, sind zwei Einzelfunde aus römischer Zeit.

14. Römische Einzelfunde in der Gemarkung

Gefunden bei Neuhof hinter der Platte auf einem Acker 2 Stund nördl. Wiesbaden lautet die kurze Fundortangabe eines alleine gefundenen römischen Fingerringes aus Eisen mit einem gefaßten Stein, der 1859 vom Verein für nassauische Altertumskunde und Geschichtsforschung angekauft wurde.²⁹² Der Ring ist leider stark fragmentiert, dennoch läßt sich noch gut seine Sphendonenform erkennen. Der gefaßte Stein ist ein dunkelgraublauer bis hellgraublauer geschichteter Nicolo mit einer tiefgehenden Schneidearbeit (Abb. 19 s. Taf. 2, S. 29). Zur Zeit der Auffindung des Ringes hielt man die eingeschnittene Figur aufgrund ihrer Ausstattung für einen römischen Soldaten auf dem Marsch.²⁹³ Dargestellt ist aber Romulus, in der Rechten die Spolia Optima (Feldherrenbeute) schulternd, in der Linken einen Speer haltend. Bekleidet ist er mit einem Panzer und einem wehenden Mantel. Die Arbeit wird in das 2. Viertel des 2. Jh.s n. Chr. datiert.²⁹⁴

Der zweite Einzelfund aus römischer Zeit auf Taunussteiner Gebiet, ein als Capricorn (Ziegenfisch) gestalteter Standartenaufsatz einer Kohorte der XXII. Legion, hat schon früh die Phantasie der Menschen angeregt.²⁹⁵ Er besteht aus einem unten offenem und innen hohlen achteckigem Schaft, der oben in einer Kugel endet, auf der ein Capricorn schwebt (Abb. 20 s. Taf.2, S. 29). Er wurde in einem Stück in einer verlorenen Form gegossen und darf durchaus zu den besseren Bronzegußerzeugnissen der Römer in unseren Breiten gerechnet werden. Die Höhe des Schaftes beträgt 9,5 cm, die der Kugel 1,0 cm und die des Capricorns 6,0 cm. Der Durchmesser des nach oben hin leicht konisch zulaufenden Schaftes mißt am unteren Ende 3,4 cm, am oberen 2,5 cm. Der Capricorn ist von Schwanz- bis Hufspitzen der Vorderbeine 12,8 cm lang.

Im Februar des Jahres 1833 hatten mehrere Holzhauer aus Neuhof das Stück beim Nachhausegehen in der frisch ausgefahrenen Wagenspur eines Weges gefunden. Die Arbeiter nahmen das Fundstück mit nach Hause und versuchten in der Folgezeit anscheinend mehrfach es zu verkaufen, was aber mißlang. F. G. Habel, seinerzeit Archivar in Wiesbaden und Sekretär des Vereins für Nassauische Altertumskunde und Geschichtsforschung, bekam über einen Verwandten davon Kenntnis, kaufte es sofort auf und stiftete es der öffentlichen Sammlung des Vereins.²⁹⁶ Wie seinerzeit dieser sensationelle Fund für einige Aufregung sorgte, soll Habel, der ihn als erster publizierte, mit seinen eigene Worten ausdrücken: *Die Umstände der Auffindung dieses Signums waren so eigenthümlich, daß manche hieraus Zweifel gegen die Aechtheit dessel-*

ben erheben wollten. Dies bestimmte mich, an Ort und Stelle selbst, durch Vernehmung der Finder und Zeugen, den Sachbestand mit Genauigkeit zu ermitteln. Bei einem so interessanten und seltenen Gegenstand, welcher über das römische Kriegswesen so vieles Licht verbreitet, erscheine daher eine detaillirte Erzählung der Veranlassung des Fundes nicht überflüssig, um jeden Anstand vollständig zu beseitigen.[297]

Der Fundort lag im Distrikt »Fürstenrod«, ein wenig nördlich der Platte: *Verfolgt man nämlich von der Platte aus, die Limburger Chaussee 550 Schritte weit in der Richtung nach Neuhof den Abhang hinunter, so zeigt sich, da wo die Straße den ersten stumpfen Winkel bildet, auf der rechten Seite, ein wenig gebrauchter Waldweg, welcher fast an die Grenze eines Buchenhochwaldes in östlicher Richtung hinzieht. Hat man von der Chausée aus, 225 Schritte in östlicher Richtung auf diesem Weg zurückgelegt, so ist man auf der Stelle des Fundorts.*[298]

Der Capricorn, auch Steinbock, Sternbild im Tierkreis zwischen Schütze und Wassermann, wird als Zwittergestalt von gehörnter Ziege (Vorderteil) und Fisch (Hinterteil) dargestellt. Wahrscheinlich war er schon bei den alten Babyloniern als »Ziegenfisch« bekannt.[299] In seiner heutigen Form kam er aus Aegypten und hat seinen Ursprung im Mythos des Pan oder Aegipan, einer der acht obersten Gottheiten der Aegypter, dargestellt als gehörnte Figur mit Ziegenfüßen. Von Aegypten gelangte Pan nach Griechenland, wo er vorwiegend als Hirtengott Verehrung fand. Von diesem Zeitpunkt an gibt es zahlreiche Geschichten und Mythen um ihn, von denen zwei in unserem Zusammenhang recht interessant sind, einfach zum besseren Verständnis dafür, warum römische Soldaten dieses Zwitterwesen als sichtbares Zeichen ihrer Abteilung gewählt haben.[300] Als einmal die griechischen Götter vor Typhon nach Aegypten fliehen mußten, riet ihnen Pan, dies in Tiergestalt zu tun, damit sie ihr Verfolger nicht erkennen konnte. Pan selbst ging ins Wasser und nahm die Zwittergestalt eines Ziegenbockes und Fisches an.[301] Die andere Geschichte erzählt, daß Pan zusammen mit Jupiter auf dem Berg Ida auf Kreta erzogen wurde und auch zusammen mit dem jungen Gott gegen die Titanen in den Kampf zog. Mit einer Muschel, die er fand, soll Pan, indem er darauf blies, einen derartigen Lärm erzeugt haben, daß die Titanen in pan-ischen Schrecken versetzt wurden und Hals über Kopf flohen.[302] Eine andere Version lautet, daß er Seemuscheln gegen die Titanen schleuderte, sie damit in pan-ischen Schrecken versetzte und in die Flucht schlug[303]. Wie dem auch gewesen sein mag, jedenfalls wurde der Capricorn als Belohnung von Jupiter unter die Sterne versetzt.[304]

Vielleicht liegt in diesen mythologischen Geschichten der Grund dafür, warum z. B. eine römische Kohorte als Standartenzeichen ein derartiges Zwitterwesen wählte, was auf den ersten Blick nicht sonderlich furchteinflößend ist. Man kann ihm allerdings, vor seinem mythologischen Hintergrund, der im gesamten Mittelmeerraum sicherlich bekannt war, ein kämpferisches Attribut nicht absprechen. Sogar die Muschel hält er zwischen seinen Vorderläufen, mit der er wahrscheinlich die Gegner der Kohorte – bildlich gesprochen – in pan-ischen Schrecken versetzen sollte.

Habel, wie auch spätere Bearbeiter, ging davon aus, daß wahrscheinlich eine Kohorte oder kleinere Abteilung der XXII. Legion auf ihrem Marsch vom oder zum Kastell auf dem Zugmantel oder Heftrich an dieser Stelle von Germanen überfallen wurde.[305] Bei dem Gefecht wurde das Signum aus seiner Verankerung abgerissen, und zwar so heftig, daß eine der zwei Befestigungsösen abbrach. Es wird sich angesichts der Anzahl der beteiligten Römer und Germanen um größere Kampfhandlungen gehandelt haben. Da an der Fundstelle aber nur das Standartenzeichen und sonst weiter nichts gefunden wurde, muß der Fundort nicht identisch mit dem Ort des Überfalls gewesen sein. Denkbar wäre, daß der Standartenträger angesichts einer drohenden Niederlage versuchte – vielleicht selbst schon schwer verwundet –, das Kohortenzeichen in Sicherheit, d. h. weg vom Ort des Geschehens zu bringen, um es nicht in die Hände der Angreifer fallen zu lassen. Weiterhin denkbar wäre, daß er seinen Verletzungen erlag und außer ihm niemand wußte, wo das Signum verborgen war. Wie auch immer, 1836 kam es durch Zufall auf heute Taunussteiner Gebiet wieder zum Vorschein.

15. Funde aus nachrömischer Zeit auf dem Zugmantel

Bleiben zum Abschluß der vor- und frühgeschichtlichen Hinterlassenschaften noch ein paar Einzelfunde übrig, die aber nur auf eine zeitweise, wahrscheinlich eher sehr kurzfristige Anwesenheit von Menschen auf der heutigen Tanussteiner Gemarkung hinweisen. Unter den überaus zahlreichen römischen Funden vom Zugmantel befinden sich zwei Bronzehalsringe mit Ösen und Haken, wie sie vom 3. bis 5. Jh. n. Chr. gebräuchlich waren, sowie ein aus Eisen und Bronze zusammengedrillter Armring des 4./5. Jh. n. Chr.. Sie zeigen neben weiteren Funden, daß der ehemalige Kastell- und Vicusplatz der Römer auch in der Spätantike und der Völkerwanderungszeit noch aufgesucht wurde.[306] Aus der gleichen Zeit, dem 4./5. Jh. n. Chr., stammen ebenfalls von dort zwei Fibeln. Die eine ist eine wegen ihrer speziellen Form sogenannte Bügelknopffibel, die hauptsächlich in niedersächsisch/nordfranzösischem Gebiet zu Hause war, wo sie zur Frauentracht gehörte, die andere eine Eisenfibel mit umgeschlagenem Fuß.[307] In diesen zeitlichen Rahmen gehört auch eine Münze Kaiser Constantius II. (337–361 n. Chr.) vom Zugmantel.[308]

Wohl etwas jünger, aus dem Frühmittelalter, ist das obere Ende eines Ango, die Spitze mit Widerhaken und der sehr lange, in einer Tülle endende eiserne Schaft einer Lanze, anzusetzen. Sie wurde, ähnlich dem römischen Pilum, vorwiegend geworfen. Das Stück vom Zugmantel datiert vielleicht noch ins 5. Jh., wahrscheinlich aber schon ins 6. Jh. Als Einzelfund ist er eine absolute Seltenheit.[309] Grabfunde zeigen, daß der Ango nicht zur Ausrüstung einfacher Krieger gehört hat. Gräber in denen er vorkommt, waren in der Regel reich, wenn nicht sehr reich ausgestattet.[310] Der Ango ist eine ganz spezifische Waffe der Franken.[311] Betrachtet man diese Informationen vor dem historischen Rahmen des 5./6. Jh.s, der Zeit der großen Auseinandersetzungen der beiden expandierenden germanischen Stämme der Franken und Alamannen, könnte man annehmen, daß sich ein Trupp Franken in den Ruinen des Römerkastells auf dem Zugmantel unter der Führung eines ihrer Adeligen aufgehalten, vielleicht auch versteckt hatte, zu einer Zeit, als die Alamannen gerade noch die Herren im Land waren, bevor diese Rolle endgültig von den Franken übernommem wurde.[312]

Der vorläufig letzte überlieferte Fund aus vor- und frühgeschichtlicher Zeit aus der Taunussteiner Gemarkung ist vielleicht ein Spinnwirtel, eher jedoch eine Perle aus Bernstein. Wie die meisten der Einzelfunde stammt auch er aus den römischen Ruinen auf dem Zugmantel.[313] Eine Datierung der Perle ist schwierig, da man ähnliche Stücke schon aus keltischem Zusammenhang kennt.[314] Wahrscheinlicher ist aber, daß sie dem Frühmittelalter entstammt, der Zeit vom Ausgang des 5. Jh.s bis zum Beginn des 9. Jh.s. Dort verwendeten Männer derartige Perlen z. B. als Teil des Schwertgehänges, Frauen als Bestandteile von Halsketten oder Gürtelgehängen.

Damit sind wir am Ende der vor- und frühgeschichtlichen Zeit des heutigen Taunussteiner Gebietes angekommen, das, so wie es sich darstellt, nur während der römischen Okkupationszeit Germaniens an einer Stelle etwa 170 Jahre dauerhaft besiedelt war. Für die Zeiten davor und danach gibt es nur Hinweise auf Anwesenheit von Menschen, die jedoch bei weitem nicht ausreichen, um von einer Besiedlung sprechen zu können. Erst mit der Gründung der Kirche und des Klosters Bleidenstadt zu Beginn des 9. Jh.s erfolgte nach und nach die Aufsiedlung dieser Region, wie aus den ersten urkundlichen Erwähnungen der heutigen Ortsteile von Taunuustein hervorgeht. Auf Bleidenstadt (812 erste urkundliche Erwähnung) folgte 1184 Niederlibbach, zu Beginn des 13. Jh.s dann Schlag auf Schlag Hahn (1223/34), Wehen (1227), Neuhof (1230) und Hambach (1231), im 14. Jh. kommen Orlen (1339), Watzhahn (1344) und Wingsbach (1364) hinzu und schließlich im 15. Jh. noch Seitzenhahn (1435). Gesteht man den einzelnen Orten 100 bis 150 Jahre Vorlaufzeit bis zu ihrer ersten urkundlichen Erwähnung zu, so kommen wir dennoch nicht über das Mittelalter als Beginn der Aufsiedlung der Taunussteiner Gemarkung hinaus.

16. Anmerkungen

1. R. Knussmann, Die mittelpaläolithischen menschlichen Knochenfragmente von der Wildscheuer bei Steeden (Oberlahnkreis). Nassauische Annalen 78, 1967, 1 ff.
2. Freundliche Mitteilung des Finders. Ein weiterer Faustkeil des Neandertalers wurde kürzlich in Lahnau-Atzbach, Lahn-Dill-Kreis, als Einzelfund aufgelesen. L. Fiedler, Ein ungewöhnlicher Faustkeil aus Atzbach an der Lahn. Archäologie in Deutschland, Heft 3, 1995, 45.
3. Bisher nicht publiziert.
4. H.-E. Mandera, Die Vorgeschichte Nassaus von der älteren Steinzeit bis zur Urnenfelderzeit. In: K. Wurm/H.-E. Mandera/E. Pachali/H. Schoppa, Vorgeschichte und römische Zeit zwischen Main und Lahn (Bonn 1972) 25.
5. K. Wurm, Die vorgeschichtliche Besiedlung im Raum Wiesbaden. In: K. Wurm/H. Schoppa, Aus Wiesbadens Vorzeit (Bonn 1972) 4.
6. Die bandkeramische Kultur oder Bandkeramik wurde aufgrund bandförmiger Verzierungen auf ihrer Keramik benannt. Die Hinkelsteingruppe erhielt ihren Namen nach einem 1866 in der Flur »Hinkelstein« bei Monsheim, Kr. Alzey-Worms, entdeckten Gräberfeld.
7. Benannt nach den Fundorten Leingarten-Großgartach, Kr. Heilbronn (1901), und Rössen, Kr. Merseburg (1900).
8. Benannt nach den Fundorten Bischheim, Donnersbergkreis, dem Michelsberg bei Untergrombach, Kr. Bruchsal, und dem Wartberg bei Niedenstein-Kirchberg, Schwalm-Eder-Kreis.
9. R. Bärwald/N. Bantelmann, Inventar der vor- und frühgeschichtlichen Funde und Denkmale im Rheingau-Taunus-Kreis. In Vorbereitung beim Landesamt für Denkmalpflege Wiesbaden. Das Fundstück befindet sich unter der Inv.Nr. 66/1 in der Sammlung Nassauischer Altertümer des Museums Wiesbaden.
10. H.-E. Mandera, Schon vor 4000 Jahren gab es Menschen in Wehen. Jungsteinzeitliche Funde aus der Zeit um 2000 v. Chr. In: 1217–1967 750 Jahre Wehen im Taunus Pfingsten 67. Festschrift 1967, 6 ff., 82 f. Bei diesem zweiten Steinobjekt ist es mehr als fraglich, ob es sich wirklich um ein neolithisches Steinbeilchen handelt, oder ob seine Formgebung nicht eher einer Laune der Natur entsprungen ist. Das einzige, was auf ein Beil hindeutet, ist seine wenn auch etwas unregelmäßige trapezoide Form. Der Stein ist 5,0 cm lang und an der »Schneide«, die, für eine Beilklinge atypisch, genau waagerecht verläuft, 4,2 cm lang. Gegen ein Beil sprechen auch das Material aus weichem, hellgrauem Tonschiefer und die unregelmäßige Form seines Querschnitts. Was aber letztendlich ausschlaggebend und mit Sicherheit einem von Menschen hergestelltem Werkzeug entgegensteht, ist, daß dieser Stein keinerlei Bearbeitungsspuren zeigt, ebensowenig wie Benutzungsspuren. Man kann ihn daher getrost, als natürlich entstanden, aus vorgeschichtlichem Kontext streichen. Bärwald/Bantelmann (Anm. 9). Das Fundstück befindet sich unter der Inv.Nr. 66/1 in der Sammlung Nassauischer Altertümer des Museums Wiesbaden.
11. E. Sangmeister, Die Jungsteinzeit im nordmainischen Hessen, Teil III. Die Glockenbecherkultur und die Becherkulturen. Schriften zur Urgeschichte Band III,1 (1951) 97; Bärwald/Bantelmann (Anm. 9). Der Name schnurkeramische Kultur oder Schnurkeramik kommt von der typischen Verzierungsart der Gefäße mit Schnureindrücken. Die Glockenbecherkultur bekam ihren Namen wegen einer charakteristische Gefäßform dieser Stufe, eben Becher, die an Glocken erinnern.
12. A. Jockenhövel, Neolithische Besonderheiten. In: F.-R. Herrmann/A. Jockenhövel (Hrg.), Die Vorgeschichte Hessens (1990) 193.
13. Das Beil befindet sich unter der Inv.Nr. 1022 in der Sammlung Nassauischer Altertümer des Museums Wiesbaden.
14. Wurm (Anm. 5) 8.
15. Noch heute sind mehr als 50% der Gemarkungsfläche von Taunusstein bewaldet.
16. Kastell Zugmantel. Saalburg Jahrbuch 7, 1930, 50.
17. W. Kubach, Die Nadeln in Hessen und Rheinhessen. Prähistorische Bronzefunde, Abteilung VIII Band 3 (1977) 163 Nr. 248; U. Wels-Weyrauch, Die Anhänger und Halsringe in Südwestdeutschland und Nordbayern. Ebd. Abteilung XI Band 1 (1978) 71 Nr. 350.
18. Freundliche Mitteilung Dr. E. Pachali, Landesamt für Denkmalpflege Hessen, Abteilung Archäologische und Paläontologische Denkmalpflege, Wiesbaden.
19. Das Hügelfeld besteht aus 13 Hügeln, wovon zehn auf Niederlibbacher und somit Taunussteiner Gebiet, die restlichen drei auf Oberlibbacher und somit Hünstetter Gebiet liegen: Bärwald/Bantelmann (Anm. 9).
20. F.-R. Herrmann/A. Jockenhövel, Die Vorgeschichte Hessens (1990) 417.
21. Ebd. 411 f.
22. Ebd. 404.
23. D. W. Wagner, Untersuchung einiger Grabhügel bei Kemel. Annalen des Vereins für Nassauische Alterthumskunde und Geschichtsforschung 1, 1830, 26 ff.; Herrmann/Jockenhövel (Anm. 20) 402.
24. H. Polenz, Der Grabfund mit Situla von Laufenselden, Gemeinde Heidenrod, Untertaunuskreis (Hessen). Fundberichte aus Hessen 13, 1973 (1975), 127 ff.; Herrmann/Jockenhövel (Anm. 20) 262 ff., 404.
25. Ebd. 417.
26. Freundliche Mitteilung Dr. E. Pachali, Landesamt für Denkmalpflege Hessen, Abteilung Archäologische und Paläontologische Denkmalpflege, Wiesbaden.
27. Bärwald/Bantelmann (Anm. 9). Der Ring wurde 1928 von Dr. Fremersdorf in Köln für 30 Mark angekauft. Er befindet sich unter der Inv.Nr. 28/16 in der Sammlung Nassauischer Altertümer des Museums Wiesbaden.
28. Periodische Blätter 1855, Nr. 4, 121; Bärwald/Bantelmann (Anm. 9). Die beiden Gefäße wurden 1855 vom Mainzer Altertumsverein angekauft. Eines befindet sich heute im Landesmuseum Mainz, Inv.Nr. V 1688, das andere ist verschollen.
29. H. Schoppa, Zugmantel. In: Wurm/Schoppa (Anm. 5) 35. Vgl. auch E. Eichhorn, Zur Topographie der mittelalterlichen Fern- und Landstraßen zum und im Limburger Becken. Nassauischen Annalen 76, 1965, 76 Nr. 3 und Kartenbeilage zu: Taunusstein – Landschaft, Natur und Geschichte. In Bd. 1: Landschaft und Natur.
30. Seit systematisch Luftbildarchäologie betrieben wird, sind immer wieder Reste von ehemaligen Grabhügeln in Äckern und Wiesen auf Luftbildern erkennbar, von denen am Boden keinerlei Spuren mehr sichtbar sind.
31. Periodische Blätter 1857, Nr. 1, 12.
32. Er befindet sich dort unter der Inv.Nr. 1105.
33. Bärwald/Bantelmann (Anm. 9).
34. Leider ist das bei dem Mahlstein aus Neuhof nicht möglich, da er momentan nicht auffindbar bzw. unter den zahlreichen Mahlsteinen der Sammlung Nassauischer Altertümer ohne erkennbare Inventarnummern nicht sicher zu identifizieren ist.
35. H.-E. Mandera, Ein spätlatènezeitlicher Tierkopfgürtelhaken vom Zugmantel. Saalburg Jahrbuch 14, 1955, 84.
36. Bärwald/Bantelmann (Anm. 9).
37. Ebd.
38. K. Wilhelmi, Zur Funktion und Verbreitung dreieckiger Tongewichte der Eisenzeit. Germania 55, 1977, 180 f.
39. Ebd. 183.

40 Ch. Beckmann, Arm- und Halsringe aus den Kastellen Feldberg, Saalburg und Zugmantel. Saalburg Jahrbuch 37, 1981, 18.
41 Wurm (Anm. 5) 1, schreibt, daß Ringwallanlagen auf dem Altenstein und der Hohen Wurzel nur angenommen werden können. Außer an dieser Stelle ist nie von einem, wenn auch nur möglichen Ringwall auf der Hohen Wurzel die Rede.
42 C. A. v. Cohausen, Die Wallburgen, Landwehren u. alten Schanzen des Regierungsbezirks Wiesbaden. Annalen des Vereins für Nassauische Alterthumskunde und Geschichtsforschung 15, 1879, 351.
43 Ebd. 351.
44 Ch. L. Thomas, Die Steinverwallung auf dem Altenstein. Mitteilungen des Vereins für Nassauische Altertumskunde und Geschichtsforschung 13. Jahrgang, 3, 1909, 84 f.
45 Ringförmig-ovale Steinanhäufungen von ca. 50 m x 30 m Durchmesser und 0,20–0,40 m Höhe auf der westlichen Kuppe dürften Reste der bei v. Cohausen schon angesprochenen Steingewinnungsarbeiten sein: Bärwald/Bantelmann (Anm. 9).
46 »Als die Chatten frech geworden. Spuren aus der Römerzeit an der Hühnerstraße bei Orlen«. Wiesbadener Kurier, 15./16. November 1983.
47 Wehen und Umgebung. Gesehen mit den Augen des Schülers Albrecht Giller (13) und von ihm selbst aufgeschrieben. In: 750 Jahre Wehen (Anm. 10) 84 ff.
48 G. A. Schenck, Geschicht-Beschreibung der Stadt Wißbaden. Frankfurt am Main 1758.
49 E. Ritterling, Römische Baureste auf der Rentmauer bei Wiesbaden. Annalen des Vereins für Nassauische Altertumskunde und Geschichtsforschung 35, 1905 (1906), 264.
50 E. G. Hellmund, Erste Fortsetzung Der Thermographiae Paraeneticae; Oder nützlichen Baad-Buches (Wiesbaden 1733) 144.
51 Ritterling (Anm. 49) 266 ff.; D. Baatz/F.-R. Herrmann, Die Römer in Hessen. (Stuttgart 1982) 493.
52 C.-M. Hüssen, Grabungen und Forschungen der letzten 40 Jahre im obergermanischen und rätischen Limesgebiet. In: Der römische Limes in Deutschland. Archäologie in Deutschland: Sonderband, 1992, 37.
53 Kastell Zugmantel und der Limes bei Orlen. Archäologische Denkmäler in Hessen 33. Wiesbaden 1983. S. a. Kartenbeilage zu Taunusstein – Landschaft, Natur und Geschichte. In Bd. 1: Landschaft und Natur.
54 D. Baatz, Der römische Limes. Archäologische Ausflüge zwischen Rhein und Donau. (Berlin 1993) 16.
55 Die Ala war eine entweder 500 (Ala quingenaria) oder 1 000 (Ala milliaria) Mann starke Reitereinheit. Sie war in 16 bzw. 24 Turmae (Reiterzüge) zu je 30 bis 40 Reiter unterteilt mit einem Decurio (»Rittmeister«) an der Spitze. Der Kommandeur einer Ala entstammte dem Ritteradel und bekleidete zumeist den Rang eines Praefectus. Ebd. 24 f.
56 Die Kohorte war eine ebenfalls 500 (Cohors quingenaria) oder 1 000 (Cohors milliaria) Mann starke Fußtruppe, die in sechs bzw. zehn Centuriae eingeteilt war, denen jeweils ein Centurio vorstand. Dieser rekrutierte sich gewöhnlich aus dem Mannschaftsstand. Bei Cohortes equitatae kamen noch 120 bzw. 240 Reiter in vier bzw. acht Turmae hinzu. Ebd. 23 f.
57 Die Numeri waren kleine, irreguläre Hilftruppen-Einheiten, die zur Grenzsicherung ausgehoben wurden. Ihre Truppenstärke lag bei 100 bis 150 Mann. Ebd. 18 f.
58 Hüssen (Anm. 52) 42.
59 Das römische Heer der Kaiserzeit war eine Berufsarmee. Sie bestand aus etwa 30 Legionen mit einer Truppenstärke von über 150 000 Mann. Dazu kamen bis zu 200 000 Mann Hilfstruppen (Auxiliartruppen), rund 50 000 Flottensoldaten sowie die Garde in Rom mit 6000 Mann. Alles in allem betrug die römische Heeresmacht etwa 400 000 Soldaten. Eine Legion bestand aus zehn Kohorten (I–X), wovon die Kohorten II–X 480 Mann stark und in sechs Centurien zu je 80 Mann unterteilt waren. Die I. Kohorte war stärker besetzt und in fünf, dafür aber größeren Centurien gegliedert. Insgesamt gab es 59 Centurien in einer Legion. Der Kommandeur einer Legion war ein vom Kaiser ernannter Angehöriger des Hochadels im Rang eines Legatus (heute würde man General sagen). Ihm standen sechs Stabsoffiziere zur Seite, die Tribuni militum. Sie konnten gleichermaßen aus dem Hoch- oder auch niederen Adel kommen. Baatz (Anm. 54) 21 ff.
60 Ebd. 30, 33.
61 Ebd. 30.
62 Die Einteilung des Limes in Strecken – insgesamt in 15 – wurde von der 1892 ins Leben gerufenen Reichslimeskommission vorgenommen, und zwar seinem Verlauf folgend von Norden (Rhein) nach Süden (Donau).
63 Sie kann schon um 85 n. Chr. im Anschluß an Kaiser Domitians Chattenkriege eingerichtet worden sein und hatte bis 260 n. Chr. Bestand. Baatz (Anm. 54) 116.
64 Beilage in den Ortsakten des Landesamts für Denkmalpflege in Wiesbaden. Dazu auch ein Zeitungsartikel im Wiesbadener Kurier, Ausgabe Untertaunus, vom 1./2. Juni 1991.
65 Baatz/Herrmann (Anm. 51) 380; Baatz (Anm. 54) 117 f.
66 Baatz/Herrmann (Anm. 51) 380 f.; Baatz (Anm. 54) 118.
67 Ebd. 118.
68 Kastell Zugmantel (Anm. 53).
69 Baatz/Herrmann (Anm. 51) 381; Baatz (Anm. 54) 119.
70 Baatz/Herrmann (Anm. 51) 381 f. Zur Neukonstruktion s. J. Stahl-Streit, Wo einst die Grenze des römischen Weltreichs verlief. In: Heimat-Jahrbuch des Untertaunuskreises. Bad Schwalbach 1972.
71 Baatz (Anm. 54) 43.
72 Ebd. 51; Hüssen (Anm. 52) 37.
73 H. Schoppa, Zu ORL Strecke 3 Wachtposten 15. Fundberichte Hessen 7, 1967, 78 ff.; Baatz/Herrmann (Anm. 51) 381; Baatz (Anm. 54) 119.
74 Bärwald/Bantelmann (Anm. 9).
75 Ebd.
76 Kastell Zugmantel (Anm. 53); Baatz/Herrmann (Anm. 51) Abb. 328; auf der topographischen Karte 1 : 25000, Blatt 5815, bei r 44800/h 61680, befindet sich direkt hinter einem Wasserbehälter ein Schutthügel, der möglicherweise von einem bisher nicht registrierten Wachturm stammen könnte (Wp. 17a): Bärwald/Bantelmann (Anm. 9).
77 Baatz (Anm. 54) 121; bei Baatz/Herrmann (Anm. 51) 382 f. ist nur von zwei Holzturmphasen die Rede.
78 Baatz (Anm. 54) 18 f. Neuerdings wird diskutiert, ob die Kastelle und Schanzen nicht erst unter Traian (98–117 n. Chr.) um 110 n. Chr. errichtet wurden.
79 Schoppa (Anm. 29) 35; Kastell Zugmantel. Saalburg Jahrbuch 1910, 37.
80 F. G. Habel, Ueber die Feldzeichen der römischen Heeres insbesondere der XXII. Legion, Annalen des Vereins für Nassauische Alterthumskunde und Geschichtsforschungen 2, 3. Heft, 1837, 101 ff.; L. Jacobi, Das Kastell Zugmantel. Der obergermanische-raetische Limes des Roemerreiches. Abteilung B. II 1. Die Kastelle Nr. 8–11, 1909 (1937) 3 f.
81 Kastell Zugmantel. Saalburg Jahrbuch 2, 1911, 33.
82 Ebd. 33.
83 Jacobi (Anm. 80) 2; G. Ph. Kraus, Umständliche Nachricht von dem Zug des Polgrabens über das Gebirg von dem Ort Kemel her bis an den Feldberg. Hanauisches Magazin 7, 1784, 13.
84 Kastell Zugmantel (Anm. 79) 36 f.; A. Nickel, Landwirtschaftliche Beschreibung des Herzogthums Nassau (Amt Wehen), Wiebaden 1844 14 d.
85 Kastell Zugmantel (Anm. 81) 33. Dort auch die Quellenhinweise.
86 Jacobi (Anm. 80) 4.
87 Nachricht von Gelegenheit einiger Römischen Verschantzungen. Nebst einem bestmöglichst verzeichneten Plan auch kurtzen Untersuchung der

Zeit und Absicht. Herausg. von C. P. de Biebourg Mathematic cult 1760. Idstein truckts Joh. Henr. Kürssner. Fürstl. Nassau-Saarbrl. Usingischer Hof- und Cantzley-Buchdrucker.
88 Jacobi (Anm. 80) 5; Kastell Saalburg (Anm. 79) 36.
89 Jacobi (Anm. 80) 5.
90 Ebd. 5.
91 Ebd. 5; Kastell Zugmantel (Anm. 79) 36; C. S. Sommer, Kastellvicus und Kastell. Fundberichte aus Baden-Württemberg 13, 1988, 467.
92 Ebd. 467 f. Die Ergebnisse bis 1908 wurden von Jacobi (Anm. 80) publiziert, die der nachfolgenden Jahre regelmäßig in den seit 1910 erscheinenden Saalburg-Jahrbüchern.
93 H. Schönberger, Plan zu den Ausgrabungen am Kastell Zugmantel bis zum Jahre 1950. Saalburg-Jahrbuch 10, 1951, 56.
94 Kastell Zugmantel. Saalburg Jahrbuch 3, 1912, 27. 32; ebd. 7, 1930, 35.
95 Sommer (Anm. 91) 469.
96 Bei keinem Kastell des obergermanisch-rätischen Limes ist das Lagerdorf so umfänglich ausgegraben wie am Zugmantel. Nur Niederbieber, Bad Wimpfen und Walheim weisen ähnlich große ausgegrabene Flächen auf, allerdings ist noch nicht alles publiziert: Ebd. 460.
97 Hüssen (Anm. 52) 46.
98 Jacobi (Anm. 80) 3; W. Barthel, Die Erforschung des obergermanisch-raetischen Limes in den Jahren 1908–1912. Berichte der Römisch-Germanischen Kommission 6, 1910–1911 (1913), 114 ff.
99 Jacobi (Anm. 80) 6 f.
100 H. Schönberger, Die römischen Truppenlager der frühen und mittleren Kaiserzeit zwischen Nordsee und Inn. Berichte der Römisch-Germanischen Kommission 66, 1985, 376. 381. Siehe auch dazu Anm. 78.
101 Sommer (Anm. 91) 471. Schoppa (Anm. 29) 36, datiert den Bau des Erdkastells in die Zeit Hadrians (117–138 n.Chr.), was ursächlich mit seiner falschen Interpretation des Kleinkastells Heidekringen zusammenhängt, das er etwas älter (spättraianisch/frühhadrianisch, zwischen 110/120 n.Chr.) als den Zugmantel beurteilt: H. Schoppa, Das Kastell Heidenkringen. Nassauische Heimatblätter 41, 1951, 14. 17. Siehe auch dazu Anm. 78.
102 Baatz (Anm. 54) 18 f.
103 Ebd. 116.
104 J. Alfs, Zugmantelgrabung 1937. Germania 26, 1942, 140 f.
105 H. Schönberger, Neuere Grabungen am obergermanischen und rätischen Limes. Limesforschungen 2, 1962, 81. 97; ders. 1985 (Anm. 100) 393.
106 Sommer (Anm. 91) 472.
107 W. Schleiermacher, Der obergermanische Limes und spätrömische Wehranlagen am Rhein. 33. Bericht der Römisch-Germanischen Kommission 1943–1950 (1951), 145 f.; ders., Zu Hadrians Heeresreform in Obergermanien. Germania 35, 1957, 119; Schönberger 1985 (Anm. 100) 393; Sommer (Anm. 91) 475.
108 Schönberger 1985 (Anm. 100) 398.
109 ... da man Fürstlich Usingischer Seits die Landstrasse. welche von Maynz nach Limburg gehet, neulich wieder herstellen lassen, welche nahe bey Liebach ohnweit Idstein durch den Pfahlgraben gehet; so hat man in dem Jahre 1778, im Monat May diese Aufschrift auf einem rauhen und groben Waldstein gef. Neuhof; im Jahre 1778 auf dem sogenannten Zuckmantel entdeckt: Corpus Inscriptionum Latinarum 13, 1, 1905, 479 Nr. 7613. 7613a. Sommer (Anm. 91) 475. Die Nr. 7613 befindet sich in der Sammlung Nassauischer Altertümer des Museums Wiesbaden, die Nr. 7613a im Saalburg-Museum auf der Saalburg. Jacobi (Anm. 80) 29, hielt die beiden Steine zum zweiten Steinkastell gehörig.
110 CIL (Anm. 109), Ergänzungen in Klammern.
111 Sommer (Anm. 91) 477.
112 Barthel (Anm. 98) 137; Schleiermacher, Heeresreform (Anm. 107) 119; Sommer (Anm. 91) 474.
113 Jacobi (Anm. 80) 8; Sommer (Anm. 91) 474; Alfs (Anm. 104) 136, geht von einem Doppelspitzgraben mit einer Breite von etwa 6,0 m und einer Tiefe von 2,1 m aus.
114 Jacobi (Anm. 80) 8.
115 Sommer (Anm. 91) 474 f.
116 Ebd. 475.
117 Jacobi (Anm. 80) 9 f.
118 Ebd. 21 f.
119 Sommer (Anm. 91) 477.
120 Schleiermacher, Limes (Anm. 107) 147; Sommer (Anm. 91) 475 f., 477. Ein numerus exploratorum oder kurz exploratio war eine berittene, leichte Aufklärungstruppe: Baatz/Herrmann (Anm. 51) 135.
121 Schönberger 1985 (Anm. 100) 401.
122 Ebd. 401.
123 Schleiermacher, Limes (Anm. 107) 147.
124 Schönberger 1962 (Anm. 105) 99; Sommer (Anm. 91) 477 ff.
125 Ebd. 481 f.
126 Schoppa (Anm. 29) 36; Alfs (Anm. 104) 140 f. läßt den Bau unter Kaiser Caracalla (211–217 n.Chr.) beginnen und unter Kaiser Severus Alexander (222–235 n.Chr.) beenden.
127 CIL (Anm. 109) Nr. 7612.
128 Schleiermacher, Limes (Anm. 107) 146; ders., Heeresreform (Anm. 107) 147; Schönberger 1985 (Anm. 100) 414.
129 Sommer (Anm. 91) 482.
130 T. Bechert, Ein Alamanneneinfall am obergermanischen Limes unter Elagabal. Epigraphische Studien 8, 1969, 53 ff.; D. Baatz, Zum archäologischen Nachweis eines Alamanneneinfalls am obergermanischen Limes unter Elagabal. Bonner Jahrbücher 171, 1971, 379 ff.
131 Jacobi (Anm. 80) 8.
132 Sommer (Anm. 91) 480 f.
133 Ebd. 481 f. Die in einer Inschrift ohne Ordnungszahl erwähnte [Cohors] Treverorum equitata konnte anhand einer anderen, bruchstückhaft überlieferten Inschrift als Cohors I identifiziert werden. Ebd. 643. Wann diese Triererenheit zur Kohorte erhoben wurde, ist nicht bekannt. Das früheste Datum wäre wohl nach Sommer (Anm. 91) 481 f. unter Kaiser Commodus (180–192 n.Chr.); Schleiermacher, Limes (Anm. 107) 146 f. plädiert für Kaiser Caracalla (211–217 n.Chr.) und Schönberger 1985 (Anm. 100) 414 für Kaiser Severus Alexander (222–235 n.Chr.).
134 Baatz (Anm. 54) 26.
135 Jacobi (Anm. 80) 27.
136 Alfs (Anm. 104) 137 f.
137 Ebd. 137 f.; Sommer (Anm. 91) 479.
138 Jacobi (Anm. 80) 28; Sommer (Anm. 91) 479.
139 Jacobi (Anm. 80) 30; Sommer (Anm. 91) 643.
140 A. Johnson, Römische Kastelle des 1. und 2. Jahrhunderts n.Chr. in Britannien und den germanischen Provinzen des Römerreiches. Kulturgeschichte der antiken Welt Band 37 (1990) 140 f.; Sommer (Anm. 91) 643.
141 Baatz (Anm. 54) 36.
142 Sommer (Anm. 91) 644 ff.
143 E. Krüger, Museographie für das Jahr 1907/8. 4. Bericht der Römisch-Germanischen Kommission 1908 (1910), 28 f.; Corpus Inscriptionum Latinarum 13, 4 (1916) 130 Nr. 11971.
144 Schönberger 1962 (Anm. 105) 414. 419; Sommer (Anm. 91) 482.
145 Schönberger 1962 (Anm. 105) 422 ff.; Sommer (Anm. 91) 482.
146 S. v. Schnurbein, Perspektiven der Limesforschung. Der römische Limes in Deutschland. Archäologie in Deutschland: Sonderband, 1992, 79.
147 Sommer (Anm. 91) 488.
148 G. Ulbert, Der Lorenzberg bei Epfach. Die frühromische Militärstation. Münchener Beiträge zur Vor- und Frühgeschichte 9, 1965, 107.

149 Sommer (Anm. 91) 488.
150 Schönberger 1951 (Anm. 93) 55; Sommer (Anm. 91) 488.
151 Schönberger 1951 (Anm. 93) 74.
152 Sommer (Anm. 91) 500 ff., 504.
153 Jacobi (Anm. 80) 33 f.; Schönberger 1951 (Anm. 94) 74; Sommer (Anm. 91) 503 f.
154 Ebd. 503.
155 Jacobi (Anm. 80) 34.
156 Sommer (Anm. 91) 503 f.
157 Ebd. 523.
158 Schönberger 1951 (Anm. 93) 73, sah darin kein Badegebäude, konnte aber keine andere funktionale Deutung anbieten.
159 Sommer (Anm. 91) 474. 523.
160 Ebd. 523.
161 Ebd. 527 f.
162 Ebd. 622.
163 Kastell Zugmantel. Saalburg Jahrbuch 5, 1913 (1924) 5.
164 Sommer (Anm. 91) 639.
165 Schnurbein (Anm. 146) 79; Sommer (Anm. 91) 485.
166 Ebd. 622 ff.
167 Ebd. 641.
168 Ebd. 630.
169 Kastell Zugmantel (Anm. 94) 27 f.
170 H. Schönberger, Eine Grabung am Westrand des Zugmantel-Lagerdorfes. Saalburg Jahrbuch 17, 1958, 102 f.; ders. 1962 (Anm. 105) 92.
171 W. Jorns, Die Ausgrabungen am Zugmantel im Herbst 1935. Saalburg Jahrbuch 10, 1951, 50.
172 Ebd. 51 ff.
173 Schönberger 1951 (Anm. 93) 68. 73.
174 Sommer (Anm. 91) 577 f.
175 Ebd. 516 f. 580. 582 f.
176 Ebd. 486.
177 Ebd. 515 f.
178 Ebd. 576.
179 Ebd. 505.
180 Ebd. 506.
181 Ebd. 573.
182 Kastell Zugmantel (Anm. 81) 24; Sommer (Anm. 91) 486.
183 Schönberger 1951 (Anm. 93) 73.
184 Sommer (Anm. 91) 570.
185 R. Egger, Die Stadt auf dem Magdalensberg. Ein Großhandelsplatz. Österreichische Akademie der Wissenschaft. Phil.-Hist. kleine Denkschriften 79 (1961).
186 Sommer (Anm. 91) 505 f.; Schönberger 1951 (Anm. 93) 73.
187 Ebd. 73.
188 Sommer (Anm. 91) 509.
189 Schönberger 1951 (Anm. 93) 74; ders. 1985 (Anm. 100) 400.
190 Sommer (Anm. 91) 510.
191 Ebd. 509 f.
192 Kastell Zugmantel (Anm. 163) 24. 27 ff.
193 Sommer (Anm. 91) 509 f.
194 H. Jacobi, Das Heiligtum des Juppiter Dolichenus auf dem Zugmantel. Saalburg Jahrbuch 6, 1914–1924 (1927) 168 ff.; Schönberger 1951 (Anm. 93) 73; Sommer (Anm. 91) 511.
195 Jacobi (Anm. 194) 174 ff.; A. Büttner, Figürlich verzierte Bronzen vom Kastell Zugmantel. Saalburg Jahrbuch 20, 1962, 65, lehnt diese Interpretation als Halterung eines Votivbleches ab, ohne allerdings eine alternative Erklärung anzubieten. Aus Mauer an der Url in Niederösterreich liegen zwei Exemplare vor, an denen jeweils ein vergleichbarer Tüllenaufsatz als Halterung überliefert ist: M.P. Speidel, Jupiter Dolichemus. Der Himmelsgott auf dem Stier. Kleine Schriften zur Kenntnis der römischen Besetzungsgeschichte Südwestdeutschlands 24, 1980, 67 Abb. 35 u. 36.
196 Sommer (Anm. 91) 580.
197 Ebd. 579.
198 Schnurbein (Anm. 146) 79.
199 Schönberger 1951 (Anm. 93) 74. Die Entfernungsangaben schwanken bei einzelnen Autoren, z. B. bei Jacobi (Anm. 80) 34 und Sommer (Anm. 91) 523 sind es 250 m.
200 Kastell Zugmantel (Anm. 79) 38, bei Schönberger 1951 (Anm. 93) 74, 310 m.
201 Kastell Zugmantel (Anm. 79) 38.
202 Schönberger 1951 (Anm. 93) 74.
203 Sommer (Anm. 91) 619.
204 Schleiermacher, Limes (Anm. 107) 145; Sommer (Anm. 91) 527 f.
205 R. v. Uslar, Die germanische Keramik in den Kastellen Zugmantel und Saalburg. Saalburg Jahrbuch 8, 1934, 61 ff.; ders., Westgermanische Bodenfunde des ersten bis dritten Jahrhunderts nach Christus aus Mittel- und Westdeutschland. Germanische Denkmäler der Frühzeit 3, 1938; Schleiermacher, Limes (Anm. 107) 143; Sommer (Anm. 91) 606; Schnurbein (Anm. 146) 75 f.
206 Kastell Zugmantel (Anm. 163) 7.
207 Barthel (Anm. 98) 140.
208 Schleiermacher, Limes (Anm. 107) 143 f.; Sommer (Anm. 91) 586; Schnurbein (Anm. 146) 75 f.
209 Sommer (Anm. 91) 607. 638.
210 A. Böhme, Die Fibeln der Kastelle Saalburg und Zugmantel. Saalburg Jahrbuch 29, 1972, 30 ff. 53.
211 Sommer (Anm. 91) 609.
212 Ebd. 607. 638.
213 Schnurbein (Anm. 146) 78.
214 Sommer (Anm. 91) 609 ff.
215 Ebd. 609.
216 A. Böhme, Englische Fibeln aus den Kastellen Saalburg und Zugmantel. Saalburg Jahrbuch 29, 1972, 5. 13 f.
217 Ebd. Hierbei gilt es allerdings zu bedenken, daß Fibeln und andere Gebrauchsgegenstände aus entfernten Regionen und Ländern nicht zwangsläufig auch Menschen von dort bedeuten. Gründe, warum so etwas letztendlich in der »Fremde« gefunden wurde, lassen sich viele nennen. Es ist unmöglich, einen sicheren Nachweis zu führen, daß die in Britannien hergestellten Fibeln auch von Britanniern am Zugmantel getragen wurde. Aber, ausschließen kann man es ebenso wenig.
218 Kastell Zugmantel (Anm. 94) 65 ff.; Sommer (Anm. 91) 585 f.
219 Ebd. 590.
220 Ebd. 586.
221 Z.B. 1910 ein Münzschatz aus einem Brunnen mit 34 fast prägefrischen Silbermünzen von Kaiser Clodius Albinus (195–197 n.Chr.) bis Kaiser Maximinus Thrax (235–238 n.Chr.): Kastell Zugmantel (Anm. 80) 43, oder 1912 mit 140 Silbermünzen von Kaiser Septimius Severus (193–211 n.Chr.) bis Kaiser Traianus Decius (249–251 n.Chr.), »der fünfte seiner Art, der auf dem Zugmantel zutage kam«: Kastell Zugmantel (Anm. 94) 43.
222 Sommer (Anm. 91) 638.
223 Ebd. 589.
224 M. Pietsch, Die römischen Eisenwerkzeuge von Saalburg, Feldberg und Zugmantel. Saalburg Jahrbuch 39, 1983, 5 ff.; ders., Römische Eisenwerkzeuge vom Zugmantel. Ein Nachtrag. Ebd. 44, 1988, 28 ff.
225 Z.B. A. L. Busch, Die römerzeitlichen Schuh- und Lederfunde der Kastelle Saalburg, Zugmantel und Kleiner Feldberg. Saalburg Jahrbuch 22, 1965, 158 ff.

226 J. W. Gilles, Eine Rennfeuerschlacke vom Zugmantel. Saalburg Jahrbuch 20, 1962, 45; Sommer (Anm. 91) 585.
227 Ebd. 585.
228 Ebd. 585.
229 Ebd. 585.
230 Ebd. 585.
231 Busch (Anm. 225) 161.
232 Ebd. 158. 161.
233 Ebd. 166.
234 Ebd. 169.
235 Ebd. 159 f.
236 Ebd. 160 Abb. 2.
237 Kastell Zugmantel (Anm. 94) 33; H. Jacobi, Römische Getreidemühlen. Ebd. 88 ff.; Sommer (Anm. 91) 586; D. Baatz, Eiserne Dosierkegel. Ein Beitrag zur römischen Mühlentechnik. Saalburg Jahrbuch 47, 1994, 19.
238 Ebd. 19.
239 Johnson (Anm. 140) 218 f.; Sommer (Anm. 91) 586.
240 Ebd. 586 f. 598 f.
241 F. Firbas, Eine Flora aus dem Brunnenschlamm des Römerkastells Zugmantel. Saalburg Jahrbuch 7, 1930, 75 ff.
242 M. Hilzheimer, Die im Saalburgmuseum aufbewahrten Tierreste aus römischer Zeit. 2. Die Tierreste des Kastells Zugmantel. Saalburg Jahrbuch 5, 1913, 123126 f.
243 Ebd. 128 ff.
244 Ebd. 154.
245 Ebd. 146.
246 Ebd. 122 f. 145.
247 Sommer (Anm. 91) 586. 591.
248 Kastell Zugmantel (Anm. 163) 6.
249 Sommer (Anm. 91) 588. Blennorrhö = eitrige Schleimhautabsonderung, besonders eitrige Augenbindehautentzündung
250 O. Ebd. 603 ff.
251 O. Klindt-Jensen, Ein Greifenkopf vom Zugmantel und sein Gegenstück im Vimose-Fund. Saalburg Jahrbuch 12, 1953, 58 f.; Büttner (Anm. 195) 66.
252 J. Wahl, Gladiatorenhelm-Beschläge vom Limes. Germania 55, 1977, 110 ff. 118.
253 Ebd. 118. 121.
254 Ebd 125 ff.; Johnson (Anm. 140) 211. 240.
255 Wahl (Anm. 252) 128 f.
256 Ebd. 128.
257 Ebd. 127.
258 Schleiermacher, Limes (Anm. 107) 147.
259 Baatz (Anm. 237) 20.
260 Sommer (Anm. 91) 523 f.
261 Schönberger 1962 (Anm. 105) 99; Sommer (Anm. 91) 477 ff.
262 Ebd. 524.
263 Ebd. 525.
264 Bechert (Anm. 130) 53 ff.; Baatz (Anm. 130) 379 ff.
265 Sommer (Anm. 91) 526.
266 Schönberger 1962 (Anm. 105) 414. 419; Sommer (Anm. 91) 482.
267 Kastell Zugmantel (Anm. 94) 43 ff.
268 Sommer (Anm. 91) 526 f. Bis 1972 sind 2034 Münzen vom Zugmantel offiziell bekannt geworden: Böhme (Anm. 210) 10.
269 Sommer (Anm. 91) 527 f. 638.
270 Als kleine Auswahl seien hier angeführt (nur bisher nicht zitierte Publikationen): F. Fremersdorf, Erzeugnisse Kölner Manufakturen in den Funden vom Kastell Saalburg und Zugmantel. Saalburg Jahrbuch 9, 1939, 6 ff.; H.-J. Hundt, Die spätrömischen eisernen Dosenortbänder. Ebd. 12, 1953, 66 ff.; B. Stjernquist, Runde Beschlagplatten mit Befestigungsöse. Ebd. 13, 1954, 59 ff.; K. Raddatz, Eine Fibel vom Zugmantel. Ebd. 53 f.; R. W. Smith, A Unique Occurrence of Roman Glass at Zugmantel. Ebd. 14, 1955, 60 ff.; H. Schönberger, Ein weiterer bemalter Glasbecher vom Zugmantel. Ebd. 15, 1956, 41.; H.-J. Hundt, Eiserne römische Schwertriemenhalter. Ebd. 18, 1959/60, 52 ff.; D. Baatz, Die gestempelten Ziegel aus dem Bad des Zugmantel-Kastells. Ebd. 24, 1967, 40 ff.; K. Löhberg, Bericht über ein Bleirohr vom Zugmantel-Kastell. Ebd. 75 f.; E. Künzl, Der Schröpfkopf vom Limeskastell Zugmantel. Ebd. 40–41, 1984/85, 30 ff.; H. Hanemann, Metallographische Untersuchungen eines eisernen Nagels und eines Eisenstabes vom Kastell Zugmantel. Ebd. 47, 1994, 86 ff.
271 Gewöhnlich wird das Kastell Heidekringen genannt, nur H. Schoppa verwendet den Namen Heidenkringen, der auch auf den modernen topographischen Karten zu finden ist. Der Name Heidekringen ist der ältere und hat sicherlich nichts mit »Heiden« zu tun. Da keine Veranlassung besteht ihn zu ändern, wird er im folgenden beibehalten. Die Schreibweise Heidekriegen bei Sommer (Anm. 91) 463. 499 ff., beruht wahrscheinlich nur auf einem Abschreibfehler.
272 A. v. Cohausen, Der römische Grenzwall in Deutschland. (1894) 168.
273 E. Ritterling, Limesblatt 1898 Nr. 184, 809 ff.
274 Schoppa (Anm. 101) 3 ff.
275 Sommer (Anm. 91) 463. Bei den Außenmaßen des Kastells ist man sich nicht ganz einig. Bei Schoppa (Anm. 101) 3. 8, beträgt das Maß von »Mitte Wall bis Mitte Wall« ca. 72,0 m x 65,0 m, zwischen den Palisadengräbchen 72,0 m x 59,0 m, zwischen den Außenkanten des Grabens 79,5 m x 66,0 m. Schönberger 1962 (Anm. 105) 89 f. gibt von »Grabenmitte bis Grabenmitte« rund 75,0 m x 65,0 m an. Barthel (Anm. 98) 143 nennt eine Größe von 75,0 m x 60,0 m, A. v. Cohausen (Anm. 272) 65,0 m x 55,0 m und E. Ritterling (Anm. 273) 78,0 m x 62,0 m.
276 Baatz/Herrmann (Anm. 51) 346.
277 Schoppa (Anm. 101) 4 f.; ders., Heidenkringen. In: (Anm. 5) 33.
278 Ders. (Anm. 101) 5 ff.; ders., Heidenkringen. In: (Anm. 5) 33.
279 Ders. (Anm. 101) 9 f. 14.
280 Ebd. 17; Schönberger 1985 (Anm. 100) 380 f.; Baatz/Herrmann (Anm. 51) 346.
281 Schoppa (Anm. 101) 10. 17.
282 Schönberger 1962 (Anm. 105) 90.
283 Ebd. 89 f.; ders. 1985 (Anm. 100) 380 f. Auch Schoppa schloß sich später, eher halbherzig, dieser Meinung an: Schoppa, Heidenkringen. In: (Anm. 5) 33.
284 Ebd. 33.; ders. (Anm. 101) 17 f.
285 Baatz/Herrmann (Anm. 51) 346.
286 Ritterling (Anm. 49) 265 f.; ders., Das Kastell Wiesbaden. Der obergermanisch-raetische Limes des Roemerreiches, Abteilung B II,3 Kastelle Nr. 31, 1909 (1915) 50 f.
287 Sommer (Anm. 91) 499.
288 Schoppa (Anm. 101) 3; ders., Heidenkringen. In: (Anm. 5) 33.
289 Sommer (Anm. 91) 500.
290 Schoppa, Heidenkringen. In: (Anm. 5) 33.
291 Baatz/Herrmann (Anm. 51) 346.
292 Periodische Blätter 1860, Nr. 12, 336; A. Krug, Römische Fundgemmen. 2. Wiesbaden und Berlin. Germania 55, 1977, 78. Der Ring wird unter der Inv. Nr. 8067 in der Sammlung Nassauischer Altertümer des Museums Wiesbaden aufbewahrt.
293 Inventarkarte Sammlung Nassauischer Altertümer.
294 Krug (Anm. 292) 82 f.
295 Auf einen 1819 bei der Römerbrücke im Rhein gefundenen Stein ist links ein Stier, rechts ein Capricorn und in der Mitte ein gerahmtes Feld mit der Inschrift LEG XXII dargestellt. Der Stier wurde in einem Artikel des Jahres 1819 in der Mainzer Zeitung als Legionszeichen der XXII. Legion, der Ca-

pricorn – in dem Artikel als »gehörntes Seepferd« erkannt – als Kohortenzeichen gedeutet. Habel rückte dies wieder zurecht, indem er darauf verwies, daß allein der Adler das Legionszeichen war und der Stier, ebenso wie das Capricorn und andere Darstellungen Kohortenzeichen waren: Habel (Anm. 80) 116 f.
296 Ebd. 100. Das Objekt wird unter der Inv. Nr. 6778 in der Sammlung Nassauischer Altertümer des Museums Wiesbaden aufbewahrt. B. Pinsker, Der »Capricon« im Museum Wiesbaden – Feldzeichen der Legio XXII Primigenia Pia Fidelis. Nassauische Annalen 110, 1999, 1 ff.
297 Ebd. 98 f.
298 Ebd. 99.
299 Paulys Real-Encyclopädie der Classischen Altertumswissenschaft. Neue Bearbeitung. Sechster Halbband, 1899, 1550.
300 Habel (Anm. 80) 136 f.
301 Ebd. 138.
302 Ebd. 138 f.; Paulys (Anm. 299) 1551.
303 Habel (Anm. 80) 139.
304 Paulys (Anm. 299) 1551.
305 Habel (Anm. 80) 103 f.; Ritterling, ORL (Anm. 286) 73; W. Czysz, Wiesbaden in der Römerzeit. (1994) 210.
306 Beckmann (Anm. 40) 16 f.
307 F. Kuchenbuch, Die Fibel mit umgeschlagenem Fuß. Studien zur Chronologie der jüngeren Kaiserzeit im freien Germanien. Saalburg Jahrbuch 13, 1954, 6 ff.; H. Dannheimer, Die germanischen Funde der späten Kaiserzeit und des frühen Mittelalters in Mittelfranken. Germanische Denkmäler der Völkerwanderungszeit, Serie A Band 7 (1962) 18 Anm. 12; Böhme (Anm. 210) 35 f. 53 f.; H. W. Böhme, Völkerwanderungszeitliche Metallgegenstände vom Büraberg bei Fritzlar. Archäologisches Korrespondenzblatt 4, 1975, 165 und Anm. 5-6; U. Dahmlos, Archäologische Funde des 4. bis 9. Jahrhunderts in Hessen. Untersuchungen und Materialien zur Verfassungs- und Landesgeschichte 7 (1979) 201.
308 Ebd. 201.
309 1974 waren insgesamt nur etwa 200 Angonen bekannt, von denen lediglich zwei (ohne den vom Zugmantel) nicht aus Grabzusammenhang stammten: S. v. Schnurbein, Zum Ango. Studien zur vor- und frühgeschichtlichen Archäologie. Festschrift für Joachim Werner zum 65. Geburtstag. Teil II, Frühmittelalter. Münchner Beiträge zur Vor- und Frühgeschichte, Ergänzungsband 1/II (1974) 411.
310 Ebd. 419.
311 Ebd. 419.
312 H. Roth, Frühmittelalter-Archäologie. In: H. Roth/E. Wamers (Hrg.), Hessen im Frühmittelalter. Archäologie und Kunst. Ausstellungskatalog Frankfurt am Main und Marburg an der Lahn (1984) 33. Von dem Frankenkönig Chlodwig wurden die Alamannen zuerst 496 oder 497 in einer großen Schlacht besiegt, dann nochmals 506. Nach der ersten Niederlage gerieten die Alamannen in Abhängigkeit von den Franken, nach der zweiten verloren sie die Selbstständigkeit und wurden als Stammesherzogtum in das fränkische Reich eingegliedert.
313 Kastell Zugmantel (Anm. 79) 58.
314 Z.B. von der »Burg« bei Dietzhölztal-Rittershausen, Lahn-Dill-Kreis. F. Verse, Die »Burg« bei Dietzhölztal-Rittershausen, Lahn-Dill-Kreis. In: B. Pinsker (Hrg.), Eisenland – zu den Wurzeln der nassauischen Eisenindustrie. Begleitkatalog zur gleichnamigen Ausstellung in Wiesbaden 1995, 108.

Ferdinand Weckmüller

Die Geschichte des Klosters Bleidenstadt

Inhalt

1. Verkehrslage und Ortsname — 55
2. Die frühen Quellen und die bisherige Geschichtsschreibung — 58
3. Die Frühgeschichte des Klosters — 62
4. Das Benediktinerkloster — 73
5. Die Geschichte des Stiftes St. Ferrutius von 1495 bis zu seiner Auflösung — 82
6. Exkurs — 84
7. Liste der Bleidenstadter Prälaten — 89
8. Abkürzungen — 90
9. Anmerkungen — 90

1. Verkehrslage und Ortsname

In bisherigen Veröffentlichungen zur Geschichte des Klosters Bleidenstadt ging man immer davon aus, daß das Kloster in abgelegener Waldeinsamkeit errichtet wurde. Schaut man sich aber die dem ersten Band beigefügte Karte von R. Pereira und E. Eichhorn an, in der die alten Straßen rings um Bleidenstadt eingezeichnet sind[1], von denen die meisten schon in karolingischer Zeit bestanden haben, so sieht man schnell, daß Bleidenstadt zur damaligen Zeit eine hervorragende Verkehrsanbindung hatte: über die ehemalige Römerstraße Mainz–Wiesbaden–Kemel–Bad Ems nach Rheinbrohl, wo der Limes endete, und von dort nach Köln und Aachen; auf der Römerstraße von Kemel zum Zugmantel und von dort zum Limburger Becken und zur Wetterau; über die Straße von Mainz/Wiesbaden zur römischen Straßenstation auf der Rentmauer, weiter über das früh aufgegebene Kleinkastell Heidekringen, über die Aar in Wehen zum Kastell Zugmantel. Auch die Taunuskammstraße von Wörsdorf über die heutige Trompeterstraße, die Rentmauer, den Ringwall Altenstein, die Eiserne Hand, die Wambacher Schanze zur Bäderstraße muß schon in karolingischer Zeit bestanden haben, wenn die Grenzbeschreibung der Bleidenstadter Kirche aus dieser Zeit stammt. Schließlich war Bleidenstadt direkt erreichbar über die spätere Eisenstraße von Mainz/Wiesbaden zur Eisernen Hand, von wo sie heute über Hahn in Richtung Daisbach/Limburg verläuft, damals aber sehr wahrscheinlich über Bleidenstadt geführt hat. Ebenfalls über die Eiserne Hand bestand eine Verbindung in den Rheingau, die spätere Rheingauer Straße. Die aufgezählten Straßen sind durch vorrömische, römische oder frühmittelalterliche Bodenfunde und zeitgenössische Erwähnungen für das 8./9. Jahrhundert gesichert.[2] Keine dieser Straßen war also mehr als eine Wegstunde von Bleidenstadt entfernt.

Mindestens seit der Römerzeit bis in neuere Zeit konnte das Tal der Oberen Aar nur an zwei Stellen von Straßen überquert werden, nämlich da, wo die heutigen Orte Bleidenstadt und Wehen liegen. Außer an diesen beiden Stellen war das Tal durch die der Aar zufließenden Wasserläufe stark versumpft und damit zumindest für Reit- und Packtiere sowie für Gespanne unpassierbar. Hinzu kommt, daß in karolingischer Zeit die Flüsse wesentlich mehr Wasser führten als heute. Wir wissen aus zeitgenössischen Berichten, daß Karl der Große seine Truppen auf Flüssen transportieren konnte, auf denen heute nicht einmal flache Boote ohne jeden Tiefgang fahren können.[3] Für Wehen ist der Aarübergang zum Kastel Zugmantel schon für die Römerzeit gesichert, denn das Ende des römischen Straßenabschnitts von der Rentmauer bis zum Kleinkastell Heidekringen läuft in Richtung Wehen aus.[4] Daß diese Straße auch noch 1789 über Wehen verlief, zeigt ein von dem Wehener Amtmann Carl Ibell abgefaßter Bericht aus diesem Jahr.[5] Solche Stellen wurden in aller Regel seit frühesten Zeiten besiedelt. Daß dies mit ziemlicher Wahrscheinlichkeit auf Wehen zutrifft, kann aus der altertümlichen Ortsnamensform *Wehena* geschlossen werden. Der Ortsname Bleidenstadt dagegen deutet zunächst auf eine spätere fränkische Siedlungsgründung hin. Eine endgültige Klärung könnten nur archäologische Untersuchungen bringen. Einige Überlegungen zur Entstehung des Namens führen zu der Wahrscheinlichkeit, daß zumindest der Ortsname Bleidenstadt in der Tat mit der Gründung des Klosters zusammenhängt.

Nachdem die Bleidenstadter Urkundenfälschungen als solche entlarvt sind, die ältesten im Original erhaltenen Bleidenstadter Urkunden aus dem 13. Jahrhundert und Kopien älterer Urkunden frühestens aus dem 14. Jahrhundert stammen, müssen frühe Erwähnungen und Schreibweisen des Ortsnamens in anderen Quellen gesucht werden, denn die Ortsnamenforschung kann oft wichtige Erkenntnisse zur Entstehung und Entwicklung einer Siedlung beisteuern.

Der sogenannte *Codex Blidenstatensis*[6] – angelegt um 1180[7] – ist zwar das älteste erhaltene Originaldokument des Klosters, der Name Bleidenstadt (*Blidenstat*) wurde dort aber erstmals von einem Schreiber des 14. Jahrhunderts eingetragen. Dafür wurden in dem kurz nach 1120 angelegten Nekrolog des Klosters Echternach[8] nicht nur die Todestage von fünfzehn Bleidenstadter Mönchen festgehalten, sondern auch der des ersten Bleidenstadter Abtes, Reginbert, der nach den Fuldaer Todesannalen im Jahre 965 starb[9]. Die Mönche dürften nach der Schreibweise ihrer Namen dem 10. und frühen 11. Jahrhundert angehört haben. Ihre wie auch Reginberts Klosterzugehörigkeit wird durch den Zusatz *s. Ferrucii* kenntlich gemacht. Unter dem 18. Oktober findet sich der Eintrag *commemoracio fratrum defunctorum in Blidinstat*, Gedenk(tag) der verstorbenen (Kloster-)Brüder in Bleidenstadt. Dieselbe Schreibweise, *Blidinstad*, findet sich noch einmal in einer Urkunde von 1235.[10] In allen anderen frühen Quellen wird die zweite Silbe mit *e* gebildet. Die beiden ältesten Quellen – in Abschriften des 11. Jahrhunderts überliefert – sind der Bericht über das Konzil zu Seligenstadt am 12. August 1023, an dem Abt *Ruodolfo Blidenstatensis* teilnahm, und der über die Synode von Frankfurt im September 1027, wo unter den Teilnehmern Abt *Iko Blithenstadensis* erwähnt wird.[11] Die Grenzbeschreibung der Bleidenstadter Kirche ist nur in

Abb. 1: Brief von Grimm an Dekan Vogel von 1842 mit der von Böhmer vorgenommenen Abschrift der Bleidenstadter Grenzbeschreibung aus dem 14. Jahrhundert. Ausschnitt des Briefes mit der vollständigen Grenzbeschreibung. Siehe auch S. 67.

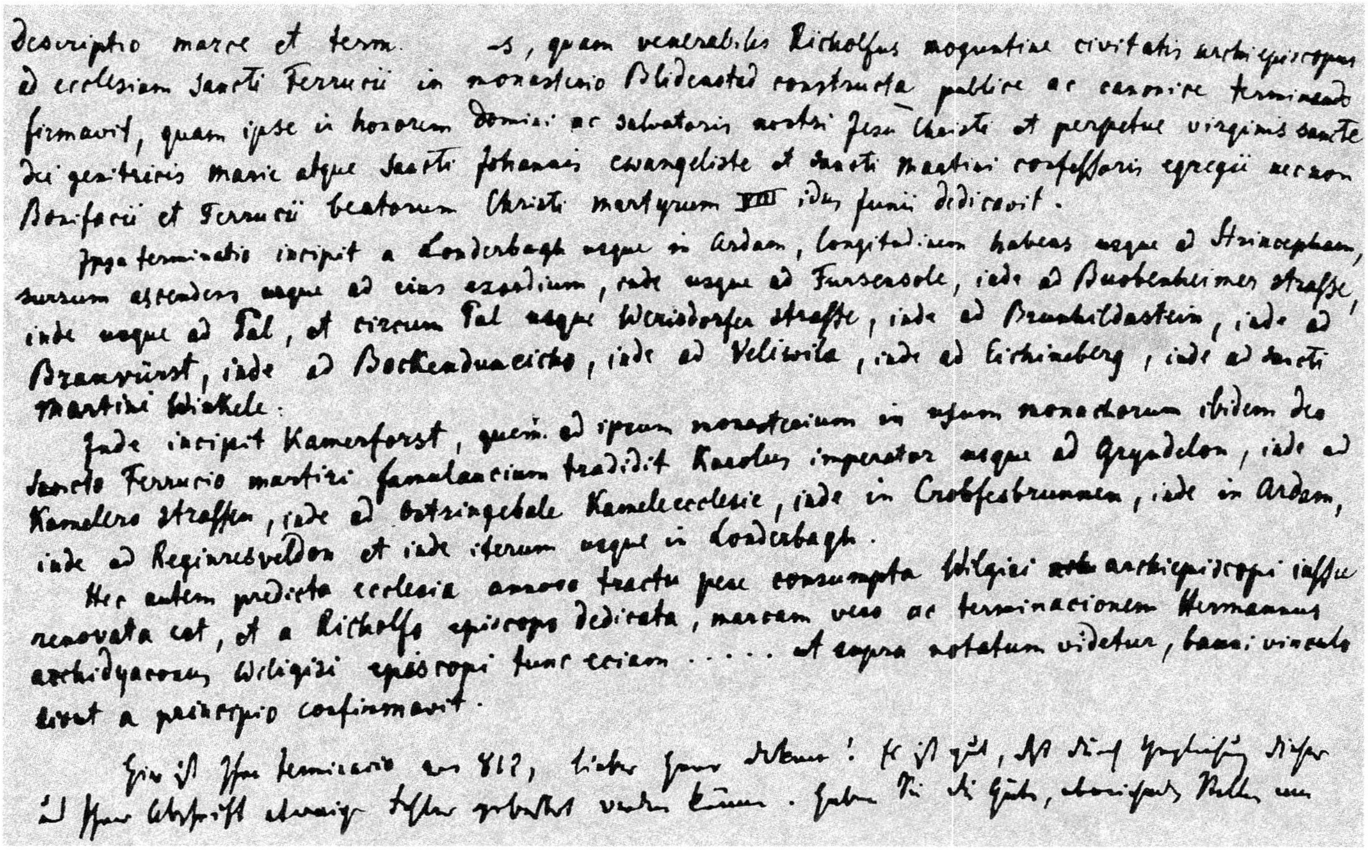
descriptio marce et term[illegible]s, quam venerabilis Richolfus moguntine civitatis archiepiscopus
ad ecclesiam sancti Ferrucii in monasterio Blidenstad constructa publice ac canonice terminando
firmavit, quam ipse in honorem domini ac salvatoris nostri Jesu Christi et perpetue virginis sancte
dei genitricis marie atque sancti johannis ewangeliste et sancti martini confessoris egregii necnon
Bonifacii et Ferrucii beatorum Christi martyrum VIII idus junii dedicavit.
Ipsa terminatio incipit a Londerbach usque in Ardam, longitudinem habens usque ad Steincephan,
sursum ascendens usque ad eius exordium, inde usque ad Furseerole, inde ad Buobenheimer strasse,
inde usque ad Dal, et circum Dal usque Weridorfer strasse, inde ad Brunhildastein, inde ad
Brannvürst, inde ad Bochenduacicho, inde ad Veliwila, inde ad Eichineberg, inde ad sancti
martini Winkele.
Inde incipit Kamerforst, quem ad ipsum monasterium in usum monachorum ibidem deo
sancto Ferrucio martiri famulancium tradidit Karolus imperator usque ad Gryndelon, inde ad
Kamelers straffen, inde ad Ostringebale Kamelecoclesie, inde in Crobfesbrunnen, inde in Ardam,
inde ad Reginreswellon et inde iterum usque in Londerbach.
Hec autem predicta ecclesia annoso tractu pene consumpta Willigisi archiepiscopi iussu
renovata est, et a Richolfo episcopo dedicata, marcam vero ac terminacionem Hermannus
archidyaconus Willigisi episcopi tunc temporis .... ut supra notatum videtur, banni vinculo
livet a principio confirmavit.
Hier ist Ihre terminatio von 812, lieber Herr Dekan! Es ist gut, daß durch Vergleichung dieser
und Ihrer Abschrift etwaige Fehler gehoben werden können. Haben Sie die Güte, [illegible]

Abschriften des 14. und 16. Jahrhunderts überliefert, weshalb wir nicht sicher sein können, daß der dort nur im einleitenden Satz vorkommende Ortsname Bleidenstadt (Blidenstad ältere, Bleydenstadt jüngere Abschrift) auch in der Originalvorlage gestanden hat. Somit wäre die Ersterwähnung des Ortsnamens nur für das Jahr 1023 gesichert.

Die frühen Formen unseres Ortsnamens erlauben wohl kaum die Ableitung des ersten Wortstammes von einem Personennamen, demnach kann Bleidenstadt nicht aus *Stätte des Blidos* abgeleitet werden, wie einige Historiker angenommen haben. Eher ist an das alt- und mittelhochdeutsche *bliden*, *blithen* zu denken, was *sich freuen* bedeutet. Das wird bestätigt durch den Verfasser des *Sermo de s. Ferrutio*, Meginhard, der die Vita um 1100 als Bleidenstadter Mönch im Auftrag des Abtes Adelger schrieb.[12] Dort heißt es, die Gebeine von Ferrutius seien nach *Letandium locus* überführt worden, was bisher in der Literatur mit *Stätte der Freude* übersetzt wurde. Angelehnt aber an das altdeut-

Abb. 2: Bleidenstadter Grenzbeschreibung. Ausschnitt einer Abschrift aus dem 16. Jahrhundert, die der Idsteiner Notar Fletthof um 1500 angeblich nach dem Original angefertigt hat. Siehe auch S. 66.

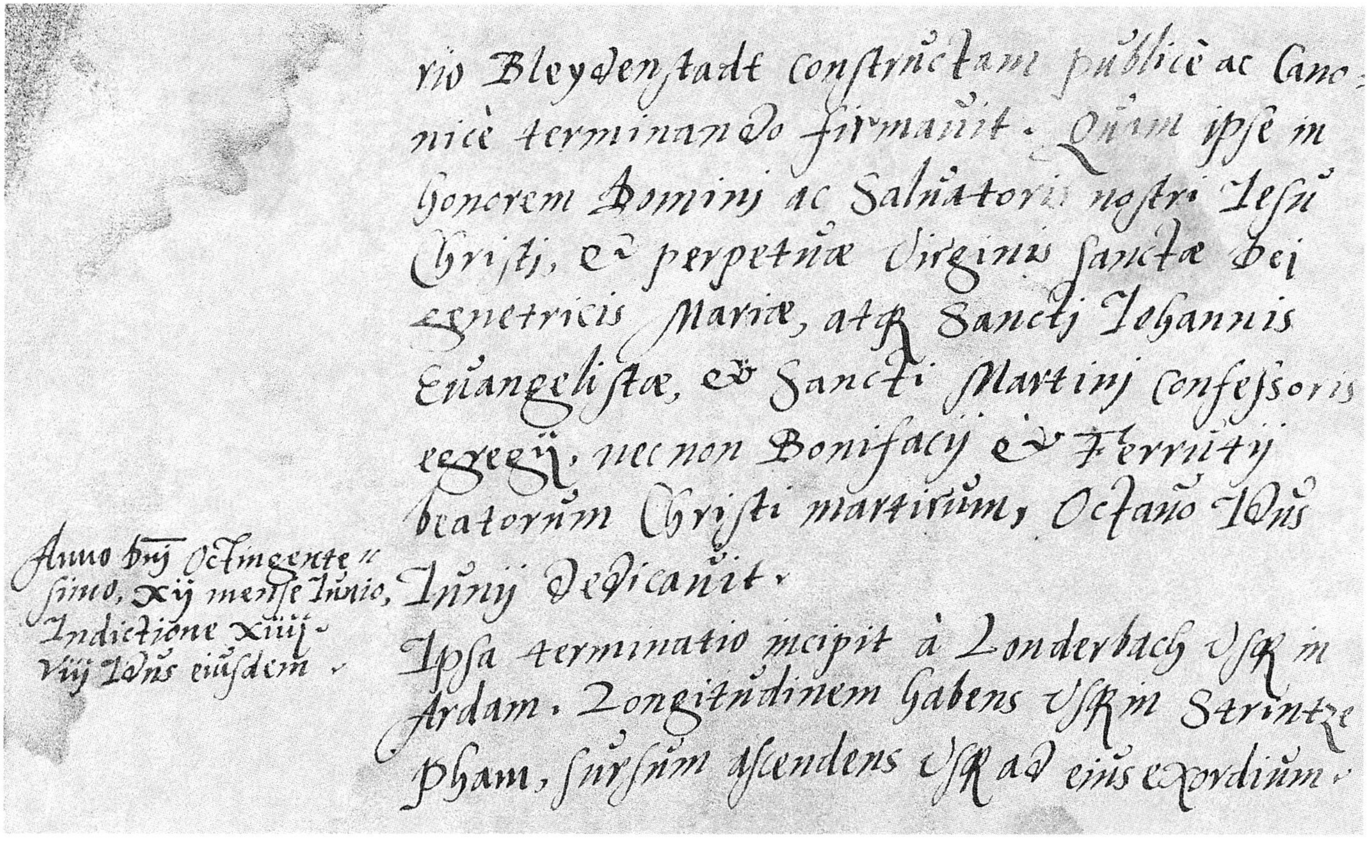
rio Bleydenstadt constructam publice ac Cano-
nice terminando firmavit. Quam ipse in
honorem Domini ac Salvatoris nostri Jesu
Christi, et perpetuae Virginis sanctae Dei
genetricis Mariae, atque Sancti Johannis
Evangelistae, et Sancti Martini Confessoris
egregii, necnon Bonifacij et Ferrutij
beatorum Christi martirum, Octavo Idus
Junij dedicavit.

Ipsa terminatio incipit a Londerbach usque in
Ardam. Longitudinem habens usque in Strintze
pham, sursum ascendens usque ad eius exordium.

Anno dnj Octingentesimo, xij mense Junio, Indictione xiiij viij Idus eiusdem.

sche *bliden* (sich freuen), müßte *letandium* demnach verschrieben sein aus *laetantium* und wäre damit eine Konjugation des Deponens *laetari*, was ebenfalls *sich freuen* heißt. Dann hätte Meginhard den deutschen Ortsnamen Bleidenstadt ins Lateinische übersetzt als die *Stätte derer, die sich freuen.*

Auffallend – wenn nicht gar einmalig – ist, daß ein Wasserlauf von der Größe der Aar mit seinem Namen in keinem Ortsnamen der an ihr liegenden Siedlungen als Namensteil auftaucht, abgesehen einmal von der erst 1395 erbauten Burg Ardeck und der Neuschöpfung Aarbergen. Sollte es aber eine solche Siedlung einmal gegeben haben, so müßte dies eine uns heute unbekannte Wüstung gewesen sein, oder es wurde einer der Aarorte im Laufe der Zeit umbenannt. Da das erstere wenig wahrscheinlich ist, bliebe nur die Umbenennung. Dies ist für die meisten an der Aar gelegenen Siedlungen wegen ihrer frühen Erwähnung oder ihrer altertümlichen Namen auszuschließen.[13] Nach dem heutigen Stand der Forschung läßt sich dies auch nicht für die spät entstandenen Siedlungen Zollhaus, Hohenstein, Adolfseck, Neuhof und das inzwischen wieder wüst gewordene Neuhausen bei Kettenbach sagen, wo die neuerbauten Einrichtungen zu Namensänderungen geführt haben könnten, wären diese in oder bei einer älteren Siedlung errichtet worden.

Eine andere Erklärung bietet sich an, wenn man einmal beispielhaft die Namensentwicklung des von Einhard gegründeten Klosters Seligenstadt am Main verfolgt. Einhard wollte seinen in Rom erworbenen Reliquien der Märtyrer Marcellinus und Petrus einen würdigen Rahmen geben, weshalb er in Obermühlheim am Main zunächst eine Kirche bauen ließ, bei der er dann sein Kloster gründete. Schon kurz nach seiner Vollendung um 840 wird das Kloster und das dazugehörige Dorf Mühlheim bis heute *Saligunstat* (Seligenstadt) genannt, aber in allen Urkunden bis zum Jahre 1000 immer mit dem Hinweis, daß der Ort früher Mühlheim bzw. Obermühlheim geheißen habe. Es waren die Gläubigen, insbesondere Wallfahrer, die den Ort, an dem sie Wunder, Heilung und Erbauung erwarteten und erhielten, *heilbringende Stätte* nannten. Schließlich geriet der ursprüngliche Ortsname in Vergessenheit.[14] Die Wahrscheinlichkeit ist groß, daß in Bleidenstadt eine ähnliche Namensentwicklung stattgefunden hat. Belegen läßt sich dies nicht, da in den wenigen Quellen vor dem Jahre 1023 Bleidenstadt als Ortsname nicht erwähnt wird.

Im späten 8. Jahrhundert, in der Zeit also, in der die Bleidenstadter Kirche entstanden ist – wie sich im Verlauf dieser Arbeit belegen läßt – dürfte im Umfeld Bleidenstadts die Besiedlung nicht anders gewesen sein als sonst im Fränkischen Reich rechts des Rheines. Siedlungen bestanden nur auf wenigen gerodeten Flächen inmitten ausgedehnter Wälder oder verstreut auf öder Heide. Die häufigste Siedlungsform war der Einzelhof oder Weiler. Soweit wir – wie für Bleidenstadt, Schloßborn oder Bierstadt[15] – die damaligen Kirchspielgrenzen kennen, ist schon an ihren Ausdehnungen zu erkennen, wie dünn zu jener Zeit der Taunus besiedelt war. Innerhalb der Bleidenstadter Terminei dürften nach der Ortsnamenforschung folgende Siedlungen bestanden haben: Neben Bleidenstadt selbst die Altsiedlungen Wehen, Orlen und Breithardt sowie die von Franken gegründeten oder besetzten und danach umbenannten Siedlungen Strinz-Margarethä, Holzhausen über Aar und die später wüst gewordenen Siedlungsplätze Regenisfelden, Ramstadt und sehr wahrscheinlich Mackenberg. Michelbach, Libbach und Hambach könnten damals als junge Siedlungen schon bestanden haben; zumindest dürften sie nicht sehr viel später enstanden sein.

2. Die frühen Quellen und die bisherige Geschichtsschreibung

In kaum einem anderen Bistum ist es um die Überlieferung von mittelalterlichen Urkunden und anderen Quellen so schlecht bestellt wie im früheren Erzbistum Mainz. Auch die Mainzer Eigenklöster, insbesondere Bleidenstadt, sind davon betroffen. Diesen Umstand haben drei Fälscher für ihre historischen Manipulationen genutzt und so die ältere Bleidenstadter Geschichtsschreibung zum Teil bis heute geprägt.

Als erster ist Johannes Trithemius zu nennen, der 1462 als Sohn armer Eltern in Heidenburg bei Trittheim an der Mosel geboren wurde.[16] Er studierte in Heidelberg und trat 1482 als Mönch in das Mainzer Eigenkloster Sponheim ein, wo er bereits drei Jahre später zum Abt gewählt wurde. Obwohl jüngster Abt in Deutschland, galt er bald als einer der gelehrtesten Männer seiner Zeit. Wegen seines fast hemmungslosen Kaufes alter Schriften und Bücher brachte er sein kleines Kloster an den Rand des Ruins. Dies und seine strenge Zucht machten ihn bei seinen Mönchen so verhaßt, daß er 1506 nur zu gerne das Angebot annahm, Abt des renommierten Schottenklosters in Würzburg zu werden, wo er 1516 starb und seine Grablege fand. Trithemius hat viele Bücher verfaßt, erbauliche, mehr noch historische, so im Auftrag seines Gönners Kaiser Maximilian I. (1486–1519) die jeweilige Geschichte des *Imperium Romanum* und des Hauses Habsburg. Er hatte bei seinen Forschungen mehr Erfolg als alle anderen bekannten Historiker seiner Zeit, weil er einige bis dahin unbekannte Chroniken aufstöberte. Erst heute wissen wir, daß sie ausschließlich in seinem Kopf entstanden sind. Als Quellen für die frühere Bleidenstadter Geschichtsschreibung dienten seine *Chronicon Sponheimense*, *Chronicon Hirsaugiense* und *Annales Hirsaugienses*. Danach sollen aus dem bekannten Reformkloster Hirsau – das erst 1065 gegründet wurde[17] – in den Jahren 921 und 964 die Äbte Adalbero und Bernold nach Sankt Ferrutius gesandt worden sein. Für seine Chronik des Klosters Sponheim erfand Trithemius als Quelle eine Bleidenstadter Klosterchronik, die von den Anfängen bis ins Jahr 1320 reicht und von dem Bleidenstadter Mönch Hugbert niedergeschrieben worden sein soll. Wie zu erwarten war, sind weder dieser Hugbert noch die beiden genannten Äbte im Bleidenstadter Nekrolog eingetragen.

War die Bleidenstadter Geschichtsschreibung durch Trithemius nicht allzusehr verfälscht worden, wurde sie dagegen durch die Fälschungen von Schott und Bodmann wesentlich beeinflußt[18], zum Teil bis heute. Der Salm-Kyrburgische Archivar Friedrich Schott hatte angeblich nach einer Notiz von 1738 im Rheingauer Kloster Gottesthal ein Bleidenstadter Meßbuch gefunden, in dem sich auch Abschriften alter Urkunden fanden. Der Inhalt dieses Meßbuches sowie der eines Bleidenstadter Traditionsbuches sind nur in den handschriftlichen Aufzeichnungen Schotts zu seiner Geschichte des Rheingräflichen Hauses überliefert. Diese Aufzeichnungen kamen durch Kauf an den bekannten Mainzer Stadtarchivar Franz Joseph Bodmann, seit 1780 Professor in Mainz und seit 1808 – nachdem die Franzosen die Universität geschlossen hatten – Leiter der städtischen Bibliothek.[19] Durch ihn sind viele heute verlorene Quellen in Abschrift überliefert, aber leider hat er auch aus falschem Ehrgeiz Urkunden verfälscht oder einfach erfunden oder auch vernichtet, wenn sie seine Fälschungen hätten entlarven können. Dadurch sind alle nur von ihm überlieferten Quellen mit Vorsicht zu genießen. So ist es kennzeichnend für Bodmann, daß er die von Schott überlieferten Bleidenstadter Urkunden und Traditionen veröffentlichte – zum Teil noch zu Lebzeiten Schotts – obwohl ein Fachmann seines Wissens sie als Fälschungen erkannt haben mußte.

Im einzelnen muß hier nicht auf die Fälschungen Schotts und Bodmanns eingegangen werden. Schon H. Breßlau wies 1876 auf Widersprüche in dem von Bodmann überlieferten *Registrum bonorum* hin.[20] H. Wibel deckte dann 1904–06 mehrere Fälschungen der beiden auf.[21] Es war G. Zedler, der 1921 eine umfassende kritische Untersuchung der von Schott und Bodmann überlieferten Urkunden vornahm,[22] leider mit wissenschaftlich nicht ganz exakten Methoden, was dann auch prompt zu Kritik an seiner Arbeit führte.[23] Obwohl die Arbeit Zedlers in ihrem Ergebnis von einem Kenner der nassauischen Geschichte wie P. Wagner[24] und einem Urkundenfachmann wie W. Levison[25] grundsätzlich anerkannt wurde, befaßte sich 1938 noch einmal W. Drögereit von der diplomatischen Seite her mit den von Schott überlieferten *Bleidenstädter Traditionen,*[26] wobei er auch Trithemius als einen Fälscher bezeichnete. Trotz aller dieser Bemühungen werden diese Fälschungen in unserer regionalen Geschichtsliteratur bis heute als Quellen benutzt.

Zahlreiche Veröffentlichungen befassen sich mit dem Kloster und Stift Bleidenstadt, aber nur in wenigen Arbeiten wird eine gesamtgeschichtliche Darstellung versucht. Die älteren davon sind für uns heute weitgehend wertlos, da sie sich auf die oben genannten Fälschungen stützen.[27] Bis zum Jahre 1952 ist in diesem Zusammenhang nur noch ein Beitrag zu nennen: *Bleidenstadt im Taunus* von R. A. Zichner.[28] Die bedeutendste Aufarbeitung der Bleidenstadter Klostergeschichte im Mittelalter ist die 1952 fertiggestellte Dissertation von A. F. Kipke[29], die leider nie im Druck erschienen ist. Er hat zwar 1954 noch einmal einen Aufsatz über die Abtei Bleidenstadt veröffentlicht, der sich im wesentlichen mit dem inneren Aufbau, dem geistigen Leben sowie der wirtschaftlichen Struktur des Klosters befaßt und als eine Ergänzung zu seiner Dissertation zu sehen ist.[30] Leider wurde ihm die bahnbrechende Arbeit Hallingers über die Nekrologsbeziehungen zu spät bekannt[31], sonst wären ihm Fehler aufgefallen, die Hallinger gerade im Zusammenhang mit der sogenannten Mainzer Abteiengruppe unterlaufen sind. Jedenfalls waren es diese beiden Arbeiten, die dem Autor dieses Beitrages als Grundlage und Ausgangspunkt seiner Forschungen zur Geschichte des Klosters Bleidenstadt dienten.

Ob schon in der Zeit des Mönchsklosters Urkunden verlorengegangen waren, kann heute nicht mehr nachvollzogen werden. Am 26. Mai 1389 stand durch Brandstiftung unter anderem auch der Bibliotheksraum (*camera librorum*) in Flammen.[32] Obwohl wir nichts von verbrannten Büchern und Urkunden wissen, könnte damals ein Teil zerstört oder zumindest stark beschädigt worden sein. So läßt sich nur feststellen: Nach dem heutigen Stand der Forschung scheint das Klosterarchiv bis 1631 keine nennenswerten Verluste gehabt zu haben. Als die Stiftsherren im gleichen Jahr wegen der Kriegsgefahren nach Mainz umzogen, nahmen sie nur einen Teil des Klosterarchivs mit, während der andere Teil bei der Stiftsverwaltung in Bleidenstadt blieb. Bei der Ordnung der Registratur wurde am 7. Juni 1631 ein Konzept gefertigt, in dem drei gefundene Bücher beschrieben wurden[33]:

– *Ein alt geschrieben buch in folio, in rot bretter eingebunden, hängt ein verschloßenes schlößlein dafür, daz buch ist aber offen.* – Hierbei könnte es sich um das inzwischen verlorene Statutenbuch aus dem 14. Jahrhundert handeln, in dem der Frankfurter Stadtbibliothekar Böhmer 1834 die offenbar älteste Fassung der sogenannten Bleidenstadter Grenzbeschreibung fand.[34]

– *Ein buch in bretter in folio, so verschloßen werden kann, darin etliche gehaltene Capitularia conclusa begriffen und zum protokoll verordnet.* – Da Kapitelbeschlüsse erst in der Stiftszeit möglich waren, kann das zweite Buch nicht vor 1495 angelegt worden sein. Es könnte identisch sein mit einem Statutenbuch aus dem Jahre 1538, das Dr. Rossel 1851 bei einem Frankfurter Trödler für den Nassauischen Altertumsverein erwarb und sich heute im Hauptstaatsarchiv bei den Wiesbadener Archivalien des Stiftes befindet.[35]

– *Ein sehr alt buch in pergameno, außwendig altfrenckisch teilst mit elffenbein, teilst mit uberglasur versetzt.* – Bei diesem Buch handelt es sich zweifelsfrei um den *Codex Blidenstatensis*, die älteste bis heute erhaltene Bleidenstadter Archivalie. Der Kodex kam 1792 mit einem Teil des Bleidenstadter Archivs zum Schutz vor den Franzosen von Mainz nach Würzburg in das dortige Franziskanerkloster. Zwischen 1851 und 1874 wurde er vom Würzburger Archiv ins Reichsarchiv zu München abgegeben, von wo er 1913 im Tausch gegen bayrische Archivalien in die Königliche Bibliothek Berlin kam, die heutige Staatsbibliothek Unter den Linden.[36]

Doch zurück zu den Jahren nach 1631, in denen die Verwaltung des Stiftes fast völlig zum Erliegen gekommen war, zeitweise sogar von den Schweden übernommen wurde. Als gegen Ende des Krieges sich die Stiftsherren wieder selbst um das Stift kümmerten, fanden sie den Urkundenbestand in einem solch desolaten Zustand vor, daß sie aus rein wirtschaftlichen Gründen beschlossen, die Urkunden soweit als möglich zu ordnen, wenn nötig zu revidieren, fehlende zu ersetzen und alle zu vernichten, deren Gegenstand sich nicht mehr nachvollziehen ließ. Dabei sind wohl hauptsächlich ältere Urkunden vernichtet worden. Auch dürfte zum Teil das heute im Staatsarchiv Würzburg verwahrte Fragment eines Bleidenstadter Kopialbuches aus dem 17. Jahrhundert im Rahmen dieser Maßnahmen entstanden sein.[37] Darin finden sich neben dem um 1400 angelegten sogenannten jüngeren Nekrolog auch die Abschriften dreier Urkunden, die zur Aufhellung der Frühgeschichte des Klosters beitragen:

– Je eine Abschrift einer frühen und einer späteren Fassung der schon oben genannten Bleidenstadter Grenzbeschreibung.[38]

– Die Abschrift einer undatierten Urkunde des Abtes Hertwin aus der Zeit um 1100.

– Die bekannte Urkunde aus dem Jahre 1184, in der Papst Lucius III. das Kloster unter päpstlichen Schutz stellt und ihm seinen Besitz bestätigt, in Abschrift wie auch in deutscher Übersetzung.[39]

Die jedoch ältesten bis heute überlieferten Quellen Bleidenstadts sind durch die Abschriften zweier Versinschriften erhalten, die zusammen mit anderen Tituli bis 1637 die Innenwände der Ferrutiuskirche schmückten. Eine Inschrift stammt aus der Feder Erzbischof Richolfs (786–813), die andere wurde von seinem Nachfolger Hrabanus Maurus (847–856) verfaßt. Abgeschrieben wurden die Bleidenstadter Inschriften von dem Mainzer Domvikar Georg Helwich am 20.10.1615.[40] Solche Tituli auf Altären oder Grabmälern, insbesondere als Wandmalereien, waren für Dichter vom 4. bis 10. Jahrhundert eine beliebte metrische Literaturgattung. Da sie meist als Wandmalereien gestaltet wurden, sind naturgemäß nur wenige bis heute an Ort und Stelle überliefert. Von Richolf kennen wir insgesamt nur zwei, vielleicht drei, von Hrabanus Maurus ist dagegen – dank der Aufzeichnungen seines Schülers Rudolf von Fulda – eine große Anzahl bis in unsere Zeit überliefert. Da Rudolf in diesem Zusammenhang öfters Reliquientranslationen beschrieben hat, die immer wieder das gleiche Bild ergeben, dürfte sich die Übertragung der Ferrutiusgebeine von Kastel nach Bleidenstadt ähnlich abgespielt haben: Danach wurden die Reliquien hinter dem Altar – meist dem Hauptaltar – in einem steinernen Behälter beigesetzt. Darüber wird ein reich mit Gold, Silber und Edelsteinen geschmückter Aufbau errichtet, auf dem ringsherum die Tituli in vergoldeten Buchstaben angebracht sind.[41] Die Stiftung eines solchen Sarkophages dürfte der Anlaß für Hrabanus' Bleidenstadter Verse gewesen sein.

Eine ebenfalls frühe Quelle erschließt sich im *Sermo de s. Ferrutio*.[42] Der Verfasser Meginhard gibt in der Einleitung an, die Vita im Auftrag des Abtes Adelger ge-

Abb. 3: Bleidenstadter Kirchenbuch aus dem 16. Jahrhundert.

schrieben zu haben. Dieser Adelger war nicht nur Abt in Bleidenstadt, sondern gleichzeitig oder nacheinander auch Abt der Klöster Neustadt am Main und Ellwangen.[43] Seine Amtszeit in Neustadt ist für das Jahr 1095 gesichert, mit einiger Wahrscheinlichkeit auch noch nach 1100.[44] In Ellwangen ist er von 1094 bis 1102 nachweisbar.[45] Damit wird die in der älteren Bleidenstadter Geschichtsschreibung vertretene Meinung widerlegt, Meginhard sei gleichzusetzen mit dem bekannten gleichnamigen Mönch aus Fulda, der dort als Nachfolger des oben erwähnten Rudolf nach 856 geschrieben hat. In dem verlorenen *Codex Bodecensis*,[46] der eine gekürzte Fassung des *Sermo de s. Ferrutio* enthalten hatte, wird Meginhard als Abt bezeichnet. Nun findet sich im älteren Nekrolog von Bleidenstadt unter dem 2. Juni der Eintrag: *O(biit) Meginhardus pr(esbiter) et abbas*, gestorben ist der Priester und Abt Meginhard. Da aber diesem Eintrag das sonst bei eigenen Äbten übliche *nostrae congregationis* fehlt, kann angenommen werden, daß hier der Todestag eines Abtes eingetragen wurde, der einer anderen als der eigenen Gemeinschaft vorgestanden hatte. Zwar schließt diese Überlegung weder sein vorheriges Mönchsein in Bleidenstadt aus, noch die Möglichkeit, daß er ja auch als Abt im Auftrage Adelgers geschrieben haben könnte, aber Name und Todestag weisen auf Abt Meginhard von Mönchengladbach hin[47], der dieses Kloster von 1066 bis zu seinem Tode am 2. Juli 1090 geleitet hatte und vorher Mönch in Brauweiler war. Abt Meginhard scheidet damit als Verfasser des Sermo aus. Eher ist als Verfasser an den Bleidenstadter Mönch Meginhard zu denken, dessen Todestag, der 21. November, im Bleidenstadter Nekrolog eingetragen wurde. Er hatte übrigens keine Priesterweihe, sondern nur die eines Subdiakons. Wir wissen also nur, der Sermo entstand während der Amtszeit von Abt Adelger, also etwa um 1100. Kipke kommt anhand anderer Kriterien etwa auf die gleiche Zeit

3. Die Frühgeschichte des Klosters

In den für die Frühgeschichte des Klosters aufschlußreichsten Versen berichtet Hrabanus Maurus, der Vorsteher und Stadtfürst (*praesul et urbis honor*)[48]

Abb. 4: Hauptportal der Kirche mit der Figur des Heiligen.

Lullus (754–786) habe die Gebeine des Märtyrers Ferrutius wegen seiner Verehrung hierher überführt. Seine Nachfolger Richolf (786/7–813) und Haistolf (813–826) hätten die Kirche erweitert und das Grabmal gebaut (*amplificant aulam aedificant tumulum*). Deren Nachfolger wiederum – nämlich Hrabanus selbst – habe zur Steigerung des Ansehens (der Kirche oder des Ferrutius?) den Sarkophag geschaffen und diese Verse verfaßt. (*Hrabanus ad instar maiorum hanc arcam condidit et titulum.*)[49] Die Inschrift muß also in seiner erzbischöflichen Zeit zwischen 847 und 856 entstanden sein.

Richolf teilt in seinen Versen mit, der Soldat Ferrutius sei wegen seines christlichen Glaubens in den Kerker geworfen worden, wo er unter der Folter starb. Seine Gebeine seien von einem Eugenius und einem Bernger in einem Grab beigesetzt worden. Später habe er, der geringe Diakon, diese Grabschrift verfaßt.[50]

Wir erfahren also zunächst durch diese beiden Inschriften, deren Urheberschaft nie angezweifelt wurde, daß Lullus irgendwann während seines Pontifikats die Gebeine des Ferrutius unter Mithilfe des Diakons Richolf von irgendeinem Ort zu einem anderen überführen ließ. Richolf verfaßte eine Grabschrift, die sich später am Ferrutiusgrab in der Bleidenstadter Kirche befand, also mit an Sicherheit grenzender Wahrscheinlichkeit am Ort der Überführung. Schon nach kurzer Zeit scheint die Kirche zu klein gewesen zu sein für die ihr gestellten oder erwachsenen Aufgaben, weshalb dann auch das Grab des Kirchenpatrons repräsentativer gestaltet werden mußte. Erzbischof Richolf leitete also entsprechende Baumaßnahmen ein, die dann unter seinem Nachfolger Haistolf abgeschlossen wurden. Zuletzt stiftete Hrabanus dem Märtyrer einen neuen Reliquienschrein, um dessen Ansehen zu steigern. Soweit die uns überlieferten Inschriften.

Weitere Einzelheiten erfahren wir zusätzlich noch in Meginhards *Sermo de s. Ferrutio*.[51] Danach sei Ferrutius als Soldat in Mainz stationiert gewesen und in Kastel eingekerkert worden, wo er nach sechs Monaten erschwerter Haft starb. Später seien seine sterblichen Überreste von dem Priester Eugenius mit Hilfe eines Berengar auf dem Friedhof in Kastel beigesetzt und mit einer Grabschrift versehen worden. Bis zu dem Zeitpunkt, an dem die Gebeine durch Erzbischof Lullus nach *Laetandium locus* (Stätte der sich freuenden) – wie er das deutsche *Blidenstat* (Stätte um sich zu freuen) der Mode der Zeit entsprechend ins Lateinische übersetzt hat – überführt und den dortigen Mönchen übergeben worden seien, hätten sie bei der Bevölkerung in großem Ansehen gestanden. Meginhard schreibt im Vorwort, er habe seine Informationen *ex literis itaque mausolei*, also von der Inschrift des Grabmals. Nach den Angaben von Helwich[52] waren die Richolfus- und Hrabanus-Verse 1615 an der inneren Nordwand der Kirche aufgemalt, müssen sich aber – wie oben belegt – vorher am Grabmal befunden haben. Es muß also ursprünglich weitere Inschriften am Grabmal gegeben haben. Nun wissen wir aber, daß fast genau hundert Jahre früher, nämlich 1516, die Kirche renoviert und ein neuer Sarkophag vor dem Hochaltar aufgestellt worden war.[53] Eine der Inschriften auf diesem Sarkophag beinhaltet im wesentlichen Meginhards zusätzliche Informationen.[54] Zwar gehört diese Inschrift in der vorliegenden Form ins 16. Jahrhundert, geht aber nach Kipke[55] scheinbar auf eine ältere Fassung zurück. Dagegen fehlt im *Sermo* die Information, Ferrutius sei von Burgund nach Mainz gekommen und erst dort zum Christentum übergetreten, weshalb ihn der Vorsteher der Stadt ausgestoßen hätte in die Verbannung nach Kastel im überrheinischen Gau (*expellitur Castelloque pago transrhenano relegatur*). Letzteres kann also erst nach der Entstehung des *Sermo* in die Ferrutiuslegende aufgenommen worden sein. Die Quellen, denen Meginhard seine historischen Kenntnisse entnahm, sind also erkannt. Offen bleiben lediglich die Quellen, wonach Eugenius ein Priester war, der auf das Grab des Ferrutius einen Grabstein mit Inschrift setzen ließ; Ferrutius sei schon vor der Translation in Kastel verehrt worden; Bleidenstadt sei damals schon mit Mönchen besetzt gewesen. Lediglich für die Ferrutius-Verehrung in Kastel gibt es möglicherweise Belege.

Laut einer Rechnung von 1698 wurden auf dem schon in der Römerzeit benutzten Friedhof in Kastel von der St. Georgskirche und *auf St. Ferrutiuskapellen* Steine gebrochen für eine neue Friedhofsmauer. Diese

Kapelle – die Cluse oder auch Clauß – stand damals nicht mehr auf dem inzwischen kleineren Friedhof um St. Georg, sondern rechts des Weges nach Biebrich. Sie war vom Ferrutiuswingert umgeben, dessen untere Hälfte zehntfrei war, weil – wie es in einer Urkunde von 1349 heißt – *auf dieser Stelle der h. Ferrutius geruht und hier gefunden ward*.[56] Demnach war Ferrutius vor der Überführung seiner Gebeine nach Bleidenstadt in Kastel beigesetzt gewesen. Es gibt viele Beispiele dafür, daß sich die Erinnerung an für ihren Glauben gestorbene Frauen und Männer über Jahrhunderte erhalten hat, oft auch dann, wenn die genaue Grablege nicht mehr bekannt war. Beim Ferrutiusgrab muß – wenn wir Meginhard glauben dürfen – sogar noch bis zur Translation der Grabstein erhalten gewesen sein, und das nach rund 500 Jahren. Dies setzt voraus, daß das Grab regelmäßig über Jahrhunderte besucht und gepflegt worden ist, also eine Verehrung stattgefunden hat. Nahm der Bekanntheitsgrad einer solchen Verehrung zu, konnte je nach Bedeutung über dem Grab eine Kapelle oder Kirche gebaut werden, oder die Gebeine wurden an einen anderen Ort überführt. Wann die oben erwähnte *Cluse* gebaut wurde, vor oder nach der Überführung, wissen wir nicht, wohl aber kaum vor der Mitte des 6. Jahrhunderts. Damals ließ nämlich Bischof Sidonius im Rahmen der Erneuerung von Stadt und Bistum Mainz auch in unmittelbarer Nachbarschaft des Kasteler Ferrutiusgrabes eine Pfarr- und Taufkirche erbauen, die er dem heiligen Georg weihte. Hätte es damals schon eine größere Ferrutiusverehrung gegeben, wäre doch mit einiger Wahrscheinlichkeit diese Kirche nach ihm benannt worden, zumal die Lebens- und Leidensgeschichten der beiden Märtyrer auffallend ähnlich sind: Beide waren römische Soldaten, die wegen ihres Glaubens wahrscheinlich um 300 während der Christenverfolgungen unter Kaiser Diocletian (284–305) ins Gefängnis geworfen worden waren und dort unter der Folter starben, der eine durch Enthauptung, der andere an den Folgen der Haft. Aber auch in Bleidenstadt kann es nach der Translation bis 847/54 keine nennenswerte Ferrutiusverehrung gegeben haben, wenn man davon ausgeht, daß Hrabanus Ferrutius nicht in seinem zwischen den Jahren 843 und 854 verfaßten und kommentierten Heiligenkalender aufgenommen hat,[57] er aber andererseits seine Bleidenstadter Verse als Erzbischof, also nach 847 geschrieben hat. Wäre der Heiligenkalender nach der Stiftung des Reliquienschreins verfaßt worden – mit diesem Akt wollte ja Hrabanus, nach seinen eigenen Worten, das Ansehen von Ferrutius steigern – würde er ihn sicherlich dort doch auch eingetragen haben. Warum also wurden die Gebeine des Ferrutius von Kastel nach Bleidenstadt überführt?

Etwa seit der Mitte des 8. Jahrhunderts hatte die Verehrung römischer Märtyrer, insbesondere auch der Soldatenheiligen, beim fränkischen Reichsadel stark zugenommen, was dazu führte, daß sie ihre Eigenkirchen mit solchen Reliquien auszustatten begannen.[58] Die Folge war, daß bald schon ein Mangel an Märtyrergebeinen herrschte, daß regelrecht Handel damit getrieben wurde, wie Einhards Bericht zur Überführung der Marcelinus- und Petrusgebeine zeigt.[59] Wenn der Mainzer Erzbischof also eine neue Kirche oder gar ein Kloster auf der Taunushöhe mit einem eigenen Patron ausstatten wollte, suchte man halt auf einem der römischen Friedhöfe bei Mainz nach einem geeigneten Märtyrer, selbst wenn dessen Gebeine bis dahin keine oder nur eine geringe Verehrung genossen hatten.

Die in den beiden Versinschriften geschilderten Abläufe lassen sich zeitlich recht gut fixieren. Richolf bezeichnet sich selbst als Diakon (*Levita*). Als solcher ist er vor seinem Pontifikat im Dienste Karls des Großen mehrfach belegt.[60] Er stammte aus der Wetterau und war wohl unter seinem Vorgänger Lul als Archidiakon tätig. Jedenfalls hat er im Auftrage seines Erzbischofs für die neue Grablege des Märtyrers Ferrutius die Grabschrift verfaßt, möglicherweise auch die Überführung durchgeführt. Lullus starb am 16. Oktober 786. Die Überführung kann nicht allzulange vor seinem Tode stattgefunden haben, da Richolf die Einweihung der Ferrutiuskirche und die Festlegung ihres Kirchspiels erst in seiner erzbischöflichen Zeit (787–813) vornehmen konnte.

Spätestens aber nachdem Hrabanus den Reliquienschrein gestiftet und eingeweiht hatte, muß Bleidenstadt an Bedeutung zugenommen haben, wie ein Eintrag im jüngeren Bleidenstadter Nekrolog unter dem 26. August belegt[61]: *Gestorben ist König Ludwig, welcher St. Ferrutius den gesamten Zehnten der Kirche in Schierstein schenkt, mit allem, was dazu gehört.*[62] Es kann sich hierbei nur um Ludwig den Deutschen gehandelt haben, der am 28. August 876 starb. Er war seit der Reichsteilung 840/43 bis zu seinem Tode ostfränkischer König. Die Schenkung muß also in diesem Zeitraum erfolgt sein. Mit dem Zehnten wurden die Kosten gedeckt, die zum Unterhalt der Priester und zur Erhaltung der Kirchengebäude notwendig waren, das heißt, das Kloster muß spätestens zum Zeitpunkt der Schenkung auch den Patronat der Kirche erhalten haben. (In den eigentlichen Besitz der Kirche mit allem Vermögen und allen Einnahmen kam das Kloster erst 1295 durch eine Schenkung Erzbischof Gerhards von Mainz.)[63] Schierstein war uraltes Königsgut von nicht geringer Bedeutung, wie weitere Schenkungen deutscher Kaiser im 10. und 11. Jahrhundert an andere geistliche Stifte belegen. Die Kirche selbst war auf römischen Ruinen errichtet worden. Zum Kloster Bleidenstadt gehörte auch der Zehnt- oder Vogteihof in Schierstein und damit die Ortsherrschaft. Zwar wissen wir nicht, wann das Kloster in diesen Besitz kam, aber die Schenkung Ludwigs kann nur als Abrundung dieser Ortsherrschaft gesehen werden. Man muß davon ausgehen, daß ein Besitz von dieser Größe und Bedeutung in unserem Falle nur einem Kloster geschenkt worden sein kann.[64]

Trotzdem läßt sich die Behauptung Meginhards, daß schon vor dieser Zeit ein Kloster bestanden habe, vorläufig nur durch eine recht unsichere Quelle belegen, denn die Grenzbeschreibung der Bleidenstadter Kirche – die in ihrer ursprünglichen Fassung wohl auf Erzbischof Richolf zurückgeht – wird damit eingeleitet, daß es sich bei dieser um die Grenze der im *Kloster* Bleidenstadt erbauten Kirche St. Ferrutius handelt.[65] Zwar dürfte es sicher sein, daß die Ferrutiusreliquien in Bleidenstadt in einer schon vorhandenen Kirche beigesetzt wurden, was heißt, die Bleidenstadter Kirche ist vor dem Jahre 786 gebaut worden. Aber es fragt sich, ob die Verlegung des Heiligen von Kastel nach Bleidenstadt, ob diese doch recht aufwendige Aktion wegen einer Kirche auf den Taunushöhen durchgeführt wurde oder doch eher wegen eines neugegründeten Klosters? Nun gab es zu dieser Zeit in Ostfranken nur zwei Arten von Klöstern, die einen waren nach den Regeln des Benedikt von Nursia ausgerichtet und die anderen nach den Regeln des Augustinus. Die Benediktinerklöster waren mit Mönchen oder Nonnen besetzt, die Augustinerklöster oder -stifte mit Weltgeistlichen. Für beide finden sich in zeitgenössischen Quellen die Bezeichnungen Kloster, Stift oder einfach nur Kirche.

Im Bleidenstadter Nekrolog ist unter dem 4. Oktober eingetragen: *Ob. Reginbertus pr. et abbas qui primus monachicam vitam hic incepit*, gestorben ist der Priester und Abt Reginbert, der als erster hier das mönchische Leben begann. Dieser in seiner Formulierung einmalige Nekrologeintrag besagt, das Kloster wurde in ein Mönchskloster umgewandelt und Reginbert war der erste Abt des neuen Konvents. Nun weiß man aber inzwischen, Reginbert starb im Jahre 968, wodurch der Beginn seines Abbatiates und damit die Umwandlung des Klosters in die Zeit um 950 datiert werden kann.[66] Hier wird zur Gewißheit, in Bleidenstadt gab es schon vor 950 ein Kloster, das dann aber nur ein Stift für Weltgeistliche gewesen sein kann, und das, wie wir oben anhand der Schenkung Ludwigs des Deutschen wahrscheinlich gemacht haben, auch schon vor 876.

Es ist – wie der nachfolgende Bericht zeigt – nicht auszuschließen, daß Einhard, der Biograph Karls des Großen, im Jahre 827 in Bleidenstadt übernachtet hat. Ein einflußreicher Hofbeamter wie er, der mit großem Gefolge und vielen Reit- und Packpferden reiste, brauchte zum Übernachten genügend Räumlichkeiten sowie ausreichend Nahrung und Futter. Solche Voraussetzungen konnten im 9. Jahrhundert nur Königshöfe, große Herrenhöfe und Klöster bieten. Wenn es so war, dann wäre die Wahrscheinlichkeit groß, daß wir die Gründung des Bleidenstadter Klosters vor das Jahr 827 legen können. Einhard reiste im Dezember 829 von Seligenstadt nach Aachen, um in der dortigen Pfalz pflichtgemäß das Weihnachtsfest mit dem Kaiser zu feiern.[67] Er und sein Gefolge verbrachten die erste Nacht der Reise im Königshof zu Wiesbaden. Am nächsten Morgen zogen die Knaben mit den Packpferden wegen des steilen Anstiegs zur Taunushöhe schon vor Sonnenaufgang los. Doch Nebel und Schneefall behinderten die Sicht so sehr, daß sie von den Pferden absteigen mußten, um den Weg zu Fuß zu suchen. Endlich kamen sie noch bei Dunkelheit an ein Kreuz, bei dem sie Rast machten und den Nachzüglern durch Hornsignale die Richtung angaben. Den Himmel um Erleichterung anflehend, sangen sie dort drei *Kyrie Eleison*, worauf mehrere Blitze – wahrscheinlich die ersten Strahlen der aufgehenden Sonne – den Weg erhellten, auf dem sie danach ohne Schneefall und Nebel flott weiterziehen konnten. Als man am Abend Einhard davon berichtete, schrieb er dieses Wunder dem Kreuz zu, an dem seine Leute gebetet hatten. Dieses Kreuz errichteten die Bewohner eines Ortes an der Stelle, an der er zwei Jahre zuvor mit ihnen zusammengetroffen war. Sie waren ihm entgegengegangen, weil er in ihrem Ort zu übernachten gedachte und er damals die vom Volk hoch verehrten Reliquien des Heiligen Marcellinus von Aachen nach Seligenstadt überführte. Soweit der Bericht Einhards. Da er den Namen des Übernachtungsortes nicht nennt, kann dieser nur durch entsprechende Hinweise seines Berichtes identifiziert werden: Der Troß mit Packpferden wurde vorausgeschickt, weil er wegen des Anstiegs nur langsam voran kam; berücksichtigt man dazu noch die sehr schlechten Wetterverhältnisse, dürfte er wohl kaum mehr als zwei bis drei Kilometer in der Stunde zurückgelegt haben. Die Vorausgruppe erreichte das Kreuz noch bei Dunkelheit, war also höchstens vier bis fünf Stunden unterwegs gewesen. Somit betrug die Wegstrecke von der nach dem Königshof benannten Saalgasse in Wiesbaden bis zu diesem Kreuz etwa acht bis höchstens fünfzehn Kilometer. Das Kreuz stand also sehr wahrscheinlich an der Stelle, an der die Straße ihren höchsten Punkt erreichte. Diese Stelle heißt seit alters her bis heute Rotes Kreuz.[68] Da die Einwohner des gesuchten Ortes Einhard in Richtung Aachen entgegengegangen waren, kann dieser nur in Bleidenstadt übernachtet haben.[69] Es besteht also eine große Wahrscheinlichkeit, daß Einhard im Jahre 827 in Bleidenstadt und dann dort in Klosterräumen übernachtet hat, da er die in seinem Translationsbericht erwähnten Königshöfe grundsätzlich mit Namen nennt. Aber auch die anderen Orte bezeichnet er meist mit ihren Namen, so daß Bleidenstadt – oder wie immer es damals hieß – zu jener Zeit wohl kaum über seine nähere Umgebung hinaus bekannt war.

Die Entstehung der Grenzbeschreibung der Bleidenstadter Kirche wird durchweg in das Jahr 812 gelegt. Die doch recht merkwürdige Überlieferungsgeschichte der Grenzbeschreibung belegt, daß dies so nicht hingenommen werden kann. Der bekannte Frankfurter Stadtarchivar Johann Friedrich Böhmer schrieb im Jahre 1834 aus einem sich damals im Würzburger Archiv befindlichen Bleidenstadter Statutenbuch aus dem 14. Jahrhundert eine Grenzbeschreibung der Bleidenstadter Kirche ab. Nach Aussage Böhmers kam dieses Statutenbuch einige Jahre später mit anderen Bleidenstadter Archivalien – darunter auch der *Codex Blidenstatensis* – in das ehemalige Reichsarchiv zu München. Nach Böhmers Tod suchte sowohl sein Nachlaßverwalter C. Will als auch der Wiesbadener Archivar W. Sauer nach diesem Statutenbuch, doch ohne Erfolg. Auf eine erst kürzlich gestellte Anfrage an das Bayrische Hauptstaatsarchiv in München wurde mitgeteilt, daß sich unter den Bleidenstadter Sachen kein Statutenbuch befinde, dafür aber eine Abschrift des 16. Jahrhunderts der Bleidenstadter Kirchspielgrenze.[70] Es handelt sich hierbei um die Kopie einer verlorenen Abschrift, die der in nassauischen Diensten gestandene Notar Adam Flettorf um 1500 angefertigt und als mit den Originalen verglichen beglaubigt hatte. Eine weitere Kopie der Flettorfschen Abschrift (Abbildung 1, S. 56) – ebenfalls aus dem 16. Jahrhundert – befand sich im nassauischen Archiv zu Idstein, von wo sie in den Besitz des Kirberger Dekans H. C. Vogel gelangte.[71]

Dieser veröffentlichte im Jahr 1843 seine inzwischen oft zitierte *Beschreibung des Herzogthums Nassau*. Auf Seite 190 findet sich dort in einer Fußnote der Text der Bleidenstadter Grenzbeschreibung mit der Bemerkung: *Von einer alten Abschrift des Staatsarchivs in Idstein, verglichen mit einer anderen, die der Herr Stadtbibliothekar Böhmer in Frankfurt besitzt.* Mehr als dreißig Jahre später, 1874, brachte Will seine *Monumenta Blidenstatensia* heraus, wo er auf Seite 24 ebenfalls den Text der Grenzbeschreibung bringt, mit der Bemerkung, Böhmer habe diese Beschreibung aus einem Bleidenstadter Statutenbuch des 14. Jahrhunderts. Will – wohlgemerkt, Nachlaßverwalter Böhmers – veröffentlichte dort wortgetreu die von Vogel vorgelegte Fassung, allerdings mit Hinweisen auf Abweichungen zu Böhmers Text, wobei er aber die wichtigsten vergaß. Von nun an galt der Vogel/Will-Text mit den von Will beschriebenen Abweichungen als die von Böhmer aus dem Statutenbuch kopierte älteste Fassung der Grenzbeschreibung. Alle folgenden Veröffentlichungen und die damit verbundenen Interpretationen des Grenzverlaufs[72] orientierten sich an dieser Fassung, doch keiner der Gelehrten fragte oder suchte nach Böhmers Abschrift.

Diese hätte man leicht finden können, denn in Vogels Nachlaß befindet sich ein Brief vom 10.2.1842 von Böhmers Mitarbeiter Grimm (Abbildung 2, S. 57),[73] in dem dieser bat, Vogel möge doch die beigefügte (von Böhmer selbst geschriebene) Abschrift der Grenzbeschreibung mit seinem (Vogels) Exemplar vergleichen, Abweichungen notieren, und dann wieder an Dr. Böhmer zurücksenden. Vergleicht man die beiden Abschriften, so stellt man fest, daß sich Vogel in seiner Veröffentlichung mehr an Böhmers Abschrift gehalten hatte als an die ihm selbst vorliegende aus dem Idsteiner Archiv. Entscheidend für die spätere Forschung war aber, daß Vogel – und mit ihm Will – die nur in den beiden späteren Abschriften, aber nicht in Böhmers Vorlage vorkommenden Stellen, *inde in Rossenberg, Archiepiscopi* sowie die Jahreszahl *812* mit in seinen Druck aufgenommen hatte.

Sowohl Sauer als auch Stimming haben die Grenzbeschreibung in ihre Urkundenbücher aufgenommen, Sauer zum Jahre 812, Stimming zu der Amtszeit von Erzbischof Willigis (975–1011). Dagegen führt Will den ersten Teil des Grenztextes unter dem Jahr 812 und den zweiten Teil unter der Amtszeit Willigis'. Wie schon vorher bemerkt, benutzte keiner von ihnen den Text der älteren Fassung, in dem das Weihejahr fehlt; auch Sauer nicht, obwohl er in der Anmerkung kommentiert, die Jahreszahl 812 könne nicht in Böhmers Abschrift gestanden haben.[74]

Die Übersetzung nach der von Böhmer überlieferten Fassung lautet: *Beschreibung des Gebietes und der Abgrenzung, die der verehrungswürdige Richolf, Erzbischof der Mainzer Bischofsstadt, durch öffentliche als auch kanonische Bestimmung zu der im Kloster erbauten Kirche St. Ferrutius bestätigt hat, welche er selbst zur Ehre Gottes sowie unseres Erlösers Jesus Christus und der fortwährenden Jungfrau Maria als auch des heiligen Evangelisten Johannes und des heiligen hervorragenden Bekenners Martin und nicht zuletzt auch der seligen Märtyrer in Christi, Bonifatius und Ferrutius, am 6. Juni geweiht hat. Die Grenze selbst beginnt am Londerbagh* (der Lahnerbach mündet dort in die Aar, wo die Straße von Laufenselden auf die B 54 stößt) *bis in die Ardam* (Aar), *dem Lauf folgend bis zur Strincepham* (Aubach), *aufwärts steigend bis an ihren Anfang* (exordium = Anfang einer Gabelung – hier: Zusammenfluß von Au- und Fischbach), *von da bis an das Fursensole* (Flur Gesohl in Hennethal, am Anfang des Hermannweges), *von dort zur Buobenheimer strasse* (Hühnerstraße), *von da an bis zum Pal* (Limes) *und um den Pal herum bis nach der Werisdorfer strasse* (Siebenkippelstraße), *von dort zum Brunhildastein, von dort zum Branvürst, von dort zur Bockeduneicho, von dort zur Veliwilla* (gemeint sind die römischen Ruinen auf der Rentmauer), *von dort zum Eichineberg* (Eichelberg), *von dort zum sancti Martini Winkele* (Eisernen Hand).[75] – *Hier hat der Kamerforst* (Abtswald) *begonnen, welchen Kaiser Karl bis hin zum Gryndlon* (die Flur In den Grindeln bei Seitzenhahn) *an dieses Kloster zur Nutznießung der ihrem Patron, dem Märtyrer St. Ferrutius, dienenden Mönchen gegeben hat.*[76] – *Von dort* (der Eisernen Hand) *zur Kemelero strassen* (wahrscheinlich dort, wo der Rheinhöhenweg auf die alte Straße von Wiesbaden nach Kemel, die *Hohe Straße* trifft, noch heute ein Grenzpunkt zwische Wiesbaden und Taunusstein), *von dort zum Ostringebale Kemele ecclesie* (Ostgiebel des Kemeler Kirchspiels = Wambacher Schanze), *von dort in den Crobfesbrunnen* (der heutige Kropfweiher am Anfang des Hübschen Grundes), *von dort in die Ardam* (Aar), *von dort an Reginresveldon* (das ausgegangene Regenisfelden bei Adolfseck) *und von da an wieder bis in die Londerbagh*

(Lahnerbach). *Aber die hier erwähnte (ur)alte, im Laufe der Zeit fast zerstörte und von Bischof Richolf geweihte Kirche ist auf Geheiß des Erzbischofs Willigis wieder hergestellt worden. Dann hat noch der Archidiakon des Bischofs Willigis, Hermann, das Gebiet als auch die Abgrenzung (Lücke) so wie vorher gesehen wird, geweiht, (und) wie zum Anfang mit der Fessel des Bannes bestätigt.*

Die Übersetzung bereitet bis auf den Begriff *marca* keine Schwierigkeiten. Da *terminatio* zweifelsfrei als Grenzbestimmung, Begrenzung, Abgrenzung zu übersetzen ist, kann *marca* hier nicht in gleicher Bedeutung verwendet worden sein. Das fränkisch-deutsche Wort *Mark* (lat. margo = Grenze, Rand, Einfassung) bezeichnet ein festumrissenes Gebiet wie etwa die Grenzmark oder die urkundlich oft erwähnte Untergliederung einer Gaugrafschaft, die *Centena*. Diese bildeten als Niedergericht und Landfolgebezirk mit der Mark als Fiskalbezirk und dem alten Kirchspiel, dem Send, räumlich oft eine Einheit.[77] Ab dem 10. Jahrhundert, mit der allmählichen Funktionsveränderung oder Auflösung der alten Gaugrafschaften, verlagerte sich das Hoch- oder Blutgericht von der Grafschaft auf die *Centena*. Diese Zehntgerichte – wie das der Bleidenstadter Mark, dem späteren Wehener Grund – haben sich zum Teil bis ins ausgehende Mittelalter ohne große räumliche Veränderungen erhalten. Nach dem Grenzverlauf umfaßte das Bleidenstadter Kirchspiel sowohl die Mark Bleidenstadt als auch die Mark Breithardt. Vielleicht sollte mit *terminatio* und *marca* deutlich gemacht werden, daß das Gebiet der Bleidenstadter Kirche zwei weltliche Marken umfaßte.

Warum Böhmer am Schluß der Aufzeichnung eine Lücke gelassen hat, wissen wir nicht; entweder war an dieser Stelle in seiner Vorlage eine Lücke oder sie war unleserlich. Bei den Flettorfschen Abschriften steht an dieser Stelle *Archiepiscopi*, was keinen Sinn ergibt. Möglicherweise stand dort ursprünglich ein ähnliches Wort, wie etwa *Archetypi*, dann hätte diese Passage gelautet: *wie vorher im Original gesehen wird!*

Wie bereits erwähnt, wurde in allen bisherigen Veröffentlichungen – wie auch in ihren Interpretationen – das Weihejahr 812 in den Text aufgenommen. Es hat sich aber gezeigt, weder die Böhmer-Abschrift noch die Abschriften des 16. Jahrhunderts haben das Weihejahr im Text. Lediglich die letzteren haben das Jahr 812 mit der für dieses Jahr falschen Indiktion 14 und dem im Text schon vermerkten 6. Juni (*VIII Idus Iunius*) – wobei die Indiktion fälschlich zwischen Monat und Tag eingefügt wurde – auf dem Rande der Abschrift vermerkt. Die Randnotiz wurde eindeutig von einer der Wandinschriften abgeschrieben, die 1516 bei der Renovierung der Kirche auf die Innenwände der Kirche gemalt worden waren. Die über dem Südportal begann nach Helwich mit *Regalis abbatia* und fährt dann weiter unten fort: *Hinc Richolfus archiepiscopus Monguntinus idem monasterium dedicavit anno dominicae incarnationis octingentesimo duodecimo, mense Junio, indictione decima quarta, octavo Idus eiusdem mensis.* Vergleicht man die gesperrt gedruckte Stelle mit der Randnotiz *Anno Dni octingentesimo XII, mense Junio, indictione XIIII octavo Idus eiusdem,* so sieht man, daß sie wörtlich abgeschrieben worden ist. Das Weihejahr der Wandschrift kann aber in dieser Form keine Vorlage gehabt haben, selbst wenn man die Nichtübereinstimmung von Jahreszahl und Indiktion unberücksichtigt läßt. Entweder wurden Jahreszahl und Indiktion frei erfunden oder sie stammen von einer uns heute unbekannten Quelle, die der Verfasser der Inschrift nicht mehr richtig lesen konnte. So oder so, das Jahr 812 und die Indiktion 14 – die für die Amtszeit Richolfs auf die Jahre 791 und 806 zutreffen würde – sind für die Forschung wertlos.

Unter Erzbischof Willigis wurde die alte Archidiakonatsverfassung, in der es nur einen Archidiakon in Personalunion mit dem Propst des Domstiftes für das gesamte Bistum gab, der Zeit entsprechend reformiert. Die Bistümer wurden in Archidiakonatsbezirke aufgeteilt, die jeweils dem Propst eines bestimmten Stiftes als Archidiakon unterstellt waren. Um in ihrem Zuständigkeitsbereich Weihehandlungen vornehmen zu können, waren sie nicht selten auch Chorbischöfe. Ein solcher Archidiakon wird deshalb in Urkunden oft und auch unterschiedlich als Chorbischof oder Propst bezeichnet. Nach der Reformierung gehörte Bleidenstadt in den Archidiakonat des Propstes von St. Peter in Mainz. Der

Archidiakon Hermann war also entweder noch Propst des Domstiftes oder schon Propst von St. Peter. Bisher ließ sich in den wenigen Urkunden aus der Zeit Willigis' kein Archidiakon Hermann nachweisen. Das scheint aber ein Irrtum gewesen zu sein, denn im Nekrolog des Mainzer Domstiftes, dessen Eintragungen bis in die Mitte des 12. Jahrhunderts reichen, ist unter dem 3. Oktober der Tod eines Propstes *Heriman* verzeichnet.[78] Ab der Mitte des 11. Jahrhunderts lassen sich bis etwa 1150 die Pröpste der wichtigsten Mainzer Stifte fast lückenlos nachweisen, aber es gibt bis dahin nur eine Urkunde, in der ein Mainzer Propst Hermann erwähnt wird: Am 6. Oktober 1019 wurde durch Erzbischof Erkenbald (1011–21) die Erweiterung des Kirchspiels Mönchweiler bei Rockenhausen/Pfalz bestätigt. Unter den zahlreichen geistlichen Zeugen befinden sich zehn Pröpste, darunter ein *Heriman* und als Hauptzeuge der Chorbischof *Hugizo*, wohl als zuständiger Archidiakon. Da Mönchweiler zum Archidiakonat des Domstiftes gehörte, müßte Hugizo Dompropst gewesen sein. So ist denn auch sein Todestag unter dem 18. Oktober im oben genannten Nekrolog des Mainzer Domstiftes eingetragen. Ein weiterer Zeuge der Urkunde, *Eburnant*, kann mit ziemlicher Sicherheit als Propst des St. Martinsstifts in Bingen identifiziert werden.[79] Es darf also angenommen werden, daß in dieser Urkunde nur Mainzer Prälaten aufgeführt sind. Nur acht Jahre nach dem Tod von Erzbischof Willigis wäre damit ein Propst Hermann gesichert. Wenn es sich hier um den Hermann der Grenzbeschreibung handeln sollte, dürfte die Bestätigung der Bleidenstadter Kirchspielgrenze zum Ende der Amtszeit von Willigis erfolgt sein, und zwar so, wie sie uns heute überliefert ist, wenn auch der spätere Kopist Anfangs- und Schlußformel der Urkunde weggelassen hat, weil es ihm möglicherweise nur auf den reinen Sachverhalt ankam.

Allgemeine Auffassung ist, daß der erste Teil, die eigentliche Grenzbeschreibung, von Erzbischof Richolf verfaßt und so von Willigis übernommen wurde. Das mag inhaltlich richtig sein, aber nicht wortwörtlich, sonst hätte dort wohl kaum im Zusammenhang mit dem Abtswald gestanden, daß Kaiser Karl diesen den *Mönchen* des Klosters zur Nutznießung übergeben habe.

Dagegen muß die Patrozinienreihe der Grenzbeschreibung vor Willigis entstanden sein, wie die Gegenüberstellung mit der in einem Ablaßbrief zeigt, den der Mainzer Weihbischof Dietrich von Wierland im Jahre 1258 dem Kloster Bleidenstadt verliehen hat.[80]

Weshalb sich die Patrozinienreihe 1258 um die zusätzlichen Heiligen vermehrt hat (siehe Anmerkung 80), läßt sich einigermaßen erklären. Das Erlöserpatrozinium wurde durch das verwandte Heiligkreuzpatrozinium ersetzt. Die Apostel Simon und Judas Thaddäus haben wie Ferrutius den 28. Oktober als Gedenktag. Auf Seite 152 des *Codex Blidenstatensis* hat eine Hand des 13. Jahrhunderts eingetragen, daß der Mönch Franco aus dem Kloster Sankt Alban dem Kloster Sankt Ferrutius Reliquien mehrerer Heiliger geschenkt hat, darunter auch eine des Märtyrers St. Alban. Das Allerheiligen-Patrozinium wurde 835 durch Papst Gregor IV. (827–844) auf den 1. November verlegt. Es könnte in Bleidenstadt im Zusammenhang mit der Kluniazenserreform eingeführt worden sein. Interessant ist die Aufnahme des Heiligen Benedikt von Nursia. Diesen hatten grundsätzlich alle Benediktinerklöster als Patron, das heißt, seine Aufnahme in die Patrozinienreihe Bleidenstadts muß um 950 bei der Umwandlung des Klosters geschehen sein, also bevor Willigis die Kirchspielgrenze erneut bestätigte.

Zusammenfassend läßt sich feststellen: Im überlieferten Text fehlen sowohl die Anfangs- wie auch die Schlußformel sowie andere Merkmale einer Urkunde. Trotzdem ging bisher jeder davon aus, daß es sich bei dieser Aufzeichnung um die Abschrift einer Urkunde handelt, wobei Stimming die Möglichkeit einer Fälschung nicht ausschließt.[81] Da die inhaltlichen Angaben im wesentlichen nicht zu bezweifeln sind, ist eher daran zu denken, daß es sich hier um die Nachzeichnung einer oder zweier echter Urkunden handelt, vielleicht weil das oder die Originale ganz oder teilweise beim Brand von 1389 den Flammen zum Opfer fielen. Zu diesem Zeitpunkt allerdings war St. Ferrutius nicht mehr Sendkirche für die Terminei, sondern St. Peter auf dem Berg. Wann die Pfarrkirche erbaut wurde, wissen wir nicht, 1276 wird erstmals ein Pleban Philipp von Bleidenstadt erwähnt.[82] Es ist durchaus möglich, daß die Klosterkirche nach der Umwandlung des Klosters den Mönchen vorbehalten bleiben sollte und man deshalb notwendigerweise eine zweite Kirche für die Seelsorge der Gemeinde bauen mußte. Obwohl die meisten Bleidenstadter Mönche, die im Nekrolog verzeichnet wurden, auch Priester waren, haben sie mit Sicherheit nur ausnahmsweise den Pfarrdienst in einer Laienkirche versehen. Lediglich 1261 erfahren wir einmal, daß Bleidenstadter Mönche in den Kirchen von Habenscheid, Klingelbach und Dörsdorf, deren Patronat das Kloster innehatte, den Pfarrdienst versehen haben.[83] Aber auch hier sind später wieder Pfarrer bezeugt. 1349 wurde die St. Peterskirche dem Kloster inkorporiert,[84] das heißt, die Abtei hatte nicht mehr nur das Besetzungsrecht, das Patronat, sondern konnte von nun an auch über die Einkünfte und das Vermögen verfügen.

Nach der 1355 erfolgten Erbteilung der Grafen Johann und Adolf von Nassau gab es des öfteren Streitigkeiten wegen der jeweiligen Zugehörigkeit der sogenannten Peterlinge, so auch in den Jahren 1363 und 1364 wegen denen, die nach Mackenberg gehörten.[85] Peterlinge waren Wachszinsige, die dem Kölner Stift St. Peter unterstanden. Wachszinser waren Freie, in karolingischer Zeit meist Königsfreie, die durch königliche Schenkungen oder freiwillig Dienstleute geistlicher Institutionen waren. Sie konnten sich frei bewegen, waren also Hörige, die nicht an ein Stück Land gebunden waren. Ursprünglich hatten sie dem Kloster oder der Kirche, der sie unterstanden, jährlich eine bestimmte

Abb. 5: Die Kirche St. Peter auf dem Berg wurde Mitte des 19. Jahrhunderts auf alten Fundamenten und unter Verwendung des alten Turms neu errichtet.

Menge Wachs, also den Wachs- oder auch Altarzins zu entrichten. Im Laufe der Zeit wurde aus dem Wachszins ein Geldzins – meist zwei Denare – zu dem später noch im Sterbefall das Besthaupt zu geben war, das beste Stück Vieh des Verstorbenen oder bei Frauen das beste Kleidungsstück.[86] Die Zehntgrenze von Mackenberg umfaßte 1473 etwa die Hälfte der heutigen Gemarkung Born und fast die gesamte Gemarkung Adolfseck.[87] Ort und Gemarkung Mackenberg gehörten dem Kloster Bleidenstadt. Es kann angenommen werden, daß die dort ansässigen Peterlinge ursprünglich ebenfalls zum Kloster gehörten und irgendwann wie die vielen anderen Peterlinge zwischen Lahn und Vogelsberg vor 1363 dem Kölner Domstift St. Peter übereignet wurden. In diesem Zusammenhang bekommt die Urkunde des Abtes Hertwin[88] aus der Zeit um 1100 eine ganz andere Bedeutung: *Die Wachszinsigen beiderlei Geschlechtes, die sich als fremde Kolonisten zum Teil freiwillig, zum Teil aus Zwängen dem Kloster unterstellt hatten und deren Freiheit von König Karl und Erzbischof Lullus verbrieft waren, dürfe niemand – selbst der Abt nicht – vertreiben, schädigen oder verleihen.* Abt Hertwin hat um 1100, wie im nächsten Kapitel belegt wird, dem Kloster Bleidenstadt vorgestanden und war möglicherweise auch Abt des Mainzer Klosters St. Jakob. Zu dieser Zeit war Ruthard (1089–1109) Erzbischof in Mainz, der zwischen 1098 und 1105 aus der Stadt vertrieben war, weil er sich auf die Seite der Feinde Kaiser Heinrichs IV. (1056–1105) gestellt hatte. Möglicherweise wurden in dieser Zeit Wachszinsige dem Kloster entfremdet oder zumindest der Versuch dazu gemacht. Jedenfalls konnte Bleidenstadt schon in seiner Gründungszeit ausreichenden Schutz bieten, mehr Schutz offenbar als eine einfache Taufkirche.

Zuletzt muß in diesem Zusammenhang die päpstliche Schutzurkunde aus dem Jahre 1184 erwähnt werden.[89] In ihr werden die Klosterorte bestätigt, in denen das Kloster die Ortsherrschaft ausübte, das heißt, wo Bleidenstadt im Besitz des Vogteihofes war und das Patronat über die jeweilige Kirche ausübte. Wie Kipke meint, erfolgt die Aufzählung der Orte in der Reihenfolge ihrer Bedeutung, wofür auch einiges spricht. Genannt sind neben Bleidenstadt selbst: Wallau, Schierstein, Kempten (bei Bingen), Würges, Bubenheim (Wüstung bei Kirberg), Klingelbach, Michelbach, Holzhausen (nicht Holzhausen über Aar, sondern das heutige Wallrabenstein[90]), Habenscheid (Wüstung bei Wasenbach), Wörsdorf, Strinz-Margarethä, Strinz-Trinitatis sowie Nieder- oder Oberlibbach. Der einzige Ort in dieser Aufzählung, der sich schon im neunten Jahrhundert als Bleidenstadter Besitz nachweisen läßt, ist Schierstein. Und Schierstein war, wie weiter oben dargelegt wurde, ehemaliges Reichsgut. Drei Huben und drei Mansen in Bubenheim gehörten schon unter Bonifatius dem Kloster Hersfeld; dieser Hersfelder Besitz wurde später durch eine Schenkung Karls des Großen im benachbarten Mensfelden abgerundet.[91] Ebenfalls in Bubenheim sowie in Holzhausen (Wallrabenstein), Würges und Wörsdorf hatte das 764 gegründete Kloster Lorch schon sehr früh Besitz.[92] Das Kloster Prüm wurde 790 durch Karl den Großen mit Fiskalgut in Habenscheid und Bubenheim ausgestattet.[93] Otto der Große schenkte 950 Königsgut in Wallau an Graf Gerung vom Königssundragau.[94] Kipke hat in seiner Dissertation belegt, daß Bleidenstadt mit Ausnahme von Holzhausen in allen aufgezählten Orten die Ortsherrschaft, das heißt, den Vogteihof inne hatte und – soweit später dort eine Kirche war – auch das Patronat über die Kirche. Das gleiche stellte er auch für Wallrabenstein fest, obwohl dieser Ort, wie er glaubte, nicht in der Lucius-Urkunde genannt wurde. Er wußte nicht, daß Wallrabenstein Holzhausen hieß, bevor Graf Walram von Nassau-Idstein dort 1393 seine Burg errichten ließ. Anhand der Tatsache, daß Wallau, Schierstein, Bubenheim, Holzhausen, Würges, Wörsdorf und Habenscheid Fiskalgut, Königsgut waren und von einigen schon Grundbesitz vor dem Jahre 800 an Klöster geschenkt wurde und Bleidenstadt dort 400 Jahre später die Ortsherrschaft und das Patronat über die Kirchen ausübte, kann man fast mit Sicherheit sagen, zumindest die Hälfte und die bedeutendsten der in der Lucius-Urkunde genannten Orte gehörten zur Gründungsausstattung von Bleidenstadt. Auch hier muß festgestellt werden, die Größe des Besitzes deutet eher auf die Vergabe an ein Kloster als an eine Kirche hin.

Nach diesen Ausführungen steht für die Geschichte des Bleidenstadter Klosters von seinen Anfängen bis zur Mitte des 10. Jahrhunderts folgendes fest: Erzbischof Lul von Mainz läßt nicht allzulange vor seinem Tode im Oktober 786 die Gebeine des Ferrutius von Kastel in den Ort im Taunus verlegen, der später unter dem Namen Bleidenstadt bekannt wurde. Richolf führt wahrscheinlich als Mainzer Archidiakon die Translation durch und schreibt einige erbauliche Verse für die neue Grablege am Altar der Bleidenstadter Kirche. Grund für diese Transaktion dürfte die Gründung eines größeren Kirchspiels mit Taufkirche auf der Taunushöhe gewesen sein. Damit wäre Bleidenstadt Sitz eines Archipresbyters, eines Erzpriesters gewesen. Noch bis zur Reformation unterstanden dem Dekan des Ferrutius-Stiftes sämtliche Kirchen innerhalb der alten Terminei als Synodalfilialen,[95] obwohl schon in der zweiten Hälfte des 15. Jahrhunderts das Kirchspiel Breithardt – Patron der Breithardter Kirche war damals wie schon im 14. Jahrhundert das Mainzer Domstift[96] – mit seinen Filialen Holzhausen über Aar, Steckenroth, Regenisfelden, wahrscheinlich Mackenberg sowie zunächst Watzhahn und, nachdem dies nach 1344 wüst wurde, Born[97] nicht mehr zum Send der Peterskirche in Bleidenstadt gehörte.[98] Nachdem Richolf die Nachfolge von Lul auf dem Mainzer Erzstuhl angetreten hatte, ließ er die Kirche weiter ausbauen. Nach dem Umbau wurde sie durch ihn an einem 6. Juni neu geweiht, wobei er gleichzeitig die Grenzen des Kirchspiels festlegte. Die geistige Betreuung der zum Kirchspiel gehörenden Bevölkerung – und möglicherweise auch der Einwohner in den zu Bleidenstadt gehörenden Orten außerhalb der Mainzer Bistumsgrenze (Bubenheim, Würges, Wörsdorf, Holzhausen, Strinz-Trinitatis, Klingelbach und Habenscheid) – wurde durch das dem Archipresbyter unterstellte Priesterkollegium, wahrscheinlich in der Form eines Stiftes für Weltgeistliche sichergestellt. Zur Versorgung der Kleriker wurde Bleidenstadt mit einem doch erheblichen Grundbesitz und anderen Gefällen ausgestattet, zumeist, wie damals üblich, durch königliche Schenkungen. Mit Sicherheit trifft dies auf den sogenannten Abtswald und den Zehnten der Schiersteiner Kirche zu. Der erhebliche Wachsbedarf der Kirche wurde durch Wachszinsige sichergestellt, die dem Kloster von Karl dem Großen geschenkt wurden. Es könnte sein, daß Bleidenstadt diesen Leuten das spätere Mackenberg als Rodungsland zugewiesen hat. Wie wir aus zeitgenössischen Berichten wissen, waren die germanischen Untertanen des karolingischen Frankenreiches zwar alle getaufte Christen, aber keine sehr überzeugten, sie waren nur schwer von ihrem alten Glauben abzubringen. Abseits der kirchlichen Zentren, wie auf den Taunushöhen, war dies auch zur Zeit Karls des Großen noch so.[99] Hier dürfte einer der Gründe für die Gründung des Klosters Bleidenstadt zu suchen sein. Obwohl Erzbischof Lullus bewußt einen Soldatenmärtyrer, der bei der germanischen Bevölkerung besser ankam, nach Bleidenstadt überführen ließ und zum Patron der neuen Kirche machte, kam die Verehrung des Heiligen Ferrutius nur schleppend in Gang. Es dauerte bis in die Mitte des 9. Jahrhunderts – wenn wir die Hrabanus-Verse richtig interpretieren –, bis das Volk in der Umgebung der Bleidenstadter Kirche so vom christlichen Glauben durchdrungen war, daß die Heiligenverehrung zum inneren Bedürfnis wurde, bis Bleidenstadt zur *Stätte derer* wurde, *die sich freuen*.

Mit der Zunahme der Bevölkerung wurde eine Umstrukturierung der Bistümer notwendig, zunächst in Frankreich, in Deutschland unter den Sachsenkaisern. Es wurden mehrere Archidiakonate gebildet, denen jeweils der Propst eines bestimmten Stiftes als Archidiakon vorstand. In großen Pfarreien wurden, soweit es notwendig war, kleinere Kirchen, die sogenannten *tituli minores*, zu Pfarrkirchen erhoben. Manche erhielten nur das Recht der Beerdigung, andere auch das Recht der Taufe. Das erste Kirchspiel, das von der Bleidenstadter Terminei abgetrennt wurde, dürfte das Kirchspiel Breithardt gewesen sein. Mit der Einführung der Archidiakonate im 10. Jahrhundert wurde auch das Amt des Erzpriesters verändert; er war nun Vorsteher eines Dekanates.[100] Das Dekanat war eine Untergliederung des Archidiakonates, so hatte der von St. Peter, zu dem Bleidenstadt gehörte, zwei Dekanate, nämlich Eschborn und Kastel, deren Grenzen sich mit den Grenzen des Niddagaues (Eschborn) und des Königssundragaues (Kastel) deckten. Kirchenpatron des

Dekanats Kastel war wie in Bleidenstadt Ferrutius.[101] Die Zusammenhänge sind deutlich. Jedenfalls hatte nun das Stift oder Priesterkollegium Bleidenstadt seine ursprüngliche Aufgabe verloren, es konnte einer anderen Funktion zugeführt werden.

4. Das Benediktinerkloster

Kassius Hallinger versuchte in seinem 1950 erschienenen Buch *Gorze-Kluny* anhand von Nekrologsbeziehungen festzustellen, ob und zu welcher Zeit die einzelnen Klöster nach Gorze oder Kluny oder nach einem ihrer Ableger ausgerichtet waren, welcher dieser Klosterreformen sie angehörten. Dabei stellte er fest, daß das gegenseitige Totengedenken eine engere Beziehung dieser Klöster voraussetzt, nicht nur Gebetsverbrüderungen, sondern häufig auch den gleichen Ordo, das heißt, die gleichen Klosterregeln. Hören die gegenseitigen Eintragungen auf, ist daraus zu schließen, daß sich eines der Klöster einem anderen Ordo unterworfen hatte. Bei der Fülle der verarbeiteten Quellen mußten Hallinger zwangsläufig Fehler, beziehungsweise Fehlinterpretationen unterlaufen. Genau das ist ihm bei der – wie er sie nannte – Mainzer Abteiengruppe passiert. In einem späteren Beitrag[102] hat er dies korrigiert, aber gerade für Bleidenstadt gab es Quellen, die er noch nicht kannte, weshalb er die Amtszeit des ersten Abtes zu spät ansetzte. Jedenfalls hat Hallinger die Richtung gezeigt, in der neue Quellen aufgetan werden konnten.

Nach dem Verfall der Klostermoral im ausgehenden 9. und frühen 10. Jahrhundert – bedingt durch den Zusammenbruch des Fränkischen Reiches – entstand im burgundischen Kloster Gorze eine Erneuerung des Benediktiner-Ordens mit strengeren Regeln. Das erste Kloster, das diese Regeln im gerade entstehenden Deutschen Reich 934 angenommen hatte, war St. Maximin in Trier. Von dort wurden in der Folgezeit viele Reformäbte und Mönche an deutsche Klöster abgegeben. Die bedeutendsten Förderer dieser Reform waren Otto der Große (936–973), dessen Bruder Brun, Erzbischof in Köln (953–965) sowie die Mainzer Erzbischöfe Friedrich (937–954) und Ottos unehelicher Sohn Wilhelm (954–968), aber auch Erzbischof Dietrich von Trier (965–977), der vorher Dompropst (Archidiakon) in Mainz war.

Das 698 vom Hl. Willibrord gegründete Kloster Echternach war im 9. und 10. Jahrhundert durch Laienäbte heruntergewirtschaftet und in ein Kanonikerstift umgewandelt worden. Graf Siegfried von Luxemburg verjagte 973 die Kanoniker und ersetzte sie durch vierzig Mönche aus St. Maximin. Ihren ersten Nekrolog hatten sie wohl aus ihrem Heimatkloster mitgebracht, denn es finden sich dort Einträge, die in die Zeit vor 973 gehören und alle auch im Nekrolog von St. Maximin eingetragen sind. Das uns bis heute erhaltene Echternacher Totenbuch[103] wurde etwa um 1120 angelegt, und man hat dabei aus dem älteren Nekrolog wahrscheinlich nur noch Namen der Klöster übernommen, mit denen Echternach eine Gebetsverbrüderung hatte. Einträge vor 1120 betreffen im Mainzer Umfeld die Klöster Fulda, Lorch, Bleidenstadt sowie in Mainz selbst St. Alban und St. Jakob. Von Fulda sind die Todestage von Abt Widrad (1060–1070) und dreizehn Mönchen eingetragen. Die Mönche starben nach den Fuldaer Todesannalen[104] zwischen 1062 und 1082, also etwa in der Amtszeit von Widrad. Von Lorch sind erwähnt Abt Gerold (1002–1005) und sechs Mönche, v n St. Alban sind es die Äbte Gerung († 960) und Maiolus (?)[105] sowie dreizehn Mönche, von St. Jakob die Äbte Burchard (1107–1118 Abt von St. Jakob, 1108–1119 auch Abt von Disibodenberg) und Stephan (etwa 1164–1177) sowie neun Mönche. Unter dem 18. September ist eingetragen: *commemoracio fratrum defunctorum in Blidinstat*, Gedächtnis der verstorbenen Brüder in Bleidenstadt, und unter dem 5. Oktober: *Obiit Reginbertus pbr. abbas s. Ferrutii m. s. Maximini*, gestorben ist der Priester Reginbert, Abt von St. Ferrutius, Mönch aus St. Maximin. Weitere Eintragungen betreffen fünfzehn Mönche aus Bleidenstadt, die bis auf einen auch im Bleidenstadter Nekrolog zum jeweils gleichen Tag Erwähnung finden. Leider läßt sich nur für Fulda lückenlos nachweisen, daß die in Echternach notierten Mönche und der Abt der gleichen Zeit angehörten. Zumindest für Bleidenstadt kann dies auch angenommen werden, da die Schreibweise der meisten Namen durchaus dem 10. Jahrhundert angehören kann. Da Reginbert aus St. Maximin kam, wurde sein Name auch im dortigen Totenbuch geführt,[106] in den Fuldaer Totenannalen wird das Sterbejahr 965 angegeben.[107]

Wie schon oben belegt, war Reginbert der erste Abt in Bleidenstadt. Da er aus St. Maximin kam, war Bleidenstadt offensichtlich nach Gorze ausgerichtet. Daher kann unser Kloster nicht vor der Reform in St. Maximin, also nicht vor 934, in ein Mönchskloster umgewandelt worden sein. Die ersten Reformmönche, die St. Maximin abgab, wurden 938 in das von Otto dem Großen gegründete Kloster Bergen in Magdeburg abgegeben. Der jüngere Bruder Ottos des Großen, Erzbischof Brun von Köln, stiftet 956 das Kölner Kloster St. Pantaleon und setzt als ersten Abt den St. Maximiner Mönch Christian ein. Der letzte Abt aus St. Maximin, der in diesem Zusammenhang vor 965 zu nennen ist, ist Geilo, den Otto der Große 957 in der Reichsabtei Weissenburg eingesetzt hatte. Soweit bis zum Jahre 965. Erst danach wurden die deutschen Klöster nach und nach von der Gorzer Reform erfaßt, ein erheblicher Teil über Trier.[108] Ist es nicht naheliegend zu fragen, ob Wilhelm seinem Vater und seinem Onkel nacheifern wollte und nach seiner Einsetzung als Erzbischof in Bleidenstadt ebenfalls ein Kloster gründete – die Umwandlung in ein Benediktinerkloster war ja auch ein Gründungsvorgang – in dem er dann wie seine Vorbilder einen Abt aus St. Maximin einsetzte?[109] Theoretisch könnte die Umwandlung Bleidenstadts auch von Erzbischof Friedrich vorgenommen worden sein, aber nach dem Ablauf der geschilderten Ereignisse kommt mit großer Wahrscheinlichkeit wohl nur Erzbischof Wilhelm in Frage. Das heißt also, St. Ferrutius wurde zwischen 954 und etwa 960 zum Benediktinerkloster erhoben.

Nachdem sich die Quellen unseres Klosters aus dem 10. und 11. Jahrhundert durchweg als Fälschungen erwiesen haben, schien es zunächst unmöglich, Licht in das Dunkel zu bringen. Faßt man aber einmal die wenigen Hinweise zusammen, ergibt sich doch ein ungefähres Bild der Entwicklung. So findet sich im jüngeren Nekrolog unter dem 6. Dezember der Eintrag: König Otto schenkte dem hl. Ferrutius die Kirche in Wallau. Es kann sich dabei nur um Otto II. handeln, der am 7.12. 983 starb. Er war seit 961 König, Weihnachten 967 wurde er Mitkaiser bis zum Tode seines Vaters. Diese Schenkung könnte also durchaus im Zusammenhang mit der Gründung des Mönchsklosters geschehen sein.

Interessant ist ein Eintrag zum 22. Januar im älteren Nekrolog: Gestorben ist Erzbischof Gerbert, der unserer Kongregation angehörte. Schaut man sich einmal die Bischofslisten an,[110] so gibt es neben Gerbert von Aurillac, der Erzbischof in Reims und Ravenna war, bevor er als Silvester II. (999–1003) den Papststuhl bestieg, bis um 1200 nur noch Erzbischof Gerbert von Capua. Zunächst schien es abwegig, eine Verbindung zwischen Capua in Mittelitalien und dem kleinen Kloster Bleidenstadt herzustellen. Gerberts genauer Todestag steht nicht fest, aber er starb Anfang des Jahres 981. Er war Mönch in Montecassino, dem Mutterkloster aller Benediktiner, bevor er 878 Erzbischof von Capua wurde, *obwohl er* – so nach der Chronik von Montecassino[111] – *nicht aus diesem Ort kam.* Er war also ein Fremder, dem Namen nach ein Deutscher, und dieser Name ist um 1000 in der Mainzer Gegend oft bezeugt. Otto der Große hatte sich von 961 bis 972 mit nur eineinhalbjähriger Unterbrechung in Italien aufgehalten und mit ihm viele Geistliche aus Deutschland. So war auch Hatto, als Abt von Fulda und Erzbischof von Mainz (968–970), des öfteren in wichtigen Missionen in Italien gewesen. Ottos engster Vertrauter in Italien war Pandulf von Capua, der Eisenkopf, bei dem sich Otto mehrmals aufgehalten hatte, auch im benachbarten Montecassino. Es ist also leicht möglich, daß in dieser Zeit ein Mönch aus einem Mainzer Kloster nach Montecassino gekommen war und wie andere dort geblieben ist.

Erst nach Jahren erfahren wir wieder etwas über einen Abt von Bleidenstadt.[112] Am 12.8.1023[113] fand in Seligenstadt ein Konzil statt, an dem ein Abt Rudolf von Bleidenstadt teilgenommen hat. Im Bleidenstadter Nekrolog sind zwei Äbte mit diesem Namen verzeichnet; welcher von ihnen am Konzil teilnahm, läßt sich nicht sagen. Jedenfalls muß er bald danach gestorben sein oder hat sein Amt aufgegeben, denn drei Jahre später, auf der Synode am 24.9.1027[114] in Frankfurt, ist ein Abt *Iko Blithenstatensis* unter den Teilnehmern. Gemeint ist Abt Isanricus, der an einem 21. Dezember gestorben ist. Nach den Totenbüchern von St. Emmeram in Regensburg und Niederaltaich[115] war er vorher Mönch in St. Emmeram. Das Konzil wie auch die Synode standen unter der Leitung von Erzbischof Aribo (1021–1031) von Mainz. Vor seiner Erhebung in Mainz war er Archidiakon im Erzbistum Salzburg und hatte in dieser Funktion – aber auch über seine Familie, die Aribonen, das damals einflußreichste bayerische Adelsgeschlecht – engste Beziehungen zu St. Emmeram. Und aus diesem berühmten Kloster holte sich Aribo bei nächster Gelegenheit einen Abt für Bleidenstadt. Unter dem 23. Dezember ist im sogenannten Leidener Nekrolog von Fulda ein Abt Iezo eingetragen. Es kann sich hier ebenfalls nur um Isanricus handeln, der demnach spätestens im Jahre 1039 starb, denn die Einträge in diesem Nekrolog reichen bis zum Anfang des Jahres 1040.[116]

Unter Erzbischof Siegfried I. von Eppenstein (1060–1084) vollzieht sich in den Mainzer Klöstern eine Wandlung in Richtung der Reform von Kluny. Er selbst zog sich im Jahre 1072 als Mönch in das Kloster Kluny zurück und kam erst auf die dringenden Bitten von Klerus und Volk wieder nach Mainz. Im Jahre 1076 schlägt er sich auf die Seite der Gegner von Heinrich IV., krönt ein Jahr später in Mainz den Gegenkönig Rudolf und muß anschließend mit ihm die Stadt verlassen. Siegfrieds Mitwirkung bei der Einführung der neuen Klosterreform ist bei einer Reihe von Klöstern belegt, ob er diesbezüglich auch in St. Alban, Bleidenstadt und dem von Erzbischof Bardo (1031–1051) gegründeten Kloster St. Jakob tätig war, ließ sich bisher nicht bestätigen. Ohne hier tiefer in diese Fragen einzusteigen, müssen einige Aspekte aufgegriffen werden, die vielleicht zu neuen Erkenntnissen führen. 1070 lernen sich in Rom Siegfried und Erzbischof Anno von Köln (1056–1075) näher kennen. Anno hatte auf dieser Reise das Tochterkloster von Kluny, Fruttuaria, besucht. Bei seiner Rückkehr besetzte er das von ihm gegründete Kloster Siegburg mit Mönchen aus Fruttuaria. Ein Jahr später führte er die Gewohnheiten von Siegburg unter Mitwirkung von Siegfried in Saalfeld ein. Etwa zur gleichen Zeit studiert Lampert von Hersfeld im Auftrage seines Abtes Ruthard vierzehn Wochen lang in Siegburg und Saalfeld die neuen Gewohnheiten. Er sah die Notwendigkeit einer Klosterreform, um in den Klöstern wieder das alte benediktinische Ideal herzustellen, aber er lehnte die neue Reform wegen ihrer allzu strengen Zucht und vor allem wegen ihrer Bildungsfeindlichkeit ab.[117] Aus diesen Erkenntnissen entstanden die Mischreformbewegungen, für die Hallinger die Bezeichnungen *Lothringische Mischobservanz* und *Junggorzer Gruppe* einführte, wobei diese beiden Gruppen nur schwer voneinander zu unterscheiden sind. Als der erste Abt des von Erzbischof Bardo (1031–1051) gegründeten Klosters St. Jakob in Mainz 1070 starb, übergab Siegfried dieses Kloster an Abt Ruthard von Hersfeld. Es muß nachdenklich stimmen, wenn er etwa zur gleichen Zeit – was bisher noch niemanden aufgefallen war – einen Mönch aus Hersfeld als Abt in Bleidenstadt einsetzt. Im Bleidenstadter Nekrolog ist der Todestag von Abt Dietrich zum 17.1., in den Prümer Totenannalen zum 16.1.1072,[118] im sogenannten Frauenberg-Nekrolog von Fulda[119] zum 16.1. und im Nekrolog des Klosters Tegernsee[120] zum 15.1. festgehalten worden; in Tegernsee mit dem Hinweis, daß er aus Hersfeld gekommen war. Übrigens fehlen im Echternacher Nekrolog die Blätter mit den Eintragungen vom 26. Dezember bis zum 23. Januar, es könnte also sein, daß hier Abt Dietrich eingetragen war, was zeitlich in etwa zu den Eintragungen der oben genannten Klöster passen würde.

Hier reiht Hallinger den im Bleidenstadter Nekrolog unter dem 22. Oktober eingetragenen *Bruno pr. et abbas n. c.*, wegen der Namensgleichheit mit Abt Bruno von Amorbach ein,[121] von dem man nur weiß, daß er 1074 seinem Vorgänger folgte und 1091 urkundlich erwähnt wird. Da der Todestag des Amorbacher Bruno unbekannt ist, geht die Annahme Hallingers von einem Doppelabbatiat zu weit.

Der nächste Bleidenstadter Abt, den wir zeitlich einordnen können, ist Adelger. Er könnte direkter Nachfolger von Dietrich gewesen sein, denn er war gleichzeitig oder nacheinander auch Abt in Neustadt am Main und Ellwangen. In Neustadt ist er 1095–1097 urkundlich erwähnt, in einer verfälschten Urkunde auch noch 1115, und in Ellwangen zum Jahre 1100. Nach dem Abtskatalog von Ellwangen soll er dort 1094–1102 dem Kloster vorgestanden haben.[122] Wann Adelger in Bleidenstadt tätig war, wissen wir nicht, mit Sicherheit aber vor 1100. Hallinger rückt ihn vorsichtig in die Nähe der Junggorzer oder Siegburger Kreise, womit er Recht haben könnte, denn in Neustadt ist er Nachfolger des Junggorzer Reformabtes Ekkebert, und in Ellwangen geben ihm seine Hirsauer Nachfolger die Schuld am Brand der Klosterkirche. Aus seiner Bleidenstadter Zeit wissen wir nur, daß er den Meginhard veranlaßte, eine Lebensbeschreibung von Ferrutius zu verfassen, den *Sermo de s. Ferrutio*.

Die zeitliche Einordnung von Abt Hartwin oder Hertwin, den wir vorher schon durch die undatierte Wachszinser-Urkunde kennengelernt haben, läßt sich auch nur über einen Umweg erreichen. Unter dem 2. Juli ist im Bleidenstadter Nekrolog ein Abt Meginhard eingetragen, dem die Bezeichnung *nostrae congregationis* fehlt, der demnach um Abt einer anderen Abtei war. Es kann sich dabei nur um Abt Meginhard von Mönchengladbach (1067–1090) handeln, der am 2. Juni 1090 starb. Im Gegenzug ist im dortigen Nekrolog[123] unter dem 16. September ein *Hartwicus abbas* verzeichnet, bei dem es sich nur um Abt Hartwin handeln kann, denn dieser starb nach unserem Nekrolog am gleichen Tag. Im Gegensatz zu Hallingers Meinung geht man heute davon aus, daß die Siegburger Gewohnheiten in Gladbach schon unter Abt Meginhard eingeführt worden sind und nicht erst unter seinem Nachfolger.[124] Da die gegenseitigen Einträge gleiche Richtung voraussetzen, bleibt mehr zeitlicher Raum für den Hartwin-Eintrag in Gladbach, nämlich nicht allzulange vor 1090 bis nach 1100. Mit dieser Feststellung erhöht sich die Wahrscheinlichkeit, daß der Bleidenstadter Hartwin und der zwischen 1102 und 1107[125] urkundlich genannte Abt Hartwin von St. Jakob identisch sind, zumal St. Jakob in dieser Zeit öfter keinen eigenen Klostervorsteher hatte. Da sein Nachfolger in St. Jakob, Burchard, 1107, mit Sicherheit im Mai 1108[126] genannt wird, muß Hartwin spätestens im Jahre 1107 gestorben sein. Auch unter Hartwins Vorgänger in St. Jakob, Manegold (erwähnt 1096 und 97)[127], könnten die beiden Abteien unter einem Abt gestanden haben, denn im Bleidenstadter Nekrolog ist unter dem 17. Juni ein *Magonus pr. et abbas n. c.* verzeichnet; Magonus ist die Kurzform von Manegold. Sowohl im Bleidenstadter Nekrolog wie im Nekrolog des Michaelsklosters zu Bamberg ist unter dem 13. Juni ein Abt Gumbert eingetragen: In Bleidenstadt als eigener Abt, in Bamberg als Abt des Klosters Schwarzach am Main.[128] Gleicher Name und Sterbetag deuten auf die gleiche Person, zumal der Name Gumbert nicht sehr häufig als Abtsname auftritt. Er war in Schwarzach Nachfolger des 1141 gestorbenen Hirsauers Dietrich[129] und ist mit ziemlicher Sicherheit zwischen 1144 und 1149 als Abt von Schwarzach gestorben.[130] Sollte er auch Abt in Bleidenstadt gewesen sein, dann wäre er hier einzureihen.

Ab der Zeit Abt Baldemars sind wir nicht mehr nur auf Nekrologsvergleiche angewiesen, denn er ist der erste Bleidenstadter Abt, der als solcher urkundlich belegt ist. Er war verwandt mit dem Mainzer Erzbischof Arnold von Seelenhofen (1153–1160), sein Bruder Helferich war der Vicedomus, also der Schirmvogt von Mainz. 1140 erhielt er neben Bleidenstadt – wo er schon 1138 Abt gewesen sein soll, aber erst kurze Zeit vor September 1139[131] urkundlich belegt ist – von König Konrad III. (1138–1145) auch noch die Reichsabtei Lorsch als Abt zugewiesen. Dort war er aber von Anfang an unbeliebt, man bezichtigte ihn der Simonie, also des Ämterkaufes, was auch stimmte, denn er hatte König Konrad Zusagen gemacht, die er dann allerdings nicht einhielt. Also hatte er auch ihn gegen sich, so kam es, daß er schon nach nur einem Jahr Lorsch verlassen mußte. Er wurde zur Rechtfertigung nach Rom zum Papst befohlen, dem er aber nicht nachkam, obwohl er ansonsten mit allen Mitteln gegen seine Absetzung kämpfte. Erst im Januar 1144 bestätigte der Heilige Stuhl die Rechtmäßigkeit seiner Absetzung in Lorsch, gleichzeitig wurde er auch von seinem Amt in Bleidenstadt suspendiert.[132] Wie lange er in Bleidenstadt abgesetzt war, wissen wir nicht, auch nicht, wer solange die Abtei übernommen hatte; erst Ende 1150[133] erscheint er wieder als Zeuge in Mainzer Urkunden.

Zu dieser Zeit gab es in Mainz zwei mächtige Patrizierfamilien, die von Seelenhofen und die Meingots, die um die Vorherrschaft in der Stadt kämpften. Arnold von Seelenhofen war mindestens seit 1139 Kämmerer und Propst mehrerer Mainzer Stifte. Zusammen mit seinen Verwandten, den Brüdern Baldemar, Helferich und Hermann, der eine Abt eines Mainzer Eigenklosters, der andere weltliches Oberhaupt der Stadt, der dritte Schultheiß von Mainz, hatten die Seelenhofer wohl die Vorherrschaft errungen. Doch Arnold genügte das nicht, er erreichte, daß Erzbischof Heinrich I. (1142–1153) abgesetzt wurde und er selbst danach

Abb. 6: Links das Siegel des Bleidenstadter Abtes Hartung und rechts das Siegel seines Konvents (Urkunde vom 1.2.1255). Siehe S. 79.

den Erzstuhl besteigen konnte; kurz darauf wurde er zum Reichskanzler ernannt. Seine erbittertsten Feinde waren von nun an die Partei der Meingots, darunter auch die Grafen von Katzenelnbogen, Nassau und Diez. Je länger Arnold im Amt war, um so mehr spitzte sich die Situation zu, seine Anhängerschar wurde immer kleiner. Im April 1157 bestellt Friedrich Barbarossa das Aufgebot für seinen zweiten Italienfeldzug. Arnold versucht nun sein Haus in Ordnung zu bringen, damit ihm nicht während der Zeit, die er in Italien zubringen muß, zu Hause die Dinge aus den Fugen geraten. Mitten in den Vorbereitungen stirbt der Abt des einflußreichsten Mainzer Klosters. Arnold tat nun das, was wohl jeder in seiner Situation getan hätte: er übergab diese wichtige Abtei kurzerhand einem der treuesten seiner nur noch wenigen Anhänger, nämlich dem Abt von Bleidenstadt.[134] Ende des Jahres 1158, nach Arnolds Rückkehr aus Italien, erscheint in Urkunden der vorherige Prior von St. Alban, Hartbert, als Abt von St. Alban. Baldemar, der nach dem Bleidenstadter Nekrolog an einem 24. November starb, muß also im Jahre 1158 gestorben sein.[135] Es ist anzunehmen und auch folgerichtig nach der Lage, in der sich der Erzbischof befand, daß Hartbert, wie sein Vorgänger, auch Abt in Bleidenstadt wurde. Das Bleidenstadter Nekrolog verzeichnet denn auch zum 27. Februar einen *Hartberdus pr. et abbas n. c.* Erzbischof Arnold hat sich, kurz bevor er in Mainz am 24. Juni 1160 ermordet wurde, einige Tage im Kloster Bleidenstadt aufgehalten und Ruhe gesucht. Hartbert läßt sich als Abt von St. Alban urkundlich nachweisen bis zum Jahre 1160, sein Nachfolger dort erstmals im Frühjahr 1168. Spätestens in seiner Amtszeit, wahrscheinlicher aber in der von Baldemar, wurden die Grafen von Laurenburg-Nassau als Klostervögte in Bleidenstadt eingesetzt.

Der nächste Abt in Bleidenstadt ist weder im dortigen Nekrolog verzeichnet, noch läßt er sich urkundlich nachweisen. Die Kluniazenser-Reform hat in Deutschland einige eigene Formen entwickelt, die strengste in dem Schwarzwaldkloster Hirsau. Von dort wurden eine Reihe von Klöstern direkt besetzt, einige andere über schon von Hirsau besetzte Klöster. Im *Hirsauer Kodex*, in dem alle von dort direkt abgegebenen Äbte verzeichnet sind, ist jeweils nur der Name des Abtes und das Kloster angegeben, aber keine Jahreszahl. Die Äbte der Liste, die sich zeitlich einordnen lassen, sind in chronologischer Reihenfolge eingetragen, was dann wohl auch für alle anderen anzunehmen ist. Dort ist zwischen Abt Sigehard von Lorsch, der 1167 sein Amt angetreten hat[136], und Abt Konrad von Hugshofen, der 1189[137] die Hirsauer Gewohnheiten in sein Kloster brachte, ein Abt Heinrich für Bleidenstadt eingetragen. Da der nächste Bleidenstadter Abt, Jofried, erstmals 1184 als Empfänger der Lucius-Urkunde erwähnt wird, muß also der Hirsauer Heinrich zwischen 1167 und 1184 nach Bleidenstadt gekommen sein. Wie im nachfolgenden Exkurs begründet, hat er wohl die Anlage des älteren Bleidenstadter Nekrologs veranlaßt. Da die Hirsauer, nach Hallinger, meist eine päpstliche Schutzurkunde für die von ihnen besetzten Klöster erwirkten, dürfte die Bleidenstadter Lucius-Urkunde auf seinen Antrag hin erstellt worden sein. Kurz nach diesem Antrag muß er Bleidenstadt verlassen haben, denn der Empfänger der Papsturkunde war Jofried. Die Tatsache, daß Heinrichs Todestag im Bleidenstadter Nekrolog fehlt, obwohl er ja der Initiator dieses Totenbuches war, läßt den Schluß zu, daß er Bleidenstadt nicht freiwillig verlassen hat. Die Widerstände gegen die Einführung der Hirsauer Gewohnheiten in Bleidenstadt hatten Erfolg. Bleidenstadt war damit kein Einzelfall, die Hirsauer hatten es immer schwer, sich in den von ihnen besetzten Klöstern durchzusetzen, oft genug ohne Erfolg.

Jofried, der erste Bleidenstadter Abt, dessen Todestag nicht vom ersten Schreiber des älteren Nekrologs eingetragen wurde, wird erstmals 1184 als Adressat der Lucius-Urkunde erwähnt und erscheint letztmals als Zeuge in einer Urkunde von 1192.[138]

In einer Urkunde des Klosters Eberbach aus dem Jahre 1223 wird ein Abt Gerlach von Bleidenstadt erwähnt[139]. Da diese Urkunde der einzige Beleg seiner Existenz ist und sein Todestag im Bleidenstadter Nekrolog nicht aufgenommen wurde, hat er wahrscheinlich abgedankt oder wurde seines Amtes enthoben.

Dem Kloster St. Alban wurde 1148 eine päpstliche Schutzurkunde ausgestellt, in der aber einige Privilegien fehlten, die Bleidenstadt 1184 zugestanden worden waren. Daraufhin wurde in St. Alban eine Pasturkunde gefälscht, in der wortwörtlich die Bleidenstadter Privilegien eingefügt waren. Diese Fälschung wurde von mehreren Zeugen als echt bestätigt, unter anderem von einem Abt G. aus Bleidenstadt. Aufgrund der anderen Zeugen geschah dieser Akt etwa 1232/33.[140] Wer war dieser Abt G.? In einer Urkunde vom 2. Dezember 1235 wird der Abt von St. Alban als Provisor von Bleidenstadt bezeichnet.[141] Dieser ungenannte St. Albaner Abt war also gleichzeitig Abt von Bleidenstadt. Bis 1233 ist für St. Alban Abt Guncechin nachzuweisen, ab 1240 Abt Konrad. Nun findet sich aber im Bleidenstadter Nekrolog unter dem 30. Mai von einer Hand des 13. Jahrhunderts der Eintrag *Guncechinus abbas pr. et m. n. c.* Damit ist so gut wie sicher, daß mit Abt G. der oben genannten Fälschung Guncechin gemeint ist. Dies wird zusätzlich bestätigt durch einen Eintrag im Nekrolog des Klosters Arnstein zum 29. Mai, wo ein *Wenzelini abbatis de s. Alban in Moguntia* eingetragen wurde.[142] Ein Abt Wenzelin läßt sich für St. Alban nicht nachweisen. Da aber in diesem Nekrolog verblaßte frühere Einträge oft mit dunkler Tinte nachgezeichnet wurden, könnte hier leicht aus Gunzelin – Guncelin für Guncechin ist belegt[143] – Wenzelin entstanden sein.

Ulrici abbatis in Blidenstat steht zum 12. Februar im vorher genannten Nekrolog von Arnstein. In Bleidenstadt wurde sein Todestag nicht festgehalten, aber in einer Urkunde des Mainzer Erzbischofs Christian II. (1249–1253) vom März 1251 findet sich unter den Zeugen ein *Ulricus abbas de Blidenstad*.[144] Unter Abt Hartung scheint die Wirtschaftslage des Klosters nicht die beste gewesen zu sein. Er selbst stiftete für die Zeit nach seinem Tod – nach dem Nekrolog an einem 23. September – eine Kornrente aus Klingelbach von vier Maltern Getreide für Brot. Am 1. Februar 1255 überträgt er zusammen mit dem Konvent die Pfarrei Kempten an das Domstift in Mainz.[145] Nach seinem Tod – 1255 oder 1256 – hatte man, so scheint es, einige Zeit keinen Abt, der bereit war, die in wirtschaftliche Not geratene Abtei zu übernehmen. Beides ergibt sich aus drei Urkunden:[146] Am 24. August 1257 verleiht Bischof Heinrich von Straßburg (1245–1260) dem Kloster einen Ablaß; *wegen seiner Dürftigkeit* gestattet Erzbischof Gerhard I. von Mainz (1251–1259) am 29. April 1258 dem Kloster, über das Vermögen und die Einkünfte der Kirche in Wallau verfügen zu können. In beiden Urkunden wurde für den Namen des Abtes eine Lücke gelassen. Wie schon oben bei den Patrozinien erwähnt, verleiht etwa zur gleichen Zeit der Mainzer Chorbischof Dietrich von Wierland dem Kloster einen Ablaß, nachdem er dort einen Altar geweiht hatte. Auch der nachfolgende Abt Heinrich ist nur einmal belegt, und zwar im Jahre 1261.[147] Er mußte dem Ritter Heinrich Mul von Habenscheid zugestehen, daß dieser das Erbpachtrecht über die Klostergüter in Habenscheid und Cramberg zu Recht besitzt. Wahrscheinlich hatte der Abt vorher versucht, diese Güter in die Verfügungsgewalt des Klosters zu bringen. Heinrich ist wie Ulrich nicht im Bleidenstadter Nekrolog eingetragen, möglicherweise wurden beide abgesetzt oder haben resigniert.

Es bedurfte einer starken Hand, um das Kloster von innen wie nach außen wieder in den Griff zu bekommen. Der zwischen 1272 und 1283[148] urkundlich belegte Abt Einolf scheint dieser Mann gewesen zu sein, denn aus den wenigen aus seiner Zeit überlieferten Urkunden wird klar, daß er sich um Einnahmen bemüht hat und entfremdete Rechte dem Kloster wieder zurückgewinnen konnte. So räumen ihm die Einwohner von Bleidenstadt und der übrigen Orte innerhalb der Bleidenstadter Terminei 1277[149] ein, daß sie dem Kloster wieder die uneingeschränkten Weidegerechtigkeiten und Schaftrift einräumen, die sie ihm bisher abgesprochen hatten. Aber gerade diese im Original erhaltene Urkunde zeigt, daß er auch inneren Widerstand überwinden mußte und deshalb möglicherweise vorübergehend resigniert hatte, denn in dieser Urkunde wurde gleich an zwei Stellen für seinen Namen eine Lücke gelassen, was eine Vakanz des Abtsstuhles bedeuten könnte. Sein Tod wird in beiden Bleidenstadter Nekrologien ignoriert, was darauf schließen läßt, daß er entweder abgesetzt wurde oder wegen innerer Widerstände gegangen ist, jedenfalls scheint er im Kloster unbeliebt gewesen zu sein.

Mehr als 45 Jahre diente Erwin von Bermbach bis zu seinem Tode am 28. April 1338 dem Kloster St. Ferrutius als Abt. Auch seine Nachfolger haben dem Kloster bis auf eine Ausnahme lange Jahre vorgestanden, alle starben sie im Amt: Thomas von Limburg am 3.12.1356; Siegfried von Grorod am 15.11.1384; Heino von Geroldstein am 17.1.1389[150]; Siegfried Koeth von Limburg am 17.1.1423; Winrich von Lohrheim am 28.6.1443; Johann von Schönborn am 11.9.1473; Johann von Walderdorf am 18.4.1492. Das Kloster konnte in dieser Zeit der Kontinuität seine wirtschaftlichen Verhältnisse wesentlich verbessern.[151] Die Vielzahl von Zuwendungen und Übertragungen, insbesondere zum eigenen Gedächtnis, zeigen, daß das Kloster St. Ferrutius zu dieser Zeit ein Ort der Frömmigkeit war, aber auch zuverlässigen Schutz bieten konnte. Natürlich versuchte hauptsächlich der Adel, sich auf Kosten des Klosters zu sanieren, was zu Auseinandersetzungen führte, aber im großen und ganzen konnte sich die Abtei behaupten. Schwieriger war das Verhältnis mit

Abb. 7: Epitaph (Gedenktafel) von 1506 mit dem Wappen der Herren von Hattstein, war an der Außenwand der Kirche, heute im Turm angebracht. **Abb. 8:** Grabplatte des letzten Abtes und ersten Propstes Eckhard Klüppel von Elkershausen (1492–1503).

den Klostervögten, den Grafen von Nassau. Einerseits waren sie mächtig genug, das Kloster vor Willkür zu schützen, andererseits aber haben sie in der Zeit der Territorialbildung den Besitz und die Rechte Bleidenstadts für ihre eigenen Interessen genutzt. Die Macht des Klosters wurde dadurch geschwächt, seine Wirtschaftlichkeit kaum.

1492 wurde Eckard Klüppel von Elkershausen zum Abt gewählt. Er und sein Konvent weigerten sich, im Gegensatz zu den anderen Mainzer Eigenklöstern, der Bursfelder Kongregation beizutreten und äußerten deshalb den Wunsch, in ein Kollegialstift, in ein Stift für Weltgeistliche umgewandelt zu werden. Diesem Wunsch entsprach Erzbischof Bertold von Henneberg-Römhild (1484–1504) und stellte einen entsprechenden Antrag an die Kurie in Rom. Mit der Bulle des Papstes Alexander VI. (1492–1503) vom 10. Januar 1495[152] wurde die Umwandlung vollzogen. Wie aus

Abb. 9: Erhaltener Teil der Grabplatte des Abtes Heino von Geroldstein (1385–1389), befindet sich an der Außenwand der Kirche St. Elisabeth in Bad Schwalbach. **Abb. 10:** Wappen des Mainzer Domdechanten Franz Wilhelm Emmerich von Bubenheim (1636–1709).

dem Text der Bulle hervorgeht, hatten die Mönche schon vorher nicht mehr nach der benediktinischen Regel gelebt; wie Kanoniker hatten sie kein Gelübde abgelegt, hatten eigene Wohnungen und Haushalte. Eckard, der letzte Abt des Mönchsklosters, wurde zum ersten Propst des Ritterstiftes St. Ferrutius ernannt.

5. Die Geschichte des Stiftes St. Ferrutius

Nach den neuen Regularien sollten dem Stift vier Prälaten angehören – nämlich der Propst, der Dekan, der Scholaster (Schulmeister) und der Kantor (Küster,

Abb. 11: Plan von Bleidenstadt (Ausschnitt). Wahrscheinlich aus dem Jahr 1746.

Chorleiter) – sowie acht Kanoniker (Stiftsherren) und zehn Vikare. Die Prälaten und Stiftsherren sollten von ritterlicher Abstammung sein, die Vikare ehelich geboren. Das Stiftskapitel wählte sich seinen Propst selbst, der dann vom Erzbischof in Mainz bestätigt wurde. Eckard starb am 4.12.1503.[153] Ihm folgte Johann von Stockheim (1504–1515). Dessen Nachfolger, Wilhelm von Staffel, urkundet zuletzt am 28.10.1519[154]. Er ließ, wie schon erwähnt, 1516 die Stiftskirche renovieren, an den Wänden die alten Inschriften erneuern. Die St. Ferrutius-Gebeine wurden in einen neuen Sarkophag eingebettet. Der ihm folgende Johann Voeß starb im Alter von nur 49 Jahren am 20.1.1521 in Rom.[155] Danach, scheint es, wurde für das Stift kein neuer Propst mehr bestellt, denn seit dem 25.6.1521[156] tritt bis 1538 ausschließlich der Dechant Philipp Hilchen von Lorch als oberster Leiter des Stiftes auf. Während seiner Amtszeit änderten sich die Verhältnisse des Stiftes gewaltig. 1527 wurde in Hessen die Reformation eingeführt, um 1530 folgte Nassau-Idstein, zu dessen Territorium Bleidenstadt ja gehörte. Bis auf die Stiftskirche selbst, wurden die Kirchen, in denen das Stift das Patronat ausübte, lutherisch, auch St. Peter auf dem Berg in Bleidenstadt. Zwar konnte das Stift das Patronat in den meisten Kirchen bis ins 18. Jahrhundert halten, doch bei der Präsentation der (protestantischen!) Pfarrer gab es oft Streitereien, nur wenn es um Unterhaltsleistungen der Kirchen ging, wurde das Stift angemahnt. Die Folge war, daß die Propstei vor 1538 – möglicherweise schon bald nach dem Tode von Johann Voeß, der das Stift Bleidenstadt wahrscheinlich nie betreten hat – aufgelöst und ein Stiftsdekanat eingerichtet wurde.[157] Mit dem Dekan (Dechant) bestand das Kapitel nur noch aus acht Mitgliedern. Der jeweilige Dekan wurde von nun an vom Mainzer Domstift eingesetzt.

Ein Dekan hatte nicht das Ansehen und den Einfluß eines Propstes oder gar eines Abtes. Das Stift verlor mehr und mehr an Bedeutung, seine Rechte wurden beschnitten, die Wirtschaftslage verschlechterte sich. Die Stiftsherren fühlten sich in Bleidenstadt nicht mehr wohl. Schon 1548 machten sie einen ersten Versuch, sich dem Domkapitel in Mainz anzuschließen, was aber letztlich abgelehnt wurde.[158] Nach Überlegungen, das Stift 1606/7 nach Bingen zu verlegen, flohen die Stiftsherren 1631 endgültig vor den heranrückenden Schweden nach Mainz, dort wohnten sie bis zur Auflösung des Stiftes im Bleidenstadter Hof, wo auch das Stiftskapitel zusammentrat. Nach dem Kriege geschah dies einmal im Jahr, jeweils am 24. Juni, in Bleiden-

Abb. 12: Monstranz aus dem Jahr 1636.

stadt. Den Gottesdienst hielten sie seit 1682 zusammen mit den Stiftsherren von St. Alban in der St. Sebastianskapelle ab. Bis dahin hatten sie wohl Schwierigkeiten, eine Kirche zu finden, denn 1639 stellten sie den Antrag, ihren Gottesdienst bei den Karmeliten abhalten zu können, und 1642 wollten sie dies im Stift St. Stephan tun.[159] 1632 wird Bleidenstadt von den Schweden besetzt, St. Ferrutius von diesen geplündert; später übernehmen sie dann zeitweise die Verwaltung des Stiftes. Am 8. März 1637 brannten in Bleidenstadt nach dem Bericht des Plebans von Wehen alle noch übriggebliebenen 14 Häuser nieder, auch einige der Klostergebäude. Lediglich das Pfarrhaus und die evangelische Kirche standen noch.[160] Nach dem Kapitelsprotokoll vom 30.4.1653 wird ein Johann Bücher aus Bleidenstadt beschuldigt, *im schwedischen Kriege das Stift Bleidenstadt eingeäschert zu haben.*[161] Lediglich die Kirche St. Ferrutius blieb verschont, wenn sie auch durch Plünderungen von *soldaten und bauern* heimgesucht worden war und dabei ganz zerstört wurde, wie der Stiftsherr Philipp von Reifenberg 1642 in einem Visitationsprotokoll feststellt. Er fand auch noch Reliquienreste, die er nach Mainz mitnahm.[162] Wo die Reliquien des Heiligen Ferrutius hingekommen sind, läßt sich nicht mehr in Erfahrung bringen. Einige davon waren schon im 9. Jahrhundert an die Klöster Fulda, Hersfeld uns St. Alban in Mainz abgegeben worden. Im Jahre 1502 war das Haupt im Besitz des Klosters Eberbach, von wo es 1599 zur Jesuitenkirche in Mainz kam. Diese brannte 1793 völlig ab, mit ihr wohl auch diese Reliquie.[163] 1652 wird das Stift durch Erzbischof Johann Philipp von Schönborn (1647–73) aufgefordert, die Kirche wiederherzustellen. Nachdem sie 1671 fast bis zum ersten Stock hochgezogen war, konnte der damalige Dechant, Erzbischof Anselm Franz von Ingelheim, dem Kapitel am 23.6.1673 mitteilen, daß die Kirche fertiggestellt sei.[164] Das heutige Hauptportal mit der Ferrutiusfigur und den Wappen wurde wohl 1718 fertiggestellt, wie die Jahreszahl und das Wappen des Dechanten Otto von der Malsburg belegen. Woher bei Vogel und nachher bei allen anderen Autoren die Information kommt, die Kirche sei 1685 eingeweiht beziehungsweise zwischen 1685 und 1718 gebaut worden, läßt sich nicht feststellen, da keiner der Autoren eine Quelle angibt.[165] Vorher hatte man den Dekansaal soweit hergerichtet, daß dort wieder die Messe gelesen werden konnte. Am 4.5.1652 beschloß das Bleidenstadter Kapitel in Mainz, daß einmal wöchentlich vom Pfarrer in Frauenstein Messe gelesen werden sollte. Im November des gleichen Jahres erwog das Kapitel die Bestellung eines eigenen Pfarrers, weil der Weg von Frauenstein sehr weit sei, doch vorerst solle der von Frauenstein im Sommer zwei, im Winter eine Messe zu Bleidenstadt lesen.[166] Seit 1670 wurde die Messe von einem Franziskaner aus Langenschwalbach gelesen.[167]

Als das Stift 1647 endlich eine Bestandsaufnahme seines Besitzes machen konnte, stellten die Stiftsherren fest, daß ein Großteil der Lehens- und Pachturkunden verloren oder – soweit alte Unterlagen noch vorhanden – nicht mehr einklagbar war. Man erließ Aufforderungen an Pächter und Lehnsträger, ihrerseits Unterlagen vorzulegen. Danach wurden alle Urkunden vernichtet, die gegenstandslos geworden waren. Bei dieser Aktion dürfte zumindest ein Teil der damals noch vorhandenen alten Urkunden vernichtet worden sein. Wahrscheinlich wurden die danach noch vorhandenen Urkunden in dem uns überlieferten Kopialbuch festgehalten. Das Bleidenstadter Archiv kam 1782 mit den Stiftsherren nach Aschaffenburg, wohin das Stift auf der Flucht vor den Franzosen ausgewichen war. Ein Teil des Archivs wurde in das Franziskanerkloster in Würzburg ausgelagert.

Im Jahre 1803 ereilte das Stift St. Ferrutius in Bleidenstadt nach etwas mehr als 1000 Jahren das gleiche Schicksal, wie viele andere Stifte und Klöster in diesem Jahr, es wurde säkularisiert, das heißt, es wurde aufgelöst und sein Vermögen eingezogen.

6. Exkurs

Unter der Signatur *Ms. Lat. quart. 651* konnte ich den *Codex Blidenstatensis* 1988 vier Tage lang in der Staatsbibliothek zu Berlin (damals noch Ostberlin) einsehen. Eine Ablichtung auf Film war mir aus konservatorischen Gründen nicht erlaubt, konnte aber damals von der Staatsbibliothek selbst auch nicht vorgenommen werden.

Der Kodex besteht aus 152 Seiten (76 Pergamentblättern). Bis auf die Seiten 145–152 ist jede Seite durch reichverzierte Säulenbögen in drei Längsspalten aufgeteilt.[168] *Nomina fratrum viventium de Salingenstat* (die Namen der in Seligenstadt lebenden Brüder) schrieb eine Hand des 12. Jahrhunderts oben über alle drei Spalten der ersten Seite. Von der gleichen Hand folgen 17 Namen ohne irgendwelche Zusätze in der ersten Spalte. Danach trug eine Hand des 15. Jahrhunderts eine Reihe von Namen ein, unter anderem die der Äbte Otto von St. Alban († um 1400) und Johann I. von St. Jakob († 20.1.1410) in Mainz; die Bleidenstadter Äbte Heino von Geroldstein († 17.1.1385) und sein Nachfolger Siegfried Köthe von Limburg († 17.1.1423); Siegfrieds Bruder Gerlach, Domdekan in Trier sowie die Äbtissinen Luca (Köthe) von Dirnstein (erwähnt bis 1424) und Elisabeth von Bärbach (erwähnt bis 1446).

Auf Seite 2 stehen, ebenfalls von einer Hand des 15. Jahrhunderts, weitere Namen unter der Überschrift *Hii sunt viri dotati ab ecclesia nostra in Blidenstad* (wohl die Lehensträger des Klosters). Die Liste beginnt mit den Grafen Philipp von Nassau, Eberhardt von Katzenelnbogen und Adolf von Nassau sowie mit Gottfried, Herr von Eppstein. Da es bei diesen Geschlechtern jeweils mehrere mit den hier genannten Vornamen gab, läßt es sich im nachhinein kaum noch sagen, wer genau mit den genannten Personen gemeint war. (Vielleicht Philipp I., †1429; Eberhard V., †1402; Adolf II., †1426 und Gottfried VIII., †1437).

Mehrere Hände des 15. Jahrhunderts haben auf den Seiten 3–7, 145–148 und 152 Abschriften von Urkunden eingetragen,[169] auf Seite 151 einige historische Nachrichten von 1342–49,[170] und auf Seite 152 eine Liste von Reliquien, die Franco, ein Mönch von St. Alban, dem Kloster geschenkt hatte.

Mit insgesamt 827 Namen findet sich auf den Seiten 8, 9 und 142 ein Verbrüderungsbuch (*Liber confraternitas*). Der erste und größte Block von diesen Namen wurde von der gleichen Hand aufgezeichnet, die das Nekrologium angelegt hatte. Danach wurde die Namensreihe von etwa 20 Händen bis ins 14. Jahrhundert fortgeführt und dürfte damit die einzige Anlage im Kodex sein, die kontinuierlich über drei Jahrhunderte geführt wurde.

Die Seiten 20 bis 141 sind dem Nekrolog vorbehalten. Jede Seite ist in drei Spalten aufgeteilt, hat also

Abb. 13: Die 6. Seite des Nekrologs mit den Tagen 16.–18. Januar. Datumszeilen und (in der Mitte) 1. Eintrag von Wolpero.

Platz für jeweils drei Kalendertage, was bei 122 Seiten 366 Tage ergibt.

Jede klösterliche Gemeinschaft besaß ein solches Totenbuch, ein Kalendarium also, in das unter dem jeweiligen Sterbetag die Namen der Toten eingetragen wurden, deren Angedenken nicht vergessen werden sollte. Eingetragen wurden nicht nur Angehörige der eigenen Gemeinschaft, sondern auch andere Geistliche und Laien, die sich um das Kloster verdient gemacht hatten oder mit ihm eine Gebetsgemeinschaft eingegangen waren. An jedem Tag im Jahr wurden bei der Prim, während der ersten Gebetsstunde also, die jeweiligen Anniversarien verlesen. Je länger ein solches Totenbuch in Gebrauch war, um so mehr wuchsen naturgemäß die Tageseintragungen an, was bei nachfolgenden Generationen zu erheblichen Belastungen führen konnte. Man war also gezwungen, bei den potentiellen Einträgen eine Auswahl zu treffen und sie so kurz wie möglich zu halten. Da das tägliche Verlesen der Namen und die damit verbundenen Gebete zur Liturgie gehörten, war es wohl dem Klostervorsteher vorbehalten, zu entscheiden, wer von den Verstorbenen im Totenbuch aufgenommen wurde.[171]

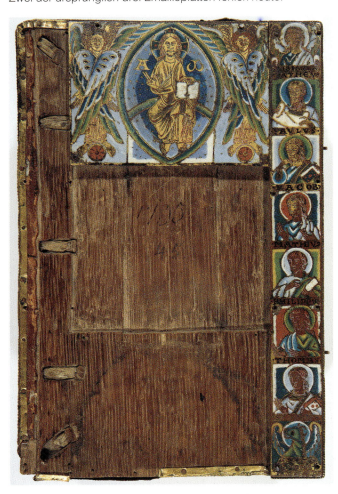

Abb. 14: Der vordere Holzdeckel des »Codex Blidenstatiensis«. Zwei der ursprünglich drei Emailleplatten fehlen heute.

Reichte der vorhandene Platz für einen Kalendertag nicht mehr aus, wurden die Ränder und Nachbarspalten beschrieben oder man radierte einfach ältere Einträge aus. War das Totenbuch zerstört oder vielleicht auch durch den täglichen Gebrauch unleserlich geworden, wurde ein neues angelegt, in das soweit wie möglich wichtig erscheinende Alteinträge übernommen wurden. Auch der Einzug eines neuen Ordo, einer neuen Klosterregel, war häufig ein Grund für die Anlage eines neuen Nekrologs.

Von den insgesamt 197 Einträgen im Bleidenstadter Nekrolog wurden 157 von einer Hand in einem Zuge geschrieben, ohne daß Nachträge der gleichen Hand zu erkennen wären, woraus zu schließen ist, daß sie aus einem älteren Nekrolog übernommen wurden. Von den restlichen vierzig Einträgen wurden sechzehn von drei Händen des 13., vierzehn von einer Hand des 14. und zehn von drei Händen des 15. Jahrhunderts eingetragen. Der Nekrolog wurde also nach seiner Anlage nur gelegentlich für Einträge genutzt; dies wird noch durch den sauberen, wenig abgegriffenen Zustand des Kalenderteiles bestätigt, was den Schluß zuläßt, ein verlorener älterer Nekrolog war mindestens bis zur Umwandlung des Klosters 1495 in Gebrauch, denn während der Stiftszeit wurde teilweise das jüngere Totenbuch genutzt. So stellt sich die Frage, weshalb dann überhaupt ein neuer Nekrolog angelegt wurde.

Um diese Frage beantworten zu können, muß zunächst festgestellt werden, wann überhaupt der Kodex entstanden ist. Die jüngsten mit Sicherheit datierbaren Einträge der ersten Hand sind die Todestage des Bleidenstadter und St. Albaner Abtes Baldemar, der am 8. Dezember 1158 starb, und seines Verwandten, Erzbischof Arnold, der am 8. Juli 1160 im Mainzer St. Jakobs-Kloster erschlagen wurde. Wenn Baldemars Nachfolger in St. Alban, Hartbert, auch Abt in Bleidenstadt wurde – wofür vieles spricht –, so müßte er identisch sein mit dem am 27. Februar eingetragenen *Hartberdus pr(esbyter) et abbas n(ostrae) c(ongregationis)*. In welchem Jahr er starb, ist unbekannt; zuletzt wird er 1160 erwähnt und sein Nachfolger in St. Alban 1167. Die ältesten einigermaßen datierbaren Einträge der nachfolgenden Hände betreffen die Äbte Jofried von Bleidenstadt und Hezechin von St. Jakob in Mainz. Hezechin starb 1206/08 und Jofried nach 1196 und vor 1223. Demnach wurde der Nekrolog nach 1160 und wohl nicht später als um 1200 angelegt.

In diese Zeit fällt das Abbatiat des Hirsauers Heinrich. Mit dem Einzug eines neuen Ordo wurde häufig auch ein neuer Nekrolog angelegt, bei den Hirsauern scheint dies geradezu die Regel gewesen zu sein. Daß der *Codex Blidenstatensis* unter Hirsauer Einfluß entstand, kann anhand seines Einbandes belegt werden. Vor einigen Jahren hat man festgestellt, daß die sogenannte Wolpero-Platte im Kunstgewerbemuseum Berlin eine der fehlenden Platten auf dem Einband des Kodex ist. Der Mönch mit dem Namen Wolbero, der den Kodex angelegt hatte, ließ sich, dem Brauche seiner Zeit folgend, auf dieser Platte selbst ins Bild setzen.[172] Die Mönchstracht, in der dieser Wolpero abgebildet wurde, ist die Tracht der Kluniazenser, also auch der Hirsauer. Der Eintrag im Nekrolog zum 1. Januar, *obiit Wolbero presbyter et monachus nostrae congregationis*, kann sich nur auf ihn beziehen. Da sich Wolbero nach seinem Tode nicht mehr selbst eintragen konnte, erfolgte der Eintrag denn auch durch eine andere, aber zeitgleiche Hand. Heinrich kam, wie im 4. Kapitel belegt wurde, nach 1167 nach Bleidenstadt und mußte kurz vor 1184 wieder gehen; die Entstehung des Kodex fällt also in diese Zeit. Die Bleidenstadter Mönche haben offenbar den Hirsauer Ordo abgelehnt, folglich haben sie auch den ihnen aufgezwungenen Nekrolog abgelehnt und nur dann für Einträge benutzt, wenn an dem betreffenden Tag im alten Nekrolog kein Platz mehr war. Da Papier kostbar und der Kodex nun mal da war, konnte man ihn auch für anderweitige Notizen nutzen.

Erstmals konnte hier das Ergebnis der jahrelangen Forschungen zur Frühgeschichte des Klosters Bleidenstadt im Zusammenhang dargestellt werden. Dadurch konnten die Jahre ab dem 15. Jahrhundert nur noch im Überblick aufgezeichnet werden. Soweit es die Jahre bis 1495 betrifft, muß die Arbeit von Kipke nicht ergänzt werden. Die Stiftszeit dagegen bedarf noch der Aufarbeitung, wobei eine gründliche Auswertung der Bleidenstadter Archivalien im Staatsarchiv Würzburg vorgenommen werden muß (Siehe Anmerkung 37).

Abb. 15: Eine der auf dem Einband fehlenden Emailleplatten, die sogenannte Wolperoplatte.

Abb. 16: Lageplan des Klosters in der gegenwärtigen Situation und (schraffiert dargestellt) im Zustand des 19. Jahrhunderts. **1** Kirche. **2** Die 1982 angebaute Sakristei. **3** Pfarrzentrum, früher Zehntscheune. **4** und **5** Kindergarten, 1970/71 erbaut, **4** war früher eine weitere Scheune. Unter dem südlichen Teil von **5** befindet sich heute ein »Eine-Welt-Laden«. **6** früher Remise (Schuppen), 1937 abgebrochen. **7** Transformatorenstation. **8** Anbau Kurzzeitpflege- und Sozialstation. **9** Kurzzeitpflege- und sozialstation, früher Prälatur (Büro und Wohnung des Vorstehers des Stiftes) mit zwei kleinen Kapellen. **10** Pfarrbüro und Wohnung des Pfarrers, früher Schule, dann Wohnungen, dann Schwesternstation und Kindergarten. **11** Ehemaliges Pfarrhaus. **12** Früher an dieser Stelle Gaststätte mit Kegelbahn (s. S. 264), 1988 von der Kirchengemeinde erworben, jetzt als Geschäftshaus vermietet. (Bearbeitung und Text: R. Pereira, Taunusstein)

7. Liste der Bleidenstadter Prälaten

Die Äbte
Reginbert (Reginbraht, Reimbert), um 950 bis †4.10.965.
Rudolf, erwähnt am 12.8.1023 bis †20.5. oder †17.9. nach 1023/27.
Isanricus (Iko, Iezo), erwähnt 24.09.1027 bis †22.12.1027/39.
Diedericus (Diodericus), vor 1072 bis †17.1.1072.
Adelger, nach 1072 bis †10.11. frühestens 1102.

Nicht zeitlich einzureihen sind die nachfolgenden Bleidenstadter Äbte, deren Todestag im Bleidenstadter Nekrolog eingetragen sind mit dem Zusatz *n. c.* Sie gehören wahrscheinlich alle in die Zeit vor 1100.

Adalruhc abbas et pr. n. c., †29. November.
Bruno pr. et abbas n. c., †22. Oktober.
Reginbert pr. et abbas n. c., 26. September.
Reginoldus pr. et abbas n. c., †2. April.
Rudolfus pr. et abbas n. c., †20. Mai oder 17. September.
Sigelohc pr. et abbas n. c., †27. November.
Thiedilo pr et abbas n. c., †11. Mai.
Wideroldus pr et abbas n. c., †16. März.
(?) Magonus (Manegold), erwähnt als Abt von St. Jakob 1096 und 1097, †17.6.
Hartwin (Hartwicus, Hertwin), um 1100 bis spätestens †16.9.1107. Nur als Abt von St. Jakob erwähnt.
(?) Gumbert, nach 1107 bis vor 1138, †13.6.
Baldemar, von 1138 (erste Erwähnung vor 1.9.1139) bis †24.11.1158.
Hartberd (Harpert, Hartpert, Harchbrech), erwähnt Ende 1158 bis 8.7.1160, †27.2.1161/67.
Heinrich I., nach 1167 bis vor 1184.
Jofried, erwähnt 2.2.1184 bis 1196, †4.11. um 1210.
Gerlach, erwähnt März 1223.
Guncechin (Gunzelin), vor 1132/33 bis 11.12.1235, †30.5.1236/40.
Ulrich, erwähnt März 1251, †12.2. nach 1251.
Hartung, erwähnt 1.2.1255, †23.9.
Heinrich II., erwähnt 1261.
Einolf (Arnolf, Enolph), erwähnt 22.2.1272 bis 28.6.1283.
Erwin von Bermbach, erwähnt vom 1.9.1293[173] bis †28.4.1338.
Thomas von Limburg, erwähnt vom 21.7.1338[174] bis †3.12.1356.[175]
Siegfried I. von Grorod, erwähnt vom 21.7.1357 bis †15.11.1384.
Heino von Geroldstein, erwähnt vom 17.3.1385 bis †17.1.1389.
Siegfried II. Koeth von Limburg, 1389 bis †17.1.1423.
Winrich von Lohrheim, 1423 bis †28.6.1443.
Johann I. von Schönborn, 1443 bis †11.9.1473.
Johann II. von Walderdorff, 1473 bis †18.4.1492.
Eckard Klüppel von Elkerhausen, 1492 bis 1495. Letzter Abt und erster Propst.

Die Pröpste
Eckard Klüppel von Elkerhausen, 1495 bis †4.12.1503.
Johann von Stockheim, erwähnt 1504–1515
Wilhelm von Staffel, erwähnt 1515 bis 28.10.1519.
Johann Voeß, †20.1.1521 in Rom.

Die Burgdechanten
Philipp Hilchen von Lorch, erwähnt von 1521 bis zum 4.6.1537.[176] Er gehört noch in die Zeit der Propstei. Offenbar wurde nach dem Tode des letzten Prostes kein Propst mehr eingesetzt
Wendelin von Vilbel, erwähnt vom 2.1.1538[177] bis 1540.
Wilderich von Walderdorff, erwähnt vom 2.9.1540 bis zum 31.10.1542.[178]
Erwin Klüppel von Elkerhausen, erwähnt vom 22.2.1547[179] bis †1576.[180]
Gerhard Köth von Wahnscheid, Amtszeit 1580 bis 1595,[181] †17.2.1599.[182]
Johann Philipp von Warsberg, erwähnt am 12.11.1599.[183]
Philipp von Meuwel, gen. Meuchen, erwähnt am 20.5.1631[184] bis vor 1638.
Gernand Philipp von Schwalbach, erwähnt von 1639[185] bis †15.1.1647.[186]
Leopolt Friedrich Truchseß zu Waldburg, Graf von Friedberg, erwähnt vom 25.10.1649 bis zum 1.3.1650.[187]
Peter Jacob Partenheim, erwähnt vom 4.11.1651 bis zum 16.9.1660.[188]
Anselm Franz von Ingelheim, Erzbischof von Mainz (1679–95), als Dekan erwähnt seit 1661, resignierte als solcher am 23.6.1692.[189]
Franz Emmerich von Bubenheim, gewählt am 23.6.1692 bis †18.11.1707.[190]
Otto von der (Maus) Malsburg, erwähnt vom 7.11.1713[191] bis 1718.[192]
Wilderich Marsilius von Hoheneck, erwähnt vom 17.12.1720 bis zum 2.3.1733.[193]
Joseph Franz Freiherr von Kesselstadt, gewählt 1735[194] bis zum 20.2.1747[195] erwähnt.
Johann Franz Freiherr von Hoheneck, erwähnt vom 15.11.1751 bis zum 3.12.1553.[196]
Franz Ludwig Freiherr von Kesselstadt, erwähnt vom 2.4.1759 bis zum 3.2.1772.[197]
Franz Georg Freiherr Boos von Waldeck, der letzte Dechant, erwähnt vom 23.6.1777 bis zum 13.12.1799.[198]

8. Abkürzungen

Arch. mittelrh. Kirchengesch. = Archiv für mittelrheinische Kirchengeschichte.
Böhmer: Fontes = J. F. Böhmer (Hrg.): Fontes rerum Germanicarum. Geschichtsquellen Deutschlands. Band 1–4. (Band 4 hrsg. aus dem Nachlaß Böhmer's von A. Huber).Stuttgart 1843–68. (Nachdruck Aalen 1969).
Böhmer/Will = F. Böhmer/C. Will: Regesten zur Geschichte der Mainzer Erzbischöfe, Band I. Innsbruck 1877.
Falk: Nassovia = F. Falk: St. Ferrutius und sein Stift in Bleidenstadt. In: Nassovia – Zeitschrift für nassauische Geschichte und Heimatkunde 1/1881, Nr. 40–43, 45 und 46.
Hallinger = K. Hallinger (OSB): Gorze-Kluny. (Studia Anselmiana Fasc. XXII–XXV.) Rom 1950.
HHStAW = Hessisches Hauptstaatsarchiv Wiesbaden.
HJB.RTK = Heimatjahrbuch des Rheingau-Taunus-Kreises.
Kipke = A. F. Kipke: Die Abtei Bleidenstadt im Mittelalter. Phil. Dissertation (Ms.). Mainz 1992.
MGH = Monumenta Germaniae historica.
MUB = M. Stimming: Mainzer Urkundenbuch 1. Darmstadt 1932. /P. Acht: Mainzer Urkundenbuch 2,1. Darmstadt 1968.
Nass. Ann. = Annalen des Vereins für Nassauische Altertumskunde und Geschichtsforschung.
Neues Archiv = Neues Archiv der Gesellschaft für ältere deutsche Geschichtskunde.
Sauer: NUB = W. Sauer: Codex Diplomaticus Nassoicus – Nassauisches Urkundenbuch. Band 1–3. Wiesbaden 1885–87.
StAWürzb = Staatsarchiv Würzburg.
Stud.Mitt.OSB = Studien und Mitteilungen des Benedictiner- und Cisterzienser-Ordens.
Weckmüller: Äbte = F. Weckmüller: Die Äbte des Benediktinerklosters St. Ferrutius zu Bleidenstadt um 950–1495. In: HJB.RTK 42/1991 und 43/1992.
Will: Mon. Blidenst. = C. Will: Monumenta Blidenstatensia. Innsbruck 1874.

9. Anmerkungen

1 S. Kartenbeilage zu: Taunusstein – Landschaft, Natur und Geschichte. In Bd. 1. Landschaft und Natur. Taunusstein 1996.
2 Siehe auch E. Eichhorn, Taunusstein an alten und neuen Fern- und Landstraßen. In: Taunusstein – Landschaft, Natur und Geschichte. Bd. 1. Landschaft und Natur. Taunusstein 1996.
3 J. Rovan, Geschichte der Deutschen. Von ihren Ursprüngen bis heute. München, Wien 1995. (Histoire de l Allemagne. Des origines à nos jours. Paris 1994.) S. 57.
4 E. Ritterling, Römische Baureste auf der Rentmauer bei Wiesbaden. In: Nass. Ann. 35/1905, S. 264–279; E. Schoppa, Das Kastell Heidekringen. In: Nass. Heimatblätter, 41/1–1955 (Nass. Bodenaltertümer I) S. 3–18.
5 *Vor dem hiesigen Flecken (Wehen) ohnweit des Franz Wilhelm Knappen Hofraithe ist eine hohe Brücke, die sogenannte Creuzbrücke, welche kürzlich eingebrochen, und derart auseinander gewichen ist, daß solche gar nicht mehr passiret werden kann, und nothwendig von Grund aus neu aufgebauet werden muß. Über diese Brücke gehet die sogenannte Rheingauer Landstraße, also auch die Straße nach der Hühnerkirch wie auch nach Neuhof und Idstein, als wohin hier vorbey kein anderer Paß als über diese möglich ist; Diese Brücke ist auch um deßwillen unentbehrlich [...].* HHStAW 136 Wehen 29 fol. 47.
6 C. Will (Hrg.), Monumenta Blidenstatensia. Saec. IX, X & XI. Quellen zur Geschichte des Klosters Bleidenstat. Aus dem Nachlass von Joh. Fr. Böhmer, mit Ergänzungen nach Druckwerken und Mittheilungen aus dem Codex Blidenstatensis im k. Reichsarchiv zu München. Innsbruck 1874. Will hat hier alles veröffentlicht, was von Böhmers Bleidenstadter Unterlagen bisher noch nicht im Druck erschienen war, so auch Urkundenfälschungen von Schott und Bodmann, aber eben auch den älteren Nekrolog aus dem Codex Blidenstatensis. Böhmer selbst hatte in seinen Fontes (Böhmer, Fontes), Band 3, S. 152 f., 1853 einen sehr kurzen Auszug aus dem Nekrolog veröffentlicht.
7 Siehe Exkurs.
8 A. Steffen, Das älteste erhaltene Obituar der Abtei Echternach. In: T HÉMECHT, Zeitschrift für Luxemburger Geschichte, 14/3-4 (1961), S. 5–102.
9 K. Schmid, (Hrg.), Die Klostergemeinschaft von Fulda im früheren Mittelalter 1-3 (Münstersche Mittelalter-Schriften 8/1-8/3), München 1978. Belege unter 965, dem 03.10. und Reginbert (Reginberhtus, Abraht). Hier sind alle Fuldaer Nekrologien vollständig zusammengefaßt.
10 W. Sauer, NUB, S. 304.
11 Beide in: MGH, Constitutiones et acta publica imperatorum et regum, Bd. I. Ed. L. Weiland. Hannover 1893. S. 86 (Nr. 41) und 633–39 (Nr. 437).
12 G. Chr. Joannis, Scriptores rerum Mogontiacarum, I. 1722. S. 374.; Holder-Egger in: MGH – Scriptores, Bd. 15. 1887/88, S. 150 und Anm. 1.
13 A. Bach, Die Siedlungsnamen des Taunusgebietes. Bonn 1927, S. 117–129.
14 J. Schopp, Der Name Seligenstadt. Speyer 1995.
15 J. Hörle, Die frühen Termineien im Taunus. In: Arch. mittelrh. Kirchengesch. 4/1952.
16 Sein Leben, seine Fälschungen, seine Schriften nach dem neuesten Forschungsstand bei A. Arnold: Johannes Trithemius (1462–1516). In: Quellen und Forschungen zur Geschichte des Bistums und Hochstifts Würzburg. Bd. XXIII. Würzburg 1971.
17 W. Süssmann, Forschungen zur Geschichte des Klosters Hirschau 1065–1105. Dissertation Halle 1903.
18 P. Wagner, Die gefälschten Bleidenstadter Traditionen und die nassauische Geschichtsschreibung. In: Nass. Ann. 46/1925. Zu Hirsau siehe auch Hallinger.
19 E. Erler, F. J. Bodmann, ein Förderer und Fälscher der Rheinischen Rechtsgeschichte. In: Jahrbuch für das Bistum Mainz 5/1950.
20 H. Breßlau, Zu den Bleidenstädter Denkmälern. In: Forschungen zur Deutschen Geschichte 16/1876.
21 H. Wibel, Die Urkundenfälschungen G. F. Schotts. In: Neues Archiv 29/1904; ders., Fünf Urkundenfälschungen Fr. Joh. Bodmanns. In: Nass. Ann. 30/1905; ders.: Nachtrag zu den »Urkundenfälschungen G. F. Schotts«. In: Neues Archiv 31/1906.
22 G. Zedler, Kritische Untersuchungen zur Geschichte des Rheingaus. Mit einem Anhang: Die Bleidenstädter Traditionen. Beiträge zur nass. und mainzischen Geschichte des Mittelalters. In: Nass. Ann. 45/1919-21.
23 E. Schaus, Kritik (zu Zedlers Kritische Untersuchungen ... Nass. Ann. 45/1921.) In: Histor. Vierteljahrsschrift 20/1920–21 und ebendort Zedler mit einer Entgegnung zu Schaus und noch einmal Schaus mit einer Berichtigung und Erweiterung seiner Kritik in der Ausgabe 21/1922–23; H. Hessel u. H. Meyer, Besprechungen Nr. 4–6. In: Göttingischen Gelehrten Anzeigen 184/1922.
24 Wie Anm. 18.
25 W. Levison, Besprechungen. In: Neues Archiv 46/1922.
26 R. Drögereit, Die Bleidenstädter Traditionen. In: Nass. Ann. 58/1938.
27 J. K. Dahl, Nachrichten von dem Kloster des hl. Ferrutius in Bleidenstadt. In: Nass. Ann. 2/1831; C. D. Vogel, Beschreibung des Herzogthums Nas-

28 R. A. Zichner, Bleidenstadt im Taunus. In: Nassauische Heimat (Sonderbeilage zur Rheinischen Volkszeitung.) 3?1929.
29 Kipke (s. Abkürzungen).
30 A. F. Kipke, Gestalt und Wirken der Abtei Bleidenstadt im Mittelalter. In: Arch. mittelrh. Kirchengesch. 6/1954.
31 Hallinger (s. Abkürzungen).
32 Böhmer, Fontes IV. S. 393.
33 HHStAW 14 Urk.
34 So Böhmers Mitarbeiter Grimm in einem Brief vom 10.2.1842 an Dekan Vogel in Kirberg. (HHStAW 14 Urk. I – Hist. Notizen Vogels.); Will, Mon. Blidenst., S. 24, Anm. Nach der Recherche von Will war das Statutenbuch ursprünglich im Würzburger Archiv, aber bei seiner Nachfrage war es schon seit längerer Zeit in der Bibliothek des Reichsarchivs zu München aufbewahrt, wo es aber später nicht mehr gefunden werden konnte.
35 HHStAW 14 Urk.; F. Falk, Der h. Ferrutius und sein Stift in Bleidenstadt. In: Nassovia 1/1881, Nr. 40-46.
36 Siehe Exkurs.
37 StAWürzb Mainzer Bücher versch. Inhalts 126 (Rep. 48). Im Staatsarchiv Würzburg befinden sich heute folgende Bleidenstadter Urkundenbestände: Stift St. Ferrutius, Urkunden: 94 Urk. 1401–1699. Mainzer Bücher versch. Inhalts (Rep. 48): Amtsbücher. Mainzer Bücher versch. Inhalts 63: Anniversarienbuch mit Einträgen über Einkünfte 15. Jh. Mainzer Bücher versch. Inhalts 84: Protokoll- und Urteilsbuch des Stiftsgerichtes 1478-1530. Mainzer Bücher versch. Inhalts 126: Fragment eines Kopialbuches 17. Jh. Mainzer Bücher versch. Inhalts 129: Aufschwörbuch 1735–1780. Mainzer Regierungsakten, XIV, Stift St. Ferrutius (Rep. 57, Bd. II, S. 205–208): 1945 weitgehend zerstört. Die noch erhaltenen Reste finden sich in einem einzigen Aktenkarton Platz. Mainzer Regierungsarchiv (MRA), Stifte und Klöster (Rep. 54/XXI, S. 46-60): Schriftgut der Mainzer Landesregierung, darunter auch solches, das Bleidenstadt betrifft.
38 Kopie I, S. 61/62, fast identisch mit Abschrift W nach Stimming (Stimming, Manfred, Mainzer Urkundenbuch, Bd. 1, S. 152–54), die von dem Frankfurter Archivrat Böhmer nach einer Abschrift in einem inzwischen verlorenen Statutenbuch des 14. Jh.s gefertigt wurde und in einem Brief an Dekan Vogel vom 10.2.1842 überliefert ist. (HHStAW 14 Urk. Hist. Notizen von C. D. Vogel). Kopie II, S. 163/164, ähnlich den Abschriften B (Kopie des 16. Jh.s nach einer inzwischen verlorenen Abschrift des Weilburger Notars Adam Fletorff vom Ende des 15. Jh.s: Hauptstaatsarchiv München Mainzer Urk./Bleidenstadt 5767) und C (Kopie des 16. Jh.s aus B aus dem Archiv der Herrschaft Idstein, HHStAW 14 Urk.).
39 Die Hertwin-Urkunde auf S. 60/651, die Lucius-Urkunde auf S. 124 f. (deutsch) und S. 131 f. Druck: E. Schaus, Zwei Bleidenstädter Urkunden. In: Neues Archiv 31/1906; P. Acht, Probleme der Mainzer Urkundenforschung. In: Archivalische Zeitschrift 55/1959. Papstbulle aus dem Jahre 1184 (lateinische Fassung). In: 800 Jahre Niederlibbach. Taunusstein 1984. Kipke ist sehr ausführlich auf die in der Lucius-Urkunde aufgezählten Orte eingegangen.
40 Helwich hat die Inschriften vieler Mainzer Kirchen und Klöster gesammelt und in sein Syntagma monumentorum aufgenommen. Die Handschrift befindet sich in der Bibliothek des Mainzer Bischöflichen Priesterseminars. Eine jüngere Abschrift davon ist im Staatsarchiv Darmstadt (Handschrift-Nr. 294). Die Bleidenstadter Inschriften wurden (nicht fehlerfrei) veröffentlicht durch F. W. E. Roth, Zur Geschichte des Klosters Bleidenstadt in Nassau, Benedictinerordens. In: Stud.Mitt.OSB. 4/1883 sowie durch Y. Monsees: Die Inschriften des Rheingau-Taunus-Kreises, Wiesbaden 1997, und zum Teil bei Kipke. Die Richolfus-Verse und die erste Strophe des Hrabanus wurden ediert: 1. N. Serarius, Moguntiacarum rerum. Buch 5. Mainz 1604. S.287-292. 2. Böhmer u. Will, S. 48 und 70. 3. MGH, Poetae Latini Medii Aevi, Bd. 1, Berlin 1881, S. 431 sowie Bd. 2, Berlin 1884, S. 225.
41 W. Meyer-Barkhausen, Die Versinschriften (Tituli) des Hrabanus Maurus als bau- und kunstgeschichtliche Quelle. In: Hess. Jahrbuch für Landesgesch. 7/1957, S. 57–89.
42 Um 1200 Königl. Biblioth. Brüssel: Codex 206, Fol. 127v–130r (Bibliotheca hagiographica latina ...). Druck: L. Surius, De probatis sanctorum Historicis V., Köln 1574, S. 967–72; Köln 1580, S. 1068–74 sowie Tomus X, Köln 1618, S. 392–95. In Auszügen gedruckt: G. Chr. Joanis, Scriptores rerum Mogontiacarum I. Frankfurt 1722. S. 184–86 und 373 f. u. N. Serarius, Wie Anmerkung 40, Nr. 1. / MGH, Scriptores XV, 1 (MGH.SS.AA). Leipzig 1887/88, S. 148–50.
43 In den Nekrologien der Benediktinerklöster Bleidenstadt, Neustadt am Main und Ellwangen ist jeweils unter dem 10.11. der Todestag eines Abtes Adelger eingetragen, wobei ihn alle drei Klöster als eigenen Abt in Anspruch nehmen. (Monumenta Blidenstatensia, u. P. Volk, Das Nekrologium der Benediktinerabtei Neustadt am Main. In: Würzburger Diözesangeschichtsblätter 6/1938; MGH, Necrologia, Bd. I. Berlin 1888, S. 75–78. Diese drei Eintragungen ließen Hallinger zu dem Schluß kommen, daß es sich hierbei immer um den gleichen Abt handeln muß. (Hallinger, S. 119, Anm. 10; 337/38.).
44 H. Wagner, Die Äbte des Klosters Neustadt am Main im Mittelalter. In: Würzburger Diözesangeschichtsblätter 46/1984, S. 29–31.
45 K. Fik, Zur Geschichte der Leitung der Abtei Ellwangen. In: Ellwangen 764-1964, S. 131–32. Der von Fik zitierte Abtskatalog ist – soweit sich das überprüfen läßt – für die Zeit um 1100 wohl recht verläßlich.
46 So Holder-Egger in seiner Einleitung zum Sermo in MGH.SS. XV. (Wie Anm. 42).
47 G. Eckertz, Das Verbrüderungs- und Todtenbuch der Abtei M.-Gladbach. In: Zeitschrift des Aachener Geschichtsvereins 1/1879.
48 Monsees (wie Anm. 39) übersetzt: Bischof und Ruhm seiner Stadt.
49 Martyris ergo sacri dudum huc transtulit ossa / Ferrutii lulli praesul et urbis honor (Roth: honos) Riculfus (Roth: Richolffus und Böhmer/Will: Riculphus) post haec Heistulfus (Roth: Haistolphus und Böhmer/Will: Haistulphus) praesul et ipse / Amplificant aulam aedificat tumulum / Quorum successor vilis Hrabanus (Roth und Böhmer/Will: Rabanus) ad instar / Maiorum hanc arcam condidit et titulum (Roth: tumulum).
50 ... / Eugenius Bernger (Roth und Böhmer u. Will, Barger) conderunt ossa sepulchro / Post leuita humilis Ricolfus (Roth, Richolffus und Böhmer u. Will, Richolphus) condidit ista / Quam cernis lector signans (Böhmer u. Will: signas) et carmine tumbam /...
51 S. Anm. 42.
52 S. Anm. 40.
53 N. Serarius, wie Anm. 40, S. 292.
54 Hospes! Hic reliquum divi Ferrutii adora, / qui fidei amore incensus Burgundiam / nondum Christiani nominis splendidam / reliquit Monguntiamque tum pro fide Christi / certamen aggressus ubi Christo adhaerens a / praeside urbis expellitur, Castelloque / pago transrhenano relegatur, postquam vinculis / gravissimis exilium semestre egisset, superis adiunctus est.

55 Kipke, S. 38.
56 J. Como, Die Lage der Mainzer St. Georgskirche. In: Mainzer Zeitschrift 30/1935 sowie Falk, Nassovia, Nr. 41.
57 J. McCulloh, Rabani Mauri – Martyrologium de Computo (Corpus Christianorum – Continuatio Mediaevalis XLIV). 1979, S. XXXVIII/XXXIX.
58 F. Prinz, Stadtrömische-italienische Märtyrerreliquien und fränkischer Reichsadel im Maas-Mosel-Raum. In: Historisches Jahrbuch der Görresgesellschaft 87/1967.
59 Einhardus: Translatio et Miracula SS. Marcellini et Petri. In: MGH, Scriptores Abt. 1, Bd. 15,1, S. 238 f.
60 Th. Schieffer, Erzbischof Richolf (787-813). In: Jahrbuch für das Bistum Mainz 5/1950.
61 StAWürzb: Mz. Bücher versch. Inhalts 63.
62 Obiit Ludewicus rex, qui dedit sancto Ferrucio ecclesiae in Scherstein omnem decimam et omnia, que pertinent ad eadem.
63 Urk. des Propstes von St. Peter vom 23.2.1295 (Sauer, NUB, Nr. 1192).
64 W.-H. Struck: Die Geschichte der Kirche und Pfarrei zu Schierstein. In: Evangelisches Hausbuch. Wiesbaden 1954, S. 6 f.
65 Siehe nachfolgend zur Grenzbeschreibung.
66 Weckmüller, Äbte.
67 Wie Anm. 59.
68 S. Kartenbeilage zu: Taunusstein – Landschaft, Natur und Geschichte. In Bd. 1. Landschaft und Natur. Taunusstein 1996.
69 Die beiden Hagen-Orte Hettenhain und Seitzenhahn kommen zeitlich nicht in Frage, auch Wambach dürfte nach Lage und Gemarkungsgrenze recht spät entstanden sein.
70 Papierkopie 16. Jh., Bayr. Hauptstaatsarchiv München.
71 Papierkopie 16. Jh., HHStAW 14/1.
72 F. W. Th. Schliephake, Geschichte von Nassau. Bd. 1. 1866, S. 114–124; G. Zedler, wie Anm. 20; F. Kutsch, Die Bleidenstadter Terminei von 812. In: Nass. Heimatblätter 25/1924; G. Lüstner, Rund um die Bleidenstadter Terminei von 812 von 812. In: Nass. Heimatblätter 27/1926. – M. Sponheimer: Landesgesch. der Niedergrafschaft Katzenelnbogen und der angrenzenden Ämter auf dem Einrich (Schriften des Instituts für geschichtliche Landeskunde von Hessen und Nassau 11). 1932, S. 21; Kipke, S. 13–33; J. Hörle, wie Anm. 15.
73 Wie in Anm. 34.
74 Sauer, NUB, Nr. 46.
75 Gemeint ist ein dem St. Martin geweihter Bildstock. 1683: Bleydenstadter Heiligenstock vulgo eiserne Hand. S. E. Eichhorn wie Anm. 2, Abschnitt 2.1.6.1 und die Anm. dazu.
76 Der Grenzverlauf bis zur Eisernen Hand wurde nach und nach aufgeklärt. (Siehe Anm. 72). Bisher ist niemandem aufgefallen, daß es sich hier um einen Einschub handelt, weshalb die Zuordnung des nachfolgenden Grenzpunktes Kemeler Straße Schwierigkeiten bereitet hatte, denn von den Grindeln (an der Straße, die von der Straße Wiesbaden–Bad Schwalbach–Kemel nach Seitzenhahn abzweigt) bis zur Wambacher Schanze – (Ostgiebel der Kemeler Kirche, also der Punkt der damaligen Ostgrenze des Kemeler Kirchspiels, an dem das Gelände wie bei einem Dach rechts und links steil abfällt) – würde ein Grenzpunkt Kemeler Straße keinen Sinn ergeben.
77 K. Kroeschell, Die Zehntgerichte in Hessen und die fränkischen Centene. In: Zeitschrift für die Savigny-Stiftung für Rechtsgeschichte 73/1956; Ebendort: W. Metz, Zur Geschichte der fränkischen centena.
78 P. H. Jaffé, Monumenta Moguntina. (Bibliotheca Rerum Germanicarum Tomus III). Berlin 1866, S. 721–28.
79 Im Jahre 1028 wird ein Ebernandus als Propst des Stiftes St. Martin in Bingen genannt. (Stimming, MUB, Nr. 275.)
80 Sauer, NUB, Nr. 683. Die gleiche Patrozinienreihe wie in der Grenzbeschreibung enthielt die schon oben im Zusammenhang mit dem Weihedatum zitierte Inschrift.
Grenzbeschreibung:
– *domini ac salvatoris nostri Jesu Christi*
– *perpetue virginis sancte dei genitricis Mariae*
– *sancti Johannis evangelistae*
– *sancti Martini confessoris egregii*
– *Bonifacii et*
– *Ferrucii beatorum Christi martyrum*
Ablaßbrief:
– *in honore sancte crusis*
– *gloriose semper virginis dei genitricis Marie*
– *sanctorumque Symonis et Jude apostolorum*
– *sancti Johannis evangelistae*
– *Ferrucii*
– *Bonifacii*
– *Albani martirum Christi*
– *Benedicti*
– *Martini confessorum*
– *omniumque sanctorum*
81 Stimming wie Anm. 38.
82 Sauer, NUB, Nr. 898.
83 Sauer, NUB, Nr. 714.
84 StAWürzb Mainzer Bücher versch. Inhalts, Nr. 28.
85 K. H. May, Die kölnischen Lehen des Hauses Nassau und die niederrheinische Herkunft der Ruperte von Laurenburg-Nassau. In: Nass. Ann. 91/1980, S. 13–16.
86 K. H. May, wie Anm. 83, S. 27–30; A. Meister, Zur Entstehung der Wachszinsigkeit. In: Studien zur Geschichte der Wachszinsigkeit. (Münstersche Beiträge zur Geschichtsforschung. N. F. 32/33.) Münster 1914.
87 1577 gefertigte Kopie einer Urkunde aus dem Jahre 1473. (HHStAW Urk. 14/688).
88 S. Anm. 39.
89 S. Anm. 37. Ausführliche Befassung im nächsten Kapitel.
90 F. Weckmüller, Die Lucius-Urkunde von 1184 und Holzhausen. In: HJB.RTK 1990.
91 J. Hörle, Brevarium Sancti Lulli – Gestalt und Gehalt. In: Arch. mittelrh. Kirchengesch. 12/1960.
92 K. Glöckner, Codex Laureshamensis. Darmstadt 1929.
93 H. Beyer, Urkundenbuch zur Geschichte der, ... mittelrheinischen Territorien. Bd. 1. Koblenz 1860. Nr.35.
94 Sauer, NUB, Nr.90.
95 Dahl, Historische Nachrichten von dem ehemaligen Kloster, nachherigen Ritterstifte zum heil. Ferrutius in Bleidenstadt. In: Nass. Ann. 2, 2/1834.
96 F. Vigener, Die Mainzer Dompropstei im 14. Jahrhundert. Darmstadt 1913.
97 H. Gensicke, Kirchspiel und Gericht Breithardt. In: Nass. Ann. 80/1969.
98 G. Kleinfeld u. H. Weirich, Die mittelalterliche Kirchenorganisation im oberhessisch-nassauischen Raum. (Schriften des Institutes für geschichtl. Landeskunde von Hessen und Nassau 16.) Marburg 1937. Teil 1.
99 A. Hauck, Kirchengeschichte Deutschlands, 2. Teil. Leipzig 1900. S. 737 f.
100 E. Baumgartner, Geschichte und Recht des Archidiakonats der Oberrheinischen Bistümer. Stuttgart 1907, S. 9 ff.
101 Falk, Nassovia, Nr. 41.
102 K. Hallinger, Neue Forschungen über Williges von Mainz (975–1011). In: Stud.Mitt.OSB 84/1973.
103 S. Anm. 8.
104 S. Anm. 9.
105 Sowohl Gerung als auch Maiolus waren bisher als Äbte des Klosters

St. Alban unbekannt. Das Todesjahr von Gerung ist in den Fuldaer Totenannalen eingetragen. (S. Anm. 9).
106 J. N. Hontheim, Prodomus historiae Trevirensis diplomaticae et pracmaticae in duas partes tributus. Augsburg 1757, S. 966–994.
107 S. Anm. 9.
108 Ausführlich bei Hallinger, S. 95 f.
109 Wie die Aufnahme in die Nekrologe von Echternach und Fulda belegt, war auch der 960 verstorbene Abt Gerung von St. Alban ein Reformabt, wenn auch offenbar nicht aus St. Maximin. (Gerung ist bisher nicht als Abt von St. Alban bekannt gewesen.).
110 P. B. Gams, Series episcoporum ecclesiae catholicae. Regensburg 1873.
111 MGH.Scriptores rerum Langobardicarum et Italicarum saec. VI-IX. Bd. 1. Hannover 1878. (Nachdr. 1964). Leider konnte ich die entsprechende Stelle bis zur Abgabe des Manuskriptes nicht mehr findet. Sie befindet sich in den Quellen von Montecassino und Capua.
112 Ab hier Einzelnachweise für die aufgezählten Äbte – soweit nichts anderes verzeichnet – Weckmüller: Äbte; Hallinger und Kipke.
113 MGH.Legnum sectio II. Constitutiones et acta publica imperatorum et regnum. Bd. 1. Hannover 1893, S. 635.
114 Wie Anm. 113, S. 86.
115 MGH. Necrologia Germaniae. Bd. 3. Berlin 1905.
116 Wie Anm. 9.
117 H. Büttner, Das Erzstift Mainz und die Klosterreform im 11. Jahrhundert. In: Arch. mittelrh. Kirchengesch. 1/19949; T. Struve, Lampert von Hersfeld, Teil B. In: Hess. Jahrbuch für Landesgeschichte 20/1970, S. 65 f.
118 Wie Anm. 9.
119 Beide wie Anm. 9.
120 Wie Anm. 115.
121 Hallinger wie Anm. 102, S. 47.
122 H. Wagner, Die Äbte des Klosters Neustadt am Main im Mittelalter. In: Würzburger Diözesangeschichtsblätter 46/1984; K. Fik; Zur Geschichte der Leitung der Abtei Ellwangen. In: Ellwangen 764–1964. Ellwangen 1964.
123 G Eckertz, Das Verbrüderungs- und Todtenbuch der Abtei M.-Gladbach. In: Zeitschrift des Aachener Geschichtsvereins 1/1879., S. 191 f.
124 B. Kasten, Die Grundherrschaft des Klosters St. Vitus und ... In: Loca Desiderata – Mönchengladbacher Stadtgeschichte, Bd. 1. Köln 1994, S. 288 f.
125 MUB 1, Nr. 408 und 414.
126 MUB 1, Nr. 434 und 436.
127 MUB 1, Nr. 390,392 und 393.
128 Gumpertus abbas suarzaha. pl. fr.; C. A. Schweitzer, Vollständiger Auszug aus den vorzüglichsten Calendarien des ehemaligen Fürstenthums Bamberg. In: Siebenter Bericht über das Bestehen und Wirken des Hist. Vereins zu Bamberg ... Bamberg 1844, S. 194.
129 G. Link, Klosterbuch der Diöcese Würzburg. Bd. 1: Geschichte der Benediktinerklöster. Würzburg 1873, S. 382. S. auch Hallinger, S. 327/28 und Anm. 30.
130 Nach Link (Anm. 129) wird sein Nachfolger 1149 erwähnt, Gumbert dagegen 1144. (R. Reiner, Hess. Urkundenbuch, Bd. 1. Leipzig 1891. Nr. 80.).
131 Böhmer u. Will, S. 311, Nr.18.
132 Belege für Baldemar bei F. Falk, Geschichte des ehemaligen Klosters Lorsch an der Bergstraße. Mainz 1866, S. 84 f; W. Bernhardi, Jahrbücher des Deutschen Reiches – Konrad III. Leipzig 1883.
133 MUB 2, Nr. 217.
134 Bis zu seinem Tod unterschreiben Heinrich von St. Alban und Baldemar von Bleidenstadt oft gleichzeitig als Zeugen, danach nur noch Baldemar von St. Alban.
135 Baldemar erscheint zuletzt in Urkunden kurz vor der Abreise Arnolds Anfang Juni 1158. Hartpert erstmals in zwei Urkunden, die nach Arnolds Rückkehr im September 1158 ausgestellt wurden. Die Frage ist nur, ob sie vor oder nach dem 24.11. ausgestellt wurden. Falk (MUB 2,1, Nr. 239 und 240) setzt sie einfach nach September 1158; Böhmer u. Will völlig falsch vor Juni 58; Sauer (Sauer: NUB, Nr. 238 u. 240) datiert die beiden Urk. 1158 September 24 – November 20. In beiden Urk. – die nach Falk wegen der Zeugenreihe am selben Tag ausgestellt wurden – wurde für die Namen des Abtes von Eberbach eine Lücke gelassen. Abt Ruthard von Eberbach war am 14. August 1158 gestorben, sein Nachfolger, Eberhard, war aus Clairvaux, dem Mutterkloster der Zisterzienser, noch nicht eingetroffen. Nach Sauer und Rossel (K. Rossel, Bärs diplomatische Geschichte der Abtei Eberbach. 1855.) traf Eberhard am 20. November in Eberbach ein. Trotzdem gibt es Gründe, daß zumindest eine der beiden Urkunden – wenn sie denn zeitgleich ausgefertigt wurden – erst am Jahresende ausgestellt wurde. Beide haben das Jahr 1158, die erste mit der richtigen Indiktion VI, die zweite mit der Indiktion VII für 1159. Nachdem Arnold frühestens Mitte September – er war am 8.9. in Mailand abgereist – zurückgekommen war, jagte er Propst Burchard von St. Peter mit seinem Anhang aus der Stadt und ließ sie erst nach ihrem zweiten Besuch beim Kaiser in Italien wieder zurückkommen. (F. Baumbach, Arnold von Selehofen, Erzbischof von Mainz. Diss. Göttingen 1871). Erst danach kann die zweite Urk. ausgestellt worden sein, denn dort erscheint unter den Zeugen.
136 F. Falk, wie Anm. 109, S. 92/93.
137 A. M. Burg, Die Benediktiner im Elsaß. In: Stud. Mitt.OSB 77/1966, S. 165.
138 MUB 2, Nr. 568.
139 K. Rossel, Urkundenbuch des Klosters Eberbach im Rheingau, Bd. 1. Wiesbaden 1862. Nr. 134.
140 P. Acht, Probleme der Mainzer Urkundenforschung. In: Archivalische Zeitschrift 55/1959.
141 Sauer, NUB: Nr. 456.
142 Nass. Ann. 16/1881.
143 R. Dertsch, Die Urkunden des Stadtarchivs Mainz. Mainz 1962. 1. Teil. Nr. 66 u 68.
144 Sauer, NUB, Nr. 564.
145 Sauer, NUB, Nr. 621 und 622.
146 Sauer, NUB, Nr. 666, 674 und 683.
147 Sauer, NUB, Nr. 714.
148 Sauer, NUB, Nr. 819 und 1012.
149 Sauer, NUB, Nr. 920.
150 Sein Grabstein fand sich stark beschädigt 1916 beim Abriß der katholischen Kirche in Bad Schwalbach. Er war dort als Altartisch benutzt worden. Die Beschädigungen waren durch das Anpassen an den Altar entstanden.
151 Das Folgende ist ausführlich beschrieben bei Kipke wie Anm. 30.
152 V. F. de Gudenus, Codex diplomaticus anecdotorum res Moguntinas illustrantium. Tomus I-V. Leipzig 1743–1758. Bd. 2, S. 799.
153 Grabschrift nach Helwich, gedruckt bei F. W. E. Roth wie Anm. 40, S. 391.
154 HHStAW 14, Urk. 168.
155 E. Schaus, Ein unbekannter Propst von Bleidenstadt. In: Nassauische Heimatblätter 17-1913/14.
156 HHStAW 14, Urk. 171.
157 Wie E. Schaus (Anm. 138) richtig bemerkt, ist die Papsturkunde, durch die Umwandlung vollzogen wurde, bisher nicht gefunden worden. Erzbischof Albrecht II. von Brandenburg (1514–1545) stellt 1538 lediglich fest, daß die Aufhebung der Propstei durch päpstlichen Beschluß erfolgt sei.
158 StAWürzb Rep. 57, Bd. II, S. 205, Nr. 1.
159 StAWürzb MRA Stifte und Klöster K672/496.

160 Falk, Nassovia, Nr. 45; E. Wilhelmi: Wehen und sein Grund. Wehen 1957, S. 152.
161 W. Sauer, Archivalische Mitteilungen Nr. 6. In: Nass. Ann. 20/1888.
162 HHStAW 14 Akten I, 9.
163 Falk, Nassovia, Nr. 42.
164 W. Sauer, wie Anm. 161.
165 Da Sauer die Kapitelsprotokolle als Quellen angibt, sind seine Angaben glaubwürdiger einzustufen als die von Vogel (wie Anm. 27, S. 562), Lotz (Lotz-Schneider, Baudenkmäler im Reg.-Bez. Wiesbaden. Berlin 1880, S. 37/38.) und Zichner (wie Anm. 28) – die 1685 angeben – sowie bei Roth (wie Anm. 42), Falk (Falk, Nassovia, Nr.45), Kipke (Kipke, S. 83 und ders. Wie Anm. 30) – die eine Bauzeit von 1685 bis 1718 angeben.
166 HHStAW 14 Akten I, 1 vol. 1, folio 45 und 49.
167 D. Vogel, wie Anm. 27. S. 562.
168 Ausführliche kunsthistorische Beschreibung bei: F. Kötsche, Eine romanische Grubenschmelzplatte aus dem Berliner Kunstgewerbemuseum. In: Festschrift für Peter Metz. Berlin 1965, S. 160.
169 Sauer, NUB I, Nr.: 683, 1012, 1576, 2885; und – ohne Angabe der Quelle – Nass. Ann. 20/1888 (Zur Geschichte des Stiftes Bleidenstadt), S. 366–68.
170 Böhmer, Fontes IV, S. 392/93.
171 Grundsätzlich zum mittelalterlichen Totengedenken: K. Schmid u. J. Wollasch (Hrsg.), Memoria – Der geschichtliche Zeugniswert des liturgischen Gedenkens im Mittelalter (Münstersche Mittelalter-Schriften 48). München 1984.
172 Kötsche, wie Anm. 194, S. 169.
173 Sauer, NUB, Nr. 1155.
174 Sauer, NUB, Nr. 2111. Wahlbestätigung von Abt Thomas sowie Bestätigung des Todes seines Vorgängers.
175 Todestag und Jahr wie bei allen seinen Nachfolgern im Bleidenstadter Nekrolog belegt.
176 HHStAW 14, Urk. 202.
177 HHStAW 14, Urk. 204.
178 HHStAW 14, Urk. 215 und 218.
179 HHStAW 14, Urk. 225a.
180 Inschrift nach Helwich, gedruckt bei F. W. E. Roth wie Anmerkung 40, S. 391.
181 Inschrift nach Helwich, gedruckt bei F. W. E. Roth wie Anm. 40, S. 392.
182 HHStAW 14, Urk. 442. Nach H. Gensicke, Die Köth von Wanscheid. In: Nass. Ann. 99/1988: Dekan von 1586–1599.
183 HHStAW 14, Urk. 248.
184 HHStAW 14, Urk. 256.
185 HHStAW 137, Urk. 60.
186 W. Sauer, wie Anmerkung 144.
187 HHStAW 14, Urk. 266 und 266b.
188 HHStAW 14, Urk. 268 und 288.
189 Wie Anm. 152.
190 Wie Anm. 152.
191 HHStAW 14, Urk. 318.
192 Wappen und Jahreszahl über dem Hauptportal der Kirche.
193 HHStAW 14, Urk. 327a u. 339.
194 StAWürzb MRA Sifte und Klöster K673/543, Urk. 246.
195 HHStAW 14, Urk. 352a.
196 HHStAW 14, Urk. 352c und 355.
197 HHStAW 14, Urk. 357 und 361b.
198 HHStAW 14, Urk. 363 und 376.

Die soeben erschienene Schrift

R. Pereira, St. Ferrutius – Katholische Pfarrkirche von Taunusstein-Bleidenstadt und St. Peter auf dem Berg – Evangelische Pfarrkirche von Taunusstein-Bleidenstadt. Klingenberg 2000.

bietet weitere Informationen.

Sie ist im Büro der Pfarrgemeinde St. Ferrutius für einen Unkostenbeitrag erhältlich.

Ludolf Pelizaeus

Von der Reformation bis zum Vorabend des Dreißigjährigen Krieges

Inhalt

1. Allgemeine Situation — 97
2. Die Reformation in der Gemarkung der heutigen Stadt Taunusstein — 98
3. Die Reformation in Nassau-Idstein — 100
4. Alltag im 16. Jahrhundert — 101
5. Anmerkungen — 106

1. Allgemeine Situation

Das prägende Ereignis des 16. Jahrhunderts sollte die Reformation werden, deren Komplexität konfessioneller Verwicklungen gerade auch im Gebiet des heutigen Taunusstein deutlich wurde, da drei Herren hier ihre Macht ausübten. Zunächst ist das in Bleidenstadt liegende Ritterstift St. Ferrutti[1] zu nennen, das die Grafen von Nassau-Weilburg mit dem Wehener Grund belehnt hatten. Somit unterstanden die Kirchspiele Bleidenstadt und Wehen, zu denen Orlen, Hahn, Seitzenhahn und Wingsbach gehörten, Nassau-Weilburg.[2] Der dritte Herr im Gebiet war der Graf von Nassau-Idstein, dessen Kirchspiel Strinz-Margarethä u. a. die Orte Niederlibbach und Hambach umfaßte. Neuhof gehörte ebenfalls zu Nassau-Idstein, war aber nach Wehen eingepfarrt.[3]

Der erste Grundherr, das Ritterstift St. Ferrutti, war 1495 durch die Umwandlung des Klosters Bleidenstadt in ein Stift entstanden. Doch brachten die gemeinsamen Ansprüche im Gebiet von Bleidenstadt um Abtswald, Zehnt- und Vogteirechte Spannungen mit den Grafen von Nassau-Weilburg, besonders aber auch mit den Bewohnern des Wehener Grundes. So wurde die Abgabenlast an St. Ferrutti als zu drückend empfunden, und man wünschte sich in Wehen nach der Umwandlung des Klosters mehr denn je eine eigene Pfarrkirche mit allen ihr zustehenden Rechten. Gewichtigster Wunsch war, das Sakrament der Taufe in Wehen verwalten zu dürfen.

Besser gestellt waren die Orte, die zu Strinz-Margarethä zählten, das seit 1332 ein eigenes Kirchspiel darstellte und dessen Abhängigkeit gegenüber Bleidenstadt nur noch nomineller Natur war. Sie hatten ihren eigenen Pfarrer vor Ort. Auch hier gab es gewisse Spannungen mit Bleidenstadt, wie die Streitigkeiten um den Zehnt 1527 und um den Abtswald von 1495 bis 1609 mit Strinz-Margarethä und Niederlibbach beweisen.[4] Doch scheinen diese Auseinandersetzungen vornehmlich wirtschaftlicher Natur gewesen zu sein und noch keine religiöse Unzufriedenheit mit dem Stift wi-

derzuspiegeln. An der Wallfahrtskapelle »Hühnerkirche«, im benachbarten Kirchspiel Strinz-Trinitatis gelegen, wurde bis 1531 sehr intensiv gebaut, wie Stiftungen für die Kirche 1515, 1525 und sogar noch 1531 belegen. Bei der Stiftung von 1525 handelte es sich um eine Zuwendung von Graf Philipp II. von Nassau-Wiesbaden-Idstein. Erst die Folgen der Reformation brachte mit dem Ende der Wallfahrten ein Ende der Stiftungen.[5]

Jede kirchliche Entwicklung in diesen Gebieten mußte von den regierenden Herren und ihrer konfessionellen Bindung abhängen. Wenden wir uns daher zunächst den Herrschaftsverhältnissen in dem Gebiet von Neuhof, Niederlibbach und Hambach zu. Nach dem Aussterben der Idsteiner Linie bereits mit ihrem Begründer Graf Philipp I. im Jahr 1509, konnte Graf Adolf III. 1511 ganz Nassau-Wiesbaden-Idstein an seinen Sohn Philipp II. weitergeben, der bis 1558 regierte.[6] Nach einer nur sechs Jahre dauernden erneuten Teilung trat dessen Nachfolge sein zweiter Sohn Balthasar an, der sich eigentlich für eine geistliche Laufbahn im Deutschen Orden entschieden hatte. Mit seinem Enkel Johann Ludwig II. starb dann bereits 1605 die Nassau-Wiesbaden-Idsteinsche Linie aus und fiel an Ludwig II. von Nassau-Saarbrücken-Weilburg.[7] Die Erbentwicklung der Weilburger Linie verläuft nicht minder kompliziert, doch ist die Skizzierung der territorialen Gebundenheit für ein Verständnis der Politik in der Reformationszeit unerläßlich. Sie stellte die Herren des benachbarten Wehener Grundes. Seit 1480 regierte in Weilburg Ludwig I., der 1523 starb. Sein Sohn Philipp III. († 1559)[8] sollte die reformatorische Entwicklung in Nassau-Weilburg vornehmlich bestimmen. Diese einmal eingeschlagene reformatorische Richtung wurde dann auch für weitere Gebiete prägend, als nach Philipps Tod dessen Sohn Albrecht 1574 Ottweiler, seinem Enkel Ludwig II. 1602 auch Saarbrücken zufiel. Durch das oben erwähnte Aussterben der Linie Nassau-Idstein konnte Ludwig dann 1605 alle drei Grafenlinien in einer Hand vereinigen, was – freilich nur kurze Zeit – die Herrschaft nur einer nassauer Grafenlinie im Gebiet des heutigen Taunusstein bedeutete.[9]

Wie aber sah die Lage im Reich aus? Ein zentraler Punkt auf dem Wormser Reichstag, der für den 6. Januar 1521 ausgeschrieben war, sollte die Anhörung des Wittenberger Mönches Dr. Martin Luther sein. Landgraf Philipp der Großmütige von Hessen war dort persönlich anwesend und führte schon 1524 die Reformation in seinen Gebieten, also auch in der benachbarten Grafschaft Katzenelnbogen, ein.[10] Die relative Nähe zu Worms und die große Zahl von reformatorischen Streitschriften verfehlten ihre Wirkung auch auf den Hofprediger Graf Philipps III. von Nassau-Weilburg Heinrich Stroß[11] (genannt Romanus) und seinen Kanzler Johannes Chun, nicht. Durch ihren Einfluß hatte der Graf bereits 1524 Verbindungen zur neuen Lehre und berief 1526 den Heidelberger Theologen Erhard Schnepf in seine Residenz. Der Augsburger Reichstag von 1530 festigte seine Haltung entscheidend, und 1532 führte er dann die Reformation in seinen Gebieten offiziell ein.[12] Damit kam er einer ohnehin fortschreitenden Bewegung entgegen, denn schon seit 1520/21 hatte sich reformatorisches Gedankengut im hessischen Raum ausgebreitet, zu Unruhen war es aber nur im kurmainzischen Rheingau gekommen.[13]

2. Die Reformation in der Gemarkung der heutigen Stadt Taunusstein

Die Kirche in Wehen hing, wie erwähnt, von Bleidenstadt ab. In Wehen besaß man zwar die Begräbnisrechte, nicht aber das Sakrament der Taufe. Als die Gemeinde Wehen 1529 an den Grafen mit der Bitte der Gewährung des Sakraments der Taufe herantrat[14], ist nicht sicher, warum das zu diesem Zeitpunkt geschah. Es ist jedoch höchst wahrscheinlich, daß reformatorisches Gedankengut, das sich bereits 1524 am Weilburger Hof nachweisen läßt[15], hierfür motivierend wirkte. Philipp III. von Nassau-Weilburg nutzte nun die Gelegenheit, sich endgültig von Bleidenstadt zu trennen, was auch besonders seinen politischen Bestrebungen, die volle Landesherrschaft ausüben zu können, entgegenkam. Dabei war für ihn hilfreich, daß dieser Wunsch doch genau in dem Jahr vorgetragen wurde, in dem sich die wichtigsten Vertreter der neuen Lehre auf dem Reichstag in Speyer zur »Protestatio« zusammenfanden, was ihnen auch den Namen »Protestanten« eintrug.[16] Er wollte die Vorstellungen der neuen Lehre durchsetzen, direkten Zugriff auf den kirchlichen Besitz und Pfarrerbesetzung bekommen und die völlige Trennung von Bleidenstädter und Mainzer Einfluß erreichen. Daher genehmigte er die Bitte sofort, auch wenn er eigentlich nach altgläubigem Verständnis bei dieser Frage gar kein Entscheidungsrecht besaß. Durch die Schaffung der neuen Pfarrei wurde Wehen faktisch endgültig von Bleidenstadt getrennt. Die folgende Entwicklung zeigte deutlich die Entschlossenheit Graf Philipps, die Reformation in Nassau-Weilburg nun auch durchzusetzen.

Die ersten Bekenner des neuen Glaubens im Gebiet des heutigen Taunusstein fanden sich um 1530 in Wehen und Bleidenstadt. Ihnen folgten dann auch Bewohner von Hahn, Wingsbach, Born und Seitzenhahn. Daß dieser Wechsel aber nicht allgemein vollzogen wurde, zeigt die Tatsache, daß ungefähr ein Viertel der Bleidenstädter Dorfbewohner, die auf klösterlichem Immunitätsgebiet lebten, diesen Wechsel nicht mitmachten. Ihnen wurde von Graf Philipp die Klosterkapelle zugewiesen, während die Bleidenstädter sich die Pfarrkirche nahmen. Auch Wehen hatte sich mit Orlen und Neuhof wohl Anfang der 1530er Jahre der neuen Lehre zugewandt, schließlich war von dieser Stadt auch die Initiative für die Änderung der bestehenden Verhältnisse ausgegangen.[17]

Philipps Verwicklungen in den Wetterauer Grafenverein und seine kurze Zugehörigkeit zum Schmalkaldischen Bund soll hier nicht weiter interessieren, wohl aber die Durchsetzung der Reformation auf dem Land. 1533 veröffentlichte er eine Kirchenordnung, zu deren Kontrolle er 1536 eine Visitation anordnete. Beauftragt mit der Visitation des Kirchspiels Wehen wurde der bereits erwähnte Heinrich Stroß, der am 26. Juni 1536 zum allgemeinen Visitator in geistlichen Sachen und Händeln ernannt worden war. Ihm oblag es vornehmlich, die Pfarrer der Gemeinden auf ihre Lehre hin zu überprüfen, ebenso aber die Spitäler und Almosenkästen zu untersuchen und zu inventarisieren.[18]

Als Stroß 1536 auch Bleidenstadt und Wehen aufsuchte, wurde durch diese Visitation das Vorbringen von Wünschen an den Grafen möglich. Die Bewohner richteten an Graf Philipp die Bitte, die Pfarrkirche zu Wehen und die Kapelle zu Orlen für den neuen Glauben nutzen zu dürfen. Dem Wunsche wurde entsprochen, und durch die Beschlagnahme des kirchlichen Grundbesitzes wurde die Kirche auch wirtschaftlich gesichert. Auch ein Teil der Bleidenstädter Grundstücke wurde trotz Protests des Stiftsdechants beschlagnahmt. Als Folge dieser Verluste ist die 1538 erfolgte Aufhebung der Probstei Bleidenstadt zu verstehen.[19]

Als erster Pfarrer von Wehen läßt sich Konrad Hungen ab 1534 nachweisen.[20] Über ihn sind wir informiert, da er als neuer Pfarrer kein rechtes Auskommen hatte. Bisher war das Stift Bleidenstadt für die Bezahlung seines Priesters aus Zehneinkünften aufgekommen. Doch für den Pfarrer im benachbarten Wehen, der zudem der neuen Lehre anhing, war man, trotz seiner Vorsprache bei den Stiftsherren, nicht bereit einzutreten. Daher war Hungen auf die Bleidenstädter auch äußerst schlecht zu sprechen und warf ihnen vor, *gottes geist bey dissem geschlecht keyn plaz gehabt*, denn als er dort war, seien *mir armen mit drüczigen worten der maß begegnet, das ich wol hab kunden wolen, was gottes wort undt E[uer] g[naden] gunst bey diessen geschlecht furheblich [sei]*. In dem Gespräch hatten die Stiftsherren dem neuen Pfarrer klar gemacht, *sie seyen Colatores der pffar* [Bleidenstadt], daher solle er sich darum kümmern, *wem ich thiene, an dem solt ich mein besuldung und Competencz anfoddern*. Dies brachte ihn nur noch mehr auf und ihm erschien die Verkündung des *gothlichs worts gegen diessen gotlosen hauffen leuth von notten*, bezeichnet sie gar als »phariseer« denen er *wünschte, gottes geist het sie einmal erleucht*.[21] Da aber auch die Gemeinde Pfarrer Hungen ein Gehalt zu bezahlen nicht bereit war, wandte er sich nach »drithalb jar« an seinen nun auch geistlichen Herren Philipp III. von Nassau-Weilburg, um sein *waib und chleine Kindtlein [...] notdurfft zu lindern*.[22] Der Graf tat allerdings offenbar nicht viel mehr[23], als den Landgrafen von Hessen über diese Situation in Kenntnis zu setzen, da auch die Landgrafschaft in Streitigkeiten mit Bleidenstadt verwickelt war.[24] So kann es nicht verwundern, daß schon 1544 die Stelle wieder vakant war. Bei der Pfarrbestellung zeigte der Graf nun Entgegenkommen, räumte Bleidenstadt ein gewisses Mitbestimmungsrecht ein, drängte aber gleichzeitig auf eine schnelle Besetzung. Der neue Pfarrer Lützelburger war aber wohl dennoch der gräfliche Wunschkandidat, da seine Absetzung 1550 darauf hinweist, daß er der neuen Lehre zuneigte. Erst in dem Jahr seiner Absetzung durch den Erzbischof von Mainz läßt sich nämlich Lützelburger sicher nachweisen.[25] Grund für die Vertreibung war die Niederlage der Evangelischen gegen die Kaiserlichen im Schmalkaldischen Krieg. Kaiser Karl V. hatte nach dem Sieg das sogenannte Interim erlassen[26], in dem er alle evanglischen Neuerungen bis auf Priesterehe und das Abendmahl in beiderlei Gestalt bis zu einer Entscheidung durch ein allgemeines Konzil aufhob.[27] Die Folge davon waren Visitationen der bisherigen geistlichen Herren, die eine Einhaltung der neuen Ordnung durchsetzen wollten. Für die Visitation von Bleidenstadt sandte der Erzbischof von Mainz am 24. Februar und am 23. Mai Visitatoren.[28] Pfarrer Lützelburger mußte nach Weilburg gehen und erhielt dort die Pfarrei Gräfenwiesbach.

Als mit dem Passauer Vertrag von 1552 das Interim wieder aufgehoben wurde, fiel die Kirche St. Peter zu Bleidenstadt mit ihrem Land endgültig der evangelisch-lutherischen Gemeinde zu. Ebenso verhielt es sich mit der Kirche zu Wehen, die das ganze Klostergelände in der Gemarkung und damit auch den Zehnten erhielt. Außerdem ermöglichte der Passauer Vertrag die Anstellung eines neuen Geistlichen für Wehen. Der Dechant in Bleidenstadt konnte nur noch von seinem Bestätigungsrecht und dem Recht der Verleihung des Talars Gebrauch machen.[29] In Zukunft war nicht mehr der Erzbischof von Mainz, sondern der Landesherr als Generalpatron Schutzherr der Kirche. Die theologische Führung oblag dem jeweiligen Superintendenten.

Neuer Pfarrer in Wehen wurde im Jahre 1553 der aus Camberg stammende Matthias Henz, der bis zu seinem Tod 1593 Pfarrer blieb.[30] Als eine der ersten Maßnahmen in Wehen verpachtete Henz das Kirchengut. Diese Pacht macht gemäß einer Kirchenrechnung von 1556 einen Teil seines Einkommens aus. Das Bareinkommen aus der herrschaftlichen Kasse betrug 28 Gulden, von Orlen und Neuhof wurden weitere 30 Gulden gegeben.[31] Doch durch die großen Kosten, die aufgrund der Errichtung eines Pfarrhauses entstanden waren, sah sich der Pfarrer genötigt, einen Großteil des Kirchenguts 1572 ganz zu verkaufen.[32] Die Schulden konnten abgetragen und ein Erlös von 663 Gulden 33 Kreuzer erzielt werden. Der letzte Pfarrer des 16. Jahrhunderts in Wehen wurde Johann Jakob Tautphäus[33], dessen Amtszeit bis zu seinem Tod durch die Pest 1604 währte.

Schwieriger gestaltete sich die Lage in Bleidenstadt, wo das Stift bis ins 18. Jahrhundert hinein ein Wort mitzureden hatte. Als erster Bleidenstädter Pfarrer wird ein »Peter« genannt.[34] Dort konnte das Stift, im Gegensatz zu Strinz, seinen Kandidaten Ekkard Reissner durchsetzen. Er läßt sich von 1577 bis 1609 nachweisen.[35] Bis zum Dreißigjährigen Krieg wurde daneben im Stift noch ein katholischer Gottesdienst gefeiert, der nach der Vertreibung der Stiftsherren durch schwedische Truppen ab 1670 von dem Priester aus Langenschwalbach (Bad Schwalbach) im Dechaneisaal zelebriert wurde.[36]

3. Reformation in Nassau-Idstein

In Niederlibbach und Hambach, die zu dem nassauidsteinschen Kirchspiel Strinz-Margarethä gehörten, stellte sich die Lage anders dar. Graf Philipp II. von Nassau-Idstein (1511–1558) hatte sich bis zur Beseiti-

Abb. 1: Hier schmeckt einem Bauern seine Mahlzeit aus Brei, Brot und Gemüse. Holzschnitt von Hans Weidnitz (?), 1532.

Abb. 2: Dieser Holzschnitt zeigt ein von einem Zaun umgebenes Bauernhaus mit Haustieren. Hans Weidnitz (?), 1532.

gung des Interims 1552 bedeckt gehalten und die Reformation in seinem Territorium nicht eingeführt. Erst 1553 beauftragte er Nikolaus Gompe mit der Leitung des Kirchenwesens. Er führte nun offiziell die Reformation in der Grafschaft durch, wenngleich eine gewisse Vertrautheit mit den Ideen der neuen Lehre im Kirchspiel Strinz-Margarethä schon seit dem Durchbruch der Reformation in der Nachbargemeinde angenommen werden kann. Der vermutlich erste evangelische Pfarrer in Strinz-Margarethä war ein »her peter« um 1565/66 als Nachfolger des Jakob Hauensteiner. Bis 1588 nahm Adam Dorffelden das Amt ein. Seine Nachfolge war dann bereits sehr umstritten. Zwei Kandidaten bewarben sich um die Nachfolge, und trotz Einführung der neuen Lehre hatte Bleidenstadt bei der Besetzung noch ein gewichtiges Wort mitzureden. Es gelang dem Grafen schließlich doch, seinen Kandidaten Jeremias Leo aus Langenschwalbach durchzusetzen, nachdem dem Bleidenstädter Wunschprätendenten Veruntreuung und Trunkenheit nachgewiesen werden konnte. Leo bekleidete das Amt bis 1598.[37]

4. Alltag im 16. Jahrhundert

Bis zum Ende des 16. Jahrhunderts änderte sich mit der neuen Lehre am Gottesdienstablauf grundsätzlich nichts. Nur die Kanzel erhielt als Ort der Verkündigung größere Bedeutung und der Beichtstuhl für die Ohrenbeichte verschwand, das Abendmahl wurde in beiderlei Gestalt gereicht und der Geistliche trug den Talar. Die Prozessionen blieben z. T. erhalten, doch das Allerheiligste wurde seit 1536 nicht mehr mitgeführt. Auch

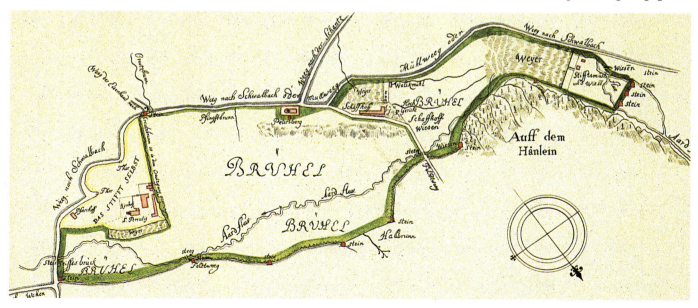

Abb. 3: Territorium des Stifts Bleidenstadt (Blick von Südosten) nach einem Plan aus dem Jahr 1704. Die Bezeichnung »Brühel« bedeutet »feuchter Platz«. Während der Schafhof innerhalb des Territoriums liegt, ist die Kirche St. Peter auf dem Berg eindeutig ausgegrenzt.

die Aposteltage wurden mit einem halben Feiertag begangen.³⁸

Noch kurz vor seinem Tod vollendete Graf Philipp III. von Nassau-Weilburg sein reformatorisches Werk mit der Durchsetzung einer Kirchenordnung für die Gemeinden. Sie wurde im April 1557 in Wehen verkündet.³⁹ Zur Einführung einer Zuchtordnung, also einer evangelischen Morallehre, nach hessischem Modell kam es aber erst mit der Introduktion der Saarbrücker Agende von 1576.⁴⁰ Da Wehen zu dieser Zeit Witwensitz der Gräfinnen von Nassau-Weilburg war, griff die vor Ort lebende Gräfin Elisabeth zu Nassau-Weilburg-Saarbrücken aktiv in die Gemeindegestaltung ein. Auf Grundlage dieser allgemeinen Ordnung wurde von ihr für den Wehener Grund eine spezielle Ordnung für Kirche und Schule in Wehen erlassen. Auf diese soll ein

Abb. 4: Auf diesem Holzschnitt von Sebastian Brant aus dem Jahr 1502 sieht man Tätigkeiten der Dorfbewohner: Links oben ist ein Wagner bei der Arbeit, darunter wird ein Einbaum angefertigt, der Mann rechts davon ist ein Zimmermann, links unten arbeitet ein Drechsler. In der Bildmitte hütet ein Hirte Schafe. Der Geißbock beweidet einen Baum.

Blick geworfen werden, da sie einen Einblick in sittliche Einschränkungen und kirchliche Vorschriften, aber auch in Aspekte des täglichen Lebens im Wehener Grund am Ende des 16. Jahrhunderts erlaubt. Zunächst werden die Pfarrer zu Predigt und Lehre »mit Fleiß« angehalten. Den Gemeindemitgliedern wird ins Gewissen geredet, sonntags morgens und mittags in der Kirche zu erscheinen und die Wochenpredigten *samt den ordentlichen Bethtagen beneben ihren Kindern und gesinde vleißiger also bishero geschehen [zu] besuchen und wo nicht alle, doch zum wenigsten auß jedem Hauß 2 oder 3.* Die beginnende Kirchenzucht wird auch an der Bestimmung deutlich, nur in wichtigen Fällen fehlen zu dürfen und sonst verpflichtet zu sein, sich bei Pfarrer oder Gemeindesenior zu entschuldigen. Geschah das nicht, so drohte Geldbuße

Abb. 5: Auf diesem Bild wird links oben ein Zaun repariert. Die beiden Männer, die offensichtlich Pläne in Händen halten, teilen als Beauftragte des Landesherren die Arbeiten ein. Der Mann darunter sticht Torf. Der pflügende Bauer blickt so grimmig, weil das Pflügen die schwerste Arbeit war. Rechts unten wird eine Matte aus Binsengeflecht hergestellt (hier gewalkt). Holzschnitt von Sebastian Brant, 1502.

oder gar Pfändung.⁴¹ Besonderes Augenmerk wurde auch auf die Zuspätkommer im Gottesdienst gelegt. Pünktlich zum Glockengeläut sollten alle *die da bethen und singen ihre gesangbücher mit Zur Kirchen bringen* und erst nach *vollendter Predigt sambtlich des Segens erwarten und also den gantzen gottesdienst in einmütiglicher rechter gottesforcht und andacht helffen beschließen.*⁴² Wer dem zuwiderhandelte, sollte von den Gemeindeältesten aufgeschrieben und dem Pfarrer gemeldet werden. In dem zweiten Teil wurde in das tägliche Leben und die Festkultur eingegriffen. Nach 21 Uhr sollte den Gästen im Wirtshaus kein Wein mehr ausgeschenkt werden. Streng zu unterbinden war auch die Lästerung Gottes, *desgleichen das unziemlich vollsaufen auf Christlichen Hochzeiten, ehrtag, kindstauffen und sonsten anderer gastreyen und heidnische Leichtfertigkeiten*, wie *fastnacht, walpurgi, Johannestag und andre.*⁴³ Tanz wurde an Sonntagen nur von vierzehn bis siebzehn Uhr den Jugendlichen, die Gottesdienst und Katechismus besucht hatten, gestattet.⁴⁴ Wie schon Gräfin Elisabeth, zeigte sich die ebenfalls in Wehen wohnende Gräfin Anna aktiv bei der Gestaltung des täglichen Lebens. Sie gründete nämlich 1596 eine Schule in Wehen. Diese war die erste Schule des Wehener Grundes, der nur die 1562 in Strinz-Margarethä gegründete Lateinschule für Nassau-Idstein vorausging.⁴⁵

In der zweiten Hälfte des 16. Jahrhunderts traten dann immer mehr Streitigkeiten um Rechte und Pflichten der einzelnen Gemeinden in den Vordergrund, wobei es sich im Kern meist um Geld oder Abgaben drehte. Verschiedene Visitationen in Nassau-Weilburg wie auch in Nassau-Idstein versuchten, die neue Ordnung durchzusetzen und Pfarrer und Gemeinde zu prüfen.⁴⁶ So kam es 1571 zum Streit in der Gemeinde Strinz-Margarethä, als diese sich weigerte, dem jetzt evangelischen Pfarrer das Ablaßkorn zu zahlen. Sah der Pfarrer dies als ihm zustehende Einnahmequelle, so verwies die Gemeinde darauf, daß der Ablaß mit katholischer Zeit abgeschafft worden sei. Dem stimmte Graf Johann Ludwig von Nassau-Idstein im Kern zwar zu, bestimmte aber, daß zur Einkommenssicherung des Pfarrers trotzdem die Abgabe weiter zu entrichten sei.⁴⁷

Auch in Wehen blieben Unstimmigkeiten nicht aus. Ende des 16. Jahrhunderts kam es zu einem Streit um die Kosten für die neue Pfarrerswohnung in Wehen. Zuerst hatte Graf Ludwig II. (1593–1625) 1595 versucht, die Kosten für die Erneuerung des Pfarrhauses auf das Stift in Bleidenstadt abzuwälzen, das sich aber weigerte, mehr als 15 Gulden zu zahlen.⁴⁸ Trotzdem ordnete die in Wehen residierende Grafenwitwe den Neubau eines Pfarrhauses an und verpflichtete die zur Gemeinde gehörigen Ortschaften, so auch Neuhof, zur anteiligen Kostenübernahme. Dies führte zu Spannungen mit Neuhof. Es war zwar nach Wehen eingepfarrt, wollte aber zu der Pfarrerswohnung nichts geben. Dafür gab es drei Gründe. Einmal war man Wehen gram, nachdem es 1597 und 1599 zu Allmendestreitigkeiten, also

Abb. 6: Bauern werden selbst beim Tanzvergnügen oft in zerrissener Kleidung dargestellt. Urs Graf, Federzeichnung 1525.

Auseinandersetzungen um die Gemeindeweide, gekommen war, außerdem lag Wehen in einem anderen Territorium und schließlich hatte die Gräfin die Gemeinde in Neuhof diesbezüglich nicht angehört. Aufgrund der hartnäckigen Weigerung zu zahlen, erfolgte der Ausstoß Neuhofs aus dem Pfarrverband durch die in Wehen residierende Grafenwitwe Anna. Neuhof ließ sich zunächst für eine kurze Zeit geistlich von Strinz-Margarethä betreuen. Da sich diese Lösung aber wegen der Entfernung des Pfarrers zu seiner Gemeinde als wenig praktisch erwies, wurde der in Wehen angestellte Kaplan zum Schuldienst in Neuhof verpflichtet. Diese Lösung brachte allerdings wieder die Wehener auf, die den Kaplan als Schullehrer zahlen mußten, so daß sich der Streit bis ins 17. Jahrhundert hinzog, ohne daß sich an diesen Verhältnissen etwas geändert hätte.[49]

Somit waren alle Orte des heutigen Taunusstein am Ende des 16. Jahrhunderts evangelisch, auch wenn einige Einwohner in Bleidenstadt und Neuhof dem alten Glauben treu geblieben waren. Erst zu Anfang des 17. Jahrhunderts wurde ein reformierter Einfluß, der auf den Synoden zu spüren war[50], auch in Wehen deutlich. Doch konnte dieser kaum zum Tragen kommen. Zwar gehörten mit dem Aussterben der Grafen von Nassau-Idstein 1605 und dem Anfall an Nassau-Weilburg alle Orte zu einem Territorium, doch blieb dieses nicht lange zusammen und wurde schon bald durch die Wirren des Dreißigjährigen Krieges schwer in Mitleidenschaft gezogen.

Abb. 7: Hans Weidnitz zeigt auf seinem Holzschnitt von 1521 ein Bauernpaar auf dem Weg zum Markt. **Abb. 8:** Albrecht Dürer stellt sein »Marktbauernpaar« (Kupferstich, 1519) korrekt gekleidet dar. **Abb. 9:** Streitendes Bauernpaar. Kupferstich Albrecht Dürer 1496/97.

5. Anmerkungen

1 Die Entwicklung in Bleidenstadt soll hier ausgespart bleiben, vgl. hierzu den Aufsatz von F. Weckmüller, Die Geschichte des Klosters Bleidenstadt (S. 53–94).
2 C. D. Vogel, Historische Topographie des Herzogthums Nassau. Herborn 1836, S. 28–31.
3 W. Schmidt, Strinz-Margarethä und Strinz-Trinitatis zwei Bleidenstädter Kirchspiele. In: Nassauische Annalen 65 (1954), S. 229; K. H. May, Neuhof – landesherrliche Gründung wirtschaftlichen, verkehrs-, wehrpolitischen und kirchlichen Ausbaus. In: Nassauische Annalen, 92 (1981), S. 33.
4 Schmidt, Strinz-Margarethä (wie Anm. 3), S. 230; C. D. Vogel, Beschreibung des Herzogthums Nassau. Wiesbaden 1843, S. 360.
5 Schmidt, Strinz-Margarethä (wie Anm. 3), S. 233.
6 O. Renkhoff, Nassauische Biographie. Kurzbiographien aus 13 Jahrhunderten. Wiesbaden ² 1992. (Veröffentlichungen der Historischen Kommission für Nassau, Bd. 39), Nr. 3063.
7 G. Schmidt, Der Wetterauer Grafenverein. Organisation und Politik einer Reichskorporation zwischen Reformation und Westfälischem Frieden. Marburg 1989. (Veröffentlichungen der Historischen Kommission für Hessen und Waldeck, Bd. 54), S. 521.
8 Zu Ludwig II. und Philipp III. Renkhoff, Nassauische Biographie, Nr. 3092 u. 3095; W. Michel, Reformation und Gegenreformation. In: Limburg-Weilburg. Beiträge zur Geschichte des Kreises. Hg. v. Kreisausschuß. Limburg a. L. 1986, S. 77–86, hierzu S. 81.
9 Schmidt, Grafenverein (wie Anm. 7), S. 520; K. E. Demandt, Geschichte des Landes Hessen. Kassel, Basel 1972, S. 389.
10 K. Brandi, Reformation und Gegenreformation. Frankfurt⁴ 1979, S. 103–110; Demandt, Geschichte, (wie Anm. 9) S. 224.
11 HHStAW, Abt. 150, Nr. 244, 26.6.1536, Bestellung von Heinrich Stroß zum Aufseher und Visitator in geistlichen Sachen. Zu seiner Person: Renkhoff, Nassauische Biographie, Nr. 4354.
12 H. Steitz, Geschichte der Evangelischen Kirche von Hessen und Nassau. Marburg 1969–77, S. 48.
13 Demandt, Geschichte (wie Anm. 9), S. 224; F. W. Schliephake u. K. Menzel, Geschichte von Nassau. 7 Bde. Wiesbaden 1875, Bd. 6, S. 552–554.
14 HHStAW, Abt. 136 Wehen, Nr. 40, Bürgermeister und Gemeinde zu Wehen an Gf. v. Nassau-Weilburg, Wehen, den 18.5.1529.
15 N. G. Eichhof, Die Kirchenreformation in Nassau-Weilburg im 16. Jahrhundert. 2 Bde. Weilburg 1832–38, Bd. 1, S. 23–26.
16 Vgl. P. Blickle, Die Reformation im Reich. Stuttgart 1982, S. 144–146.
17 Ein Beweis der These Wilhelmis, daß Wehen mit Orlen und Neuhof am längsten gezögert hätte, ließ sich nicht finden. Vgl. dazu: E. Wilhelmi, Wehen und sein Grund. Wehen 1957, S. 63; May, Neuhof (wie Anm. 3), S. 35.
18 Eichhof, Kirchenreformation (wie Anm. 15), S. 50–55; Schliephake, Geschichte, Bd. 6, S. 234.
19 F. W. Roth, Beiträge zur älteren Besitzgeschichte der Abtei Bleidenstadt. In: Studien und Mitteilungen zur Geschichte des Benediktinerordens und seiner Zweige, NF 7 (1917), Heft 1, S. 8.
20 Hungen nimmt in seinem Schreiben an Graf Philipp kein Blatt vor den Mund. HHStAW, Abt.136 Wehen, Nr. 46, Konrad Hungen an Philipp III., Wehen, den 19.8.1538. Dies im Gegensatz zur bisherigen Literatur, die an immer Lützelburg als ersten evangelischen Pfarrer angaben. Vgl. Eichhof, Kirchenreformation (wie Anm. 15), S. 95; Wilhelmi, Wehen (wie Anm. 17), S. 64.
21 HHStAW, Abt.136 Wehen, Nr. 46, Konrad Hungen an Philipp III., Wehen, den 19.8.1538.
22 HHStAW, Abt. 136 Wehen, Nr. 46, Konrad Hungen an Philipp III., Wehen, den 19.8.1538.
23 Ob die auf den Brief gesetzte Randbemerkung *zehende zu oderslach, kirshoffen, siegelach* bedeutete, daß der Graf den Pfarrer hinkünftig aus den Zehnteinkünften dieser Gemeinden zu besolden gedachte, bleibt unklar. HHStAW, Abt. 136 Wehen, Nr. 46, Konrad Hungen an Philipp III., Wehen, den 19.8.1538.
24 Philipp III. an Philipp den Großmütigen, Weilburg, den 1.9.1537. In: Urkundliche Quellen zur hessischen Reformationsgeschichte, Bd. 2 1525–47. Bearb. nach Walter Köhler u.a. von Günther Franz. Marburg/L 1954. (Veröffentlichungen der Historischen Kommission für Hessen und Waldeck, Bd. 11), S. 273. Zu den hess. Streitigkeiten vgl.: Synode zu Marburg, 16.6.1538, S. 293 und Synode zu Kassel, 4.7.1541, S. 356.
25 Eichhoff, Kirchenreformation (wie Anm. 15), S. 95.
26 Die Problematik des Interims wird sehr gut deutlich an einem bei Eichhoff, Kirchenreformation (wie Anm. 15), S. 34–36 abgdruckten Brief des Pfarrers von Weilburg an Graf Philipp.
27 J. Lortz, Die Reformation in Deutschland. Freiburg, Basel, Wien 1982, S. 270 f.
28 F. Otto, Berichte über die Visitaton der nassauischen Kirchen des Mainzer Sprengels 1548–50. In: Zeitschrift für Kirchengeschichte 15 (1895), S. 435–436.
29 F. Herrmann, Das Interim in Hessen. Ein Beitrag zur Reformationsgeschichte. Marburg 1901, S. 100.
30 Er starb nicht 1592, wie bisher angenommen, sondern erst 1593. In diesem Jahr findet sich sein Name das letzte Mal in einem Synodalprotokoll, 1594 ist für Wehen Fridericus Cornuus aufgeführt. HHStAW, Abt. 150 3829/7, Synodalprotokolle, fol. 106, Weilburg, den 11.9.1593; fol. 110, Weilburg, den 1.8.1594.
31 Dies war schon einiges mehr, als die 38 Gulden, die Konrad Hungen zu Anfang bekommen hatte. HHStAW, Abt. 136 Wehen, Nr. 46, Konrad Hungen an Philipp III., Wehen, den 19.8.1538.
32 May, Neuhof (wie Anm. 3), S.35; Wilhelmi, Wehen, (wie Anm. 17) S. 69.
33 HHStAW, Abt. 150 3829/7, fol. 110, Weilburg, den 1.8.1594. Die Verwendung der griechischen Namensform läßt darauf schließen, daß er sich der zweiten Reformationswelle verbunden fühlte, die eine stärkere Betonung der griechischen Sprache anstrebte. Zu Tautphäus vgl. Die Althessischen Pfarrer der Reformationszeit. Hrsg. v. O. Hüttenroth u. H. Milbrandt. Marburg/L 1966. (Veröffentl. der Historischen Kommission für Hessen und Waldeck, Bd. 22), S. 157.
34 HHStAW, Abt. 136 Wehen, Nr. 46, Konrad Hungen an Philipp III., Wehen, den 19.8.1538; vgl. auch: H. Silbereisen, Chronik von Bleidenstadt Bd.1, Taunusstein-neuhof o. D., S. 55, 70, 91. Irrtümlich setzt er für das Schreiben an das Mainzer Domkapitel »1437« statt »1537«.
35 HHStAW, Abt.150 3829/7, fol. 16b, Weilburg, den 9.3.1579; fol. 260, 1604; Abt. 136, X, fol.2. Senior und Kapitel Bleidenstadt an Superintendent Laurentius Stephan in Weilburg, Bleidenstadt, den 17.10.1577, fol. 41, Visitationsprotokoll, 1609. Seine Vorgänger waren Petrus Brichus (bis 1558), 1564–69 Hartmann Faber, der seines Postens enthoben wurde, weil er den Kathechismus nicht recht konnte. HHStAW, Abt.136, X, fol. 28, Visitationsprotokoll, 1600.
36 Vogel, Topographie (wie Anm. 2), S. 28f.
37 E. Neumann, Die Pfarrei Strinz-Margarethä in den Jahren 1500 bis 1618. In: Der Untertaunus. Heimat-Jahrbuch des Untertaunuskreises, 9 (1959), S. 131–132.
38 HHStAW, Abt. 136, X, Nr.1, Kirchenordnung wie es zu *Wehen in Kirchen*

und Schulen soll gehalten werden, Gfin. Elisabeth zu Nassau Saarbrücken Weilburg, [Wehen, 1597], № 3.
39 HHStAW, Abt. 136, X, Nr. 1, Philipp III. an Schultheiß zu Wehen und Bleidenstadt, Weilburg, den 30.4.1557.
40 Demandt, Geschichte (wie Anm. 9), S. 389. Sie wurde von Graf Albrecht (1559–1592) eingeführt, der 1574 Nassau-Saarbrücken geerbt hatte.
41 HHStAW, Abt. 136, X, Nr.1, Kirchenordnung wie es zu *Wehen in Kirchen und Schulen soll gehalten werden*, Gfin. Elisabeth zu Nassau Saarbrücken Weilburg, [Wehen, 1597], º 2.
42 HHStAW, Abt. 136, X, Nr. 1, Kirchenordnung wie es zu *Wehen in Kirchen und Schulen soll gehalten werden*, Gfin. Elisabeth zu Nassau Saarbrücken Weilburg, [Wehen, 1597], № 4.
43 Auch im Kirchenspiel Strinz-Margarethä wurde vieles eingeschränkt oder verboten, vgl.: Neumann, Pfarrei, S. 131–132.
44 HHStAW, Abt. 136, X, Nr. 1, Kirchenordnung wie es zu *Wehen in Kirchen und Schulen soll gehalten werden*, Gfin. Elisabeth zu Nassau Saarbrücken Weilburg, [Wehen, 1597], № 5–8.
45 H. Silbereisen, Chronik zu Neuwenhoff Taunusstein-Neuhof 1987, S. 58; H. Silbereisen, 1900 Jahre Limes: Orlener Ortschronik, Taunusstein-Neuhof [1987], S. 99; in Silbereisen, Bleidenstadt, Bd. 2, (wie Anm. 34), S. 59 wird 1593 als Gründungsdatum angegeben, allerdings ohne Nennung der Quelle.
46 Visitationsakten von Nassau-Weilburg. In: HHStAW, Abt. 150, Nr. 3829/7 u. Abt. 136, X; für Nassau-Idstein: Neumann, Pfarrei, S. 135–138.
47 Neumann, Pfarrei (wie Anm. 37), S. 135, vgl. auch Streit um Abgaben von Strinz mit Bleidenstadt. HHStAW, Abt. 136 Bleidenstadt, Nr. 11, Philipp II. Graf von Nassau-Idstein an Dechant, o. O, den 24.5.1544.
48 HHStAW, Abt. 136 Wehen, Nr. 46, Dechant und Kapitel zu Bleidenstadt an Gf. v. Nassau-Weilburg, Bleidenstadt, den 9.6.1595
49 Ziegler, Schule. In: 750 Jahre Neuhof, S. 38–42; Silbereisen, Neuhof (wie Anm. 45), S. 45–49, hier auch der weitere Verlauf.
50 Deutlich wird die theologische Gewichtung an der Tagesordnung der Synode von 1602, wo zuerst die Prädestination, dann die Frage der Person Christi und die Sakramenten und Zeremonien und erst zum Schluß die zehn Gebote und die Bilderfrage diskutiert werden. HHStAW, Abt. 150 3829/7, fol. 225, Synode vom 6.8.1602. Vgl. zu früheren Inhalten z. B. Synodalakten in HHStAW, Abt. 150 3829/7, Synode vom 29.3.1582

Ludolf Pelizaeus

Leben in der Stadt und auf dem Lande
vom 17. bis in das frühe 19. Jahrhundert

Inhalt

1. Einleitung — 111
2. Die Bevölkerungsentwicklung — 112
3. Die Landwirtschaft — 115
4. Der Besitzstand — 116
5. Die Gemeindeverwaltung — 124
6. Die Zollstellen — 125
7. Die Mühlen, Eisenhammer und Brauereien — 126
8. Berufe und Gewerbe — 127
9. Handel und Märkte — 130
10. Anmerkungen — 133
11. Anlagen — 135

1. Einleitung

Das tägliche Leben einer Bevölkerung, die in ihrer überwiegenden Mehrheit zumindest im Teilerwerb in der Landwirtschaft arbeitete, wurde geprägt von Jahreszeiten, Ernten, Frondiensten, aber auch innerdörflichen Konflikten, Festen, Seuchen, Kriegen und Hungersnöten. Im Zentrum der Sorge stand der Nahrungserwerb. Es soll daher zunächst ein Blick auf die Bevölkerungsentwicklung geworfen werden, um dann die Landwirtschaft und den Besitzstand der Bewohner zu beleuchten.

Um einen Eindruck von der herrschaftlichen Präsenz zu erhalten, wird dann die Verwaltung und die Zollerhebung betrachtet und schließlich dem Gewerbe und Handel – hier auch dem frühen industriellen Bereich – Aufmerksamkeit gewidmet werden.

Im Zentrum der Untersuchung wird das 18. Jahrhundert stehen, da die Quellenlage für diesen Zeitraum einen erheblich besseren Aufschluß über die einzelnen Handels- und Gewerbezweige bietet als die des 16. und 17. Jahrhunderts. Dies liegt vornehmlich an der beginnenden statistischen Erfassung, welche die Einarbeitung vergleichbarer Daten und Zahlen ermöglicht.[1] Grundlage der Darstellung sind die Daten über die Orte, die im 18. Jahrhundert eine historische Einheit bildeten, also die nassau-usingischen Orte des Amtes Wehen, neben diesem Hauptort also Orlen, Wingsbach, Hahn, Bleidenstadt und Seitzenhahn, aber auch das nicht zu Taunusstein gehörige Born. Weitaus seltener hingegen finden sich Daten zu Neuhof und den historisch nicht zu trennenden Libbachs, da sie einem anderen Territorium angehörten, nämlich Nassau-Idstein. Es ist zwar versucht worden, alle Orte des heutigen Taunusstein zu berücksichtigen, doch bleibt das

Graph. 1: Die Zahl der Familien im Wehener Grund 1593–1836.

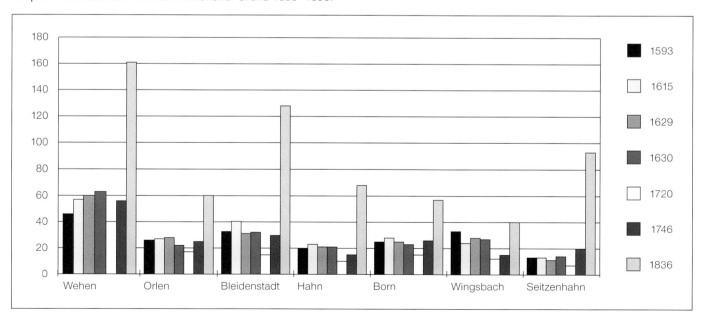

Material lückenhaft, weswegen umso mehr die Verwendung auch der Daten für Born wünschenswert schien.[2]

2. Die Bevölkerungsentwicklung

Seit Ende des 16. Jahrhunderts können wir uns anhand von Steuerverzeichnissen, sogenannten Schatzungslisten, einen Eindruck verschaffen, wieviele Haushaltsvorstände in den einzelnen Orten wohnten.[3] Dabei erfassen die Aufstellungen nur in zwei Fällen im 18. Jahrhundert auch die Zahl der Kinder, die anderen Übersichten geben nur die Zahl der Haushalte wieder.

Betrachtet man die Graphik, so wird erwartungsgemäß deutlich, daß Wehen der bevölkerungsstärkste Ort war, gefolgt von Bleidenstadt, Wingsbach, Orlen und Born. Hahn und Seitzenhahn sind die beiden kleinsten Ortschaften. Mit der Ausnahme von Wingsbach steigt die Zahl der Haushalte in allen Orten bis 1629. Schon 1630 setzt in fast allen diesen Dörfern als Folge des Dreißigjährigen Krieges ein Bevölkerungsrückgang ein. Die drei Ausnahmen bilden hier Wehen, Bleidenstadt und Seitzenhahn. Das ist vermutlich darauf zurückzuführen, daß sich die Bevölkerung vor den herannahenden Truppen in den Schutz der größeren Orte Wehen oder Bleidenstadt flüchtete. Ganz deutlich wird der enorme Bevölkerungsverlust durch den Dreißigjährigen Krieg daran, daß selbst Anfang des 18. Jahrhunderts in keinem Ort auch nur annähernd die Bevölkerungsstärke des ausgehenden 16. Jahrhunderts wieder erreicht wird. Erst zur Mitte des 18. Jahrhunderts tritt eine deutliche Erholung ein, besonders in Or-

Tab. 1: Einwohner und Vermögenstabelle von 1746[1]

Ort	Einwohner						Gebäude			
	Bespannte	Heppenhauer	Beisassen	Söhne	Töchter	Gesamt	Häuser	Scheunen	Ställe	Gesamt
Wehen	31	6	17	96	68	218	53	36	24	113
Hahn	15	1	–	19	24	59	$19^{1}/_{2}$	$14^{1}/_{2}$	18	52
Bleidenstadt	21	5	2	18	19	65	$26^{1}/_{2}$	23	22	$71^{1}/_{2}$
Seitzenhahn	14	–	5	30	27	76	13	12	8	33
Wingsbach	13	1	–	18	21	53	$13^{1}/_{2}$	13	8	34
Orlen	22	4	–	52	38	116	$26^{1}/_{2}$	$21^{1}/_{2}$	$21^{1}/_{2}$	$69^{1}/_{2}$
Summe	116	17	24	233	197	587	152	120	$101^{1}/_{2}$	373

1 HHStAW, Abt Wehen 136 IIIb/2, Consignation der zum Nassau Usingenschen Amte Wehen gehörigen Dorffschaften und Unterthanen nach ihren Vermögens und Nahrungs Umständen. Zum Amt Wehen gehörte noch Born. Niederlibbach, Hambach und Neuhof waren

len, Bleidenstadt, Wingsbach und Seitzenhahn wächst die Zahl der Haushalte. Wenngleich wir für das Ende des 18. Jahrhunderts keine Zahlen mehr vorliegen haben, so ist doch unter Berücksichtigung von Vergleichsbeispielen davon auszugehen, daß zu diesem Zeitpunkt die Bevölkerungsstärke der Zeit vor dem Dreißigjährigen Krieg wieder erreicht worden war. Diese Vermutung wird durch die Bevölkerungszählung von 1836/37 bestätigt.[4] Zwar hatte bereits 1746 in der Bevölkerungsstärke Bleidenstadt an zweiter Stelle nach Wehen gestanden, doch nun folgt an dritter Stelle Seitzenhahn, das durch die beginnende Eisenindustrie sehr gewachsen ist.

Wie aber sah nun die Verteilung der Bevölkerung auf die Orte des heutigen Taunusstein aus? Dies läßt sich ganz gut an der Liste vom Anfang des 18. Jahrhunderts nachvollziehen, denn sie führt auch die nassau-idsteinischen Orte Neuhof, Nieder- und Oberlibbach und Hambach mit auf.[5]

Auffällig ist, daß Neuhof als zweitgrößter Ort mit 112 Einwohnern auf Wehen mit seinen 200 Einwohnern folgt.[6] Mit 83 bzw. 71 Einwohnern folgen dann Orlen und Bleidenstadt, die anderen Orte zählten nicht mehr als 20 bis 40 Einwohner. Die beiden Listen um 1700 und von 1746 führen aber außerdem alle Einwohner namentlich auf und geben ihren Besitzstand an. Da besonders die Namen der Einwohner von Interesse sind, werden die Aufstellungen in einer Tabelle angefügt. Leider haben wir keine Informationen über die konfessionelle Zusammensetzung. Die überwiegende Mehrheit war evangelisch-lutherisch, nur in Bleidenstadt gab es noch eine katholische Gemeinde. Die israeliti-

Ländereien						Vieh						Vermögensverhältnisse	
Äcker			Wiesen			Fuhrvieh		Milch- und Schlachtvieh				Aktiva[3]	Passiva
Morgen	Sodel[2]	Ruten	Morgen	Sodel	Ruten	Pferde	Ochsen	Stiere	Rindvieh	Schafe	Schweine		
712	1	–	215	1	–	26	29	23	83	460	134	850	8 475
340	–	21	118	–	10 ½	15	9	6	50	154	58	–	2 800
404	1	14	89	2	14	5	32	12	69	37	30	–	2 249
305	1	38	91	–	18	2	33	12	65	114	40	–	2 599
403	3	6	105	1	4	3	23	20	97	211	32	–	3 763
364	3	26	117	3	10	1	42	10	122	395	84	400	3 470
2 528	9	105	735	7	56	52	168	83	486	1 371	378	1 250	23 356

idsteinischer Besitz und fehlen deshalb in der Akte. 2 1835 sind 40 ¼ Sodel = 1 Morgen, ca. 4 Sodel = 1 Rute, 160 Ruten = 1 Morgen. 50 Morgen sind ca. 12,5 Hektar. 3 Mit Activa sind vermutlich ausstehende Schulden, mit Passiva Schulden und Hypotheken gemeint.

sche Glaubensgemeinschaft blieb mit zwei Angehörigen in Wehen verschwindend gering.

Damit sind wir nun mit der Zahl der Einwohner vertraut. Interessant scheint aber noch die Frage, wie groß eine Durchschnittsfamilie in Taunusstein war.

Aus der Graphik geht hervor, daß die Mehrzahl der Bewohner 1746 ein bis vier Kinder im Haushalt hatte. Großfamilien mit fünf oder sechs Kindern waren selten, mit sieben dann sogar extrem selten, acht Kinder hatte keine Familie im Haus. Hohe Säuglings- und Kindersterblichkeit sorgten dafür, daß Großfamilien eher selten blieben. Mehrere Generationen in einem Haushalt waren nicht weit verbreitet, da die Lebenserwartung gering war und nur wenige Personen älter als 60 Jahre wurden.[8] Das Original der Tabelle von 1746 führt auch das Alter der im Haushalt lebenden Kinder auf. Die jüngsten Mitglieder der Kinderschar sind drei Monate alt, ältester Sproß ist ein Sohn im Alter von 36 Jahren. In immerhin 38 Familien lebten noch 37 Söhne und 25 Töchter, die älter als zwanzig Jahre waren, die Mehrheit von ihnen aber nicht älter als 26, nur vier Söhne und zwei Töchter überschritten dieses Alter. Bis spätestens mit 26 sollten die Kinder also das Haus verlassen ha-

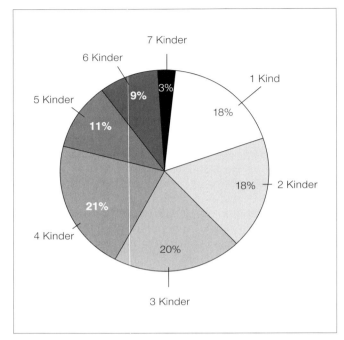

Graph. 3: Anzahl der Kinder pro Haushalt 1746.[7]

Graph. 2: Bevölkerungsverteilung Anfang des 18. Jahrhunderts.

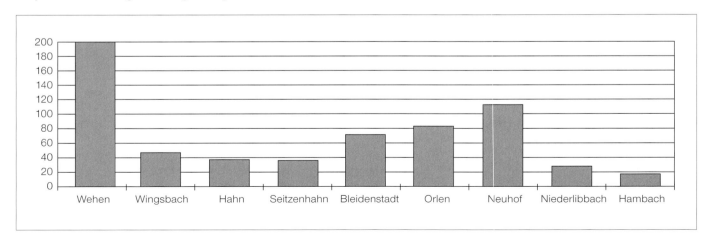

ben, Töchter möglichst noch früher. Die wenigen Ausnahmen stammen aus mittelmäßig bis wohlbegüterten Familien.

3. Die Landwirtschaft

Die wichtigste Einkommensquelle und der Haupterwerb war die Landwirtschaft. Sie war für jeden Einwohner bedeutend, da fast alle – vom reichen Wirt bis zur armen Witwe – etwas Land und Vieh besaßen und beinahe alle Handwerker und Gewerbetreibende im Nebenberuf auch Landwirte waren. Bestimmend für den Jahresrhythmus war die Dreifelderwirtschaft, bei der in einer Gemarkung in einem Jahr Wintergetreide, gefolgt im nächsten von Sommergetreide, gepflanzt und schließlich im dritten Jahr zur Erholung des Bodens dieser brach gelassen wurde. Dieses Dreifeldersystem war für Besitzer von Ackerflächen verpflichtend, so daß sich alle Bewohner dem Flurzwang unterzuordnen hatten, d. h. der Rhythmus des Wechsels des in drei Schläge aufgeteilten Landes mußte abgesprochen werden.[9]

Die Gemarkungen der Orte des heutigen Taunusstein umfaßten bebaute Ackerflächen und Wiesen.

Die für den Ackerbau nutzbare Fläche war besonders im 18. Jahrhundert durch den großen Waldbestand begrenzt. Weitere Einschränkungen brachten die karge Bodenbeschaffenheit und die rauhen Witterungsverhältnisse.[11] Diese Situation spiegelt sich in einer Beschreibung von Gut Neuhof 1751 wider[12]: *Dahier ist die Terminey kalt und meist feucht, und träget nur Korn, Haffer und Gerste, es erfordert anbey jährl. wohl gedünget zu werden, bevorab wann auch Weitzen, Erbsen, Widenflachs und dergl. wollen erzogen* [werden]. Die wichtigsten angebauten Getreidearten waren also Roggen, Gerste und Hafer. Demgegenüber traten Weizen, Erbsen und Flachs als Anbaupflanzen zurück. Roggen und Gerste waren gegen das Klima relativ unempfindlich und wurden hauptsächlich in Brot verbacken. Der anspruchsvollere Hafer war schon schwerer zu ziehen, zur Zubereitung von Brei und als Viehfutter aber unerläßlich. Die damals noch kälteempfindlichen Weizensorten wurden nur wenig angebaut. Der Flachs diente den in Wehen, Orlen, Bleidenstadt und Neuhof ansässigen Webern als Grundstoff für die Lei-

Abb. 1: Schema der Dreifelderwirtschaft. Die Buchstaben A, B, C usw. bezeichnen die Besitzer der einzelnen Parzellen.

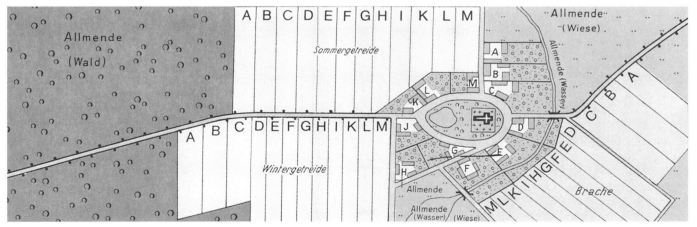

nenherstellung. Die hier außerdem genannten Erbsen beziehen auch die anderen häufig zu findenden Hülsenfrüchte Linsen und Bohnen mit ein. Diese wurden auf der Brache gepflanzt. Es dauerte allerdings bis in die siebziger Jahre des 18. Jahrhunderts, bis sich die Erkenntnis durchgesetzt hatte, daß diese Pflanzen zu einer Stickstoffzufuhr im Boden und damit zu einer Bodenverbesserung führen. Die Kartoffel scheint erst nach 1751 ihren Einzug gehalten zu haben, vermutlich auch in diesem Gebiet als Folge der in den Jahren 1770 bis 1772 herrschenden Hungersnot.[13] Außerdem wurden noch Kraut, Rüben, Zwiebeln und in den Gärten verschiedene Gemüsesorten wie z. B. Kohlrabi angepflanzt.[14]

Tab. 2: Aufteilung der Gesamtfläche auf die einzelnen Orte.[10]

Gemeinde	um 1700 »Länderey« in Morgen	1746 Äcker und Wiesen in Morgen	1836/37 Äcker und Wiesen in Morgen
Wehen	852	927	1398
Orlen	515	481	575
Bleidenstadt	466	493	763
Hahn	230	458	648
Wingsbach	409	508	609
Seitzenhahn	267	396	493
Neuhof	761	keine Angabe	909
Niederlibbach	146	keine Angabe	444
Hambach	190	keine Angabe	207
Watzhahn	–	–	318

4. Der Besitzstand

In der Beschreibung von Gut Neuhof 1751 findet sich eine ganze Reihe bemerkenswerter Informationen, so zu Besitz und Besitzveränderungen und zu dem Viehbestand. Dabei bleibt aber zu bedenken, daß Neuhof einen Beispielsfall für einen vermögenden Hof darstellt. Um einen Eindruck von Geschichte und Besitzstand eines solchen Hofes zu bekommen, betrachten wir ihn uns einmal näher.

Nach den Wirren des Dreißigjährigen Krieges ging dieser Hof aus den Händen von Gräfin Dorothea Amalie an den Keller, vergleichbar mit einem Verwalter, über. Der behielt ihn aber nur bis zum Anfang der 1690er Jahre. Dann gelangte das Anwesen für kurze Zeit erneut in fürstlichen Besitz, um bereits 1693 an den Bleidenstädter Johann Bürger verpachtet zu werden. Der Hof blieb gräfliches Eigentum, wurde aber an Johann Bürger verpachtet, d. h. er ging temporär in dessen Besitz über. Besitz und Besitzübergabe waren an eine Reihe von Bedingungen und Abgaben gebunden. Meist wurden Güter gegen einen Zins erblich verliehen, das war die sogenannte Erbleihe. Die derart verpachteten Güter wurden als Erbzins- oder Erbleihgüter bezeichnet. Zu dem zu zahlenden Geldbetrag kamen noch Frondienste (Arbeitsleistungen für den Eigentümer), die Unfreie immer, Freie meistens, erbringen mußten. Diese Frondienstverpflichtungen wurden im 18. Jahrhundert oft durch Geldzahlungen, das sogenannte Dienstgeld, ersetzt. Starb der Erbleihnehmer, so wurde ein neuer Erbleihbrief fällig, den sich der Eigentümer (in den meisten Fällen die Herrschaft) durch das sogenannte laudemium versilbern ließ. Einen Sonderfall stellte die Erbleihe durch eine Person dar, die nicht aus dem Territorium, sondern beispielsweise aus dem hessischen Langenschwalbach stammte. In diesen Fällen wurde zusätzlich zu den Zinsverpflichtungen noch ein Erbkaufgeld fällig. Mit dieser Zahlung verhinderte der Erbleihnehmer, daß sein Vermögen nicht eventuell schon zu seinen Lebzeiten an den Landesherrn fiel. Gemäß dem festgelegten Landesrecht »droit d'aubaine« stand es dem Landesherrn nämlich zu, spätestens beim Tod des Erleihnehmers dessen Besitz einzuziehen, wenn der innerhalb des Territoriums keine Erbberechtigten hatte. Durch Heirat mit einer Einheimischen konnte diese Bestimmung umgangen werden. Ein zweiter Sonderfall waren Dienstgüter. Deren Leihe war an ein Amt (z. B. das des Schultheißen) oder an ein Handwerk gebunden. Ein Handwerker, der ein Dienstgut besaß, mußte einen Teil seiner Erzeugnisse als Abgabe an die Herrschaft liefern.[15]

Der Pächter Bürger mußte als »Ausländer« die für die damalige Zeit enorme Summe von 1025 Gulden Erbkaufgeld aufbringen und versprach zudem, jährlich einen Naturalzins in Hafer und Roggen zu entrichten. Doch waren ihm nur noch sieben Lebensjahre beschieden, denn schon für 1700 erfahren wir aus der Quelle, daß es Christian Rodgen gelang, durch die Heirat von Bürgers Witwe den Hof ebenfalls als Erbleihgut zu übernehmen. Während die Übernahme durch Einheiraten nicht ungewöhnlich gewesen wäre, so war es doch bemerkenswert, daß der neue Besitzer aus Jülich – also aus den niederrheinischen kurpfälzischen Besitzungen – stammte und katholisch war. Doch auch als Katholik war er verpflichtet, die evangelische Kirchen- und Schulordnung zu respektieren. Aus der Ehe gingen erst relativ spät fünf Kinder hervor, die beim Tod

Abb. 2: Ausschnitt aus der Vermögensaufstellung der Einwohner von Orlen um 1700. Vgl. Anlage 2, S. 143.

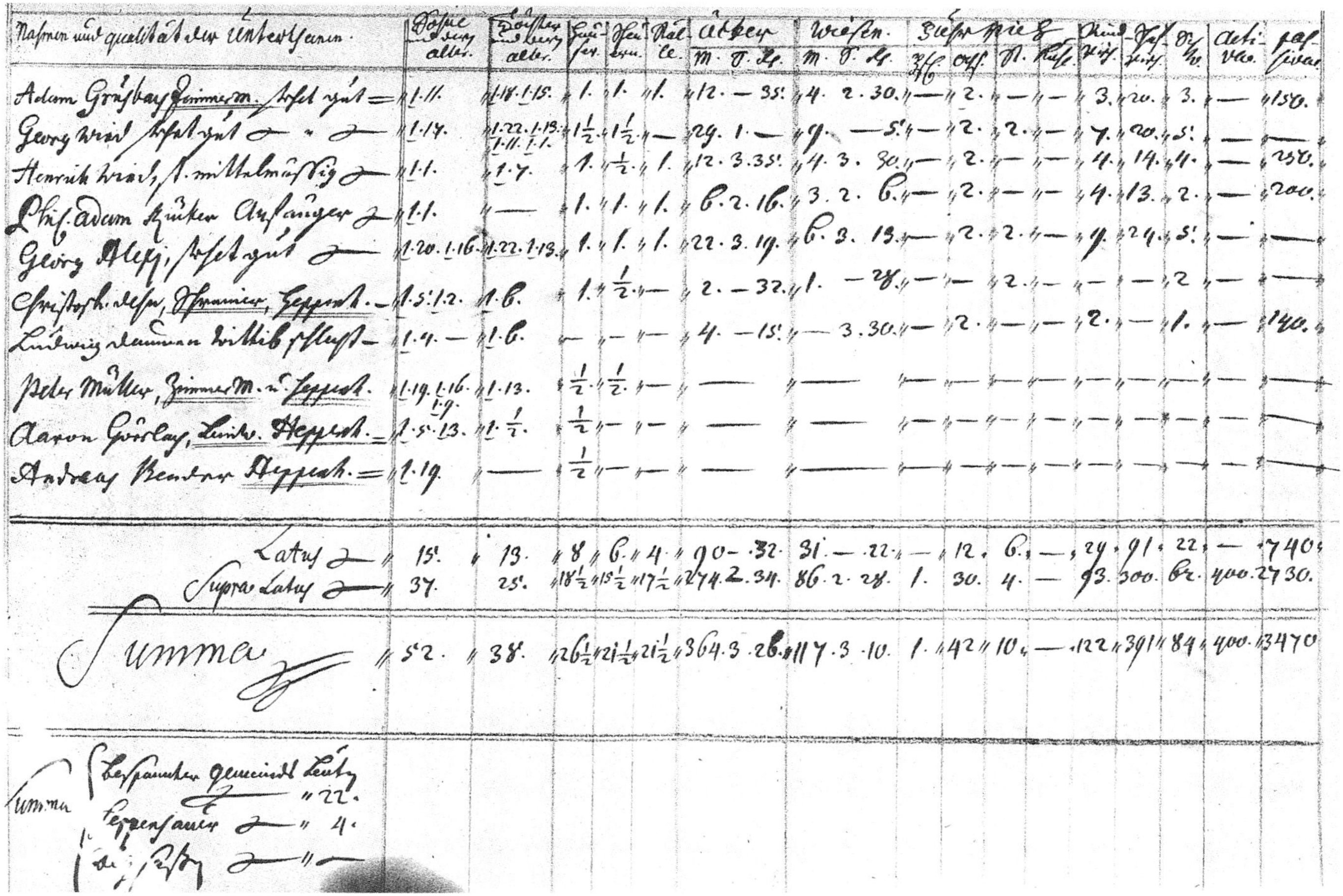

Namen und qualität der unterthanen	Söhne und deren alter	Töchter und deren alter	Häuser	Scheuern	Ställe	Äcker M. V. R.	Wiesen M. V. R.	Pf.	Ochs.	R.	Kühe	Rindvieh	Schafvieh	Sch.	Activa	Passiva
Adam Grasbay, Zimmerm., steht gut	1.11.	1.18.1.15.	1.	1.	1.	12.—35.	4.2.30.	—	2.	—	—	3.	20.	3.	—	150.
Georg Weid, steht gut	1.14.	1.22.1.13. 1.11.1.1.	1½	1½	—	29.1.—	9.—5.	—	2.	2.	—	7.	20.	5.	—	—
Henrich Weid, steht mittelmäßig	1.1.	1.7.	1.	½	1.	12.3.35.	4.3.30.	—	2.	—	—	4.	14.	4.	—	250.
Phil. Adam [illegible] Anfänger	1.1.	—	1.	1.	1.	6.2.16.	3.2.6.	—	2.	—	—	4.	13.	2.	—	200.
Georg Alefs, steht gut	1.20.1.16.	1.22.1.13.	1.	1.	1.	22.3.19.	6.3.13.	—	2.	2.	—	9.	24.	5.	—	—
Christoph [illegible], Schreiner, Beysass	1.5.1.2.	1.6.	1.	½	—	2.—32.	1.—28.	—	—	2.	—	—	—	2	—	—
Ludwig [illegible] Wittib [illegible]	1.4.—	1.6.	—	—	—	4.—15.	—3.30.	—	2.	—	—	2.	—	1.	—	140.
Peter Müller, Zimmerm. u. Beysass	1.19.1.16. 1.9.	1.13.	½	½	—	—	—	—	—	—	—	—	—	—	—	—
Aaron [illegible], Leinw. Beysass	1.5.13.	1.½.	½	—	—	—	—	—	—	—	—	—	—	—	—	—
Andreas [illegible] Beysass	1.19.	—	½	—	—	—	—	—	—	—	—	—	—	—	—	—
Latus	15.	13.	8	6.	4.	90—32.	31.—22.	—	12.	6.	—	29	91	22	—	740
Supra Latus	37.	25.	18½	15½	17½	274.2.34.	86.2.28.	1.	30.	4.	—	93.	300.	62.	400.	2730.
Summa	52.	38.	26½	21½	21½	364.3.26.	117.3.10.	1.	42	10.	—	122	391	84	400.	3470

Summa: bespannte gemeinds Leuth 22.; Beysassen 4.; [illegible] —

des Vaters 1738 noch alle unmündig waren. Einige Jahre später gelang es wieder einem Außenstehenden, den Hof durch Heirat zu erhalten. Es war Justus Schmidt aus Georgenthal, der sich 1746 mit der ältesten Tochter Rodgens vermählte. Der älteste Sohn Rodgens war ausbezahlt worden und ging zum Studium nach Mainz. Auch dieser neue Besitzer war wieder katholisch, und ihm fiel nun zusätzlich die Aufgabe der Erziehung der unmündigen Kinder seines Vorgängers zu. Bei dem Hof handelte es sich mit *4 Stuben, 5 Kammern, 2 guthe Speicher, 1 Kuch, 2 Keller, davon einer gewölbet, desgleichen 4 Scheuern mit Vielen Stallungen*[16] um einen derart großen Besitz, daß der Fürst hier bei Jagden oft Quartier nahm und der Besitzer zudem verpflichtet war, für die von Mainz in die Niederlande führende Post stets zwei Pferde bereitzuhalten. Das zum Hof gehörige Acker- und Weideland umfaßte um 1700 153, 1751 dann 120 Morgen Ackerland und 48 Morgen Wiesen. Bemerkenswert sind die Angaben zum Garten, nämlich daß hier Äpfel, Kirschen, Pflaumen und Zwetschgen gepflanzt wurden. Auch der Tierbestand konnte sich sehen lassen, umfaßte er doch immerhin zwölf Kühe, sechs bis zehn Rinder und Kälber, eine Schafherde mit zweihundert Köpfen, fünfzehn bis zwanzig Schweine und einiges Federvieh.[17] Ähnlich wird es wohl auch in den anderen großen Höfen in ›Taunusstein‹, dem »Alten Hof« und dem »Schafhof«[18] ausgesehen haben.

Graph. 4: Soziale Schichtung 1746[19]

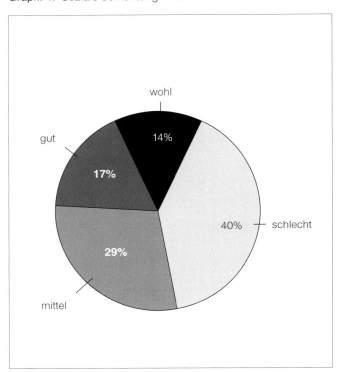

Abb. 3: Der Schafhof in Bleidenstadt. Foto ca. 1971.

Doch solch reicher Besitz war die Ausnahme. Die Größe der Höfe und der Umfang der zu ihnen gehörenden Ländereien war sehr unterschiedlich. Wir sind hierüber durch Schätzungen unterrichtet, die im 17. Jahrhundert zwar meist nur Gesamtwerte anführen, für das 18. Jahrhundert liegen dann aber auch detailliertere Listen vor. So schwankte beispielsweise in Bleidenstadt 1615 der Besitz zwischen achthundert Gulden bei dem reichsten und nur zwanzig Gulden bei dem ärmsten Bewohner. In Wehen besaßen sechs Personen ein Vermögen von sechshundert bis achthundert Gulden, in Bleidenstadt finden sich noch vier Haushalte in dieser Besitzklasse, in den übrigen Orten waren es nur einer, höchstens zwei.[20] Wie zu erwarten, brachte der Dreißigjährige Krieg hier einen starken Einschnitt. Jetzt waren die beiden Bewohner, die einen Besitz von 258 bzw. 300 Gulden aufweisen konnten, reich. Die Ärmsten hatten nur noch einen Gulden – oder gar nichts mehr.[21] Während die Quellen für die zweite Hälfte des 17. Jahrhunderts keine genauen Aussagen über den individuellen Maximal- und Minimalbesitz zulassen, da für diese Zeit die Orte insgesamt erfaßt wurden, haben wir für 1746 noch einmal die Möglichkeit, nicht nur den Besitzumfang, sondern auch die jeweiligen Berufsgruppen zu beleuchten.

Die meisten Wohlhabenden finden sich in Wehen und in Wingsbach. Schultheiße, ein Bäcker und ein Müller, aber auch ein Wagner und eine Witwe gehören

Abb. 4: Steuerschätzbuch (Veranlagung zur Grundsteuer) von Bleidenstadt aus dem Jahr 1719.

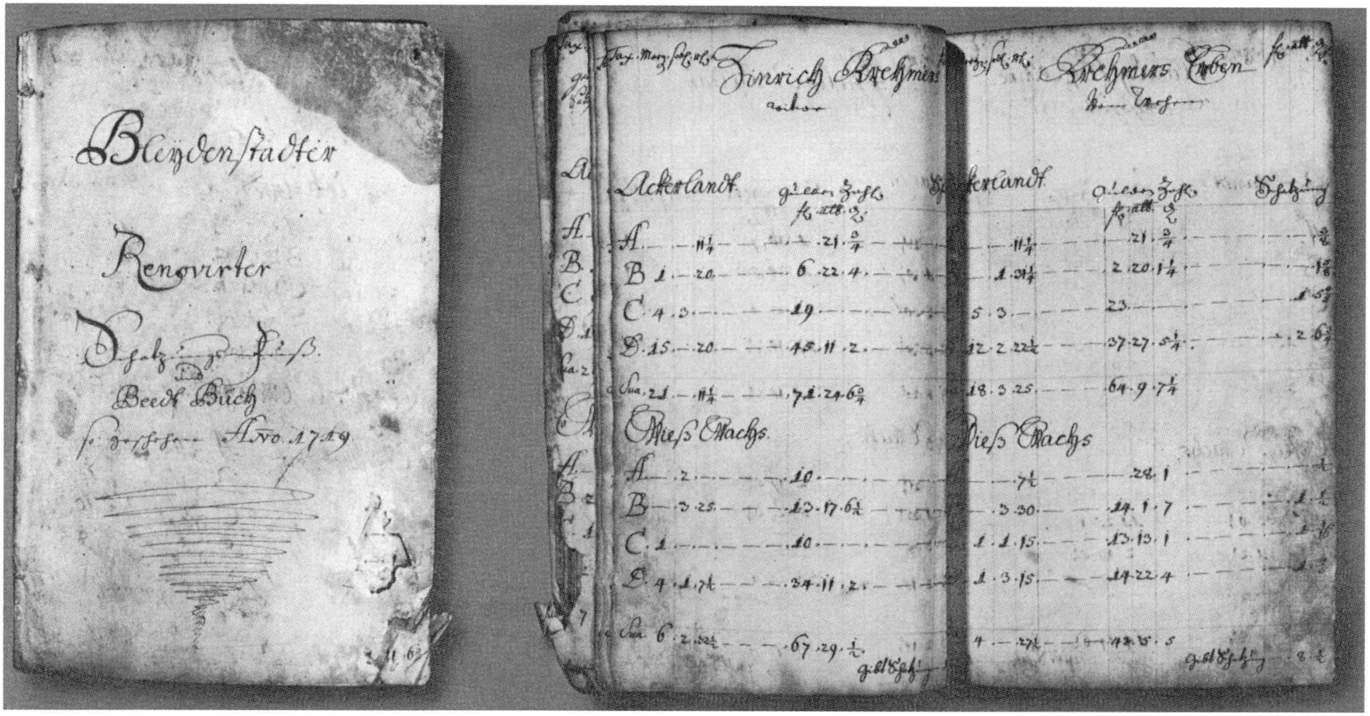

in die Klasse der Wohlhabenden, wobei freilich bei der Mehrheit kein Beruf angegeben ist. Man darf aber vermuten, daß es sich bei den Personen ohne Berufsangabe um wohlhabende Bauern handelt. Die weiteren Einteilungen in der Vermögenstabelle in »gut«, »mittel« und »schlecht« zeigt, daß der Mittelstand doch recht stark vertreten ist, als »schlecht« eingestufte Personen aber die Mehrheit bildeten. Im Jahre 1746 wurden in Wehen, Orlen, Bleidenstadt, Hahn, Born, Wingsbach und Seitzenhahn 22 Familienvorstände bezüglich ihres Besitzstandes als »wohl«, 28 als »gut«, 45 als »mittel« und 63 als »schlecht« bezeichnet.[22] Der meist geringe Landbesitz und die allgemein schlechte Qualität der Böden ließen im Zusammenwirken mit den widrigen Witterungsverhältnissen oft nur eine sehr bescheidene Existenz zu. Die überwiegende Mehrheit der Menschen in ›Taunusstein‹ wohnte aber im eigenen Haus oder Häuschen. Eine Scheune gehörte meistens dazu und auch ein Stall. Diese Gebäude waren in Fachwerkbauweise ausgeführt. Die Behausungen der Personengruppe, die als »schlecht« klassifiziert wurde, waren einstöckig und eher als Hütten zu bezeichnen.

So wird verständlich, daß sich Wohlstand vor allem am Besitz von Land und Vieh ablesen läßt. Um einen Eindruck von der Aufgliederung des Besitzes am Anfang und gegen Mitte des 18. Jahrhunderts zu erhalten, ist wiederum die Durchsicht der Schatzungslisten hilfreich.

Die Mehrzahl der Haushalte der sieben erwähnten Orte verfügte um 1700 noch über zwanzig bis vierzig Morgen Land. Einige Familien, die in die Gruppe »bis 20 Morgen« fielen, konnten auf ihrem oft gerade mal zweieinhalb Morgen großen Besitz freilich kein ausreichendes Auskommen finden und waren auf Nebenerwerb angewiesen. Völlig ohne Grundbesitz da zu stehen, war nicht zwingend mit Armut gleichzusetzen, aber die Mehrheit dieser Gruppe, zu der auch die beiden Wehener Juden gehörten, war eben arm. In der Kategorie »mit großem Grundbesitz« – ab vierzig Morgen – finden sich verschiedene Berufsgruppen, wobei der größte Besitz von Wirten, Schultheißen und Bierbrauern gehalten wird. 1746 war dann die Gruppe der Kleinbesitzer mit Ländereien bis zwanzig Morgen erheblich angewachsen. Die zunehmende Bevölkerung, verbunden mit der in diesem Gebiet üblichen Realerbteilung, ließ viele Besitzungen erheblich kleiner werden. Dementsprechend hatte die Zahl derjenigen, die mehr als vierzig Morgen besaßen, erheblich abgenommen.[24] Diese Verringerung des Besitzstandes mag auch die drei Familien, die 1783/84 nach Galizien auswanderten, zu ihrem Schritt veranlaßt haben.[25]

Wie sah es nun aber mit dem Viehbestand aus? Zunächst sind hier die Zugtiere zu nennen. Aus einer Aufstellung von 1698 für die beiden Libbachs und Hambach können wir entnehmen, daß von 16 Familien zehn ein Paar Ochsen besaßen, vier konnten ein Pferd ihr eigen nennen und hatten daher keine Ochsen. Für die gleiche Zeit hilft uns auch die Aufstellung aus dem Jahr 1700, in der Wehen, Wingsbach, Hahn, Seitzenhahn, Bleidenstadt, Born, Orlen und Neuhof, aber auch Ober- und Niederlibbach sowie Hambach aufgeführt sind.[24] Zwei Ochsen findet man hier erheblich seltener, meist hat jede Familie nur ein Zugtier, einige wenige besitzen aber sogar zwei Pferde. 1746 ist dann die Zahl der Ochsenbesitzer wieder angestiegen, mit 107 stellen sie die größte Gruppe. Einige der Ochsenhalter spannten zusätzlich auch Kühe ein. Die 49 Pferdebauern hielten nur selten zusätzlich auch Ochsen als Zugvieh. Neben Pferden, Ochsen und Kühen bevölkerten Schweine, Schafe, Ziegen und Geflügel Stall und Hof.[26]

Tab. 3: Verteilung des Grundbesitzes um 1700 und 1746.

Grundbesitz[22]		um 1700	1746
	kein Grundbesitz	13	22
	bis 20 Morgen	23	69
20,1	bis 40 Morgen	42	78
40,25	bis 60 Morgen	21	11
mehr	als 60 Morgen*	8	4
Haushalte insgesamt		106	184

* Maximal 138 Morgen

Betrachten wir uns zunächst den Viehbestand im Libbacher Grund. Dort schwankte gegen Ende des 17. Jahrhunderts die Zahl der Kühe in den Höfen, in denen Rindvieh im Stall stand, zwischen zwei und neun, die Zahl der Rinder bewegte sich zwischen zwei und elf Köpfen. Stattliche Schafherden, wie eine in Neuhof gehalten wurde, besaßen diese Bauern mit nur durchschnittlichem Besitz nicht, so daß 36 Tiere schon ein großer Bestand war.[27] Die Anzahl der Schweine bewegte sich zwischen zwei und 17, die der Ziegen zwischen zwei und neun. Der größte Landbesitzer in Hambach hatte hundert Morgen unter dem Pflug, der kleinste mußte sich in Niederlibbach mit sechs Morgen begnügen, die freilich bei weitem nicht zum Bestreiten des Lebensunterhalts einer Familie ausgereicht haben.[28]

Um 1700 kann in ›Taunusstein‹ die Zahl der Kühe pro Stall zwischen einem und acht Tieren festgestellt werden; der Besitz an Rindern – also an Kühen vor dem ersten Kalben – überstieg dreizehn Tiere nicht. Die Schweinezucht war wohl hauptsächlich für den Eigenbedarf bestimmt; nie wurden mehr als acht Tiere gehalten. Erheblich größer war der Schafbestand. Allerdings besaßen nur einzelne eine Herde, die im Durchschnitt dann aber zwanzig bis vierzig Köpfe zählte.[29] Die oben erwähnte Verringerung des durchschnittlichen Landbesitzes, über den eine Familie verfügen konnte, führte natürlich auch zu einer Reduzierung ihres Viehbestandes. Die Tabelle von 1746 weist leider nur noch den Begriff »Rindvieh« aus; Milchkühe, Rinder, Ochsen und Stiere werden also nicht mehr getrennt aufgeführt. Sechs Stück »Rindvieh« im Stall war jetzt bereits eine große Zahl. Auch gab es nun in keinem Hof mehr als sechs Schweine. Die Schafbesitzer hielten meist nur noch zwischen zehn und 25 Tiere. Der auffallend geringe Bestand an Rindvieh könnte allerdings auch auf die Auswirkungen des Österreichischen Erbfolgekrieges zurückzuführen sein. Seit der Schlacht bei Dettingen (1743) blieben das Rheinland, Südhessen, die nassauischen Grafschaften und das Hanauer Land bis 1747 Truppenaufmarschgebiete.[30] Für die großen Heere war ein enormer Fleischbedarf erforderlich, der auch aus den angrenzenden Gebieten gedeckt wurde und somit auch in ›Taunusstein‹ zur Verminderung des Viehbestands beigetragen haben könnte.

Graph. 5: Viehbestand im Wehener Grund 1700 und 1746.

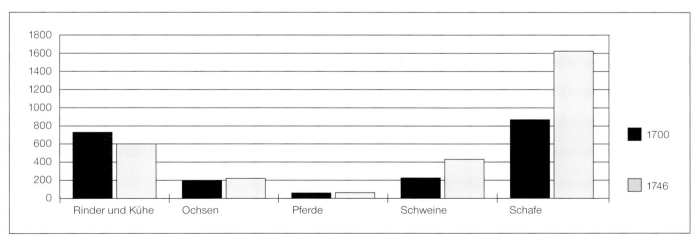

Wie zu erwarten, macht also das Herdentier Schaf den größten Anteil mit 1 619 (um 1700: 882) Tieren aus. Gefolgt wird es in der Liste des Viehbestandes von Rindern und Kühen mit 578 (um 1700: 714) Tieren und Schweinen mit 428 (um 1700: 228) Tieren. Die hohe Zahl der Schafe gehörte jedoch nur wenigen Besitzern, nur Kühe und Rinder verteilten sich auf fast alle Einwohner. Während sich innerhalb von fünfzig Jahren die Zahl der Schweine und Schafe fast verdoppelt hat, wird hier erneut deutlich, wie sich die Zahl der Kühe und Rinder um ca. ein Drittel reduziert hat, was bei der erheblichen Zunahme der Bevölkerung eine deutliche Verarmung bedeutete. Der Pferdebestand war mit ungefähr 53 Tieren 1746 gegenüber 48 um 1700 relativ konstant geblieben. Als Zugtiere bedeutsamer als die Pferde blieben freilich die 226 Ochsen, deren Zahl sich damit im Vergleich zu 1700 (173 Tiere) um etwa ein Fünftel vergrößert hatte.

Nun soll noch ein Blick auf die Aufteilung dieses Viehs auf die einzelnen Ortschaften geworfen werden.

Nur in Wehen und Hahn besaßen etliche Bauern einige Pferde als Zugvieh, in Hahn gab es sogar mehr Pferde als Ochsen, in den anderen Dörfern zogen nur Ochsen die Pflüge. Besonders große Schafherden wurden in Wehen und Orlen gehalten, auch die von Wingsbach war noch recht zahlreich. Auch beim Schweinebestand sind Wehen und Orlen führend, Rinder und Kühe gab es in Orlen sogar mehr als in Wehen. Bleidenstadt hingegen fällt mit seinem sehr kleinen Viehbestand deutlich aus dem Rahmen. Das ist deshalb bemerkenswert, weil die Zahl der Einwohner nicht viel hinter der von Orlen zurücktrat.

Viele Besitzer von Rindern oder Kühen besaßen nicht genügend Land, um ihr Vieh von dem Ertrag eigener Wiesen zu ernähren. Sie trieben es deshalb im Sommer auf die sogenannten Triecher (auch Triesche genannt). Das war unbestelltes Land, das jeder Dorfbewohner unentgeltlich benutzen durfte. Dieses Nutzungsrecht hieß »Allmende«.

Die Landwirte mußten natürlich die Möglichkeit haben, Vieh zu verkaufen, zu kaufen oder zu tauschen. Dazu boten sich vor allem die Märkte an, besonders diejenigen, welche in den Monaten von August bis Oktober abgehalten wurden. Die Preise, die erzielt werden konnten – oder gezahlt werden mußten – schwankten sehr stark. In Zeiten von Mißernten – wie beispielsweise in den Jahren 1708 und 1709 oder 1770 bis 1772 – fiel der Preis des Viehs oft ins Bodenlose. Weil das knappe Futter nicht über den Winter reichte und Fleisch kaum konserviert werden konnte, mußte Vieh unter Wert abgestoßen werden.

Bis Mitte des 18. Jahrhunderts gab es in Wehen einen Markt, auf dem neben Rindvieh auch Schweine angeboten wurden. Um den Verkauf kranker Tiere nach Möglichkeit zu verhindern, mußte die Herkunft des Viehs durch ein Attest nachgewiesen werden. Der Abschluß eines Handels wurde von einem »herrschaftlichen« Beamten überwacht, der sich die Protokollierung des Kaufes mit einem Reichstaler entlohnen ließ.[31]

In der zweiten Hälfte des 18. Jahrhunderts war dieser Markt ausgestorben, vermutlich weil die Einrichtung des Idsteiner Marktes einige Kundschaft weggezogen hatte. Bemühungen, ihn wiederzubeleben, blieben vergeblich. So hatte die Wiesbadener Regierung 1772 genauso wenig Erfolg wie 1805 mit einem weiteren Versuch.[32] Vieh mußten die ›Taunussteiner‹ Bauern also weiterhin in Idstein oder in den um Wiesbaden herum gelegenen Orten kaufen.

In Nassau-Usingen gab es vorwiegend Erbleihgüter, Erbzinsgüter und herrschaftliche Höfe, die auf Zeit verpachtet waren oder unter eigener Verwaltung standen.[33] Wie wir weiter oben schon gesehen haben, war der überwiegende Teil des Landes an Freie und Unfreie verpachtet. Größter Grundbesitzer und damit auch größter Einnehmer von Abgaben war der Fürst selbst. Die Bewohner von ›Taunusstein‹ gliederten sich in Freie und Leibeigene. Diese beiden Gruppen unterteilten sich noch in »bespannte Gemeinsleute« und in »Heppenhauer«. Die »bespannten Gemeinsleute« waren Besitzer von Zugvieh, die im Frondienst Fuhren übernehmen mußten. Sie verfügten über das volle Gemeinderecht. In der Rangordnung folgten ihnen die »Heppenhauer«, die zum Leisten von Spanndiensten kein geeignetes Zugvieh besaßen und als Frondienst deshalb Handarbeit – beispielsweise mit der Heppe (Hacke) – leisten mußten, die aber noch volle Gemeinderechte genossen. Nach ihnen rangierten in der Hierarchie des Dorfes die Beisassen. Das waren Leute, die keinen eigenen Hausstand hatten, also beispielsweise als Knechte oder Mägde bei Bauern dienten. Ihre Rechte waren eingeschränkt. Noch unter ihnen standen die unfreien Leibeigenen, die entweder von den Grafen von Nassau-Usingen[34] oder – einige wenige – von den Landgrafen von Hessen abhingen.[35] In die Leibeigenschaft wurde man geboren, wobei der Status der Mutter ausschlaggebend war. Wichtigste Abgaben, die ausschließlich Leibeigene leisten mußten, waren das »Besthaupt« oder auch »Mortuarium« genannt und die »Manumissionsgebühr«. Das bei einem Sterbefall in der Familie an den Lehnsherrn abzugebende Besthaupt war bis in das 16. Jahrhundert das beste Stück Vieh, später eine Geldabgabe, die Manumissionsgebühr fiel an, wenn man das nassauische Land verlassen wollte. Diese Gebühr konnte also z.B. bereits bei einem Umzug in das damals hessische Langenschwalbach (Bad Schwalbach) anfallen.[36] Dabei war aber der Begriff der Leibeigenschaft schlimmer als die tägliche Realität. Freie waren keinesfalls eher reich als Leibeigene. Dies wird deutlich an der auch vom Amt Wehen 1806 unterstützten Eingabe, welche sich gegen die Abschaffung der Leibeigenschaft bei Zahlung von Ablösesummen stellte. In der Eingabe weisen die Gemeinden darauf hin, daß sie nicht einsähen, warum sie frei werden sollten.[37]

Welche Arten von der Fron, von der alle Landbewohner betroffen waren, gab es denn? Frondienste waren körperliche Leistungen, die man dem Fronberechtigten, zu denen auch die Kirche gehören konnte, erbringen mußte. Diese Verpflichtung wurde in »ungemessene« und »gemessene« Dienste geschieden. Fronherren waren vor allem die Grafen und späteren Fürsten von Nassau-Usingen. Aber auch das Stift Bleidenstadt gehörte zu ihnen, da es außer in Bleidenstadt selbst noch in Hahn, Orlen und den beiden Libbachs Zehnt-

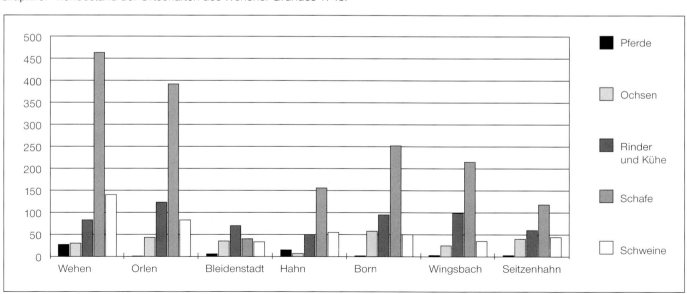

Graph. 6: Viehbestand der Ortschaften des Wehener Grundes 1746.

rechte besaß.³⁸ Gemessene Fronen, wie beispielsweise das Einbringen der Ernte, waren zu bestimmten, vorher festgelegten Zeiten zu leisten, ungemessene Fronen – wie etwa der Dienst als Treiber bei Jagden – wurde hingegen von der Landesherrschaft willkürlich festgesetzt und von den Schultheißen auf die einzelnen Bewohner des Ortes verteilt. Zwar war die Fron, beispielsweiwse bei der Ernte oder bei Holz-, Bau- und Jagdfuhren im 18. Jahrhundert nicht mehr gar so drückend, doch blieben besonders die ungemessenen Fronen, die auch mitten in die Erntezeit hineinplatzen konnten, eine erhebliche Belastung.³⁹ Die Frondienste, die bei Jagden geleistet werden mußten, waren besonders unbeliebt, da sie mit tagelangem Wildtreiben für die Parforcejagd und nach der Jagd mit weiten Fahrten verbunden waren. Die Bauern waren nämlich zunächst verpflichtet, für die Herrschaft das Wild an die Stellen zusammenzutreiben, an denen es vom Fürsten und seiner Jagdgesellschaft erlegt werden konnte. Nach der Jagd mußte das Wildbret, das von der Herrschaft nicht zum eigenen Verzehr bestimmt war, zum Verkauf in oft weit entfernte Orte wie Wiesbaden, Usingen oder Frankfurt transportiert werden.⁴⁰ Deshalb versuchten die Schultheißen, durch Hinweise auf tatsächliche oder vermeintliche Befreiungen aus älterer Zeit, diese Dienste aus ihrem Dorf fernzuhalten.⁴¹ Glücklicherweise waren aber die Fürsten von Nassau-Usingen bei weitem nicht solch passionierte Jäger wie beispielsweise die Landgrafen von Hessen-Darmstadt.

Es konnte durchaus auch zu Widerstand gegen die Leistung von Frondiensten kommen. So versuchte beispielsweise das Stift Bleidenstadt 1733 vergeblich seinen Zehnt einzutreiben, Einwohner von Oberlibbach weigerten sich nicht nur, die Abgabe zu entrichten, sondern spannten dem mit der Einziehung beauftragten Fuhrmann sogar noch ein Pferd aus, das sie behielten. Die daraufhin verhängte Geldstrafe wurde offensichtlich aber ebenso wie der Zehnt selbst schließlich doch gezahlt. Jedenfalls hören wir von diesem Streit nichts mehr.⁴² Besonders zum Ende des 18. Jahrhunderts wurden solche Auseinandersetzungen immer häufiger.⁴³ Vor allem das Stift Bleidenstadt, das über keine Machtmittel verfügte, war davon betroffen.⁴⁴

Gegen Ende des 18. Jahrhunderts wurden die ungemessenen Frondienste oft durch Zahlungen, das sogenannte Dienstgeld⁴⁵, abgelöst.⁴⁶ Bestimmte Personengruppen, wie Schultheißen oder Müller und Hüttenarbeiter, die keine Dienstgüter⁴⁷ erworben hatten, oder der Ehemann einer Hebamme⁴⁸ waren von der Fron und somit auch von der Zahlung des Dienstgeldes befreit. Für Neuverheiratete oder Neuzugezogene galt für eine gewisse Zeit ebenfalls eine Befreiung.⁴⁹

5. Die Gemeindeverwaltung

Im 18. Jahrhundert gab es im ländlichen Bereich in Nassau-Usingen nur zwei Verwaltungsebenen: Das Amt unter dem Amtmann und die Gemeinde unter dem Schultheißen. Kleine Gemeinden hatten anstelle des Schultheißen einen Vorsteher. Die Amtmänner wurden vom Fürsten ernannt, die Schultheißen vom Amtmann vorgeschlagen und vom Fürsten eingesetzt. Nur bei den Vorstehern hatte sich noch ein Rest dörflicher Selbstverwaltung erhalten, da dieser mit Zustimmung des Amtmannes von der Gemeinde gewählt wurde.⁵⁰ Seit Ende des 17. Jahrhunderts hatte der Schultheiß seine richterliche Funktion verloren und war auf die Rolle eines Anklägers beschränkt, behielt aber immerhin den Vorsitz über das »Rügegericht«.⁵¹ Bei dem Rügegericht, das bis 1775 am »Rügetag« jährlich einmal unter dem Vorsitz des Schultheißen bzw. des Vorstehers stattfand, handelte es sich um Sitzungen der Gemeindeschöffen, *auf welchen alles vorkömmt, was die kleinen Rügen* [Ermahnungen] *und Verbrechen angeht, da denn schuldig Befundene mit Geld, Gefängnis oder sonst nach Befinden, von den Rügerichtern und Schöppen gestraft werden.*⁵² Der Rügetag war auch von wirtschaftlicher Bedeutung, da es hier neben den »Rügen« auch zur Kontrolle von Maßen und Gewichten kam.⁵³

Den Orten Wehen, Bleidenstadt und Orlen stand ein Schultheiß vor; Hahn, Wingsbach und Seitzenhahn hatten einen Vorsteher.⁵⁴ Die Hauptfunktion des Schultheißen bzw. des Vorstehers bestand darin, die herrschaftlichen Verordnungen zu verkünden sowie Regalien und Gefälle (Steuern) einzutreiben. Ebenso oblag ihnen die Überwachung von »Zucht und Ordnung« sowie die Einteilung von Tag- und Nachtwachen und zu den Zehnt- und Frondiensten. Durch diese Steueraufsichts- und Ordnungsfunktion übten die Schultheißen und Vorsteher auch einen bedeutenden Einfluß auf den ländlichen Handel und die Gewerbeüberwachung aus.

6. Die Zollstellen

Für den Handel innerhalb des Gebietes der heutigen Stadt Taunusstein und mit anderen Regionen waren vor allem die Landstraßen sehr wichtig. Die topographische Karte, die dem Band »Taunusstein – Landschaft, Natur und Geschichte. Bd. 1: Landschaft und Natur« beigelegt ist, zeigt deutlich diese drei Nord-Süd-Achsen, die durch Hahn, Wehen und Neuhof führten.[55] Die Hühnerstraße lief von Wiesbaden durch Wehen nach Limburg und galt als die am meisten befahrene; an ihr gab es in Wehen auch eine Poststation.[56] Diese und die anderen beiden Straßen, d.h. die Platter Straße, die über idsteinisches Gebiet führt und die Hahner Straße brachten ihren gräflichen Herren einige Zolleinnahmen.

Die Bedeutung der Straßen kann an den Zollstellen, die in Wehen, Hahn, Bleidenstadt, Seitzenhahn, Orlen und Neuhof eingerichtet waren, ermessen werden. An diesen Stationen wurde ein Landzoll erhoben. Bei der Zersplitterung des Heiligen Römischen Reiches in unzählige Herrschaften führten die überall an den Grenzen erhobenen Zölle zu ganz erheblichen Aufschlägen auf die eigentlichen Transportkosten.[57] So lagen im Wehener Grund in der Mitte des 18. Jahrhunderts die höchsten Zollgebühren auf Wein, aber auch Getreide, Fässer verschiedenen Inhalts, Käse, Honig, Vieh etc. wurden verzollt. Bedeutendste Handelsartikel, die in der Region befördert wurden, waren Wein und Branntwein sowie Roggen, Hafer, Mehl und Früchte. Pferde und Ochsen wurden als Zugvieh erheblich höher verzollt als Kühe und Rinder oder gar Ziegen und Schweine. Nur Heu, Stroh und Lederstücke konnten zollfrei passieren, ausgenommen die Zollstation in Bleidenstadt, wo selbst für diese Güter ein Obolus zu entrichten war. Stets wurde bei der Erhebung von Zöllen für Waren zwischen solchen, die das Land wieder verließen und solchen, die im Land bleiben sollten, unterschieden. Letztere wurden mit erheblich niedrigeren Sätzen belegt. Wie bei so vielen Abgaben im Ancien Régime (Zeit bis 1789) waren auch diese in einem Herrschaftsbereich keinesfalls vereinheitlicht. So war es beispielsweise in Bleidenstadt, wo mit dem Stift und den Grafen eine Zweiherrigkeit gegeben war. Sowohl das Stift wie auch die Grafen von Nassau-Usingen erhoben hier Zoll. Die allgemeine Benachteiligung der

Abb. 5: Vorder- und Rückseite eines Zollscheins der »Barriere« Neuhof aus dem Jahr 1823. Geringfügig vergrößert.

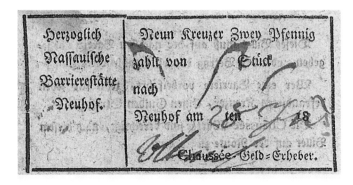

Juden wurde auch beim Zollwesen an einem nur durch die Angehörigen der israelitischen Glaubensgemeinschaft zu entrichtenden besonderen Zoll deutlich.[58] Die Fuhrleute wurden aber nicht nur durch die langen Wartezeiten beim Abfertigen und das oftmalige Ausladen und Auspacken des gesamten Wageninhalts belastet, sondern vielfach kamen zu den in der Zollrolle festgelegten Gebühren noch sehr hohe, willkürlich festgesetzte Forderungen der Zöllner, *nach guthdünken und ganz eigenmächtig*. Gegen diese Willkür versuchte die Obrigkeit immer wieder einzuschreiten, doch ließ sich Fehlverhalten nur selten beweien.[59]

7. Die Mühlen, Eisenhammer und Brauereien

Um die Mitte des 18. Jahrhunderts gab es bereits die stattliche Zahl von acht Mühlen: die beiden ältesten waren die Dammühle in Wehen und die Aarmühle bei Hahn, deren Existenz sich bis in das Spätmittelalter zurückverfolgen läßt. Weitere Mühlenanlagen waren die Neue Mühle und die Heckenmühle bei Wehen, die Schlackenmühle und eine weitere bei Hahn, die Mühle bei Bleidenstadt und schließlich die Hanfesmühle bei Seitzenhahn.[60] Die Damm-, Neu-, Aar- und Schlackenmühle bei Hahn waren die vier größten. Fünf Mühlen waren verpachtet, drei weitere befanden sich in Privatbesitz.[61] Ihre Besitzer waren z. T. von den Gemeindelasten ausgenommen.[62] Die beiden größten Mühlen, die Dammühle und die Neumühle, mahlten beispielsweise im Jahre 1780 mit 14 Maltern täglich fast dreimal so viel Getreide wie die Heckenmühle bei Wehen mit nur fünf Maltern. Das Verhältnis der Müller untereinander war durch eine gewisse Konkurrenz geprägt. Vor allem mit den Besitzern der Schlackenmühle bei Hahn, der Familie Mehler, gab es im 18. Jahrhundert Streitigkeiten. So wurde ihnen 1743 vorgeworfen, sie würden sich nicht an den Gemeindelasten wie dem Wegebau beteiligen[63]; 1789 forderten fünf andere Müller gar, Mehler solle sich künftig nur auf den Verkauf von Mehl beschränken.[64]

Von herausragender Bedeutung, nicht nur für die Orte der heutigen Stadt Taunusstein, sondern für viele Nassauer Territorien, waren die Eisenhammer.[65] Mit ihrer Errichtung wurde zu Anfang des 18. Jahrhunderts begonnen. In den Jahren 1700 bis 1702 entstand der Eisenhammer zu Bleidenstadt[66], 1700 bis 1705 der Eisenhammer in Hahn. Diese Eisenhammer produzierten Eisenwaren, die entweder in die Städte Wiesbaden, Biebrich und Idstein oder an die herrschaftlichen Höfe geliefert wurden.[67] Doch diese ersten merkantilistisch gesteuerten Versuche einer Industrialisierung liefen nur schleppend an. Die Pächter mußten sehr viel Eigenkapital mitbringen und gingen ein hohes Risiko ein. Dies wird am ersten Pächter des Hahner Hammers, dem Schultheißen Strobel, der seit 1706 den Hammer betrieb, deutlich. Er hatte jährlich die stattliche Pachtsumme von 600 Gulden zu entrichten und benötige bereits beim Einstieg in das Unternehmen 550 Gulden an Startkapital, zu dem die fürstliche Regierung allerdings nochmals 600 Gulden zuschoß. Doch trotz all dieser Anstrengungen stammt die letzte Abrechnung von 1721.[68] 1738 und 1747 wurde dann nur noch der schlechte, baufällige Zustand dieses Hammers beklagt, und die fürstliche Regierung sah sich sogar

Abb. 6: Von einem Mühlrad betriebener Eisenhammer. Kupferstich aus dem 18. Jahrhundert.

außerstande, wenigstens die notwendigsten Reparaturen vornehmen zu lassen.[69] So wurde die zu dem Anwesen gehörende Wohnung des »Hüttenschreibers« (Buchhalter) vermietet und schließlich 1750 für 290 Gulden verkauft. Doch selbst diese Transaktion blieb nicht ohne Komplikationen, da der Käufer bei Ausbruch des Siebenjährigen Krieges bei Nacht und Nebel als Musketier in preußische Dienste getreten war und seine Frau alleine zurückließ.[70]

Auch der Betrieb des Bleidenstädter Hammers gestaltete sich nicht einfach. Lief er noch bis 1752 unter Leitung des Hammerschmieds Georg Abt recht gut, so verfiel er unter seinem Sohn Johann, der den Zuschlag vor anderen Bewerbern 1752 nur aus Rücksicht auf seine sechs unmündigen Kinder erhalten hatte.[71] 1766 bekam er daher den Hammer wegen seiner »unordentlichen Hofhaltung« abgenommen. Der Betrieb ging nun an einen Verwandten, Peter Abt, Sohn des Hammerschmieds des Burgschwalbacher Hammers.[72] Der wirtschaftliche Niedergang unter Johann Abt wird sicher auch auf die sehr schwierigen Exportbedingungen während der Jahre des Siebenjährigen Krieges 1756 bis 1763 zurückzuführen sein. Nach der Vermietung an Peter Abt faßte die Regierung zwar die Reparatur des Hammers ins Auge, aber es geschah dann doch nichts. Schon damals wies der fürstliche Hütteninspektor darauf hin, daß durch eine Renovierung langfristig Arbeitsplätze gesichert werden könnten, doch fehlten offenbar die für die Instandsetzung veranschlagten tausend Gulden.[73] In den siebziger und achtziger Jahren des 18. Jahrhunderts wurde dann der Regierung die Produktion von Eisenwaren zunehmend wichtig. Man erkannte, daß durch den Hüttenbetrieb Arbeitsplätze geschaffen und überflüssiges Holz sinnvoll verwertet werden könnte, Geld im Land behalten werde und durch Export sogar Gewinne zu erwirtschaften seien.[74] So wurde die Einrichtung eines speziell für die Herstellung von Agrarwerkzeugen geeigneten Flachhammers zu Hahn genehmigt, die Hammer zu Seitzenhahn und Wehen nach Kräften gefördert.[75] Nur der Hammer zu Bleidenstadt wurde öffentlich zum Abbruch versteigert.[76] Die umliegenden Gemeinden hatten sich um Brennholz zu kümmern, aus Michelbach wurde auch Holzkohle beschafft. In diesen Eisenhammern wurden Ackergeräte, wie Sicheln, Schippen, Hacken und Sensen, genauso wie Blech für Eßgeschirr oder Eisenringe für Wagenreifen sowie Hufeisen gefertigt.[77]

Ein dritter Berufszweig, der ebenfalls seinen Sitz an fließenden Gewässern nahm, war der der Bierbrauer. Ein im Dezember 1800 mit den Pächtern der Brauereien im Amt Wehen abgeschlossener Vertrag bietet einen interessanten Einblick in die Bedingungen, die bei der Gründung eines Brauereibetriebes zu erfüllen waren. Das Privileg zum Brauen wurde den Schultheißen bzw. den Vorstehern und den Wirten der Gemeinden Wehen, Bleidenstadt, Orlen und Hahn zugestanden. Dafür mußten sie sich verpflichten, keinen Wein zu verkaufen. In kleinen Mengen durften sie allerdings Branntwein herstellen und ausschenken. Um sie am Verkaufen größerer Mengen Branntweins zu hindern, durften sie zum Brennen nur einen Kessel besitzen. Verbraucherfreundlich war der dritte Vertragspunkt, der von den Pächtern verlangte, zu aller Zeit *gutes Bier und Brandenwein [...] reins anzuschaffen und dieses Getränk in stets billigem und keineswegs zu erhöhendem Preis zu verkaufen.* Der vierte Punkt betraf die Untertanen, denen der Bierkauf außerhalb des Amtes oder im Ritterstift Bleidenstadt untersagt wurde. Die letzten drei Punkte regelten Feuervorschriften und Pachtgebühren.[78]

8. Berufe und Gewerbe

Nachdem wir einen Blick auf die Tätigkeitsbereiche der Müller, Hammerschmiede und Bierbrauer geworfen haben, sollen nun auch die anderen in ›Taunusstein‹ vertretenen Berufszweige näher beleuchtet werden. Dabei ist zu berücksichtigen, daß diese Gewerbetreibenden neben ihrem Handwerk in der Mehrheit auch Landwirtschaft betrieben haben. Ihre Tätigkeit als Dorfhandwerker brachte meist keinen ausreichenden Verdienst ein.

Welche Handwerke waren nun also anzutreffen? 1615 finden sich noch sehr wenige Berufe; ihre geringe Zahl kann daran liegen, daß die meisten Berufe nicht aufgezeichnet wurden und zudem der Brand in Wehen von 1604 und die sich anschließende Mißernte einige Existenzgrundlagen zerstört hatte.

Im Jahr 1615 ist für Wehen ein Schwarzfärber, für Bleidenstadt ein Schmied, für Hahn ein Zimmermann und ein Schäfer und schließlich für Wingsbach ein Strohschnitter verzeichnet.[79]

Mitten im Dreißigjährigen Krieg ist die 1629 angefertigte Liste schon erheblich aussagekräftiger. So finden sich in Wehen je ein Bäcker, Schmied, Schäfer und Förster sowie je zwei Schuhmacher und Seiler. Für Orlen wird ein Zimmermann genannt, für Hahn und Seitzenhahn ein Leinweber.[80] Für eine lange Zeit haben wir keine Auflistung der Berufe mehr. Erst Anfang des 18. Jahrhunderts kann die Schatzungsliste (Steuerliste) einen – vermutlich aber nicht ganz vollständigen – Eindruck vermitteln.[81] In Wehen gibt es neben dem Wirt und Bierbrauer jetzt noch je einen Schmied, Wagner, Eisenhändler, Krämer, Müller, sowie zwei Schreiner, einen Schneider und einen Schnitter. Der Schmied wird als Gemeindeschmied aufgelistet, was anzeigt, daß er speziell für die in der Gemeinde anfallenden Reparaturen gebraucht wurde. Erheblich weniger Berufe finden sich in Hahn, neben dem Müller und dem Bierbrauer sind es nur noch ein Schmied und ein Schneider. Während in Orlen nur ein Färber und in Hambach nur ein Schmied aufgeführt werden, zeigen sich in Neuhof immerhin drei Bierbrauer, ebenso ein Schmied, ein Leinweber, ein Krämer und ein Bäcker und schließlich der Henker Nickel Busch.

Erst die Liste von 1746 ist ergiebiger und führt bei vielen Hausvorständen einen Beruf auf.[82] Es lassen sich folgende Berufe feststellen: Wehen konnte die meisten Schneider mit fünf, Schreiner und Wagner mit je drei Berufstätigen vorweisen. An weiteren Berufen fand sich noch im Handwerk je ein Schuster, Schmied, Leinweber, aus dem Nahrungsmittelbereich je ein Bäcker, Wirt, Müller und Speisemeister, sowie ein

Abb. 7 bis 18: Handwerksberufe, die in ›Taunustein‹ ausgeübt wurden. Holzschnitte von Jost Amann, 1568.

Bierbrauer   Müller   Bäcker

Zeugknecht, ein Chirurg, ein Gemeindebote und schließlich ein Glöckner. In Orlen kam nur der Beruf des Zimmermanns zweimal vor; Schuster, Schneider, Schreiner, Leinweber waren einmal genannte Berufe. In Bleidenstadt lassen sich neben den drei Schmieden, von den einer ein Hammerschmied war, noch je ein Leinweber, Schneider, Müller, Maurer und ganz unten im sozialen Gefüge ein Schweinehirt nachweisen. Mit dem Bierbrauer und dem Unteroffizier treten in Hahn zwei weiterer Berufe neben Leinweber, Schmied, Zimmermann und Müller auf. In Seitzenhahn schließlich dominierte das holzverarbeitende Gewerbe mit drei Zimmerleuten, drei Holzfällern und einem Wagner. Hier ist auch ein Förster genannt. An weiteren Berufen lassen sich je ein Bierbrauer, Schneider und Viehhirt belegen.

Aus der ersten Hälfte des 19. Jahrhunderts stammt dann die nächste Aufstellung. Mittlerweile hatte sich die Zahl der angesiedelten Gewerbe ganz erheblich erweitert.[83] Bei dieser Aufzählung ist allerdings zu berücksichtigen, daß zu dem Amt Wehen zu diesem Zeitpunkt sieben Gemeinden mit insgesamt 35 Ortschaften gehörten, das erfaßte Gebiet also einen größeren Bereich als die sieben Ortschaften des 18. Jahrhunderts umfaßte. In diesem Amt gab es 1843 im Nahrungsmittelbereich elf Bäcker, sechs Metzger, drei Bierbrauer, 15 Branntweinbrenner und zum Verkauf dieser Erzeugnisse 109 Wirte, im Handelsbereich 82 Kleinhändler, zwei Fruchthändler und 15 Pferdeverleiher. Sehr viele Berufe waren im Kleinhandwerk oder im Baugewerbe angesiedelt, denn hier finden sich zwei Bader, drei Bürstenbinder, ein Drechsler, ein Lackierer, zwei Tüncher, ein Pumpenmacher, ein Sattler, ein Scherenschleifer, ein Schlosser, 21 Wagner, 56 Schneider, 57 Schuhmacher, zwei Tuchmacher, drei Schön- und Blaufärber, 125 Leinen- und Damastweber, 27 Schreiner, ein Seifensieder, 12 Zimmerleute, 29 Maurer, ein Pflasterer, drei Kalk- und drei Ziegelbrenner, ein Schieferdecker, zwei Glaser und ein Schornsteinfeger. Einen

Metzger

Leinenweber

Schwarzfärber

bedeutenden Gewerbezweig stellte auch das eisenverarbeitende Gewerbe und das Mühlengewerbe mit einem Blechschmied, einem Eisenhüttenschmied, zwei Eisenhämmern, 37 Grobschmieden und vier Nagelschmieden, zwei Hanfreibmüllern, 30 Mahlmühlengängern, 14 Ölmüllern sowie einem Walkmüller dar. Unter den 1 234 Gutsbesitzern der Tabelle hat man sich wohl eher durchschnittliche Landwirte vorzustellen, außer ihnen werden noch 453 Tagelöhner, elf Küster und drei Makler erwähnt. Viele dieser Berufe wird es schon am Ende des 18. Jahrhunderts gegeben haben, doch wurden sie uns für diese Zeit noch nicht so detailliert von den Quellen überliefert.[84]

Selbstverständlich bestanden auch schon damals unter den verschiedenen Gewerbezweigen erhebliche Einkommensunterschiede. Meist ging es Wirten, Bierbrauern, Hammerschmieden, Wagnern und Müllern besser als anderen. Bäcker gehörten oft eher in die mittlere Einkommensgruppe. Leinweber, Schneider und Schuhmacher, aber auch Krämer standen am unteren Ende der sozialen Skala.

9. Handel und Märkte

Weniger für die Produkte eines Gewerbes, die meist im Ort selbst ihre Abnehmer fanden, als vielmehr für landwirtschaftliche Erzeugnisse, dienten die Märkte. In der ersten Hälfte des 18. Jahrhunderts fand der Wehener Wochenmarkt statt, jährlich Ende September auch ein Viehmarkt.[85] Zur Eröffnung dieses Marktes hielt der Pfarrer eine extra entlohnte Predigt.[86] Die Ordnung auf dem Marktplatz sowie der kostenpflichtige Geleitschutz oblag der sogenannten Marktpolizei. Die Einschreibegebühr betrug einen bis zwei albi, für die Marktwache war ein albus zu entrichten.[87] Dank einer für das Standgeld angelegten Liste erhalten wir auch Auskunft über die am häufigsten zu finden den Stände, nämlich: Bäcker, Metzger, Krämer, Schuster und Obst-, Wein- und Viehhändler. Schon damals wurde bei dem Viehverkauf auf den Nachweis der Herkunft der Tiere Wert gelegt, die durch ein Attest zu belegen war. Auch

Schuhmacher

Seiler

Schreiner

Tausch und Verkauf wurde behördlich beaufsichtigt, und es war zusätzlich zu den Marktgebühren Zoll und Abtriebsgeld zu entrichten.[88]

Die fürstliche Regierung war mit der Zahl der Beschicker des Marktes in Idstein offenbar nicht zufrieden, so daß sie sich entschloß, die Bewohner der Orte, die heute zu Taunusstein gehören, als Anbieter beim Idsteiner Markt zu verpflichten. Dort fand dienstags und samstags Markt statt, zu dem aus jedem Ort ein bis zwei Anbieter von 8 bis mindestens 10 Uhr anwesend sein mußten.[89] Für Nichterscheinen war ein halber Gulden Strafe angedroht. Die Personen, die nach Idstein ziehen mußten, wurden vom Schultheißen bestimmt und hatten vor dem dortigen Rathaus zum Abzählen anzutreten. Zwar wurde nicht vorgeschrieben, was verkauft zu werden hatte, eine Empfehlung aber gab man dennoch. Sie gestattet uns heute ein recht anschauliches Bild der Angebotspalette, wenngleich zu berücksichtigen ist, daß manche Waren wohl nur selten auf dem Markt zu finden waren. Es gab Milch, Rahm, Butter, Käse und Eier sowie weißes und schwarzes Brot.

Beim Gemüse und Obst konnte man zwischen Kraut, Rüben, Gewürzen, Zwiebeln, Erbsen, Linsen, Bohnen, frischem und gedörrtem Obst sowie Honig wählen. An Fleisch sollte nur Geflügel und Kleinvieh feilgeboten werden, vornehmlich Hühner, seltener Tauben, Gänse, Enten, Spanferkel oder Lämmer. Eher rar waren wohl auch Fische und Krebse. Die Preise für die Produkte wurden einheitlich festgelegt und auf einer Tafel bekanntgemacht.[90]

Solange der Markt in Wehen noch existierte (s. Seite 122), zeigte sich das traditionell angespannte Verhältnis zwischen Bleidenstadt und Wehen auch bei der Abhaltung von Märkten. So waren die Bleidenstädter 1712 so geschickt, drei Tage vor dem Wehener Markt den ihrigen abzuhalten und so den Wehenern die Kundschaft »abzugraben«. Der Regierung in Idstein war das nicht recht; sie verbot deshalb bei der für damalige Zeit sehr hohen Strafandrohung von zehn Gulden den Besuch des Bleidenstädter Marktes.[91] Der Bleidenstädter Markt war der Regierung nämlich ein Dorn im Auge, weil das Stift auf die angelieferten Waren und

Zimmermann

Wagner

Schmied

Tiere Zoll erhob und somit Abgaben an die eigene Kasse wegfielen.

Die Versuche, die am Ende des 18. und in den ersten Jahren des 19. Jahrhunderts unternommen wurden, den Wehener Markt wieder zu beleben, waren symptomatisch für den Reformeifer des aufgeklärten Absolutismus. Doch waren die Tage des Ancien Régime seit Ausbruch der Französischen Revolution, spätestens aber seitdem das linke Rheinufer 1797/1801 französisch geworden war, gezählt. Zunächst änderte sich zwar noch nichts an der vor allem durch die Landwirtschaft geprägten Bevölkerungsstruktur. Doch die bis 1815 erfolgte Abschaffung der Leibeigenschaft und des Zunftzwanges, die größere Mobilität, nicht zuletzt dank der Entstehung des Herzogtums Nassau und des Wegfalls der inneren Grenzen und Zollschranken sowie stärkere Militarisierung und die beginnende Industrialisierung kündigten eine tiefgreifende Veränderung auch im täglichen Leben der Bevölkerung an.[92]

Die Marktrechte von Wehen gründeteten sich auf die Stadtrechtsverleihung von 1323. Die Marktrechte durften nur ausgeübt werden, wenn der Ort auch befestigt war. So entstand mehr zum Schutz gegen Raubüberfälle als zur Verteidigung gegen äußere Feinde eine Befestigungsanlage mit Mauer, Graben und Türmen. **Abb. 19:** Urkunde der Stadtrechtsverleihung von 1323. **Abb. 20:** Rest der Stadtmauer »Im Hängl«.

10. Anmerkungen

1 Für die Anregungen bei agrargeschichtlichen Fragestellungen danke ich Gunther Mahlerwein und Helmut Schmahl.
2 Da Born in den Schatzungslisten immer und Oberlibbach manchmal aufgeführt wurden, werden sie auch als nicht zu ›Taunusstein‹ gehörige Ortschaften im folgenden dann berücksichtigt werden, wenn wichtige Informationen verloren gingen, bzw. Vergleiche erschwert würden. Die sehr wichtige und detaillierte Zählung von 1746 umfaßt Wehen, Hahn, Bleidenstadt, Seitzenhahn, Born, Wingsbach und Orlen. Bei allen Aussagen, die auf dieser Aufstellung beruhen, werden nicht nur sechs, sondern alle sieben Orte incl. Born ausgewertet.
3 HHStAW, Abt. 136 Wehen, IIIb; A. Nickel, Landwirtschaftliche Beschreibung des Herzoglichen Amtes Wehen. In: Landwirtschaftliche Beschreibung des Herzogthums Nassau. Entworfen von den Mitgliedern des landwirthschaftlichen Vereins. Fünfter Band. Wiesbaden 1844, Tabelle 1.
4 Nickel, Amt Wehen (wie Anm. 3), Tabelle 1. S. auch Beitrag Heike Gockel, S. 145–158.
5 HHStAW, Abt. 136 Wehen, IIIb, 1, o. O., o. D. [um 1700].
6 Auch 1836/37 war Neuhof mit 114 Familien (insgesamt 497 Einwohner) die größte der hier aufgeführten Ortschaften gefolgt von Wehen mit 161 Familien (705 Einwohner). Vgl. Nickel, Amt Wehen (wie Anm. 3), Tabelle 1.
7 HHStAW, Abt. 136 Wehen, IIIb/2, Vermögenstabelle von 1746.
8 Diese hier in einem Jahr festgestellte Familienaufteilung ist durchaus beispielhaft, wie andere Untersuchungen zeigen. Vgl. G. Mahlerwein, Alsheim Halasemia. Geschichte eines rheinhessischen Dorfes. Bd. 1: Von den Anfängen bis zum Ende des 18. Jahrhunderts. Riedstadt 1996, S. 121–122; E. Heller-Karneth, Drei Konfessionen in einer Stadt. Würzburg 1996. (Veröffentlichungen zur Volkskunde und Kulturgeschichte, Bd. 60), S. 297–302; P. Zschunke, Konfession und Alltag in Oppenheim. Beiträge zur Geschichte und Bevölkerung und Gesellschaft in einer gemischtkonfessionellen Kleinstadt in der frühen Neuzeit. Wiesbaden 1984. (Veröffentlichungen des Instituts für Europäische Geschichte Mainz, Abtlg. Religionsgeschichte, Bd. 15), S. 193–199.
9 W. Achilles, Landwirtschaft in der Frühen Neuzeit. München 1991. (EDG, Bd. 10), S. 19–20; Mahlerwein, Alsheim (wie Anm. 8), S. 127.
10 HHStAW, 136/IIIb, Schatzung o.D. [um 1700], fol. 84–89; Abt.136/IIIb/2, Vermögenstabelle von 1746; Nickel, Amt Wehen (wie Anm. 3), Tabellen 3 u. 4. Watzhahn wurde erst unter Fürst Georg August von Nassau-Idstein (1677–1721) gegründet und fehlt daher in den ersten beiden Zeilen der Aufstellung. Vgl. C. D. Vogel, Beschreibung des Herzogthums Nassau. Wiesbaden 1843, S. 132.
11 Vgl. W. Stengel-Rutkowski, Erd- und Landschaftsgeschichte in der Stadt Taunusstein. In: Taunusstein. Landschaft, Natur und Geschichte. Bd. 1: Landschaft und Natur. Taunusstein 1996, S. 19; Nickel, Amt Wehen (wie Anm. 3), S. 7–11, 34–37, 48–50.
12 HHStAW, Abt.133/III, 12 Beschreibung des Erblehen- und Burgguts Neuhof, Idstein, den 18.10.1751.
13 W. Abel, Agrarkrisen und Agrarkonjunktur. Eine Geschichte der Land- und Ernährungswirtschaft Mitteleuropas seit dem hohen Mittelalter. Hamburg ²1966, S. 205–209.
14 HHStAW Abt. 136 Wehen XVII/a.1, Verordnung, wie Wochenmärkte zu halten, Idstein, den 17.2.1731, fol. 20–22; Nickel, Amt Wehen (wie Anm. 3), S. 56–60.
15 Vgl. E. Haberkern u. J. F. Wallach (Hrsg.), Hilfswörterbuch für Historiker. Bern u. München 1964, S. 51, 148, 175–177; J. Hübner, Conservations-Lexikon. Leipzig 1795, Sp. 694.
16 HHStAW, Abt.133 Idstein III/12 (wie Anm. 12).
17 HHStAW, Abt.133 Idstein III/12 (wie Anm. 12).
18 Zum Schafhof und seiner Geschichte vgl.: H. Silbereisen, Chronik von Bleidenstadt. Bd. 2. Taunusstein-Neuhof o. D., S. 40–53.
19 HHStAW, Abt. 136 Wehen IIIb/1, Schatzung von 1615.
20 HHStAW, Abt. 136 Wehen IIIb/1, Schatzung von 1629.
21 HHStAW, Abt. 136 Wehen IIIb/2, Vermögenstabelle von 1746. Die Liste umfaßt Wehen, Orlen, Bleidenstadt, Hahn, Wingsbach, Seitzenhahn und Born.
22 HHStAW, Abt.136 Wehen IIIb/2, Vermögenstabelle von 1746.
23 Aufgenommen wurden Wehen, Orlen, Bleidenstadt, Hahn, Born, Wingsbach und Seitzenhahn, da sie in beiden Schätzungen vorkommen. HHStAW, Abt.136/ IIIb/2, Vermögenstabelle von 1746.
24 Zur Besitzentwicklung und dem durchschnittlichen Landbesitz in der 1. Hälfte des 19. Jahrhunderts vgl.: G. Müller-Schellenberg, Die Biedermeierzeit (1815–1848) im Amt Wehen. In: Heimatjahrbuch Rheingau-Taunus-Kreis, Bd. 47, Bad Schwalbach 1996, S. 53–57; bes. S. 55 f.
25 Aus Hahn wanderte Philipp Caspar Pelz mit 5 Personen, aus Wehen Peter Schneider auch mit 5 Personen und aus Neuhof Tobias Haberstock mit 4 Personen aus. Alle drei waren Bauern. W. Diemer u. G. Walter, Auswanderer nach Südosteuropa. Manuskript im Museum Taunusstein. 4 S. ohne Paginierung.
26 HHStAW, Abt.136, IIIb/1, Schätzung o.D. [um 1700] fol. 84.
27 Nickel, Amt Wehen (wie Anm. 3), S. 71–76.
28 Die Behauptung von E. Wilhelmi, Wehen und sein Grund. Wehen 1957, S. 97, daß Schafzucht fast unbekannt gewesen sei und Wehen keine Schafherde hatte, ist – zumal für das 18. Jahrhundert – unzutreffend. So gab es auch in Niederlibbach eine Schafherde von 121 Tieren. Vgl.: HHStAW, Abt.133/III/6, Nieder- und Oberlibbach, Schatzung des Libbacher Grundes 1698.
29 HHStAW, Abt.133/III/6, Nieder- und Oberlibbach, Schatzung des Libbacher Grundes 1698.
30 HHStAW, Abt. 136, IIIb/1, Schatzung o.D. [um 1700]. fol. 84.
31 P. C. Hartmann, Karl Albrecht – Karl VII. Glücklicher Kurfürst, Unglücklicher Kaiser. Regensburg 1985, S. 296ff; H. Gensicke, Ein Bericht des Superintendenten Friedrich Andreas Panzerbieter über die Kriegslage im Raum Darmstadt vom Juli 1745. In: AHG NF. 33 (1976), S. 403–407.
32 HHStAW, Wehen 136, XVIIa 1, Nachrichten vom Wehener Viehmarkt, 1711, fol. 10–19.
33 S. Seite 116.
34 HHStAW, Wehen 136, XVIIa 1, Gutachten des Geheimen Rats an Amt und Rat zu Idstein, Wiesbaden, den 9.7.1772, fol. 31–34; Hofkammer an Amt Wehen, Wiesbaden den 4.7.1805; Ibell an Regierung, Wehen, den 23.8.1805. Bei dem Förderer dieser Bemühungen handelt es sich um Carl Wilhelm Christian Ibell († 1826), der Amtmann in Wehen war. Er hatte kurz vor Verfassen dieses Schreibens am 19. Mai die Tochter des Kircheninspektors Schmidt aus Usingen geheiratet. Vgl. J. L. Schellenberg. Autobiographie eines nassauischen Pfarrers. 1728–1808. Einleitung v. Hella Hennessee. Taunusstein 1989, S. 211 ff.
35 HHStAW, Abt. 136 Wehen, VIII/8, Dienstregister 1803, fol. 190.
36 HHStAW, Abt. 136 Wehen, VIII/9, Verzeichnis der hessischen Leibeigenen im Wehener Grund, 14.11.1606, fol. 2. Die angrenzenden hessischen Gebiete um Langenschwalbach wechselten in der ersten Hälfte des 17. Jahrhunderts mehrfach den Besitzer, zunächst waren sie zu Hessen-Rothenburg, später zu Hessen-Kassel, danach zu Hessen-Darmstadt und schließlich wieder zu Kassel gehörig.
37 Zu Begriff und Verpflichtungen: E. Geck, Das Fürstentum Nassau-Saarbrücken-Usingen im 18. Jahrhundert. Ein Beitrag zur Entwicklungsgeschichte des deutschen Kleinstaates. Diss. masch. Mainz 1953, S. 47–53; C. Spielmann, Geschichte von Nassau. (Land und Haus). Von den ältesten

Zeiten bis zur Gegenwart. In drei Teilen. Teil II. Montabaur 1926, S. 241–247; zur Abschaffung der Leibeigenschaft: F. Lerner, Wirtschafts- und Sozialgeschichte des Nassauer Raumes 1816–1964. Wiesbaden 1965, S. 23 f; Beitrag G. Müller-Schellenberg, Zwischen Reform und Reaktion, S. 181–220.

38 Geck, Fürstentum Nassau-Usingen (wie Anm. 35), S. 49.
39 Vogel, Beschreibung (wie Anm. 10), S. 562 f.
40 Geck, Fürstentum Nassau-Usingen (wie Anm. 37), S. 50.
41 HHStAW, Abt.136 Wehen, XIXb/2, Bericht von Ibell, Wehen, den 10.5.1787. Noch 1781 wurde eingeschärft, daß die Gemeinden *solches thun müßen*. Geiger an Oberforstamt, Idstein, den 30.3.1781.
42 HHStAW, Abt. 136 Wehen, XIXb/2, Klage von Hahn und Seitzenhahn u.a. Gemeinden gg. das Forstamt Idstein wegen Jagdfronen. 1733, fol. 2–17; Beschwerde der Gemeinde Neuhof gg Jagdfronen, fol. 18–38.
43 HHStAW, Abt. 133/III, Nieder- und Oberlibbach 11 Amtmann zu Idstein, Idstein, den 6.8.1733.
44 HHStAW, Abt. 136 Wehen, VIII/11, Acta in causa Pfarrer Becker zu Wehen contra die Gemeinde Orlen betr. Zent im Brachfeld, August bis Dez.1739.
45 S. Seite 116.
46 HHStAW, Abt.136 Wehen, VIII/11. So kam es zum Beispiel zu einem Streit zwischen Bleidenstadt und Orlen über den Bauzehnt (Sep.–Okt 1786, fol. 251–276); mit Wehen um den Fruchtzehnt und den Wald- und Wiesenzehnt (1713–25, fol. 277–299; 1683–84 fol. 300).
47 S. Seite 116.
48 HHStAW, Abt. 136 Wehen, VIII/8, Schulheiß Joh. Jakob Weiß in nom. reg. Carl Wilhelm v. Nassau Usingen-Saarbrücken, Wehen, den 3.8.1778.
49 HHStAW, Abt. 136 Wehen, VIII/8, Carl Wilhelm an Oberforst Idstein, Wiesbaden, den 2.5.1780.
50 Geck, Fürstentum Nassau-Usingen (wie Anm. 37), S. 51.
51 Hierin folgten die nassauischen Territorien einem allgemeinen Prozeß der Staatswerdung, der sich durch eine Einschränkung der kommunalen Rechte und eine Stärkung der fürstlichen Autorität in Form der Ernennung der Ortsvorstands auszeichnete. Auch in Hessen-Kassel legte die Grebenverordnung von 1739 die Nominierung des Ortsvorstandes durch den Landesherren fest. Geck, Nassau-Saarbrücken-Usingen (wie Anm. 37), S. 41 f; Hessische Landesordnungen, Bd. VI: 1739, Vorrede, S. 609.
52 J. Hübner, Conversations-Lexikon. Leipzig 1795, Sp.1820.
43 HHStAW, Abt. 136/IIIb/2, Vermögenstabelle von 1746.
54 Geck, Nassau-Saarbrücken-Usingen (wie Anm. 37), S. 44 f.
55 Geck, Nassau-Saarbrücken-Usingen (wie Anm. 37), S. 45 f.
56 Vgl. Karte im Anhang von Taunusstein – Landschaft, Natur und Geschichte. Bd. 1: Landschaft und Natur; E. Eichhorn, Taunusstein an alten und neuen Fern- und Landstraßen: In: Taunusstein. Bd. 1. Taunusstein 1996, S. 183.
57 HHStAW, Abt.133/III (wie Anm. 12).
58 Spielmann, Geschichte von Nassau II (wie Anm. 37), S. 423–424.
59 HHStAW, Abt.136 Wehen, VIII/12. Zollrolle, Wehen, den 7.11.1758, fol. 240.
60 Beschwerdebrief von 1758. HHStAW, Abt.136 Wehen, VIII/12., o.O., o.D., [Idstein, 1758], fol. 247.
61 HHStAW, Abt.136 Wehen, III/ a. 1 1751, o.O., o.D [um 1750], fol. 36.
62 HHStAW, Abt. 136 Wehen, XVII/b. 1, Promemoria von Ibell, Wehen, den 20.1.1780.
63 HHStAW, Abt. 136 Wehen, XVII/b. 1, Vorsteher der Gemeinde an Fstl. Reg., Hahn, den 6.10.1743.
64 HHStAW, Abt. 136 Wehen, XVII/b. 1, Vorsteher der Gemeinde an Fstl. Reg., Hahn, den 6.10.1743.
65 HHStAW, Abt. 136 Wehen, XVII/b. 1, Gesuch von fünf Müllern. o.O., 1789.
66 Zur Eisenverarbeitung vgl: Lerner, Wirtschafts- und Sozialgeschichte (wie Anm. 37), S. 34–36.
67 Wilhelmi, Wehen (wie Anm. 28), S. 217.
68 HHStAW, Abt. 136 Wehen, XX/1, Georg August an Strobel, 1705.
69 HHStAW, Abt. 136 Wehen, XX/1.
70 HHStAW, Abt. 136 Wehen, XX/2, Hahner Schmelzbau 1738–41.
71 HHStAW, Abt. 136 Wehen, 3, Peter Ehrengart an Karl von Nassau-Usingen, Hahn, den 15.4.1749; Eingabe der Ehefrau des Korporals Peter Ehrengart, Michelbach, den 16.6.1762.
72 HHStAW, Abt. 136 Wehen, XX/5, Hütteninspektor Holzapfel an Fstl. Reg., Usingen, den 21.2.1752; Fstl. Regierung an Holzapfel, o.O., den 2.3.1752. Holzapfel hatte 1752 Johannes Abt aus sozialen Rücksichten vorgeschlagen und aufgrund seines Vorschlages war ihm der Hammer übertragen worden.
73 HHStAW, Abt. 136 Wehen, XX/5, Anordnung der Regierung zu Wiesbaden, Wiesbaden, den 4.10.1766.
74 HHStAW, Abt. 136 Wehen, XX/6, Hütteninspektor Riccius an Fstl. Reg., Wiesbaden, den 18.6.1766. Resolution vom 23.6.1766.
75 HHStAW, Abt. 136 Wehen, XX/8, PM von Habel, Wiesbaden, den 5.3.1779.
76 HHStAW, Abt. 136 Wehen, XX/8, Resolution des fstl. Kammer, o.O., den 20.12.1779; Abt. 136 Wehen, XX/12 u. 13.
77 HHStAW, Abt.136 Wehen, XX/7, Wehen Urkunden 62, Kaufvertrag zw. Fstl. Hofkammer und Seitzenhahn, Wiesbaden, den 6.12.1771.
78 HHStAW, Abt. 136 Wehen, XX/8; Ibell an fstl. Reg., Wehen, den 22.2.1781; Abt. 136 Wehen, XX/13.
79 HHStAW, Abt. 136 Wehen, VIII/16, Präsident der Hofkammer an Pächter, Wiesbaden, den 22.12.1800.
80 HHStAW, Abt. 136 Wehen, III/b. 1, Einwohnerverzeichnis, o.O., 4.7.1615. Woher Wilhelmi, Wehen (wie Anm. 28), S. 112 seine Berufsangaben hat, bleibt unklar.
81 HHStAW, Abt. 136 Wehen, IIIb 1, Einwohnerverzeichnis, o.O., 9.3.1629.
82 HHStAW, Abt. 136 Wehen, IIIb/1, Schatzung o.D. [um 1700], fol. 84.
83 HHStAW, Abt.136 Wehen, IIIb 2, Vermögenstabelle, 1746.
84 Vogel, Beschreibung (wie Anm. 10), S. 560f.
85 Daß er in der zweiten Hälfte des 18. Jahrhunderts nicht mehr existierte, können wir den Versuchen von 1772 bis 1805 entnehmen, den Wehener Markt wiederzubeleben. HHStAW, Abt. 136 Wehen XVII.a 1, Acta die Wiederherstellung des Wehener Marktes betr. Koch und Strumpeter an Amt und Rat Idstein, Wiesbaden, den 9.7.1772, fol. 31–34; Fstl. Hofkammer an Amt Wehen, Wiesbaden, den 4.7.1805, fo . 60; Ibell an Fstl. Reg., Wehen, den 23.8.1805.
86 Beispiele für das Einkommen eines Pfarrers in Usingen und Bierstadt finden sich in: J. L. Schellenberg, Autobiographie eines nassauischen Pfarrers. 1728–1808. Neudruck Taunusstein 1989, S. 108, 133.
87 HHStAW, Abt. 136 Wehen XVII.a 1, Nachrichten vom Wehener Vieh-Jahrmarkt, fol. 10. Die Angaben bei Wilhelmi, Wehen (wie Anm. 28), S. 110 sind unzutreffend.
88 HHStAW, Abt. 136 Wehen XVII.a 1, Nachrichten vom Wehener Vieh-Jahrmarkt, fol. 10.
89 Orlen wurde 1742 von dieser Verpflichtung befreit. HHStAW, Abt. 136 Wehen XVII.a 1, Regierung in Usingen, Usingen, den 20.4.1742, fol. 22.
90 HHStAW, Abt. 136 Wehen XVII.a 1, Verordnung, wie Wochenmärkte zu Idstein gehalten werden sollen, Idstein, den 17.2.1731, fol. 20; vgl. auch F. W. E. Roth, Geschichte und historische Topographie der Stadt Wiesbaden im Mittelalter und in der Neuzeit. Wiesbaden 1883, S. 604.
91 HHStAW, Abt. 136 Wehen XVII.a 1. Fstl. Reg. an Schultheißen und Bürgermeister, Idstein, den 15.8.1712.
92 S. Beitrag G. Müller-Schellenberg, S. 181–220.

Anlage 1: Einwohner und Vermögensverhältnisse nach einer Schatzung um 1700[1]

Ort Name, Beruf und sonstige Angaben	Personen	Paar Ochsen	Pferde	Kühe	Rinder	Schweine	Schafe	Morgen Land	Schatzung Gulden	Albus	Pfennig	Frucht in Malter
Wehen												
Ulrich Weiß, Schultheiß	7	1	–	5	9	3	50	48	–	21	4	33
Johann Wilhelms Witwe	2	–	–	2	–	2	–	–	–	–	–	5
Georg Briel	3	1	–	2	2	–	–	29	–	12	4	12
Hans Phil. Ehrengart	4	1	–	2	5	1	1	11½	–	12	–	12
Joh. Phil. Hahn, Schreiner	5	–	–	2	1	–	–	20½	–	12	8	–
Hans Georg Büch, arm	4	–	–	2	2	–	–	11	–	7	1	4
Joh. Bücher 95 alt	2	1	–	2	1	–	–	7½	–	4	3	8
Philipp Krieger, Heppenhauer	5	–	–	–	1	–	–	12	–	7	–	–
Manfred Rogast	4	–	–	–	–	1	–	6¼	–	4	–	5
Hans Conrad Krieg	5	–	1	2	4	1	–	12	–	7	–	–
Conrad Rücker	4	1	–	3	5	4	–	35	–	16	7	19
Martin Belz, Schnitter, arm	6	–	1	3	3	–	–	31	–	16	5	–
Wendel Bücher	6	1	–	3	3	3	–	22	–	12	–	15
Herrmanns arme Witwe	3	–	–	–	–	–	–	25	–	11	1	–
Johannes Holzappfel, Schreiner	5	1	–	2	3	3	–	26	–	13	5	11
Philipp Baum	2	–	–	3	–	–	–	5	–	4	–	7
Georg Philipp Schwind	3	2	–	2	6	–	–	20	–	11	–	15
Aron Grimm, armer Schneider	6	–	–	–	–	–	–	5½	–	6	1	–
Bartel Bend, Wirt	6	–	2	3	4	–	–	49½	–	25	3	15
Johannes Nibergall, Wagner	6	–	–	2	1	2	–	6½	–	6	2	–
Wendel Weiß, Gemeindeschmied	7	1	–	3	3	2	–	22½	–	12	1	12
Nickel Schmid, alter Zeugknecht	5	1½	–	6	9	1	–	30	–	14	1	15
Anthon Fritz	8	–	2	6	3	4	35	61	1	7	–	24
Gerhard Rödert, Eisenhändler	4	2	–	4	6	2	–	20½	–	2	2	28
Hansjakob Flisbarth	6	1	1	6	11	1	45	138	2	2	7	30
Georg Conrad Weiß	6	1	1	5	9	5	45	47	–	22	6	28
Phil. Herrmann	7	2	–	4	4	7	20	48½	–	17	–	36
Nickel Friedrichs Witwe	2	–	–	2	3	2	22	10½	–	6	–	4
Freimann Willem Koch	7	–	1	3	5	–	–	20	–	12	6	8
Ludwig Weiß	5	1	1	4	10	2	25	40	–	20	1	22
Joh. Lud. Schwind, Heckemüller (Müller auf der Heckenmühle)	9	–	1	3	3	3	–	1½	–	8½	–	–
Erwin Morgenstern, Bierbrauer	5	–	1	2	3	5	–	20	–	10	–	1
Jacob Koch (Müller auf der Damm-Mühle)	5	–	–	3	1	–	–	–	–	–	–	–
Steffen Faber, Krämer	3	–	–	2	2	–	–	–	–	–	–	–
Helfrich Fischer, alles versoffen	5	–	–	–	1	–	–	–	–	–	–	–
Hofmann, Herschafftl. frei[2]	10	2	2	2	2	–	–	–	–	–	–	–
Stifts Hoffmann, frei	8	3	2½	8	6	4	–	–	–	–	–	–
Jude Parma	5	–	–	–	–	–	–	–	–	–	–	–
Jude Moche	5	–	–	–	–	–	–	–	–	–	–	–

Anlage 1 (Fortsetzung): Einwohner und Vermögensverhältnisse nach einer Schatzung um 1700[1]

Ort Name, Beruf und sonstige Angaben	Personen	Paar Ochsen	Pferde	Kühe	Rinder	Schweine	Schafe	Morgen Land	Schatzung Gulden	Albus	Pfennig	Frucht in Malter
Wingsbach												
Joh. Best	6	2	–	6	8	6	–	55 1/2	1	5	6	50
Friedrich Herhardt	3	2	–	1	4	2	–	30	–	21	6	13
Andreas Schmitt	6	2	–	1	2	1	–	19 3/4	–	9	7	26
Joh. Fill	5	4	–	5	6	4	–	56 1/4	–	29	4	45
Conrad Diel	3	–	1	1	3	1	–	41	–	23	–	13
Conrad Fill	4	1 1/2	–	4	3	2	–	32 1/2	–	19	4	24
Conrad Fill	4	1 1/2	–	4	3	2	–	32 1/2	–	19	4	24
Otto Gerlach	5	1	–	1	3	1	–	42 3/4	–	22	4	12
Peter Kleine	4	1	–	–	2	3	–	41	–	24	2	16
Jacob Fill	4	2	–	4	2	1	–	36 1/2	–	20	1	20
Wendel Gerlich	7	2	–	5	4	3	–	3 3/4	–	27	1	40
Köther Hoffmann, frei	–	–	–	–	–	–	–	–	–	–	–	–
Hahn												
Phil. Emmerich	5	1	1	4	2	4	20	35	–	20	–	28
Merten Flamm	5	1	1 1/2	4	5	2	20	23	–	16	4	26
Müller Caspar Rünck	3	–	1	3	4	4	–	–	–	4	6	19
Melchior Thiel	4	1 1/2	1	6	6	4	–	43 1/2	–	26	–	42
Melchior Schnell, Heppenhauer, Schneider	3	–	–	1	1	–	–	–	–	2	4	–
Joh. Grün, Schmied	5	–	–	1	7	1	–	21	–	11	4	3
Wilhelm Flamm	3	1	1	3	5	–	–	23	–	12	4	17
Christoph Flamm	3	1	–	3	1	3	13	27 1/2	–	16	–	22
Peter Dörrbaum, Bierbrauer	6	1 1/2	1	4	12	6	22	57 3/4	1	3	–	43
Phil Rotter, frei	–	–	–	–	–	–	–	–	–	–	–	–
Hofbuch, frei	–	–	–	–	–	–	–	–	–	–	–	–
Seitzenhahn												
Phil. Klein, Schultheiß	8	–	2 1/2	4	7	3	25	58	1	3	–	32
Conrad Lüneburger	7	1	1 1/2	8	10	6	40	68 1/2	1	17	–	51
Johannes Krieg	5	1	–	2	1	4	25	34	–	24	–	28
Emrich Eghardt, »Liederlich versoffen«	4	–	1	2	1	3	–	37	–	–	–	15
Joh. Wend. Bückell	5	1	1	4	7	4	25	49 3/4	–	–	–	26
Stoffel Geisler, »etwas liederlich«	5	–	–	1	–	–	13	19 3/4	–	–	–	8
Bleidenstadt												
Joh. Georg Klein	4	–	1	4	6	3	–	37 1/2	–	17	–	21
Faustes Witwe, arm	3	–	–	–	–	–	–	16	–	5	4	–
Joh. Albert Emrich	5	1	1	4	4	4	–	60 1/2	–	22	5	30
Heinrich Krämmer	5	1	–	1	1	3	–	31 3/4	–	13	7	11
Heßels Witwe	7	1/2	1	1	3	2	–	42 1/2	–	14	6	20

Leben in der Stadt und auf dem Lande vom 17. bis in das frühe 19. Jahrhundert

Anlage 1 (Fortsetzung): Einwohner und Vermögensverhältnisse nach einer Schatzung um 1700[1]

Ort Name, Beruf und sonstige Angaben	Personen	Paar Ochsen	Pferde	Kühe	Rinder	Schweine	Schafe	Morgen Land	Schatzung Gulden	Albus	Pfennig	Frucht in Malter
Jacob Heßel	4	1	–	1	1	1	–	23 1/2	–	10	1	–
Michael Groß	6	1	–	–	5	2	–	25 1/2	–	11	5	13
Heinrich Ely	5	2	–	3	5	4	–	32 3/4	–	14	3	25
Jäger Pampff	–	–	–	–	–	–	–	23	–	7	5	–
Claudi Witwe	6	1 1/2	–	7	8	3	–	80	1	2	6	34
Joh. Gross	6	1	–	–	3	3	–	26 1/4	–	10	5	18
Hans Adams Witwe, »verhurts Frau«	5	–	–	–	–	–	–	13	–	5	2	–
Steffen Lauber, »liederlich«	7	–	1	1	–	1	–	29 1/2	–	13	4	–
Heinrich Helßell, »liederlich«	8	–	1	2	–	–	–	25 1/4	–	11	5	–
Michael Alevy	6	1	1/2	6	3	3	15	40	–	17	6	35
Ludwig Hartmann	8	1	1	6	5	1	25	50	–	23	2	30
Georg Kilian, Schmied	4	1	–	3	3	3	–	16	–	9	6	12
Andreas Kilian	4	1	–	6	6	5	15	40 1/4	–	19	4	26
Willem Schwindt	5	1	1	3	4	3	13	49	–	21	4	19
Mattheus Beum, Färber	6	1	–	2	1	–	–	12	–	10	–	12
Vetzers Witwe, gar arm	4	–	–	–	–	–	–	16 1/4	–	7	2	–
Matthias Müller	4	–	1	1	3	1	13	29	–	14	2	8
Daumens Witwe	7	1	1	3	4	1	18	43 1/4	–	4	5	14
Caspar Krafft	8	1	–	3	7	1	20	37	–	18	4	22
Otto Krämer	6	1	–	4	4	3	–	37 1/4	–	18	1	28
Phil. Kilian	5	1	1	4	7	4	12	37 1/4	–	17	2	25
Neuhof												
Gottfried Baum, Schultheiß	7	1	–	3	5	3	–	51	–	26	–	40
Phil. Bundte, Leinweber	6	2	–	4	6	1	–	36 1/2	–	21	7	8
Georg Phil. Graf, Schmied	4	1	–	3	2	–	–	19	–	12	5	8
Ernst Krakmann	5	1	–	1	4	1	–	30	–	21	3	15
Hans Hen. Groß, Bierbrauer	7	1	–	3	4	3	–	31 3/4	–	19	–	8
Georg Fister	7	1	1	4	7	3	–	34 1/2	–	18	2	25
Caesarius Gros, Bierbrauer	3	1	–	3	3	5	–	21 1/2	–	13	4	15
Friedrich Koch	2	1	–	1	–	–	–	27 1/2	–	16	5	15
Friedrich Ludwig	6	2	–	5	7	2	–	37	–	22	2	25
Stoffel Borrn	4	1	–	1	4	1	–	27	–	16	5	21
Joh. Klein und Heinrich Appel, Bierbrauer	10	2	1	6	9	7	–	97 1/2	1	20	–	62
Matheus Fister	10	3	–	6	10	7	–	66 1/2	1	6	–	54
Neckell Busch, Scharfmeister[3]	9	1	2	4	7	5	–	72 1/2	1	7	1	52
Heinrich Haubt, Heppenhauer	4	–	–	–	1	–	–	16	–	6	2	2
Jost Bieber, Armer Krämer	4	–	–	1	3	–	–	2 3/4	–	4	1	–
Joachim Krafft, Bäcker	8	–	–	1	2	–	–	2 3/4	–	4	2	–
Hans Peter Hoffmanns Witwe	3	–	–	1	4	2	–	34 1/2	–	16	–	3
Herrschaftl. Hofmann	13	3	3	12	9	5	250	153 1/4	–	–	–	–

Anlage 1 (Fortsetzung): Einwohner und Vermögensverhältnisse nach einer Schatzung um 1700[1]

Ort Name, Beruf und sonstige Angaben	Personen	Paar Ochsen	Pferde	Kühe	Rinder	Schweine	Schafe	Morgen Land	Schatzung			Frucht in Malter
									Gulden	Albus	Pfennig	
Niederlibbach												
Johannes Schmitt	10	3	–	7	11	7	–	60	1	3	4	60
Adolf Faber	8	2	–	7	13	6	–	57	1	1	1	40
Peter Ulrich, »alles schuldig«	6	1	–	–	–	–	–	21	–	11	6	–
Jacob Daum, Heppenhauer	4	–	–	–	–	–	–	8½	–	6	6	–
Hambach												
Joh. Engel Bierl	5	4	–	7	8	1	–	102⅓	1	22	–	66
Tobias Crafft	6	2	–	6	7	5	–	54¼	1	–	5	32
Hans Caspar Appel	2	2	–	1	4	–	–	34	–	18	2	26
Hans Conrad Belz, Heppenhauer, Schmied	4	–	–	2	1	2	–	–	–	2	–	–

1 Liste nach: HHStAW, 136/IIIb, Schatzung o.D. [um 1700], fol. 84-89. Die Liste umfaßt außerdem noch Oberlibbach, Strinz Margarethä, Breithardt, Steckenroth, Adolfseck und Born. **2** Frei: Der Begriff bezieht sich auf nicht leibeigene, also »freie« Personen. Sie hatten im Gegensatz zu anderen eigentlich nur in Bezug auf die »Freizügigkeit« d.h. das Umzugsrecht gewisse Vorteile, da sie nicht um eine »Manumission« (Entlassung aus der Leibeigenschaft) bitten mußten. Hofmann: Der Besitzer einer Hofstelle, d.h. wie der Beisitzer eine Pachtform. **3** Scharfmeister: Der hier genannte Nickel Busch, wie er auch geschrieben wird, war durchaus berühmt und man hat seinen Schatz in den sechziger oder siebziger Jahren dieses Jahrhunderts gefunden. Da Henker, Scharfrichter, Scharfmeister »unehrliche« Personen waren, d.h. keinen bürgerlichen Beruf ausüben konnten und selbst die Berührung einer solchen Person als Schande galt, konnten sie keinen anderen Beruf ausüben. Unter den Unehrlichen war der Scharfrichter mit Abstand am besten gestellt. Er bezog neben seinem Gehalt, Naturalleistungen und freie Unterkunft. Zudem durfte er von Hingerichteten und Selbstmördern einen Teil ihres vormaligen Eigentums behalten. Schließlich konnte er sein Gehalt auch als Arzt, schließlich hatte er als für Folterungen Zuständiger hier große Kenntnisse, durchaus aufbessern. Vgl. Jutta Nowasadtko: Scharfrichter und Abdecker: Der Alltag zweier unehrlicher Berufe in der Frühen Neuzeit. Paderborn 1994, S. 65–71, 163–167.

Leben in der Stadt und auf dem Lande vom 17. bis in das frühe 19. Jahrhundert

Anlage 2: Namentliche Liste der Einwohner und ihrer Vermögensverhältnisse von Wehen, Hahn, Bleidenstadt, Seitzenhahn, Wingsbach und Orlen 1746

Ort Name, Beruf und sonstige Angaben	Status[2]	Söhne	Töchter	Häuser	Scheuern	Ställe	Äcker[3]	Wiesen[3]	Pferde	Ochsen	Rinder	Rindvieh	Schafe	Schweine	Aktiva[4]	Passiva[4]
Wehen																
Joh. Jakob Weis, Schultheiß	w	1	1	1	1	1	35,2	8,2	1	–	–	3	30	5		50
Joh. Caspar Fliessenbarth	m	1	–	1	1	1	20	4,2	1	–	–	1	19	6		400
Johann Gerhard Conrad, Witwer	s	2	2	1	1	–	9	3	–	2	–	–	10	1		350
Beisasse Joh. Phil. Krieger	s	1	–	–	–	–	2,2	0,3	–	–	–	–	–	–		100
Caspar Craftens Witwe	m	1	1	1	1	1	10	4	–	2	1	2	12	2		50
Joh. Phil. Schwind, frei	s	2	5	1	1	1	27,3	5,2	1	1	–	2	4	2		750
Georg Heinrich, Schneider	w	2	1	2	1	1	20	6	1	–	1	1	16	3		250
Joh. Lendle, Speisemeister[5], frei	s	4	1	1	1	1	26,3	7	1	1	–	2	12	3		350
Wilhelm Büsers Witwe	w	2	–	1	1	2	27,1	6,2	1	2	–	4	14	6		–
Phil. Weisers Witwe	w	–	–	1	1	1	15	4,2	–	–	–	2	20	2		–
Philipp Herrmann, Schuster	s	3	2	1	–	–	15	5,2	1	–	–	1	–	–		400
Balth. Hofmann	s	2	2	1	0,5	1	6	2	–	1	2	4	2	3		250
Georg Weis	w	1	–	2	1	45	12	1	2	2	4	6	40	–		350
Ludwig Carers [?] Witwe	g	3	3	1	1	1	36	10	1	1	2	4	30	5		100
Michael Dörr	m	–	–	1	–	1	15,2	5	1	–	–	1	12	3		100
Joh. Ernst Hoffmann	m	2	2	1	1	1	24,2	6,2	1	2	1	1	12	3		200
Balthasar Blumer, Schreiner u. Heppenhauer	s	4	–	1	–	–	–	3	–	–	–	–	–	–		–
Philipp Conrad Germ, Schuster u. Heppenhauer	s	1	–	1	–	–	–	–	–	–	–	–	–	1		50
Dietrich Müller, frei (Müller auf der Erbsleihmühle)	m	1	3	1	0,5	1	4	1	1	–	–	2	–	4		–
Heinrich Breuer, Schmied	m	2	1	1	1	1	18,2	9	1	–	–	3	10	3		300
Dietrich Knopp, treibt Wirtschaft	w	1	2	2	2	2	54,2	12	1	–	–	4	40	3	500	
Joh. Phil. Vilmer, Wagner und Zeugknecht	w	1	3	1	1	1	14,1	6	1	–	–	5	28	4		–
Anna Barbara Portenthalin, Beisassin	s	2	–	0,5	–	–	–	–	–	–	–	–	–	–		–
Wilhelm Schmitt Beisasse	s	1	3	0,5	–	–	0,3	0,2	–	–	–	–	–	–		100
Johann Phil. Schlossers Witwe, Beisassin	s	1	2	0,5	0,5	–	2,2	1,1	–	–	–	–	–	–		50
Phil. Wendel Zullens Witwe	s	2	1	1	1	–	12,2	2,3	–	1	–	2	13	1		40
Joh. Ludwig Schmidt	s	3	3	1	0,5	1	9	3	1	–	1	–	–	2		350
Joh. Phil. Clein, Schneider	s	3	–	1	0,5	–	9	3	–	1	–	1	–	4		150
Friedrich Henkhammers Witwe	s	2	4	1	1	–	15	3	–	2	–	2	–	3		300
Joh. Georg Belz, Heppenhauer u. Wagner	s	2	2	1	–	–	2,2	1	–	–	–	–	–	1		150
Ludwig Belz, Schneider	s	2	2	1	–	–	–	–	–	–	–	–	–	1		100
Joh. Weis der ledige Heppenhauer	s	–	–	1	–	–	4	2	–	–	–	–	–	1		–
Joh. Walner, Chirug, frei	s	–	–	1	–	–	–	–	–	–	–	–	–	–		100
Joh. Peter Hoffmann	w	–	1	1	1	–	20,2	6	1	2	2	2	20	4		–
Erwin Buchers Witwe	g	2	1	1	1	1	25,2	8	1	2	2	4	16	4	300	
Tobias Bucher, Beisasse	s	3	–	0,5	0,5	–	–	–	–	–	–	–	–	–		10
Michael Schmitt, Maurer	s	4	2	0,5	0,5	–	4	1,2	–	–	–	1	–	1		150
Joh. Caspar Schneider	m	2	1	1	1	1	20	4	1	2	2	2	20	3		200
Joh. Just. Weis, Schreiner	s	–	–	1	1	–	3	1	–	–	–	1	–	1		250
Andreas Dorn, Gemeidebote	s	3	1	–	–	–	4	1,2	–	–	–	1	–	–		50
Georg Ludwig Hoffinger, Leinweber	m	2	–	1	1	–	18	5	1	2	–	5	14	3		300

Anlage 2 (Fortsetzung): Namentliche Liste der Einwohner und ihrer Vermögensverhältnisse von Wehen, Hahn, Bleidenstadt, Seitzenhahn, Wingsbach und Orlen 1746

Ort Name, Beruf und sonstige Angaben	Status[2]	Söhne	Töchter	Häuser	Scheuern	Ställe	Äcker[3]	Wiesen[3]	Pferde	Ochsen	Rinder	Rindvieh	Schafe	Schweine	Aktiva[4]	Passiva[4]
Nikolaus Schneider, Beisasse	s	2	3	1	–	–	–	–	–	–	–	–	–	2		55
Georg Klein, Beisasse	s	1	2	1	–	–	–	–	–	–	–	–	–	–		100
Georg Riem, Beisasse, Witwer	s	3	1	1	0,5	–	8	3	–	–	–	2	–	1		50
Joh. Matth. Schmitt Witwer	s	1	–	1	–	–	–	–	–	–	–	–	–	2		40
Joh. Bücher, Beisasse	m	1	1	1	1	1	18	5	1	–	2	3	5	3		150
Adam Reinhardt Boller, Schneider	m	1	1	1	0,5	–	7	7	–	–	–	–	7	1		–
Joh. Peter Lang, Schreiner, ist Glöckner	s	–	–	1	–	–	–	–	–	–	–	–	–	–		–
Joh.Georg Kodert, Bäcker	m	1	2	1	0,5	–	7	2,2	–	–	–	2	4	4		–
Conrad Göbel	s	3	–	1	1	–	28	8	1	–	2	1	–	2		750
Joh. Bücher	w	2	2	1	1,5	–	21	5,2	1	2	–	3	14	4		150
Joh. Christoph Gitser [Gither?], Bäcker, Wirt	w	2	2	1	1	1	30	9	1	2	2	3	32	6		500
Joh. Philipp Schneider, Neumüller	w	2	2	2	2	1	9	5	2	–	–	2	4	8	50	–
Johann Conrad Königsfeld, Wagner	w	3	1	0,5	0,5	–	2	0,2	–	–	–	–	–	2		300

Bespannte Gemeindleut 31; Heppenhauer 6; Beisassen 17

Hahn

Joh. Krieger, Vorsteher[6], frei	–	–	–	1	1	1	19,3	6,1	1	–	1	2	8	–		100
Joh. Conrad Baum,	m	1	1	1	–	1	19,3	6,1	–	2	–	2	12	3		150
Joh. Conrad Schauch	m	1	3	1	1	2	17,2	6,1	–	2	–	4	10	2		300
Jakob Flamm	g	2	3	2	2	2	42,1	17	1	2	1	5	13	6		200
Johann Dörrbaum, Bierbrauer	g	2	3	2	2	2	28	8,3	2	–	–	3	20	6		–
Phil. Martin Belz	ss	2	–	0,5	0,5	1	9,3	2,3	1	–	–	2	–	1		200
Joh. Heinrich Sorg, Leinweber	m	1	3	1	1	–	22,2	6,1	1	–	2	4	6	4		200
Joh. Georg Becht, Schmied	w	–	5	3	1	2	61,3	22,2	2	–	1	4	28	6		100
Joh. Heinrich Schwarz, Anfänger[7]	–	–	1	1	1	1	17,1	5,1	1	–	–	2	10	4		600
Joh. Peter, Ehrengard, Corporal	m	–	1	–	–	–	17,2	6,1	1	–	–	2	11	4		200
Joh. Phil. Lehn, Zimmermann	m	–	1	1	1	1	17,1	5,1	1	–	–	2	10	3		400
Anna Clara Rinekin, Witwe	g	3	1	1	1	1	31,2	10,1	–	–	–	7	15	4		150
Caspar Spengler Witwe	m	–	1	1	1	–	14,1	6	1	3	1	2	7	1		200
Joh. Andreas Kinck, Müller	m	1	–	1	1	2	11,1	5	1	–	–	4	4	5		–
Peter Mehlers Witwe, Müllerin	g	4	–	2	1	2	8	2,2	2	–	–	5	–	9		–
Heinrich Azelbach, Heppenhauer	ss	2	1	1	–	–	–	–	–	–	–	–	–	–		–

15 Bespannte; 1 Heppenhauer; keine Beisassen

Bleidenstadt

Joh. Adam Emerich, alter Schultheiß, frei	g	–	–	1	1	1	30,2	6,1	1	2	–	5	9	4		–
Joh. Phil. Klinck, neuer Schultheiß	g	1	1	1	1	1	28	6	–	2	2	4	10	3		–
Joh. Georg Hölzel	m	2	1	1	1	1	13,2	2	–	2	–	4	–	2		300
Phil. Adam Ely	w	–	1	1	1	1	24,1	7	–	2	2	5	–	3		–
Phil. Peter Klinck	s	2	1	1	1	1	19,1	4,1	–	2	2	4	–	2		80

Anlage 2 (Fortsetzung): Namentliche Liste der Einwohner und ihrer Vermögensverhältnisse von Wehen, Hahn, Bleidenstadt, Seitzenhahn, Wingsbach und Orlen 1746

Ort Name, Beruf und sonstige Angaben	Status[2]	Söhne	Töchter	Häuser	Scheuern	Ställe	Äcker[3]	Wiesen[3]	Pferde	Ochsen	Rinder	Rindvieh	Schafe	Schweine	Aktiva[4]	Passiva[4]
Joh. Phil. Hölzel jun.	m	–	1	1	1	1	21,1	3,2	–	2	–	4	9	2		–
Joh. Phil. Beuder, Leinweber	m	1	–	1	1	1	13,2	2,1	–	2	–	3	–	1		100
Max Freud, Schmied	s	2	–	1	1	1	6,3	2,1	1	–	—	2	–	–		250
Michael Cramer	s	2	2	1	1	1	27,3	6,3	–	2	2	4	–	2		300
Nikolas Wazelhahn	g	–	1	1	1	1	33,2	7,3	–	2	2	5	3	2		200
Joh. Georg Hölzel	m	3	2	1	1	1	34	8	–	2	2	5	4	2		300
Georg Conrad Hölzel, Anfänger[7]	m	–	1	1	1	1	12	4,1	–	2	–	3	2	2		109
Georg Jakob Spengler, led. Anfänger[7]	m	–	–	1	1	1	14,3	3,1	–	2	–	2	–	–		100
Peter Messerts Witwe	m	–	–	1	1	1	14,3	3,1	–	2	–	4	–	–		–
Joh. Crämer	s	–	1	1	1	1	11,1	3	–	2	–	3	–	–		90
Phil. Wendel Höfel	s	2	1	1	1	1	13,1	2,2	1	–	–	2	–	–		–
Joh. Caspar Graf, led. Anfänger[7]	–	–	–	1	1	1	17,1	4,2	–	2	–	2	–	—		–
Joh Philipp Christ, Schmied	m	1	2	1	1	1	12,2	1	1	–	–	3	–	2		200
Georg Christian, Schneider	s	1	1	1	1	1	6,1	1,3	–	1	–	2	–	–		–
Joh. Georg Heyd	s	1	3	1	–	–	10,3	0,3	–	1	–	–	–	–		40
Joh. Friedrich Schrank, Müller, frei	–	–	–	1	1	1	14,2	3,1	1	–	–	3	–	3		150
Georg Abt, Hammerschmied, frei	–	–	–	1	1	1	9	1,2	–	–	–	–	–	–		–
Joh. Philipp Baum, Heppenhauer	s	–	–	–	–	–	4,2	0,2	–	–	–	–	–	–		–
Joh. Phil. Hölzel sen. Heppenhauer	s	–	–	–	–	–	8	1,2	–	–	–	–	–	–		–
Jakob Krahers 2 Waisen, Heppenhauer	s	–	–	–	–	–	–	–	–	–	–	–	–	–		–
Just Freud, Heppenhauer	ss	–	–	–	–	–	–	–	–	–	–	–	–	–		–
Georg Phil. Hölzel, Schweinehirt, Heppenhauer	s	–	–	–	–	–	–	–	–	–	–	–	–	–		–
Joh. Phil. Zöller, Maurer, Beisasse	k.A.[8]	–	–													–
Heinrich Hölzel, Tagelöhner, Beisasse	k.A.[8]	–	–													–

Bespannte: 22, Heppenhauer 6, Beisassen 2

Seitzenhahn

Joh. Leuckel, Vorsteher	g	4	3	1	1	2	55,2	9,3	–	4	2	10	23	5		200
Joh. Conrad Becht	m	2	1	1	1	–	21,3	7,1	–	2	2	2	8	2		–
Joh. Phil. Menges, Wagner	m	–	–	1	1	–	21,3	7,1	–	2	2	4	14	2		200
Georg Phil. Scheis, Bierbrauer, ledig	–	–	–	1	1	1	28	9,1	1	2	–	4	9	3		370
Nikolaus Hölzel, Förster	m	–	–	1	1	–	24,2	7	–	4	–	6	6	4		80
Joh. Adam Salß	g	4	1	1	1	1	27,2	5	–	2	2	7	9	4		–
Jacob Wilhelm, Zimmermann	s	1	2	–	–	—	3	3	–	2	2	2	–	2		100
Phil. Wilhelms Witwe	s	2	1	1	1	–	19,3	3,1	–	2	–	4	–	1		69
Hermann Wilhelm, Zimmermann	s	1	5	1	1	–	18,3	3,3	–	2	–	4	9	4		100
Joh. Adam Schönfeld	s	4	1	–	–	–	19,2	5	–	2	–	2	2	–		350
Joh. Nicolas Salß	s	1	4	1	1	–	22	5	–	1	–	6	12	1		400
Joh. Caspar Crieger	g	2	1	2	1	–	9,1	10	–.	4	–	5	22	4		300
Joh. Just. Crieger, Schneider	m	–	–	1	1	1	15,1	4	–	2	–	3	–	2		250
Joh. Georg Clinkwirth auf der Schanz, frei	–	3	4	1	1	3	14	9,1	1	2	2	3	–	5		150
Joh. Hieronymus, Holzhauer, Beisasse	–	3	2	–	–	–	–	–	–	–	–	1	–	1		–

Anlage 2 (Fortsetzung): Namentliche Liste der Einwohner und ihrer Vermögensverhältnisse von Wehen, Hahn, Bleidenstadt, Seitzenhahn, Wingsbach und Orlen 1746

Ort Name, Beruf und sonstige Angaben	Status[2]	Söhne	Töchter	Häuser	Scheuern	Ställe	Äcker[3]	Wiesen[3]	Pferde	Ochsen	Rinder	Rindvieh	Schafe	Schweine	Aktiva[4]	Passiva[4]
Franz Beydenthaler, Zimmermann, Beisasse	1	1	–	–	–	–	–	–	–	–	–	–	–	–	–	–
Joh. Heinrich Burbach, Viehhirt, Beisasse	1	1	–	–	–	–	–	–	–	–	–	–	1	–	–	–
Joh. Wilhelm Schlosser, Holzhauer, Beisasse	1	–	–	–	–	–	–	–	–	–	–	–	–	–	–	–
Georg Christian Hölzel, Holzhauer, Beisasse	–	–	–	–	–	–	–	–	–	–	–	–	1	–	–	–

Bespannte 14; Heppenauer keine; Beisassen 5

Wingsbach

Ort Name, Beruf und sonstige Angaben	Status[2]	Söhne	Töchter	Häuser	Scheuern	Ställe	Äcker[3]	Wiesen[3]	Pferde	Ochsen	Rinder	Rindvieh	Schafe	Schweine	Aktiva[4]	Passiva[4]
Joh. Tobias Hies, Vorsteher, frei	w	2	1	1	2	1	48	12	–	1	4	12	34	4	–	–
Jacob Füllens Witwe	g	1	4	1	1	1	32	6,2	–	4	–	7	16	3	–	40
Phil. Emmerichs Witwe	g	1	1	1	1	1	28	6,2	–	2	2	7	19	3	–	44
Joh. Phil. Papp	m	1	5	1	1	–	25,3	8	–	2	2	6	18	1	–	429
Joh. Adam Hölzel	m	4	2	1	1	1	25,3	8	–	2	2	6	11	2	–	60
Cornelius Görlach	w	1	1	1	1	–	29	7,3	–	2	2	7	20	3	–	500
Joh. Nicolaus Best, Gerichtsmann	w	3	3	2	1	1	56,3	15,3	–	2	4	12	31	5	–	–
Joh. Wendel Gerhardt	s	1	1	1	1	1	32,2	7,2	–	2	–	6	3	1	–	550
Geog. Phil. Künzelstatt	s	1	–	0,5	1	–	15,2	4	1	–	–	5	10	1	–	500
Phil. Wendel Göbel	w	2	1	1	1	1	50,3	14	1	2	–	10	20	3	–	500
Georg Phil. Füll	s	–	–	1	1	–	11,2	2,2	1	–	–	4	4	1	–	540
Joh. Georg Görlach	g	–	2	1	1	1	42,2	11,2	–	4	–	10	25	5	–	600
Joh. Conrad Füll	–	–	–	–	–	–	–	1,1	–	–	4	5	–	–	–	–
Tobias Tremmhauser, Heppenhauer	–	–	–	1	–	–	–	–	–	–	–	–	–	–	–	–

Bespannte 13; Heppenhauer 1; Beisassen keine

Orlen

Ort Name, Beruf und sonstige Angaben	Status[2]	Söhne	Töchter	Häuser	Scheuern	Ställe	Äcker[3]	Wiesen[3]	Pferde	Ochsen	Rinder	Rindvieh	Schafe	Schweine	Aktiva[4]	Passiva[4]
Joh. Nicolaus Hortmann, Schultheiß, frei	w	2	3	2	2	3	31,2	11,2	–	2	2	8	16	6	–	200
Joh. Georg Kylein jun.	s	3	1	1	1	2	9	3,1	–	2	–	4	13	3	–	40
Georg Heinrich Schwindt	s	–	–	1	–	–	10,2	3,1	–	2	–	4	–	5	–	300
Phil. Krafft d.Ä.	m	5	1	2	2	–	22,1	6,3	–	2	–	8	13	4	–	150
Georg Seel	g	1	2	1	1	1	22,1	6,1	–	2	–	9	30	2	–	80
Georg Hartmann	m	2	2	1	1	1	10,1	3	–	2	–	4	30	2	–	200
Jacob Schwindt	g	4	–	1	1	1	10,1	6,1	1	–	–	2	24	5	–	40
Adam Wittnich	s	2	2	1	1	1	17,3	4	–	2	–	5	15	2	–	600
Phil. Krafft jun.	s	1	2	1	0,5	–	8,2	2,1	–	2	–	5	–	2	–	120
Georg Müller	g	–	1	1	1	2	23,2	7,3	–	2	–	8	32	5	200	–
Adam Görlach	m	3	3	1,5	1	1	10,1	3	–	2	–	7	20	6	–	100
Heinrich Engel, Schuster	s	1	1	1	–	0,5	6,3	1,2	–	–	–	2	–	2	–	150
Tobias Krafft	g	1	2	1	1	2	16	6	–	2	–	7	20	5	–	–
Gottfried Hartmann	s	3	2	–	–	–	6,3	2	–	2	–	3	15	2	–	–
Caspar Crämers Witwe	s	3	–	1	1	–	12	5	–	2	–	3	20	1	–	600
Phil. Crämer, Schneider	g	3	1	1	1	1	22,1	7,1	–	2	2	6	30	4	200	–

Leben in der Stadt und auf dem Lande vom 17. bis in das frühe 19. Jahrhundert

Anlage 2 (Fortsetzung): Namentliche Liste der Einwohner und ihrer Vermögensverhältnisse von Wehen, Hahn, Bleidenstadt, Seitzenhahn, Wingsbach und Orlen 1746

Ort / Name, Beruf und sonstige Angaben	Status[2]	Söhne	Töchter	Häuser	Scheuern	Ställe	Äcker[3]	Wiesen[3]	Pferde	Ochsen	Rinder	Rindvieh	Schafe	Schweine	Aktiva[4]	Passiva[4]
Georg Kyhan sen.	g	3	2	1	1	1	21	6	–	2	–	8	22	5	–	150
Adam Grusbach, Zimmermann	g	1	2	1	1	1	12	4,	–	2	–	3	20	3	–	150
Georg Wied	g	1	4	1,5	1,5	–	29,1	2	–	2	2	7	20	5	–	–
Heinrich Wied	m	1	1	1	0,5	1	12,3	9	–	2	–	4	14	4	–	250
Phil. Adam Krüker, Anfänger[7]	–	1	–	1	1	1	6,2	4,3	–	2	–	4	13	2	–	200
Georg Alesi	g	2	2	1	1	1	22,3	3,2	–	2	2	9	24	5	–	–
Christoph Dehn, Schreiner u. Heppenhauer	–	2	1	1	0,5	–	2	6,3	–	–	2	–	–	2	–	–
Ludwig Damms Witwe	s	1	1	–	–	–	4	1	–	2	–	2	–	1	–	140
Peter Müller, Zimmermann u. Heppenhauer	s	3	1	0,5	0,5	–	–	–	–	–	–	–	–	–	–	–
Aaron Görlach, Leinweber u. Heppenhauer	s	1	1	0,5	–	–	–	–	–	–	–	–	–	–	–	–
Andreas Bender, Heppenhauer	s	1	–	0,5	–	–	–	–	–	–	–	–	–	–	–	–

Bespannte 23; Heppenhauer 4; Beisassen keine

1 HHStAW, Abt Wehen 136 IIIb/2, Consignation der zum Nassau Usingenschen Amte Wehen gehörigen Dorffschaften und Unterthanen nach ihren Vermögens und Nahrungs Umständen. 2 Beim Status wird unterschieden zwischen w = wohl, g = gut, m = mittel, s = schlecht, ss = sehr schlecht. 3 Angaben bei Äckern und Wiesen in Morgen und Sodel (die Sodel – 40$^{1}/_{2}$ = 1 Morgen – stehen hinter dem Komma, die Ruten sind ausgelassen). 4 Mit Aktiva sind vermutlich ausstehende Schulden, mit Passiva Schulden und Hypotheken gemeint. 5 Speisemeister: Er war für die Hofhaltung von herrschaftlichen Einrichtungen, wie Hospitälern, Schlössern u. a. zuständig. Hier hatte er die Rechnungslegung zu übernehmen, Anlieferung und Verteilung der Speisen zu überwachen. Vermutlich ist der hier genannte Speisemeister für das bei Jagden noch im 18. Jahrhundert genutzte Wehener Schloß zuständig gewesen. Er hat also die Zubereitung der Speisen und die Bewirtung der fürstlich nassauischen Jagdgesellschaften übernommen. 6 Vorsteher und Gerichtsmann: Der Vorsteher, auch Schultheiß, Heimbürger oder Richter genannt, war der Ortsvorsteher. Ihm standen bei den im 18. Jahrhundert sehr selten gewordenen Fällen dörflicher Rechtssprechung, also im Regelfall Schlichtungsverfahren, ein oder mehrere Gerichtsmänner zur Seite. Sie sind hervorgegangen aus der bis zum Dreißigjährigen Krieg noch relativ aktiven Dorfjustiz, als Gerichtsmänner als Geschworene unter Vorsitz des Schultheißes noch zu Gericht saßen und kleinere dörfliche Vergehen abstrafen, aber auch gemeindliche Lasten verteilen konnten. 7 Schwarz war offenbar Jungbauer, dessen Name mit dem Zusatz »Anfänger« versehen wurde, um zu erklären, warum er zunächst in keine der Vermögenskategorien eingeteilt wurde. 8 k.A. = keine Angaben.

Heike Gockel

Der Dreißigjährige Krieg
in der Region der heutigen Stadt Taunusstein

Inhalt

1. Einleitung — 147
2. Truppenpräsenz in der Region — 148
3. Die Ankunft der Schweden im Taunus — 152
4. Die Konsequenzen des Prager Friedens — 154
5. Die letzten Kriegsjahre — 155
6. Anmerkungen — 157

1. Einleitung

Die Region der heutigen Stadt Taunusstein war weder Austragungsort entscheidender Schlachten, noch lag die bedeutende Residenzstadt eines einflußreichen Fürsten des Heiligen Römischen Reiches in ihrem Gebiet – und doch litt gerade sie in besonderem Maße unter dem Dreißigjährigen Krieg. Wiederholte Verheerung wegen durchziehender Truppen, fast ununterbrochene Einquartierungen von Freund und Feind mit all ihren Konsequenzen für die Bevölkerung und ständige Werbungen, die die jungen Männer aus dem Lande führten, erschöpften ihre Kräfte.

Die Region gehörte zum Herrschaftsbereich der walramschen Linie des Hauses Nassau. Der zur Zeit des Kriegsausbruchs bis ins Jahr 1627 regierende Graf Ludwig II. von Nassau-Saarbrücken vereinigte alle Teilgrafschaften des Hauses in einer Hand.[1] Unter seiner Herrschaft wurden eine Zentralverwaltung in Saarbrücken und in den rechtsrheinischen Gebieten Oberämter in Weilburg und Idstein eingerichtet. Dem Oberamt Idstein waren die Ämter Burgschwalbach, Wiesbaden und seit 1611 Wehen[2] zugeordnet. Die Stadtteile und die nähere Umgebung der heutigen Stadt Taunusstein verteilten sich in das Oberamt Idstein und das Amt Wehen, dem Witwensitz der Gräfinnen von Nassau-Weilburg. Bei Kriegsausbruch bewohnte Gräfin Elisabeth von Nassau-Weilburg[3] das Wehener Schloß.

Im fernen Böhmen bahnten sich Ereignisse an, die weitreichende Folgen haben sollten. Der Protest der evangelischen böhmischen Stände gegen ihren habsburgischen König Ferdinand gipfelte im Mai 1618 im Prager Fenstersturz, und während in Böhmen die Lage immer gespannter wurde, machten die Reichsstände mobil.[4] Im Bewußtsein drohender Truppendurchzüge rüstete Ludwig II. vorsorglich seinen Landesausschuß[5] mit Waffen aus, ließ ihn exerzieren und befahl in seinen befestigten Städten die Ausbesserung der Wehranlagen, u. a. in Idstein und Wehen.[6] In der Hoffnung, durch zusätzliches Beten kommendes Unheil abzuwenden, ordnete er darüber hinaus einen außergewöhnlichen Landesbettag an. Doch der Idsteiner Superintendent Tobias Weber widersprach couragiert dem gräflichen Entschluß, da Bettage Webers Meinung nach nur bei tatsächlich eingetretenen Unglücksfällen, nicht aber bei Befürchtungen derselben anzuordnen seien. Außerdem appellierte der Geistliche an die Herrschaft, sie müsse Vorbildfunktion übernehmen und dem Luxus entsagen, von den Untertanen allein praktizierte Enthaltsamkeit habe wenig Aussicht auf Erfolg.[7] Trotz dieser Einwände ließ der Graf einen Bettag für den 9. Juni 1619 ausschreiben, der wegen anhaltender Truppendurchmärsche mancherorts schon nicht mehr ungestört abgehalten werden konnte.[8]

So legten sich Anspannung und Belastung schon im Vorfeld des Krieges drückend auf die Bevölkerung. Neben der Sorge um die Vorgänge in Böhmen und den Ausgang der Kaiserwahl – die böhmischen Stände hatten im August 1619 den kalvinistischen[9] Kurfürsten Friedrich V. von der Pfalz zum König erkoren, Ferdinand II. war im gleichen Monat zum Kaiser gewählt worden – nährten astrologische »Zeichen« die Furcht des Volkes. Ein sich einige Monate lang am Himmel zeigender helleuchtender Stern, über welchem sich zudem eine Nacht lang ein schwarzer »Kometstern« mit einem großen Schweif sehen ließ, und kleinere Erdstöße wurden einhellig als Ausdruck für Gottes Zorn über die Menschen gewertet.[10] Der arbeitsreiche Tagesablauf besonders der Landbevölkerung ließ für Politik wenig Platz, die Astrologie hingegen war fester Bestandteil des täglichen Lebens und allgegenwärtig.[11]

Wie seine Vorfahren war Ludwig II. aktives Mitglied des Wetterauer Grafenvereins[12]. Die Einbindung in diesen Zusammenschluß von mindermächtigen Reichsständen[13] der Wetterau und des Westerwaldes lag angesichts seiner Besitzungen im Taunus auf der Hand, doch distanzierte sich der lutherische Graf von der unionsfreundlichen Politik des lange unter kalvinistischer Führung stehenden Vereins. Die Entscheidung eines kleinen Teils der Mitglieder, gegen ein gegenseitiges Schutzversprechen der protestantischen Union tausend Reiter zu stellen, wurde von Ludwig II. nicht mitgetragen.[14] Er blieb bis zu seinem Tode neutral.

2. Truppenpräsenz in der Region

Erste Bekanntschaft mit einem größeren durchziehenden Heer machten die Nassauer, als die in Köln geworbenen Soldaten des Herzogs Maximilian von Bayern, dem Kopf der katholischen Liga, von dem Städtchen Nassau kommend, durch die Niedergrafschaft Katzenelnbogen und die Grafschaft Nassau-Saarbrücken zogen. Ihr Weg führte über Wehen, Idstein und Eppstein in die Maingegend. Im August 1620 überquerte der spanische Feldherr Marquis de Spínola bei Koblenz den Rhein und zog mit seinem gut ausgerüsteten Heer von Limburg über den Mensfelder Kopf in den Wehener Grund. Dem Wiesbadener Beheltnusbuch[15] läßt sich entnehmen, daß Spínola mit seiner Infanterie am 27.[16] des Monats Nachtlager im Wehener Grund hielt. Während sich die spanischen Soldaten in den Dörfern verteilten, logierten einige Offiziere im Schloß der Gräfin Elisabeth. Sie verzehrten Rindfleisch, Unmengen an Eiern und Brot und nahmen sich an Heu, Hafer und Korn, was sie auf dem Speicher oder in der Scheuer fanden. Die Offiziere sollen sogar mit Krebsen und Forellen bewirtet worden sein, was sie jedoch nicht davon abhielt, plündern zu lassen. Die Bauern, die sich dagegen wehrten – besonders diejenigen aus Orlen – mußten das mit völliger Ausplünderung bezahlen.[17]

Spínola zog über die Höhe in das Amt Wiesbaden, wo auch die über Esch vorgerückte Kavallerie lagerte. Beide Abteilungen zogen am 25. und 26. August (a. St.) weiter. Die Stadt Wiesbaden selbst blieb von Einquartierungen verschont – Spínola hatte ihr einen Schutzbrief[18] ausgestellt. Diese Vergünstigung hing zum einen mit gezahltem Bestechungsgeld, zum anderen damit zusammen, daß Graf Ludwigs Sohn Philipp trotz der offiziellen Neutralität seines Vaters im spanischen Heer als Leutnant diente. Letzteres befreite Ludwig II. auch von der im Juli beschlossenen Verlängerung der gegenseitigen Hilfe zwischen dem Wetterauer Grafenverein und Hessen-Kassel.[19] Für den nun auf sich gestellten Grafen von Nassau-Saarbrücken war es daher äußerst günstig, daß stattdessen im November 1620 zwischen ihm, dem evangelischen Landgrafen von Hessen-Darmstadt, dem Erzbischof von Mainz und der Stadt Frankfurt ein Vertrag zur Erhaltung der allgemeinen Landsicherung geschlossen wurde.[20] Gerade die kleinen Reichsstände verfügten nicht über die nötigen Mittel, um sich und ihre Untertanen aus eigener Kraft vor den Begleiterscheinungen des Krieges zu schützen. Sie waren auf Unterstützung Dritter angewiesen – die Zeit verlangte pragmatisches Handeln. Ein Beispiel dafür ist dieser sich über die Streitigkeiten in Territorial- und Glaubensfragen hinwegsetzende Vertrag, der die Vertragspartner zur gegenseitigen Hilfe gegen Ausschreitungen der durchziehenden Soldatentrupps verpflichtete.

Inzwischen hatte die für Friedrich V. so verhängnisvolle Schlacht am Weißen Berg stattgefunden: am 8. November 1620 waren seine Truppen von den katholischen Verbänden geschlagen worden. Spínola, der die Pfalz unterworfen hatte, schickte sich nun an, in der Wetterau und der Lahngegend zu operieren, um dort das Winterquartier für seine Truppen vorzubereiten.[21]

Die Einquartierung der spanischen Soldaten bildete den Auftakt für eine lange Abfolge fremder Besatzer und unsäglichen Leides in der Region. Die Bevölkerung der besetzten Gebiete, auch des Wehener Grundes und des Amtes Idstein, wurde zu Proviantlieferungen herangezogen. Als im Frühjahr 1621 Spínola mit dem größtem Teil seines Heeres in die Niederlande abzog, kam es zu erheblichen Plünderungen – die Soldaten nahmen von den am Wege liegenden Privathäusern mit, was sie nur irgendwie gebrauchen oder weiterverkaufen konnten: Werkzeug, Zaumzeug für die Pferde, Koffer, Messinggeschirr, Fensterkreuze (!), Schuhe, Wämse, ein Paar »Buchsen« oder »Weiberrökke« fanden ihr Interesse.[22] Die zurückgebliebenen spanischen Garnisonen der Festungen Eppstein, Königstein, Falkenstein, Reifenberg, Burgschwalbach und Hohenstein mußten weiterhin verpflegt werden.[23]

Im Reich gingen die Kämpfe zwischen dem Kaiser und der katholischen Liga und den um Friedrich V. gescharten Protestanten weiter. Nach der Schlacht im nahen Höchst im Juni 1622 richtete Tilly, der siegreiche Oberbefehlshaber der Liga, sein Hauptquartier in Assenheim (bei Friedberg) ein. Teile seines Heeres blieben in der Wetterau und im Taunus. Wieder waren hohe Abgaben zu leisten. Die Not der Bevölkerung verschärfte sich zusätzlich wegen der ständigen Preissteigerungen für Lebensmittel und Gebrauchsgüter im Zusammenhang mit dem seit 1618 anhaltenden beschleunigten Wertsturz der gängigen »guten« Münzen (sogenannte Kipper- und Wipperzeit), dem die Landesregierung erst 1623 mittels einer Abwertung des Reichstalers auf 1,5 fl wirksam entgegensteuerte.[24]

Tilly kam im folgenden Winter erneut in den Taunus. Diesmal nahm er sein Hauptquartier in Hersfeld. Es sollten neue Soldaten geworben werden, die Grafschaft Nassau-Saarbrücken fiel in das angewiesene Werbegebiet. Das Geld für die erforderliche Ausrüstung der Soldaten wurde der Bevölkerung abgenommen. Die Militärs ließen sich gut bezahlen. Zwar legte eine von Feldherr Tilly in Hersfeld verfaßte »Verpflegungs-Ordinantz auf die Reuterey«[25] die an die Angehörigen der Kavallerie zu leistenden Abgaben genau fest, und Tilly betonte ausdrücklich, daß sich weder Befehlshaber noch gemeiner Soldat über diese Bemessung und die Lieferung des festgelegten Servis von Holz und Licht hinaus an der Bevölkerung bereichern sollte – doch die Realität sah anders aus. In einer Lieferliste des Ortes Breithardt an einen Fähnrich des Regiments Hebersdorff, der mit seinen Dienern und Reitern bei Adolfseck logierte, werden für einen Zeitraum von vier Monaten aufgeführt: Brot, das zum Teil von überteuert angekauftem Korn gebacken werden mußte, Weißbrot, Gerste, Erbsen, 48 geschlachtete große und mittelgroße Rinder, manche eigens für die Lieferung gekauft, 48 geschlachtete Kälber, 67 Hammel, 2 fette Schweine, 64 Pfund Ferkel- und geräuchertes Schweinefleisch, 18 Jungferkel, 245 Hühner, 88 Hähne, 2 875 Eier, 170 Maß Butter, 52 Stück guter Käse, Salz, Kraut, Fische, Konfekt, firner und neuer Wein, Heu und Stroh, Geld für geleistete Dienste wie Botengänge, Fuhr-, Schrot-, Schreiner-, Wagner-, Zimmermanns- und Küchenhilfsdienste, Geld für Sachgüter wie Töpfe, Gläser, Leinentuch, Krüge, Seife und Bestattungskosten für das Begräbnis eines Soldaten.[26] Die Versorgung des in Erbenheim im Amt Wiesbaden eingefallenen Werner von Tilly, ein Cousin des großen Feldherrn, der selbst Obristleutnant im herbersdorffischen Regiment war, gestaltete sich ähnlich vielseitig. Hinzu kamen noch Sonderwünsche, zum Beispiel ein Paar Windspiele und zwei oder drei Suchhunde für die Jagd.[27] Um die Versorgung der Tillyschen Kompanie gewährleisten zu können, mußte die Stadt und Herrschaft Wiesbaden bei Privatpersonen Anleihen machen. Ein bemerkenswerter Fall ist die Verschreibung von Stadtrenten und Gütern im Wert von insgesamt zweihundert Königsgulden an den herrschaftlichen Koch in Wehen, Nikolaus Lauser. Offenbar war Lauser in der Lage, im November 1623 der Stadt 50 Säcke Hafer und im folgenden Frühjahr noch einmal 16 Säcke und 42 Viernsel zu verkaufen. Da die Stadt kein Bargeld besaß, um die Schulden wie vereinbart in Raten abzuzahlen, verpfändete sie 1624 Stadtbesitz. Die Gemeinde Mosbach hatte eine Anleihe von 147 Gulden bei Lauser genommen und ihm dafür 1625 die liegende und fahrende Habe eines großen Teils seiner Bürger verpfändet.[28]

In den folgenden Jahren sollte sich die Situation noch verschärfen. Unter den wechselnden Besatzern fällt besonders Oberst Adam Wilhelm Schellhardt von Donfurt, Freiherr von Görzenich auf. Görzenich erschien im Gebiet des Wetterauer Grafenvereins mit kaiserlichen Werbepatenten, die ihn zur Aushebung von 6 000 Mann Infanterie und 1 000 Reitern für die Armee Wallensteins berechtigten. Da er im Ruf stand, besonders rücksichtslos und gewalttätig gegenüber der Bevölkerung zu sein, verbreitete die Ankündigung seines Kommens Angst und Schrecken. Um Ostern war er bereits das erste Mal in das Oberamt Idstein eingefallen. Wie ein Schreiben sämtlicher Schultheißen an Graf Ludwig II. aus dem Jahre 1626[29] zeigt, wurde er seinem Ruf gerecht: Demnach habe sein Regiment ungeachtet des vom Kaiser für die Graftschaft ausgestellten Schutzbriefes fürchterlich gehaust. Soldaten hätten mit dem Einverständnis, ja sogar unter Mithilfe ihrer Offiziere in Wiesbaden Kirchen aufgebrochen und ausgeplündert, die Einwohner grausam mißhandelt. Beigefügt war die Beschwerde über das Verhalten der Beamten, die aus Furcht nicht bereit gewesen seien, den fremden Offizieren entgegenzureiten, um sich mit ihnen wegen Quartieren und sonstigem zu vergleichen. Dabei habe Görzenich verlauten lassen, für einige tausend Taler wolle er die Herrschaft verlassen. Benachbarte Fürsten hätten dieses Angebot mit Erfolg angenommen, die armen Untertanen der Grafschaft Nassau-Saarbrücken hingegen würden von den Soldaten gar spöttisch gefragt, wo denn ihre Herren seien. Sämtliche Schultheißen baten deshalb um die Abstellung einer Person, die diese Aufgabe übernehmen könnte. Außerdem äußerten sie den Wunsch, das Idsteiner Schloß mit einem Wassergraben zu versehen, um der bedrängten Bevölkerung dort eine Zufluchtsstätte zu schaffen.

Görzenichs Vorhaben, im Wetterauer Grafengebiet Soldaten auszuheben, brachte ihn in Interessenskonflikt mit dem ebenfalls im wallensteinischen Heer dienenden Herzog Rudolf Maximilian von Sachsen-Lauenburg, der sein Hauptquartier in Assenheim bezogen und sich die Wetterau bereits als Werbegebiet gesichert hatte. Nun hatte die Region neben den sonstigen Beschwernissen auch noch unter einem »Obristenkrieg«[30] zu leiden! Die betroffenen Grafen übermittelten Beschwerdebriefe an Wallenstein. Der Erfolg der Mission lag darin, daß die Truppen des Herzogs verlegt wurden. Weiteres Vorsprechen beim Kaiser erwirkte endlich im Sommer 1627 den Abzug Görzenichs nach Norden. Die von zahlreichen Reichsständen lange Zeit konsequenzlos bei Wallenstein eingereichten Klagen über das brutale Verhalten des Freiherrn zeigten schließlich Wirkung und führten zu seiner Hinrichtung am 14. Oktober 1627 in Rendsburg.[31] Einige Briefwechsel aus dem Jahr 1627 zwischen dem Oberamt-

Abb. 1: Szenen aus dem Dreißigjährigen Krieg (von links nach rechts): Trommler werden zur Werbung von Söldnern eingesetzt. In der Bildunterschrift heißt es: *Wir Musikanten und gut Lockvögel zwei bringen in kurzer Zeit die Ärgsten schon herbei*. Zwei Knaben nehmen von einem Offizier Werbegeld an. Der Vers zu dem Bild sagt die moralische Verderbnis voraus: *Nimm das Werbgeld ob du gleich jung an Jah-*

Der Dreißigjährige Krieg in der Region der heutigen Stadt Taunusstein

mann von Idstein und den Wehener Schultheißen geben Aufschluß über die Vermögensverhältnisse der Bevölkerung. Demnach hatte der Idsteiner Oberamtmann vom Wehener Grund ausstehende 200 Reichstaler für die Landrettung eintreiben wollen. Die Schultheißen von Wehen antworteten, es wäre ihnen völlig unmöglich, von den *ufs eusserste verderbte leuth* [...] *ein solch gelt under unss ufzuheben*, da die verbliebenen 105 Mann des Wehener Grundes weder *zu beissen noch zu nahen auch kein viehe mehr haben, daß etwaß verkauffen undt lösen kommen*. Sie seien noch verschuldet wegen der Kredite, die sie aufgenommen hatten, um die Kontributionen an Oberst von Görzenich zu leisten. Weitere Geldforderungen trieben die Untertanen nur dazu, ihre Dörfer zu verlassen. Deshalb baten die Schultheißen um Erlaß der zweihundert Reichstaler.[32]

Als Ludwig II. nach längerer Krankheit am 9. November 1627 verstarb, führten seine vier Söhne Wilhelm Ludwig, Johann, Ernst Kasimir und Otto die Regierung zunächst gemeinschaftlich. Im Januar 1629 teilten sie dann ihr Erbe: Wilhelm Ludwig, der Älteste, dem die Vormundschaft über die noch nicht volljährigen jüngsten Grafen übertragen wurde, erbte die linksrheinischen Besitzungen. Der Zweitälteste, Graf Johann, erhielt die Herrschaften Idstein und Wiesbaden mit Sonnenberg, den Ämtern Wehen und Burgschwalbach, während das Erbe Ernst Kasimirs im wesentlichen die Herrschaft Weilburg, dasjenige Ottos die Herrschaft Usingen umfaßte. Der Witwensitz Wehen sollte in seinem jetzigen Stand verbleiben und die Herrschaft Idstein für die ihr dadurch ausfallenden Einnahmen entschädigt werden.[33] Im Zusammenhang mit

ren, das Huren lernst du bald, fluchen mußt du nicht sparen. Überfall auf einen Bauern, um Geld aus ihm herauszupressen: *Durch diese brave Tat dein Geld ich finden will. Alter Schelm sag an, dein Herz ich sonst durchstich.* Überfall auf eine Frau: *Meine Mannheit zeig ich her, du Schandhur zeig an, wo ist der Schelm, der Dieb, der Hund, dein loser Mann.* Zeitgenössische Kupferstiche von Christian Richter.

dem aus einer momentanen militärischen Stärke heraus im Mai 1629 vom Kaiser durchgesetzten Restitutionsedikt mußte Graf Johann im folgenden Jahr die Einziehung seiner Klöster Walsdorf und Klarenthal durch den Mainzer Erzbischof hinnehmen.[34]

Im Sommer 1630 landete der schwedische König Gustav Adolf in Peenemünde – damit war die Hoffnung auf einen baldigen Frieden zunichte gemacht. Zunächst agierte die schwedische Armee in Norddeutschland, kurze Zeit darauf gelang es Gustav Adolf, die Schlacht bei Breitenfeld gegen Tilly für sich zu entscheiden. Diesem ersten großen Erfolg der Protestanten sollte unter schwedischer Führung ein unbeschreiblicher Siegeszug durch das Reich folgen.

Abb. 2: So prachtvoll gekleidet wie dieser Musketier rückten die Söldner in den Krieg. Kupferstich von J. de Gheyn II.

3. Die Ankunft der Schweden im Taunus

Gustav Adolf führte seine Soldaten Richtung Rhein-Main-Gebiet. Während im November 1631 Gustav Adolfs Truppen Hanau, Aschaffenburg und Frankfurt besetzten, versammelten sich die Wetterauer Grafen, um über die neue Situation zu beraten. Johann von Nassau-Idstein bezeichnete den schnellen Siegeszug des Schwedenkönigs als »Fügung Gottes«, eine Äußerung Graf Wilhelms von Solms-Greifenstein offenbart dagegen die Realität: Die schwedischen Soldaten stünden in der Grafenregion, und man müsse sich mit ihnen arrangieren.[35] So geschah es auch, und als aktives Mitglied des Grafenvereins endete somit auch für das Haus Nassau-Saarbrücken die Phase der Neutralität. Es blieb bis zum Kriegsende ein verläßlicher Verbündeter der Schweden.

Viele Mitglieder des Wetterauer Grafenvereins traten in die schwedische Armee ein. Auch Wilhelm Ludwig von Nassau-Saarbrücken diente nun im Regiment des Rheingrafen Otto Ludwig, sein jüngerer Bruder Otto unter Feldmarschall Gustav Horn. Graf Ludwig Heinrich von Nassau-Dillenburg erhielt sogar ein Obristenpatent über ein Regiment zu Fuß. Abgesehen vom politischen Klima änderte sich für die Bevölkerung der zum Wetterauer Grafenverein gehörenden Grafschaften wenig. An Stelle der ligistischen oder kaiserlichen Offiziere quartierten und musterten nun Verbündete in ihren Territorien: Ludwig Heinrich von Nassau-Dillenburg bekam die nassauischen Grafschaften der ottonischen Linie (nördlich der Lahn) zugewiesen, Oberst Heinrich von Ysenburg-Büdingen sollte unter anderem in den Ämtern Idstein und Wiesbaden je eine Kompanie werben.³⁶

Auch nach dem Tode Gustav Adolfs, der im November 1632 bei Lützen fiel, blieben die Wetterauer Grafen an der Seite Schwedens und traten dem vom schwedischen Reichskanzler Oxenstierna im April 1633 initiierten Heilbronner Bund bei. Die Bündnispartner verpflichteten sich, die Kämpfe wieder aufzunehmen und so lange fortzusetzen, bis drei Ziele erreicht waren: die Sicherung der »deutschen Libertät«, Religions- und Profanfrieden und die Satisfaktion der schwedischen Krone. Oxenstierna wurde zum Direktor des Bundes bestimmt und ihm ein zehnköpfiges kreisständisches consilium formatum zur Seite gestellt. Der erste Bundeskonvent, an dem auch Graf Johann von Nassau-Idstein teilnahm, wurde im Juli nach Frankfurt einberufen. Doch als sich im Juli und August die Nachrichten von den militärischen Niederlagen der Verbündeten in Süddeutschland häuften, begann sich der Heilbronner Bund aufzulösen. Die Niederlage der schwedischen Armee in der Schlacht bei Nördlingen am 6. September 1634 schließlich beendete die schwedische Hegemonie im Reich zugunsten des Kaisers.

Am 26. September 1634 brachten sowohl Graf Johann als auch Graf Ernst Kasimir ihr Archive zunächst nach Frankfurt, dann nach Straßburg in Sicherheit.³⁷ Noch vor Ankunft der anrückenden feindlichen Soldaten begaben sich die Brüder der walramschen Linie nach Kirchheim. Gräfin Elisabeth verließ ebenfalls ihren

Abb. 3: ... und so kehrten viele von ihnen aus dem Krieg zurück. Aus Tätern waren Opfer geworden. Guieseppe Mitelli (1692).

Witwensitz Wehen, um in Butzbach bei ihrem Bruder, dem Landgrafen Philipp von Hessen-Butzbach, Zuflucht zu suchen.[38] Doch nicht nur die Herrschaft emigrierte. Die anmarschierenden Truppen des Kardinalinfanten Ferdinand lösten eine regelrechte Fluchtwelle unter den Untertanen der Ämter Idstein und Wehen aus.[39]

Die Truppenbewegungen waren wieder begleitet von Gewalttätigkeiten – allein Oberst von Bönninghausen ließ in Wiesbaden und gleich zweimal in Idstein plündern. Aber auch die in ihre Festungen Mainz und Gustavsburg zurückgewichenen Schweden hausten fürchterlich. Sie kamen mit Wagen über den zugefrorenen Rhein und brachten Mobiliar, Futter und Proviant nach Mainz, damit die Stadt in der Lage war, einer längeren Belagerung standzuhalten. Sie verschonten Wiesbaden, doch das gesamte Amt Wehen wurde von den Schweden nach Beute durchstöbert. In Orlen wurden die Einwohner dabei von den Soldaten mißhandelt, besonders mit dem sogenannten schwedischen Trunk.[40] Graf Johanns bei Reichskanzler Oxenstierna vorgebrachte Klage wegen dieser Raubzüge der Verbündeten in sein Territorium besserten die Lage nicht.

Die Kaiserlichen hatten militärisch wieder die Oberhand, kurze Intermezzi wie die Eroberung der Feste Braunfels oder des Rheingaus trugen nur vorübergehend zur Stimmungshebung der nassauischen Untertanen bei. Wie zuvor bei Ankunft der Schweden, änderte sich für die Bevölkerung nicht viel, denn die neuen Besatzer konnten kaum mehr Schaden anrichten, als die »Beschützer« es getan hatten!

4. Die Konsequenzen des Prager Friedens

Die walramschen Nassauer mußten im Gegensatz zu ihren Verwandten der ottonischen Linie die vollen Konsequenzen für ihren Beitritt zum Heilbronner Bund tragen. Deswegen ausgeschlossen aus dem im Anschluß an die militärischen Erfolge des Kaiser ausgehandelten Prager Frieden, ging Johann von Nassau-Idstein nach einem kurzen Aufenthalt in den linksrheinischen Besitzungen des Hauses Nassau-Saarbrücken ins Exil nach Straßburg, seine Brüder nach Metz. Noch im Jahr des Prager Friedensschlusses wurden wegen Majestätsbeleidigung ihre Länder enteignet. Im November 1635 stellte der Kaiser den walramschen Besitz des Hauses Nassau unter treuhänderische Verwaltung und verteilte ihn an seine Gläubiger und Getreue. Die Herrschaft Wiesbaden mit der Kellerei Sonnenberg wurde dem Erzbischof Anselm Kasimir von Mainz zugesprochen, die Herrschaft Idstein mit Wehen kam an Graf Adam von Schwarzenberg, der Schuldforderungen in Höhe von 250 000 Gulden an den Kaiser hatte.[41] Die Ämter Idstein und Wehen waren durch die in den letzten Jahren ständig erfolgten Plünderungen und Durchzüge wüst und verödet. Zu der Huldigung, die am 11. und 12. Juli 1637 von dem kaiserlichen Kommissär Bertram von Sturm im Idsteiner Schloß angenommen wurde, erschienen insgesamt nicht einmal fünfzig Personen. Von den Bewohnern des Amtes Wehen waren sogar nur zwei Personen anwesend.[42] Im Gegensatz zu seinen Brüdern[43] unternahm Graf Johann keinerlei Versuche, die Gnade des Kaisers zu gewinnen. Er hielt sich mit seiner Familie die meiste Zeit in Straßburg auf und ersuchte den französischen König um Unterstützung, der ihm schließlich im Juli 1639 eine jährliche Pension von 6 000 Livres bewilligte.[44]

Unterdessen litten die unter fremder Herrschaft stehenden Ämter weiter unter den Kriegslasten. Aus den Ämtern Idstein, Wiesbaden und Wehen der Grafschaft Nassau-Idstein flohen die Untertanen vor den erneut erscheinenden Dragonern des Regiments Bönninghausen in momentan weniger bedrohte Gegenden, etwa in zum Kurmainzischen gehörende Orte, in befestigte Plätze wie Königstein, Eppstein oder Städte wie Frankfurt und Mainz. Über die Zustände im Amt Wehen in den Jahren 1636 und 1637 geben die Erinnerungen des Pfarrers Plebanus[45] von Miehlen eindringlich Auskunft. Plebanus war nämlich am 24. Juni 1636 mit Gräfin Elisabeth zusammengetroffen, die ihn bat, die freie Pfarrstelle in Wehen zu übernehmen. Plebanus sagte zu, unter der Bedingung, *weil der Weher Grund beynahe ausgestorben*, die Pfarrstelle von Bleidenstadt noch hinzunehmen zu können und außerdem vom Unterrichten in der Schule befreit zu werden. Auf Ersuchen der

Gräfin ging Plebanus in ihren Witwensitz, um eine Bestandsaufnahme zu machen. Am 26. Juli 1636 erreichte er Wehen. Nach seiner Rückkehr nach Butzbach erzählte er der Gräfin, daß ihre Untertanen völlig verelendet seien und viele arme Leute in den Wäldern lebten, während die verlassenen Dörfer von Tieren bevölkert würden.[46] Wegen der unregelmäßig in den Dörfern anwesenden Bauern würden die Felder nur unzureichend bestellt. Im Amt lagen nach Plebanus' Angaben einige Kompanien des Regiments Holzapfel. Dennoch versuchte die Gräfin ihre Rückkehr in ihren Witwensitz vorzubereiten, indem sie begann, die Amtsverwaltung wieder aufzubauen. Zunächst ernannte sie am 15. Oktober Andreas Völker zum Oberschultheißen und Kommandanten des Wehener Grundes und schickte ihn mit Plebanus am 15. und 16. nach Wehen. Die Aufzeichnungen der Pfarrers vermerken, sie hätten dort *ein rechts wüsteney im Schloss und Flecken, ja in dem gantzen Grund angetroffen, da kein Mensch in den Dörfern war.*[47]

Plebanus sprach auch die seelische Verwahrlosung der zurückgebliebenen Menschen an, die fast völlig auf geistlichen Beistand verzichten mußten, denn wegen der vielen verstorbenen oder geflohenen Seelsorger waren die meisten Pfarrstellen in den Dorfgemeinschaften unbesetzt.[48]

Immer wieder tauchten Soldaten auf, die die Gegend durchstreiften. Marodierende »crabaten«[49] verunsicherten das Land. Die Verhältnisse im Wehener Grund waren so schlimm, daß Plebanus der Gräfin Elisabeth von einer Rückkehr nach Wehen nur abraten konnte. Am 8. März 1637 brannte Bleidenstadt aus nicht bekannten Gründen bis auf das Pfarrhaus St. Peter und ein weiteres Haus ab.[50] Im Juni wurde Wehen vermutlich von Soldaten des Regimentes Moulin, das in den Ämtern Idstein, Wehen und Wiesbaden stand, geplündert.[51] Mit dem kaiserlichen Oberst Moulin und seinem Regiment zu Fuß hatte die Herrschaft Idstein bereits im letzten Jahr Bekanntschaft gemacht. Im Juni 1636 hatten die verarmten Untertanen der Herrschaft Idstein sowie der Ämter Wehen und Burgschwalbach ihm eine Schuldverschreibung von insgesamt 4000 fl ausstellen müssen.[52]

Der Sommer war zum dritten Mal in Folge sehr trocken und der Ernteertrag mäßig. Die seit zwei Jahren auftretende Mäuseplage verschlimmerte sich noch, so daß im Rheingau sogar Prozessionen gegen die Nagetiere abgehalten wurden.[53] Die Hungersnot hatte einen Höchststand erreicht, die Pest raffte die widerstandslosen Menschen dahin.

Am 16. Juli 1637 kam ein bayrisches Heer unter Jan von Werth in den Wehener Grund. Plebanus schildert detailliert die Ankunft der Truppen in Wehen. Die Reiter seien den ganzen Nachmittag in Wehen ein- und ausgegangen, sie hätten alles Eßbare mitgenommen, mit Raffinesse und meist erfolgreich nach versteckten Nahrungsmitteln und Geld gesucht. Selbst das Wasser im Graben an der Stadtmauer hätten die Soldaten abgelassen, um dort nach Wertgegenständen zu schauen.[54] Noch in der gleichen Nacht sei die gesamte Infanterie Richtung Wiesbaden gezogen, einige Nachzügler und eine verwüstete Stadt hinter sich lassend. Ähnlich wie Wehen erging es auch benachbarten Orten, vor allem war Langenschwalbach hart betroffen. Dort sollen etwa 3500 Menschen – Soldaten und Troß – gelegen haben. In Born quartierte ein Reiterregiment, in Hahn ein Infanterieregiment. Am 19. Juli setzte die Infanterie und die von Idstein kommende Kavallerie bei Kostheim über den Rhein.[55] Bei den letzten Plünderungen waren die Saatfrüchte nicht verschont geblieben – ein weiteres Hungerjahr bahnte sich an.[56]

In den Ämtern Idstein und Wehen war alles völlig zerstört. Nur wenige, meist kranke Menschen wohnten noch in den Dörfern, und die Felder lagen weitgehend brach. Im Juni 1638 gab dann auch Graf von Schwarzenberg die verödete und ruinierte Herrschaft Idstein samt Wehen an den Kaiser zurück, da sie dem Gegenwert der 250000 Gulden nicht entspräche.[57]

5. Die letzten Kriegsjahre

Nach der Rückgabe der Ämter blieben sie bis zur Restitution Graf Johanns unter kaiserlichem Sequester, ihre geringen Einkünfte flossen dem kaiserlichen Fiskus zu. Von den Offizieren wurde die Grafschaft gemieden, denn das ruinierte Land gab nichts mehr her, weder Lebensmittel noch sonstiges Vermögen.

Inzwischen hatte sich das Kriegsglück wieder gewendet, die mit Schweden verbündeten Franzosen hielten das linke Rheinufer mit Mainz besetzt. Die ligistischen Truppen hatten sich nach Schwanheim und Hofheim zurückgezogen, von wo aus sie Plünderungszüge bis in den Taunus hinein unternahmen. Im Jahre 1644 wurde Wiesbaden trotz bewilligter Schutzbriefe völlig ausgeraubt.[58] Die Herrschaft Idstein wurde nicht verschont, Ende November kamen die Reiter auch nach Wehen. Während ihrer Anwesenheit brach Feuer aus – Wehen brannte bis auf das Schloß und das Pfarrhaus nieder. Alle im Rathaus befindlichen Dokumente und Aufzeichnungen wurden durch die Flammen für immer vernichtet.[59]

Mit Beginn des sogenannten Hessenkrieges im Jahre 1645 geriet die Region noch einmal zwischen die Fronten. Nun mußten die Untertanen der Ämter Idstein und Wehen neben den zu leistenden Frondiensten und Naturalienabgaben an die französische Garnison in Mainz auch an der Befestigung der hessen-kasselischen Wehranlagen in Reifenberg und Friedberg mitarbeiten. Die von Johann von Nassau-Idstein an die Landgräfin von Hessen-Kassel gerichtete Bitte um Nachlaß der Forderungen beantwortete diese abschlägig. Als Landgräfin Amalies Verbände unter Befehl des Feldherren Mortaigne de Portalis im Sommer 1647 über

Abb. 4: »Der Friedensreiter« verkündet das Ende des Krieges. Zeitgenössisches Flugblatt.

Camberg, Idstein und Wehen[60] in die Niedergrafschaft Katzenelnbogen zogen, bemerkte Mortaigne in einem Brief an den Landgrafen von Hessen-Rheinfels erschüttert: *Ob man mir wohl viel davon gesagt, habe ich es nicht geglaubt, daß das Land so könnte verderbt sein, wenn ich es nicht mit eigenen Augen gesehen.*[61] Wie erbärmlich muß es im Taunus zugegangen sein, daß ein mit dem Elend des Krieges wohlvertrauter, aus dem als besonders verwüstet geltenden Hessen kommender Offizier den Zustand der Grafschaft für erwähnenswert erachtet!

Inzwischen nahm der Friedenskongreß in Münster und Osnabrück Gestalt an. Obwohl sich in der Amnestiefrage noch keine Änderung eingestellt hatte, schickte Graf Johann bereits im Mai 1647 den Amtmann Schmittberg nach Wiesbaden und Idstein und ließ ihn in seinem Namen Besitz von den Herrschaften ergreifen. Im Dezember 1647 traf er selbst in seiner Grafschaft ein.[62]

Im Oktober 1648 wurden die Friedensverträge[63] in Osnabrück und Münster unterzeichnet. Der Jubel über den Friedensschluß war groß, überall wurde gefeiert. In den Gemeinden der Grafschaft Nassau-Idstein fanden am 28. und 29. Dezember feierliche Dankgottesdienste statt.[64] Erleichterung darüber, daß nun endlich der Jammer ein Ende haben werde, und berechtigte Hoffnung auf bessere Zeiten wurden wach. Der dank des Westfälischen Friedens wieder in seine Rechte eingesetzte Graf Johann von Nassau-Idstein konnte sich nun mit ganzer Kraft dem Wiederaufbau seiner fast menschenleeren, zerstörten Grafschaft widmen.

6. Anmerkungen

1 1255 wurde die Grafschaft Nassau unter den Brüdern Walram II. und Otto I. entlang der Lahn geteilt. Otto erhielt den nördlichen Teil, Walram den südlichen. Eine Übersicht über die häufigen Teilungen der walramschen Grafschaften in K. E., Demandt: Geschichte des Landes Hessen. Kassel (1980), unbearb. ND der 2. Aufl. 1972, S. 371-376 (künftig: Demandt, 1972).
2 Ursprünglich gehörte der Wehener Grund zur Grafschaft Weilburg, doch im Jahre 1611 wurde die Verwaltung des Amtes samt Sonnenbergs an das näher gelegene Oberamt Idstein übertragen. HHStAW 133 IV c 1.
3 Elisabeth von Nassau-Weilburg (1580–1653), geb. Landgräfin von Hessen-Darmstadt, Witwe Philipps IV.
4 Empfohlene Überblicksdarstellungen zum Ausbruch und Verlauf des Dreißigjährigen Krieges: G. Schmidt, Der Dreißigjährige Krieg. (München 1995); G. Schormann, Der Dreißigjährige Krieg. Göttingen (1985) = Kleine Vandenhoeck-Reihe 1506.
5 Landesausschuß = Milizähnliches Aufgebot der Einwohner eines Landes, das dem Landesherrn für militärische Einsätze zur Verfügung stehen mußte.
6 J.W.Th. Schliephake u. K. Menzel, Geschichte von Nassau von den ältesten Zeiten bis auf die Gegenwart, auf der Grundlage urkundlicher Quellenforschung. Bd. 6, Wiesbaden 1884 S. 441f. (künftig: Menzel, 1884); E. Wilhelmi, Wehen und sein Grund. Wehen 1957 (künftig: Wilhelmi, 1957).
7 HHStAW 133 X a 8.
8 E. F. Keller, Die Drangsale des Nassauischen Volkes und der angrenzenden Nachbarländer in den Zeiten des dreißigjährigen Krieges, seine Helden, Staatsmänner und andere berühmte Zeitgenossen. Ein Beitrag zur inneren Geschichte jener Zeit, nach archivalischen und anderen Quellen bearbeitet. Gotha 1854 S. 14 (künftig: Keller, 1854).
9 Kalvinisten: Anhänger der nach J. Calvin benannten evangelisch-reformatorischen Glaubensrichtung.
10 Stadtarchiv WI/1 Nr.1 Beheltnusbuch S. 625.
11 H. Langer, Kulturgeschichte des 30jährigen Krieges. Stuttgart, Berlin, Köln, Mainz 1978 S. 50f. (künftig:Langer, 1978).
12 G. Schmidt, Wetterauer Grafenverein. Organisation und Politik einer Reichskorporation zwischen Reformation und Westfälischem Frieden. Marburg 1989 = Veröffentlichungen der Historischen Kommission für Hessen 52 (künftig: Schmidt, 1989).
13 Reichsstände sind Glieder des Reiches, die über Sitz und Stimme im Reichstag verfügen.
14 Schmidt 1989, S. 399.
15 Stadtarchiv WI/1 Nr. 1 Beheltnusbuch S. 695f. Durchzug Spinolas 1620. Im Auszug gedruckt bei Roth, Ludwig: Bilder aus der Notzeit des Nassauer Landes vor 300 Jahren. In: Nassovia, 1 (1932) S. 1ff.
16 Die Datierung wird im folgenden nach dem Gregorianischen Kalender (neuer Stil) angegeben. Ausnahmen werden mit a. St. (Julianischer Kalender) gekennzeichnet. Wie in den meisten evangelischen Territorien wurde in der Grafschaft Nassau-Idstein erst um die Jahrhundertwende der Gregorianische Kalender eingeführt.
17 Wilhelmi, 1957 S. 118.
18 Stadtarchiv WI/1 Nr. 578, fol. 1.
19 Schmidt, 1989 S. 402.
20 HHStAW 150 Urkunden Nr. 396.
21 Keller, 1954 S. 27; Schmidt, 1989 S. 403.
22 HHStAW 133 VII c 1.
23 Keller, 1854 S. 31.
24 Schneider, Konrad: Das Münzwesen in den Territorien des Westerwaldes, des Taunus und des Lahngebietes und die Münzpolitik des Oberrheinischen Reichskreises im 17. Jahrhundert. Diss. Bonn 1977 (künftig: Schneider, 1977).
25 Stadtarchiv WI/1 Nr. 577, fol 5. Hersfeld, 1. August 1624, Auszüge der Ordinatz bei Spielmann, Christian: Das Tillysche Heer in Nassau, 1624/25. In: Nassovia, 14 (1913) S. 296f.
26 HHStAW 133 VII 1.
27 HHStAW 133 VII c 1a.
28 Stadtarchiv WI/1 Nr. 581, fol. 15; Wilhelmi, 1957 S. 121.
29 HHStAW 137 VII c 2.
30 Schmidt, 1989 S. 414.
31 H. Heck, Ein Kriegsverbrecherprozeß aus der Zeit des dreißigjährigen Krieges. In: Diezer Heimatblätter, 2 (1956) S. 52-55, S 54f.

32 HHStAW 136 VII b 1.
33 Teilungsvertrag als Teil des Hauptteilungsrezesses von 1651 gedruckt bei J. C. Lüning, Teutsches Reichs-Archiv. Spicilegium Seculare I, Abs. 28 S. 708–721.
34 Menzel, 1888 S. 412.
35 Schmidt, 1989 S. 425.
36 Menzel, 1888 S. 482f.; Schmidt, 1989 S. 426.
37 Menzel, 1888 S. 497f.
38 Aufzeichnungen des Pfarrers Plebanus von Miehlen. Bearb. v. F. Heymach. In: Annalen des Vereins für Nassauische Altertumskunde und Geschichtsforschung, 38 (1908) S. 266 (künftig: Heymach, Aufzeichnungen).
39 Keller, 1854 S. 263.
40 Der sog. schwedische Trunk war eine häufig praktizierte Tortur, bei der dem Opfer gewaltsam Jauche oder eine andere Flüssigkeit eingeflößt wurde, um es dann mit Fußtritten auf den Bauch zu traktieren. Viele der so mißhandelten Menschen starben an den Folgen. Als Erfindung der »Schweden« beziehungsweise der unter schwedischem Kommando stehenden Söldner kann er nicht nachgewiesen werden. Langer, 1978 S. 105.
41 Menzel, 1888 S. 506–510.
42 Heymach, Aufzeichnungen, S. 284.
43 Der Kurfürst von Sachsen überreichte Kaiser Ferdinand während der Krönungsfeierlichkeiten seines Sohnes (Kurfürstentag in Regensburg vom September 1636 bis Januar 1637) die Beschwerdebriefe der Grafen Wilhelm Ludwig und Ernst Kasimir. F. Ch. Khevenhiller, Annales Ferdinandeorum. 12 Bde. und 2 Suppl. Leipzig 1720–26 XII, S. 2154f.
44 Menzel, 1888 S. 512.
45 Johann Völker, latinisiert Plebanus (1581–1649), war evangelischer Geistlicher und seit 1618 in der Pfarrei Miehlen tätig.
46 Heymach, Aufzeichnungen, S. 269f.
47 Edb. S. 274.
48 Edb. S. 275.
49 Mit der Bezeichnung »crabaten« (Kroaten) waren keineswegs immer Söldner aus Kroatien gemeint. Es war vielmehr ein Sammelbegriff für alle fremdsprachigen Söldner, bzw. alle besonders forsch und rüde auftretenden Reitergruppen geworden. Langer, 1977 S. 105.
50 Heymach, Aufzeichnungen, S. 281.
51 Keller, 1854 S. 288.
52 HHStAW 133 VII 1.
53 Heymach, Aufzeichnungen, S. 283.
54 Die Zivilbevölkerung versuchte, Geld oder Wertsachen vor den plündernden Soldaten zu verstecken. Hatte die Bevölkerung im Laufe der Zeit immer raffiniertere Verstecke ersonnen, waren die Soldaten im Aufspüren derselben nicht minder erfindungsreich. In diesem Zusammenhang sei auf den vielbeachteten Schatz des Scharfrichters Hans Leonhard Busch hingewiesen, der vermutlich zum Teil in der Zeit des Dreißigjährigen Krieges gehortet worden ist. E. Günther, u. J. Hauff, Der Schatz des Henkers Leonhard Busch. Fund von Neuhof findet Interesse vieler Sammler und Museen. In: Heimatjahrbuch Rheingau-Taunus-Kreis, 30 (1979) S. 192–197.
55 Heymach, Aufzeichnungen, S. 285.
56 Generell scheint es erstaunlich, daß die kleinen Flecken und Dörfer in der Region überhaupt so lukrativ waren, daß sie mehrmals hintereinander geplündert werden konnten. Dieser Umstand erklärt sich daraus, daß zwar die Summe des Bargeldes geringer geworden war und eventuell auch Immobilien zerstört waren, aber zwischen den Soldaten und den Bauern bei aller Feindseligkeit eine Art »ritualisiertes ›Geschäft‹« abgewickelt wurde. Dies traf in besonderem Maße auf den Viehraub zu. Die Soldaten, die das Vieh geraubt hatten, waren – sofern sie es nicht schlachteten oder als Reit- und Packpferd benötigten – daran interessiert, die Beute schnell in Geld umzusetzen. Deshalb verkauften sie ein paar Dörfer weiter zu günstigen Preisen an die dortigen Bauern. Gerade die unterbäuerliche Schicht – Knechte, Tagelöhner – ergriff die Chance, als Zwischenhändler zu Geld zu kommen. Ähnlich wurde mit anderen Waren verfahren. Die Versuchung der Soldaten, Kaufmannswaren zu beschlagnahmen und erst gegen »Zoll« zurückzugeben, war groß. Zahlreiche Erlasse der Feldherren versuchten diese Form der Bereicherung zu unterbinden – etwa Wallensteins Verbot aus dem Jahr 1629, irgendeinen Zoll auf Waren zu erheben oder der Schutzbrief des König Gustav Adolf für die Frankfurter Messe von 1632. Die salva guardia des schwedischen Königs umfaßte nicht nur die Frankfurter Messe und generell Handel und Gewerbe, sondern insbesondere auch den Ackerbau. Seine Soldaten unterlagen der Paßzettelpflicht. Die Ausnutzung der Untertanen für Botengänge oder das Umherjagen (!) derselben sowie der Verschleiß ihrer Ochsen und Pferde wurden unter Strafe gestellt. Eine Abschrift der *salva guardia* ist im Stadtarchiv WI/1 Nr. 578 fol. 11.; Langer, 1977 S. 124.
57 Menzel, 1888 S. 510.
58 Stadtarchiv WI/1 Nr. 1 Beheltnusbuch S. 765–769.
59 Wilhelmi, 1957 S. 164.
60 Menzel, 1888 S. 527.
61 Zit. n. Keller, 1854 S. 439.
62 Menzel, 1888 S. 526.
63 Instrumenta Pacis Westphalicae. Die Westfälischen Friedensverträge 1648. Vollständiger lateinischer Text mit Übersetzung der wichtigeren Teile und Regesten. Bearb. v. Konrad Müller. Bern 1949 = Quellen zur neueren Geschichte, Heft 12/13.
64 F. W. E. Roth, Geschichte und historische Topographie der Stadt Wiesbaden im Mittelalter und der Neuzeit. Wiesbaden 1883 S. 174.

Heike Gockel

Der Wiederaufbau nach dem Dreißigjährigen Krieg

Inhalt

1. Einleitung 161
2. Bevölkerungsdichte und Vermögensverhältnisse 161
3. Verwaltungs- und Hausangelegenheiten 163
4. Wiederaufbau des Kirchen- und Schulwesens 164
5. Impulse für Wirtschaft und Handel 165
6. Anmerkungen 166

1. Einleitung

Die Westfälischen Friedensverträge beendeten den Krieg, der 1618 in Böhmen seinen Anfang genommen hatte. Schon die Zeitgenossen hatten ihn als Einheit, als dreißig Jahre währendes Kriegsgeschehen empfunden und den Begriff des Dreißigjährigen Krieges geprägt. Der Freude der Reichsstände und der Bevölkerung über den lange ersehnten Friedensschluß wurde in prächtigen Banketten, Festen, Prozessionen und Dankgottesdiensten Ausdruck verliehen. Die Kampfhandlungen zwischen dem Kaiser und den Alliierten wurden zwei Wochen nach Unterzeichnung der Verträge eingestellt. Der Frieden gewährte allgemeine und uneingeschränkte Amnestie und Restitution und erkannte das reformierte Bekenntnis neben dem katholischen und dem lutherischen Glauben als Reichskonfession an.[1]

Mit dem Friedensschluß hatten sich die politischen und rechtlichen Verhältnisse der Grafschaft Nassau-Idstein geklärt – die völlige Restitution ihres Landesherren war vertraglich gesichert –, doch waren mit der Unterzeichnung des Vertrages die Lasten der Bevölkerung nicht schlagartig beendet. Der Plan zur Abfindung der schwedischen Armee sah vor, insgesamt fünf Millionen Reichstaler an Schweden zu zahlen.[2] Davon sollten drei Millionen Reichstaler sofort nach Friedensschluß ausbezahlt werden, davon aber nur 1,8 Millionen in bar und 1,2 Millionen in Schuldverschreibungen. Doch erst nach dem Nürnberger Exekutionstag im Juni 1650 begannen die Schweden, ihre Garnisonen und Stützpunkte nach und nach zu räumen.[3]

Für die Region der heutigen Stadt Taunusstein bedeutete diese Verzögerung, daß sie weiterhin die Präsenz schwedischer Truppen erdulden mußte: Das hammersteinische und das badische Regiment lagen in den nassauischen Ländern und mußten unterhalten werden. Der in schwedischen Diensten stehende, aber in Nassau geborene Oberst Mohr blieb bis 1651 in der Gegend.[4] Der Anteil der Abfindungssumme, den die Grafschaft Nassau-Idstein zu tragen hatte, belief sich auf 5696 Rtl.[5] Hinzu kamen noch Verpflichtungen gegenüber der Landgräfin Amalie von Hessen-Kassel und die weiterhin an die in Mainz verbliebenen Franzosen zu stellenden Schanzarbeiter und Kontributionen.[6] Daß aber das im Krieg fast lahmgelegte Justizwesen langsam wieder griff und ungerechtfertigten Forderungen Einhalt geboten wurde, zeigt eine Deklaration aus dem Februar 1649: Darin wurden die Obligationen der Idsteiner Untertanen gegenüber dem Obersten Moulin aus dem Jahre 1636 für nichtig erklärt, weil dieser sie unter Zwang eingetrieben habe.[7]

Um die Gelder für den Beitrag zur Abfindungssumme des schwedischen Heeres bezahlen zu können, mußten neue Steuern erhoben werden. Das Amt Wehen sollte beispielsweise eine Rate von 790 Rtl. leisten. Nach Bekanntmachung der Abgabenhöhe wandten sich die Untertanen des Amtes an Graf Johann mit der Bitte, die Summe auf 300 Rtl. herabzusetzen. Sie begründeten ihr Anliegen mit der geringen Einwohnerzahl von »33 man der gantze grundt«, derer schlechten Vermögensbasis, und dem desolaten allgemeinen Zustand des Landes. Die Leute appellierten an den Großmut des Grafen, ihnen Milderung zuteil werden zu lassen, damit sie bei Haus und Hof bleiben könnten.[8] Allein – dies lag gar nicht in der Macht des Grafen, der ja selbst an festgelegte Zahlungstermine gebunden und deshalb auf die Einnahmen angewiesen war. Die Forderungen brachten seine Untertanen noch einmal an die Grenzen ihrer wirtschaftlichen Belastbarkeit. Einige Gemeinden ersuchten sogar um Erlaubnis, Kirchengut veräußern zu dürfen. So wollte ein Kirchspiel seine Kirchenglocke verkaufen, weil das Geld anders nicht aufzubringen war.[9] Letztlich muß Graf Johann die ihm auferlegte Summe beglichen haben, auch wenn es unklar bleibt, auf welche Weise und zu welchem Zeitpunkt die Zahlung der 5696 Rtl. geleistet wurde.[10]

2. Bevölkerungsdichte und Vermögensverhältnisse

Um möglichst effektive reorganisatorische und wiederherstellende Maßnahmen durchführen zu können, mußte zunächst Klarheit über den tatsächlichen Zustand der Ämter erlangt werden. Daher beauftragte Graf Johann den Oberamtmann Johann Hartmut von Langeln und den Superintendenten, im August 1649 mit einer Landesvisitation[11] zu beginnen. Sie wurden instruiert, alle Geistlichen, Lehrer und andere angesehene Bürger zu befragen, wie es früher – vor dem Krieg – mit den weltlichen und geistlichen Dingen gehalten wurde, und die Ergebnisse aufzuzeichnen.

Nach der Befragung zeigte sich, daß eine Umschichtung des Grundbesitzes stattgefunden hatte. Während des Krieges waren viele Äcker und Gärten zu Billigpreisen, häufig nur im Tausch mit Naturalien, veräußert worden. Im Amt Wiesbaden wurde etwa ein Morgen Land für weniger als zehn Reichstaler verkauft, ganze »Güter« wechselten für etliche Laib Brot den Eigentümer.[12] Oder es hatten sich Nachbarn oder Fremde in den Besitz von kurzzeitig Geflohenen gesetzt. Also ordnete Graf Johann in einem vorübergehenden Erlaß aus dem Jahr 1650[13] an, brachliegendes Land einzuziehen und zu günstigen Preisen zum Verkauf auszuschreiben. Fand sich kein Käufer, wurde das Land zum Kammergut erklärt. Meist wurde es später ein zweites Mal zum Kauf angeboten. Grundstücke, auf denen ein Zins ruhte, der seit dreizehn Jahren nicht mehr abgeführt worden war, verfielen dem Fiskus. Streitigkeiten um besetzte, angenommene Güter von Weggezogenen oder Toten sollten zwischen den neuen Besitzern und den Rückkehrern und Erben gütlich beigelegt werden. Strittige Sachen sollten bis zum Erlaß einer Gemeindeordnung ausgesetzt, in Privatbesitz umgewandelte Gemeindeäcker zurückgegeben werden.

Bezüglich der Bevölkerungsdichte der Nachkriegszeit in der Region gibt es wenige Hinweise. Für die Herrschaft Idstein wird an verschiedenen Stellen von 40 Bürgern in der Stadt Idstein im Vergleich zu 89 Bürgern vor dem Krieg gesprochen, was einem Rückgang von über 50 % entspräche. Viele Häuser hätten leergestanden, die Dörfer Engenhahn, Königshofen und Niedernhausen seien völlig unbewohnt gewesen. Im Amt Wehen sollen im Jahr 1649 wieder 40 Familien gewohnt haben. Demnach lebte nur noch 1/5 der Vorkriegsbevölkerung im Wehener Grund. Diese bruchstückhaften Hinweise genügen, um den Bevölkerungsrückgang in der Region als dramatisch zu bezeichnen.

Der drastische Bevölkerungsschwund hatte verschiedene Gründe. Neben den eher geringen Verlusten durch direktes Kriegsgeschehen und rohe Gewalt waren vor allem Hunger und Seuchen für die Bevölkerungsdezimierung verantwortlich zu machen. Die Hungersnöte, provoziert durch ungeregelten Getreideanbau, bei gleichzeitiger Verpflichtung, die einquartierten und durchziehenden Soldaten vorrangig zu ernähren, verstärkten die Kindersterblichkeit, den Geburtenrückgang und die Seuchen. Von den Soldaten eingeschleppt und durch deren oder die zivile Mobilität begünstigt, verbreiteten sich ansteckende Krankheiten. Größere Seuchen im Raum Idstein traten in den Jahren 1621 (Pocken), zwischen 1621–1623 (sogenannte Spanische Schwachheit), 1625 (Ruhr), im Winter 1626 bis 1627 (Pest)[14] und zwischen 1635–1636 (Pest)[15] auf. Besonders die Pest forderte viele Opfer unter den vm Hunger geschwächten, widerstandslosen Menschen. Während die Seuchen früherer Jahre nur kurze Zeit andauerten und sich Bevölkerungsverluste relativ schnell ausglichen, waren ihre Auswirkungen in den Kriegsjahren deshalb so verheerend, weil der Rückgang an Geburten keinen Ausgleich schuf. Dieses Aufeinandertreffen von ungünstigen Umständen wie Hunger, Seuchen, befristete oder unbefristete Flucht lassen extreme Angaben über Tiefstände der Bevölkerungszahl in und nach dem Krieg glaubwürdig erscheinen.

Viele Gebäude – Wohnhäuser, Stallungen, Befestigungsanlagen – waren in desolatem Zustand. Sie waren zum Teil infolge der Brände oder bei Plünderungen gewaltsam zerstört, aber zum Großteil wegen der leichten Bauweise nach längerer Abwesenheit der Bewohner einfach verfallen und von den Nachbarn oder Durchziehenden als billiges Baumaterial demontiert worden.

Angesichts dieser Tatsachen griff Graf Johann zu Maßnahmen, die auch in anderen Territorien Anwendung fanden: Er versuchte, exilierte Untertanen zurückzuholen, setzte Anreize für Neusiedler und hoffte mittels Androhung von Strafen den Aufbau der Gebäude zu beschleunigen. Gemäß eines Privilegs aus dem Jahr 1663[16] sollten all diejenigen, die wüste Hofstellen wieder auf- oder neue erbauten, fünfzehn Jahre lang aller auf dem Gut liegenden Lasten, inbegriffen Fron- und anderer Dienste, befreit sein. Offenbar gab es aber auch viele Untertanen, die ihre bereits bewohnten Häuser nicht renovierten, ihre Äcker unbestellt ließen, und ihre Herren-, Kirch- und Schulabgaben nicht leisteten. Da der Herrschaft und den gemeinnützigen Fonds deshalb bereits ein großer Schaden entstanden sei, erging nun die strenge Weisung des Landesherrn, daß innerhalb des nächsten Jahres die bereits bewohnten Gebäude aufgebaut und die daraufliegenden Abgaben zu leisten seien, da die Häuser sonst eingezogen und anderweitig vergeben werden würden. So erhoffte sich der Graf eine Besserung der finanziellen Lage seines Landes, eine Hebung der Kirchen- und Schulfonds. Dieses Privileg, das immerhin fünfzehn Jahre nach Kriegsende erteilt wurde, verdeutlicht, wie schwierig es einerseits für die Regierung war, den Wiederaufbau zu steuern, wie lange es andererseits für die Untertanen dauerte, bis sie wieder seßhaft und in geregelten Umständen leben konnten. In Nassau-Idstein scheint es gelungen zu sein, den dauerhaften Zuzug von Leuten vor allem aus der Gegend um Lüttich zu bewirken.[17] Idsteins Bevölkerungszahl war 1684 wieder auf 69 Bürger gestiegen, immerhin ein Zuwachs von 70% nach dreißig Jahren. Doch im Verhältnis zur Vorkriegszeit bedeutete dies immer noch einen Rückgang von über einem Drittel.[18] Im Amt Wehen hatte sich bis zum Jahr 1678 die Zahl der Familien seit Kriegsende mehr als verdoppelt.[19] Auch hier zeigt der Vergleich mit dem Ergebnis der letzten Vorkriegszählung hohe Verluste, nämlich einen Rückschritt in der Bevölkerungsdichte von über 60%.

3. Verwaltungs- und Hausangelegenheiten

Bereits kurz nach des Grafen Rückkehr wurde Hartmut von Langeln zum Oberamtmann ernannt. Damit war die wichtigste Behördenposition besetzt. Im Jahr 1649 wurde Georg Philipp Plebanus zum Hofmeister bestellt. Elisabeth von Nassau-Weilburg schickte nach Friedensschluß aufbauwillige Männer in das Amt Wehen – die Stellung des Amtskellers (Verwalter) besetzte sie mit Johann Jörg Emmrich[20], die des Schultheißen von Wehen mit Kaspar Fließenbarth. Elisabeth selbst bereitete alles für ihre Heimkehr im folgenden Jahr vor.

Nach Kriegsende war es den walramschen Brüdern wichtig, eine endgültige Teilung ihres Erbes vorzunehmen. Nach dem Tod des Bruders Otto waren 1633 und in den beiden darauffolgenden Jahren Verhandlungen darüber begonnen, jedoch ergebnislos abgebrochen worden. Während der Jahre im Exil war an eine Regelung der Angelegenheit nicht zu denken gewesen. Nachdem der Kaiser am 4. Juni 1649 ihre Lehen bestätigt hatte, wurde unter Vermittlung des Herzogs Ernst von Sachsen-Gotha am 6. März 1651 ein Vergleich[21] geschlossen. Demnach erhielt Graf Johann zu dem Haupthaus Idstein erblich die Herrschaften Idstein und Wiesbaden mit der Kellerei Sonnenberg, die Ämter Wehen und Burgschwalbach, den idsteinischen Teil des gemeinschaftlichen Amtes Nassau mit Haus Scheuern, die Herrschaft Lahr und das saarbrückische Haus in Straßburg. Alles zusammen entsprach einem Gegenwert von 26 130 fl 4 alb. Der Erbvertrag legte weiterhin fest, daß jede Teilgrafschaft künftig ein Drittel der Reichs- und Kreissteuern und der Unterhaltungskosten des Kammergerichts aufzubringen hatte. Außerdem wurde eine weitere Versammlung in drei Monaten anberaumt, um letzte offene Fragen etwa über einen Zuschuß zu den Schloßbauten in Idstein und Weilburg zu beraten.

Nachdem ihre Verwandten der ottonischen Linie wegen ihrer besonderen Verdienste um das Reich vom Kaiser in den Reichsfürstenstand erhoben worden waren und auf dem Regensburger Reichstag vom Oktober 1652 in das Fürstenkollegium eingeführt werden sollten, bewarb sich die walramsche Linie unter Berufung auf Urkunden Karls IV. gleichfalls um eine Standeserhöhung. Graf Johann reiste mit seinem Sohn Gustav Adolf sogar persönlich nach Regensburg, um seine Interessen wahrzunehmen. Doch der Vorstoß der Grafen von Nassau-Saarbrücken scheiterte. Der prestigebringende Aufstieg gelang erst 1688, allerdings ohne eine Stimme im Reichsfürstenrat zu erhalten.[22]

4. Wiederaufbau des Kirchen- und Schulwesens

Im Westfälischen Friedensvertrag war festgelegt worden, daß alle geistlichen Güter, die am 1. Januar 1624 in protestantischem Besitz gewesen waren, auch den Protestanten verbleiben beziehungsweise zurückgegeben werden sollten. Die Durchsetzung dieses Beschlusses vollzog sich nicht sofort. Die in Klarenthal eingezogenen Jesuiten blieben, in Mosbach bei Biebrich harrte der katholische Priester aus. Die Franzosen in Mainz unterstützten bis zu ihrem Abzug 1649 die Mönche und den katholischen Geistlichen und behinderten in der Herrschaft Wiesbaden die Ausübung der protestantischen Religion. Der saarbrückische Rat Karl Röder von Hirschberg erhielt im Dezember 1649 die Zusage des Kaisers, er wolle die Restitution der genannten Orte anordnen. Tatsächlich gaben die Jesuiten im Januar 1650 Kloster Klarenthal an Graf Johann zurück. Kurz darauf hatte Mosbach einen protestantischen Pfarrer.[23]

Im Oktober 1648, unmittelbar nach seiner offiziellen Wiedereinsetzung in seine Grafschaft, vergab Graf Johann die Stelle des Superintendenten, Stadt- und Hofpredigers der Grafschaft Idstein, die nach dem Tod des Idsteiner Superintendenten Tobias Weber im Jahr 1633 von seinem Weilburger Kollegen Stephani mitversehen und nach dessen Tod drei Jahre später gar nicht mehr besetzt worden war, an den Magister Martin Erythrophilus aus Butzbach.[24] Der am 1. Oktober (a. St.) in der Idsteiner St. Martinskirche in sein neues Amt eingeführte Erythrophilus ging tatkräftig an die Wiederaufrichtung des Kirchenwesens. Die Pflichten und Aufgaben des Superintendenten waren umfangreich: Sie waren in den 27 sogenannten Deliberationspunkten[25] fixiert. Diese genaue Festlegung der Rechte und Pflichten seiner Superintendenten weist Graf Johann als orthodox geprägten, sein Bischofsamt ernst nehmenden Landesherrn aus. Erythrophilus starb nach siebenjähriger Amtszeit.

Sein Nachfolger Johann Philipp Elbert war nicht unumstritten. Die Pfarrer der Grafschaft Idstein warfen ihm vor, Anhänger des *Helmstädtischen Schismas*, der Lehren des Georg Calixt, zu sein. Ungeachtet dieser Anschuldigungen setzte Graf Johann seinen Kandidaten durch, der versuchte, an das unvollendete Werk seines Vorgängers anzuknüpfen. Besonders die Besetzung der freien Pfarrstellen bereitete Probleme, da die Einkünfte in den Nachkriegsjahren erst langsam wieder in dem Maße flossen, daß davon neue Pfarrer besoldet werden konnten.

Zahlreiche Gemeinden hatten den Kirchenzehnten im und nach dem Krieg verbraucht, die Kirchenfonds waren durch Plünderung aufgezehrt. Lange waren keine Zinsen gezahlt worden, viele Schuldner inzwischen verstorben.[26] Visitationsberichte aus dem Jahr 1662 lassen erkennen, daß zu diesem Zeitpunkt jedoch die meisten Pfarrstellen wieder besetzt waren und ein geregeltes Gemeindewesen praktiziert werden konnte.[27]

Die Pfarrstelle in Wehen und Bleidenstadt mit den zugeordneten Filialen versah von 1646 bis 1652 Nikolaus Wicht. Ihm folgte Pfarrer Ulrich Fischer, der der Gemeinde Wehen vorstand – bis er 1688 wegen Trunkenheit und anderer »Sünden« entlassen wurde.[28] Die Stiftskirche und die Gebäude von St. Ferrutius in Bleidenstadt waren seit dem Brand 1637 zerfallen. Der Mainzer Erzbischof forderte das Stiftskapitel auf, die Gebäude in Bleidenstadt wieder aufzurichten. Übergangsweise las der Pfarrer von Frauenstein einmal wöchentlich die Messe, seelsorgerische Aufgaben übernahmen die Patres aus Langenschwalbach. Erst 1669 bis 1673 wurde die Stiftskirche wiedererrichtet.[29]

Die Verfolgung von Häretikern und Hexen war Graf Johann leider ein besonderes Anliegen. Hexenverfolgungen sind generell besonders im ersten Drittel des 17. Jahrhunderts belegt. Die quantitative Zunahme der Prozesse im Reich ist im Zusammenhang mit den Ängsten und Psychosen der Menschen zu sehen, die mit wirtschaftlichem Rückgang und dem dadurch ausgelösten sozialen Wandel schon vor Ausbruch des Krieges fertig werden mußten. Die Kriegsereignisse mit der alltäglichen Unsicherheit, Hunger und Krankheiten verstärkten dieses Gefühl noch. Die Hexen und Hexer wurden als angebliche Verursacher von sonst unerklärlichen Unglücksfällen oder Notzeiten bestimmt, ihre

Beseitigung ließ hoffen, daß sich solche Vorfälle nicht mehr wiederholten. Grundsätzlich galt das Hexenaufspüren als Mittel, den erzürnten Gott mit der Menschheit auszusöhnen. Unter der Regierung des Grafen Johann wurde die Hexenjagd regelrecht gefördert. Schon 1630, mitten im Krieg, hatte der Idsteiner Superintendent Tobias Weber von Graf Johann den Auftrag erhalten, eine Synode einzuberufen, auf der Weber sämtliche Geistliche der Grafschaft auffordern sollte, in ihren Gemeinden nachdrücklich vor Zaubersünden und dem Hexenwesen zu warnen. Nach Kriegsende kam es 1659 im Gebiet des gemeinschaftlich regierten Amtes Nassau zur Eröffnung von zwanzig Hexenprozessen. Als treibende Kraft hierfür wird Graf Johann genannt. Eine letzte massive Verfolgungswelle mit 45 Prozessen setzte 1676 ein. Von den 45 angeklagten Personen wurden 32 hingerichtet.[30]

Die Urheberschaft des Grafen Johann an den Prozessen wird dadurch kenntlich, daß er auf mäßigende Vorschläge seines Superintendenten Elbert nicht einging, Kritik an seinem Vorgehen nicht gelten ließ und vor allem, daß nach seinem Tode fast keine Verfolgung mehr zu verzeichnen war.[31]

Die Reorganisation des ehemals vorbildlichen Schulwesens stieß auf Schwierigkeiten, denn neben finanziellen Mitteln mangelte es an qualifiziertem Lehrpersonal. Die für die Grafschaft Idstein wichtige Idsteiner Lateinschule erlebte erst unter ihrem Rektor Johann Helfrich Gärtner einen großen Aufschwung, in den siebziger Jahren nahm sie 180 Schüler auf. Die Landesschulen waren vom Kriegsgeschehen noch stärker in Mitleidenschaft gezogen als die höheren Schulen, die in der Regel von der Herrschaft mehr Aufmerksamkeit erhielten. Die vor dem Krieg aufgebaute dichte Reihe von Volksschulen wurde wiederbelebt, indem man sich mit schreib- und lesekundigen Soldaten oder den Küstern als Lehrern behalf. In Kirchspielen mit einem Pfarrer versah dieser den Unterricht.[32] Gräfin Elisabeth bewirkte 1649, daß der Raum der Schule in Wehen, die für den ganzen Grund zuständig war, wiederhergestellt und der cand. theol. Valentin Roß für drei Jahre unter Vertrag genommen wurde. Er sollte den Unterricht halten und die Pfarrei Neuhof übernehmen.

5. Impulse für Wirtschaft und Handel

Die wirtschaftlichen Bedingungen in den rechtsrheinisch gelegenen Grafschaften des Hauses Nassau-Saarbrücken waren ungünstig. Es wurde vorwiegend Landwirtschaft betrieben, auf den kargen Mittelgebirgsböden vor allem Viehwirtschaft. Während es in der Grafschaft Nassau-Weilburg wenigstens Eisen-, Blei-, Kupfer- und Silbervorkommen in beachtlichem Umfang gab, konnte die Grafschaft Nassau-Idstein nur auf geringen Bleibergbau, etwa bei Strinz-Trinitatis, und auf Hüttenwerke verweisen. In den Ämtern Idstein, Wehen und Burgschwalbach waren die Böden von mittelmäßiger bis schlechter Qualität, der Wald (Höhenwald) stellte einen wichtigen Wirtschaftsfaktor dar, aus ihm wurde das Holz für die in der Region bedeutende Kohleherstellung bezogen. Um Raubbau zu vermeiden, wurde 1650 die alte Holzordnung wieder eingeführt, nach der nur bestimmte Wochentage zum Holzfällen reserviert waren.[33] Die Kohle wiederum diente der Verhüttung des im Lande und in den Nachbargrafschaften gewonnenen Metalls. Während des Dreißigjährigen Krieges war anscheinend vielfach versucht worden, die Hütteneinrichtung zu Geld zu machen, jedenfalls erschien ein Erlaß des Grafen, der den weiteren Abbau und Verkauf von Hütten und Hammern verbot, da bereits so viel verkauft worden sei, daß der Herrschaft ein großer Schaden entstanden war.[34] Zahlreiche Neugründungen oder Wiederinbetriebnahme von Hütten- und Hammerwerken waren in den folgenden Jahren zu verzeichnen, so im Jahr 1670 bei Bleidenstadt, 1680 in Hahn und in Niedernhausen, 1684 bei Burgschwalbach und 1686 bei Seitzenhahn. Die Herrschaft Wiesbaden mit ihren fruchtbaren Böden war recht lukrativ. Besonders die Stadt mit ihren heißen Quellen und dem Badebetrieb brachte Geld ein. Deswegen war Graf Johann an der schnellen Wiederherstellung der zu Pferdeställen, Lagerhallen und ähnlichem zweckentfremdeten Bäder gelegen. Daß auch im 17. Jahrhundert gerne in Wiesbaden gekurt wurde, belegen die Aufenthalte wichtiger Persönlichkeiten wie General Tilly oder Amalie von Hessen-Kassel[35] in Wiesbaden.

Offenbar erwog Graf Johann, sich durch die Wiedererrichtung der seit 1596 eingestellten Münzprägungsstätte eine weitere Einnahmequelle zu erschließen, zumindest stellte er den Münzmeister Lukas Düringer im Jahr 1650 ein. Allerdings ist nichts davon überliefert, daß dieser seine Arbeit tatsächlich ausübte.

Graf Johann von Nassau-Idstein starb 1672. Er hatte sich als umsichtiger Landesherr erwiesen, der systematisch an den Wiederaufbau seines durch den Dreißigjährigen Krieg zerrütteten Landes herangegangen war. Der Anstieg der Bevölkerungszahl, die erfolgreiche Ankurbelung von Handel und Wirtschaft und nicht zuletzt die schnelle Reorganisation des Kirchen- und Schulwesens bestätigen, daß der von Graf Johann eingeschlagene Weg der richtige war. Den vom Kriege desillusionierten Menschen eröffneten sich Perspektiven. Es lohnte sich wieder, zu leben.

6. Anmerkungen

1 Instrumenta Pacis Westphalicae. Die Westfälischen Friedensverträge 1648. Vollständiger lateinischer Text mit Übersetzung der wichtigeren Teile und Regesten. Bearb. v. Konrad Müller. Bern 1949 = Quellen zur neueren Geschichte, Heft 12/13, Art. II und III (künftig: IPO).
2 IPO XVI ßß 8-10.
3 F. Dickmann, Der Westfälische Frieden. Münster 6. Aufl. (1992) S. 475 (künftig: Dickmann, 1992).
4 E.F. Keller, Die Drangsale des Nassauischen Volkes und der angrenzenden Nachbarländer in den Zeiten des dreißigjährigen Krieges, seine Helden, Staatsmänner und andere berühmte Zeitgenossen. Ein Beitrag zur inneren Geschichte jener Zeit, nach archivalischen und anderen Quellen bearbeitet. Gotha 1854 S. 467 (künftig: Keller, 1854).
5 Oschmann, Antje: Der Nürnberger Exekutionstag 1649–1650. Das Ende des Dreißigjährigen Krieges in Deutschland. Diss Münster 1991 S. 569–576, 583; 631f. (künftig: Oschmann, 1991); 1854 S. 466.
6 K. Menzel, Geschichte von Nassau von der Mitte des vierzehnten Jahrhunderts bis zur Gegenwart. 2 Bde. Wiesbaden 1884 (= J.W. Schliephake u. K. Menzel, Geschichte von Nassau von den ältesten Zeiten bis auf die Gegenwart, auf der Grundlage urkundlicher Quellenforschung. Bde. 5 und 6. Wiesbaden 1866–1884) S. 535 (künftig: Menzel, 1884).
7 HHStAW 133 VII 1.
8 Ebd.
9 Keller, 1854 S. 467.
10 Oschmann, 1991 S. 632.
11 HHStAW 133 III 8.
12 HHStAW 137 I c 2, XII.
13 HHStAW 137 I c 2.
14 Zentralarchiv der E.K.H.N. KB Idstein 1, Filmnr. 1003 (geführt bis 1633).
15 Aufzeichnungen des Pfarrers Plebanus von Miehlen. Bearb. v. F. Heymach. In: Annalen des Vereins für Nassauische Altertumskunde und Geschichtsforschung, 38 (1908) S. 255–285 S. 266 (künftig: Heymach, Aufzeichnungen).
16 HHStAW XXI a 1. Gedruckt bei M. Ziemer, Wie die nass. Grafen nach dem 30jährigen Kriege für ihre Residenzstadt Idstein sorgten. In: Idsteiner Heimatschau, ND 1987 S. 191f.
17 Nachweise für die Dörfer Engenhahn, Niedernhausen und Königshofen bei Ziemer, Max: Idsteins Einwohner nach dem 30jährigen Kriege bis zum Anfang des 18. Jahrh. In: Idsteiner Heimatschau, ND 1987 S. 147.
18 F. Geisthardt, Idsteins Geschichte. (Idstein 1979) S. 52f.
19 HHStAW 136 III b 1.
20 E. Wilhelmi, Wehen und sein Grund. Wehen 1957 S. 214.
21 J.C. Lünig, Teutsches Reichs-Archiv. Specilegium seculare I, Abschnitt 28 S. 721–729; Nebenrezeß S. 729f.
22 K.E. Demandt, Geschichte des Landes Hessen. Kassel 2. Aufl. 1972 S. 429; Th. Klein, Die Erhebungen in den weltlichen Reichsfürstenstand 1550–1806. In Bl. f. dt. LG. NF des Korrespondenzblattes 122 (1986) S. 160.
23 Menzel, 1884 S. 535.
24 HHStAW 133 X a 10 a.
25 HHStAW 133 X a 10 a. Deliberationspunkte 1648. Gedruckt im Auszug bei K.G. Goebel, Johann Philipp Elbert (1621–1699) – Superintendent der Grafschaft Nassau-Idstein. Leben und Werk – Tl. 1 und 2. In: Jb. d. hess. kirchengesch. Vereinigung 40, (1989) S. 289f. (künftig: Goebel, Elbert).
26 Keller, 1854 S. 470f.
27 HHStAW 133 X a 5. Goebel, Elbert, S. 294.
28 Zentralarchiv der E.K.H.N. KB Wehen 18.
29 H. Silbereisen, Chronik von Bleidenstadt. 2 Bde. (Neuhof 1987/1988) Bd. 1 S. 64ff.
30 M. Ziemer, Die Idsteiner Hexenjagd von 1676. In: Idsteiner Heimatschau, ND 1987 S. 109, 113, 119, 123, 127, 130, 136, 139, 139, 143, 146, 150, 154, 157, 167, 172, 175, 180, 184.
31 A. Vater, Hexenverfolgungen in nassauischen Grafschaften im 16. und 17. Jahrhundert. Diss. Marburg 1988 S. 32ff.
32 Die große Schülerzahl ist im Zusammenhang mit den kriegsbedrohten linksrheinischen Teilen der Grafschaft zu erklären, da viele der dort ansässigen Eltern ihre Kinder ins sichere Idstein schickten. Zur Idsteiner Lateinschule siehe Keller, 1854 S. 472f.
33 HHStAW 137 I c 2.
34 HHStAW 133 XXX III 8.
35 Im August und September 1648, F.W.E. Roth, Geschichte und historische Topographie der Stadt Wiesbaden im Mittelalter und der Neuzeit. Wiesbaden 1883 S. 174.

Hella Hennessee

Leben und Wirken der Pfarrer in Wehen und Bleidenstadt im 17. und 18. Jahrhundert

Dargestellt an Hand von Selbstzeugnissen

Inhalt

1. Aus dem Tagebuch des Pfarrers Völcker — 169
2. Naturkatastrophen und Existenzängste — 169
3. Die Pfarrer im Spannungsfeld zwischen ihrer Herrschaft und ihren Kirchengemeinden — 171
4. Hofdienst – Privileg und Fessel — 172
5. Konflikte der Pfarrer mit den Gemeinden — 173
6. Notzeiten auch in Bleidenstadt — 173
7. Hundert Jahre später: Die Pfarrer werden Beamte — 175
8. Von seiner Gemeinde geliebt: Ein guter Seelsorger lebt und stirbt für seine Pfarrkinder — 176
9. Hoffnungsschimmer — 178
10. Anmerkungen — 179

1. Aus dem Tagebuch des Pfarrers Völcker

Im Jahre 1636[1], inmitten des Dreißigjährigen Krieges, entkam Pfarrer Völcker aus Wehen mit knapper Not den umherstreunenden Freischärlern der kaiserlichen Armee. *An diesem Tage,* schrieb der Pfarrer in sein Tagebuch, *hielten [sic] eine starke Abteilung Kroaten auf dem [...] Kirchhof die Wacht. Sie gaben scharf acht auf die, die des Weges kamen, und wenn sie ihrer habhaft werden konnten, so verfuhren sie übel mit ihnen. Wir kamen bis auf einen kleinen Büchsenschuß ihnen nahe, wurden auch von ihnen bemerkt und verfolgt. Gott riß uns aus ihren Augen. In einem Graben [...] fanden wir Schutz, sie sahen uns nicht mehr und kehrten um. Diejenigen, die in ihre Gewalt geraten und nachher wieder frei geworden waren, wunderten sich nicht wenig über unser Entrinnen.*[2]

Schlimm waren die Zeiten: die apokalyptischen Reiter von Krieg, Hunger, Pest und Tod durchfegten als Gottesgeißeln das Land. Am Himmel erschienen rote Kometen als Zeichen von Gottes Zorn, und verängstigt harrten die gepeinigten Dorfbewohner aus, immer bereit plötzlich zu fliehen, tags oder nachts, vor Freund oder Feind, Krankheit oder Feuer. Nie war man seiner sicher, selbst im Gewand des Seelsorgers nicht, vor den vagabundierenden Söldnerhaufen, seien es kaiserliche, hessische, oder gar schwedische Soldaten. Das machte keinen Unterschied, denn alle erzwangen sich Quartier und Proviant durch rohe Gewalt; alle mißhandelten die, deren Hab und Gut sie stehlen und zerstören wollten. Der Krieg wurde als die Plage empfunden, die Gott der sündigen Menschheit auferlegt hat, und man dachte, es sei an allen, seine Schrecken geduldig zu ertragen. Ständig war man darauf gefaßt, alles liegen und stehen lassen zu müssen und zur Tür hinaus zu laufen, um sich in den nächsten Graben zu retten. Pfarrer Völcker hatte Glück; nach dem Überfall durch die Kroaten erreichte er nach nächtlicher Flucht einen sicheren Unterschlupf, zuerst in St. Goar, dann beim Bruder in Frankfurt. Zuhause aber verheerte der Krieg alles: *Nun halten sich die Leute entweder in den Mauern der festen Städte auf, oder sie leben draußen in der Wildnis. In den Einöden haben sie Hütten gebaut und leiden Furcht und Hunger. In den leutbloßen Dörfern aber halten sich Hasen, Füchse und andere wilde Tiere in großen Rudeln.*[3]

Schreckliche Dinge mußte der Pfarrer von Wehen ansehen, nicht nur die Grausamkeit der Armeen mit ihren verwahrlosten Söldnern, sondern auch die unaussprechliche Verrohung der eigenen Pfarrkinder. Da verhungerten einzelne und ganze Familien, weil den Schwachen niemand half, und, das Schrecklichste von allem: Leichen lagen unbestattet und wurden schließlich den Hunden zum Fraß. Die Menschheit war verloren und verdammt: jeder für sich und Gott gegen alle.

2. Naturkatastrophen und Existenzängste

Heute wissen wir, daß das 17. Jahrhundert in der Tat Grund zur Existenzangst bot, und das nicht nur wegen des sinnlosen, endlosen Krieges. Die Kometen waren natürlich wirklich da, beobachtet vom Pfarrer Völcker in Wehen genauso wie auch von hochgebildeten Forschern wie Tycho Brahe, Johannes Kepler und Galileo. Auch die Astronomen sahen schlimme Vorzeichen von Chaos und Umsturz in den Himmelszeichen. Und, genau gesehen, hatten sie gar nicht so unrecht. Mit den neuesten wissenschaftlichen Methoden sind wir schließlich am Ende des 20. Jahrhunderts zu der Erkenntnis gelangt, daß Himmel und Erde im 17. Jahrhundert tatsächlich aus den Fugen waren. In dieser Epoche gewachsene Bäume zeigen in den schwachen Ringen der dreißiger und fünfziger Jahre des 17. Jahrhunderts kümmerliche Wachstumsraten, und Karbontests bestätigen, daß es so etwas wie eine Mini-Eiszeit gab, die die Wachstumsperiode für Getreide um drei Wochen im Jahr verkürzte. Wo Boden und Witterung – wie im Taunus – selbst in guten Jahren nur knappe Ernten zuließen, wurde diese Verkühlung zur Katastrophe, die zu Hunger, Seuchen und Tod führte, selbst wenn der Krieg das Dorf verschonte. *Was dann schließlich als kärgliche Frucht auf dem Halm steht,* berichtet Völcker, *wird von einer beispiellosen Mäuseplage vernichtet: Die Mäuse haben überall, in der Sommerfrucht*

... ich ihm noch vbrig gelaßen gehalten. Vnd ob anfangs articuli
deßen Mann nit hin abschlagen geredet, auch auß sor[...]
erlich nicht die bereit bestendigkeit außag wo[...]
doch endlich es allerseit halben offen bes[...]
Byßlos beschehen, die VestungVnd die Nidereit[...]
vbergeben, Ihnen aber die hundert Mantan[...]
vrmittion Vnd sagegitj abgenommen, Vnd also [...]
vber auß groß Victoriam, drißmals des v[...]
dauon getragen, Wie zu Meintz Vnd im Vnger[...]
allerthalben erzehlet worden auch von Kriegs Of-
ciererden jetzt. Eigentlicher Vrolich außgelegt.

Sen. 20. Octobris zu Wetzlar bin
Herrn M. Ludovico Pelthero Superintendenti
Ab anno nissinnen allten Commilitoni
1596. vsß ohim in patris statio et studio Marpurgi mecum
in annum cirdenÿ gewesen, Und Ley am perconirirt, Vnd
1604 Mar- vnßer altes Freundschafft renovirel. Mihi
pirgi Com- in hoc meo Exilio multam humanitatis exhi-
discipulj fuit. deßgleichen Ich Ihr zu Wetzlar am
rung. troschen Herrn Martinum Stephani then
Zu Tyler Prig., q Vices, rebus ita nostris per-
turbis et fluitantib., Superintendentis in
tractu Weilburgico gesst. Homo eadem hu-
manissimus et in nostra religione Ortholorõ
ut a multis annis michi in Synodis nostris in-
notuit, sincerissimus et prudentissim: Attingit a-
tie penè 70 gesimum annum. Conventuales
ad Weilbur- in Theologicis Congressibus fuimus circiter
gensib. 30. annos. Et circiter 15. Consfinitolos.
Superin- Civis pr. D~ns Laurentius Stephani me in
tendensy et Ministrum Ecclesiæ Ab 1604. Weilbergi
toto nostro coram facie totius Ecclesiæ illi habito prig
Ministerio Examine et Concione, ordinavit solenniter.
ordinatj
fuerit,

sowohl, [sic] *wie auch in Korn und Weizen großen Schaden getan. Die Halme bissen sie unten ab und verschleiften die Ähren in ihre Höhlen. Unter den Mäusen sind rote, weiße und kohlschwarze. Manche von ihnen haben keine Ohren, anderen fehlen die Schwänze.* [...] *An anderen Orten sah man Mäuse, deren Körper noch nicht vollständig ausgebildet war. Der Vorderleib hat sich bewegt, der Hinterleib dagegen ist noch Erde gewesen.* [...] *Das sind alles Gottes Strafen, dem auch das geringste Geschöpf, wenn er strafen will, zum Werkzeug dienen muß.*[4]

Vielleicht konnte diese Not wirklich nur ertragen werden zu einer Zeit, in der die Frage nach dem Warum nicht im Vordergrund stand, in einer Zeit also, in der Mäuse aus Schlamm entstanden und in der Hunger und Elend doch Teil einer gerechten Welt waren. Doch selbst die Geduld der Frommen wurde bis aufs letzte geprüft, wie etwa mit der Plünderung von Wehen, in der Völcker zwar mal wieder alles verlor, aber immerhin mit dem Leben davonkam. *Am 16. Juli [1637], dem 6. Sonntag Trinitatis,* heißt es bei Völcker, *ist das ganze Fußvolk der Armee Johannes von Werth von Langenschwalbach aus ganz unerwartet in den Wehener Grund gekommen.* [...] *Wie ich nun auf den Damm bei dem untersten Weiher komme, sehe ich furchtsam auf den Hahner Weg zurück. Da kommen spornstreichs fünf Reiter auf Wehen zugeritten.* [...] *Ich eilte ins Schloß, raffte in meiner Stube etwas zur Flucht zusammen* [...] *und machte mich durch die Gärten an dem Gebück durch den Schafhof in den Wald auf den Weg, der von Idstein nach Wehen geht.* [...] *Den ganzen Tag saßen wir nun auf der Neuhofer Höhe an einem Platz, von dem aus man Wehen und den ganzen Hahner Weg sehen konnte.*[5]

Abb. 1: Auf dieser Seite der Handschrift des Plebanus sind die Begebenheiten vom Oktober 1636 geschildert. Die freie Bearbeitung von Otto Stückrath wird hier deutlich. Plebanus schreibt z.B.: »Den 10. Octobris zu Gießen bey Herrn M. Ludovico Seltero [...] meinem alten familiarii und Commilitoni olim in pari et statu et studio Marpurgi [...] gewesen [...].« Bei Stückrath heißt es dann: »Am 10. Oktober besuchte ich meinen lieben Freund Ludwig Seltzer in Gießen und erneuerte die alte Freundschaft«.

3. Die Pfarrer im Spannungsfeld zwischen ihrer Herrschaft und ihren Gemeinden

Mit Schrecken beobachtete der Pfarrer mit einigen Bewohnern die schlimmste Heimsuchung Wehens. *So haben sie das Zeugnis hinterlassen, daß so barbarische Männer und rasende Höllenhunde noch niemals in Wehen gewesen waren.* Das schrieb der Pfarrer nachher in sein Tagebuch und fährt fort: *Diese Plünderung hat von ein Uhr an bis in die finstere Nacht gedauert. Des Nachts ist aber keiner in Wehen geblieben. Früh morgens, gleich mit Tagesanbruch, wurde in allen Quartieren die Trommel geschlagen. Die ganze Infantrie ist fort über die Höhe nach Wiesbaden gezogen. Einige Geier und Raubvögel blieben zurück, davon haben morgens fünf, nachmittags aber vier mit Gewehren auf mich gelauert. Sie sind um das Schloß und bei dem hintersten Tore und dem Zwinger herumgelaufen wie die Wölfe um einen Schafstall. Bei einem armen, verschmachteten Buben in Wehen forschten sie eifrig, wo ich sei und versprachen ihm Korn, Mehl und andere Dinge, wenn er es sagen würde. Wenn der Bube nicht immer wieder beteuert hätte, ich hielte mich in Wiesbaden auf, würden sie mir sicher noch mehr nachgestellt haben.*[6]

Dieser Bericht erklärt zwei wichtige Dinge über Völckers Position in Wehen: zum ersten wurde der Dorfpfarrer von der erobernden Armee als Vertreter der jeweiligen Herrschaft gesehen und deshalb besonders verfolgt, und zum zweiten wurde er durch die Loyalität eines seiner Pfarrkinder vor den schlimmsten Übergriffen bewahrt. Irgendwo saßen die Pfarrer im nassauischen Untertaunus schon immer zwischen zwei Stühlen. Auf der einen Seite mußten sie der Herrschaft, die allmächtig über die Vergabe von reichen, armen oder gar keinen Pfarrstellen verfügte, untertänige Pflicht und Schuldigkeit erweisen, und auf der anderen Seite sollten sie den Pfarrkindern die miserable Existenz durch ihren seelsorgerischen Beistand erleichtern. Die Herrschaft wachte über die Ausübung des Amtes, aber das Entgelt kam vorwiegend von den Gemeinden. Einen mehr oder weniger großen Anteil des Aufwandes für seine Lebenshaltung mußte der Pfarrer allerdings selbst aus dem der Kirche gehörenden landwirtschaftlichen Anwesen erwirtschaften. Also mußte man schon beiden dienen, was oft gar nicht einfach war. Und irgendwo zwischen Privileg und Mangel lag dann auch die soziale Stellung. Mit den »Edelknaben« saß man auf einer Schulbank[7], aber schließlich und letztlich war man ja doch Bauer wie die Beichtkinder.[8] Von den Beschwernissen dieser Arbeit berichtet Völcker in einer Eintragung in seinem Tagebuch: *zu dritt, manchmal auch zu viert,* hätte man einen halben Tag arbeiten müssen *und brachten nur ein Simmern Korn und ein Simmern Wicken zusammen.*[9]

Freilich gab es Spannungen zwischen Herrschaft, Pfarrer und Dorfbewohnern. So war Pfarrer Völcker gar nicht glücklich, als die Herrschaft ihm die Stelle in Wehen offerierte. Eigentlich wäre er viel lieber in seinem Heimatort Miehlen geblieben, weil er hier Grundeigentum besaß. Aber seine Anstellung war zwischen der Fürstin Elisabeth und ihrer Schwiegermutter, der Gräfin Anna, ausgehandelt worden, ohne daß Völcker auch nur befragt worden wäre. Noch bevor er »examiniert und ordiniert« war, versah er das Amt des Schullehrers in Wehen und war zugleich Hilfspfarrer in Neuhof. Die Feier seiner Ordination fand dann in Weilburg statt, unter den Augen der alten Gräfin, die es sich nicht nehmen ließ, einen Festschmaus auszurichten. Natürlich fühlte sich der frischgebackene Pfarrer und Fürstendiener sehr geehrt: *Im Herbst 1604 wurden meine Examen und meine Ordination in der Kirche zu Weilburg im Beisein vieler gräflichen, adeligen, gelehrten und ungelehrten Personen vorgenommen. Vor der Feier ließ mich die Gräfin Anna zu sich in ihr Gemach rufen. Weil es noch ziemlich früh und zur Predigt noch lange Zeit war, ließ mir die gnädige Frau ein warmes, gesottenes Huhn und einen großen Becher guten Weines auftragen. Ob ich wollte oder nicht, von ihr und ihren Töchtern genötigt, mußte ich tüchtig essen und, wie die hohe Frau sagte, mir Mut antrinken. [...] Nach dem Schluß des Gottesdienstes nahm mich die Gräfin wieder mit auf das Schloß, ließ auch Anton Moser, der ein Schüler Luthers und Melanchthons und Superintendent* [evangelischer Geistlicher, der einem Dekanat vorsteht] *und Pfarrer zu Weilburg war, und Erasmus Reinhard, den Rektor der Schule zu Weilburg, zur Mahlzeit laden.*[10]

Das Nachsehen hatte freilich ein Gastwirt, denn *den Ehrenschmaus, den ich* [...] *in der Herberge »Zum Grünen Baum« bestellt hatte, ließ sie absagen; stattdessen hatte sie im Schloß das herrliche Mahl anrichten lassen.*[11]

4. Hofdienst – Privileg und Fessel

Völcker war also gebührlich beeindruckt von so viel herrschaftlicher Huld, und sicher war Dankbarkeit eine unerläßliche Voraussetzung für das Versehen des Amtes als Dorfpfarrer im 17. Jahrhundert. So ist es kaum erstaunlich, daß Völcker seine Bindung zum Hof auch durch die Wahl seiner Ehefrau festigte. Anna Maria wuchs an verschiedenen kleinen Hofhaltungen auf, zuerst als Kind eines Kastellans (Verwalter von Schlössern), dann als Mündel eines Mundschenks, und schließlich als Kammerjungfer.[12] So trug es sicher zur Gunst der Fürstin Elisabeth gegenüber dem Pfarrer bei, daß seine Frau von Kindesbeinen an ans Fürstendienern gewöhnt war. Und die Kinder wurden auch an den Hof gebunden, zunächst durch die Wahl der Paten (Völckers älteste Tochter hieß Anna Elisabeth, was darauf schließen läßt, daß die Fürstin Elisabeth, die den Pfarrer in Wehen eingesetzt hatte, sie aus der Taufe gehoben hatte) und dann durch Anstellung bei Hofe. Sophia Margaretha, eine jüngere Tochter der Völckers, wurde wiederum Kammerjungfer bei der Fürstin Elisabeth, wobei sie sicher darauf wartete, aus dieser Position hinweg an einen Pfarrer in der Umgebung verheiratet zu werden. Die Verflechtung der Lebenswege zwischen Adligen und ihren untergebenen Pfarrern ist vielschichtig und unentwirrbar. Völcker wohnte im Schloß in Wehen und aß an der Tafel – Privileg und Fessel zugleich. Aus dem kurzen Lebensbericht können wir nicht mit Gewißheit schließen, ob die im Text dargebrachten Ehrbezeugungen wirklich Völckers Meinung widerspiegeln oder reine Pflichtübungen waren. Gewiß war sein Erstaunen über die Bildung der Fürstin Sophie Hedwig in Diez genauso echt wie die vorsichtige Kritik an ihrer beinahe männlichen Art. So läßt er uns wissen, *die fürstliche Frau ließ uns zum Essen berufen und uns* viel Guttaten erweisen. Die Unterhaltung, die sie mit mir führte, brachte mich zum Erstaunen. Ich wunderte mich über ihre mutigen Worte und Geberden [sic]. In ihre Reden flocht sie recht zierliche lateinische Worte ein. [...] Nach einem stattlichen Trunk schied ich aus dem Schlosse. Eine Frau von so mutigem, männlichen Sinn ist mir noch niemals zu Gesicht gekommen. Als wir zur Tafel gingen, sagte sie, nachdem sie mir die Hand gereicht hatte: »Setzt Euch nieder, tut Euer Gebet; alsdann will ich mit Euch sprechen.« [...] In dieser Unterhaltung gebrauchte sie das geflügelte Wort: »Die Besitzenden können sich freuen.« Abends ließ sie mich abermals zur Tafel rufen. Ich ging aber nicht hin, weil ich einen starken Trunk getan hatte.[13]

Mitunter, so scheint es, machte gar der Hofdienst Freude.

5. Konflikte der Pfarrer mit den Gemeinden

So wie der Pfarrer durch Respekt und Gehorsam den Abstand zur Oberschicht akzeptierte, so sehr wurde auch seine Abneigung gegen die Dorfbewohner sichtbar. Die Kluft, die zwischen seiner Bildung und der einfachen Lebensweise der Bauern herrschte, war genauso unüberbrückbar wie seine eigene Entfernung vom Fürstenhaus. Die oben zitierte Begebenheit, in der davon die Rede ist, wie der Junge den Pfarrer mit großem persönlichen Mut rettete, ist wohl die einzige Stelle in Völckers Tagebuch, in der sich der Pfarrer lobend über einen Dorfbewohner äußerte. Häufig dagegen beklagt sich Völcker in seinen Erinnerungen über seine Schäflein, so etwa in dem Bericht über den Verlauf seiner schweren Krankheit, während der er nach Willen der Pfarrkinder gerade sterben und verderben hätte können. Resigniert vertraute er seinem Tagebuch an, von seinen *Wehener Pfarrangehörigen, denen ich doch so viel Gutes erwiesen, sie in ihren Krankheiten besucht und das Abendmahl gereicht habe,* sei *in den ganzen fünf Wochen* seiner Krankheit *auch nur ein einziger zu ihm gekommen [...] oder* hätte *mir einen Dienst getan. [...] Wenn ich Sauerbrunnen holen ließ, so mußte ich es ihnen lohnen; nicht als ob ich ihr Pfarrer, sondern als ob ich ein Jude wäre. Dies Lob kann ich ihnen spenden, daß sie undankbare, gottvergessene Rüpel sind, die sich nicht nach ihren Eltern arten.*[14]

Ja, die Jugend von 1637 war auch nicht das, was man von früher gewöhnt war. Völckers Geduld war schließlich am Neujahrstag 1637 erschöpft, als die üblichen Neujahrsgeschenke ausblieben. *Der Anfang in diesem neuen Jahr,* ließ er seinem Unmut Lauf, *ist für mich und meine Hausfrau ein sehr kalter und kahler gewesen. Ich hielt an dem Tage zweimal Gottesdienst und beglückwünschte meine Pfarrkinder nicht nur insgemein, sondern auch noch einmal jeden Einzelnen. [...] Es war aber nicht ein Mensch da, der mir zum neuen Jahre Glück gewünscht hätte. Auch kam keines meiner Pfarrkinder, um mir etwa eine Kleinigkeit zu verehren. Wenn ich nicht noch ein paar Pfennige gehabt hätte, so wäre meiner Frau und mir nicht nur ein ganzer Fasttag, sondern eine ganze Fastwoche beschieden gewesen. Den lieben langen Tag kamen die Bettler gelaufen. Sie meinten, ich werde, wie dies in früh ren Zeiten hier geschah, einen Haufen Almosen austeilen. Ein rauhbeinigeres und undankbareres Volk habe ich nie gesehen.*[15]

6. Notzeiten auch in Bleidenstadt

Die Enttäuschung des Pfarrers ist verständlich, denn seine Einkünfte waren so knapp bemessen, daß er auf die Neujahrsgaben in Gestalt von Hühnern, Eiern, Speck und Wurst fast schon angewiesen war, um den harten Winter zu überstehen.

War Wehen schon im Frieden keine sehr erstrebenswerte Pfründe, so wurde das Leben im Krieg zum Existenzkampf. Kein Wunder also, daß Völcker nicht begeistert war, als eine Pause im Krieg die adlige Herrschaft wieder Wohnsitz im Schloß nehmen ließ und ihn dann auch wieder ins Amt zitierte. Aus der Notlage schlug er heraus, was er konnte, und verlangte zusätzlich zu seiner Pfarrstelle in Wehen auch die in Bleidenstadt, mit der die Einstellung eines untergebenen Hilfslehrers verbunden war. Zwar war die Fürstin zu dieser Konzession bereit, aber es scheint, daß es ihr wohl nicht zustand, dieses Amt so großzügig zu vergeben.

Weil dem Pfarrer das wohl bewußt war, ging er – wahrscheinlich tatsächlich zu Fuß – am 27. Februar 1637 nach Mainz, *um wegen der Pfarrbesoldung in Bleidenstadt mich mit dem Herrn Dekan zu einigen. [...] In Mainz wurde mir mitgeteilt, daß der Kurfürst von Mainz sich am 24. hätte in Wiesbaden huldigen lassen, weil die Herrschaft Bleidenstadt ursprünglich zu Mainz gehört hätte und auch dort verbleiben sollte. Nach seinem Tod soll sie dem Domkapitel anheimfallen und dem Domdechanten, einem Herrn von Metternich untertänig und gehorsam sein.*[16]

Und um was zankten sich die hohen Herrschaften? Um einen entvölkerten Flecken, der kurz danach durch Feuer total zerstört wurde. Am 8. März waren nämlich fast alle noch übrigen Häuser Bleidenstadts – es sollen vierzehn zum Teil noch ganz neue Bauten und einige Stiftsgebäude gewesen sein – ein Raub der Flammen geworden.[17] So ist nun Bleidenstadt nur mit Ausnahme des Pfarrhauses und eines ihm gegenüberliegenden Baues bis auf den Grund verbrannt. *Ich ging am folgenden Tag mit meinem Neffen* [der Amtmann war] *und dem Juden Isaak hin, um den Schaden zu besehen und zu ergründen, wo der Brand seinen Anfang genommen habe,* schrieb Pfarrer Völcker.[18]

Erstaunlich ist dann doch die Unbeugsamkeit der Menschen, die immer wieder von vorne anfingen und auch im Angesicht von Naturkatastrophen und Kriegsgreueln nie aufgegeben haben. Bei all der Grausamkeit und Verzweiflung des Lebens im 17. Jahrhundert war es gerade die Weigerung, den Kampf aufzugeben, die uns heute beeindruckt. Der Pfarrer, der das Ringen seiner schriftlosen Pfarrkinder ums nackte Überleben für

Abb. 2: Darstellungen von Bauern aus der Zeit des Dreißigjährigen Krieges. E. Holl zeigt auf seinen um 1635 entstandenen Radierungen

Leben und Wirken der Pfarrer in Wehen und Bleidenstadt im 17. und 18. Jahrhundert

die Nachwelt dokumentiert hat, bemerkte fast staunend die Zähigkeit der menschlichen Natur, immer weiterzumachen. Und, in vielleicht einer der rührendsten Stellen in einem Text voll Schrecken und Grauen wird uns klar, daß auch die stumme Kreatur leidet und doch immer wieder von vorn anfängt: *Am 24. [Februar 1637] gegen 8 Uhr abends hat sich der Storch zum ersten Mal bei seinem Nest auf dem Schloß sehen und hören lassen. Im vorigen Jahr wurde das arme Tier bös behandelt. Damals hausten hier gerade die Kaiserlichen, besonders die der Holzappelschen Kompagnie. Sie erstiegen das Nest, nahmen die Jungen heraus und verspeisten sie. Wahrscheinlich hat der fromme, unschuldige Gast der bösen Behandlung im Vorjahre gedacht und blieb aus Furcht vor den räuberischen Soldaten bis zum Abend seinem Wohnsitze fern.*[19]

7. Hundert Jahre später: Die Pfarrer werden Beamte

Rund einhundertdreißig Jahre später, 1769, wurde der junge Pfarrer Johann Philipp Schellenberg in die Pfarrei Bleidenstadt eingesetzt. Obwohl Wehen und Bleidenstadt in der Zwischenzeit längst wieder aufgebaut worden waren und nun eigene Pfarrstellen waren, war diese Amtseinsetzung doch so etwas wie eine Enttäuschung für den jungen Amtskandidaten. Ihm war nämlich die »einträgliche Pfarrei« Burgschwalbach versprochen worden, und als er diese durch Intrigen eines Rivalen und die Wankelmütigkeit des Fürsten doch nicht bekam, fiel ihm die schlecht besoldete Stelle in Bleidenstadt zu. Für *einige Minuten,* beschreibt sein

Bauern im typischen Jahresrhythmus. Hier sind die Motive der Monate September, November, Juli, März, Februar und August zu sehen.

Bruder die Reaktion auf die Entscheidung der Obrigkeit, *blieb er bei dieser Nachricht still und unbeweglich sitzen, schlug seine Augen bald nieder, bald in die Höhe, und ich wußte selbst nicht, was ich zu ihm sagen, ob ich ihm gratuliren oder condoliren [sic] sollte. Auf einmal stand er auf und sagte: Jetzt hat mich doch unser Herr Gott auf einmal und ohne mein Zuthun von so vielen und schweren Sorgen befreit. Ist Bleydenstadt gleich nicht so erträglich, so besteht doch seine Besoldung meist in baarem Geld und trockenen Früchten [Getreide], welche quartaliter [quartalsweise] geliefert werden. Komme ich also heute dahin, so lasse ich mir morgen schon das erste Quartal liefern, so habe ich zu leben, bis wieder ein neues angeht. Im Uebrigen wird unser Herr Gott so nahe und so gütig in Bleydenstadt wie in Burgschwalbach sein.*[20]

Schellenbergs Bericht weist bedeutende Veränderungen aus, die seit Völckers Zeiten im Leben der Pfarrer in Bleidenstadt und Wehen eingetreten waren. Zunächst bezeugt der Text, daß das Eingreifen des Fürsten zugunsten des Rivalen die Ausnahme ist, die die Regel bestätigt. Gegen Ende des 18. Jahrhunderts steckten die Pfarrer auf ihrem Berufsweg ständig in der Zwickmühle zwischen ihrer formalen Ausbildung und der nun geregelten Beamtenlaufbahn. Im Verlauf des Jahrhunderts hatte sich nämlich in allen Staatsfunktionen das Beamtentum als Stand entwickelt. Obwohl die Abhängigkeit vom Fürsten auch weiterhin bestand, gab es jetzt doch ein Maß an Eigenständigkeit, das zu Völckers Lebzeiten nicht denkbar gewesen wäre. Zwischen dem Landesherrn und den Pfarrern ist nun ein bürokratisches Netz gezogen, das nur in Ausnahmefällen direkten Kontakt erlaubte. Im Sinne eines Klientensystems verließ man sich jetzt auf Mittelsmänner im Umgang mit dem Hof. Diese zunehmende Entfernung und Tendenz zur Verselbständigung des Standes der Pfarrer und Lehrer zeigte sich unter anderem an der Auswahl ihrer Ehefrauen und der Paten für die Kinder. Schellenberg war zum Beispiel mit Pfarrer Viehmann aus Wehen verschwägert, seine Mutter war auch eine Pfarrerstochter, viele der Nichten und Kusinen heirateten wiederum Pfarrer. Als Paten suchte man nicht die Verbindung zum Fürsten, indem man Hofschranzen zum Gevatter bat, sondern man wählte, den veränderten Umständen entsprechend, wiederum Pfarrer und ihre Ehefrauen und auch höhere Beamte als Beschützer für die Kinder. Immer mehr wurden auch Schwestern und andere weibliche Familienmitglieder der Generation der Eltern zu Patinnen, was der zunehmenden Intimisierung der Familie in der Zeit der Romantik und später des Biedermeiers entspricht.

8. Von seiner Gemeinde geliebt: Der gute Seelsorger lebt und stirbt für seine Pfarrkinder

Ein Zweites wird klar aus der zitierten Stelle: Schellenberg war nicht mehr in dem selben Maße wie sein Vorgänger Völcker selber Landwirt. Es war kaum denkbar, daß am Ende des 18. Jahrhunderts der Herr Pfarrer selber das Dreschen übernahm, wie Völcker das noch, wie wir oben gesehen haben, tun mußte. Zwar bekam der junge Pfarrer nach wie vor einen Teil seiner Bezüge in Naturalien, aber es ist deutlich, daß er diesen Teil der Besoldung als einen Nachteil ansah. Bargeld war ihm lieber. Was dem Pfarrer an Naturalien – wie Feldfrüchte oder Holz – zustand, mußte ihm von den Bauern »frei Scheune« angeliefert werden.[21] Gerade in dieser Erleichterung seiner Lebenshaltung zeigt sich eine Veränderung des Verhältnisses zu seiner Gemeinde. In dem selben Maße, in dem sich das tägliche Leben der Pfarrer von dem Hofleben entfernte, näherte es sich dem Alltag der Pfarrkinder an. Gerade Pfarrer Schellenberg verstand es, die Gemeinde für sich einzunehmen. Mit großem Takt, so berichtet sein Bruder, versöhnte er die zum Bleidenstadter Stift gehörenden Katholiken mit der evangelischen Mehrheit. *Als er dahin kam*, heißt es in der Autobiographie von Jacob Ludwig Schellenberg, *so fand er zwar verschiedene Unordnung in seiner Gemeinde, besonders war auch die Nachbarschaft des katholischen Stifts, dessen Unterthanen den größten Teil des Orts bewohnten, eine kitzliche Sache, welche in vorigen Zeiten manche Verdrießlichkeiten verursacht hatte. Er wußte sich aber so klüglich zu betragen, daß er viele der alten beilegte und* den neuen vorbeugte; und bei seiner Gemeinde wußte er sich durch seine liebreiche Herablassung, besonders aber durch seine treue Amtsführung und durch seine geistreichen Predigten eine solche Liebe und Achtung zu erwerben, daß er alles mit ihnen machen und alles von ihnen verlangen konnte, weil sie sahen, daß er es in allem treu und redlich meinte und nicht suchte, über das Volk zu herrschen, sondern ein Vorbild der Heerde zu werden.²²

Der Bruder bringt verschiedene Beispiele für tätliche Liebesbeweise der Gemeinde, so zum Beispiel, daß die Bauern freiwillig, ohne gebeten oder gar gemahnt zu werden, dem Pfarrer den Zehnten einfuhren: *In vorigen Zeiten [...] war es zwar auch schon gewöhnlich, daß die Gemeinde dem Pfarrer sein jährliches Besoldungsholz auf Anspruch und gegen eine kleine Mahlzeit auf einmal in den Hof führte. Man sah aber dieses meist für einen lästigen Frohndienst an und ein Jeder suchte sich unter allerlei Vorwand davon loszuschrauben. Kaum hatten sie aber diesen Dienst dem Pfarrer Schellenberg einmal geleistet und dabei sein liebreiches und freigebieges Verhalten genossen, so freuten sich schon Alle auf den Tag, wenn sie dem Pfarrer sein Holz fahren würden, und die Väter zankten sich mit den Söhnen, wer von ihnen diese Freude und Ehre genießen sollte.*²³ Lang war es her, daß man dem kranken Pfarrer Völcker Besuch und Geschenke verweigerte und für den kleinsten Dienst Entlohnung verlangte.

Zwar geht aus dem Text hervor, daß der Verfasser die Bindung zwischen den Mitgliedern der Gemeinde Bleidenstadt und dem Pfarrer Schellenberg als besonders eng und freundschaftlich angesehen hat. Es ist aber wichtig festzustellen, daß gerade um 1800 herum ein inniges Verhältnis zwischen Pfarrer und Gemeinde als Ideal verstanden wurde. Der Bruder des Bleidenstädters, der Verfasser der Biographie, hatte während seines langen Wirkens als Seelsorger oft Schwierigkeiten mit seinen Pfarrkindern. Wie die meisten Intellektuellen seiner Zeit sah er in den Dorfbewohnern kaum bezähmbare Bestien. Desto wichtiger ist es, daß er dem Bruder in Bleidenstadt – dem er beinahe einen Heiligenschein verliehen hat – das Geschick zuschrieb, die Zuneigung der Bauern zu erringen. Typischerweise war dann auch der allzu frühe Tod des Bruders mit dessen Aufopferungswillen und christlicher Nächstenliebe verbunden. Es grassierte nämlich *im Anfange des Jahres 1781 [...] auf einigen Filialen meines Bruders ein bösartiges Faul- und Fleckfieber, welches viele Menschen hinraffte und noch mehrere auf ein langes und elendes Krankenlager niederlegte*, berichtete Jacob

Abb. 3: Pfarrer Jacob Ludwig Schellenberg (1728 bis 1808) beschreibt in seiner Autobiographie ausführlich und anschaulich auch die Lebensverhältnisse der Pfarrer und der Bevölkerung der Kirchspiele Bleidenstadt und Wehen. Ungeschminkt berichtet er dabei auch über die Querelen, die es zwischen den Pfarrern und der Bevölkerung gegeben hat.

Ludwig Schellenberg und fuhr fort: *So wie nun mein Bruder sehr eifrig und dienstfertig in seinem Amt war, so besuchte er dieselben fleißig und ging bei der rauhen Jahreszeit einen Tag um den anderen auf eines dieser Filiale, wo er oft 15 bis 20 gefährliche Patienten in verschiedenen Häusern antraf, denen er nicht nur mit seinem tröstlichen Zuspruch, sondern auch mit Rath und That zu ihrer Verpflegung diente.* So besuchte er im März fünf hilflose Kranke in ihrem Haus, die von den Nachbarn aus Angst vor Ansteckung nicht betreut wurden. *Der Anblick,* heißt es weiter im Text, *war traurig und rührte meinen Bruder außerordentlich, zumal da der erste Kranke ihm entgegenjammerte: Herr Pfarrer, ich möchte gerne wieder etwas genießen, aber es kann und will mir Niemand etwas reichen, ja nicht einmal in das Haus gehen, weil sich Diese alle seit 24 Stunden auch gelegt haben, und bei Diesen ist der Durst so groß, daß ich besorge, sie werden heute noch verschmachten. Mein Bruder [...] ließ sich einstweilen einen Eimer Wasser von einem Nachbarn an die Thüre bringen, tränkte die Durstigen, legte sie soviel zurecht als er konnte und durchsuchte das ganze Haus, um etwas zu ihrer Bequemlichkeit [...] in demselben aufzufinden.*[24]

Dieser selbstlose Akt der Nächstenliebe raffte nicht nur den beliebten Pfarrer, der sich bei seinen Besuchen infiziert hatte, dahin, sondern brachte Elend und Katastrophe auch über die Witwe und die unmündigen Kinder. Da der Fürst kaum noch persönliche Beziehungen zu seinen Pfarrern hatte, konnte man an Unterstützung selbst auf inständiges Bitten hin nicht mehr als 30 Gulden pro Jahr für die Familie erwirken. Auch die Witwen- und Waisenkasse der Pfarrer ergab nur die gleiche Summe, und so mußte die Versorgung der Hinterbliebenen hauptsächlich der Familie überlassen bleiben. Als erster erbot sich der junge Pfarrer Viehmann in Wehen, der Bruder der Witwe, sein eigenes Leben und Vermögen in den Dienst der vom Schicksal so hart getroffenen Familie zu stellen. Er versprach dem Schwager auf dem Totenbett, selbst auf Ehe und Familie zu verzichten, um seine Schwester und ihre Kinder versorgen zu können. Der Tod ersparte Pfarrer Schellenberg, die zweite Tragödie miterleben zu müssen: Viehmann, der Retter in der Not, verstarb selbst nur einige Tage später an derselben Krankheit. Nun war die Familie des Bleidenstädter Pfarrers endgültig auf milde Gaben und auf Beherbergung durch Verwandte angewiesen und wurde deshalb in alle Winde zerstreut.

9. Hoffnungsschimmer

So bewegte sich auch einhundertfünfzig Jahre nach dem Dreißigjährigen Krieg das Leben der Pfarrer und ihrer Familien oft noch am Rande der Existenzsicherung. Da stand zwischen Elend und gesicherten Lebensbedingungen nur die prekäre Gesundheit in einer Zeit, in der man erst allmählich die Ursachen und Heilmittel für Krankeiten erkannte. Am Ende des 18. Jahrhunderts starben auch im Pfarrhaushalt immer noch mehr Kinder als überlebten, und noch immer reichten die Einkünfte nicht aus, alle Söhne studieren zu lassen. Und dann drohte der Krieg, das Werk von hundert Jahren Frieden zu zerstören: am Horizont sah man den Feuerschein des belagerten Mainz, dessen Jakobinerregierung den versammelten Fürstenheeren trotzte. Französische Truppen schweiften durch die Umgebung, es gab Repressalien und Zwangsrequirierungen.[25]

An den großen Koordinaten des Alltagsdaseins der Pfarrer hatte sich nicht so viel geändert, wie es auf den ersten Blick erscheint. Aber doch ist der Trend zur Moderne unverkennbar, in der Hinwendung zur Familie als Sicherheitsnetz, im langsamen Aufkommen und Verfestigen des Beamtenstandes und darin, daß der Landesherr mit seinem Hof in immer weitere Entfernung rückt. Der Pfarrer wird immer deutlicher Teil seiner Gemeinde und verlernt dabei langsam den Fürstendienst. Wenn Schellenberg von Bleidenstadt und Viehmann von Wehen als Anfänge einer neuen Orientierung stehen, so hat sich doch das Dunkel etwas erhellt, und der Wunsch des Pfarrers Völcker nach Frieden und Einigkeit im Kirchspiel ist wenigstens teilweise in Erfüllung gegangen.

10. Anmerkungen

1 Für das Alltagsleben der Pfarrer in Bleidenstadt, Wehen und Neuhof im 17. und 18. Jahrhundert gibt es zwei aufschlußreiche Quellen: 1636 und 1637 schrieb Pfarrer Völcker, oder Plebanus, wie er seinen Namen latinisierte, eine Art Tagebuch, in dem Krankheit, Hunger und Elend des Krieges beschrieben sind. Die Handschrift befindet sich im Hessischen Hauptstaatsarchiv und wurde von Ferdinand Heymach in den Annalen für Nassauische Altertumskunde, Bd. XXXVIII, 1908, S. 255 ff., veröffentlicht. Völcker schrieb, seiner Zeit gemäß, mit vielen lateinischen Einschüben und natürlich in veraltetem Deutsch. 1913–1914 bearbeitete der bekannte Volkskundler Otto Stückrath den Text für seine Veröffentlichung in »Alt-Nassau«, der vielgelesenen heimatgeschichtlichen Beilage des »Wiesbadener Tagblatts«. Obwohl er oft mit dem Text sehr frei umging, stammen die Zitate in diesem Aufsatz aus Stückraths Bearbeitung. Im Interesse der Verständlichkeit wurden die Übersetzung aus dem Lateinischen und die Anpassung des barocken Deutsch an den modernen Sprachgebrauch übernommen. Den Grund warum er das Tagebuch angefangen hat, beschreibt Völcker folgendermaßen: *In diesem Jahre werde ich sechsundfünfzig Jahre alt. Obwohl ich kein Kränklicher bin, spüre ich doch täglich, wie die Pest an meinem Leibe zehrt. Es kracht aber ein Haus so lange, bis es über den Haufen fällt. Damit nun mein Sohn wisse, woher ich stamme und was ich bis dahin erlebt habe, fing ich das Tagebuch an und wünsche ihm und seinen Nachkommen aus treuem, ehrlichen Herzen, daß seine Nachkommen doch niemals einen so unaussprechlichen Jammer, so viel Kummer und Not erleben müssen wie wir und wie sie unsere Voreltern bis ins zehnte Glied und weiter hinauf nicht erfahren haben.* S. O. Stückrat, Aus schweren Leidenstagen. Tagebuch des Pfarrers Plebanus aus den Jahren 1636/37. In: Alt-Nassau, 17. Jhrg. 1913, 18. Jhrg. 1914. Hier: 17. Jhrg. 1813, Nr. 10, S. 37 f. In gewisser Hinsicht hat sich dieser fromme Wunsch erfüllt. Krieg und Pest erschöpften sich schließlich, und langsam setzte eine Periode der Regeneration ein. Für das 18. Jh. haben wir eine Autobiographie des Pfarrers Jacob Ludwig Schellenberg von Bierstadt, der auch über die Verhältnisse in Bleidenstadt und Wehen um 1770 schrieb, da er mit den Bleidenstadter und Wehener Pfarrern verwandt bzw. verschwägert war. Schon im 19. Jh. wurde diese Schrift gedruckt, allerdings nur in allerkleinster Auflage von wenigen Exemplaren für den Freundes- und Verwandtenkreis des Herausgebers, des Enkels des Verfassers. 1989 ist eine neue Ausgabe von diesem Text der Öffentlichkeit vorgelegt worden. Aus dieser Version, »Jacob Ludwig Schellenberg, 1728–1808. Autobiographie eines ‚nassauischen Pfarrers. Taunusstein 1989«, sind die Zitate für das 18. Jh. genommen. Zu den Pfarrern Philipp Schellenberg und Georg Philipp Viehmann s. auch G. Müller-Schellenberg, Über die Armetei in Nassaus Pfarrhäusern im 18. Jahrhundert. Dargestellt am Beispiel des evangelischen Bleidenstadter Pfarrers Philipp Schellenberg. In: Heimatjahrbuch des Rheingau-Taunus-Kreises 44. Jhrg., 1993, S. 46 ff.
2 Stückrat, Tagebuch Plebanus (wie Anm. 1), 17. Jhrg. 1913, Nr. 11, S. 42.
3 Stückrat, Tagebuch Plebanus (wie Anm. 1), 17. Jhrg. 1913, Nr. 11, S. 43.
4 Stückrat, Tagebuch Plebanus (wie Anm. 1), 18. Jhrg. 1914, Nr. 2, S. 6.
5 Stückrat, Tagebuch Plebanus (wie Anm. 1), 18. Jhrg. 1914, Nr. 2, S. 6.
6 Stückrat, Tagebuch Plebanus (wie Anm. 1), 18. Jhrg. 1914, Nr. 2, S. 6).
7 Stückrat, Tagebuch Plebanus (wie Anm. 1), 17. Jhrg. 1913, Nr. 10, S. 37.
8 Im 18. Jahrhundert bestand das Einkommen der nassauischen Pfarrer im wesentlichen aus Zehnten, die auf den Feldern der Bauern lagen und in Naturalien oder als Geld abzuliefern waren, aus Erträgen der Kirchengüter, die teilweise im Frondienst von den Bauern bestellt werden mußten und aus Brennholz aus herrschaftlichem oder Gemeindewald, das von den Bauern zu schlagen und frei Hof zu liefern war sowie aus Bargeld vom Fiskus. Da die Pfarreien sehr unterschiedlich mit Kirchenländereien oder Zehnten begütert waren, gab es bei den Einkünften der Pfarrer ein starkes Gefälle. Zusätzlich zu den oben genannten Erwerbsquellen standen den Pfarrern noch Taxen für Eheschließungen, Kindstaufen und Beerdigungen zu, die von den Familien zu entrichten waren. Falls die Pfarrer gleichzeitig Lehrer waren, erhielten sie von den Eltern der Schulkinder eine kleine Vergütung, die oft darin bestand, daß der Pfarrer reihum bei den Familien am Mittagstisch Platz nehmen durfte. Wenn die Seelsorger oft ein sehr niedriges Einkommen hatten, muß auch daran gedacht werden, daß bei der geringen Einwohnerzahl der Dörfer nur verhältnismäßig wenige Gemeindemitglieder für sein Auskommen sorgen mußten.
9 Stückrat, Tagebuch Plebanus (wie Anm. 1), 17. Jhrg. 1913, Nr. 11, S. 42.
10 Stückrat, Tagebuch Plebanus (wie Anm. 1), 17. Jhrg. 1913, Nr. 11, S. 38.
11 Stückrat, Tagebuch Plebanus (wie Anm. 1), 17. Jhrg. 1913, Nr. 11, S. 38.
12 Stückrat, Tagebuch Plebanus (wie Anm. 1), 17. Jhrg. 1913, Nr. 11, S. 38.
13 Stückrat, Tagebuch Plebanus (wie Anm. 1), 18. Jhrg. 1914, Nr. 1, S. 2.
14 Stückrat, Tagebuch Plebanus (wie Anm. 1), 18. Jhrg. 1914, Nr. 2, S. 5.
15 Stückrat, Tagebuch Plebanus (wie Anm. 1), 18. Jhrg. 1914, Nr. 2, S. 2.
16 Stückrat, Tagebuch Plebanus (wie Anm. 1), 18. Jhrg. 1914, Nr. 2, S. 1.
17 E. Wilhelmi, Wehen und sein Grund. Wehen 1957, S. 152; s. auch Beitrag H. Gockel, Der Dreißigjährige Krieg in der Region der heutigen Stadt Taunusstein, S. 145–158.
18 Stückrat, Tagebuch Plebanus (wie Anm. 1), 18. Jhrg. 1914, Nr. 2, S. 1.
19 Stückrat, Tagebuch Plebanus (wie Anm. 1), 18. Jhrg. 1914, Nr. 1, S. 2f).
20 Schellenberg, Autobiographie (wie Anm. 1), S. 13 f.
21 Schellenberg, Autobiographie (wie Anm. 1), S. 15; Müller-Schellenberg, Die Armetei in Nassaus Pfarrhäusern (wie Anm. 1), S. 46 ff.
22 Schellenberg, Autobiographie (wie Anm. 1), S. 14.
23 Schellenberg, Autobiographie (wie Anm. 1), S. 15.
24 Schellenberg, Autobiographie (wie Anm. 1), S. 20.
25 S. Beitrag G. Müller-Schellenberg, Zwischen Reform und Reaktion. »Taunusstein« in den Jahren von 1792 bis 1848, S. 183 ff.

Guntram Müller-Schellenberg

Zwischen Reform und Reaktion

›Taunusstein‹ in den Jahren von 1792 bis 1848

Inhalt

1. Das Amt Wehen in den Revolutionskriegen — 183
2. Wie das Amt Wehen regiert und verwaltet wurde — 184
3. Napoleon ruft ›Taunussteiner‹ unter seine Fahnen — 184
4. Von Frankreich her weht ein frischer Wind — 189
5. Die Bodenreform — 189
6. Die große Steuerreform — 191
7. In der Allianz gegen Napoleon — 194
8. Die nassauische Verfassung wird konzipiert — 197
9. ›Taunussteiner‹ müssen an der Schlacht von Waterloo teilnehmen — 198
10. Das Amt Wehen wird größer — 198
11. Es folgen weitere vorbildliche Reformen — 199
12. Der erste Landtag tritt zusammen — 202
13. Bemühungen zur Hebung der Landwirtschaft — 203
14. Die Reaktion setzt ein — 204
15. Wie in Bleidenstadt ausstehende Steuern eingetrieben wurden — 206
16. Regierungswechsel in Nassau — 207
17. Das tägliche Leben in ›Taunusstein‹ — 207
17.1 Die Wohnverhältnisse im Amt Wehen — 207
17.2 Ackerbau und Viehzucht — 210
17.3 Ernährung und Verdienst — 211
17.4 Unterhaltung und Vergnügen — 212
18 Es kommt Unmut auf — 213
18.1 Die Jagd: des einen Freud, des andern Leid — 213
19. Anmerkungen — 215

1. Das Amt Wehen in den Revolutionskriegen

Was war das für eine harte Bedrückung, daß wir von der Mitte des Jahres 1792 bis zu Ende des Jahres 1798 fast keinen Tag ohne [...] Einquartierung waren, schreibt Pfarrer Jacob Ludwig Schellenberg in seiner Autobiographie.[1] Und tatsächlich hausten bei wechselndem Kriegsglück während ihrer Durchzüge die »eigenen« preußischen und österreichischen Truppen ebenso ungeniert wie die französischen Okkupanten. Der Grund dafür, daß den Menschen im Amt Wehen besonders übel mitgespielt wurde, waren die Kämpfe um die strategisch wichtige Festung Mainz.[2] Von den jeweiligen Belagerern wurde bis weit in den Taunus hinein einquartiert, requiriert und geplündert.[3] Bauern aus der Gegend sollen sogar zu Schanzarbeiten im Bereich der Festung Mainz gezwungen worden sein.[4] Zweimal war ›Taunusstein‹ auch Schauplatz blutiger Gefechte. Am 9. September 1796 vertrieb ein hessen-darmstädtisches Bataillon starke französische Kräfte aus Infanterie, Kavallerie und Artillerie aus ihrer Stellung auf der Platte. Die Franzosen wurden bis Wehen verfolgt und setzten von dort ihren Rückzug unbehelligt fort.[5] Im darauffolgenden Jahr drehten die Franzosen den Spieß um. Am 22. April 1797 kam es in Neuhof und auf der Platte zu Kampfhandlungen, bei denen französische Verbände österreichische Truppen in die Flucht schlugen.[6]

Von den territorialen Umwälzungen[7], die das Ergebnis dieser Kriege waren, bemerkten die Bewohner der Orte, die heute zu Taunusstein gehören, fast nichts. Man blieb im Fürstentum Nassau-Usingen. Wehen, auf dessen Territorium auch das damals noch bescheidene Jagdschloß Platte lag, hatte 457 Einwohner, Neuhof 296, Orlen 212, der nassauische und der noch kurfürstlich-mainzische Teil von Bleidenstadt zusammen 472, Hahn 204, Seitzenhahn 211, Watzhahn 73 und Wingsbach 104; Niederlibbach (113 Einwohner) und Hambach (93 Einwohner) gehörten weiterhin zum Amt Idstein. Diese zehn Orte, die zusammen 2235 Einwohner zählten[8], sollen künftig ›Taunusstein‹ genannt werden. Zum Amt Wehen gehörten noch Adolfseck (157 Einwohner) und Born (191 Einwohner). Mit 2377 Einwohnern war es das zweitkleinste Amt im gesamten Herzogtum.[9] Nur in Bleidenstadt hatte sich eine Änderung ergeben, da der vorher zum Stift Ferrutius, also zum Kurfürstentum Mainz, gehörende Teil an das Amt Wehen gefallen war.[10] Aber auch die Gemeinde Wehen war Nutznießer der Umwälzungen, ihr wurden nämlich für die neue Kirche die Orgel, die Kanzel, die Bestuhlung und Steinplatten für den Bodenbelag aus ehemaligem Eigentum säkularisierter (verstaatlichter) Klöster zugeteilt.[11]

Für die Fürsten von Nassau-Weilburg und von Nassau-Usingen waren die Auswirkungen der sogenannten Revolutionskriege schon bedeutsamer. Sie verloren ihre auf der linken Rheinseite gelegenen Besitzungen an das siegreiche Frankreich, wurden dafür aber rechtsrheinisch reichlich entschädigt.[12] Auf der Landkarte war das ein bunter Flickenteppich aus Gebietsteilen, die aus den unterschiedlichsten religiösen, wirtschaftlichen, rechtlichen, kulturellen und politischen Traditionen stammten und zusammen mit den altnassauischen Territorien zu einem Statsgebilde erst geformt werden mußten.

Da war es ein glücklicher Zufall, daß mit *Carl* Friedrich Justus Emil Ibell[13] ein juristisch gebildeter und trotz seiner jungen Jahre schon außerordentlich fähiger Beamter im nassau-usingischen Staatsdienst stand, der im wesentlichen mit dieser gewaltigen Aufgabe betraut werden konnte. Für die Befähigung und den Weitblick des Sohns des Wehener Amtmanns spricht seine steile Karriere: 1803 begann Ibell als Regierungssekretär, 1804 war er schon Assessor, 1805 Regierungsrat, 1809 Geheimer Regierungsrat und Direktor der Ministerialkanzlei und 1815 als Regierungspräsident und

---

* Für kritische Durchsicht dieses Beitrages danke ich auch an dieser Stelle Herrn Lt. Archivdirektor i. R. Dr. Winfried Schüler, Bad Schwalbach, und Herrn Archivoberrat Dr. Michael Wettengel, Koblenz, sehr herzlich.

Leiter der Landesregierung nach dem dirigierenden Staatsminister höchster Beamter im Staat.[14] Was die überregionale Bedeutung anbelangt, war er im 19. Jahrhundert sicherlich die mit Abstand hervorragendste Persönlichkeit, die ›Taunusstein‹ hervorgebracht hat.

2. Wie das Amt Wehen regiert und verwaltet wurde

Zum besseren Verständnis der folgenden Handlung soll hier zunächst kurz auf die Herrschaft im kleinen Fürstentum Nassau-Usingen und im Amt Wehen eingegangen werden.

An der Spitze waltete mit fast uneingeschränkter Machtbefugnis seit 1803 Fürst Friedrich August[15] (ab 1806 Herzog von Nassau). Als Minister stand ihm der versierte Freiherr Marschall von Bieberstein[16] mit einem Stab von Beamten zur Seite.[17] Öfter als ihnen lieb war und öfter als die meisten Nassauer bekamen die ›Taunussteiner‹ Bauern ihren Landesherren zu Gesicht. Für ein Frühstück mußten sie nämlich während der Herbstjagden wochenlang im Frondienst[18] als Treiber im »Wildpark« auf der Platte zu Diensten sein. Dieses Relikt aus uralten Zeiten überstand bis 1848 alle Liberalisierungsbestrebungen.[19] Allgegenwärtig war als gefürchtete Respektsperson der von der Regierung eingesetzte Amtmann.[20] Um seine Respektabilität auch äußerlich in Erscheinung treten zu lassen, war ihm das Tragen einer reichverzierten Uniform vorgeschrieben.[21] Im kleinen Amt Wehen hatte Carl Ibell, der Vater des Regierungspräsidenten, als Amtmann in Personalunion auch die Stellen des Landoberschultheißen, der nach heutigen Maßstäben etwa die Funktion eines Notars innehatte[22], und die des Rezepturbeamten (Steuereinnehmers) zu versehen.[23] Trotz dieser Ämterfülle fand Ibell noch Zeit zu lukrativen Nebentätigkeiten als Gutachter in juristischen Streitfällen, die in Nachbarämtern anstanden.[24] Der Amtmann war als Leiter des Amtes für die Justiz- und Zivilverwaltung einschließlich der Steuererhebung in seinem Bezirk zuständig. Im Rahmen dieser Aufgaben oblag ihm die Vollziehung aller bestehenden Gesetze und Verordnungen.[25] Allgegenwärtig in jedem Dorf war der in der Rangordnung folgende und von der Regierung auf Lebenszeit berufene Schultheiß, mundartlich »Scholles« genannt. Er unterstand dem Ammann und war für die gesamte örtliche Verwaltung zuständig. In größeren Orten konnte er als Helfer einen Gemeinderechner haben.[26] Als Berater mit gewissen Kontrollfunktionen amtierten gewählte »Gemeindevorsteher«.[27] Der Schultheiß war in seinem kleinen Reich ein mächtiger Mann. Er konnte bei Übertretungen der Gemeindeordnung, bei Forst-, Feld-, Jagd- und Fischereifrevel recht empfindliche Geldstrafen und sogar Arrest verhängen.[28] Auch der Pfarrer verfügte über ein gewisses Maß an Macht. Beispielsweise übte er die Aufsicht über die Schule aus und war in dieser Funktion Vorgesetzter des Lehrers. Auch konnte er Verstöße gegen die Sittlichkeit oder gegen die Kirchenordnung mit Strafen bis zur körperlichen Züchtigung sogar an Erwachsenen ahnden.[29] Im Vergleich zum Schultheißen war der Pfarrer dem fürstlichen Willen direkt unterworfen, war es doch der Landesherr, der über die Bestallung oder die Versetzung der Geistlichen in einträgliche oder »arme« Pfarreien – und damit über den Lebensstandard der Pfarrer – par Ordre de Mufti zu entscheiden hatte.[30]

3. Napoleon ruft ›Taunussteiner‹ unter seine Fahnen

Die Planungen des Regierungsrats Carl Ibell zur Konsolidierung der Verwaltung des Fürstentums waren noch in vollem Gange, als es im Jahre 1806 zu einem einschneidenden Ereignis kam. Mit sanfter Gewalt hatte der Kaiser der Franzosen, Napoleon, auch die beiden nassauischen Fürstentümer in den Rheinbund gebeten.[31] Ein Gegenstand des Vertrages war die Zusammenlegung der beiden kleinen Fürstentümer Nassau-Usingen und Nassau-Weilburg zu einem Herzogtum.[32] Als der ältere der beiden Fürsten wurde Friedrich August Herzog; sein Weilburger Vetter[33] blieb zwar Fürst, regierte aber gleichberechtigt mit dem Herzog.

In diesem Jahr mußten die Menschen im Amt Wehen schon wieder Einquartierungen hinnehmen. Vom Winter bis in den Herbst hinein waren französische Soldaten abermals als ungebetene Gäste im Lande. Wehen mußte täglich bis zu 106 Mann, Neuhof bis zu 94 Mann und Bleidenstadt bis zu 115 Mann ertragen.[34] Zu den »üblichen« Belastungen wie Lieferungen von Lebensmitteln, Futter und Streu für Pferde und der Gestellung von Fuhrwerken kamen Übergriffe der Franzosen. *Unsere Lage ist erbärmlich und nicht mehr auszuhalten*, berichtet der Schultheiß von Neuhof und fährt fort: *Ich habe schon viele Einwohner, wo ich an Mangel an Brod und überhaupt an Lebensmitteln keinen Soldat mehr zulegen kann.*[35] Noch im September 1806, als Nassau

Abb. 1: Fürst Friedrich August von Nassau-Usingen (ab 1806 Herzog von Nassau). Erst kürzlich entdecktes in Öl gemaltes Portrait von unbekanntem Künstler.

Abb. 2: Regierungspräsident Carl Ibell war sicherlich der bedeutendste Sohn der heutigen Stadt Taunusstein. Gemälde in Öl von unbekanntem Maler, hier eine Kopie.

schon längst als Mitglied des Rheinbundes mit Napoleon verbündet war, plünderten französische Soldaten in Bleidenstadt das Obst von den Bäumen, was für die Einheimischen Anlaß zu einer Schlägerei mit den Franzosen war.[36] In Wingsbach verlangten französische Soldaten Wein und begingen Exzesse.[37] Angesichts dieser Vorkommnisse mußte Amtmann Ibell an die Regierung berichten[38]: *Wenn die Franzosen fortfahren, auf diese höchst empörende Weise in ihrem freund- und verbündeten Landen zu handeln, so können hieraus die gefährlichsten Folgen für sie entstehen und kann [...] der Beamte [Amtmann] [nicht] im Stande sein, die ohnehin äußerst erbitterten Unterthanen von der Gegenwehr abzuhalten.*

Von den neuerlichen Gebietsänderungen, die mit dem Beitritt in den Rheinbund einhergingen, blieben die Einwohner von ›Taunusstein‹ auch dieses Mal unberührt. Nur zu bald fühlten aber auch sie, was es bedeutete, unter dem Protektorat des mächtigen Kaisers zu stehen. Innenpolitisch ließ Napoleon die nassauischen Regenten weitgehend nach ihrem eigenen Gusto gewähren, in der Außenpolitik führte er sie aber am straffen Zügel, und vor allem verlangte er für seine Feldzüge auch von Nassau Soldaten.

Auf dieses Ansinnen war man nicht vorbereitet. Schon für das Aufstellen der vier Bataillone Infanterie und der einen Eskadron Reitender Jäger, die Napoleon noch im Jahre 1806 von Nassau für seinen Feldzug gegen Preußen forderte, mußte als Neuerung die Wehrpflicht eingeführt werden.[39] Für das Ausheben der Rekruten waren der Amtmann und die örtlichen Gremien zuständig.[40] Kaum waren diese Bataillone aus Preußen in die Heimat zurückgekehrt, mußten auf den Befehl des Kaisers der Franzosen hin schon erneut Rekruten für seinen Krieg in Spanien und seinen Feldzug gegen Österreich eingezogen werden.[41]

Über die Wehrpflichigen waren jährlich von jedem Amt Konskriptionslisten aufzustellen, die neben Namen, Alter und Beruf auch eventuelle Befreiungsgründe und die zu deren Beurteilung erforderlichen Angaben zu persönlichen und familiären Verhältnissen enthielten. Diese Listen sind deshalb zugleich zeit- und sozialgeschichtliche Dokumente von hoher Aussagekraft. In der Aufstellung des Amtes Wehen von 1811 werden die Wehrpflichtigen der Jahrgänge 1785 bis 1792 benannt. Aus Wehen, Neuhof, Hahn, Bleidenstadt, Seitzenhahn, Orlen, Wingsbach und Watzhahn sind insgesamt 112 unverheiratete junge Männer aufgeführt, von denen 25 bereits eingezogen waren. Von ihnen mußten 17 in einem der beiden nassauischen Infanterieregimenter oder bei den nassauischen Reitenden Jägern in Spanien für Napoleon kämpfen. Zum Depotbataillon, das in Wiesbaden stationiert war, gehörten drei Mann. Nach ihrer Grundausbildung, die sie dort erfuhren, mußten sie aller Wahrscheinlichkeit nach als Ersatz für Verluste auch auf die iberische Halbinsel marschieren. Fünf Burschen hatten das Glück, zu den Landjägern eingeteilt zu sein, die als Polizeitruppe in der Heimat bleiben durfte. Als noch »zugbar«, d. h. als rekrutierungsfähig, wurden gerade mal noch 16 der Wehrpflichtigen eingestuft. Die anderen waren nämlich entweder wegen körperlicher Gebrechen ausgemustert oder im elterlichen Betrieb unabkömmlich. Andere mußten nicht dienen, weil bereits ein Bruder beim Militär stand, zwei Eltern hatten sich einen Einsteher[42] leisten können. Viele hatten sich auch mit unbekanntem Aufenthaltsort abgesetzt oder waren als Gesellen auf Wanderschaft oder waren auch regelrecht desertiert.[43] Auch wenn bei nur 95 der Wehrpflichtigen die Berufe in die Listen eingetragen sind, so geben diese Angaben doch einen interessanten Einblick in die soziale Struktur der Einwohner von ›Taunusstein‹. Zahlenmäßig an der Spitze liegen mit 20 Nennungen die Weber, von denen 17 ausdrücklich als Leineweber bezeichnet werden. Es folgen neun Bauern und je sieben Bauernknechte und Dienstboten. Sechsmal sind Schuhmacher vertreten, je fünfmal Schneider, Schmiede und Zimmerleute, viermal Schreiner und dreimal Müller. Den Beschluß bilden je ein Wagner, Küfer, Bäcker, Krämer, Viehhirt und Strohschnitter (?).[44] Auffällig ist, daß Tagelöhner nicht vermerkt sind.

Die zahlreichen Ausnahmen und Privilegien, mit denen die Wehrpflicht durchlöchert war, begünstigten vor allem die Bewohner der Städte. Und da es wohlhabenden Eltern möglich war, ihre Söhne vom Militärdienst freizukaufen[45], lag die Last der Wehrpflicht vor allem auf den ärmeren ländlichen Gebieten. Später wurde sogar im Landtag moniert, es gebe zu viele Befreiungen und Ausnahmen, »so daß hauptsächlich der Landmann in Anspruch genommen« würde.[46] Zu den ärmeren ländlichen Gebieten gehörte auch das Amt Wehen. Wie viele von den nassauischen Soldaten, die von 1806 bis 1813 in Preußen und in Spanien für Napoleon kämpfen mußten, aus ›Taunusstein‹ stammten, läßt sich nicht mehr feststellen. »Aktenkundig« sind aber die beiden Neuhofer Heinrich Hahn und Heinrich Kuhn, die als Reitende Jäger in Spanien die silberne Tapferkeitsmedaille erhielten.[47] Aus Bleidenstadt stammte Oberleutnant Philipp Heidt, der ebenfalls in Spanien kämpfte, 1815 an der Schlacht von Waterloo teilnahm und später während der Besetzung von Frankreich in der Nähe von Paris starb.[48]

Für die zum Linienmilitär[49] eingezogenen Wehrpflichtigen kamen zu den Gefahren, Strapazen und Lei-

Abb. 3: Realistisch gezeichnete nassauische Soldaten während des Feldzuges in Spanien. Wie die beiden Figuren rechts im Bild haben die Reitenden Jäger Heinrich Hahn und Heinrich Kuhn aus Neuhof ausgesehen. Aquarelle von Ludwig Scharf.

den in den Feldzügen[50] auch noch Beschränkungen in den »bürgerlichen« Freiheiten. Von der Musterung an durften die jungen Männer während der sechs Jahre und neun Monate[51] dauernden Dienstzeit auch im Frieden nicht heiraten und ohne ausdrückliche behördliche Erlaubnis ihren Amtsbezirk nicht verlassen. Von dieser Einschränkung betroffen war auch das damals weit verbreitete Gesellenwandern. Eingezogen wurden die jungen Männer in der Regel im Alter von 20 Jahren[52]; bis sie ausgedient hatten und ihre uneingeschränkten »bürgerlichen« Freiheiten zurückerhielten, waren sie also schon 26 Jahre alt. Die reine Dienstzeit betrug im

Abb. 4: In herzoglich-nassauischer Zeit war das Schloß in Wehen Büro und Wohnung des Amtmannes.

Frieden allerdings nur zwei Jahre, wobei das erste als Grundausbildung im Zusammenhang gedient wurde und die restlichen zwölf Monate sich als Übungen auf die anderen fünf Jahre verteilten.

Aber auch viele derjenigen jungen Männer, die nicht zum regulären Militär gezogen wurden, weil sie beispielsweise geringfügige körperliche Mängel hatten oder überzählig waren[53], konnten nicht sicher sein vor dem grünen Rock, den das nassauische Militär trug. Aus ihnen wurden die sogenannten Landjägerregimenter gebildet. Ihre Aufgabe war die Aufrechterhaltung der »öffentlichen Ruhe und Sicherheit«, sie erfüllten also Polizeiaufgaben, zu denen auch das Aufgreifen von Deserteuren gehörte. Gleichzeitig bildeten sie eine Reserve für das reguläre Militär. Zwar durften sie zu Hause wohnen bleiben, sie waren aber doch militärisch organisiert und unterstanden den Militärbehörden. Gewehr und Bajonett erhielten sie vom Staat, die Uniform, die der des Militärs ähnlich war, mußten sie aber selbst anschaffen. »Ganz arme Leute« waren deshalb von der sechsjährigen Dienstzeit befreit.[54]

4. Von Frankreich her weht ein frischer Wind

Im Vergleich zu diesen radikalen Einschnitten in das Leben der jungen Männer nahmen sich die liberalen Neuerungen, die als frischer Wind von Frankreich her über den Rhein geweht kamen, eher bescheiden aus. Zu nennen sind zunächst die Reform der Rechtsprechung, die Klarheit in den gerichtlichen Instanzenzug brachte[55], und die Aufhebung der Leibeigenschaft, die ihren Schrecken allerdings ohnehin längst verloren hatte.[56] Die »Leibeigenschaft« verpflichtete um 1800 fast nur noch zur Abgabe des Besthaupts (ursprünglich das beste Stück Vieh, später meist eine Geldzahlung in Höhe von einem Prozent des Vermögenswertes), die im Todesfall sozusagen als Erbschaftssteuer fällig wurde. Außerdem entfiel die Entrichtung des Entlassungsgeldes beim Wegzug. Das Aufheben der Leibeigenschaft war also eine rein fiskalische Maßnahme.[57] Es schlossen sich in den nächsten Jahren aber weitere liberale Neuerungen an. So die Steuerreform[58] und die »Culturreform« (Bodenreform)[59], nach der der Eigentümer beispielsweise das Weiden von fremdem Vieh auf seinem Grund und Boden nicht mehr dulden mußte. Auch wurden entehrende Strafen wie Peitschen- und Stockschläge gegen Erwachsene mit Ausnahmen im Zuchthaus[60] und teilweise beim Militär[61] verboten. Die scharf beobachtende Tochter des Amtmanns Ibell schreibt dazu in ihren Erinnerungen, *Halseisen und alle beschimpfende Strafzeichen an Markt- und öffentlichen Plätzen* seien abgeschafft worden, *da dergleichen nach der Erfahrung nur erbittert und durch Abstumpfung des Ehrgefühls bei den so Bestraften, wie bei der Schuljugend, die sie [...] gaffend zu umstehen pflegte, der Sittlichkeit mehr schadete als nützte.*[62] Im Amt Wehen müssen diese unmenschlichen Scheußlichkeiten bis dahin also noch an der Tagesordnung gewesen sein. Da in den Schulen weiterhin der Stock regierte und beim Militär zumindest gelegentlich noch geschlagen wurde[63], kann man feststellen, der Rekrut sei vom Stock des Lehrers unter den des Korporals gelangt.

Zu nennen ist unter den liberalen Neuerungen aber auch die Einführung der allgemeinen Freizügigkeit. Nach diesem Gesetz durften alle Landesbewohner in andere deutsche Staaten, die mit Nassau einen Vertrag auf Gegenseitigkeit abgeschlossen hatten, auswandern, ohne die früher obligatorische Abgabe von zehn Prozent auf das Vermögen entrichten zu müssen.[64]

Alle diese Edikte sind maßgeblich von Carl Ibell konzipiert und formuliert worden. Ob sie der Weisheit und Güte des Herzogs und des Fürsten entsprossen sind oder ein Gebot der Modernisierung des Staatswesens waren, sei dahingestellt. Vieles spricht für eine »defensive Modernisierung«, mit der die Fürsten einer »Revolution von unten« zuvorkommen wollten.

5. Die Bodenreform

Der Landmann im Amt Wehen wird von der Reform der Rechtsprechung am eigenen Leibe nur wenig verspürt haben, von der Bodenreform[65] dafür um so mehr. Da die ›Taunussteiner‹ ihren Lebensunterhalt bis weit ins 20. Jahrhundert hinein vorwiegend aus der Landwirtschaft bezogen haben, soll hier etwas näher auf diese Erwerbsquelle eingegangen werden.

Mit der Bodenreform wurde das althergebrachte Hut- und Weiderecht aufgehoben. Zu diesem Hut- und Weiderecht gehörte unter anderem, daß alle Dorfbewohner den ganzen Sommer über ihr Vieh in einen Teil des Waldes treiben durften. Ein anderer Teil des Waldes diente im Herbst und Winter zur Eichel- und Bucheckernmast.[66] Für den Eigentümer oder Pächter von landwirtschaftlich genutzten Feldern bedeutete die Bodenreform, daß er nun die Brache nicht mehr der Allgemeinheit zur Verfügung stellen mußte. Die Feldflur einer Gemeinde war nämlich in drei Teile (Gewanne, auch Zelgen) eingeteilt. Die Grundstückseigentümer besaßen in jeder Gewann Flächen, die aber nicht direkt von Feldwegen aus zugänglich waren (s. Abb. S. 115). Bestellung und Ernte konnten also nur nach zeitlicher Abstimmung mit den Nachbarn erfolgen, um nicht etwa über deren bereits bestellte Felder fahren zu müssen. In der ersten Gewann wurde im Herbst Getreide eingesät (Winterfeld), in der zweiten Gewann fand die Aussaat im Frühjahr statt (Sommerfeld), die dritte Gewann blieb zur Erholung des Bodens brach (Brache) liegen. Die Folge wechselte im jährlichen Turnus (Dreifelderwirtschaft). Auf die Brache, auf der sich Bewuchs einstellte, durften vor dem Erlaß der Bodenreform alle Dorfbewohner Rinder, Schafe, Schweine und Ziegen zum Weiden austreiben. Zur Nutzung aller Dorfbewohner waren auch die Weiden bestimmt, die außerhalb der Feldflur lagen (s. Abb. S. 115). Das Recht der gemeinsamen Nutzung hieß Allmende. Für die ärmere Bevölkerungsschicht, die kaum eigenes Land besaß, bisher aber das eine oder andere Stück Vieh auf der Brache oder im Wald weiden ließ, war die Bodenreform also ein arger Einschnitt in ihre Lebensverhältnisse. Verschärfend wirkte sich aus, daß die »Kuh des kleinen Mannes«, die Ziege, überhaupt nur noch im Stall gehalten werden durfte. Der Sinn des Gesetzes war sicherlich aber nicht, den »kleinen Mann« um eine Erwerbsquelle zu bringen, sondern der, im allgemeinen Interesse des Landes die Brache wirtschaftlicher zu nutzen. Neue Anbaumethoden wie das tiefere Umbrechen mit verbesserten Pflügen und neue Futterpflanzen wie der in den Wurzeln stickstoffhaltige Klee machten das Ausruhen des Bodens überflüssig. Auch sollten verstärkt Kartoffeln angebaut werden. Außerdem wurden Futterrüben, Kohlrabi, Kraut, weiße und gelbe Rüben sowie Flachs auf der ehemaligen Brache gepflanzt. Diese Nutzung der Brache hieß »verbesserte Dreifelderwirtschaft«. Es hat aber lange gedauert, bis sich die Neuerung auch im Amt Wehen durchgesetzt hat.[67] Obwohl schon Amtmann Ibell in Wehen ein Domänengut mit dem Ziel gepachtet haben soll, den Bauern die modernen Anbaumethoden zu demonstrieren und zur Nachahmung zu empfehlen[68], waren noch Mitte des Jahrhunderts im Amt Wehen erst zwei Drittel der Brache nach den neuen Methoden bebaut.[69]

Ein wesentlicher Gesichtspunkt bei der Bodenreform war aber auch, das Vieh im Sommer im Stall zu halten, damit der wertvolle Dünger nicht »vertragen« würde. Zuvor hatte der wenige in den Wintermonaten anfallende Mist gerade für das Winterfeld ausgereicht.[70]

Diese Maßnahmen bedeuteten einschneidende Veränderungen im bäuerlichen Leben. Zur Haupteinnahmequelle wurde nun die Viehhaltung. Deshalb mußten Futterpflanzen auch auf Äckern angebaut werden.[71] Die Pflege der Hackfrüchte (Kartoffeln und Rüben), die nun einen Teil der ehemaligen Brache einnahmen, war ebenso arbeitsaufwendig wie die Stallfütterung. Futter mußte geschnitten und in den Hof gebracht, der vermehrt anfallende Dünger ausgefahren und verbreitet werden.[72] Deshalb waren Vergrößerungen der Betriebe kaum noch möglich.[73]

Die Mehrarbeit führte aber auch dazu, daß die Wiesen, die zur Allmende gehörten, nicht mehr wie zuvor gepflegt werden konnten.[74] Deshalb wurden ehemalige Weideflächen aufgeforstet.[75] Auch von dieser Entwicklung waren vor allem die ärmeren Bauern betroffen, die nun mit ihrem wenigen Land ihr Vieh nicht mehr durchbringen konnten.[76] Am schlimmsten haben die Neuerungen aber die Ärmsten der Armen getroffen: Durch die Stallfütterung verloren die Kuhhirten ihre Arbeit.[77]

Nur wenige Jahre später wurde auch die oben erwähnte freie Nutzung der schon lange nicht mehr unerschöpflichen Wälder verboten.⁷⁸ Nun waren auch die wohlhabenden Bauern erbost. Einer von ihnen, Friedrich Ludwig Burk, macht seinem Unmut Luft⁷⁹: *Es ist diese Woche eine Forstverordnung bekannt gemacht worden, daß nichts, auch die geringste Kleinigkeit nicht mehr, aus dem Wald darf geholt werden, sogar Steine, Moos, Dorn und dergleichen nicht mehr,* notiert Burk in sein Tagebuch und klagt: *Wenn Menschen, die nur vor 20 Jahren noch da wahren und jetzt* [1816] *wieder kämen, sie würden* [es] *nicht glauben können. Es ist traurig jetzt für den Unterthanen. Eine Sache, wozu wir sonst Ansprüche hatten, müssen wir ohne Widerrede aufgeben.*

Es war tatsächlich ein harter Einschnitt in die Bewirtschaftung der Höfe. Seit Jahrhunderten war das unentgeltlich aus dem Wald geholte Laub zum Strecken des Strohs als Streu willkommen gewesen und hatte somit auch zum Düngen der Felder beigetragen.

Der Wald zeigte sich allerdings in einem jämmerlichen Zustand. In den Distrikten, in die das Vieh eingetrieben werden durfte, konnte nur dünnes Stangenholz und Buschwerk aufkommen. Sein Aussehen glich einer lichten Baumheide und hieß Niederwald.⁸⁰ Wirklich gutes Stammholz kam nur in den wenigen Schlägen hoch, in die das Vieh nur im Herbst und im Winter getrieben werden durfte. Sie litten aber unter der Entnahme ihres natürlichen Düngers, des Laubes. Diese Waldungen hießen Hochwald.⁸¹

Wie sehr und wie lange die Landwirte den alten Nutzungsrechten nachtrauerten, zeigt der Protest eines Bauern, der 1868 im »Aar-Boten« abgedruckt wurde. Der Einsender meint, das Rehwild würde dem Wald mehr schaden als die Entnahme von Laub.⁸²

Im Amt Wehen half man sich notdürftig mit Reisig und Sommerschossen von Hecken und mußte trotzdem Stroh von auswärts zukaufen.⁸³

Aus Sicht der Bauern ist es verständlich, daß sie nicht einsehen wollten, daß die ausgelaugten und ausgebeuteten Waldungen dringend des Schutzes bedurften. In dieser Uneinsichtigkeit avancierten die Förster, die diese vernünftigen Bestimmungen zu überwachen hatten, zu den bestgehaßten Beamten.⁸⁴ Dem Forst aber bekam diese Fürsorge so gut, daß die meisten Gemeinden im Amt Wehen wegen der Erlöse aus dem Holzverkauf in den 1840er Jahren nicht nur schuldenfrei waren, sondern für ihre Bewohner sogar die Kirchensteuer übernehmen konnten.⁸⁵ Verschuldet hatten sich die Gemeinden vor allem wegen der Kriegslasten aus den Jahren 1792 bis 1798 und 1813/14.⁸⁶

In ›Taunusstein‹ waren viele Wälder gemeinsames Eigentum aller Einwohner einer Gemeinde. Es gab aber auch ausgedehnten vom nassauischen Herzogshaus beanspruchten Domänenbesitz. Vor allem war das der um das Jagdschloß Platte gelegene »Wildpark«. Der Forst, der sich südlich von Bleidenstadt erstreckt, ist wahrscheinlich mit der Säkularisation des Stifts in Domänenbesitz übergegangen.⁸⁷

6. Die große Steuerreform

Eine Erleichterung für alle Landbewohner war aber die Steuerreform. Auch wenn sie nicht zu einer Minderung der Last geführt hat, so wurde das System der Abgaben doch übersichtlich. Die verwirrende Vielfalt an zuvor erhobenen Bagatellsteuern zeigt ein kurzer Einblick in die alten Zustände. Neben den »normalen« Steuern und Abgaben gab es in ›Taunusstein‹ die *ordinäre Schatzung,* den sogenannten *Kopfbatzen,* die *Extrasteuern,* die *Additionalsteuern* der ehemaligen Freigüter, die *Servicegelder,* die zur alten *Contributionscasse* erhobenen *Schatzungssimpel,* die nach dem *Schatzungsfuß* erhobenen *Beiträge zur Besoldung des Oberamts-Physikus zu Idstein,* das *Weidhammelgeld,* das *Beisassengeld.* Zusätzlich dazu wurde in Bleidenstadt der *Grundzins auf alle Häuser, die früher zum Stiftsbezirk gehört hatten,* der *Zins von der Schaafweide des ehemaligen Schaafhofs (der sogenannte Wollenlicent)* erhoben. In Hahn gab es einen *Wiesenzins,* in Neuhof einen Grundzins auf die Burgwiese, ein *Beetgeld,* das *Kirchweihgeld,* das *Wachs- und Ölgeld* und in Watzhahn das *Herrengeld.* Dazu kamen in Bleidenstadt, Hahn, Orlen, Seitzenhahn, Wehen und Wingsbach das *Mai- und Herbstgeld.* Für die *Befreiung von verschiedenen Handfronden* mußten in Bleidenstadt, Hahn, Orlen, Wingsbach und Watzhahn Abgaben geleistet werden, ein *Hofdienstgeld* war in Bleidenstadt, Hahn, Orlen, Seitzenhahn, Watzhahn und Wingsbach fällig, *Rauchhafer* in Seitzenhahn, *Leibbeet, Fastenhühner* und *Sommerhahnen* in Bleidenstadt, Hahn, Orlen, Seitzenhahn, Watzhahn und Wingsbach, *Banngeld für Bier und Branntwein* in Bleidenstadt, Hahn, Orlen, Seitzenhahn, Wingsbach und Wehen, *Kirmesweingeld* in Neuhof, *Bannweingeld* in Bleidenstadt, Hahn, Orlen, Seitzenhahn, Wehen und Wingsbach, die *ordinäre Schatzung, Extrasteuern, Additionalsteuern, Servicegelder, Schatzungssimpeln zur alten Contributionskasse, Beiträge zur Besoldung des Oberamtsphysikus in Idstein, Neujahrs-, Amts- und Schreibergulden, das Bereiter-Jossengeld, das Herrengeld und das ständige Geld, Frond- und Redemtionsgelder, Kirmesweingeld* in Niederlibbach und Hambach und *Rauchhafer* nur in Niederlibbach.[88]

Wenn schon im kleinen ›Taunusstein‹ ein solches Tohuwabohu herrschte, kann man ermessen, welche Herkulesarbeit der Geheime Regierungsrat Carl Ibell angepackt hatte, um im gesamten Land klare Verhältnisse zu schaffen. Im Herzogtum wurden sage und schreibe fast eintausend unterschiedliche Abgaben erhoben![89]

Die materielle Last dieser Leistungen wird den Landmann nicht so arg bedrückt haben, es waren die zahlreichen Termine, auf die man achten mußte, und sicherlich kam auch Unmut auf, weil man den Ursprung und den Sinn der althergekommenen Abgaben gar nicht mehr verstand.

An direkten Steuern gab es jetzt nur noch zwei Abgabenarten: die Steuer auf Einkommen aller Art (Gewerbesteuer) und die Grundsteuer auf alle Liegenschaften.[90] Dabei erfolgte die Veranlagung zur Lohn- und Einkommensteuer nicht individuell nach tatsächlichen Einnahmen, sondern in insgesamt 16 Klassen, in die die einzelnen Berufe oder Gewerbe im Verhältnis des Einkommens nach ungefährer Schätzung eingestuft wurden. Die erste und niedrigste Klasse war den Tagelöhnern und den Handwerksgesellen mit eigener Haushaltung und den Kleinbauern, die kein Zugvieh besaßen, vorbehalten. Selbständige Handwerker wurden berufsweise in höhere Klassen eingestuft, wobei auch die Zahl der beschäftigten Gesellen eine Rolle spielte. Die Zahl der »Maschinen« wie Webstühle oder Druckerpressen wurde ebenso berücksichtigt wie die strukturellen Gegebenheiten der Regionen. Bei den Bauern galt als Maßstab die Zahl der Knechte und des Zugviehs. Bei den Höchstverdienenden suchen wir vergebens nach einem ›Taunussteiner‹.

Die meisten ›Taunussteiner‹ Bauern betrieben nur eine kleine Landwirtschaft, die zum Lebensunterhalt der Familie oft nicht ausreichte. Sie mußten deshalb nebenher als Tagelöhner, selbständige Handwerker oder Gastwirte »zuverdienen« und wurden in beiden Gewerben besteuert. Umgekehrt war das Einkommen vieler Handwerker so gering, daß sie m Nebenerwerb eine kleine Landwirtschaft betreiben mußten.[91]

Die zweite Säule, auf der der nassauische Fiskus ruhte, war die Grundsteuer, von der der Landmann, mit dem wir es in ›Taunusstein‹ vorwiegend zu tun haben, besonders betroffen war. Im Gegensatz zur Einkommen- und Gewerbesteuer wurde diese Abgabe individuell für jeden einzelnen Steuerpflichtigen veranlagt. Unabhängige Gutachter schätzten alle Wohngebäude, Scheunen, Ställe, Schuppen, Gemüsegärten, Ackerland, Wiesen und Waldbesitz, ja sogar Gartenzäune. Dabei wurden der Zustand der Gebäude und der Ertragswert der Ländereien ebenso berücksichtigt wie etwaige Belastungen durch Zehnten oder andere Dienstbarkeiten. Von dem so ermittelten Immobilienwert wurde ein Viertel als Einheitswert zugrunde gelegt und von diesem Betrag der 240. Teil als Basis für die jährlich zu entrichtende Steuer veranschlagt.[92]

Mit den Daten aus diesen Erhebungen hatte der Staat einen ziemlich genauen Überblick über die zu erwartende Steuereinnahme. Die Summe dieser Steuereinnahme, aber auch der Betrag, der auf jeden einzelnen Steuerpflichtigen entfiel, hieß Simpel (Einheit). Nachdem man bei der Finanzbehörde den Etat des Staates für das kommende Jahr geschätzt und die erwarteten Einnahmen aus Zöllen und indirekten Steuern von der Summe abgezogen hatte, blieb der Betrag übrig, der durch die direkten Steuern gedeckt werden mußte. Er war in einzelnen Jahren unterschiedlich, aber stets höher als ein Simpel. Deshalb wurden so viele

Simpel oder Anteile von Simpeln erhoben, wie zum Ausgleich des nächstjährigen Etats als nötig erachtet wurden. Der Fiskus streckte sich also nicht nach der Decke des Steueraufkommens oder nahm Kredite auf, sondern er erhob Steuern nach seinem momentanen Bedarf. Das Festlegen der Simpel und die Kotrolle der Verwendung der Steuergelder war die wichtigste Aufgabe der Ständeversammlung.

Daneben waren Abgaben für die Gemeinden zu leisten, die auf der staatlichen Veranlagung beruhten und ebenfalls in Simpeln erhoben wurden. So mußten 1815 die Einwohner von Wehen und Hahn zusätzlich zu den staatlichen Steuern 3 Simpel, die von Bleidenstadt, Seitzenhahn, Watzhahn, Wingsbach und Neuhof 2 Simpel entrichten.[93] Aus den Gemeindesteuern wurden die Schultheißen, die Gemeinderechner, die Lehrer, die Hebammen, die Wald- und Flurschützen sowie anteilig die Ärzte und die Förster besoldet. Auch mußten aus diesem Topf Geräte für die Feuerwehr angeschafft, die Kirchen, die Back- und die Schulhäuser unterhalten und die Armen unterstützt werden. Aufgabe der Gemeinde war es auch, das »Faßelvieh« (zur Zucht bestimmte Stiere, Eber, Ziegenböcke) anzuschaffen und zu versorgen. Soweit das nicht aus den Erträgen der gemeindeeigenen Wälder geschehen konnte, wurden mit diesen Steuern auch die durch Einquartierungen und sonstige Kriegslasten entstandenen Schulden getilgt.[94] Diese Gemeindeabgaben mußten von der Regierung genehmigt werden.

Am Beispiel des Bauern »Mustermann« aus ›Taunusstein‹ läßt sich eine »Steuererklärung« aufmachen (s. Tab. 1):

Der Schultheiß war dabei Finanzbeamter und Steuerberater in einer Person. Beim Licht des Kienspans, ohne Rechenmaschine und ohne Dezimalsystem wird er für die meisten Familien seiner Gemeinde die Steuern errechnen und die Ergebnisse in die Listen übertragen haben. Wie kompliziert das war, läßt sich am Beispiel unseres Bauern Mustermann nachvollziehen. Die 22 Kreuzer Steuerschuld je Simpel für die Hofreite wur-

Tab. 1: Steuererklärung des Bauern und Handwerkers »Mustermann«

Steuerart	Steuerkapital je Morgen	Tatsächliche Größe Morgen/Ruten	Steuerkapital gesamt	Steuer je Simpel	Staatliche Steuer 3 ½ Simpel	Gemeindesteuer 2 ½ Simpel	Steuerschuld gesamt
Grundsteuer							
Hofreite 1 zweistöckiges Wohnhaus 1 Scheune 1 Stall 1 Schuppen 1 Zaun	400 fl	36	90 fl	22 kr			
Garten	200 fl	22	28 fl	7 kr			
Ackerland	150 fl	13	1950 fl	8 fl 7 kr			
Wiesen	200 fl	7	1400 fl	5 fl 50 kr	16 fl 6 kr	56 fl 21 kr	40 fl 15 kr	96 fl 36 kr
Gewerbesteuer							
Bauer in der Steuerklasse III			200 fl	50 kr			
Bäcker in der Steuerklasse III			200 fl	50 k			

den so errechnet: Der Einheitswert eines Morgens Hofreite beträgt 400 fl à 60 kr = 400 x 60 = 24 000 kr. Ein Morgen hat 160 Ruten = 24 000 : 160 = 150 kr Einheitswert je Rute x 36 Ruten = 5 400 kr : 240 (Hebesatz) = 22,5 kr je Simpel, abgerundet 22 kr. Bei 3 $^{1}/_{2}$ Simpeln sind das 77 kr = 1 fl und 17 kr tatsächlich zu entrichtende Steuer für die Hofreite.[95] Die Steuererklärungen aller Familien seiner Gemeinde mußte der Schultheiß dann in gesonderte Bögen eintragen und an den Amtmann weiterreichen. Der hat alle Listen seines Amtes dann zusammengefaßt und an die Regierung weitergegeben.[96]

Indirekte Steuern, wie das Regal (Abgabe auf ein staatliches Monopol) auf Salz, das in der Landwirtschaft in größeren Mengen für das Vieh benötigt wurde, und Zölle zahlte der Verbraucher über die Preise.

Zu diesen Steuern kamen Gebühren für Beurkundungen aller Art, die dem Schultheißen und seinen Helfern zustanden.[97]

Mitunter tief in den meist schlaffen Geldbeutel mußten viele Bauern aber nach wie vor für den Zehnten greifen, der auf Feldern und Wiesen lag. Dabei war es eine große Erleichterung, daß die Abgaben nicht mehr als der zehnte Teil der Ernte frei Hof an den Berechtigten geliefert werden mußte, wie es noch im letzten Drittel des 18. Jahrhunderts üblich war. An die Stelle der Naturalabgabe war eine jährliche Geldzahlung getreten, die nach dem langjährigen durchschnittlichen Ertrag der jeweiligen Fläche ermittelt wurde. Das hatte den Nachteil, daß die Abgabe auch in Jahren der Mißernte gezahlt werden mußte und dann manchen Zehntpflichtigen in arge Bedrängnis brachte.[98] Zu den Berechtigten gehörten oft die Pfarrer, für die der Zehnte einen mehr oder weniger großen Anteil der Besoldung darstellte. Zu den Zeiten, in denen der Zehntberechtigte seinen Anteil an der Ernte noch auf den Wiesen und Feldern selbst aussuchen durfte, mußten die Bauern mit dem Einbringen der Frucht in ihre Scheuern abwarten, bis der »Zehntherr« seinen Teil bestimmt hatte. Das führte oft dazu, daß die Bauern günstige Witterungsbedingungen für das Heimholen der Ernte nicht nutzen konnten. Bei diesem System der Pfarrerbesoldung konnte es nicht ausbleiben, daß das Verhältnis zwischen Pfarrer und Gemeinde nicht immer das beste war. Das ist kein Wunder, wenn man liest, unter welchen Mühsalen beispielsweise die Bleidenstadter Bauern ihrem Pfarrer Johann Philipp Schellenberg den Zehnten liefern mußten[99]: *Ob sie gleich selbst und ihr [Zug]vieh von des Tages Last und Hitze müde waren, spannten sie um Mitternacht wieder an,* um dem Pfarrer die Getreidegarben in die Scheune zu fahren und *sogleich wieder auf ihre Felder zu eilen.* Caroline Forst, die Tochter des Wehener Amtmanns, nennt die teilweise Besoldung der Pfarrer durch Zehnten eine *oft höchst üble Berührung, in welche dabei der Seelsorger mit seiner Gemeinde kommt.*[100]

7. In der Allianz gegen Napoleon

Wir sind den Ereignissen etwas vorausgeeilt und kommen zurück zum aktuellen Geschehen.

Als Napoleons Stern mit dem Ergebnis der Schlacht von Leipzig (Oktober 1813) endgültig ins Trudeln kam und der Rest seiner geschlagenen Armee in Richtung Mainz strömte, wechselten die nassauischen Monarchen in letzter Minute die Fronten und schlossen sich den siegreichen Russen, Preußen und Österreichern an, deren Truppen den Franzosen auf dem Fuße folgten und sich mit ihnen Gefechte lieferten.[101] Carl Ibell, damals Geheimer Regierungsrat, war ausersehen, in Begleitung des Probators (Rechnungsprüfer, Rechnungsbeamter) Friedrich Ludwig Lex[102] mit der Lossagungsurkunde zwischen den kämpfenden Truppen hindurch den gefährlichen Weg zu den Befehlshabern der Alliierten zu finden.[103]

Die Massen von Freund und Feind wälzten sich in dem Bestreben, die Mainzer Rheinbrücke zu erreichen, auch durch das Amt Wehen. Wieder – aber für dieses Jahrhundert glücklicherweise zum letzten Mal – wütete der Krieg mit Einquartierungen, Requirierungen, Plünderungen und der Verbreitung ansteckender Krankheiten in den Flecken und Dörfern des Amtes Wehen.[104] Zwar waren für die betroffenen Hauswirte vom Staat Entschädigungen für ihre Einbußen vorgesehen[105], sie flossen aber nur spärlich und spät.[106] So schmerzhaft die materiellen Verluste auch gewesen sein mögen, sie wurden bei weitem übertroffen von dem Leid, das das sogenannte Nerven- oder Lazarettfieber anrichtete, durch das in ›Taunusstein‹ 78 Personen einen qualvollen Tod erleiden mußten.[107] Man wußte damals noch nicht, daß es sich bei dieser grausamen Krankheit um Flecktyphus handelte, den die fremden Soldaten in ihren Kleidern mitbrachten und der von den dort hausenden Läusen übertragen wurde. Es war vor allem die ärmere Bevölkerung betroffen, weil sie aus Not die Bekleidung verstorbener Soldaten an sich nahm und so von den Läusen infiziert wurde.[108] Caroline Forst erlebte die schreckliche Zeit als junges Fräulein Ibell. Später, als Frau des Wehener Amtmanns Georg Forst, bringt

Abb. 5 und 6: Carl Friedrich August Schellenberg war ab 1798 Kaplan und »Schulmeister« in Wehen und gleichzeitig Pfarrer in Neuhof, später war er auch Pfarrer in Wehen und Orlen. Seine Frau Wilhelmine Caroline (geb. Diefenbach) und der jüngste Sohn starben 1814 an den von fremden Truppen eingeschleppten Seuchen.

sie ihre Erinnerungen zu Papier. Besonders bedauert sie »die Rückschritte der Moralität«[109], einen Verfall der Sitten, wie er oft als Begleiterscheinung von Kriegsereignissen zu beklagen ist.

Aber nicht nur die Franzosen, sondern auch die neuen Verbündeten, die Russen und die Preußen, benahmen sich zunächst wie in Feindesland.[110] Die alliierten Armeen, die *die geschlagenen französischen Heere durch unsere Gegenden* verfolgten*, insbesondere russische und preußische Truppen,* schreibt Caroline Forst, *rückten anfangs als Feinde ein. [...] auch als sie Freunde geworden, konnte es bei der Überfüllung der Gegend um Mainz [...] mit Soldaten nicht viel besser werden. Es entstanden Mißverständnisse aller Art,* drückt sie sich vorsichtig aus.[111]

Als erste Einheiten der Alliierten Armee waren Anfang November kleinere Trupps von Kosaken in das Amt Wehen vorgestoßen. Am 13. November rückten zwei Brigaden des Korps des preußischen Generals Yorck nach. Yorck selbst bezog im Wehener Schloß Quartier, bevor er am folgenden Tag mit seinem Stab über die Platte nach Wiesbaden weiterzog.[112]

Die Alliierten verlangten von Nassau sofort Truppen zur Unterstützung bei der Verfolgung der Franzosen. Da das nassauische Militär bis auf die Depotkompanien von den Franzosen interniert oder zu den Engländern übergegangen war und von ihnen festgehalten wurde[113], mußten in aller Eile neue Truppen auf die Beine gestellt werden. Davon waren natürlich auch die Bewohner des Amtes Wehen betroffen.

In kürzester Zeit wurden ein Regiment regulärer Infanterie, ein Landwehrregiment, ein aus Freiwilligen bestehendes »Jägercorps« und ein Landsturm aufgestellt. In diesen Formationen mußte so gut wie jeder waffenfähige nassauische Mann dienen.[114] Der Landsturm war als »leichtbewegliche Polizei- und Kriegsmi-

Abb. 7: Als Vorhut der feindlichen Truppen drangen Kosaken in das Amt Wehen ein. Aquarell von unbekanntem Zeichner.

Zwischen Reform und Reaktion

liz« sowie als »taugliche Pflanzschule« für das reguläre Militär gedacht.[115] Die Landsturmmänner des kleinen Amtes Wehen wurden denen des Amtes Idstein zugeteilt. Das Bataillon hatte eine Stärke von 1500 Mann und erhielt den Namen »Idstein-Wehen«. Wie viele davon das Amt Wehen stellte, ist nicht festzustellen. Kommandeur war Friedrich August v. Hayn, Oberjägermeister beim herzoglichen Hofstaat.[116] Von den acht Hauptleuten stammte nur der in Bleidenstadt wohnhafte Renteiamtmann (Steuereinnehmer) Johann Walther Görz[117] aus dem Amt Wehen. Dem nach Wiesbaden gewechselten Görz folgte der Forstjäger Reinhard Heymach aus Seitzenhahn als Hauptmann nach.[118] Die Fahne des Bataillons trug die Inschrift »Bataillon Idstein-Wehen«. Die Übungen fanden sonntags statt, wobei »zu mehrerer Aufmunterung« von den Gemeinden finanzierte Trommeln geschlagen wurden.[119]

Zu den Landsturmbataillonen, die im Winter 1814 an der Belagerung der noch von den Franzosen besetzten Festung Mainz teilnehmen mußten, gehörte auch das von Idstein-Wehen. Zwar kam es dort nicht zu ernsthaften Kampfhandlungen, die unzureichende Bekleidung machte den Männern bei der strengen Kälte aber arg zu schaffen.[120]

8. Die nassauische Verfassung wird konzipiert

Während die Landsturmmänner vor Mainz frieren mußten, bereitete die nassauische Regierung eine fast epochale Neuerung vor. Die nassauischen Monarchen, die wegen des späten Wechsels zu den Alliierten um die Selbständigkeit ihres Landes fürchten mußten, freundeten sich mit dem Gedanken an, dem Land eine Verfassung zu geben. Man wußte, daß der Freiherr vom und zum Stein[121], der als Präsident des Rates für die Verwaltung der von den Alliierten besetzten deutschen Gebiete eine wichtige und einflußreiche Stellung in-

Abb. 8: Landsturmfahne des Bataillons Idstein-Wehen.

nehatte, ein Befürworter einer solchen Verfassung war, und beteiligte ihn deshalb beim Konzipieren und Abfassen.[122] Noch bevor die in Wien stattfindenden Verhandlungen über die Neuordnung der europäischen Landkarte (»Wiener Kongreß«) in ihr entscheidendes Stadium getreten waren, konnte die nassauische Verfassung am 3.9.1814 als erste landständische in einem deutschen Staat veröffentlicht werden.[123] Mit der Verfassung sollten die Grundrechte der freien Meinungsäußerung, der Pressefreiheit und der religiösen Toleranz garantiert werden. Vor allem aber war eine aus zwei Kammern bestehende Ständeversammlung (Landtag) vorgesehen. Als wichtigste Kompetenzen waren dem Landtag die Steuerbewilligung und das Recht der Ausgabenkontrolle zugebilligt.[124] Unter seine Garantie wurden auch so wichtige Güter wie die Sicherheit des Eigentums und die der persönlichen Freiheit gestellt. Auch sollte er das freie Wirken der Justizorgane kontrollieren.[125] Von einer Gewaltenteilung zwischen der Krone und dem Volk kann allerdings keine Rede sein; Inhaber der Staatsgewalt blieb der Monarch.[126] Wie wir weiter unten sehen werden, war den Abgeordneten das Recht der Staatsbürger, Petitionen an sie zu richten, mitunter eher lästig.

Nachdem die nassauischen Monarchen ihren guten Willen gezeigt hatten, war es ihnen allerdings nicht mehr so eilig, einen Zipfel der Macht an den Landtag abzugeben.

9. ›Taunussteiner‹ müssen an der Schlacht von Waterloo teilnehmen

Auf dem Kongreß in Wien zankte und tanzte man noch, als Napoleon von der Insel Elba, seinem Verbannungsort, entwich und sich im Sturmschritt die Herzen der Franzosen zurückeroberte. Es ist bekannt, daß diese Episode zur blutigen Schlacht von Waterloo führte.

Und jetzt sind wir von der großen Politik wieder zurück in ›Taunusstein‹. Nassau war von den Alliierten ausersehen, als einziger der ehemaligen Rheinbundstaaten dem englischen Oberbefehlshaber Wellington seine Truppen[127] zur Verfügung zu stellen. Zu den Soldaten, die zum Kriegsschauplatz marschieren mußten, gehörte auch eine ganze Reihe junger Männer aus dem Amt Wehen. Von ihnen mußten für die Politik der Großmächte sieben ihr Leben lassen. Auf dem erst fünfzig Jahre nach der Schlacht, 1865, in Wiesbaden errichteten »Waterloo-Denkmal«[128] sind ihre Namen eingemeißelt: C. Kaiser, J. A. Kilb, P. Kuhn, J. Müller, P. Sand, J. Schön und J. Strödter.[129] Auch an der Zahl der Gefallenen von Waterloo läßt sich die Benachteiligung bei der Rekrutenaushebung deutlich ablesen, der man in den Ämtern mit ärmerer Bevölkerung im Vergleich zu den »reichen« Ämtern ausgesetzt war. Das kleine Amt Wehen mit seinen 2377 Einwohnern[130] hatte sieben Tote zu beklagen, das große Oberamt Wiesbaden mit seinen 11608 Einwohnern[131] mußte um »nur« fünf Gefallene trauern. Zu den Opern des Feldzuges gehörte auch der 24jährige Philipp Christ aus Niederlibbach, der im August 1915 in Paris im Hospital verstorben ist.[132] Als Held durfte sich aber der oben bereits erwähnte Heinrich Kuhn aus Hahn feiern lassen. Er hatte sich zu seiner silbernen Tapferkeitsmedaille noch die goldene hinzuverdient.[133]

Nach der Rückkehr Napoleons aus seiner Verbannung auf der Insel Elba mußten die Einwohner des Amtes Wehen im Frühjahr 1815 nochmal fremde Einquartierung ertragen. Diesmal waren es Truppen des Kurfüstentums Hessen-Kassel, die zu den Verbänden gehörten, die gegen Napoleon aufmarschierten.[134]

10. Das Amt Wehen wird größer

Der Wiener Kongreß hatte weitab vom Donner der Kanonen seine Beratungen fortgesetzt und die endgültige Gestaltung der europäischen Landkarte beschlossen. Für das Herzogtum Nassau kam es letztmals zu Gebietsveränderungen, die sich dieses Mal bis nach ›Taunusstein‹ auswirkten.

Es kam nämlich zu einer Neueinteilung der Ämter, bei der das Amt Wehen erheblich vergrößert wurde.[135] Neben allen Orten, die heute die Stadt Taunusstein bilden, kamen Dörfer aus dem Amt Idstein und aus der ehemaligen Niedergrafschaft Katzenelnbogen hinzu¹³⁶; außer ›Taunusstein‹ gehörten jetzt zum Amt Wehen: Bechtheim, Beuerbach, Born, Breithardt, Daisbach, Ehrenbach, Eschenhahn, Görsroth, Hausen, Hennethal, Holzhausen ü. Aar, Kesselbach, Kettenbach, Ketternschwalbach, Limbach, Michelbach, Niederauroff, Oberlibbach, Oberauroff, Panrod, Rückershausen, Steckenroth, Strinz-Margarethä, Strinz-Trinitatis und Wallbach. Das Amt zählte in einer Fläche von knapp 240 Quadratkilometern¹³⁷ jetzt 7632 Einwohner und war nach Einwohnern das drittkleinste in Nassau und damit das am dünnsten besiedelte.¹³⁸ Nach der Flächengröße rangierte es an 6. Stelle im Herzogtum.¹³⁹ Dem Amtmann waren als Gehilfen jetzt ein Landoberschultheiß, ein Amtssekretär und ein Amtsaccessist (Referendar) zugeteilt.¹⁴⁰ Amtmann war als Nachfolger von Carl Ibell seit 1814 Georg Forst, der spätere Schwiegersohn seines Vorgängers.¹⁴¹ Aufgrund der erheblich angewachsenen Bevölkerungszahl hatte das Amt nun ein eigenes Landsturmbataillon mit einer eigenen Fahne, auf der »Amt Wehen« aufgemalt ist.¹⁴² Da keine Kriegsgefahr mehr drohte, lösten sich die Landsturmbataillone aber bald auf. Lediglich die Reservekompanien bestanden noch bis 1821.¹⁴³

11. Es folgen weitere vorbildliche Reformen

Bedeutsam gerade für die ländlichen Gegenden war das Edikt vom 8.6.1816, mit dem angeordnet wurde, daß von mehreren Gemeinden bisher gemeinschaftlich genutzte Gemarkungen, Waldungen und andere Gerechtsame auf die einzelnen Gemeinden aufzuteilen waren.¹⁴⁴ Hatte es um die gemeinsame Nutzung früher immer wieder Streit gegeben, so war die Aufteilung nicht weniger problematisch. Jeder war auf seinen Vorteil aus und jeder fühlte sich übervorteilt. Im Bereich um Wehen wurde beispielsweise bis 1822 verhandelt, gepokert, gestritten und gefeilscht.¹⁴⁵

Ebenfalls 1816 wurde die Armenpflege neu geregelt.¹⁴⁶ Im Vordergrund standen präventive Maßnahmen. Die örtlichen Gremien sollten »gefährdete« Personen beobachten und dadurch verhindern, daß sie sich durch eigenes Verschulden in Armut brachten.

Wer trotz dieser Fürsorge bedürftig wurde, dem hatten die Gemeinden durch Arbeitsbeschaffungsmaßnahmen zu Lohn und Brot zu verhelfen. Dafür sollten auch sogenannte Arbeitsstuben eingerichtet werden. Der Verdienst durfte aber nicht mehr als sechs Siebtel des Einkommens eines Tagelöhners betragen. Es sollten also nur wirklich Arbeitsunfähige die eigentliche »Stütze« beziehen. Die Finanzierung geschah weiterhin durch bereits bestehende Stiftungen, durch Sammlungen und durch Abgaben auf Lustbarkeiten wie Tanzveranstaltungen. Zusätzlich gab es einen staatlichen »Landarmenfond«, ein großer Teil der Aufwendungen mußte aber aus den Gemeindekassen bestritten werden. Bei den Gemeinden lagen auch die Verwaltung der Gelder und die Betreuung der Bedürftigen.¹⁴⁷ Theoretisch war der Bettelstab also abgeschafft. Die Gemeinden versuchten, den Zuzug von unbemittelten Fremden zu verhindern. Besonders gefürchtet waren ausgediente Berufssoldaten aus den Rängen der Gemeinen und Unteroffiziere des nassauischen Militärs. Ihre Pensionen reichten zum Bestreiten des Lebensunterhalts oft nicht aus, ihnen war aber Niederlassungsfreiheit im gesamten Herzogtum verbrieft. Sie konnten also jede Gemeinde ihrer Wahl mit ihrer Anwesenheit beglücken und Sozialhilfe verlangen.¹⁴⁸

Herzog Friedrich August und Fürst Friedrich Wilhelm starben 1816 kurz nacheinander. Als Herzog bestieg Wilhelm¹⁴⁹, der älteste Sohn Friedrich Wilhelms, den Thron. Unter seiner Regentschaft setzte sich die Reformpolitik zunächst fort.

Zu nennen ist vor allem das Edikt zur generellen Einführung von Simultanschulen, in denen Kinder aller Glaubensbekenntnisse und beider Geschlechter gemeinsam unterrichtet wurden.¹⁵⁰ In ›Taunusstein‹ war davon nur Bleidenstadt betroffen, das einen starken Anteil an Katholiken hatte, deren Kinder nun mit den evangelischen zusammen in eine Klasse gingen.

Und tatsächlich war man sehr bemüht, das Niveau der Ausbildung an den Grundschulen zu heben. Zustände, wie sie noch im letzten Drittel des 18. Jahrhunderts herrschten, zu denen uns ein Gewährsmann aus dem Schulhaus Wehen berichtet, dürften nun der Vergangenheit angehört haben. Der Augenzeuge berich-

tet[151]: *Die Schule in Wehen traf er* [der Nachfolger des Pfarrers Keil] *in großer Zerrüttung an,* weil der Vorgänger des jetzigen Lehrers *der Völlerei so sehr ergeben gewesen war, daß ihn die Schulkinder mehrmals aus dem Koth von der Gasse nach Hause getragen oder während der Schulzeit als einen Besoffenen auf den Tisch gelegt und so lange gespielt* haben, *bis er wieder aufgewacht oder nüchtern geworden, woraus man sich die Schulzucht und die Kenntnisse von mehr denn 70 bis 80 Kindern leicht vorstellen kann, deren keines* [... auch] *nur lesen konnte.*[152]

Der Staat war sehr bemüht, solche Mißstände abzustellen. In Idstein wurde deshalb das in Verbindung mit dem dortigen Gymnasium bereits existierende bescheidene Lehrerseminar tatkräftig fortentwickelt; die künftigen Elementarlehrer erhielten hier auf der Grundlage der Ideen des Bildungsreformers Johann Heinrich Pestalozzi sowohl eine Allgemein- wie auch eine Fachausbildung.[153] In den Grundschulen sollten die Kinder von den so ausgebildeten Lehrern zu »brauchbaren Bürgern«, guten Bauern und geschickten Handwerkern erzogen werden. Die »praktischen Schulmänner« sollten zwar vor allem die christliche Glaubens- und Sittenlehre vermitteln, die Bibel und den Katechismus durchnehmen und kirchliche Lieder einstudieren, sie sollten aber auch fundierte Kenntnisse der »Schreib- und Rechenkunst« sowie etwas Geschichte und Geometrie lehren.[154] Mit diesen Inhalten und den für damalige Zeit modernen Lehrmethoden wollte man *das gemeine Volk aus dem Zustand einer größeren oder geringeren Bestialität in den Zustand* [...] *eines Grades von Humanität* bringen und *die Denkkraft des rohen Bauernsohnes* durch *vernünftigen, naturgemäßen Elementarunterricht* wecken.[155] Auch wurde der Einfluß der Kirche auf die Schulausbildung nach und nach zugunsten des Staates zurückgedrängt, doch behielt die Geistlichkeit auch nach den Edikten von 1816[156] und 1817[157] eine Schlüsselrolle bei der Verwaltung der Elementarschulen.[158] Natürlich konnten derart ehrgeizige Ziele nicht über Nacht im gesamten Land verwirklicht werden. Von den neuen Schulmethoden waren die »am Alten hängenden Landleute« im Amt Wehen wenig begeistert, sie sollen aber zumindest teilweise »durch den verbesserten Gesang« der Schüler »zufrieden gestellt« worden sein.[159] Die sogenannten Dinglehrer, die selbst kaum lesen und schreiben konnten und sich vornehmlich ihrem Nebenerwerb als Handwerker widmeten, waren noch nicht ausgestorben.[160] Auch sonst klafften zwischen Theorie und Praxis mitunter große Lücken. So wurden noch in den 1840er Jahren Kinder im Alter von acht bis 14 Jahren von März bis Oktober aus dem Amt Wehen für einen Monatslohn von 6 bis 10 Gulden zum Schaffen in die Michelbacher Hütte geschickt.[161] Kinder wurden auch »sobald sie arbeitsfähig sind« anstelle von Mägden und Knechten von ihren Eltern in Haus und Landwirtschaft beschäftigt[162], wodurch sicherlich auch die eine oder andere Schulstunde versäumt wurde. Trotz dieser Mängel ist in den nassauischen Elementarschulen viel Gutes geleistet worden. Dafür legen beispielsweise die Sergeanten und Feldwebel des nassauischen Militärs, die aus ihnen hervorgegangen sind und die als Schreiber und Rechnungsführer die umfangreiche Bürokratie in oft kalligraphisch gestochen scharfer Schrift besorgten, Zeugnis ab. Auch die Schultheißen hatten das Rüstzeug erhalten, den Amtsschimmel zu reiten. Wie anders als mit einer insgesamt doch soliden Schulbildung hätte sich der »kleine« Landmann auch in dem Chaos von Maßen und Gewichten zurechtfinden können? So war beispielsweise das Längenmaß der Handwerker der Werkschuh, der in 12 rheinländische Zoll geteilt war, 23 dieser Zoll ergaben eine Elle, die gelegentlich aber auch 24 Zoll betrug. Der 12zöllige Werkschuh war um ein Sechstel Zoll größer als der Schuh einer Rute, die als Feldmaß galt und 16 Schuh, also 14 Werkschuh, hatte. Alles verstanden? 160 Quadratruten ergaben einen Morgen, auch $40\,3/4$ Sodel machten einen Morgen. An Hohlmaßen galten in einigen Orten Simmer, in anderen Mainzer oder Wiesbadener Firnsel, in wieder anderen Idsteiner Firnsel. Natürlich gab es

Abb. 9: Blatt »Wehen« aus dem Kartenwerk von Tranchot und v. Müffling von 1819 (Ausschnitt). In der Bildmitte ist der Georgenthaler Hof eingezeichnet (jetzt Hotel Georgenthaler Hof).

auch den Malter, ihn rechnete die Rezeptur Bleidenstadt mit 7 Simmern um 1 1/2 Gescheid stärker als den Mainzer oder Wiesbadener Malter. Malter war aber nicht Malter: Bei Weizen waren es etwa 170 Pfund, bei Roggen 155 Pfund, bei Gerste 140 Pfund und bei Hafer 95 Pfund. Die rheinische Maß war zwar beinahe mit der Wiesbadener gleich, nicht aber mit der Idsteiner. Erfreulich simpel war dagegen das Forstmaß: 144 Kubikfuß war ein Klafter, seine Seitenlänge betrug 4 Fuß, die Weite 9 Fuß und die Höhe 4 Fuß.[163] An dieser Vielfalt der Flächenmaße scheiterte sogar der Landtag. Wegen »der Verschiedenheit des Localmases« konnten die Abgeordneten den Flächeninhalt der Domänenwaldungen nicht exakt bestimmen.[164] Im Vergleich zu früheren Generationen hatte man es zur Mitte des 19. Jahrhunderts mit der Rechnerei dennoch verhältnismäßig einfach. Denn wenigstens die Steuern waren – wie wir oben gesehen haben – übersichtlich geworden.

Auch die Vereinigung der lutherischen und der reformierten Kirche gehört zu den wichtigen Neuerungen. Obwohl sich die beiden evangelischen Glaubensrichtungen nur in liturgischen Fragen unterschieden, vollzog sich die Vereinigung nur mühsam.[165] Mit Ausnahme des Anteils an Katholiken in Bleidenstadt und einiger Juden war ›Taunusstein‹ vor der Union rein lutherisch.[166] Für die im Herzogtum Nassau in religiösen Fragen geübte Toleranz sprechen die vier Mennoniten, die im Amt Wehen wohnten.[167]

Geradezu einzigartig ist aber die Einführung eines staatlichen Gesundheitsdienstes mit flächendeckender ärztlicher Versorgung im Jahre 1818.[168] Nach diesem Edikt waren in erreichbarer Nähe zu jedem Ort ein teilweise staatlich besoldeter wissenschaftlich ausgebildeter Arzt (Medizinalrat) mit einem Medizinalassistenten (ausgebildeter Arzt, der aber seine Approbation noch nicht hatte) ebenso wie eine Apotheke und ein Tierarzt zu etablieren. Die geringen Honorare, die der Arzt den Patienten zusätzlich zu seinem staatlichen Gehalt berechnen durfte, waren ebenso festgesetzt wie die Preisliste für Heilmittel.[169] Wehen hatte sich zunächst mit dem Sitz eines Medizinalassistenten zu begnügen. Der Medizinalrat und der Apotheker mußten in Langenschwalbach, der Tierarzt in Idstein aufgesucht oder von daher gerufen werden.[170] Nach diesem Gesetz mußte in jeder Gemeinde eine Hebamme ansässig sein. Später war der Sitz des zuständigen Medizinalrats und der Apotheke in Michelbach[171], dann hatte Wehen einen eigenen Medizinalrat mit einem Assistenten[172] und sogar eine Filiale der Apotheke[173], der Tierarzt war nun in Langenschwalbach zu erreichen.[174]

12. Der erste Landtag tritt zusammen

Nachdem der Herzog und die Regierung die ihnen wichtigen Reformen, vor allem die Neugliederung der Ämter, ohne eine Einberufung eines Landtags abgeschlossen hatten, konnte zur Bestimmung der Mitglieder der Herrenbank (Erste Kammer) und zur Wahl der Abgeordneten der Zweiten Kammer geschritten werden. Mit freien und geheimen Wahlen, wie wir sie heute kennen, hatte das nichts zu tun. Nur eine verschwindend kleine Zahl von Einwohnern durfte über die Zusammensetzung des Landtags entscheiden[175]; Wählen und Gewähltwerden waren die Sache weniger Bevorrechtigter, der Reichen und der Superreichen.[176] Ausschlaggebend war die zu entrichtende Steuer. Dieser sogenannte Zensus war so hoch gegriffen, daß aus ›Taunusstein‹ allein der Wehener Schultheiß Johann Wilhelm Bücher wahlberechtigt war.[177] Feierlich eröffnet wurde die so gewählte Ständeversammlung in der Landeshauptstadt Wiesbaden am 3.3.1818.[178]

Eine Hypothek, die von Anbeginn an in nahezu allen Jahren bis fast zum Ende des Herzogtums das Verhältnis der Abgeordneten des Landtags zu den Herzögen schwer belastete, war die sogenannte Domänenfrage. Herzog Wilhelm und sein Nachfolger Herzog Adolph betrachteten die Domänen als ihr Privatvermögen und verwendeten die Einnahmen zum Bestreiten ihrer Hofhaltung. In ›Taunusstein‹ gehörten ausgedehnte Waldungen zum Domänenbesitz, in denen die Herzöge ihrer Jagdleidenschaft frönten.[179] Die Mehrheit der Abgeordneten war hingegen der Ansicht, die Domänen seien Staatseigentum, und ihre Erträge und deren Verwendung müßten deshalb der Kontrolle des Landtags unterliegen.[180] Herzog Wilhelm stand sicherlich auch aus diesem Grund dem Landtag skeptisch gegenüber, am liebsten hätte er ihn wohl ganz verhindert. Einmal läßt er sich sogar dazu hinreißen, von »meinen Scheißständen« zu sprechen.[181] Einer der klügsten Köpfe der nassauischen Beamtenschaft, der Jurist Harschner v. Almendingen, brachte es auf den Punkt[182]: *Der Fürst rief den Landtag zusammen, nicht weil er Weisheit und Rat, sondern weil er Geld nötig hatte.* Aber auch der Landtag selbst kommt nicht gut weg[183]: *[...] und die [Abgeordneten] bewilligten Geld, nicht um zugleich Stimmführer der öffentlichen Meinung zu sein, sondern um sich Privilegien auszubedingen.*

Abb. 10: Herzog Wilhelm in Generalsuniform (1822). Pastellbild von J. J. Becker.

13. Bemühungen zur Hebung der Landwirtschaft

Bevor es mit der fortschrittlichen Gesetzgebung ein Ende hatte, wurde noch unter der Leitung des hervorragenden Experten Wilhelm Albrecht das »Landwirthschaftliche Institut« gegründet, das in Idstein seinen Sitz hatte und dem ein Mustergut (der Gassenbacher Hof) angegliedert war. Die Ziele der Einrichtung waren Forschung und Lehre. Die »Zöglinge« sollten neben dem theoretischen Unterricht die modernen Produktionsmethoden kennenlernen, die auf dem Gut erprobt und praktiziert wurden.[184] Die Schüler kamen zum großen Teil aus Nassau, aber auch aus ganz Deutschland und sogar aus den europäischen Nachbarländern nach Idstein bzw. nach Wiesbaden, wohin das Institut 1833 verlegt wurde. Söhne der kleinen und mittelständischen Bauern findet man in dem Institut kaum. Der Vater konnte oder wollte sie auf seinem Hof nicht entbehren, wahrscheinlich war auch der Wehrdienst ein Hindernis. So ist es kein Wunder, daß aus dem damals armen ›Taunusstein‹ in all den Jahren von 1818 bis 1868 nur Wilhelm Cornelius, Karl Körner und Alexander Roth, alle aus Wehen, das Institut besuchten.[185] Die Erkenntnisse, die vom Institut gewonnen, diskutiert und erarbeitet wurden, sollten vom »Landwirthschaftlichen Wochenblatt« im gesamten Land propagiert und von den Bauern nachgeahmt werden.[186] In der ersten Nummer vom 9.1.1819 heißt es gleich auf Seite 1, Zweck des Wochenblatts sei es, dem »Bauersmann« nützlich zu werden und *ihm sein mühsames und ehrenwerthes Geschäft in dem einen oder anderem Stück* zu erleichtern. Der Bauersmann *soll, wenn er am Sonnabend müde von der Arbeit heimkehrt [...] das Blatt gerne zur Hand nehmen.*[187] Obwohl das Wochenblatt in einer für damalige Zeit sehr hohen Auflage (1600 bis 2000 Exemplare je Ausgabe[188]) gedruckt wurde und von jeder Gemeinde und Schule zum Preis von jährlich einem Gulden und 45 Kreuzern gehalten werden mußte[189], war seine Wirkung auf die Masse der traditionell und konservativ eingestellten Landwirte eher bescheiden. So war es beispielsweise mit großer Mühe verbunden, den Klee allmählich als Futterpflanze einzuführen. *Der Landmann*, heißt es an anderer Stelle, [sei] *mißtrauisch und jeder Neuerung feind, setzte den Klee als Pflanze in die Klasse der Wucherblumen*[190] *und da man nun einigemal aus* [...] *einigen Nachbargemeinden vernommen hatte, durch dieses Futter seien Thiere gefallen, gar unter die Giftpflanzen.*[191] Die Wochenblätter sollten *der Gemeinde vorgelesen werden, aber nur selten* [...] *geschieht es*, [...] *und der gemeine Mann, der weniger im Denken geübt ist, kann auch nicht so schnell folgen.*[192] Aufgegriffen wurden die Ideen allenfalls von den wenigen Großbauern und den Eigentümern oder Pächtern der größeren Güter. Auf die Pferdehalter, von denen es auch in ›Taunusstein‹ etliche gegeben hat, wie wir weiter unten sehen werden, stießen die ständigen Appelle zu einer verbesserten Zucht allerdings nicht auf fruchtbaren Boden. Das Agrarland Nassau mußte fast alle für sein Militär benötigten Pferde aus den Nachbarländern einführen, weil die Qualität der einheimischen Zucht den Ansprüchen nicht genügte.[193] Das Scheitern der guten Absichten war dem Wochenblatt aber sozusagen schon in seine Wiege gelegt worden. Herausgeber war nämlich bald schon der mit staatlicher Hilfe gegründete »Landwirthschaftliche Verein im Herzogthum Nassau«.[194] Von den Bauern, die das Wochenblatt belehren sollte, finden wir keinen im zehnköpfigen Vorstand des Vereins. Zu finden sind hohe Regierungsbeamte, Eigentümer und Pächter großer Güter, sogar der Postverwalter und der Domkapitular sind dabei.[195] Der Verein war aber nicht nur Herausgeber, sondern auch Nutznießer des Wochenblatts, durfte er doch einen Großteil der Abonnentengelder einstreichen. Es sei *gewiß viel Geld, das für* [die Wochenblätter] *eingeht,* [die] *ohne gezwungenen Ankauf keinen Platz haben* würden, wird im Landtag vorgetragen.[196]

Abb. 11: Titelseite der ersten Ausgabe des »Landwithschaftlichen Wochenblatts« (Ausschnitt).

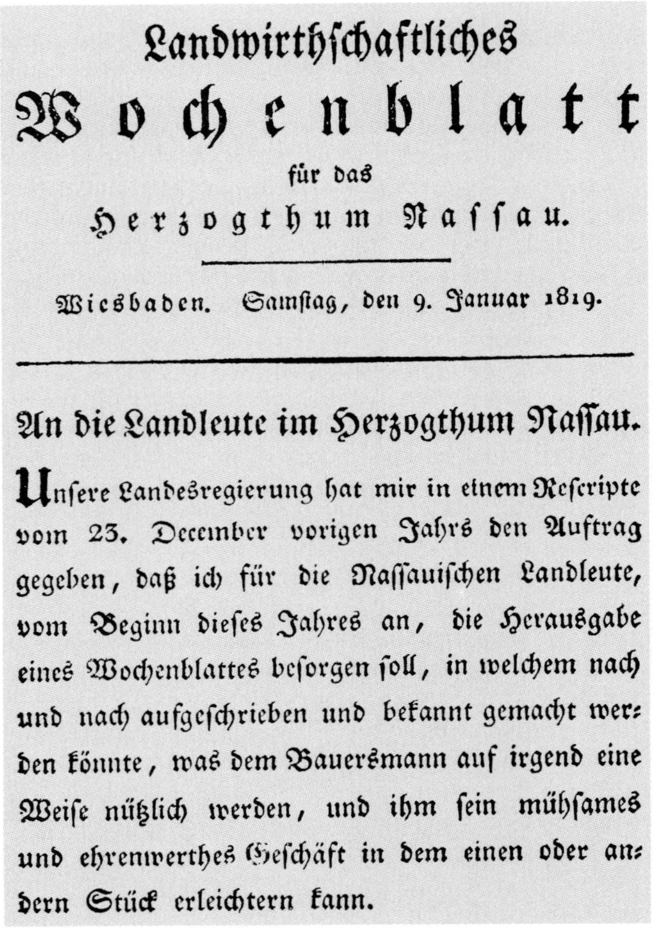

Landwirthschaftliches

Wochenblatt

für das

Herzogthum Nassau.

Wiesbaden. Samstag, den 9. Januar 1819.

An die Landleute im Herzogthum Nassau.

Unsere Landesregierung hat mir in einem Rescripte vom 23. December vorigen Jahrs den Auftrag gegeben, daß ich für die Nassauischen Landleute, vom Beginn dieses Jahres an, die Herausgabe eines Wochenblattes besorgen soll, in welchem nach und nach aufgeschrieben und bekannt gemacht werden könnte, was dem Bauersmann auf irgend eine Weise nützlich werden, und ihm sein mühsames und ehrenwerthes Geschäft in dem einen oder andern Stück erleichtern kann.

14. Die Reaktion setzt ein

Herzog Wilhelm, der möglichst wenig von seiner Machtbefugnis abgeben wollte, kamen die sogenannten Karlsbader Beschlüsse vom August 1819 gerade recht.[197] Diese Beschlüsse der deutschen Bundesstaaten waren beeinflußt von den Attentaten auf den antiliberalen Schriftsteller August Friedrich Ferdinand Kotzebue[198] und auf Carl Ibell, der inzwischen nassauischer Regierungspräsident geworden war.[199] Mit diesen Beschlüssen sollten die innere Sicherheit und die öffentliche Ordnung vor »revolutionären Umtrieben« geschützt und den liberalen und nationalen Tendenzen ein Ende gesetzt werden.[200] Als einer der ersten deutschen Monarchen verfügte Herzog Wilhelm schon im Oktober die restriktiven Beschlüsse für sein Land.[201] Mit diesem Edikt wurden wesentliche Bestandteile der nassauischen Verfassung außer Kraft gesetzt, so die Pressefreiheit.

Der Landmann in ›Taunusstein‹ wird davon wenig bemerkt haben; eifriger Leser der *Rheinischen Blätter*, der einzigen – nun eingestellten – politischen Zeitung Nassaus, wird er nicht gewesen sein. Publikationen wie das *Verordnungsblatt des Herzogthums Nassau* und das *Herzoglich Nassauische Allgemeine Intelligenzblatt* waren Sprachrohre der Regierung oder brachten neben öffentlichen Bekanntmachungen, privaten Anzeigen und den aktuellen Preisen für die gängigen Lebensmittel nur Verlautbarungen der Obrigkeit. Gedruckt wurden auch die Protokolle des Landtags, die aber nicht spürbar in die breite Öffentlichkeit gedrungen sind.

Alle diese Publikationen werden die Landleute, Handwerker und Tagelöhner, mit denen wir es in ›Taunusstein‹ vorwiegend zu tun haben, wenig interessiert haben. Was der steuerzahlende Einwohner zu wissen und zu beachten hatte, wurde ihm ohnehin vom Schultheißen im Wirtshaus beim Schoppen »verklickert« – wie es in der heimischen Mundart so schön heißt, wenn man jemandem komplizierte Vorgänge allgemeinverständlich beibringen will.[202]

Großen Einfluß auf die ländliche Bevölkerung dürfte aber der *Herzoglich-Nassauische allgemeine Landeskalender* ausgeübt haben. Die Herausgabe des Kalenders wurde mit Edikt vom Juni 1808[203] angeordnet und dabei verfügt, daß alle Haushaltungen im Herzogtum von jedem Jahrgang ein Exemplar zum Preis von sechs Kreuzern erwerben müssen. Selbst Analphabetismus wurde als Ausrede nicht hingenommen, da die Kinder *nach den verbesserten Schulmethoden im Lesen Unterricht erhalten können und somit in jeder Familie wenigstens ein Individuum nothdürftig lesen* könnte. Vom Bezug des Kalenders waren nur die Personen befreit, die von Unterstützung leben mußten. Vom Kaufpreis des Kalenders kassierte der Staat drei Kreuzer als Steuer, was beispielsweise im Jahr 1822 bei einer Auflage von 22 000 Exemplaren immerhin gut dreitausend Gulden in die Staatskasse gespült hat.[204] Wichtiger aber als die erkleckliche Steuereinnahme dürfte für Herzog und Regierung der propagandistische Wert des Kalenders gewesen sein. Fast schon raffiniert wurden nützliche Rubriken wie die Bekanntgabe von Terminen der Märkte, Sprechstunden der Behörden, Abfahrtszeiten der Post und Tips für die Landwirtschaft

Abb. 12: Umschlag des »Landeskalenders« von 1812. Der Stempel rechts oben bestätigt die Abgabe der Steuer von 3 kr.

mit »Nachrichten in eigener Sache« wie der Genealogie des nassauischen und anderer Fürstenhäuser vermengt. Es fehlte auch nicht an moralisierenden Erzählungen und an »guten Lehren«, frommen Versen und der Verherrlichung des Fürstenhauses. Eingestreut in diese mehr oder weniger aufregenden Beiträge finden sich aber auch in allgemeinverständlicher Sprache abgefaßte Kurzfassungen wichtiger Verordnungen und Gesetze.[205] In späteren Jahren wurde diese Möglichkeit der »Öffentlichkeitsarbeit« von der Regierung aus unerklärlichen Gründen kaum noch genutzt. Zu lesen waren mehr und mehr nur noch »nutzlose Erzählungen und dergleichen Dinge«.[206] Eifersüchtig wachte der Staat darüber, daß keine fremden Kalender im Herzogtum verbreitet wurden. Ein Händler, der das versuchte, wurde zu einer hohen Geldstrafe verurteilt, ein anderer, der mittellos war, kam für 48 Stunden in Haft.[207]

Politisch verliefen die 1820er Jahr zunächst in ruhigem Fahrwasser. Gegen Ende des Jahrzehnts braute sich aber ein Unwetter zusammen, dessen Grollen auch in ›Taunusstein‹ vernehmbar war. Es war nämlich der Streit, den die Mehrheit der Abgeordneten der Zweiten Kammer des Landtags über die Domänen mit dem Herzog führte, dermaßen eskaliert, daß der Herzog von seinem verfassungsmäßigen Recht Gebrauch machte, den Landtag kurzerhand aufzulösen.[208] Die Mehrheit der Abgeordneten der Zweiten Kammer »revanchierte« sich mit dem Aufruf an die Bevölkerung, das Entrichten von Steuern zu verweigern.[209]

15. Wie in Bleidenstadt ausstehende Steuern eingetrieben wurden

Es gärte also im Lande, und es kam tatsächlich zu Verweigerungen von Steuerzahlungen. In solchen Fällen schickt heute das Finanzamt Mahnbescheide, ganz hartnäckige Zeitgenossen müssen irgendwann mal mit dem Besuch eines Gerichtsvollziehers rechnen. In einem absolutistisch regierten Staat wie dem Herzogtum Nassau fackelte man nicht lange. Es gab zwar keine Polizeibeamten, man hatte aber ein gut ausgebildetes und diszipliniertes Militär. Die Offiziere waren Berufssoldaten, von denen nur wenige aus den altnassauischen Gebieten stammten, die Unteroffiziere waren meist ehemalige Wehrpflichtige, die als bezahlte »Einsteher« beim Militär ihr Auskommen suchten. Ein wohlhabender Vater konnte sich nämlich für seinen Filius einen Vertreter, Einsteher genannt, »kaufen«. Die Masse der Soldaten rekrutierte sich aus eingezogenen Bauernsöhnen, die meist aus ärmlichen Verhältnissen stammten. Die so beschaffene Truppe übte im Auftrag der Regierung Polizeigewalt aus. Diesen Apparat setzte man nun zur Unterdrückung von Unbotmäßigkeiten und zum Eintreiben ausstehender Steuern ein. Das geschah in der Weise, daß man ein Militärkommando in ein für aufmüpfig gehaltenes Dorf schickte und dort so lange beließ, bis der Zweck erfüllt war. Meist erledigte sich die Sache dann sehr schnell, die Gemeinde mußte nämlich die Kosten für die Einquartierung des Militärs übernehmen. Einzelne »Übeltäter« waren von den Soldaten schwer aufzuspüren, weil die Gassen in den Dörfern keine Namen und die Häuser keine Nummern hatten und die Nachbarn meist verschwiegen waren.

In Bleidenstadt scheint man dem Aufruf zur Steuerverweigerung gefolgt zu sein, jedenfalls war es im März 1832 unruhiger gewesen, als der Staat dulden mochte. So ließ man am 21.3.1832 um zwei Uhr in der Früh als eine solche Strafexpedition einen Zug Infanterie vom 2. nassauischen Regiment – angeführt von einem Hauptmann und einem Leutnant – von Wiesbaden aus in den Taunus starten.[210] Es ist dabei richtig militärisch zugegangen. Man hat außer einem Feldwebel, drei Sergeanten, zwölf Korporalen, 34 Gefreiten und gemeinen Soldaten sogar einen Tambour mitgenommen. Dieses Aufgebot hat seine Pflicht rasch erfüllt, noch am Abend desselben Tages war der Trupp um sieben Uhr wieder zurück in der Kaserne. Der Gemeinde wurden für diesen Einsatz Kosten von 33 Gulden und 32 Kreuzern in Rechnung gestellt. Zum Vergleich: Ein Handlanger verdiente damals etwa 30 Kreuzer am Tag[211], ein Facharbeiter etwa einen Gulden. Der Tagelöhner hätte für die Strafgebühr also länger als zwei Monate schaffen müssen, der Handwerker länger als einen Monat. Anders gerechnet stellte diese Summe den Wert von 176 Pfund

Schweinefleisch dar; auch hätte man für diesen Betrag 620 Liter Bier trinken können. In Bleidenstadt wohnten damals 117 Familien, auf jede entfielen im Durchschnitt also 17 $^1/_2$ Kreuzer oder der Gegenwert von fast sechs Pfund Brot. Da man beim nassauischen Militär mit Tinte und Papier nicht besonders sparsam umgegangen ist, gibt es über diesen doch eher unbedeutenden Vorfall eine ganze Akte. An der Akkuratesse, mit der das Schriftstück angelegt ist, und an der klaren Handschrift erkennt man in dem Unteroffizier, der den Schreibkram zu besorgen hatte, einen erfolgreichen Absolventen der nassauischen Elementarschule.

16. Regierungswechsel in Nassau

In den besten Mannesjahren starb 1839 Herzog Wilhelm. Auf den Thron folgte ihm sein Sohn Adolph.[212]

Herzog Wilhelm wurden politisches Engagement und Tatkraft bescheinigt, aber auch »Kompetenz gepaart mit persönlicher Ausstrahlung und Klugheit« wird ihm selbst von Kritikern und Historikern aus dem liberalen Lager ebenso zugestanden wie die Attribute »persönlich hochbegabt«, »geistreich«, »witzig«, »vielerfahren«, »gesellschaftlich gewandt« und »geschäftstüchtig«. Sorgsam achtete er auf seine Rechte als Souverän, so daß er die Regierungsgeschäfte stets unter Kontrolle hatte und der Bürokratie keine Gelegenheit gegeben war, ein Gegengewicht zu ihm aufzubauen. Herzog Wilhelm galt aber auch als selbstherrlich. Sein Sohn und Nachfolger Adolph wird als weniger selbstsicher, weniger herrisch, weniger hartnäckig beschrieben. Auch wenn er jovialer war und ein unkomplizierteres Verhältnis zur »einfachen« Bevölkerung als sein Vater hatte, war er doch von dem »theokratisch-restaurativen Staatsideal« geprägt.[213]

17. Das tägliche Leben in ›Taunusstein‹

Auf den Lebensstandard der ›Taunussteiner‹ hatte das nassauische Reformwerk kaum positive Auswirkungen. Allenfalls profitierten die Wohlhabenderen durch die Bodenreform auf Kosten der ärmeren Klasse.

Dem Lehrer A. Nickel aus Orlen verdanken wir eine plastische Schilderung der Lebensverhältnisse im Amt Wehen um die Mitte der 1840er Jahre. Nickel hat seine Forschungen und Recherchen im Auftrag des Landwirthschaftlichen Vereins betrieben, von dem sie auch veröffentlicht wurden.[214] Die folgenden Schilderungen folgen im wesentlichen seiner Arbeit.

17.1 Wohnverhältnisse im Amt Wehen

In einem kleinen, niedrigen schwarzen und feuchten Zimmer wohnet und schläft eine zahlreiche Familie beisammen. Hier liegt der Großvater und die Großmutter mit ein Paar Enkeln in einem Bette, dort im andern der Vater und die Mutter mit erwachsenen Söhnen und Töchtern – in Krankheitsfällen wie bei guter Gesundheit[215], heißt es bei Nickel. Er fügt noch an, bei »durchdringender Kälte« würden auch »verschiedene Hausthiere beim warmen Ofen hausen«.

Die meisten Gebäude waren immerhin zweistöckig; ebenerdig betrat man die oben beschriebene Wohn- und Schlafstube, die zugleich auch als Küche und Speisekammer dienen mußte. In vielen Häusern grenzte der Viehstall noch direkt an diesen Raum, von dem er nur durch einen offenen Durchgang getrennt war. Zum Obergeschoß, in dem Vorräte wie Dörrobst, Getreide, auch Flachs und Hanf aufbewahrt wurden, führte eine steile Treppe. Unter der Wohnstube befand sich »gewöhnlich« ein Keller. Zumindest in den ärmeren Orten wohnte auch der Pfarrer mit seiner meist vielköpfigen Familie nicht komfortabler. Eines dieser Pfarrhäuser hatte zwar zwei »wohnbare« Stuben, aber nur eine konnte auch beheizt werden.[216]

Wie sich denken läßt, sahen diese Behausungen auch von außen nicht viel besser aus. Anstelle des teuren Eichenholzes mußte als Baumaterial nämlich oft der für diesen Zweck ungeeignete Obstbaum herhalten, weil man ihn im eigenen Garten schlagen konnte. Gekrönt war der Bau von einem »leichten Strohdach«.[217] Wegen Armut und wegen der hohen Holzpreise sei mancher Eigentümer abgehalten worden, auch nur die notwendigsten Reparaturen auszuführen, stellte Nickel fest. Diese Gebäude, um nicht zu sagen Katen, standen oft mit der Giebelseite zur Straße – und zwar *so unordentlich durcheinander, daß nur selten eine gehörige Straße vorhanden ist*. Eine Verordnung aus dem Jahre 1816, nach der neu zu errichtende Gebäude einer »guten Polizei« (hier im Sinne von »städtische Ordnung«) zu entsprechen hätten und »regelmäßig« in die Straßenzüge geordnet werden sollten[218], war also Mitte der 1840er Jahre noch nicht verwirklicht worden. Und tatsächlich kann man in den Ortskernen die unregelmäßie Bauweise heute noch beobachten, beispielsweise in der Stiftstraße in Bleidenstadt. Freilich hat die Landesregierung dieses Gesetz nicht aus Gründen der Ästhetik erlassen, der Grund ist wohl in der Verbesse-

Abb. 13: Wohn- und Schlafstube eines reichen Bauern. An der Wand über dem Kopf des frühstückenden Bauern hängt der »Landeskalender«. Lithographie von A. Hölzgen.

rung des Feuerschutzes zu sehen. Auf diese »Straßen« floß aus den Viehställen die Jauche, und *erst seit jüngster Zeit sammelt man auf den Dorfgassen den Auswurf des Viehs.* Zu fast jeder Hofreite gehörte ein Garten, dessen Bewirtschaftung *sich aber noch sehr heben muß, wenn er ein gutes Lob verdienen will.* Von den Obstbäumen, vor allem Äpfel, Birnen und Zwetschgen, waren erst wenige veredelt, denn *vor allem der älteren Generation fehlt häufig der rechte Sinn und das gehörige Geschick für Obstanlagen.* Auch die Obstbäume, die die Vizinalwege (Feldwege) säumten, »hatten ein sehr erbärmliches Aussehen«, ihre Früchte sollen »den Vorübergehenden nur selten lüstern« gemacht haben.[219]

Abb. 14: Dorfstraße um 1830 (hier Wambach). Unter dem Fenster des linken strohgedeckten Hauses hängen Zwiebeln zum Trocknen. Die Alltagskleidung der Menschen ist gut zu erkennen. Aquatinta nach unbekanntem Zeichner.

17.2 Ackerbau und Viehzucht

Das Amt Wehen, das diesen traurigen Anblick bot, gehörte im Herzogtum Nassau zwar zu den ärmeren, beileibe aber nicht zu den ganz armen. Die Ackerkrume war in fast allen Lagen arm an Nährstoffen und reich an Steinen.[220] Die meisten Böden hielten die Feuchtigkeit nicht lange und verlangten nach mehr Dünger als verfügbar war. Nach starken Regenfällen leiteten die Bauern deshalb Wasser aus den Bächen und vor allem aus der Aar, in die der Dünger von den Dorfstraßen geschwemmt worden war, auf Wiesen und Felder. *Dabei*, heißt es bei Nickel, *versuchte einer den andern zu überlisten.*[221]

Auch vom Klima[222] wurde die Gegend, die zu den bergigsten im Herzogtum Nassau gehörte, nicht verwöhnt. Die Wachstumsperiode war vergleichsweise kurz, so daß der Landmann für seine Arbeiten weniger Zeit als in den meisten anderen nassauischen Ämtern zur Verfügung hatte. Die Kartoffeln, wird gesagt, hätten oft kaum Zeit zum Reifen, und in trockenen Jahren deckten die höher gelegenen Wiesen nicht einmal den Mäherlohn.[223]

Abb. 15: Mit Kühen bespannter Karren. An den Garben erkennt man deutlich, daß das Getreide damals viel höher gewachsen ist als heute. Aquatinta nach unbekanntem Zeichner.

17.3 Ernährung und Verdienst

Trotz dieser insgesamt widrigen Bedingungen mußten sich die ›Taunussteiner‹ fast ausschließlich vom Ertrag der Landwirtschaft ernähren. Kartoffeln, Roggenbrot, Obst, Gemüse, Milch und Käse waren die tägliche Speise. Auch Eier hatte man aus eigener Hühnerhaltung. Als Brotaufstrich diente ein Sirup, der aus Obst, Runkel- und Mohrrüben eingekocht und Latwerge oder wegen seiner Farbe auch »schwarze Butter«[224] genannt wurde. Fleisch kam nur an Sonn- und Festtagen auf den Tisch, an denen sich die Nachbarschaft nachmittags manchmal sogar zu Kuchen aus Weizenmehl und »indischem«, also echtem Bohnenkaffee, traf.[225] Diese »kümmerliche Lebensart« der Menschen, lobt die schon öfters bemühte Tochter des Wehener Amtmanns, Caroline Forst, in ihren Erinnerungen, habe bei den genügsamen Bauern »in Bezug auf ihren Charakter« einen besonders redlichen und frommen Sinn bewahrt.[226] Nun ja, sie selbst hat so bescheiden nicht leben müssen.

Nur wenige Bauern erzeugten in guten Jahren mehr Getreide als im eigenen Haushalt verbraucht wurde. Vor allem war das der genügsame Hafer. Dieser Überschuß wurde dann auf den Märkten der nahen Städte verkauft. Die reichen Bauern brachten ihn selbst hin, die ärmeren mußten die Dienste von Händlern in Anspruch nehmen.[227]

Einiges an Bargeld brachte auch der Flachs in die Dörfer. Die »Flachsbühlstraße« in Bleidenstadt erinnert noch an den Anbau dieser Pflanze, die wahrscheinlich in dieser Flur gezogen wurde. Meistens wurde der Flachs in Heimarbeit bis zum fertig gebleichten Leinen verarbeitet. Die weibliche Jugend hatte ihren Anteil an der Veredlung: In jeder Schule stand ein Spinnrad, das die Mädchen surren ließen.[228]

Bedeutender war aber der Erlös, den man aus der Viehhaltung erwirtschaften konnte. Es wurden Rinder, Schafe und Schweine gezogen, die als Schlachttiere an auswärtige Händler gingen. Gute Preise erzielte man auch mit der hochwertigen Schafwolle.[229] Ziegen waren die Kuh des kleinen Mannes. Sie wurden im Stall mit Unkräutern und Laub gefüttert; ihren Mist nahmen die größeren Bauern gerne ab.[230]

Das Vieh wurde häufig von Krankheiten befallen; Ausgaben für den Tierarzt scheute der Landmann aber. An seiner Stelle bediente er sich lieber des »Segensprechers«. Der »besprach« etwas Getreide, streute die so behandelte Frucht vor Sonnenaufgang »irgendwohin«. Während dieser Tätigkeit durfte kein Wort fallen, ebenfalls unter Stillschweigen wurde dann der Stall geöffnet und wurden gesunde wie kranke Tiere zu dem Heilmittel geführt, damit es dort anstelle von Medizin eingenommen würde.[191] Vor gerade einmal hundertfünfzig Jahren also finsteres Mittelalter in Taunusstein!

Natürlich nagten nicht alle Bewohner des Amtes Wehen am Hungertuch. Jeder zehnte Landwirt wurde als wohlhabend eingestuft, zu diesen Höfen gehörten dann mehr als 50 Morgen (= 12,5 Hektar) Feld. Ab 15 Morgen Eigentum galt man als »mittel begütert«. In diese Kategorie gehörten immerhin zwanzig Prozent der landwirtschaftlichen Betriebe. Die ärmeren Landwirte mußten mit 5 bis 15 Morgen auskommen. Wer noch weniger hatte, zählte zu den Tagelöhnern oder war im Hauptberuf Handwerker.[232]

Anstatt Ochsen oder Kühe anzuspannen, erlagen viele Bauern der unrentablen »Pferdeliebhaberei« und verminderten mit diesem Steckenpferd ihr Einkommen. Im Amt Wehen war die Zahl der »Gäulsbauern« überdurchschnittlich hoch.[233]

Um eine »fleißige Bauernfamilie« von zehn Köpfen »nothdürftig« ernähren zu können, wurden ca. 18 Morgen Ackerland, sechs Morgen Wiesen und ein kleiner Hausgarten (zusammen 24 Morgen = ca. 6 Hektar) für unerläßlich gehalten. Da das Amt bei einer Einwohnerzahl von 2328 Familien an bebautem Land aber nur 39000 Morgen hatte[234], kamen im Durchschnitt auf jede Familie kaum 17 Morgen.

Vor allem wegen der Erbteilung waren viele Höfe verschuldet. In der Regel übernahm der älteste Sohn oder das Kind, das sich als erstes verheiratete, den Hof. Die Geschwister mußten mit meist geliehenem Geld ausgezahlt werden. Der ihnen ausgehändigte Anteil entsprach oft nicht dem tatsächlichen Wert[235], so daß es nicht nur zur Belastung der Liegenschaften, sondern auch zu Verdruß in den Familien kam.

Der ärmere Teil der Bevölkerung mußte nach einem Arbeitsplatz oder einem Zuerwerb zur kleinen Landwirtschaft Ausschau halten. Söhne und Töchter aus der mittleren und der unteren Klasse verdingten sich deshalb bei den reicheren Bauern als Knechte und Mägde, oder man arbeitete gelegentlich als Tagelöhner. Das galt übrigens nicht als Schande, selbst unversorgte Pfarrerstöchter nahmen »Condition«, verdingten sich also als Dienstmägde.[236]

Es ist interessant, was es da zu verdienen gab: Ein Knecht erhielt außer Kost und freiem Logis jährlich 36 fl Bargeld, dazu Leintuch zum Anfertigen von Hosen im Wert von 3 fl 15 kr, einen Kittel, der mit 2 fl 20 kr veranschlagt wurde, ein Pfund Wolle im Wert von 48 kr, zwei Paar Schuhe, die mit 6 fl zu Buche standen, und dazu einen »Mietpfennig« (wahrscheinlich Handgeld bei der jährlichen »Vertragsverlängerung«) in Höhe von 1 fl 30 kr. Zusammen macht das 52 fl 53 kr.[237] Zum Vergleich: Ein Maurermeister verdiente damals pro Arbeitstag etwa 1 fl 20 kr, ein Liter Dünnbier kostete rund 3 kr.[238] Mägde kamen nur auf 31 fl 58 kr. Tagelöhner wurden je nach Saison unterschiedlich entlohnt, wahrscheinlich weil die Arbeitstage unterschiedlich lang waren. So erhielten Männer im Vorsommer (zusätzlich zur Kost) bis zu 12 kr, in der Erntezeit 16 kr, im Herbst 10 kr, die Frauen jeweils 2 kr weniger. Für Hausarbeit wie Wäschewaschen, Nähen und Spinnen gab es neben der Kost nur zwischen 2 und 8 kr. Da hat man tatsächlich »forn Appel unn en Ei« geschafft. Eier kosteten je Stück etwa 1 kr.[239]

Diese Löhne und Vergütungen galten als ausreichend, um sich ernähren und kleiden zu können, nicht aber um Vorsorge für Krankheit und Alter zu treffen.

Zu einem ähnlichen Ergebnis wie Lehrer Nickel kommt auch eine 1848 von der Landesregierung in Auftrag gegebene Studie. Es wird in diesem Gutachten empfohlen, die Bauern mit größerem Landbesitz sollten Parzellen preiswert an Tagelöhner verpachten, damit diese sich die Lebensmittel für den täglichen Bedarf selbst ziehen könnten.[240] Auch die reicheren Bauern verschmähten einen zusätzlichen Verdienst nicht. Holzfällen, Steinebrechen und -zurichten, Straßen- und Wegebau waren gesuchte Einnahmequellen. Wer Pferde besaß, übernahm gerne Fuhren.[241] Tagelöhner fanden Beschäftigung auch in den Kurorten Wiesbaden, Langenschwalbach und Schlangenbad. Der Verdienst sei aber meist an Ort und Stelle sofort »verlebt« worden, *während nicht selten zu Hause die arme Familie kümmert*, klagt Lehrer Nickel.[242]

Der einzige wirklich bedeutende Arbeitgeber in der Region war die Michelbacher Hütte. Ihre Lohnsumme für fest Beschäftigte, für Tagelöhner und für Fuhren betrug jährlich etwa 50 000 fl. Der Bergmann verdiente monatlich 15 fl.[243] Wie wir oben bereits gesehen haben, wurden auch Kinder beschäftigt.

17.4 Unterhaltung und Vergnügungen

Trotz aller Plackerei verstanden die Menschen aber auch das Feiern. Zur Kirchweih und an Familienfesten wurde – wie man in Nassau so schön sagte – »die Wutz rausgelasse«. *Bei Lustbarkeiten vergißt man die mühevollen Arbeitstage und Niemand läßt sich seine Armut anmerken,* berichtet Lehrer Nickel.[244] Der Obrigkeit waren die »Tanzgesellschaften« allerdings ein Dorn im Auge. Man ließ die Pfarrer von den Kanzeln gegen solche Vergnügungen wettern. Gegeißelt wurden aber auch das Lesen von Zeitungen und Zeitschriften in den Wirtshäusern, angeblich weil dadurch zum »Schoppenstechen und zum Kartenspielen« verleitet würde.[245] Der Wahrheit kommt man vielleicht näher, wenn man den tieferen Grund darin sieht, daß politische Ansichten nicht verbreitet werden sollten. In Nassau selbst erschienen wegen der Zensur keine politischen Zeitungen, zum Verdruß der Regierung gelangten aber auswärtige Publikationen ins Herzogtum.[246] Angeprangert wurde auch das angeblich *verderbliche Gift der Romanlectüre mit dem schaurigen Vergnügen an Spuck und Räubergeschichten.*[247] Männer suchten die Wirtshäuser auf und sollen dort nicht nur gebechert, sondern auch die »frechsten aufwiegelnden Reden« gehalten haben.[248]

18. Es kommt Unmut auf

Zu dem Ärgernis über das Verbot der uneingeschränkten Nutzung der Forsten gesellte sich bei vielen Bauern der Groll über die als ungerecht empfundene Abgabe des Zehnten, mit der viele Felder und Wiesen schon seit dem Mittelalter belastet waren. Die Forderung nach unentgeltlicher Ablösung des Zehnten war allerdings unrealistisch. Die Flächen, auf denen der Zehnte lag, waren nämlich im Verkehrs- und Steuerwert entsprechend niedriger eingestuft, bei einer entschädigungslosen Ablösung der Belastung wäre also der Wert des Grundstücks deutlich gestiegen, und zwar auf Kosten der Allgemeinheit, die in Form von Steuern die Zehntberechtigten hätte entschädigen müssen. Das hätte auch zahlreiche Bauern getroffen, die Eigentümer nicht belasteter Grundstücke waren. Vor allem im Westerwald waren viele Bauern nicht zehntpflichtig.[249] Dazu kamen »Mischgebiete«, zu denen auch das Amt Wehen gehörte[250], in denen sich zehntpflichtige und zehntfreie Flächen etwa die Waage hielten. Die Flurbezeichnung »Freiäcker« in der Gemarkung Wehen legt darüber vielleicht Zeugnis ab, der Name kann nämlich daher rühren, daß es sich um eine nicht zehntpflichtige Fläche gehandelt hat. Die Wertminderung der durch Zehnten belasteten Grundstücke war mitunter so hoch, daß sie bei Versteigerungen, *auch wenn es die besten sind*, kaum Erlöse brachten, *denn der Landmann spricht, von diesen Erblasten will ich mich hüten.*[251] Die Regierung war um eine gerechte Lösung bemüht und bot mit dem Edikt vom 22.1.1840[252] die Voraussetzung für die Ablösung gegen einen einmalig zu zahlenden Geldbetrag. Die meisten Kleinbauern – und mit solchen haben wir es in ›Taunusstein‹ ja vornehmlich zu tun – konnten den Betrag aber nicht aufbringen, so daß sie weiterhin die jährlichen Abgaben entrichten mußten.[253] Der Landtag wurde in Zehntfragen von etwa 450 Gemeinden und ca. 30 Einzelpersonen mit Petitionen bestürmt.[254]

Das Ärgernis über das Verbot der uneingeschränkten Waldnutzung und der Groll über die ungelöste Zehntfrage eskalierten bei den Bauern im Amt Wehen zum Zorn, wenn es um die Jagdleidenschaft der Herzöge Wilhelm und Adolph ging.

18.1 Die Jagd: des einen Freud, des andern Leid

Wir waren munter und vergnügt
und jagten nur nach Wild,
und wenn nun diese kleine Jagd
den Frohsinn uns gebracht,
so ist der Wunsch erfüllt.

Dieses Gedichtchen hat der Wehener Amtmann Carl Ibell als Gast einer fürstlichen Herbstjagd, an der er teilnehmen durfte, gereimt und wünscht sich noch: *Wenn ein Jahr verflossen ist, erschein ein Jeder wohlgerüst'*.[255] Viele Freunde wird sich der Herr Amtmann mit seiner Jagdlust bei »seinen« Bauern nicht gemacht haben.

Das Bild des fröhlichen Hoflebens, an dem der Amtmann teilnehmen durfte, zeigt nämlich nur die eine Seite der Medaille. Die Kehrseite ist geprägt von der Last, die der Landmann für die Lust der Obrigkeit zu tragen hatte.

Die zusammenhängenden Wälder des Taunuskamms zählten nämlich zum Leibgehege des herzoglichen Hauses[256]; Kristallisationspunkt war das imposante Jagdschloß Platte, das Herzog Wilhelm in den Jahren 1822 bis 1824 im Stil des romantischen Klassizismus an der Stelle eines bescheidenen Vorläufers für fast 162 000 Gulden erbauen ließ.[257]

Zur Befriedigung der herzoglichen Jagdleidenschaft wurde der Wildbestand deshalb in diesen Forsten besonders groß gehalten. Die von Klima und Bodenqualität ohnehin nicht verwöhnten ›Taunussteiner‹ hatten also unter den vom herrschaftlichen Wild auf den Feldern angerichteten Schäden noch mehr als in anderen Gegenden des Herzogtums zu leiden.[258] Allein der Bestand an Rotwild übertraf die heutige Dichte um ein Mehrfaches.[259]

Den Bauern war es streng verboten, das gefräßige Wild von den Feldern zu vertreiben oder auch nur zu vergrämen. In ihrer Not wandten sie sich mit Petitionen an den Landtag. So ist beispielsweise aus dem Jahr 1841 eine Eingabe protokolliert, in der es heißt: *Hunderte von Hasen* würden *auf einer Flur erblickt, die Felder sähen oft aus wie von einer Herde Schafe abgeweidet,* auch Obstbäume würden vom Wild nicht verschont. Der Landmann würde *statt grünender Äcker einen niedergetretenen Tummelplatz des Wildes vorfinden.* Weiter wird vorgebracht, Ziegen dürfe man nur im Stall halten, sie auszutreiben würde als »Weidfrevel« angesehen und bestraft. Was für die Ziegen gelte, sollte billigerweise auch auf die Rehe Anwendung finden.[260]

Trotz Androhung hoher Strafen wurde immer wieder »Wilddieberei« begangen, und zwar weniger zur auch willkommenen Bereicherung des Speiseplans als vielmehr zur Vernichtung der »Schädlinge« auf den Feldern. Wie im Nassauischen Landeskalender von 1828 zu lesen ist, ahndete die Obrigkeit dieses »gefährliche Verbrechen« mit Haft im berüchtigten Korrektionshaus (Gefängnis) von mindestens drei Monaten bis zu fünf Jahren.

Den Wildstand konnte die illegale Jägerei allerdings nicht spürbar verringern. So gingen allein im Jahr 1847 von Einzelpersonen oder Gemeinden aus ganz Nassau vierzig Beschwerden wegen Wildschäden beim Landtag ein.[261] Aus dem Taunus finden sich unter den beschwerdeführenden Orten Adolfseck, Görsroth, Kesselbach, Langenschwalbach, Strinz-Trinitatis und Wehen. In dem Protest der Gemeinde Wehen heißt es beispielsweise, *am hellen Tage* sehe man *furchtlos Rudel von 18, 20, 24 und 27 Stück* [Rehe] *auf den Feldern weiden,* [und] *kein Einwohner* [sei] *im Stande, wegen der Unzahl von Hasen auch im wohlverwahrten Garten im Herbste und Winter Gemüse zu halten.*[262] Andere Einsender klagen: *Wir müssen mit blutendem Herzen sehen, wie unsere Saaten zur Weide des Wildes werden* [...], *man sollte aber beinahe glauben, Forsten und Getraidefelder seyen nur deshalb vorhanden, das Wild zu pflegen.* Für das Wild würde mehr gesorgt als für die Armen, deren Felder es verwüsten dürfte, heißt es in einer anderen Eingabe.[263]

Vergütet wurden allenfalls die Schäden, die bewiesenermaßen allein vom Rot- oder Schwarzwild angerichtet worden waren, nicht aber diejenigen, die Hasen und Rehe verursacht hatten. Wer wollte da den Nachweis führen, wenn es die Obrigkeit einschließlich des Amtmanns war, die sich an der Jagd verlustierte?

Nach dem Gesetz war die Jagd erst auf, wenn die Felder abgeerntet waren. *Rücksichtslose Jagdliebhaber durchstreiften indessen schon früher die Fruchtfelder* und richteten *in zahlreicher Gesellschaft empfindliche Schäden an.*[264] Die »rücksichtslosen Jagdliebhaber« waren die Adligen, die das Recht hatten, auch auf fremdem Grund und Boden die Jagd auszuüben. Nach Ansicht der betroffenen Bauern fühlten sie sich *als unumschränkte Gebieter der Feldfluren.* Sie würden auch nützliche Haustiere wie Hunde und Katzen schießen, die auf den Feldern Schädlingen wie Hamstern und Mäusen nachstellten.[265] Freilich verschmähten die »nützlichen Haustiere« auch nicht den einen oder anderen Hasen oder dieses oder jenes Rebhuhn, und natürlich sollten sie das Wild vergrämen.

Der Landtag hatte keine gesetzliche Handhabe, ernsthaft einzugreifen. Vielleicht wäre in der Zweiten Kammer, in der die gewählten Abgeordneten saßen, der Wille zu einer Reform vorhanden gewesen. In der Ersten Kammer (Herrenbank), die sich vornehmlich aus dem Adel rekrutierte, der von dem unbeschränkten Jagdrecht profitierte, war ein Entgegenkommen nicht zu erwarten. Nach der Verfassung wäre ein vom Landtag beschlossenes Gesetz auch nur ein Vorschlag gewesen, der vom Herzog hätte sanktioniert und per Dekret verkündet werden müssen.

Auf die zahlreichen Eingaben der Landbevölkerung hin meinten die passionierten und privilegierten Jäger auf der Herrenbank, die oft auch des Herzogs Jagdgäste waren, von einer Überhöhung des Wildbestandes könne keine Rede sein. Wildschäden gehörten *zu den Unfällen, welchen fast jeder Landwirth mehr oder weniger unterworfen ist.*[266] Die Gründe der Wilddieberei lägen meistens in *Arbeitsscheu, Gewinnsucht und Passion zur Jagd.*[267]

Zu diesen »Unfällen«, die der Landmann klaglos ertragen sollte, gehörten auch die Treibjagden, die auf seinen Feldern abgehalten wurden. Er hatte nicht nur keinen Anspruch auf Ausgleich der auf seinem Grund

und Boden angerichteten Schäden, er mußte vielmehr im Frondienst als Treiber sogar an der Verwüstung seiner Äcker selbst teilnehmen. Dieser Frondienst hat bis 1848 als Relikt aus alter Zeit alle Liberalisierungen überdauert.[268]

Über die eruptive Entladung des Gewitters, das sich in der Bauernschaft zusammengebraut hatte, berichtet Dr. Michael Wettengel im folgenden Beitrag.

19. Anmerkungen

1 J. L. Schellenberg. 1728–1808. Autobiographie eines nassauischen Pfarrers. Taunusstein 1998, S. 157.
2 C. Forst, Erinnerungsblätter aus dem Leben meiner Großältern, Aeltern und meines Bruders. Als Manuskript für Anverwante. Wiesbaden 1854, S. 31 f. die Anwesenheit französischer Truppen ist auch durch einen Fund von Uniformknöpfen auf der Eisernen Hand belegt (siehe Kartenbeilage zu Taunusstein – Landschaft, Natur und Geschichte. In: Band 1: Landschaft und Natur).
3 Forst, Erinnerungsblätter (wie Anm. 2), S. 32.
4 E. Wilhelmi, Wehen und sein Grund. Wehen 1957, S. 307 f.
5 C. Ch. v. Diersburg, Geschichte des 1. Großherzoglich Hessischen Infanterie(Leibgarde-)Regiments Nr. 115. Berlin 1899, S. 102; Wiesbadener Tagblatt v. 7./8.12.1957. Zu dem Gefecht auf der Platte gibt es ein Aquarell von Carl Röchling, das in dem Mappenwerk »Chronik des 1. Großherzoglich Hessischen Infanterie(Leibgarde-)Regiments Nr. 115« als Farbtafel gedruckt ist. Hiervon wurde um 1900 eine Postkarte hergestellt. Alle Angaben freundliche Mitteilung von Herrn Militärhistoriker Peter Wacker, Nürnberg. Während des Gefechts auf der Platte wurde das von Fürst Karl Wilhelm 1776 errichtete Jagdhaus zerstört. Siehe C. Emde, Das Jagdschloß Platte bei Wiesbaden. Wiesbaden 1971, S. 2 f.
6 J. Rudersdorf, Der letzte Feldzug des französischen Generals Lazare Hoche und das Ende des 1. Koalitionskrieges 1797. In: Nassauische Annalen (künftig: Nass. Ann.), Bd. 109, Wiesbaden 1998, S. 245.
7 A. J. Weidenbach, Nassauische Territorien vom Besitzstande unmittelbar vor der französischen Revolution bis 1866. In: Nass. Ann., Bd. X, 1870, S. 285–301; E. Treichel, Der Primat der Bürokratie. Bürokratischer Staat und bürokratische Elite im Herzogtum Nassau. 1806–1866. Stuttgart 1991, S. 7–22; P. Wacker (Mit Beiträgen von G. Müller-Schellenberg), Das herzoglich-nassauische Militär 1813–1866. Militärgeschichte im Spannungsfeld von Politik, Wirtschaft und sozialen Verhältnissen eines deutschen Kleinstaates. Taunusstein 1998, S. 15; W. Schüler, 175 Jahre Nassauische Verfassung. Eine Ausstellung des Hessischen Landtags und des Hessischen Hauptstaatsarchivs zur Erinnerung an den Erlaß der Nassauischen Landständischen Verfassung am 1./2. September 1814. Wiesbaden 1989, S. 9 f.; N. Zabel, Räumliche Behördenorganisation im Herzogtum Nassau. 1806–1866. Historische Kommission für Nassau (künftig: Hist. Komm. f. Nassau). Wiesbaden 1981, S. 55–57; K. Braun, Mordgeschichten. Hannover 1875, S. 324.
8 Staats- und Adreß-Calender des Herzogthums Nassau für das Jahr 1813 (künftig: StCal) und Staats- und Adreß-Handbuch des Herzogtums Nassau auf das Jahr 1818 (künftig: StHb); Weidenbach, Territorien (wie Anm. 7), S. 261 f.
9 StHb 1818; Weidenbach, Territorien (wie Anm. 7), S. 261 f.
10 Weidenbach, Territorien (wie Anm. 7), S. 287, 325.
11 Forst, Erinnerungsblätter (wie Anm. 2), S. 33.
12 Weidenbach, Territorien (wie Anm. 7), S. 285–301.
13 O. Renkhoff, Nassauische Biographie. Kurzbiographien aus 13 Jahrhunderten. 2. vollständig überarbeitete und erweiterte Auflage (Hist. Komm. f.Nass.) Wiesbaden 1992, S. 354 (hier weitere Literatur); C. Rösner, Nassauische Parlamentarier. Ein biographisches Handbuch. Teil 1: Der Landtag des Herzogtums Nassau 1818–1866. (Hist. Komm. f. Nass.) Wiesbaden 1997, S. 80 f.; Forst, Erinnerungsblätter (wie Anm. 2); Schellenberg, Autobiographie (wie Anm. 1), S. 254; B. Sachs, Der Amtmann Carl Wilhelm Ibell (1744–1826) und sein Sohn, der Staatsmann Carl Friedrich Justus Emil Ibell (1780–1834). Maschinenschrift 1995, im Museum Taunusstein; Renkhoff, Biographie (wie Anm. 13), S. 355; Zabel, Behördenorganisation (wie Anm. 7), S. 43 f.
14 Renkhoff, Biographie (wie Anm. 13), S. 355.
15 Renkhoff, Biographie (wie Anm. 13), S. 560.
16 Renkhoff, Biographie (wie Anm. 13), S. 494.
17 StCal 1813, S. 7; Treichel, Bürokratie (wie Anm. 7), S. 23 f.
18 Frondienst = unentgeltlicher Arbeitsdienst für den Landesherren, aber auch für andere Berechtigte wie z. B. Pfarrer.
19 Verordnungsblatt für das Herzogthum Nassau (künftig: VOBIHN) 1848, Nr. 8 v. 23.3. ; W. Schüler, Der Herzog und sein Hof. In: Katalog Herzogtum Nassau 1806–1866. Politik – Wirtschaft – Kultur. (Hist. Komm. f. Nass.) Wiesbaden 1981 (künftig: Katalog Nassau-Ausstellung), S. 68.
20 Zabel, Behördenorganisation (wie Anm. 7), S. 70.
21 Edikt vom 3./4.2.1807. Die Uniform des Amtmanns Goedecke befindet sich im Museum Wiesbaden, Sammlung Nassauischer Altertümer.
22 Edikt vom 5.6.1816. In: Sammlung der Landesherrlichen Edikte und anderer Verordnungen welchen im ganzen Umfange des Herzogthums Nassau Gesetzeskraft beigelegt ist. Zweiter Band. Wiesbaden 1818 (künftig: Sammlung Edikte), S. 57 ff.
23 Forst, Erinnerungsblätter (wie Anm. 2), S. 11.
24 Forst, Erinnerungsblätter (wie Anm. 2), S. 28, 69.
25 Zabel, Behördenorganisation (wie Anm. 7), S. 63, 83.
26 Zabel, Behördenorganisation (wie Anm. 7), S. 65.
27 Zabel, Behördenorganisation (wie Anm. 7), S. 65.
28 Treichel, Bürokratie (wie Anm. 7), S. 201.
29 Forst, Erinnerungsblätter (wie Anm. 2), S. 77; Wilhelmi, Wehen (wie Anm. 4), S. 311–316, 350; Sammlung Edikte (wie Anm. 22), Bd. 1., 1816, S. 160 f.
30 Schellenberg, Autobiographie (wie Anm. 1), S. VIII (Einleitung).
31 Vertrag vom 12.7.1806; 16 deutsche Fürsten waren sofort Mitglied, später alle Länder außer Österreich und Preußen. Vgl. W.-H. Struck, Die Gründung des Herzogtums Nassau. In: Katalog Nassau-Ausstellung, S. 1–17.
32 Kurzgefaßten Überblick über die Geschichte des Herzogtums Nassau bieten: M. Wettengel, Vom Herzogtum Nassau zum Bundesland Hessen. In: Nassaus Beitrag für das heutige Hessen (Hessische Landeszentrale für Politische Bildung) Wiesbaden 1992; R. Faber, Im Herzogtum Nassau 1806–1866. In: Das Regierungsgebäude zu Wiesbaden. Ein Beitrag zu seinem l50jährigen Bestehen. 1843–1993. Wiesbaden 1993, S. 43–78; Jahrbuch Rheingau-Taunus-Kreis. Bd. 52, 2001, S. 35–76; K. Kopp, Nassau und Oranien. Ihre geschichtliche Rolle in Westeuropa. (Nassauische Sparkasse) Wiesbaden 1998; Katalog Nassau-Ausstellung.
33 Fürst Friedrich Wilhelm *25.10.1768, †9.1.1816 (Regierung 1788–1816). Siehe Renkhoff (wie Anm. 13).
34 HHStAW Abt 136 Nr. VII b 42. Mit freundlicher Erlaubnis dem Manuskript von Herrn Lt. Archivdirektor a. D. Dr. Winfried Schüler, Bad Schwalbach, entnommen. (Künftig: MS Dr. Schüler).
35 HHStAW Abt. 136, Nr. VII b 45 (MS Dr. Schüler).
36 HHStAW Abt. 136, Nr. VII b 45 (MS Dr. Schüler).

37 HHStAW Abt. 136, Nr. VII b 45 (MS Dr. Schüler).
38 HHStAW Abt. 136, Nr. VII b 44 (MS Dr. Schüler).
39 Edikte zum Militär: 19.11.1805; 19.9.1806, 19./21.3.1808; 29./31.10.1808 (flächendeckende Einführung der allgemeinen Wehrpflicht); 3./4.12.1808 (alle Archiv Schellenberg'sche Verlagsbuchhandlung, Taunusstein); Dekrete vom 1.10.1806; 4.9.1807; 27.1.1809; P. Wacker, Das nassauische Militärwesen. In: Katalog Nassau-Ausstellung, S. 75.; W. Jäger, Staatsbildung und Reformpolitik. Politische Modernisierung im Herzogtum Nassau zwischen Französischer Revolution und Restauration. (Hist. Komm. f. Nass.). Wiesbaden 1993 S. 52 ff.
40 Verordnungen zum Militär: Edikte v. 24./27.2.1809, 11.11.1809, 12.1.1814, 9./12.10.1810, 20.11.1811, 7.11.1810, 7.11.1814, 7./9.11.1814, 9.11.1814, 3.1.1815, 26.5.1815, 22.11.1815, 14.12.1808, 5.9.1809, 15.20.11.1809, 4.12.1811, 12.2.1811, 20./21.1.1814, 1.11.1814, 27.3.1815. In Sammlung Edikte Bd. 1, S. 100–131; zur Musterung siehe G. Müller-Schellenberg, Die Körpergröße der nassauischen Soldaten im frühen 19. Jahrhundert. In: Nass. Ann., Bd. 103, 1992, S. 235–239.
41 Wacker, Militärwesen (wie Anm. 39), S. 77 f.; Edikt vom 29./31.10.1808).
42 Einsteher waren Männer, die von den Eltern ihres wehrpflichtigen Sohnes dafür bezahlt wurden, daß sie an seiner Stelle den Wehrdienst übernahmen. Entweder waren die Einsteher bei der Musterung frei gelost worden (siehe Anm. 53) und hätten eigentlich nicht dienen müssen, oder sie hatten ihre eigene Dienstzeit bereits abgeleistet und dienten für einen anderen eine weitere Dienstzeit. Der empfindlich hohe Betrag, den die Eltern für den Einstand zu entrichten hatten, war vom Staat festgesetzt und an ihn abzuführen. Der Einsteher erhielt ihn erst am Ende seiner Dienstzeit ausgehändigt. Nur die Zinsen wurden regelmäßig ausgezahlt. Damit sollte das eventuelle Desertieren verhindert werden. Einsteher wurden meistens Unteroffiziere, falls sie im Mannschaftsdienstgrad blieben, hießen sie »Stammsoldaten«.
43 HHStAW Abt. 136 Nr. VII a 2 (MS Dr. Schüler).
44 HHStAW Abt. 136 Nr. VII a 2 (MS Dr. Schüler).
45 Edikt vom 29./31.10.1808 (Archiv Schellenberg'sche Verlagsbuchhandlung); Wacker, Militärwesen (wie Anm. 39), S. 75.
46 Sitzungs-Protokolle der Landständischen Deputirten-Versammlung des Herzogthums Nassau 1820, S. 103–106. (künftig: VhStd [auch: Verhandlungen der Stände-Versammlung des Herzogthums Nassau; Verhandlungen der Landes-Deputirten-Versammlung]).
47 W. Rosenwald, Die Herzoglich Nassauische Tapferkeitsmedaille. Ihre Geschichte und ihre Träger. In: Nass. Ann., Bd. 96, 1985, S. 190, 192.; Kuhn erhielt für Waterloo noch die goldene Medaille.
48 Wacker/Müller-Schellenberg, Militär (wie Anm. 7), S. 450. Die Gefallenen sind in den Kirchenbüchern nicht verzeichnet, da sie in fremder Erde bestattet sind. Recherche 1999 von Frau Gertrud Kula, Taunusstein.
49 Linienmilitär = reguläre Streitkräfte im Gegensatz zu Landsturm, Landjägern, Landwehr, Landsturm oder Miliz.
50 Die Verluste der nassauischen Truppen, die für Napoleon in Spanien kämpften, betrugen 4.091 Mann. Vgl. Wacker, Militärwesen (wie Anm 39), S. 80.
51 Edikt vom 29./31.10.1808. Die Kavallerie und später die Artillerie hatten andere Dienstzeiten. Im Krieg war die Dienstzeit unbeschränkt. Später betrug die Dienstzeit nur noch sechs Jahre. Siehe VOBIHN 1816, Nr. 17 v. 22.6.
52 Edikt vom 18.6.1816. In VOBIHN 1816, Nr. 17 v. 22.6.
53 Da die Zahl der tauglichen Wehrpflichtigen höher war als der Bedarf an Soldaten, ließ man das Los entscheiden. Edikt v. 18.6.1816. In: VOBIHN 1816, Nr. 17 v. 22.6.; Müller-Schellenberg, Körpergröße (wie Anm. 40).
54 Edikte v. 4.12.1808, 15./20.11.1909, 12.2.1811, 4.12.1811. In: Sammlung Edikte, Bd. 1, S. 112–121.
55 Struck, Gründung des Herzogtums (wie Anm. 31), S. 8. Zur Rechtsprechung siehe R. Faber, Die Bemühungen im Herzogtum Nassau um die Einführung von Mündlichkeit und Öffentlichkeit im Zivilprozeßverfahren 1806–1866. Frankfurt 1990.
56 Edikt v. 1.1.1808. In: Sammlung Edikte, Bd. 1, S. 286.
57 Katalog Nassau-Ausstellung, Katalogteil, S. 397.
58 Edikt vom 10./14.2.1809. In: Sammlung Edikte, Bd 1, S. 228 [Seitenzahlen 329, 330 Druckfehler] bis 286.
59 Edikt v. 7./11.1812. In: Sammlung Edikte, Bd 1, S. 187 ff.; Struck, Gründung des Herzogtums (wie Anm. 31), S. 9.
60 Edikt v. 7.11.1810. In: Sammlung Edikte, Bd. 1, S. 107.
61 Edikt v. 26./28.12.1809. In: Sammlung Edikte, Bd. 1, S. 160.
62 Forst, Erinnerungsblätter (wie Anm. 2), S. 75.
63 Im 2. nassauischem Regiment, das nach dem Krieg in Spanien bis 1820 in den Niederlanden stationiert war, verlangten die Soldaten, die ihre Wehrdienstzeit geleistet hatten, die ihnen zustehende Entlassung und wurden deshalb vor angetretener Front geprügelt. Vgl. Wacker/Müller-Schellenberg, Militär (wie Anm. 7), S. 71. In der 2. Klasse, in die Soldaten wegen Vergehen gegen die Subordination durch kriegsgerichtliches Urteil versetzt wurden, war die Prügelstrafe bis 1848 offiziell erlaubt. Die in die 2. Klasse versetzten Soldaten nahmen am regelmäßigen Dienst teil, waren aber vom Wachdienst ausgeschlossen und durften das Bajonett nicht mit in Urlaub nehmen. Bei guter Führung konnten sich die so bestraften Soldaten rehabilitieren. Vgl. VOBIHN 1848, Nr. 8 v. 23.3.
64 Edikt v. 9./12.10.1810. In: Sammlung Edikte, Bd. 1, S. 31–136; neben zahlreichen deutschen Ländern galt die Freizügigkeit auch mit Frankreich.
65 Edikt v. 7./9.11.1812, Sammlung Edikte, Bd. 1, S. 187. Siehe auch H. Leichtfuß, Feldordnung im Herzogtum Nassau. In: Jahrbuch des Rheingau-Taunus-Kreises. 50. Jhrg. 1999, S. 141–143.
66 W. Kuls, Wirtschaftsflächen und Feldsysteme im westlichen Hintertaunus. Frankfurt 1951, S. 23.
67 Freundliche Mitteilung von Herrn Dr. Wolfgang Ehmke, Taunusstein, im Brief vom 24.10.1998; A. Nickel, Landwirthschaftliche Beschreibung des Herzoglichen Amtes Wehen. In: Landwirthschaftliche Beschreibung des Herzogthums Nassau. Entworfen von den Mitgliedern des landwirthschaftlichen Vereins. Fünfter Band. Wiesbaden 1844, S. 56, 59 f.; siehe auch I. Alsing, Lexikon der Landwirtschaft. München 1993, S. 211 f.
68 Forst, Erinnerungsblätter (wie Anm. 2), S. 23.
69 Nickel, Wehen (wie Anm. 67), S. 56.
70 Zusammenfassung aus Landwirthschaftliches Wochenblatt für das Herzogthum Nassau, Jahrgänge 1819–1848. (Künfig: Landw. Wochbl.) Die Bauern sahen die Vorteile der Stallfütterung aber nicht ein. Siehe Kuls, Wirtschaftsflächen (wie Anm. 66), S. 37 f.
71 Kuls, Wirtschaftsflächen (wie Anm. 66), S. 29, 37.
72 Kuls, Wirtschaftsflächen (wie Anm. 66), S. 28 f., 38
73 Kuls, Wirtschaftsflächen (wie Anm. 66), S. 28 f., 38
74 Kuls, Wirtschaftsflächen (wie Anm. 66), S. 23 ff., 50
75 Kuls, Wirtschaftsflächen (wie Anm. 66), S. 23 ff., 50
76 Kuls, Wirtschaftsflächen (wie Anm. 66), S. 38, 50.
77 Kuls, Wirtschaftsflächen (wie Anm. 66), S. 49.
78 Edikt v. 9.11.1816. In: VOBIHN 1816, Nr. 28 v. 16.11.; Sammlung Edikte, Bd. 2, S. 176 ff.
79 J. Dollwet, Th. Weichel, Das Tagebuch des Friedrich Ludwig Burk. Aufzeichnungen eines Wiesbadener Bürgers und Bauern 1806–1866. Wiesbaden 1996, S. 96.
80 Kuls, Wirtschaftsflächen (wie Anm. 66), S. 23, 25.
81 Kuls, Wirtschaftsflächen (wie Anm. 66), S. 23
82 Aar-Bote v. 29.8.1868.
83 Nickel, Wehen (wie Anm. 67), S. 67.

84 W. H. Riehl, Nassauische Chronik des Jahres 1848. Mit einem Nachwort und Dokumentenanhang von W. Schüler und G. Müller-Schellenberg. Idstein 1979, S. 23.
85 Nickel, Wehen (wie Anm. 67), S. 93.
86 Dollwet/Weichel, Tagebuch Burk (wie Anm. 79), S. 96; Wiesbader Wochenblatt v. 29.11.1816; Edikt v. 24./26.10.1813. In: Sammlung Edikte, Bd. 1, S. 209–227.
87 Domänen waren in der Gemarkung *Bleidenstadt* die Distrikte Roßkopf, Großefuder, Hüttenplatz, Katzenloh, Rotes Kreuz; in der Gemarkung *Hahn* die Distrikte Hirschgaß, Eschbach, Gräbenstück, Altenstein, Ochsenstück, Lerchenstück, Lauter, Biegel; in der Gemarkung *Hambach* der Distrikt Hohewald; in der Gemarkung *Neuhof* die Distrikte Maisel, Sang, Kalteborn, Bodenwald, Steinritz, Seelbacher Weg, Altefeld, Lummach, Kohlheck, Zunderborn, Steinritz, Eyerborn, Pferdsweide, Kloppenheimerrain; in der Gemarkung *Orlen* die Distrikte Flatenheilgenstock, Altenberg, Grunderhecke, Galgenkopf, Maisel; in der Gemarkung *Seitzenhahn* die Distrikte Hangenstein, Hirschsuhle und Köndelbornshang, Kumpelhaag, Kohlerhaag, Unkenbornshaag, Jungholz; in der Gemarkung *Wehen* die Flurstücke Haferstück, Buch, Rittelweg, Rißelstein, Hof, Hirtenstück, Mühlrod, Rödchen, Heidekringen, Eichelberg, Eschbach, Dotzheimer- und Wiesbaderhaag, Weiden, Weherwand; in der Gemarkung *Wingsbach* die Distrikte Heideköpfchen, Fuchslöcherberg, Fuchslöcher. Siehe VhStd 1848, Bd. 3, Anhang, Anlage 1, S. 13, 27, 32, 33; E. Munzel, Der Stadtwald Taunusstein. In: Taunusstein, Landschaft, Natur und Geschichte. Bd. 1 Taunusstein, Landschaft und Natur S. 145 f.; siehe auch St. Wöhrl, Forstorganisation und Forstverwaltung in Nassau von 1803–1866. Wiesbaden 1994.
88 Edikt v. 1./3.9.1812. In: Sammlung Edikte, Bd. 1, S. 309–312, 327, 328.
89 Struck, Gründung des Herzogtums (wie Anm. 31), S. 9.
90 Edikt v. 10./14.2.1909. In: Sammlung Edikte, Bd. 1, S. 228–286; zur Steuer siehe auch W. Volkmann, Das Steuerwesen im Herzogtum Nassau. Gießen, 1932; A. Merker, Die Steuerreform im Herzogtum Nassau 1806–1814. In: Nass. Ann., Bd. 37, 1907 [1908]; H.-W. Hahn, Einzelstaat-liche Souveränität und nationale Integration. Ein Beitrag zur nassauischen Politik im deutschen Zollverein. In: Nass. Ann., Bd. 92, 1981.
91 Nickel, Wehen (wie Anm. 67), S. 83 f., 92; W. Schüler, Geld im Herzogtum Nassau. Ausstellungskatalog. Wiesbaden 1978, S. 35.
92 Edikt v. 10./14.2.1809. In: Sammlung Edikte, Bd. 1, S. 228–286 (hier S. 235).
93 VOBlHN 1815, Nr. 32 v. 30.12.
94 VOBlHN 1816, Nr. 15 v. 8.6.; VOBlHN 1816, Nr. 27 v. 5.10.
95 Sammlung Edikte, Bd. 1, S. 328 ff.
96 Sammlung Edikte, Bd. 1, S. 328 ff.
97 VOBlHN I8l6, Nr. 18 v. 3.7.
98 E. Wilhelmi, Die Zehntfrage und ihre Bedeutung in der Nassauischen Revolution im Jahre 1848–1849. In: Nass. Ann., Bd. 52, H. 2, 1932, S. 176 f. Nach Nickel, Wehen (wie Anm. 67), S. 94 waren 1844 im Amt Wehen 17.348 Morgen zehntpflichtig und 14.030 Morgen zehntfrei. Der Erbleihzins von Erbleihgütern und Mühlen bestand in Geld oder Früchten. Siehe Nickel, Wehen (wie Anm. 67), S. 94. Zu den »Taunussteiner« Mühlen s. E. Wilhelmi, Die Wehener Mühlen. Von den Anfängen bis heute. Maschinenschrift 1937 (Archiv Schellenberg'sche Verlagsbuchhandlung).
99 Schellenberg, Autobiographie (ˉie Anm. 1), S. 15, wiedergegeben bei G. Müller-Schellenberg, Über die Armetei in Nassaus Pfarrhäusern des 18. Jahrhunderts. In: Heimatjahrbuch des Rheingau-Taunus-Kreises. Bd. 44, 1993, S. 46 f.
100 Fost, Erinnerungen (wie Anm. 1), S. 77.
101 Wacker/Müller-Schellenberg, Militär (wie Anm. 7), S. 17 ff.
102 StCal 1813, S. 37.
103 Forst, Erinnerungsblätter (wie Anm. 2), S. 84; Carl Ibell soll die Urkunde der Lossagung in doppelten Socken versteckt gehabt haben.
104 Forst, Erinnerungsblätter (wie Anm. 2), S. 38; C. Ph. Salomo Schellenberg, Mein Leben, S. 292–294 (Handschrift in Hessisches Hauptstaatsarchiv Wiesbaden (künftig: HHStAW) Nr. 1193/1, abgedruckt in Wacker/Müller-Schellenberg, Militär (wie Anm. 7), S. 25 f., 480.
105 Edikt vom 24./26.10.1813. In: Sammlung Edikte, Bd. 1, S. 209–227 [S. 327 in Sammlung Edikte Druckfehler]).
106 Dollwet/Weichel, Tagebuch Burk (wie Anm. 67), S. 83.
107 Forst, Erinnerungsblätter (wie Anm. 2), S. 38. Tatsächlich sind an den eingeschleppten Seuchen gestorben: in Wehen 37, in Bleidenstadt 16, in Hahn 11, in Orlen 8, in Wingsbach 3, in Seitzenhahn 2, in Watzhahn 1 = 78 Personen. Recherche in den Kirchenbüchern (1999) von Frau Gertrud Kula, Taunusstein.
108 Wacker/Müller-Schellenberg, Militär (wie Anm. 7) S. 75, 479.
109 Wacker/Müller-Schellenberg, Militär (wie Anm. 7), S. 24, 27 Lossagung am 16.11.1813; Forst, Erinnerungsblätter (wie Anm. 2), S. 38.
110 Wacker/Müller-Schellenberg, Militär (wie Anm. 7), S. 24 ff.
111 Forst, Erinnerungsblätter (wie Anm. 2), S. 39.
112 Wacker/Müller-Schellenberg, Militär (wie Anm. 7), S. 24 ff.; Manuskript Dr. Schüler (wie Anm. 34). Nicht bei Forst, Erinnerungsblätter. Während des Feldzuges von 1793 hatte der preußische Kronprinz und spätere König Friedrich Wilhelm für einige Zeit sein Quartier im Amtshaus. Siehe Forst, Erinnerungsblättsrten (wie Anm. 2), S. 32 f.
113 Wacker/Müller-Schellenberg, Militär (wie Anm. 7), S. 32–34.
114 VOBlHN 1813, Nr. 19 v. 11.12.1813; VOBlHN 1814, Nr. 4 v. 25.1.1814; VOBlHN 1815, Nr. 10 v. 27.3.; Wacker/MüllerSchellenberg, Militär (wie Anm. 7), S. 41–57.
115 Wacker/Müller-Schellenberg, Militär (wie Anm. 7), S. 49.
116 StCal. 1813, S. 9; Wacker/Müller-Schellenberg, Militär (wie Anm. 7), S. 662.
117 StCal 1813, S. 119; Wacker/Müller-Schellenberg, Militär (wie Anm. 7), S. 662.
118 Wacker/Müller-Schellenberg, Militär (wie Anm. 7), S. 662 f.
119 VOBlHN 1815, Nr. 10 v. 27.3.
120 HHStAW Abt. 202 Nr. 1010, Nr. 1009; Wacker/Müller-Schellenberg, Militär (wie Anm. 7), S. 60–63.
121 F. Herre, Freiherr vom Stein. Zwischen Revolution und Reformation. München 1979; M. Lehmann, Freiherr vom Stein. Neue Ausgabe in einem Band. Leipzig 1921; Wacker/MüllerSchellenberg, Militär (wie Anm. 7), S. 482; Renkhoff (wie Anm. 13), S. 78. Schüler, Nassauische Verfassung (wie Anm. 7), S. 14 f.
123 Schüler, Nassauische Verfassung (wie Anm. 7), S. 8; VOBlHN 1814, Nr. 18 v. 3.9.1814.
124 Schüler, Nassauische Verfassung (wie Anm. 7), S. 7.
125 V. Eichler, Nassauische Parlamentsdebatten. Bd. 1. Restauration und Vormärz 1818–1847 (Hist. Komm. f. Nassau) Wiesbaden 1985, S. 69.
126 Schüler, Herzöge von Nassau. Macht und Ohnmacht eines Regentenhauses im Zeitalter der Nationalen und liberalen Bewegung. In: Nass. Ann., Bd. 95, 1984, S. 159.
127 Wacker/Müller-Schellenberg, Militär (wie Anm. 7), S. 76–82, 92.
128 Wacker/Müller-Schellenberg, Militär (wie Anm. 7), S. 188–203.
129 Nassauische Landeszeitung v. 20.6.1865; Wacker/Müller-Schellenberg, Militär (wie Anm. 7), S. 544.
130 StHB 1818, S. 134 ff.
131 Neben der Stadt gehörten die Orte Auringen, Biebrich, Mosbach, Klarenthal, Dotzheim, Erbenheim, Georgenborn, Heßloch, Kloppenheim, Naurod, Rambach, Schierstein und Sonnenberg zum Oberamt. Vgl. StHB 1818, S. 139 f.
132 G. Kula, Die Kriegstoten der beiden Weltkriege. S. 387–398

133 Rosenwald, Tapferkeitsmedaille (wie Anm. 47), S. 192.
134 HHStAW Abb. 136. Nr. VII b 45 (MS Dr. Schüler).
135 Zabel, Behördenorganisation (wie Anm. 7), S. 61, 66 f.
136 Weidenbach, Territorien (wie Anm. 7), S. 334; StHB 1818, S. 135 f.
137 Zabel, Behördenorganisation (wie Anm. 7), S. 67: 59.642 Morgen, 1 Morgen = 2.500 qm.
138 Zabel, Behördenorganisation (wie Anm. 7), S. 66 f; VOBIHN 1816, Nr. 14 v. 7.6.1816, S. 109; StHB 1818.
139 Zabel, Behördenorganisation (wie Anm. 7), S. 67.
140 StHB 1818, S. 134 f.
141 Forst, Erinnerungsblätter (wie Anm. 2), S. 40 f.; StHB 1818, S. 134.
142 Die Fahne ist außer dem Schriftzug »Amt Wehen« mit der auf S. 197 abgebildeten identisch. Sie befindet sich im Museum der Stadt Taunusstein.
143 Manuskript Dr. Schüler (wie Anm. 34); VOBIHN 1821, Nr. 1 (Beilage) v. 4.2.
144 VOBIHN 1816, Nr. 15 v. 8.6.
145 Wilhelmi, Wehen (wie Anm. 4), S. 393.
146 Zur Armenfürsorge siehe besonders P. Blum, Staatliche Armenfürsorge im Herzogtum Nassau 1806–1866. (Hist. Komm. f. Nass.) Wiesbaden 1987.
147 VOBIHN 1816, Nr. 27 v. 26.10.; siehe auch U. Eisenbach, Zuchthäuser, Armenanstalten und Waisenhäuser in Nassau. Fürsorgewesen und Arbeitserziehung vom 17. bis zum Beginn des 19. Jahrhunderts. (Hist. Komm. f. Nass.) Wiesbaden 1994.
148 VhStd 1845, S. 312 f; Wacker/Müller-Schellenberg, Militär (wie Anm. 7), S. 230 f.
149 Herzog Wilhelm *14.6.1792 †20.8.1839 (Regierung 1816–1839). Siehe Renkhoff (wie Anm. 13), S. 565.
150 VOBIHN 1817, Nr. 5 v. 29.3.; W.-H. Struck, Die nassauische Simultanschule. In: Katalog Nassau-Ausstellung, S. 253–266.
151 Schellenberg, Autobiographie (wie Anm. 1), S. 175.
152 Die Schulverhältnisse scheinen sich tatsächlich gebessert zu haben; Schule fand aber nach wie vor nur im Winter statt. Vgl. Forst, Erinnerungsblätter (wie Anm. 2), S. 25 f.
153 Wacker/Müller-Schellenberg, Militär (wie Anm. 7), S. 237–241; Jäger, Staatsbildung (wie Anm. 39), S. 162–188; Struck, Simultanschule (wie Anm. 150), S. 253–266; f. Geisthardt, Idsteins Geschichte. In: Idstein. Geschichte und Gegenwart. Idstein 1987, S. 104 f.; Karlheinz Bernhardt [Red.], 650 Jahre Schule in Idstein, Idstein 1992, S. 30 f.; siehe auch H. Dauber, Bierstadter Schulgeschichte 1576–1918, Wiesbaden 1992; K. G. Firnhaber, die nassauische Simultan-Volksschule. Ihre Entstehung, gesetzliche Grundlage, Bewährung, nebst einer Geschichte der alten nassauischen Volksschule 1881–1883, 1885.
154 Jäger, Staatsbildung (wie Anm. 39), S. 166.
155 Jäger, Staatsbildung (wie Anm. 39), S. 172.
156 VOBIHN 1816, Nr. 1 v. 13.1.
157 VOBIHN 1817, Nr. 5 v. 29.3.
158 Jäger, Staatsbildung (wie Anm. 39), S. 171.
159 Forst, Erinnerungsblätter (wie Anm. 2), S. 76.
160 Jäger, Staatsbildung (wie Anm. 39), S. 170.
161 Nickel, Wehen (wie Anm. 67), S. 92.
162 Nickel, Wehen (wie Anm. 67), S. 83.
163 Nickel, Wehen (wie Anm. 67), S. 87 f.; zum Rechnen mit Maßen und Gewichten siehe auch W. L. Hülshoff, Lehrbuch der praktischen Rechenkunst für Schulen, angehende Kaufleute und andere Geschäftsmänner. Wiesbaden 1811. Zweiter Band 1813, vor allem S. 307 f. (hier Umrechnung in metrisches Maß).
164 VhStd 1848, 3. Bd., Anhang, S. 5.
165 Ch. Heinemann, Die evangelische Union als Beginn des modernen Landeskirchentums. In: Katalog Nassau-Ausstellung, S. 267–274; A. Adam, Die Nassauische Union von 1817. Sonderdruck aus dem Jahrbuch der Kirchengeschichtlichen Vereinigung in Hessen und Nassau. Darmstadt 1949.
166 StCal 1813, S. 89, 96; Weidenbach, Territorien (wie Anm. 7), S. 314, 317, 319; im Amt Wehen gab es lt. StHB 1820, S. 188 153 Juden.
167 StHB 1820, S. 188.
168 VOBIHN 1818, Nr. 5 v. 21.3.; J. Mörchel, Die nassauischen Badeärzte in ihrer wissenschaftlichen und praktischen Tätigkeit 1816–1866. Frankfurt 1977; W.-A. Kropat, Nassaus staatlicher Gesundheitsdienst. In: Katalog NassauAusstellung, S. 247–251.
169 VOBIHN 1819, Nr. 3 v. 13.3.
170 StHB 1820, S. 209.
171 StHB 1827/28, 1831/32.
172 StHB 1835, 1839, 1840.
173 StHB 1845, 1846.
175 Eichler, Parlamentsdebatten (wie Anm. 125), S. 89.
176 VOBIHN 1818, Nr. 3 v. 31.1.; Rösner, Nassauische Parlamentarier (wie Anm. 13), S. IX.
178 VOBIHN 1818, Nr. 3 v. 21.2.
179 VhStd 1848, Bd. 2, 56. Verhandlung v. 14.10.1848, S. 1140. Ein umfassendes Inventar der Domänen und ihrer Erträge findet sich in VhStd 1848, Bd. 3, Anhang S. 1–56; in ›Taunusstein‹ gehörten Ländereien in Bleidenstadt, Hahn, Neuhof, Niederlibbach, Seitzenhahn und Wehen zum Domänenbesitz (VhStd 1848, Bd. 3, Anhang, Anlage 4, S. 42, 52, 62). Mühlen und Bannrechte (VhStd 1848. Bd. 3, Anhang, Anlage 16, S. 1) gehörten in Bleidenstadt (Schornmühle, Aarmühle, Stiftsmühle), in Hahn (untere Aarmühle, obere Aarmühle) in Wehen (Dammühle) zum Domänenbesitz sowie Bannmühlen (VhStd 1848, Anhang, Anlage 17, S. 12) Hahn (Schlackenmühle mit Bannrechten Wehen, Orlen, Neuhof), Wehen (Heckenmühle mit Bannrechten Wehen, Orlen, Neuhof). Außerdem gehörten einige Gebäude und kleinere Grundstücke sowie etliche Zehntberechtigungen zum Domänenbesitz (VhStd 1848, Anhang, Anlage 18 S. 18, Anlage 22, S. 11, 13, Anlage 23, S. 22); zu zum Domänenbesitz gehörende Waldungen siehe Anm. 87.
180 W.-H. Struck, Vom Kampf um den Verfassungsstaat. Der politische Prozeß gegen den nassauischen Volkskammerpräsidenten Georg Herber 1831/33. In: Nass. Ann., Bd. 79, 1968; Schüler, Nassauische Verfassung (wie Anm. 7), S. 21 f.
181 Schüler, Herzöge von Nassau (wie Anm. 126), S. 163.
182 Schüler, Nassauische Verfassung (wie Anm. 7), S. 17; Wacker/Müller-Schellenberg, Militär (wie Anm. 7), S. 216.
183 Schüler, Nassauische Verfassung (wie Anm. 7), S. 17; Wacker/Müller-Schellenberg, Militär (wie Anm 7), S. 216.
184 VOBIHN 1818, Nr. 13 v. 10.10.; Geisthardt, Idstein (wie Anm. 153), S. 104–113; G. Wagner, Jubiläumsschrift. 150 Jahre Landwirtschaftsschule Hof Geisberg Wiesbaden 1818–1968. Wiesbaden 1968.
185 F. W. Dünkelberg, Festschrift zur Feier des fünfzigjährigen Jubiläums des landwirtschaftlichen Instituts zu Wiesbaden am 17. Oktober 1868. Wiesbaden 1868.
186 Landw. Wochbl., Nr. 1 vom 9.1.1819, S. 1 f.
187 Edikt vom 21.12.1818; Dünkelberg, Jubiläumsschrift (wie Anm. 185), S. 99.
188 Bestellbuch der Schellenberg'schen Hofbuchdruckerei (HHStAW, Abt. 1193).
189 B. Wenck, Die Geschichte der Landwirtschaftlichen Wochenblattpublikationen im Bereich des heutigen Bundeslandes Hessen in ihrem agrarhistorischen, soziokulturellen und wirtschaftsgeschichtlichen Kontex. Gießen 1990, S. 77.
190 Auch Kornwuth genannt. Lateinischer Name *Chrisamthemum segetum*. Damals ein nicht auszurottendes Unkraut, kommt in ›Taunusstein‹ nicht mehr vor. Siehe W. Ehmke, Pflanzen und Vegetation in Taunusstein. In Tau-

nusstein. Landschaft, Natur und Geschichte. Bd. 1 Taunusstein, Landschaft und Natur, S. 79.
191 Forst, Erinnerungsblätter (wie Anm. 2), S. 24; beispielsweise wurde auf dem Musterhof des Landwirtschaftlichen Instituts erfolgreich Färber-Waid angebaut, den Landwirten als gewinnbringende Kultur aber vergeblich empfohlen (Landw. Wochbl. 1831, S. 177); ebenso ergebnislos blieben die Bemühungen zur Zucht besserer Pferde.
192 Landw. Wochbl. Nr. 11 v. 13.3.1847, S. 92; Der Aufruf im Wochenblatt Nr. 5 v. 5.2.1848, S. 38 f., in den Dörfern Bibliotheken und Lesevereine zu gründen, um so tüchtige Vorleser heranzubilden, scheint ungehört verhallt zu sein.
193 Wacker/Müller-Schellenberg, Militär (wie Anm. 7), S. 263, 412 f.
194 Landw. Wochbl. 1820, Nr. 20, S. 153 ff.
195 Landw. Wochbl. 1820, Nr. 21, S. 163 f. Gewählt wurden: zum Direktor der Geheime Regierungsrat Friedrich Carl Schenck, zu Vorstandsmitgliedern der Gutsbesitzer Becker aus Biebrich, der Geheime Rat Diehl aus Diez, Dr. Johann Babtist Franque (Lehrer an der Landwirtschaftlichen Schule) aus Idstein, Adam Haßloch (Verwalter des Domänengutes Gassenbacher Hof bei Idstein), Justizrat Johann Georg Herber aus Eltville, der Obertierarzt Lieser aus Weilburg, der Schultheiß Müller aus Niedernhausen, der Posthalter Christian Gottlieb Schlichter aus Wiesbaden und der Domkapitular Freiherr Ferdinand von Schütz zu Holzhausen aus Camberg. Abgesehen davon, daß dem »einfachen« Landwirt die Zeit gefehlt haben dürfte, an den Sitzungen teilzunehmen, wird es ihm trotz der verbesserten Schulausbildung kaum möglich gewesen sein, qualifiziert an den Diskussionen dieses erlauchten Kreises teilzunehmen.
196 VhStd 1837 VI. Verhandlung, S. 112.
197 W.-H. Struck, Das Streben nach bürgerlicher Freiheit und nationaler Einheit in der Sicht des Herzogtums Nassau. Ein Beitrag zur Beurteilung der Entscheidung von 1866. In: Nass. Ann., Bd. 77, 1966, S. 149; Wacker/Müller-Schellenberg, Militär (wie Anm. 7), S. 219.
198 Am 23.3.1919 in Mannheim von dem national gesinnten Studenten Karl Ludwig Sand erschossen.
199 W.-H. Struck, Fürst und Volk im Herzogtum Nassau. In: Nass. Ann., Bd. 91, 1980, S. 105; Forst, Erinnerungsblätter (wie Anm. 2), S. 87 f.; Wacker/Müller-Schellenberg, Militär (wie Anm. 7), S. 217, 548).
200 Struck, Streben nach Freiheit (wie Anm. 197), S. 149; Wacker/Müller-Schellenberg, Militär (wie Anm. 7), S. 219.
201 VOBlHN 1819, Nr. 13 v. 5.10.
202 Landw. Wochbl. Nr. 11 v. 13.3.1847, S. 92; Wacker/Müller-Schellenberg, Militär (wie Anm. 7), S. 236, 552.
203 Edikt v. 28.6.1808. In: Sammlung Edikte, Bd. 1, S. 45 f.
204 Bestellbuch der Schellenberg'schen Hofbuchdruckerei (HHStAW, Abt. 1193).
205 Wacker/Müller-Schellenberg, Militär (wie Anm. 7), S. 237, 552.
206 Wacker/Müller-Schellenberg, Militär (wie Anm. 7), S. 237, 552 f.
207 Edikt v. 2.3.1809. In: Sammlung Edikte, Bd. 1, S. 45 ff; VOBlHN 1812, Nr. 15 v. 6.6. S. 63 f. Wacker/Müller-Schellenberg, Militär (wie Anm. 7), S. 236 f.
208 Struck, Fürst und Volk (wie Anm. 199).
209 Struck, Fürst und Volk (wie Anm. 199).
210 HHStAW 202/1293; G. Müller-Schellenberg, Wie im Herzogtum Nassau Steuern eingetrieben wurden. In: Heimatjahrbuch des Rheingau-Taunus-Kreises. Bd. 45, 1994, S. 121–123.
211 Löhne und Preise nach Schüler, Geld (wie Anm. 91).
212 Renkhoff, (wie Anm. 13), S. 564.
213 W. Schüler, Herzog Adolph von Nassau – Revolutionsheld wider Willen. In: Nass. Ann., Bd. 109, 1998, S. 278; Wacker/Müller-Schellenberg, Militär (wie Anm. 7), S. 232.
214 Nickel, Wehen (wie Anm. 67), S. 1–96; Zusammenfassung bei G. Müller-Schellenberg, Die Biedermeierzeit (1815–1848) im Amt Wehen. In: Heimatjahrbuch des Rheingau-Taunus-Kreises. Bd. 47, 1996, S. 53–57.
215 Nickel, Wehen (wie Anm. 67), S. 78.
216 Schellenberg, Autobiographie (wie Anm. 1), S. 85.
217 Nickel, Wehen (wie Anm. 67), S. 77. Strohgedeckte Häuser gab es in ›Taunusstein‹ noch nach 1884. Siehe H. Schmidt, Das was ihr Leben. Das Dorf im Kaiserreich. Taunusstein-Orlen 1986, S. 71.
218 VOBlHN 1816, Nr. 16 v. 15.6.; zur Bauweise der Häuser siehe auch Landw. Wochenbl. 1825, Nr. 29 v. 23.7., S. 225; 1826, Nr. 40 v. 7.10., S. 320; 1828, Nr. 20 v. 8.7. S. 159; 1833, Nr. 17 v. 27.4., S. 133; 1837, Nr. 36 v. 9.9., S. 286. Siehe auch W. Fritzsche, Hausbau und obrigkeitliches Handeln in den nassauischen Landesteilen von 1465 bis 1866. Weimar 1977, S. 54.
219 Nickel, Wehen (wie Anm. 67), S. 64 f. Siehe auch Landw. Wochenbl. 1839, Nr. 16 v. 20.4.
220 Zur Beschaffenheit der Böden: W. Stengel-Rutkowski, Erd- und Landschaftsgeschichte in der Stadt Taunusstein. In: Taunusstein, Landschaft, Natur und Geschichte. Bd. 1 Taunusstein, Landschaft und Natur. S. 13–23; W. Ehmke, Wetter und Klima in Taunusstein. In: Taunusstein, Landschaft, Natur und Geschichte. Bd. 1 Taunusstein, Landschaft und Natur. S. 27–91; Nickel, Wehen (wie Anm. 67), S. 34–39.
221 Nickel, Wehen (wie Anm. 67), S. 53 f.
222 Ehmke, Wetter und Klima (wie Anm. 220); Nickel, Wehen (wie Anm. 67), S. 7–11.
223 Nickel, Wehen (wie Anm. 67), S. 10, 55.
224 F. Hottenroth, Die nassauische Volkstrachten. Herausgegeben vom Verein für Nassauische Altertumskunde und Geschichtsforschung. Wiesbaden 1905 (Neudruck Taunusstein 1985), S. 37. Nickel, Wehen (wie Anm. 67), S. 95 schreibt: *Dieses Geschäft wird bisweilen des Nachts vorgenommen, und ist ein Fest der jungen Leute; jedoch mit manchen Unzuträglichkeiten verbunden.*
225 Nickel, Wehen (wie Anm. 67), S. 94 f.
226 Forst, Erinnerungsblätter (wie Anm. 2), S. 24
227 Forst, Erinnerungsblätter (wie Anm. 2), S. 23.
228 Nickel, Wehen (wie Anm. 67), S. 57.
229 Nickel, Wehen (wie Anm. 67), S. 71–76, 89.
230 Nickel, Wehen (wie Anm. 67), S. 75, 81.
231 Nickel, Wehen (wie Anm. 67), S. 75.
232 Nickel, Wehen (wie Anm. 67), S. 81.
233 Nickel, Wehen (wie Anm. 67), S. 71.
234 Nickel, Wehen (wie Anm. 67), S. 82.
235 Nickel, Wehen (wie Anm. 67), S. 88.
236 Schellenberg, Autobiographie (wie Anm. 1), S. VI, 23.
237 Nickel, Wehen (wie Anm. 67), S. 84 ff.
238 Schüler, Geld (wie Anm. 91).
239 Nickel, Wehen (wie Anm. 67), S 85 f.; Schüler, Geld (wie Anm. 91), S. 37.
240 Landw. Wochbl. 1848, Nr. 36 v. 16.9.
241 Nickel, Wehen (wie Anm. 67), S. 91.
242 Nickel, Wehen (wie Anm. 67), S. 92
243 Nickel, Wehen (wie Anm. 67), S. 92
244 Nickel, Wehen (wie Anm. 67), S. 95.
245 Landw. Wochbl. 1847, Nr. 11 v. 13.3.
246 Riehl, Nassauische Chronik (wie Anm. 84), S. 5 f.
247 Landw. Wochbl. 1847, Nr. 11 v. 13.3.
248 Landw. Wochbl. 1847, Nr. 11 v. 13.3.
249 E. Wilhelmi, Nassaus innere Politik vom Beginn der Revolution 1848 bis zum Rücktritt Hergenhahns. Gelnhausen 1930, S. 77.
250 Im Amt Wehen waren 1844 17.348 Morgen zehntpflichtig, 14.030 Morgen waren zehntfrei. Siehe Nickel, Wehen (wie Anm. 67), S. 94.

251 Nickel, Wehen (wie Anm. 67), S. 83.
252 VOBlHN 1840, Nr. 1 vom 4.2.; f. Lerner, Wirtschafts und Sozialgeschichte des Nassauer Raumes 1816–1964. Wiesbaden 1965, S. 62 ff.
253 Zur Zehntfrage siehe auch M. Wettengel, Die Revolution von 1848/49 im Rhein–Main–Raum. Politische Vereine und Revolutionsalltag im Großherzogtum Hessen, Herzogtum Nassau und der Freien Stadt Frankfurt. (Hist. Komm. f. Nass.) Wiesbaden 1989, S. 66 f.; HHStAW 210/1150 Berichte der Kommission über die Vorbereitung der Zehntablösung 1837; Lerner, Wirtschafts und Sozialgeschichte (wie Anm. 252), S. 66 f., 79 f.; Wilhelmi, Zehntfrage (wie Anm. 98), besonders S. 178; Wilhelmi, Nassaus innere Politik (wie Anm. 249), S. 75 f.; Wacker/MüllerSchellenberg, Militär (wie Anm. 7), S. 274, 329, 560, 577.
254 VhStd 1848, Bd. 1, S. XXIV, Bd. 2, 5. XVII, Bd. III, S. IX).
255 Forst, Erinnerungsblätter (wie Anm. 2), S. 143.
256 Wohrl, Forstorganisation (wie Anm. 87), S. 105; VhStd 1848, Bd. 3, Anhang, S. 26 f.; Th. Schüler, Wildstand und Leibgehege in Nassau zur Zeit des Herzogs Wilhelm. In: Alt Nassau. Freibeilage des Wiesbadener Tagblatts, Nr. 11, 1917, S. 41 ff.
257 G. Kiesow, Vom Klassizismus zur Romantik. Die baugeschichtliche Entwicklung in Nassau. In: Katalog Nassau-Ausstellung. S. 313 f. Baumeister war Friedrich Ludwig Schrumpf [Renkhoff (wie Anm. 13), S. 727 f.]); VhStd 1848, Bd. 3, Anlage 25, S. 26 (die Bausumme von annähernd 162.000 fl versteht sich incl. Einrichtung). 1913 kaufte die Stadt Wiesbaden vom Großherzogtum Luxemburg zusammen mit dem vorher zur Gemarkung Wehen gehörenden Areal das Jagdschloß. Siehe Emde, Jagdschloß Platte (wie Anm. 5), S. 10; R. Faber, Das Jagdschloß Platte. Zur Erinnerung an die Errichtung vor 150 Jahren. In: Heimat-Jahrbuch des Untertaunuskreises 1974. 25. Jhrg., S. 99–101.
258 Zum Wildschaden: VhStd 1840, 1841, 1842, 1843, 1844, 1845 (Inhaltsverzeichnis der Jahre 1839–1845. In: VhStd 1846). VhStdHB 1826, S. 12; 1841, S. 62 f., 82, 303–307; 1842, S. 45, 86–90, 100, 213; 1843, S. 143; 1845, S. 51, 176, 351 f.; Wöhrl, Forstorganisation (wie Anm. 87), S. 106. Herzog Adolph schoß im Laufe seiner Regierungszeit im Taunus ca. 300 Hirsche. Siehe E. Andreae, Die Geschichte der Jagd im Taunus mit besonderer Berücksichtigung des Rotwildbestandes. Neudamm 1894 (Neudruck Melsungen 1981), S. 84. Dazu kam die Strecke, die von seinen Jagdgästen gelegt wurde. Der Rehbestand war bis 1848 so ergiebig, »daß oft ebenso viele Stücke Rehe wie Hasen erlegt wurden«. Siehe Andreae, Geschichte der Jagd, S. 90. Siehe auch H. Wunderer, Die Jagd, der Wald und der Forst. Soziale Konfliktorte in der ausgehenden Feudalgesellschaft am Beispiel der Wälder um Wiesbaden. In: Nass. Ann., Bd. 108, 1997, S. 185–197.
259 Munzel, Stadtwald (wie Anm. 87) S. 163.
260 VhStd 1841, VII. Verhandlung v. 29.4., S. 146.
261 VhStd 1847, Anlage, S. 254.
262 VhStd 1847, Anlage, S. 256.2
263 VhStd 1847, Anlage, S. 256.
264 VhStd 1841, S. 144 f.; G. Müller-Schellenberg, Herzog Adolph jagd so jägerfroh ... In: Heimatjahrbuch des Rheingau-Taunus-Kreises. Bd. 48, 1997, S. 41–43.
265 Müller-Schellenberg, Herzog Adolph jagd so jägerfroh (wie Anm. 264).
266 Müller-Schellenberg, Herzog Adolph jagd so jägerfroh (wie Anm. 264).
267 VhStdHB 1841, S. 306; Müller-Schellenberg, Herzog Adolph jagd so jägerfroh (wie Anm. 264).
268 Edikt vom 1./.3.9.1812, VOBIHN 1812, Nr. 15 v. 6.6., S. 63 f.

Michael Wettengel

Die Revolution von 1848/49 im Gebiet des heutigen Taunusstein

Inhalt

1. Die Märzerhebung 223
2. Das Ministerium Hergenhahn und die Revolution auf dem Lande 223
3. Allgemeine Wahlen und Politisierung 227
4. Reichsverfassungskampagne, Idsteiner Kongreß und der Beginn der Reaktion 229
5. Anmerkungen 231

1. Die Märzerhebung

Die Märzrevolution 1848 war im Herzogtum Nassau vor allem auch eine Erhebung des platten Landes, zu dem das Amt Wehen gezählt werden muß. Unmittelbar nach Eintreffen der Nachrichten über die Ereignisse in Paris, die die Ausrufung der Republik zur Folge hatten, versammelten sich am 1.3.1848 die führenden nassauischen Liberalen in Wiesbaden im Hotel »Vier Jahreszeiten«. Unter Leitung von August Hergenhahn (1804–1874), Oberappellationsgerichtsprokurator und Kopf der liberalen Opposition in der Deputiertenversammlung, formulierten sie die neun »Forderungen der Nassauer«. Ähnlich wie in anderen deutschen Staaten verlangten sie eine allgemeine Volksbewaffnung, Pressefreiheit, die Einberufung eines deutschen Parlaments, die Vereidigung des Militärs auf die Verfassung, das Recht der freien Vereinigung und Versammlung, die Öffentlichkeit der Gerichtsverhandlungen und die Einführung von Schwurgerichten, die Erklärung der Domänen zu Staatseigentum, freie, allgemeine Wahlen sowie Religionsfreiheit. Am 2. März wurde dieses liberale Manifest von einer Volksversammlung in Wiesbaden unter lebhaftem Beifall gebilligt, und eine Delegation überbrachte es dem leitenden Minister Emil v. Dungern. Dieser verständigte durch Eilkuriere Herzog Adolph, der sich zu dieser Zeit in Berlin aufhielt.[1] Die Forderungen nach Volksbewaffnung und Pressefreiheit sagte der Minister sofort zu. Noch am selben Tag wurde mit der Aufstellung einer Bürgerwehr begonnen[2], und am 3. März konstituierte sich das liberale Führungsgremium als »Sicherheitscomité«.

Das Sicherheitskomitee ersetzte faktisch die öffentliche Ordnungsgewalt. Diese Einrichtung war dringend geboten, da mittlerweile ständig zunehmende Menschenmassen in die Hauptstadt strömten und die Sicherheit der Bürger bedrohten. Es waren überwiegend Bewohner aus dem Taunus und aus dem Rheingau, die mit Proviantsäcken versehen, mit Knüppeln bewaffnet nach Wiesbaden zogen. Trommler und Musikanten voran sollen »ganze Ortschaften« in geschlossenen Kolonnen angerückt sein.[3] Die Bauern sollen aber auch aus entferntesten Gegenden des Herzogtums gekommen sein, angeblich sogar aus dem hohen Westerwald. Ihr Marsch nach Wiesbaden läßt sich nicht allein durch den Aufruf des Sicherheitskomitees erklären, mit dem zu einer Volksversammlung nach Wiesbaden eingeladen wurde, sondern insbesondere durch die rasche, gerüchteweise Verbreitung von Nachrichten über die revolutionären Vorgänge.[4] Zeitgenössischen Schätzungen zufolge sollen sich am 4. März 30000 Menschen auf dem Schloßplatz in Wiesbaden versammelt haben, unter denen sich auch ›Taunussteiner‹ in großer Zahl befunden haben sollen.[5] Vereinzelt ereigneten sich auch Ausschreitungen, die von der neuen Bürgerwehr aber eingedämmt werden konnten. Das in Wiesbaden stationierte Militär trat nicht in Erscheinung, da die Führung in Abwesenheit des Herzogs einen Einsatz nicht verantworten wollte. Einzelne Gruppen radikaler Demonstranten riefen nach einer provisorischen Regierung oder gar einer Republik, zerrissen nassauische Fahnen und machten Anstalten, das Schloß und das Theater[6], in dem Waffen vermutet wurden, und das Zeughaus (Magazin, in dem die überzähligen Gewehre des Militärs lagerten und das sich in der Rheinstraße befand) zu stürmen. Auch das Sicherheitskomitee hatte jetzt die Lage nicht mehr unter Kontrolle. Am Nachmittag des 4. März traf der Herzog endlich in Wiesbaden ein und verkündete vom Balkon des Schlosses herab sofort die Annahme der Forderungen. Die Stimmung schlug daraufhin in Begeisterung um, und die Menge ließ den Herzog hochleben. Dieser dramatische Höhepunkt beendete die Märzerhebung in Wiesbaden.[7] Am Abend wurde gefeiert, und die Zugereisten zogen allmählich wieder ab.

2. Das Ministerium Hergenhahn und die Revolution auf dem Lande

Die Märzerhebung schuf neue Verhältnisse im Herzogtum: Erlasse wurden verkündet, mit denen die Zusagen umgesetzt wurden, und am 16. April wurde Hergenhahn zum leitenden Minister des Herzogtums ernannt. Aus Wehen kam eine der ersten Zustimmungsadressen an das neue Ministerium Hergenhahn. Es wurde vorgeschlagen, den 4. März zum Feiertag zu erklären und Hergenhahn eine Ehrung zuteil werden zu lassen.[8] Die Bewohner von Bleidenstadt boten dem Sicherheitskomitee in Wiesbaden eine Abordnung von 50 Mann zur Unterstützung der Wiesbadener Bürgerwehr an, und die Gemeinde Hahn wollte ebenfalls Verstärkung schicken.[9] Allenthalben fanden Volksfeste zur Feier der errungenen Freiheiten statt.[10] Auch in Wehen wurde nach Wiesbadener Vorbild ein örtliches Sicherheitskomitee gegründet, das aus neun Personen bestand. Vorsitzender war der Bürger Brühl.[11]

Schon am 11. März wurde durch das landesherrliche Edikt zur Bildung von Bürgerwehren die allgemeine Volksbewaffnung – eine der Hauptforderungen der Liberalen – förmlich angeordnet.[12] Nachgewiesen ist die Existenz einer Bürgerwehr in Bleidenstadt, die eine eigene Fahne hatte.[13] Auch in Wehen wurde eine Bürgerwehr gebildet, die auch ein Trommler- und Pfeiferkorps besessen haben soll, das bei Paraden und Festlichkeiten aufspielte.[14] Mit der Bewaffnung der ländlichen Bürgerwehren sah es jedoch schlecht aus. Selbst in den nassauischen Städten besaßen nicht alle Bürgerwehrmänner Gewehre, und auf dem Land waren sie meist nur mit Stöcken oder Lanzen bewaffnet. Von der Wehener Bürgerwehr wird dagegen berichtet, sie sei größtenteils mit Gewehren bewaffnet gewesen. Die

Abb. 1: In endlosen Kolonnen zogen die Bauern nach Wiesbaden, um den – von ihnen falsch verstandenen – Forderungen nach politischen Freiheiten Nachdruck zu verleihen. Zeitgenössische Zeichnung von Adam Baumann.

Abb. 2: Der im Hintergrund auf dem Balkon des Wiesbadener Schlosses nur schemenhaft sichtbare Herzog Adolph hat gerade die »neun Forderungen« bewilligt. Die an den Zylindern erkennbaren städtischen Bürger jubeln vorbehaltlos, die Arbeiter schwenken zum Teil ihre Mützen, teilweise verharren sie aber regungslos. Die Bauern, die man im Vordergrund an ihrer Kleidung, den Proviantsäcken und den Knüppeln erkennt, machen einen sehr nachdenklichen Eindruck. Zeitgenössische Zeichnung von Adam Baumann.

dörflichen Bürgerwehren dürften jedoch eher dem bösen Wort Wilhelm Heinrich Riehls, des Redakteurs der vielgelesenen »Nassauischen Allgemeinen Zeitung«, von den »Krähwinkler Knüppelgarden« entsprochen haben als einer kampffähigen Truppe.[15] Hinzu kam, daß der Enthusiasmus bei der Teilnahme am regelmäßigen Bürgerwehrdienst rasch geschwunden ist. Nur in Städten wie Idstein, wo sich eine Bürgerwehr-Musikkapelle gebildet hatte und auch die Frauen besondere Anteilnahme durch das Anfertigen und die Übergabe einer Fahne bewiesen, behielt die Bürgerwehr eine gewisse Attraktivität.[16]

Wie wir in den vorangegangenen Beiträgen schon gesehen haben, lebte die Bevölkerung des Amtes Wehen vorwiegend von Landwirtschaft. Daneben gab es Handwerker und vor allem viele Leinenweber. Sowohl in der Landwirtschaft als auch bei den Gewerbetreibenden herrschten die Kleinbetriebe vor.[17] Die dörflichen und kleinräumigen Strukturen werden angesichts der Einwohnerzahlen von 1847 deutlich: Bleidenstadt hatte 617, Hahn 241, Hambach 115, Neuhof 530, Niederlibbach 163, Orlen 291, Seitzenhahn 222, Watzhahn 81, Wehen 750 und Wingsbach 115 Einwohner (›Taunusstein‹ zusammen also 3 125 Einwohner).[18]

Die neun »Forderungen der Nassauer« berücksichtigten die Interessen der ländlichen Bevölkerung nicht. Für die nassauischen Bauern stellten sich daher die errungenen Freiheiten anders dar als für das liberale Bürgertum der Städte. Bereits während der Märzereignisse kam es deshalb bei der Landbevölkerung in ganz Nassau zu Unruhen mit teilweise gewaltsamen Ausschreitungen. Die Masse der Kleinbauern forderte die Ermäßigung der Abgaben, vor allem aber die Abschaffung des Zehnten, die drastische Reduzierung des Wildbestandes, das Recht zur Entnahme von Holz und Streulaub aus dem Wald, die Selbstverwaltung der Gemeinden und freie Wahl der Gemeindevorsteher ohne Bevormundung durch Beamte.

Die Ablösung des Zehnten hatte in Nassau in breitem Umfang mit den Edikten vom 22.1.1840 und 14.6.1841 begonnen, doch war die Ablösungssumme so hoch angesetzt worden, daß mit Beginn des Jahres 1844 noch zwei Fünftel der Zehntberechtigungen nicht abgelöst waren.[19] Bei denjenigen, die den Zehnten noch nicht abgelöst hatten, scheint es sich vor allem um Kleinbauern gehandelt zu haben.

Wehen gehörte zu den Ämtern mit relativ hohen Zehntertragswerten, und die Bauern des Amtes traten nachweislich für eine entschädigungslose Abschaffung des Zehnten ein.[20]

Die Forderung nach kommunaler Selbstverwaltung richtete sich gegen die bisher praktizierte Einsetzung

Abb. 3: Herzog Adolph von Nassau in der Uniform, wie sie 1848 getragen wurde. Porträt von Fr. Krüger.

der Schultheißen durch die Regierung, wodurch sich diese mehr dem ihnen vorgesetzten Amtmann als der Gemeinde verpflichtet fühlten.

Im Frühjahr 1848 jagte die Landbevölkerung nach Belieben das Wild und holzte den Wald ab. Forstbeamte und Schultheißen wurden zu Zielscheiben des Volkszornes. Allenthalben kam es zu Schultheißenabsetzungen, die sich nach einem ritualisierten Muster abspielten: In einem prozessionsartigen Zug ging die ganze Gemeinde zum amtierenden Schultheißen, teilte ihm – manchmal auf unsanfte Weise – seine Entlassung mit und nahm ihm den Schrank mit den Gemeindepapieren ab. Dieser wurde dann unter Jubel zu dem neuen, gewählten Ortsvorsteher, der jetzt Bürgermeister genannt wurde, gebracht. Den Tag beschloß ein großes Fest mit ausgiebigem Alkoholgenuß. Der Festcharakter und solche merkwürdig erscheinenden Formen waren typisch für die revolutionären Vorgänge auf dem Lande. In Wehen wurde der Schultheiß Johann Philipp Körner seines Amtes enthoben und durch Johann Philipp Bücher als Bürgermeister ersetzt.[21] Vergeblich appellierte »Vom Taunus« ein Korrespondent der »Freien Zeitung« an die »Schultheiß-stürmenden Bauern«, diese Ausschreitungen zu beenden.[22]

Das »Märzministerium« bemühte sich, den bäuerlichen Forderungen entgegenzukommen. Schon ab dem 16. März wurden Schultheißen nicht mehr von den Behörden ernannt. Die neue Gemeindeordnung vom 12.12.1848[23] übertrug die Regelung aller kommunalen Verwaltungsbefugnisse der Gesamtheit der Gemeindebürger, die in der Gemeindeversammlung den Gemeinderat und den Bürgermeister wählten. Weitere Zugeständnisse waren die Amnestie für alle Forst- und Jagdvergehen sowie das neue Jagdgesetz, nach dem das Jagdrecht den Gemeinden zugestanden wurde.[24] Die Jagd wurde nun von den Gemeinden verpachtet. In der Zehntfrage regelte das Gesetz »die Ablösung des Zehnten betreffend« vom 24.12.1848[25], daß dem Zehntberechtigten als Ablösung das 16fache des bisherigen jährlichen Betrags zu zahlen war, der Schuldner jedoch nur die Summe für 14 Jahre entrichten mußte. Die Differenz war vom Fiskus, also vom Steuerzahler, zu begleichen. Das bedeutete für die Zehntpflichtigen eine erhebliche Erleichterung gegenüber der ursprünglich zum 25fachen Betrag festgesetzten Ablösung; für nicht wenige Kleinbauern war die Ablösung dennoch nicht erschwinglich.

Zunehmend ging das Ministerium nun aber auch gegen die Unruhen hart vor, die in den ländlichen Gebieten immer noch nicht enden wollten: Durch ein Gesetz wurde am 15.7.1848 bestimmt, daß für die bei »Zusammenrottungen« verübten Schäden die jeweiligen Gemeinden zu haften hatten.[26] So wurde im Sommer 1848 wegen anhaltender Vergehen gegen das Forstgesetz beispielsweise in die sogenannten bassenheimischen Ortschaften im »hohen Taunus« (Feldberg) Militär geschickt. Die Soldaten konnten hier jedoch nicht einquartiert werden, denn, so ein Zeitgenosse[27]: *Die Dörfer, in welche zur Strafe Einquartierung gelegt werden sollte, waren so arm, daß die Soldaten dort sicher hätten verhungern müssen.* Dies belegt die Not und die unvorstellbare Armut, die vielerorts im Herzogtum herrschten. Obwohl das Amt Wehen wegen der kargen Böden auch zu den ärmeren Gebieten gehörte, war die Not doch nicht gar so kraß.

Mit den ausbleibenden Erfolgen des liberalen Märzministeriums bei dem Versuch, für die drängenden sozialen Probleme Abhilfe zu schaffen, und seinem Vorgehen gegen Unruhen in ländlichen Gegenden schwand der Rückhalt der Regierung, den sie in der Bevölkerung gehabt hatte. Die radikaleren Demokraten gewannen deshalb an Anhängern.

3. Allgemeine Wahlen und Politisierung

Durch die Märzerhebung wurde die Bevölkerung in bislang unbekanntem Maße von politischen Fragen ergriffen. Als eine der wichtigsten neuen »Errungenschaften« wurden auf der Grundlage eines geheimen und gleichen, jedoch indirekten Wahlrechtes am 18.3.1848 Wahlmänner gewählt, die sowohl die Abgeordneten für den nassauischen Landtag als auch für die deutsche Nationalversammlung in Frankfurt bestimmten. Der nassauische Landtag, noch altertümlich »Ständeversammlung« genannt, trat am 22. Mai zusammen. Er bestand aus nur noch einer Kammer, in der ausschließlich gewählte Volksvertreter saßen. Die frühere Erste Kammer, die aus Adligen bestanden hatte, wurde aufgelöst. Eine gemäßigt liberale Mehrheit der Abgeordneten sorgte für die parlamentarische Unterstützung der Politik des »Märzministers« Hergenhahn. Diese Wahlen waren reine Honoratiorenwahlen, denn politisch motivierte Wahlkämpfe gab es in Nassau noch nicht. Dies zeigte auch das Wahlergebnis im Amt Wehen: In die Frankfurter Paulskirche (Nationalversammlung) wurde in einem ruhigen Wahlgang mit 90 % der Stimmen des Wahlkreises der Regierungsrat Friedrich Schepp (1807–1867) aus Wiesbaden gewählt, der später der gemäßigt-liberalen Fraktion »Casino« angehörte. In den Landtag wurden dagegen im Wahlkreis 11 (Ämter Idstein und Wehen) der Likörfabrikant Gustav Justi (1810–1879) aus Idstein, der Landoberschultheiß Ludwig Wenckenbach (1803–1854) aus Wehen und der Landwirt Christian Unzicker vom Hof Henriettental im Amt Idstein gewählt, wovon die beiden ersteren exponierte Vertreter der demokratischen Linken im Landtag waren.[28] Im Januar 1849 gehörten sie zu den Gründern des »Clubs der Linken«, der ersten nassauischen Landtagsfraktion.[29] Riehl, ein politischer Gegner Wenckenbachs, der als Landoberschultheiß in Wehen große Popularität genoß, berichtete über dessen Auftreten im Landtag[30]: *Wenckenbach zeichnete sich durch natürlich derben Mutterwitz und drastische Kürze der Rede aus. Wer auch ganz entgegengesetzten Ansichten huldigt, der wird sich doch oft an dem Salz seines Wortes erfreuen und es dem Abgeordneten hingehen lassen, daß er neben der Derbheit zuweilen auch die göttliche Grobheit walten läßt.*

Allmählich wurde auch das Land von der allgemeinen Politisierung erfaßt. Den ersten Anstoß dazu stellte wohl die Aufforderung des Wiesbadener Sicherheitskomitees dar, in allen Landesteilen Hilfskomitees zu bilden und mit den Wiesbadenern in enge Verbindung zu treten; auch in Wehen wurde, wie bereits erwähnt, ein solches Komitee gebildet.[31] Der Abgeordnete Justi war in seiner Heimatstadt Idstein zugleich Bürgerwehrkommandant und Vorsitzender des örtlichen Sicherheitskomitees. Bald kam es auch innerhalb solcher Komitees zu Auseinandersetzungen zwischen den gemäßigteren Liberalen um Hergenhahn, die die konstitutionelle Monarchie erhalten wollten, und den radikaleren Demokraten, die ein stärkeres Gewicht für die Volksvertretungen, häufig sogar eine demokratische Republik verlangten. In der Regel zeigten die Demokraten außerdem für soziale Anliegen ein stärkeres Verständnis als die Liberalen. Dies hatte jedoch Grenzen: Bei einer Wahlmännerversammlung am 17.6.1848 verlangten die Bauern des Amtes Wehen von dem demokratischen Landtagsabgeordneten Wenckenbach die unentgeltliche Abschaffung des Zehnten. Wenckenbach verwehrte den Bauern dies und überzeugte sie davon, daß er nur für eine möglichst »billige« Ablösung eintreten könne.[32]

Liberale und Demokraten gründeten eigene politische Vereine, um Anhänger für sich zu gewinnen, die politische Bildung zu fördern, Kandidaten für die Wahlen aufzustellen und den Wahlkampf zu organisieren. Besonders erfolgreich waren hierbei die Demokraten, die mit rund fünfzig Vereinen im März 1849 über das bei weitem größte und bestorganisierte Vereinswesen Nassaus verfügten. Ihr publizistisches Organ, die »Freie Zeitung«, war hier die meistgelesene nassauische politische Zeitung. In den Gemeinden des heutigen Taunusstein konnte bislang noch kein demokratischer Verein nachgewiesen werden. Das Amt Wehen gehörte jedoch zum Einflußbereich des sehr aktiven demokratischen Vereins in Langenschwalbach (Bad Schwalbach), der etwa einhundert Mitglieder zählte und dem zahlreiche Zweigvereine – möglicherweise auch in den Gemeinden des heutigen Taunusstein – angegliedert waren.[33] Zu den wichtigsten Demokraten zählten hier der Arzt Dr. Genth, der Realschullehrer Peiser und die Familie des Landtagsabgeordneten Friedrich Lang (1822–1866). Eine nachweisbare Vereinsgründung gelang, wenn auch sehr spät, der dritten großen politischen Kraft in diesem Raum, dem politischen Katholizismus. Ausgehend von dem am 23.3.1848 in Limburg konstituierten »Centralverein für religiöse Freiheit« breiteten sich die »Piusvereine« in den katholischen Regionen des Herzogtums aus. Besonders aktiv bei der Gründung von Zweigvereinen waren der Piusverein in

Camberg und sein Vorsitzender, der einflußreiche Legationsrat Moritz Lieber (1790–1860). Auf dessen Initiative hin wurde am 29.10.1849 in Bleidenstadt, das einen starken Anteil an katholischer Bevölkerung hatte, ein Piusverein gebildet.[34] Die politische Einstellung Liebers und seiner Piusvereine war konservativ und kirchenpolitisch »ultramontan«-antiaufklärerisch.[35] Es ist daher wohl kein Zufall, daß es gerade nach der Niederlage der Revolution hier zu einer solchen Vereinsgründung kam.

Obwohl kaum politische Vereine nachgewiesen werden konnten, sind doch Belege für organisierte wirtschaftliche und politische Interessen auf dem Gebiet des heutigen Taunusstein vorhanden. So sind die meisten Petitionen, die von hier an das deutsche Parlament (Paulskirche) nach Frankfurt geschickt wurden, sogenannte Sammel- oder Massenpetitionen, wie sie häufig als vervielfältigte Formulare von Interessengruppen oder politischen Kräften verteilt wurden.[36] Zu den wichtigsten gewerbepolitischen Petitionen zählten die von dem »Verein zum Schutze der vaterländischen Arbeit« verteilten Unterschriftenlisten für Schutzzölle und gegen Freihandel, die vor allem von kleingewerblich-handwerklichen Kreisen unterstützt wurden. Im Januar 1849 wurden dafür in Bleidenstadt 123 und in Wehen 170 Unterschriften gesammelt.

Im Oktober 1848 forderten die Volksschullehrer des Amtes Wehen, die zu den bestorganisierten Berufsgruppen der Revolutionszeit gehörten, die Verbesserung ihrer miserablen Lebensverhältnisse. Auch politische Parteien waren erfolgreich mit ihren Petitionen: Im August 1848 erhielt eine Petitionsliste, die von den nassauischen Piusvereinen verteilt worden war, in Bleidenstadt 72 Unterschriften. Die Unterzeichner verlangten die Unabhängigkeit der Kirche vom Staat sowie die Abschaffung der Simultanschulen zugunsten von Konfessionsschulen. Offenbar besaß der politische Katholizismus hier also schon im Sommer 1848 eine beachtliche Anhängerschaft. Zwischen Anhängern und Gegnern der Simultanschule kam es zu einem Streit, der zu einer Messerstecherei geführt haben soll.[37]

Abb. 4: Nassauische Bauern in Alltagskleidung um 1850. Zeitgenössische Zeichnung von Adam Baumann.

4. Reichsverfassungskampagne, Idsteiner Kongreß und der Beginn der Reaktion

Während der Unruhen in Wiesbaden am 16./17.7.1848, in deren Verlauf Teile des Bürgertums rebellierten und verhaftete republikanische Führer von ihren Anhängern aus dem Gefängnis befreit wurden[38], war das nassauische Märzministerium nicht mehr Herr der Lage und forderte preußisches und österreichisches Militär aus der Bundesfestung Mainz an. Zunehmend zeigten sich Hergenhahn und das gemäßigt liberale Bürgertum aus Angst vor einer zweiten, sozialen Revolution bereit, auch polizeistaatliche Mittel gegen die demokratische Linke einzusetzen. Zugleich gewannen die alten Mächte wieder an Kraft. Um die Reichsverfassung, die vom Paulskirchenparlament im März 1849 verabschiedet wurde, scharten sich diejenigen, die die Errungenschaften der Revolution bewahren wollten. Zusammen mit vielen anderen wurden auch zwei Zustimmungsadressen zur Reichsverfassung aus Bleidenstadt und Seitzenhahn an die Nationalversammlung in der Frankfurter Paulskirche geschickt. Sie waren nach dem Muster einer Petition der Langenschwalbacher Demokraten vom 22.3.1849 formuliert – ein Beleg für die Verbindungen, die hier bestanden. Die Entwicklung konnte jedoch schon nicht mehr aufgehalten werden: Die Ablehnung der Kaiserkrone und der Reichsverfassung durch den preußischen König Friedrich Wilhelm IV. läutete die letzte Phase der Revolution ein. Da sich Hergenhahn persönlich verpflichtet hatte, keine Verfassungsänderung zuzulassen, trat er am 7.6.1849 von seinem Amt als leitender Minister zurück.

Die nassauischen Demokraten versuchten dagegen, die Reichsverfassung durchzusetzen und die Aufständischen in Baden, Sachsen und der Pfalz zu unterstützen. Von Demokraten im Amt Wehen wurde am 18.5.1849 in Strinz-Margarethä eine Volksversammlung unter freiem Himmel abgehalten, die trotz schlechten Wetters rege Anteilnahme gefunden haben soll. Auch die Bürgerwehr von Bleidenstadt nahm daran teil. Die Volksversammlung beschloß die Anerkennung der Reichsverfassung, erklärte sich bereit, sie zu verteidigen und stimmte dem Volkswehrgesetz zu, das sie schnellstmöglich in Kraft gesetzt wissen wollte.[37] Um Druck auf die Regierung auszuüben, wurde am 10.6.1849 von den demokratischen Vereinen Nassaus ein allgemeiner nassauischer Landeskongreß nach Idstein einberufen. Die Delegierten verlangten, daß ein demokratisch legitimiertes Ministerium berufen werden und sich Nassau auf die Seite der Pfälzer, Sachsen und Badener stellen solle. Mit der Vertretung dieser Forderungen wurde ein siebenköpfiger »Landesausschuß« beauftragt, dem auch der Wehener Landtagsabgeordnete Wenckenbach angehörte.[40] Das neue konservative Ministerium des Freiherrn v. Wintzingerode reagierte

Abb. 5: Nassauischer Bürgerwehrmann mit einer Flinte oder einer Büchse, wie sie in bäuerlichen Familien von Generation zu Generation vererbt wurden. Typisch ist die speziell für die Bürgerwehr aus Wachstuch gefertigte Mütze. Zeichnung von J.C. Frankenbach.

darauf umgehend mit Festnahmen und Hausdurchsuchungen. Der Versuch der Demokraten, sich dagegen mit einem Steuerverweigerungsbeschluß zu wehren, blieb vergeblich. Militär und Bürokratie waren bereits wieder so fest in der Hand der Regierung, daß es zu keiner Gegenwehr kam. Wenckenbach wurde aus dem Dienst entlassen und wegen des Verdachts des Hochverrats und der Majestätsbeleidigung angeklagt. Trotz seines Freispruchs 1850 fand er keine Anstellung im Staatsdienst mehr. Bei seinen Wahlmännern blieb Wenckenbach jedoch beliebt. Zu seinen Gunsten richteten sie eine Petition an den Herzog, allerdings vergeblich.[41]

Die nassauische Revolution war zu Ende.

5. Anmerkungen

1 Der Herzog hielt sich vor allem zur Brautschau in Berlin auf, führte dort aber auch politische Gespräche. Vgl. W. Schüler, Herzog Adolph von Nassau – Revolutionsheld wider Willen. In: Nassauische Annalen, Bd. 109, 1998, S. 282. Benachrichtigt von den Ereignissen in Wiesbaden wurde der Herzog wahrscheinlich durch die Telegraphenverbindung, die das preußische Militär von Koblenz aus nach Berlin eingerichtet hatte. Vgl. H. Hennessee, Das bürgerliche Theater in der nassauischen Revolution von 1848. In: Nassauische Annalen, Bd. 109, 1998, S. 297.
2 Zur Wiesbadener Bürgerwehr vgl. M. Wettengel, Die Wiesbadener Bürgerwehr 1848/49 und die Revolution im Herzogtum Nassau. Taunusstein 1998.
3 Vgl. C. Spielmann, Achtundvierziger Nassauer Chronik. Darstellung der Ereignisse in Nassau im Jahre 1848. Wiesbaden 1899, S. 13; W. H. Riehl, Nassauische Chronik des Jahres 1848, Neudruck hrsg. von G. Müller-Schellenberg. Idstein 1979, S. 11.
4 Vgl. zu den Märzereignissen in Wiesbaden neben Riehl, Chronik (wie Anm. 3), S. 10-20 u. Spielmann, 1848 (wie Anm. 3), S. 7-27 vor allem W.-H. Struck, Wiesbaden im März 1848. Grundzüge der 48er Revolution im Herzogtum Nassau. In: Hessisches Jahrbuch für Landesgeschichte, Bd. 17, 1967, S. 226-244, bes. S. 231 ff.; W.-H. Struck, Wiesbaden im Biedermeier. Wiesbaden als nassauische Landeshauptstadt. T. 2: 1818-1866. Wiesbaden 1981, S. 16-20; W. Schüler, Die Revolution von 1848/49. In: Herzogtum Nassau 1806-1866. Politik, Wirtschaft, Kultur. Ausstellungskatalog, Historische Kommission für Nassau (künftig: Katalog Nassau-Ausstellung). Wiesbaden 1981, S. 19-35, hier S. 19f.; Schüler, Revolutionsheld (wie Anm. 1), S. 277-294; E. Wilhelmi, Nassaus innere Politik vom Beginn der Revolution 1848 bis zum Rücktritt Hergenhahns. Gelnhausen 1930, S. 14-22; M. Wettengel, Die Revolution von 1848/49 im Rhein-Main-Raum: Politische Vereine und Revolutionsalltag im Großherzogtum Hessen, Herzogtum Nassau und in der Freien Stadt Frankfurt. Wiesbaden 1989, S. 50 ff.; M. Wettengel, Das liberale und demokratische Vereinswesen im Herzogtum Nassau im Revolutionsjahr 1848, Examensarbeit (masch.). Hamburg 1984, S. 14-21; M. Wettengel, Die Revolution von 1848/49 im Herzogtum Nassau. In: K. Böhme u. B. Heidenreich (Hrsg), Einigkeit und Recht und Freiheit. Opladen/Wiesbaden 1999, S. 157-198; Wettengel, Bürgerwehr (wie Anm. 2); M. Kramer, Die Politik des Staatsministers Emil August von Dungern im Herzogtum Nassau. Stuttgart 1991, S. 192-199.
5 In einem Brief von Wilhelm Flindt an August v. Bibra vom 4.3.1848, abgedr. in: Kramer, v. Dungern (wie Anm. 4), S. 255 f., wurden die benachbarten »Idsteiner« und »Schwalbacher« ausdrücklich als Anwesende genannt. Vgl. auch E. Wilhelmi, Wehen und sein Grund. Idstein 1957, S. 411.
6 Hennessee, Theater (wie Anm. 1), S. 296.
7 Wettengel, Bürgerwehr (wie Anm. 2); S. 26 f.
8 Vgl. Freie Zeitung (künftig: FZ) 5/7.3.1848.
9 Vgl. FZ 10/13.3.1848; Wettengel, Bürgerwehr (wie Anm. 2), S. 31.
10 Eines der größten Feste dieser Art in hiesiger Gegend wurde in Langenschwalbach (Bad Schwalbach) veranstaltet, vgl. FZ 5/8.3.1848.
11 Wilhelmi, Wehen (wie Anm. 4), S. 412 f.
12 Verordnungsblatt des Herzogthums Nassau (künftig: VOBlHN) 1848, S. 33 ff; Wettengel, Bürgerwehr (wie Anm. 2), S. 35 f.
13 Vgl. FZ 119/20.5.1849
14 Wilhelmi, Wehen (wie Anm. 4), S. 414 f.
15 Nassauische Allgemeine Zeitung 106/5.5.1849.
16 Vgl. FZ 63/15.3.1849, 121/23.5.1849; vgl. zur Idsteiner Bürgerwehr in der Revolutionszeit C. Lentz, Das Idsteiner Rathaus: Ein Haus für alle Fälle. In: Das Idsteiner Rathaus 1698-1998. Idstein 1998, S. 35 ff.
17 Vgl. z.B. Staats- und Adreß Handbuch des Herzogthums Nassau für das Jahr 1847. Wiesbaden 1847, S. 120-123 (künftig: StHB); VOBlHN 1846 S. 18 f.; zur Sozialstruktur Nassaus allgemein vgl. W. Schüler, Wirtschaft und Gesellschaft im Herzogtum Nassau. In: Nassauische Annalen, Bd. 91, 1980, S. 131-144; W. Schüler, Sozialstruktur und Lebensstandard. In: Katalog Nassau-Ausstellung S. 105-121.
18 Vgl. StHb 1847 S. 120 ff.
19 Vgl. H. Winkel, Die Ablösung der Grundlasten im Herzogtum Nassau im 19. Jh. In: Vierteljahresschrift für Sozial- und Wirtschaftsgeschichte, Bd. 52, 1965, S. 42-62, hier S. 48; Hessisches Hauptstaatsarchiv Wiesbaden (künftig: HHStAW) 210/1150, Berichte der Commission über die Vorbereitungen zur Zehntablösung 1837; die FZ 107/22.6.1848 setzte den Anteil der noch 1848 abzulösenden Zehntberechtigungen mit einem Drittel an.
20 Vgl. Spielmann, 1848 (wie Anm. 3), S. 4; Winkel, Die Ablösung der Grundlasten (wie Anm. 19); im Amt Wehen waren 1844 17348 Morgen Ackerland zehntpflichtig und 14030 Morgen zehntfrei. Vgl. A. Nickel, Landwirtschaftliche Beschreibung des Herzoglichen Amtes Wehen. In: Landwirtschaftliche Beschreibung des Herzogthums Nassau. Bd. 5. Wiesbaden 1844, S. 94.
21 Vgl. Spielmann, 1848 (wie Anm. 3), S. 51 ff.; Beil. zu FZ 16/19.3.1848; zu Wehen vgl. Wilhelmi, Wehen (wie Anm. 4), S. 413 f.
22 FZ 18/21.3.1848.
23 VOBlHN 1848, S. 213 ff.
24 VOBlHN 1848, S. 139. Die Jagdverpachtung in Wehen wurde für den 29.8. bzw. den 27.9.1848 angesetzt, vgl. FZ 190/21.9.1848; Wilhelmi, Wehen (wie Anm. 4), S. 417 f. Es entstand ein Streit, weil das Gebot von Wehener Einwohnern von Wiesbadener Interessenten überboten wurde.
25 VOBlHN 1848, S. 315 ff.
26 VOBlHN 1848, S. 137 ff., vgl. auch ebd., S. 100 f.
27 Riehl, Chronik (wie Anm. 3), S. 95; vgl. auch Spielmann, 1848 (wie Anm. 3), S. 143 ff.
28 Vgl. C. Rösner, Nassauische Parlamentarier. Ein biographisches Handbuch. (Veröffentlichungen der Historischen Kommission für Nassau

29 Siehe B. v. Egidy: Die Wahlen im Herzogtum Nassau 1848–1852. Ein Beitrag zur Geschichte der politischen Parteien am Mittelrhein. In: Nassauische Annalen, Bd. 82, 1971, S. 215–306, hier S. 261; Rösner, Abgeordnete (wie Anm. 28), S. XX; vgl. zum Programm FZ 21/25.1.1849.

XXXVIII). Wiesbaden 1997, S. 87, 179, 188; G. Müller-Schellenberg, Vor 150 Jahren: Die 1848er Revolution in der Region des heutigen Rheingau-Taunus-Kreises. In: Jahrbuch des Rheingau-Taunus-Kreises. 49. Jhrg. 1998, S. 89–92 u. 50. Jhrg. 1999, S. 65–68.

30 Riehl, Chronik (wie Anm. 3), S. 55. Ludwig Karl Wenckenbach wurde am 24.9.1803 in Herborn als Sohn des Amtsassessors Johann Peter W. und seiner Ehefrau Johanne Elisabethe, geb. Meerbott, geboren. Er besuchte 1819–1822 das Gymnasium in Weilburg und studierte seit 1823 Rechtswissenschaften an der Universität Marburg. 1826 trat er als Amtsakzessist in den nassauischen Staatsdienst ein. 1837 heiratete er die Diezer Kaufmannstochter Johannette Deul. Seit 1846 war Wenckenbach Landoberschultheiß in Wehen. Er starb am 2.3.1854 in Wiesbaden. Vgl. Rösner, Abgeordnete (wie Anm. 28), S. 188; Wilhelmi, Wehen (wie Anm. 4), S. 408 ff., 421 f., 428 ff. Wegen seiner Teilnahme am sogenannten Idsteiner Kongreß wurde Wenckenbach wegen Hochverrats angeklagt. Vgl. hierzu »Verhandlung der Anklage gegen den Corrector und Sprachlehrer Carl Schapper ... Landoberschultheiß Ludwig Wenckenbach ...«. Wiesbaden 1850.

31 Vgl. FZ 7/9.3.1848; Wilhelmi, Wehen (wie Anm. 4), S. 412.
32 Vgl. FZ 107/22.6.1848.
33 Vgl. FZ 190/21.9.1848, 117/18.5.1849 (Kreisvorort); HHStAW 210/7458; Egidy, Wahlen (wie Anm. 29), S. 268.
34 Vgl. HHStAW 1172/50, fol. 22; Katholische Sonntagsblätter zur Belehrung und Erbauung 44/4.11.1849, S. 361.
35 Vgl. E. Fleig, Aus der konservativen Gedankenwelt eines Restaurationspolitikers. In: Historisches Jahrbuch 56, 1936, S. 331–350.
36 Vgl. dazu W. Klötzer, Die nassauischen Petitionen an die Frankfurter Nationalversammlung 1848/49. In: Nassauische Annalen, Bd. 70, 1959, S. 145–170.
37 Vgl. FZ 119/20.5.1849; Spielmann, 1848 (wie Anm. 3), S. 156.
38 Vgl. P. Wacker u. G. Müller-Schellenberg, Das herzoglich-nassauische Militär 1813–1866. Militärgeschichte im Spannungsfeld von Politik, Wirtschaft und sozialen Verhältnissen eines deutschen Kleinstaates. Taunusstein 1998, S. 301–306.
39 Vgl. FZ 119/20.5.1849.
40 Vgl. Wettengel, Revolution (wie Anm. 4), S. 473 ff.
41 Siehe Wilhelmi, Wehen (wie Anm. 4), S. 428 ff.

Guntram Müller-Schellenberg

Die letzten Jahre im Herzogtum Nassau

1850 bis 1866

Inhalt

1. Die Reaktion setzt ein 235
2. Resignation in der Stadt und auf dem Lande 236
3. Das Wiedererwachen des politischen Interesses 236
4. In ›Taunusstein‹ wird das Wild wieder zur Plage 238
4.1 Kaum Vergütung für Wildschäden 239
5. Die Technisierung der Landwirtschaft – in ›Taunusstein‹ blieb sie aus 240
6. Wieder Ärger mit des Herzogs Hasen, Rehen und Hirschen 241
7. ›Taunusstein‹ wird preußisch 243
8. Anmerkungen 248

1. Die Reaktion setzt ein

Von welchem Datum an oder aufgrund welchen konkreten Ereignisses man in Nassau vom Einsetzen der Reaktion sprechen kann, läßt sich nicht exakt fixieren.[1] Der Übergang war fließend. Die Berufung des Ministers Friedrich v. Wintzigerode, der August Hergenhahn am 9.6.1849 im Amt abgelöst hatte, wird genannt.[2] Auf der anderen Seite hat Herzog Adolph noch am 28.12.1849 so wichtige Reformen wie die Pressefreiheit, die Abschaffung von Privilegien des Adels einschließlich der Auflösung der Herrenbank und die Trennung von Verwaltung und Justiz sanktioniert sowie mit einem Edikt für die Einrichtung des Schwurgerichts gesorgt.[3] Spätestens aber zu Beginn der 1850er Jahre wird in Nassau das Einsetzen der Reaktion unverkennbar. Der Wandel vollzog sich durch administrative und legislative Maßnahmen zunächst nach und nach in kleinen Schritten.[4] Mit den Edikten vom 27.9.1851 und vom 25.11.1851 nahm die Sache aber den Charakter eines Staatsstreichs an.[5] Es wurden nicht nur die von der Frankfurter Nationalversammlung beschlossenen Grundrechte aufgehoben, sondern der Herzog liquidierte auch sein eigenes Dekret vom 28.12.1849. Die verbrieften Errungenschaften der Jahre 1848 und 1849 waren wie mit einem feuchten Schwamm weitgehend von der Gesetzestafel gelöscht. Vereins- und Versammlungsverbote wurden erlassen, die Pressefreiheit kassiert und den Schwurgerichten die Zuständigkeit für politische Verfahren entzogen.[6] Einschneidend war vor allem das Edikt vom 27. September 1851, mit dem nicht nur die Verfassung auf den Stand von 1818 zurückgeführt wurde, sondern auch ein vom Herzog verfügtes neues Wahlrecht in Kraft trat[9]. Das Zweikammersystem wurde wieder eingeführt. Die Erste Kammer bestand wie bis zum März 1848 aus den »geborenen« adligen Mitgliedern sowie jetzt auch aus dem katholischen und dem evangelischen Bischof; dazu kamen nun als auf jeweils sechs Jahre gewählte Mitglieder sechs Deputierte aus der Klasse der höchstbesteuerten Grundbesitzer und drei aus der Klasse der höchstbesteuerten Gewerbetreibenden. Der Herzog behielt sich das Recht vor, nach eigenem Gutdünken die Herrenbank um weitere erbliche Mitglieder zu erweitern.[10] Die Zweite Kammer war nun nach dem preußischen indirekten Dreiklassenwahlsystem – und zwar nicht geheim, sondern in offener Stimmabgabe – zu wählen.[11] Nach diesem System wurde das gesamte Aufkommen an direkten Steuern durch drei geteilt. In die erste Klasse der Wähler kamen die Höchstbesteuerten, die zusammen ein Drittel der gesamten Steuern aufbrachten, in die zweite Klasse diejenigen, die ein weiteres Drittel zahlten. In der dritten Klasse sammelte sich die Masse der Geringverdienenden.[12] Wer tausend Gulden Steuern zahlte, hatte also zehnmal soviel Stimmen wie der, der hundert Gulden aufbrachte, und hundertmal soviel Stimmen wie der, der nur zehn Gulden zahlte. Beide Kammern berieten zunächst getrennt und stimmten dann gemeinsam die Differenzen ab. Beschlüsse zur Steuerbewilligung und zur Rechnungsprüfung konnten dann in gemeinsamer Sitzung nur mit Zweidrittelmehrheit gefaßt werden.[13] Das Herzogtum Nassau erlebte somit nach dem direkten Zensuswahlrecht, das von 1818 bis 1848 praktiziert wurde, und dem allgemeinen, gleichen und indirekten Wahlrecht von 1848 sein drittes Wahlgesetz. Es sollte bis zum Ende der Souveränität des Landes Bestand haben.[14] Das System des Dreiklassenwahlrechts entbehrt aber nicht einer gewissen Logik: Der Landtag hatte die legislativen (gesetzgeberischen) Befugnisse, die er in den Jahren 1848/49 hatte, wieder eingebüßt.[15] Seine wesentliche Aufgabe bestand wie ehedem in der Bewilligung von Steuern und in der Kontrolle der Staatsausgaben. Da hat es Sinn, wenn die, die viel zahlen, auch viel kontrollieren. Für uns Heutige völlig unverständlich und widersprüchlich ist aber, daß nach wie vor nur Männer wahlberechtigt und wählbar waren, nicht aber die »Eheliebsten« – und wenn sie noch so vermögend waren. Die Bauern und kleinen Handwerker, mit denen wir es in ›Taunusstein‹ ja vorwiegend zu tun haben, werden diese Veränderungen kaum wahrgenommen haben.

Ganz anders wird in den Kneipen der Dörfer und Ortschaften aber das neue Gemeinderecht für lebhafte Diskussionen gesorgt haben. Dieses Gesetz, das ohne vorherige Beratung im Landtag vom Herzog 1851 erlassen wurde, stellte die Dominanz des Staates über die Gemeinden wieder her. Einerseits stärkte es die Stellung der Bürgermeister gegenüber den Gemeinden, andererseits aber stellte es zugleich die Bürgermeister stärker unter die Kuratel der Regierung. Diese hatte nämlich jetzt die Befugnis, bei Dienstverfehlungen Amtsenthebungen vorzunehmen. Zu den möglichen Entlassungsgründen gehörte auch der »Ungehorsam gegen zuständige Verfügungen vorgesetzter Behörden«. Auf der anderen Seite wurde den Bürgermeistern die alleinige Verfügungsgewalt der Ortspolizei übertragen.[7] Mit dem Gesetz von 1854 wurden dann die Selbstverwaltungsrechte der Gemeinden nochmals entscheidend eingeschränkt, und auch für die Gemeindegremien das Dreiklassenwahlrecht eingeführt. Dieses Gesetz blieb in seinen wesentlichen Zügen bis 1891 gültig.[8] Trotz aller reaktionärer Bestimmungen ist man per saldo aber nicht zu den Verhältnissen zurückgekehrt, wie sie vor 1848 geherrscht hatten. Auch das neue Wahlrecht war fortschrittlicher als das von 1818.

Unter den höchstbesteuerten Grundbesitzern, die für die erste Kammer wahlberechtigt waren, finden wir in ›Taunusstein‹ nur Christian Bücher aus Neuhof.[16] Als Posthalter war er ebenfalls der einzige ›Taunussteiner‹, der für die Gewerbetreibenden wahlberechtigt war.[17]

2. Resignation in der Stadt und auf dem Lande

Das liberal gesinnte Bürgertum in den Städten sah seine Ideale schwinden, ließ Politik Politik sein und wandte sich wieder den Geschäften zu.[18] Für die Bauern hatte sich der Marsch vom März 1848 nach Wiesbaden allerdings gelohnt. Der Wildbestand war dezimiert, die Bedrückung des Zehnten konnte günstig abgelöst werden, und die Bürgermeister durften gewählt werden. So war das Interesse am politischen Leben weitgehend erloschen.[19] Die Resignation, die das Herzogtum befallen hatte, spiegelt sich auch in der Presse. Politische Nachrichten verschwanden mehr und mehr aus den Spalten, Sensationsmeldungen nahmen ihren Platz ein.[20]

Herzog und Regierung konnten also die Rolle rückwärts fast ungestört turnen. So fanden auch die Landtagswahlen von 1852 in der Bevölkerung kaum ein nennenswertes Interesse. Im Landesdurchschnitt beteiligten sich nur knapp vier Prozent der Berechtigten an den Wahlen.[21] Eine extreme Ausnahme bildete der Wahlkreis XV, der die Ämter Langenschwalbach (Bad Schwalbach) und Wehen umfaßte und der uns deshalb natürlich besonders interessiert, weil ›Taunusstein‹ dazugehörte. Hier betrug die Wahlbeteiligung stolze 70 Prozent.[22] Sicherlich ist das auf die Popularität des Kandidaten Heinrich *Friedrich* Lang aus Langenschwalbach und seines Sohnes *Friedrich* August Lang zurückzuführen. Lang sen. war schon 1832 in den Landtag gewählt worden, allerdings hatte man ihm das Mandat aberkannt.[23] Lang jun. war von 1848 bis 1851 Abgeordneter, 1852 war er aber nicht mehr wählbar, weil das passive Wahlrecht auf das Lebensalter von dreißig Jahren heraufgesetzt worden war und er dieses noch nicht ganz erreicht hatte.[24] In die Zweite Kammer wurden fast nur der Regierung nahestehende konservative Abgeordnete gewählt. Der im Wahlkreis Langenschwalbach/Wehen erfolgreiche Lang sen. war unter ihnen einer von nur vier Liberalen.[25]

3. Das Wiedererwachen des politischen Interesses

Hatte sich die Regierung vor der Revolution von 1848 mit dem Landtag wegen der Domänenfrage auseinanderzusetzen und beherrschte für einige Zeit der Streit um die Zehntablösung die Szene, so hatte es die Regierung in den fünfziger Jahren zunächst weniger mit den Abgeordneten als vielmehr mit einem selbstbewußten Bürgertum zu tun, das seine wirtschaftlichen Interessen gefährdet sah.[26] Mit Besorgnis verfolgten die nassauischen Fabrikanten und Kaufleute die Tendenz der Regierung, aus dem Deutschen Zollverein auszutreten und sich einem mitteleuropäischen Zollverein anzuschließen, der unter der Federführung Österreichs entstehen sollte.[27] Das führte zur Wiederbelebung des politischen Interesses der liberal gesinnten Besitz- und

Abb. 1: Herzog Adolph in seinem Leibgehege auf der Hirschjagd. Von Förstern, die auch seine Jagdgehilfen waren, und von Bauern, die diese Arbeit im Frondienst verrichten mußten, wurden die Hirsche dem Herzog vor die Büchse getrieben. Dieser etwa 1845 in London entstandenen qualitätvollen Farblithographie (Ausschnitt) des Engländers G. Barnard lagen nur seine 1842/43 angefertigten Skizzen zugrunde. Deshalb sind nicht alle Einzelheiten authentisch.

Bildungsbürger.[28] Zu den Wahlen von 1858 traten sie wieder an und gingen aus ihnen gestärkt hervor. Mehr noch als der Zugewinn an Mandaten wog die Tatsache, daß mit Friedrich Lang jun., einem der bedeutendsten nassauischen Liberalen, den seine liberaldemokratische Überzeugungstreue kennzeichnete[29], Gottfried Ruß[30] und Wilhelm Zais[31] drei überaus bekannte, dem linken Flügel der Liberalen zuzurechnende Persönlichkeiten in die öffentliche Politik zurückkehrten.[32] Aus ›Taunusstein‹ war für die Erste Kammer wieder nur Christian Bücher von Neuhof wahlberechtigt.

Obwohl exakte Forschungen noch ausstehen, darf doch angenommen werden, daß das Dreiklassenwahlrecht Wind in die Segel der Liberalen, die sich seit Dezember 1863 nach preußischem Vorbild »Nassauische Fortschrittspartei« nannten[33], geblasen hatte. Ihre Sympathisanten waren stark in der ersten Klasse vertreten, weshalb sie zum Erlangen eines Landtagsmandats in der Zweiten Kammer wesentlich weniger Stimmen erringen mußten als die der Regierung freundlicher gesinnten Wähler der beiden anderen Klassen.[34] Bei der Landtagswahl von 1863 gewann die Fortschrittspartei sogar drei Viertel der Sitze in der Zweiten Kammer und sieben von acht zu besetzenden Mandaten in der Ersten Kammer.[35] Für die Erste Kammer war nun kein einziger ›Taunussteiner‹ mehr wahlberechtigt.[36] In dem Wahlkreis, zu dem ›Taunusstein‹ gehörte, wurde Christian Kling[37] von der Fortschrittspartei in die Zweite Kammer gewählt, Friedrich Lang jun.[38] aus Langenschwalbach gewann den Wahlkreis Wiesbaden.

Der kompromißlose Kampf der liberalen Abgeordneten für die Wiederherstellung der Verfassung von 1849 ließ die Regierung schon im November 1864 zu dem bewährten Mittel der Auflösung des Landtags greifen.[39] In der Zweiten Kammer verloren die Liberalen bei den folgenden Neuwahlen trotz massiver Wahlbeeinflussung durch die Regierung nur drei Sitze.[40] Die Regierung reagierte mit dem Verbot der liberalen »Mittelrheinischen Zeitung«. Daraufhin machte die Fortschrittspartei den Landtag durch Fernbleiben beschlußunfähig, so daß schon wieder Neuwahlen notwendig wurden.[41] Diese bescherten der Fortschrittspartei einen überwältigenden Sieg, sie errang 20 von

24 Mandaten in der Zweiten Kammer und alle wählbaren Sitze in der Ersten Kammer.[42] Christian Kling und Friedrich Lang gewannen ihre Wahlkreise.[43]

4. In ›Taunusstein‹ wird das Wild wieder zur Plage

Empfindlich gestört wurde der Frieden auf dem Lande – also auch in ›Taunusstein‹ –, als die Regierung im Jahr 1854 den beiden Kammern des Landtags einen Gesetzentwurf für ein Jagdrecht vorlegte, mit dem das Edikt von 1848 weitgehend rückgängig gemacht werden sollte.[44] Kernpunkt des Entwurfs war, daß das Recht der Jagd auf fremdem Grund und Boden, also auch auf den Äckern und Wiesen der Bauern, wieder den ehemals Berechtigten zurückgegeben werden sollte. Im Gesetz von 1848 war es den Gemeinden zugesprochen worden, die es nach Gutdünken »zum Vorteil der Gemeinde-Casse« verpachten durften.[45] Nach dem Willen des Landtags von 1848 fungierten die Gemeinden als »Repräsentanten der Grundeigentümer«.[46] Hinter der Hartnäckigkeit, mit der die Regierung ihr Gesetzesvorhaben für ein neues Jagdrecht über Jahre hinweg betrieb, stand wohl der Herzog höchstpersönlich. Und sein Interesse war ein materielles. Neben den Leibgehegen, die der Befriedigung seiner Jagdleidenschaft dienten, besaß er Gerechtsame zur Ausübung der Jagd auf fremdem Grund und Boden. Diese Jagden wurden vor 1848 verpachtet, und der Erlös floß in die Domänenkasse, also in seine Privatschatulle. Von den insgesamt knapp 1 832 000 Morgen Jagd in Nassau besaß der Herzog einschließlich der Leibgehege, die 350 000 Morgen ausmachten, 1 612 300 Morgen oder 88 Prozent aller Jagden. Der Rest verteilte sich auf den höheren Adel, die sogenannten Standesherren (7,6 %), und auf »Sonstige« (4,4 %).[47] Von den etwa 40 000 Gulden, die die Jagdpachten jährlich einbrachten, füllten 35 200 des Herzogs Schatulle.[48]

Alsbald nachdem der Plan der Regierung im Lande bekannt wurde, erreichten den Landtag zahlreiche Petitionen (Bittschriften) aus vielen Landesteilen.[49] Man fürchtete nicht nur, daß die zusätzliche Einnahmequelle der Gemeinden wegfallen, sondern vor allem, daß der Wildstand wieder zunehmen würde. Bei der Vorlage des Gesetzentwurfs hat die Regierung natürlich nicht damit argumentiert, daß der Herzog Geld nötig hätte, sondern vielmehr juristische Spitzfindigkeiten vorgebracht. Es ging dabei um die Frage, ob das Recht der Jagd auf fremdem Grund und Boden Eigentum oder nur Privileg der Berechtigten gewesen sei.[50] Bei einer derart kontroversen Interessenlage verwundert es nicht, wenn die Diskussionen im Landtag mitunter emotional geführt wurden. So verstieg sich der Vertreter der Regierung, der den Gesetzentwurf vor den Abgeordneten rechtfertigte, zu der Behauptung, 1848 seien die »untersten Schichten der Gesellschaft und unedle Leidenschaften«, die das Eigentum bedroht hätten, »aufgewühlt« worden.[51] Daß »ein Theil der Bevölkerung« von März bis Juli 1848 »schonungslos gegen alle Wildgattungen einen Vertilgungskrieg«[52] geführt hatte, ist allerdings nicht von der Hand zu weisen. Wie wir im Beitrag von Michael Wettengel (S. 227) gesehen haben, geschah das zum Schutz des Ertrages von Äckern und Wiesen, der vorher durch einen wesentlich zu hohen Wildstand gerade in den Leibgehegen arg gelitten hatte. Mit dem Gesetz vom 15.7.1848, nach dem die Gemeinden die Jagd verpachten durften, hatte das Wildern aber weitgehend ein Ende.

Der Entwurf zu dem neuen Jagdgesetz passierte die Erste Kammer, in der der vormals jagdberechtigte Adel dominierte, mit knapper Mehrheit.[53] In der zweiten Kammer wurde er aber mit deutlicher Stimmenzahl verworfen, so daß er insgesamt abgelehnt war.[54] Nun geschah etwas in der Geschichte des Herzogtums Nassau Einmaliges: Die Regierung erließ ein Gesetz *gegen* den Willen des Landtags. Gesetze ohne Beteiligung des Landtags hatte sie schon öfters erlassen.[55] Dieses Jagdgesetz von 1855[56] stellte im wesentlichen den Zustand wieder her, wie er vor dem Juli 1848 geherrscht hatte. Allerdings blieben die Jagdfronden[57] aufgehoben, und es sollte nun auch der von Rehen und Hasen verursachte Schaden vergütet werden. Auch sollte darüber gewacht werden, daß der Wildstand nicht stärker würde, als er »den Verhältnissen des Landes und dessen Culturstand« zuträglich sei.[58] Allein die Jagderfolge des Herzogs in seinem Leibgehege rund um die Platte, das mit Ausnahme eines kleinen Zipfels im Norden das gesamte Gebiet der heutigen Stadt Taunusstein umfaßte[59], bestätigt die Berechtigung der Skepsis, mit der die Bauern dem neuen Gesetz entgegengesehen hatten. 1847 erfreute sich der Herzog noch der stolzen Strecke von 21 kapitalen Hirschen, 1848 und 1849 waren es nur noch je einer, in den Jahren bis 1857 zwischen zwei und vier Stück, ab 1858 konnte er seiner Trophäensammlung jährlich wieder neun oder zehn Geweihe hinzufügen, 1861 hatte sich der Bestand an jagdbaren Hirschen wieder auf das Niveau von 1847 eingependelt.[60] In der Praxis zeigte sich also, daß der gute Vorsatz, den Wildstand in einem erträglichen Maß zu halten, nicht verwirklicht wurde. Nicht nur der Herzog, auch die anderen Eigentümer von Jagdberechtigungen hatten Interesse an einem hohen Wildstand, weil von ihm der Pachterlös des Reviers abhing. Die Regierung bestritt zwar, daß der Wildstand zu hoch sei, räumte aber ein, daß das für die Leibgehege nicht gelte.[61] Weil wir es in ›Taunusstein‹ aber mit einem Leibgehege zu tun haben, also einem von Wildschäden besonders schwer betroffenen Gebiet, soll diese Problematik hier etwas näher beleuchtet werden.[62]

Der Regierung war auf Dauer doch nicht wohl zumute mit dem oktroyierten Jagdgesetz von 1855, das zum »Zankapfel zwischen Regierung und Kammern« geworden war.[63] Jedenfalls legte sie 1859 den beiden Kammern des Landtages einen Gesetzentwurf vor, der nach langen Debatten[64] 1860 auch mit Mehrheit verabschiedet wurde.[65] Der wesentliche Unterschied zum Gesetz von 1855 war der, daß die Behörden nun streng darüber zu wachen hätten, »daß der Wildstand eine den Verhältnissen des Landes und dessen Culturstand entsprechende Stärke« nicht überschreiten würde. Bei zu hohem Wildstand wurde den Jagdberechtigten und den Pächtern Strafen angedroht, die bis zum Abschuß des überzähligen Wildes reichten und in besonderen Fällen sogar zur Enteignung des Jagdrechts führen konnten.[66] Schon bald zeigte sich aber, daß dieser Paragraph eine stumpfe Waffe war, von »gesetzgeberischer Pfiffigkeit« war die Rede.[67]

4.1 Kaum Vergütung für Wildschäden

Zwar war auch im neuen Gesetz die Regulierung von Wildschäden vorgesehen, doch der Weg zu den Gulden und Kreuzern war weit und bürokratisch. Häufig dauerte es Wochen und Monate, bis die Schätzer an Ort und Stelle eintrafen. Das Verfahren, wie es im ›Taunussteiner‹ Leibgehege praktiziert wurde, schildert der Abgeordnete Friedrich Lang jun. aus Langenschwalbach. Zunächst, so berichtet er, gehe die Schadensmeldung an den Bürgermeister, und dieser leite sie an das Justizamt weiter. »Nachdem der Stoß von Anzeigen [dort] bereits zu einer erheblichen Höhe angewachsen« sei, gehe sie entspechend der Vorschrift an den zuständigen Beamten, der nach etlicher Zeit dann den Gutachter bestelle; »wenn der Zeit hat, besichtigt er zusammen mit dem Oberförster den Schaden«. In den fünf bis sechs Wochen, die inzwischen vergangen seien, sei der Schaden oft schon ausgewachsen und nicht mehr festzustellen.[68] Vor allem bei Schäden an Wiesen treffe dies zu, da gemäht werden müsse, wenn das Wetter gut sei, und nicht erst nachdem der Taxator Zeit zur Besichtigung gefunden habe.[69] So sei es dann meistens zu einem lebhaften Disput zwischen dem geschädigten Landmann und dem Oberförster gekommen.[70] Nach wochenlangem Laufen sei »der Mann nicht zufrieden, wenn er nur eine kümmerliche Entschädigung bekommt«, heißt es im Landtag[71], »mit den paar Kreuzern, die dabei herauskommen, [sei] dem Manne nicht gedient«.[72] In einer Gemeinde seien von Wild verursachte Schäden auf 3000 fl geschätzt, aber nur 30 fl vergütet worden, heißt es an anderer Stelle.[73] Objektivität konnte man von den Gutachtern allerdings schwerlich verlangen. Neben den kraft Amtes fungierenden Förstern wurden meistens Bürgermeister bestellt, die mit dem Gesetz von 1851[74] wie vor 1848 wieder von der Regierung abhängig und zudem in Fragen des Wildschadens mitunter nicht einmal sachkundig waren.[75] Die Förster waren nicht nur Sachwalter des Waldes, sondern gerade im Leibgehege auch des Herzogs Jagdgehilfen.[76] *Das Forstpersonal sieht nicht darauf, daß die Wälder vor dem Wilde geschützt werden*, wird im Landtag geklagt, die Förster seien vielmehr darauf aus, »den Wildstand recht hoch zu halten«.[77] So ist es nicht verwunderlich, daß über Wildschäden, die im Wald auftraten, so gut wie nichts angezeigt wurde. Ein Oberförster aus dem Taunus, der das dennoch wagte, wurde strafversetzt.[78] Auch sollen die Taxatoren alljährlich – wahrscheinlich aus der Hofkasse – Gratifikationen erhalten haben.[79]

5. Die Technisierung der Landwirtschaft – in ›Taunusstein‹ blieb sie aus

Zu den Fortschritten, die das 19. Jahrhundert der Landwirtschaft bescherte, gehört vor allem der »künstliche Dünger«, der vom »Landwirthschaftlichen Wochenblatt«[80] auch den nassauischen Bauern – erst-

Abb. 2: Das von Herzog Wilhelm 1824 errichtete Jagdschloß Platte nach einer Zeichnung von Vodiggel (ca. 1855).

mals 1843 – zur Anwendung empfohlen wurde.[81] Das ist ein weites Feld, an dessen Beginn das sogenannte Gypsen steht, das Ausbringen von schwefelsaurem Kalk.[82] In unvorstellbaren Mengen wurde aus Südamerika – vor allem aus Peru – Guano[83] nach Europa eingeführt und auch in Nassau angeboten.[84] Ein Zentner Guano hatte den Düngewert von 65 bis 70 Zentnern Stallmist.[85] Auch die bahnbrechende Erfindung des chemischen Düngers durch Justus Liebig konnte den »echten« Guano nicht verdrängen. Zur Unterscheidung wurden die chemischen Erzeugnisse »künstlicher Guano«[86] oder »concentrirte Düngemittel«[87] genannt. Der Düngewert des chemischen Düngers (Superphosphat) übertraf den des Guanos deutlich: Ein Zentner entsprach 120 bis 150 Zentnern Stalldünger.[88] Ebenso wie Guano wurde im »Landwirthschaftlichen Wochenblatt« auch der chemische Dünger eingehend besprochen und den Landwirten die Anwendung nahegelegt.[89] Häufig vertrieben die Chemiefabriken neben ihren Produkten auch organische Dünger wie »echten« Guano und Knochenmehl sowie Mischungen aus diesen Bestandteilen.[90] Alle Dünger, die nicht aus dem Stall kamen, hießen »künstliche Dünger« oder »Beidünger«.[91] Wahrscheinlich war es nicht nur Beharrungsvermögen, sondern eher der Mangel an barem Geld, der die ›Taunussteiner‹ Bauern zögern ließ, zum »künstlichen« Dünger zu greifen. Erst nach der außerordentlich guten Ernte von 1856 hatten sie offensichtlich die finanziellen Mittel, die gar nicht mehr so neuen Neuerungen für sich zu nutzen.[92]

Genutzt haben die ›Taunussteiner‹ sicherlich aber die Möglichkeit, den Wäldern wieder Laub zu entnehmen. Das generelle Verbot von 1816[93] war gelockert worden. Vor allem in schlechten Jahren durfte Laub aus dem Wald wieder als Ergänzung zum knappen Stroh als Streu benutzt werden. Allerdings geschah dies unter strenger Aufsicht der gar nicht so begeisterten Förster und mußte nach deren Schätzung zugunsten der Waldeigentümer bezahlt werden.[94]

Hatte der »künstliche« Dünger in ›Taunussteiner‹ erst sehr spät seinen Einzug gehalten, so findet das Maschinenzeitalter in herzoglicher Zeit hier überhaupt nicht statt.

Dreschmaschinen, wie sie im »Landwirthschaftlichen Wochenblatt« erstmals 1829 beschrieben wurden[95], waren für Großbetriebe konstruiert, und solche gab es in ›Taunusstein‹ weit und breit nicht. Noch 1854 heißt es im Wochenblatt, Dreschmaschinen seien für »Kühbauern« nicht geeignet.[96] Selbst die begüterten Landwirte der Region besaßen solche Maschinen nicht.[97] Von den aus England eingeführten Dampfdreschmaschinen gab es in ganz Nassau 1863 nur vier Stück, davon zwei in Wiesbaden.[98] Die Anschaffungs- und Betriebskosten waren einfach zu hoch.[99] Auch die kleinere Version, die »eine praktische Mischung zwischen Handdrusch und Ausdrusch mit großen Dampfmaschinen« darstellte und mit der man »von Hof zu Hof fahren« konnte[100], findet man in ›Taunusstein‹ nicht. Die in Wiesbaden stationierten großen Dampfdreschmaschinen hatten dennoch Auswirkung auch nach ›Taunusstein‹. Die »böswilligen« Landarbeiter nämlich erkannten »mit Zorn und Schrecken«[101] die Leistungen der Maschinen und mußten aus Furcht vor ihrem Einsatz »um weit geringere Preise« den Handdrusch vornehmen.[102] Und tatsächlich hat ein Wiesbadener Eigentümer seine Maschine bis nach Frankfurt ausgeliehen.[103] Vor der mit Pferden bespannten Mähmaschine, die ebenfalls zunehmend Eingang in die Landwirtschaft fand[104], brauchten sich die ›Taunussteiner‹ Tagelöhner vorerst aber ebensowenig zu fürchten wie vor der Sämaschine. Beide Geräte waren für die Verwendung in Mittelgebirgslagen technisch noch nicht genügend ausgereift.[105]

6. Wieder Ärger mit des Herzogs Hasen, Rehen und Hirschen

Als die Regierung dem Landtag 1863 den Entwurf einer Novelle zum Jagdgesetz von 1860 vorlegte[106], kochte die Volksseele. Der Landtag wurde mit Eingaben, deren Einsender sich bitter über das Überhandnehmen von Wildschäden beklagten, förmlich überschüttet.[107] Vor allem über die Schäden, die Hasen angerichtet hatten, ist in den Landtagsprotokollen seitenweise zu lesen. So seien in einer Gemarkung selbst nach der Herbstjagd noch fünfhundert Hasen gezählt worden. Ein Hase verzehre täglich ein halbes Pfund Feldfrüchte, bei 500 Hasen seien das jährlich 912 1/2 Zentner im Wert von 4562 fl – je Hase also gut neun Gulden –, in Wirklichkeit würden als Entschädigung aber nur wenige Kreuzer gezahlt.[108] Allerdings mutet diese Rechnung etwas hoch an. In einer anderen Eingabe heißt es, eine Jagdgesellschaft habe bei einer dreitägigen Jagd 1400 Hasen geschossen, das aber sei kaum ein Drittel des Bestandes gewesen.[109] In einem weiteren Bericht wird gesagt, drei Schützen hätten innerhalb von 3 1/2 Stunden 119 Hasen zur Strecke gebracht.[110] Aber auch die Rehe waren wieder aktiv: *In vielen Theilen des Landes sind wieder Beschwerden über allzu hohen Wildstand laut geworden*, ist in einem Landtagsprotokoll zu lesen, es sei »leicht zu sehen, wie das Wild [Rehe] mit 10 und 12 Stück beisammen ganz ungestört die Getreidefelder abweidet«[111], Kohl könne nicht mehr angebaut werden, weil das Hochwild ihn »morgenweis« abfresse und der Schaden nicht entsprechend vergütet werde.[112] Der Wildstand habe »stets zugenommen [...], so daß er dermalen in vielen Gegenden des Landes zu einer wahren Plage geworden ist«, wird im Landtag vorgetragen.[113] Ein anderer Abgeordneter meint, »der Wildstand [sei] dermalen viel stärker als vor dem Jahr 1848«.[114] Aus ›Taunusstein‹, wo sich des Herzogs Hirsche tummelten, schickten die Gemeinden Wehen[115], Neuhof, Hahn und Hambach[116] Petitionen an den Landtag, mit denen die Abgeordneten gebeten wurden, sich für die Verminderung des Wildstandes und für die Abschaffung des Rechts der Jagd auf fremden Grund und Boden einzusetzen.

Natürlich hat das Wild Schäden auch im Wald angerichtet. Darüber ist aber verhältnismäßig wenig zu erfahren. Das ist nicht verwunderlich. Die Förster, denen die Hut des Waldes anvertraut war, sahen sich im Interessenkonflikt »Wald oder Wild«.[117] Da sie direkt vom Herzog abhängig waren und wohl auch, weil sie selbst gern zur Jagd gingen, haben sie sich fast ausnahmslos für die Hirsche, Rehe und Hasen entschieden. Jedenfalls haben die nassauischen Förster auf einer Versammlung, an der zwei Drittel von ihnen teilgenommen haben, einmütig über das Wildern geklagt, das wohl wieder zugenommen hatte. Mit keinem Wort wurde aber auf die Schäden hingewiesen, die durch den hohen Wildstand verursacht wurden. Vielmehr forderten die Förster eine härtere Bestrafung der ertappten Wilderer, und sie verlangten von Jagdpächtern Prämien für eine verschärfte Aufsicht.[118]

Kiefern- und Eichenkulturen könnten ohne Eingatterung nicht mehr hochkommen, wird im Landtag vorgetragen[119], was von den Förstern auch gar nicht in Abrede gestellt wird.[120]

Wie es einem Förster erging, dem das Wohl des Waldes am Herzen lag, haben wir weiter oben gesehen. Auch heißt es in einem Landtagsprotokoll: *Vom Schaden, der im Wald verübt wird, erfährt man nichts, weil man ihn nicht taxieren kann und weil auf den Rockknöpfen der Männer, die den Forstschutz ausüben sollen, zu lesen ist »Herzoglich Nassauische Jäger«*.[121] Der Abgeordnete Schenk, der das vorgetragen hat, meint noch, wichtig sei es für den Förster, daß er »weiß, wo die Hirsche am besten geschossen werden können«.[122] Wen verwundert es da, wenn ein Oberförster, der ja kraft Amtes auch Gutachter bei der Schadensermittlung war, von sich gab, die Bauern seien »eigennützige Spitzbuben, die sich am gnädigen Herrn bereichern«? Sie wollten Ersatz bezahlt bekommen für angebliche Wildschäden auf schlechten Wiesen, auf denen »überhaupt nichts wachsen« würde, behauptete der Forstmann.[123] Ein anderer Oberförster hat einen Bürgermeister, der mit der Schelle hatte ausrufen lassen, die Wildschadensmeldungen sollten für das Dorf alle gemeinsam erfaßt und eingereicht werden, wissen lassen, er werde das der Regierung melden. Er, der Bürgermeister, werde »sehen, was er bekommt«, die meisten Bauern wüßten ja nichts von ihrem Anspruch auf Schadensersatz.[124]

Der Regierung waren die unzähligen Eingaben an den Landtag ein Dorn im Auge. Mit lauteren und unlauteren Mitteln versuchte sie die Flut einzudämmen. Aus dem Amt Wehen gelangte eine Petition – wahrscheinlich irrtümlich – direkt an die Regierung. Sofort wurde der Amtmann angewiesen, gegen die Unterzeichner eine Untersuchung einzuleiten. Dieser verhängte Geldstrafen zwischen zehn und fünfzehn Gulden. Nur einer kam mit fünf Gulden davon, er hatte nämlich erklärt, er hätte den Text nicht recht lesen können, weil er seine Brille nicht zur Hand hatte.[125] Eine andere Eingabe war mit nur drei Unterschriften versehen, weil Bürgermeister und Polizei die Weisung gehabt hätten, Petitionen aufzuspüren.[126] Daß dies tatsächlich geschah, beweist ein anderer Vorfall: Eine Eingabe wurde in der Post abgefangen, und schon kurz danach wurden die 26 Unterzeichner vom Amtmann verhört.[127]

Niemand konnte ahnen, auf welch fatale Weise der Wunsch der Abgeordneten der Zweiten Kammer in Erfüllung gehen würde, der nächste Landtag möge ein Gesetz verabschieden, das die Jagd auf fremdem Grund und Boden verbieten sollte.[128]

Erstaunlicherweise wurden im Landtag immer nur die materiellen Einbußen erörtert, die der Landwirtschaft durch das Wild zugefügt wurden, nie aber die volkswirtschaftlichen Schäden. In Jahren mit schlechter Ernte hat das Wild ebensoviel Frucht geäst und zertreten wie in guten Jahren, so daß die Schäden dann sogar überproportional hoch waren. In einer Zeit, in der Nahrungsmittel kaum von außerhalb eingeführt wurden, haben sich Ernteausfälle nicht nur auf die Lebenshaltungskosten ausgewirkt, sondern auch Hungersnöte verschärft. Die nassauischen Herzöge Wilhelm und Adolph haben auf Kosten der Bevölkerung »ihres« Landes mit einer uns heute unverständlichen Skrupellosigkeit ihrer Jagdleidenschaft gefrönt. Ihre »Untertanen« hatten für sie dazusein gerade so wie die Hirsche, die Rehe und die Hasen. Dabei war schon 1809 verfügt worden, der Wildstand solle »durch Niederschießen« so reduziert werden, daß »die Felderzeugnisse der Unterthanen« und die Wälder »keinen Schaden« nähmen. Den Förstern wurde in diesem Edikt sogar angedroht, Schäden, die durch Wild verursacht würden, aus eigener Tasche begleichen zu müssen. Die Landwirte durften das Wild mit Hunden von den Feldern vertreiben.[129] Unter den jagdbesessenen Herzögen Wilhelm und Adolph geriet dieses Edikt in Vergessenheit. Allerdings unterschieden sie sich in diesem Verhalten nicht von den meisten ihrer Standesgenossen in den anderen deutschen Kleinstaaten.

Abb. 3: Treppenaufgang im Jagdschloß Platte. Im Schloß waren ca. 200 Geweihe aufgehängt. Foto ca. 1930.

7. ›Taunusstein‹ wird preußisch

Mit dem Jahr 1864 nahm das Schicksal Nassaus als selbständiger Staat seinen Lauf. Und das begann im hohen Norden Deutschlands, in Schleswig-Holstein. Österreich und Preußen hatten einen kurzen Krieg gegen Dänemark geführt und sich die Beute geteilt. Bald schon gerieten die Sieger in einen Zwist, der im bekannten »Bruderkrieg« von 1866 gipfelte. Österreich und Preußen waren sich schon lange nicht mehr grün und nahmen diese Gelegenheit wahr, über die Vormachtstellung in Deutschland die Waffen entscheiden zu lassen. Herzog Adolph, dessen Sympathien 1848/49 noch Preußen gegolten hatten, hatte sich in den 1850er Jahren mehr und mehr an Österreich angelehnt. Er fand sich damit im Widerspruch zum liberal gesinnten Bürgertum, das aus wirtschaftlichen Interessen einen Anschluß an Preußen suchte. Ohne Wissen des Landtages, der ja von der Fortschrittspartei, dem Sprachrohr der Liberalen, beherrscht war, sicherte der Herzog Österreich seine Unterstützung zu und nahm insgeheim zur Mobilmachung der Truppen einen hohen Bankkredit auf. Als es im Landtag, dessen Abgeordneten das Manöver des Herzogs natürlich nicht lange verborgen geblieben war, zu hitzigen Debatten mit dem Vertreter der Regierung kam, vertagte der Herzog kurzerhand den Landtag für zwei Wochen. Die Fortschrittspartei forderte, Nassau solle sich in dem Konflikt der Großmächte neutral verhalten.[130] Der wortgewaltige Carl Braun, zusammen mit Friedrich Lang Führer der Fortschrittspartei, formulierte das so[131]: *Ich bin der Meinung, wer das Feuer des Bürgerkrieges schürt, der verdient von dem Feuer verzehrt zu werden [...] je mehr Geld und Waffen wir in diesen klaffenden Schlund hineinwerfen, desto größer wird er werden und desto eher wird er uns verschlingen.* Als der Landtag wieder zusammentreten konnte, befand sich das nassauische Militär bereits an der Seite Österreichs auf Kriegsfuß.[132]

Leider ist nicht zu erfahren, wieviele ›Taunussteiner‹ an dem Ausmarsch teilnehmen mußten. Als Feldzugsteilnehmer festzustellen sind nur der Sergeant Carl Rücker[133], der Bataillonsarzt Dr. Joseph Arthen[134] und der Apotheker Oswald Adams[135], alle aus Wehen. Es müssen aber wesentlich mehr ›Taunussteiner‹ mit ausmarschiert sein.

Glücklicherweise mußten die Nassauer nicht an den blutigen Schlachten in Thüringen und Böhmen teilnehmen. Sie liefen sich aber bei endlosen Kreuz-und-quer-Märschen die Füße wund, wobei sie einige kleinere Gefechte bestehen mußten. Dabei gab es etliche Tote und Verwundete. In den – allerdings unvollständigen – Verlustlisten findet sich kein ›Taunussteiner‹, wohl aber einer aus dem Amt Wehen.[136]

Wie der Krieg, so war auch der Frieden Bismarcks Werk. Der Reichskanzler gründete 1866 den »Norddeutschen Bund«, dem neben Preußen die restlichen nördlich des Mains gelegenen deutschen Staaten angehörten.[137]

Als preußische Truppen am 18. Juli 1866 kampflos in Nassau einmarschierten, befanden sich die nassauischen Einheiten im Odenwald in der Nähe von Michelstadt.[138] Mit der Schlacht von Königgrätz (3.7.1866) war der Krieg zu diesem Zeitpunkt bereits entschieden.[139] Ehe die nassauischen Truppen in Günzburg nahe der Schweizer Grenze zur Ruhe kamen, mußten sie auf dem Marsch dorthin noch Gefechte bestehen.[140] Der Herzog, der sein Land verlassen hatte, verabschiedete sich dort am 8. September von den Truppen.[141] Diese kehrten dann zwischen dem 9. und dem 11. September in die Heimat zurück.[142]

Mit Ausnahme des zuletzt eingezogenen Jahrgangs wurden die Wehrpflichtigen aus dem Militärdienst entlassen.[143] Die restlichen Wehrpflichtigen und die Berufssoldaten bis zum Rang eines Feldwebels wurden in neu aufgestellte preußische Regimenter eingegliedert. Sie erhielten die Namen »1. Nassauisches Infanterieregiment Nr. 87«, »2. Nassauisches Infanterieregiment Nr. 88« und »Nassauisches Feldartillerieregiment Nr. 27 Oranien«. Mit der Einführung der in Preußen gültigen allgemeinen Wehrpflicht hatte das nassauische Einsteherwesen ein Ende, es herrschte beim Wehrdienst nun Gerechtigkeit.[144] Auch an den Benennungen der neuen preußischen Regimenter sieht man, daß Preußen sehr bemüht war, Nassau behutsam und rücksichtsvoll in den Staatsverband einzugliedern. Sicherlich auch aus diesem Grund waren mit Mainz, Hanau und Wiesbaden heimatnahe Garnisonsorte gewählt worden.[145]

Bereits am 30. Juli war der von Preußen als Zivilkommissar (Verwalter) eingesetzte Gustav v. Diest in Wiesbaden eingetroffen. Schon am nächsten Tag versicherte er in einer Proklamation, die Okkupation Nassaus richte sich nicht gegen die Bevölkerung, sondern nur gegen die bisherige nassauische Regierung.[146] Noch an diesem Tag überreichten nassauische Unternehmer und liberale Abgeordnete v. Diest eine Petition, mit der die *rückhalt- und bedingungslose Einverleibung in die preußische Monarchie* erbeten wurde.[147] Die Delegation stand unter der Führung von Carl Braun.[148] Insgesamt vollzog sich der Übergang harmonisch, nur einige preußenfeindliche Beamte[149] und Offiziere[150] wurden aus dem Dienst entfernt.

Die Einverleibung Nassaus in das Königreich Preußen wurde am 9. Oktober auf dem Schillerplatz in Wiesbaden festlich begangen. Preußische und nassauische Fahnen wehten friedlich nebeneinander.[151] *Die Bevölkerung Wiesbadens und seiner Umgebung hatte sich vollzählig eingefunden, so daß der Platz, die Fenster und Dächer der Häuser Kopf an Kopf besetzt waren,* schreibt Gustav v. Diest in seinen Lebenserinnerungen.[152] Auch wenn die Bewohner aus den umliegenden Orten nicht vollzählig in die Landeshauptstadt geströmt waren, so hörten sicherlich doch auch viele ›Taunussteiner‹ die Ansprache des Zivilkommissars. Er verkündete, wer fortan der Herr in Nassau war: Wilhelm, von Gottes Gnaden, König von Preußen. Und der ließ durch die Stimme des Zivilkommissars seine neuen

Abb. 4: Am 8. September 1866 ist die nassauische Brigade in der Nähe von Günzburg angetreten, um von Herzog Adolph verabschiedet zu werden. Der Herzog hat »sein« Land nie wieder betreten. Das stimmungsvolle Aquarell stammt von C. J. Frankenbach.

Untertanen wissen[153]: [...] *Wir gebieten allen Einwohnern des nunmehr mit Unserer Monarchie vereinigten ehemaligen Herzogthums Nassau, fortan Uns als ihren rechtmäßigen König und Landesherr zu erkennen und Unseren Gesetzen, Verordnungen und Befehlen mit pflichtgemäßem Gehorsam nachzuleben.* Damit es auch bei allen haften blieb, stand alles nochmal schwarz auf weiß im Aar-Boten[154].[155]

Daß sich was geändert hatte, bemerkte man nicht nur an den preußischen Soldaten, die als Patrouillen in ihren blauen Röcken und ihren Pickelhauben – mal mehr, mal weniger gern gesehen – nun das gesamte Land durchstreiften.[156] Was es bedeutete, preußisch geworden zu sein, erfuhren vielmehr bald schon gerade die preußenfreundlichen »Besserverdienenden« mit ihren Steuerbescheiden.[157] Sie fühlten sich benachteiligt und beschwerten sich beim preußischen Finanzminister. Sie meinten, das ehemalige Nassau würde stärker besteuert als zu herzoglicher Zeit und würde schlechtergestellt als die altpreußischen Provinzen. Im

Abb. 5: Zivilkommissar Gustav v. Diest verkündet am 9.10.1866 auf dem Schillerplatz in Wiesbaden die Annexion Nassaus durch Preußen. Unter den Schaulustigen waren auch zahlreiche ›Taunussteiner‹. Zeitgenössischer Holzstich.

Aar-Boten ist von einer »großen Unruhe« unter den Steuerpflichtigen zu lesen. Es wird zur Teilnahme an einer in Wiesbaden geplanten Versammlung aufgerufen, in der Front gegen die preußische Steuerpolitik gemacht werden soll. Schon in der nächsten Ausgabe des Aar-Boten stellt die Regierung den Sachverhalt klar. In herzoglicher Zeit wurden nur 2074 Taler weniger Steuern aufgebracht als jetzt unter preußischer Regierung (904170 zu 902096 Taler). Bei genauerer Betrachtung zeigt sich, daß es zu einer Umverteilung gekommen ist, da »die Capilasiten, welche früher von ihren Einnahmen keine nennenswerten Steuern zahlten, [jetzt] angemessen herangezogen werden.« Der Grund für die vielen Klagen läge darin, ließ die Regierung wissen, daß die Wohlhabenden über die Mittel verfügten, ihre Klagen in die Presse zu bringen, während sich die jetzt bevorteilten Schichten der Bevölkerung nicht artikulieren würden.[158] Steuerlich entlastet wurden mit den weniger gut Verdienenden also gerade die Bevölkerungsschichten, die Preußen gegenüber eher skeptisch eingestellt waren. Bei der Einführung des preußischen Steuerrechts sah sich also der überwiegende Teil der ›Taunussteiner‹ auf der Seite der Gewinner.

Auch das anfänglich gute Einvernehmen der nassauischen Bildungs- und Besitzbürger mit dem aus Posen stammenden »starren konservativen«[159] Preußen v. Diest erfuhr schon bald eine Abkühlung. Das Verhältnis zwischen ihm und Carl Braun, dem Führer der Fortschrittspartei, eskalierte sogar zu einer ausgeprägten Feindschaft.[160]

Der preußische Zivilkommissar meinte zwar, das nassauische Beamtentum hätte zum Teil der österreichfreundlichen Richtung der Regierung widerstrebt, aber mehr noch das Volk [...] je österreichischer der Hof wurde, desto preußischer wurde das Land, schrieb er nach Berlin.[161] Diese anfängliche Euphorie mußte er jedoch schon bald einschränken. Vor allem unter den Katholiken, die die Toleranz des Herzogs in kirchlichen Fragen zu schätzen gewußt hatten, rumorte es.[161] Wie v. Diest selbst nach Berlin berichtete, »war der Herzog bei seinen Untertanen persönlich beliebt, und wurde von allen, die ihn persönlich kannten, wegen seiner Freundlichkeit und Gutmütigkeit verehrt«.[162] Schon am 7. August sah sich der Zivilkommissar veranlaßt, seiner Regierung vorzuschlagen, als Strafe in Ortschaften mit preußenfeindlicher Bevölkerung Militär zu legen.[163] Von den Einquartierungen, die tatsächlich erfolgten[164], war von ›Taunusstein‹ wahrscheinlich das zum Teil katholische Bleidenstadt betroffen.[165] Das sagt aber nichts über eine besondere Preußenfreundlichkeit der Bewohner der anderen Orte aus. Im Falle von Unruhen wäre ›Taunusstein‹ innerhalb kürzester Zeit vom in Wiesbaden stationierten Militär zu erreichen gewesen. Es ist aber anzunehmen, daß man in ›Taunusstein‹ in Erwartung eines neuen Jagdrechts eher preußenfreundlich gesinnt war. Zumindest in Wehen hatte die preußenfreundliche »Nassauische Fortschrittspartei« Anhänger.[166] Jedenfalls repräsentierte die auch nach dem Steuerstreit noch propreußische Fortschrittspartei nicht die Mehrheit der Bevölkerung; den nassauischen Landtag hatte sie nur aufgrund des ihr günstigen Dreiklassenwahlrechts dominiert. Daß viele »kleine Leute« nicht mit wehenden Fahnen zu den Preußen übergegangen sind, erhellt auch aus dem Wort von den »Mußpreußen«, das von Nachfahren der Altnassauer noch bis tief in das 20. Jahrhundert im Munde geführt wurde.

Schon zu Beginn seiner Amtszeit hatte v. Diest die Jagd in Nassau als eine »politisch höchst wichtige Frage« bezeichnet.[167] Der Wildschaden sei bedeutend und werde nicht genügend ersetzt, stellt v. Diest, selbst ein passionierter Jäger, fest. Seiner vorgesetzten Dienststelle teilt er mit, die Unzufriedenheit im Lande sei groß, und fügt an, »mit Sehnsucht wartet das Land auf eine Änderung«.[168]

Interessant ist, wie der preußische Freiherr v. Diest Land und Leute beurteilte[169]: *Der Nassauer ist gutmütig und umgänglich, aber eine große Gleichgültigkeit und Apathie gegenüber höheren Fragen, die nicht in seinem engen Gesichtskreis liegen, ist ihm eigen.* Wie wenig objektiv solche Einschätzungen sein können, zeigt das Urteil seines Nachfolgers im Amt, Graf zu Eulenburg. Der Graf hält den »hiesigen Volksschlag für leicht erregbar, [...] wo guter Wein wächst«, schreibt er, »ist auch öfters Gährung«.[170] Ein anderes Vorurteil, das man in Preußen hegte, bestand darin, daß man Nassau für ein »Paradies an Fruchtbarkeit und Wohlhabenheit« hielt. Der Zivilkommissar v. Diest, der längst eines anderen belehrt war, überzeugte den auf Inspektionsreise befindlichen Handelsminister v. Itzenblitz auf einer Fahrt von Wiesbaden nach Langenschwalbach durch Augenschein von der Wirklichkeit. »Durch Einsetzen des Spatens« erfuhr der Minister, »wie wenig tief die Ackerkrume über dem felsigen, kiesigen oder lettigen Untergrund sich befindet«.[171] Es ist anzunehmen, daß der Spaten auch in ›Taunussteiner‹ Gebiet gestochen wurde. *Fast zwei Drittel der Bevölkerung leben in mehr oder weniger ärmlichen Verhältnissen,* fährt v. Diest in seinem Bericht fort, *der kleinbäuerliche Grundbesitzer muß sich seinen Unterhalt [...] durch Nebenverdienst verdienen.*[172] Hinsichtlich des Lebensstandards der Bevölkerung scheint sich also innerhalb der letzten dreißig Jahre nichts oder nur wenig geändert zu haben.

Für die herzogliche Familie hingegen zahlte sich der Jahrzehnte während Kampf um die Domänen in barer Münze aus. Preußen akzeptierte den Anspruch des Herzogs, die Domänen als sein Privateigentum zu betrachten und entschädigte ihn in großzügiger Weise. Herzog Adolph hatte zwar »sein« Land verloren, aber ein Vermögen gewonnen, das ihn zu einem der reichsten Männer Europas werden ließ.[173]

Der im Juni 1866 von den nassauischen Abgeordneten ausgesprochene Wunsch, der nächste Landtag möge die Jagd auf fremdem Grund und Boden entschädigungslos aufheben[174], ging 1867 in Erfüllung.[175] Nur war es nicht Herzog Adolph, sondern die königlich-preußische Regierung, die diesen Wunsch Wirklichkeit werden ließ.

Der erste echte ›Taunussteiner‹ Preuße war wahrscheinlich Wilhelm Nickel. Er kam am 10.10.1866, an dem Tag also, an dem im Aar-Boten die Proklamation der Besitzergreifung Nassaus durch Preußen abgedruckt worden war, in Orlen zur Welt und wurde zeit seines Lebens deshalb nur »der Preuß« genannt. Und seinem Spitznamen wurde er auch gerecht: ganze zwölf Jahre trug er nämlich als Freiwilliger für seinen König den blauen Rock.[176]

8. Anmerkungen

1 Für kritische Durchsicht des Aufsatzes danke ich Herrn Lt. Archivdirektor i. R. Dr. Winfried Schüler, Bad Schwalbach, und Herrn Archivoberrat Dr. Michael Wettengel, Koblenz, auch an dieser Stelle sehr herzlich. Zur nassauischen Politik der Jahre 1850 bis 1866 s. besonders W.-A. Kropat, Das Ende des Herzogtums (1850–1866). In: Herzogtum Nassau 1806–1866. Politik – Wirtschaft – Kultur. Katalog (Historische Kommission für Nassau), Wiesbaden 1981; W. Schüler, Die Revolution von 1848/49. In: Herzogtum Nassau 1806–1866. Politik – Wirtschaft – Kultur. Katalog (Historische Kommission für Nassau) Wiesbaden 1981; W.-H Struck, Das Streben nach bürgerlicher Freiheit und nationaler Einheit im Sicht des Herzogtums Nassau. Ein Beitrag zur Beurteilung und Entscheidung von 1866. In: Nassauische Annalen Bd. 77, 1966.; P. Wacker (mit Beiträgen von G. Müller-Schellenberg), Das herzoglich-nassauische Militär 1813–1866. Militärgeschichte im Spannungsfeld von Politik, Wirtschaft und sozialen Verhältnissen eines deutschen Kleinstaates, Taunusstein 1898.; M. Wettengel, Vom Herzogtum Nassau zum Bundesland Hessen. In: Nassaus Beitrag für das heutige Hessen (Hessische Landeszentrale für politische Bildung), Wiesbaden 1992.
2 Schüler, Revolution (wie Anm. 1), S. 30, 34.
3 Verordnungsblatt des Herzogthums Nassau (künftig: VOBlHN) 1849 Nr. 40 vom 29.12., S. 613–628; Kropat, Ende des Herzogtums (wie Anm. 1), S. 38.
4 Wettengel, Nassaus Beitrag (wie Anm. 1), S. 64; Struck, Streben nach Freiheit (wie Anm. 1), S. 185.
5 VOBlHN 1851 Nr. 23 vom 26.11., S. 333–337.
6 Wettengel, Nassaus Beitrag (wie Anm. 1), S. 64.
7 Th. Weichel, Die Bürger von Wiesbaden. Von der Landstadt zur »Weltkurstadt«. 1780–1914. München 1997. S. 233 f.; VOBlHN 1851 Nr. 17 vom 25.8., S. 239 f.
8 Weichel, Bürger von Wiesbaden (wie Anm. 7), S. 241; VOBlHN 1854 Nr. 16 vom 5.8., S. 166–192, 193–197 (Wahlordnung).
9 VOBlHN 1851 Nr. 19 vom 27.9.
10 C. Rösner, Nassauische Parlamentarier. Ein biographisches Handbuch (Historische Kommission für Nassau), Wiesbaden 1997, S. XXII f.; Wacker/Müller-Schellenberg, Das nassauische Militär (wie Anm. 1), S. 397; Wettengel, Nassaus Beitrag (wie Anm. 1), S. 64.
11 VOBlHN 1851 Nr. 23 vom 26.11. 1851, S. 333–350.
12 VOBlHN 1851 Nr. 23 vom 26.11. 1851, S. 343 f.
13 Rösner, Parlamentarier (wie Anm. 10), S. XXIII.
14 Rösner, Parlamentarier (wie Anm. 10), S VII–XXXV.
15 Rösner, Parlamentarier (wie Anm. 10), S. XXIV.
16 VOBlHN 1850 Nr. 3 vom 27.1., S. 28.
17 VOBlHN 1850 Nr. 3 vom 27.1., S. 33.
18 Rösner, Parlamentarier (wie Anm. 10), S. XXIV; Schüler, Revolution (wie Anm. 1), S. 30; Kropat, Ende des Herzogtums (wie Anm. 1), S. 41; Wacker/Müller-Schellenberg, Das nassauische Militär (wie Anm. 1), S. 405.
19 H.-W. Hahn, Einzelstaatliche Souveränität und nationale Integration. Ein Beitrag zur nassauischen Politik im Deutschen Zollverein. In: Nassauische Annalen Bd. 92, Wiesbaden 1981, S. 117 Wacker/Müller-Schellenberg, Das nassauische Militär (wie Anm. 1), S. 404 f. Vor allem mit dem Ziel, Hilfestellung bei der Zehntablösung zu leisten, wurde 1840 die »Landes-Credit-Casse« gegründet. F. Lerner, Wirtschafts- und Sozialgeschichte des Nassauer Raumes 1816-1964. Herausgegeben von der Nassauischen Sparkasse. Wiesbaden 1965, S. 62 ff.; VOBlHN 1840 Nr. 1 v. 4.2., S. 1–12. Ende 1848 wurden die Aufgaben der Kreditkasse erweitert und

20 Struck, Streben nach Freiheit (wie Anm 1), S. 191 f.; Wacker/Müller-Schellenberg, Das nassauische Militär (wie Anm. 1), S. 405.
21 Rösner, Parlamentarier (wie Anm. 10), S. XXIV.
22 Rösner, Parlamentarier (wie Anm. 10), S. XXIV; E. Wilhelmi, Wehen und sein Grund. Wehen 1957, S. 432 f. meint, die große Mehrzahl der Wehener Einwohner habe sich um Politik nicht gekümmert.
23 Rösner, Parlamentarier (wie Anm. 10), S. 100. Der Grund für die Aberkennung des Mandats ist nicht festzustellen; vermutlich hatte Lang das Quorum bei der Steuerzahlung nicht erreicht.
24 Rösner, Parlamentarier (wie Anm. 10), S. 99.
25 Rösner, Parlamentarier (wie Anm. 10), S. XXIV; die anderen Liberalen waren Johann Knapp, Johann Baptist König und Georg Eigner. Der einzige liberal gesinnte Abgeordnete in der 1. Kammer war der Jurist Victor v. Eck.
26 Hahn, Nassauische Zollpolitik (wie Anm. 19), S. 101–104, 111 f.; Wacker/Müller-Schellenberg, Das nassauische Militär (wie Anm. 1), S. 401.
27 Wettengel, Nassaus Beitrag (wie Anm. 1), S. 65; Rösner, Parlamentarier (wie Anm. 10), S. XXVII f.
28 Zu einem Wiedererwachen des politischen Lebens führten vor allem auch die Einigungsbewegung in Italien, die unmittelbar zur »Erklärung der Nassauer« von 1859 führte sowie die »Neue Ära« in Preußen und die daraus abgeleiteten Hoffnungen der Liberalen. Zu erwähnen ist auch die Gründung des »Nationalvereins«, der sich für die kleindeutsch-liberale Einigung Deutschlands (Deutschland mit Preußen an der Spitze, ohne Österreich) einsetzte. Prominente nassauische Befürworter waren Friedrich Lang und Carl Braun.
29 Rösner, Parlamentarier (wie Anm. 10), S. 99 f.; Struck, Streben nach Freiheit (wie Anm. 1), S. 198.
30 Rösner, Parlamentarier (wie Anm. 10), S. 145.
31 Rösner, Parlamentarier (wie Anm. 10), S. 194.
32 Wacker/Müller-Schellenberg, Das nassauische Militär (wie Anm. 1), S. 415.
33 Rösner, Parlamentarier (wie Anm. 10), S. XXVII.
34 Struck, Streben nach Freiheit (wie Anm. 1), S. 199.
35 Struck, Streben nach Freiheit (wie Anm. 1), S. 202.
36 VOBlHN 1863 Nr. 29 vom 12.11., S. 322 f., S. 330.
37 Rösner, Parlamentarier (wie Anm. 10), S. 91.
38 Rösner, Parlamentarier (wie Anm. 10), S. 99.
39 Struck, Streben nach Freiheit (wie Anm. 1), S. 202; VOBlHN 1864 Nr. 21 vom 2.11., S. 147.
40 Struck, Streben nach Freiheit (wie Anm. 1), S. 204.
41 Struck, Streben nach Freiheit (wie Anm. 1), S. 202.; Rösner, Parlamentarier (wie Anm. 10), S. XXX.
42 Kropat, Das Ende des Herzogtums (wie Anm. 1), S. 43; Struck, Streben nach Freiheit (wie Anm. 1), S. 202; VOBlHN 1865 Nr. 19 vom 21.7.; Rösner, Parlamentarier (wie Anm. 10), S. XXXI.
43 Rösner, Parlamentarier (wie Anm. 10), S. 91, 99.
44 Verhandlungen der Ständeversammlung des Herzogthums Nassau 1854, 2. Kammer, S. 7, 1. Kammer, S. 3 (künftig: VhStd 1. Kammer = Standesherren, Bischöfe, höchstbesteuerte Grundbesitzer und Gewerbetreibende; 2. Kammer = nach Dreiklassenwahlrecht gewählte Deputierte; 1. u. 2. Kammer gesamt = Ständevers., Landtag).
45 VOBlHN 1848 Nr. 22 vom 20.7., S. 139–141, hier S. 139.
46 VhStd 1848, Bd. 1, S. 442.
47 VhStd 1863, 1. Kammer, S. 126.
48 VhStd 1863, 1. Kammer, S. 115; 1861 waren es 28.000 fl, 1862 30.000 fl.; VhStd 1862 Ständevers., S. 27.
49 Insgesamt erreichten den Landtag 25 Petitionen. Siehe VhStd 1853, 2. Kammer, S. 14,75, 87; 1. Kammer S. 16, 77.
50 VhStd 1855, 1. Kammer, S. 130–187, 190–220, 2. Kammer, S. 163–187.
51 VhStd 1855, 1. Kammer, S. 130.
52 VhStd 1855, 2. Kammer, S. 164.
53 VhStd 1855, 1. Kammer, S. 186 f.
54 VhStd S. 1855, 2. Kammer, S. 239.
55 Carl Braun: *Ein solcher Fall ist bei uns noch nicht vorgekommen und es findet sich dafür auch kein Präcedenz in anderen Staaten.* S. VhStd 1856, 2. Kammer, S. 45, 47 f.; VhStd 1856, 2. Kammer, S. 129; VhStd 1863, 1. Kammer, S. 99; Rösner, Parlamentarier (wie Anm. 10), S. XXV.
56 VOBlHN 1855 Nr. 23 vom 29.9., S. 161–176.
57 Frondienst = unentgeltlicher Arbeitseinsatz für den Landesherren, aber auch für andere Berechtigte wie z. B. Pfarrer.
58 VOBlHN 1855 Nr. 23 vom 29.9., hier S. 162.
59 VhStd 1860, 2. Kammer, S. 455–459.
60 W. Gerstner, Die Hirschbrunft im Leibgehege Sr. H. des Herzogs von Nassau, im September und Oktober vorigen Jahres. In: Jagd-Zeitung Nr. 66, Jg. 1863, S. 168–172; s. auch E. Andrae, Die Geschichte der Jagd im Taunus. Neudamm 1894 (Faksimiledruck Melsungen 1981), S. 84, 87. Nach dieser Quelle schoß Herzog Adolph im Laufe seiner Regierungszeit allein im Taunus ca. 300 kapitale Hirsche (S. 84).
61 VhStd 1865, S. 181.
62 Eine zusammenhängende Untersuchung der Wildschäden im Herzogtum Nassau und ihrer Auswirkung auf die Volkswirtschaft steht noch aus.
63 VhStd 1859 2. Kammer, S. 412.
64 VhStd 1859 1. Kammer, S. 169–190, 196–211, 307–315, 318–325, 338; VhStd 1859, 2. Kammer, S. 411-445, 473–492; VhStd 1860 1. Kammer, S. 63–72, 74–79, 154–157, 161–166; 2. Kammer S. 204–245, 296–300, 303–305.
65 VhStd 1860 1. Kammer, S. 184 (11 : 4 Stimmen), 2. Kammer, S. 300 (14 : 10 Stimmen).
66 VOBlHN 1860, Nr. 12 vom 16.6., S. 102–115, hier S. 103.
67 VhStd 1865, 2. Kammer, S. 181.
68 1864, 2. Kammer, S. 147, 210.
69 1864, 2. Kammer, S. 359, 362, 369.
70 1864, 2. Kammer, S. 359, 368 f.
71 1864, 2. Kammer, S. 147.
72 1864, 2. Kammer, S. 359.
73 VhStd 1865 2. Kammer, S. 181.
74 VOBlHN 1851 Nr. 17 vom 25.8., S. 239 f.
75 VhStd 1864, 2. Kammer, S. 357.
76 VhStd 1864, 2. Kammer, S. 370.
77 VhStd 1865, Ständevers., S. 124.
78 VhStd 1864, 2. Kammer, S. 581.
79 VhStd 1864, 2. Kammer, S. 583.
80 1819–1848 Landwirtschaftliches Wochenblatt für das Herzogthum Nassau; 1849 Nassauische Zeitschrift für Land- und Forstwirthe, Weinbauer, Gärtner, Seidenzüchter und Thierärzte; ab 1850 Wochenblatt des Vereins Nassauischer Land- und Forstwirthe.
81 Landw. Wochenblatt (wie Anm. 80) 1843 Nr. 30 vom 29.7., S. 239.
82 Landw. Wochenblatt (wie Anm. 80) 1837 Nr. 29 vom 22.7., S. 225; 1840 Nr. 2 vom 11.1., S. 16; 1841 Nr. 29 vom 17.7., S. 232; 1845 Nr. 12 vom 22.3., S. 96; 1848 Nr. 32 vom 12.8., S. 256.
83 Guano = Exkremente von Kormoranen und anderen Seevögeln.
84 Landw. Wochenblatt (wie Anm. 80) 1845 Nr. 15 vom 12.4., S. 114; 1847 Nr. 17 vom 24.4., S. 142; 1852 Nr. 41 vom 9.10., S. 161; 1857 Nr. 5 vom 31.1.,

S. 16; 1854 Nr. 35 vom 2.9., S. 213; 1854 Beil. Nr. 18 zu Nr. 38 vom 23.9., S. 254; 1855 Nr. 19 vom 12.5., S. 101; 1855 Nr. 40 vom 6.10, S. 208; 1855 Nr. 42 vom 25.10., S. 213 f.; 1855 Nr. vom 29.12. (Beilage Nr. 8, S. 3); 1856 Nr. 1 vom 5.1., S. 4; 1856 Nr. 39 vom 27.9., S. 169 f. («Guano» aus Fischmehl); 1861 Nr. 52 vom 28.12., S. 261; 1862 Nr. 9 vom 1.3., S. 43; 1862 Nr. 23 vom 7.6., S. 109; 1863 Nr. 2 vom 10.1., S. 12; 1863 Nr. 6 vom 7.2., S. 36; 1863 Nr. 11 vom 14.3., S. 53; 1863 Nr. 24 vom 13.6., S. 108.
85 Landw. Wochenblatt (wie Anm. 80) 1855 Nr. 42 vom 25.10., S. 213 f.
86 Landw. Wochenblatt (wie Anm. 80) 1859 Nr. 32 vom 6.8., S. 141 f.
87 Landw. Wochenblatt (wie Anm. 80) 1866 Nr. 36 vom 8.9., S. 153 f.
88 Landw. Wochenblatt (wie Anm. 80) 1866 Nr. 11 vom 17.3., S. 54.
89 Landw. Wochenblatt (wie Anm. 80) 1843 Nr. 30 vom 29.7., S. 239; 1845 Nr. 51 vom 20.12, S. 423; 1846 Nr. 10 vom 7.3., S. 75; 1846 Nr. 15 vom 11.4., S. 117; 1847 Nr. 17 vom 24.4., S. 142; 1848 Nr. 37 vom 16.9., S. 284; 1852 Nr. 41 vom 9.10., S. 161; 1857 Nr. 10 vom 7.3., S. 21; 1857 Nr. 41 vom 10.10., S. 143; 1859 Nr. 32 vom 6.8., S. 141 f.; 1864 Nr. 40 vom 1.10., S. 178 f.; 1864 Nr. 40 vom 1.10., S. 179 f.; Werbebeilage der Chemischen Fabrik Carl Zimmer, dem Landw. Wochenblatt (wie Anm. 80) 1864 am Ende beigebunden; 1865 Nr. 14 vom 1.4., S. 58 f.; 1866 Nr. 11 vom 17.3., S. 54; 1866 Nr. 36 vom 8.9., S. 153 f.
90 Werbebeilage der Chemischen Fabrik Carl Zimmer, die dem Landw. Wochenblatt (wie Anm. 80) 1864 am Ende beigebunden ist.
91 Landw. Wochenblatt (wie Anm. 80) 1864 Nr. 40 vom 1.10., S. 179 f.
92 Wilhelmi, Wehen (wie Anm. 22), S. 435. Das Ausbringen des Guanos war nicht ungefährlich. Wenn er mit Verletzungen in Berührung kam, konnte es zu Blutvergiftungen kommen. Deshalb wurde empfohlen, beim Ausstreuen ledere Handschuhe zu tragen. Siehe Aar-Bote Nr. 104 v. 29.12.1868.
93 VOBIHN 1816 Nr. 28 vom 16.11, S. 289–297, hier S. 293.
94 Landw. Wochenblatt (wie Anm. 80) 1855 Nr. 25 vom 23.6., S. 129 f.; 1865 Forstl. Beilage Nr. 4, S. 14; 1865 Forstl. Beilage Nr. 24, S. 96; 1865 Forstl. Beilage Nr. 25, S. 97, 99; 1865 Forstl. Beilage Nr. 29, S. 113 f.
95 Landw. Wochenblatt (wie Anm. 80) 1829 Nr. 12 vom 21.3., S. 92.
96 Landw. Wochenblatt (wie Anm. 80) 1854 Nr. 45 vom 11.11., S. 293.
97 Landw. Wochenblatt (wie Anm. 80) 1854 Nr. 45 vom 11.11., S. 295.
98 Landw. Wochenblatt (wie Anm 80) 1863 Nr. 23 vom 6.6., S. 101.
99 Die Maschinen verschlangen während des Betriebs stündlich zwei Zentner Steinkohle und brauchten zur Bedienung zwanzig Arbeitskräfte, sie waren deshalb nur für große Güter oder für den Drusch auf Leihbasis rentabel. Siehe Landw. Wochenblatt (wie Anm. 80) 1863 Nr. 23 vom 6.6., S. 101 f.
100 Landw. Wochenblatt (wie Anm. 80)1864 Nr. 7 vom 13.2., S. 26; 1864 Nr. 49 vom 3.12., S. 220.
101 Landw. Wochenblatt (wie Anm. 80) 1862 Nr. 18 vom 3.5., S. 77.
102 Landw. Wochenblatt (wie Anm. 80) 1862 Nr. 18 vom 3.5., S. 79.
103 Landw. Wochenblatt (wie Anm. 80) 1862 Nr. 18 vom 3.5., S. 80.
104 Landw. Wochenblatt (wie Anm. 80) 1862 Nr. 18 vom 3.5., S. 79.
105 Landw. Wochenblatt (wie Anm. 80) 1862 Nr. 18 vom 3.5., S. 79.
106 VhStd 1863, 1. Kammer, S. 14–16.
107 VhStd 1864, 1. Kammer, S. 142; 1864, 2. Kammer, S. 146.
108 VhStd 1864, 1. Kammer, S. 142; 1864, 2. Kammer, S. 369.
109 VhStd 1864, 1. Kammer, S. 143.
110 VhStd 1864, 1. Kammer, S. 143.
111 VhStd 1862, Ständevers., S. 75.
112 VhStd 1864, 2. Kammer, S. 355.
113 VhStd 1862, Ständevers., S. 75.
114 VhStd 1864, 2. Kammer, S. 146; s. auch Andrae, Geschichte der Jagd (wie Anm. 60), S. 87.
115 VhStd 1864, 2. Kammer, S. 214, 1865, 2. Kammer, S. 75.
116 VhStd 1864, 2. Kammer, S. 355, 368.
117 VhStd 1864, 2. Kammer, S. 159.
118 Landw. Wochenblatt (wie Anm. 80) 1865 Forstl. Beilagen Nr. 23, S. 89 f., u. Nr. 24, S. 94 f.
119 1864, 2. Kammer, S. 146, 159, 602.
120 Landw. Wochenblatt (wie Anm. 80) 1865 Forstl. Beilage Nr. 18, S. 70 f.
121 VhStd 1864, 2. Kammer, S. 357. Die Oberförster hatten in jedem Winter dreimal den Bestand an jagdbaren Hirschen festzustellen und an das Oberforstamt zu melden, das seinerseits den Jagdrapport zusammenstellte und an das Oberjägermeisteramt nach Biebrich weitergab. Von dort wurde der Herzog informiert. S. Andrae, Geschichte der Jagd (wie Anm. 60), S. 84. Das Oberjägermeisteramt war eine Behörde der herzoglichen Hofhaltung und damit weder der Landesregierung noch dem Staatsministerium unterstellt, konnte aber den Förstern Weisungen erteilen. Siehe St. Wöhrl, Die Forstorganisation und Forstverwaltung in Nassau von 1803 bis 1866. Wiesbaden 1994, S. 105.
122 VhStd 1864, 2. Kammer, S. 357.
123 VhStd 1864, 2. Kammer, S. 359.
124 VhStd 1864, 2. Kammer, S. 363.
125 VhStd 1864, 2. Kammer, S. 581.
126 VhStd 1864, 2. Kammer, S. 214.
127 VhStd 1864, 2. Kammer, S. 224.
128 VhStd 1866, 2. Kammer, S. 158.
129 VOBIHN 1809, S. 25; VOBIHN 1811, S. 53 f.; VOBIHN 1815 Nr. 2 vom 14.1., S. 5; VhStd 1860, 2. Kammer, S. 208.
130 Wettengel, Nassaus Beitrag (wie Anm. 1), S. 66; Rösner, Parlamentarier (wie Anm. 10), S. XXXII.
131 C. Braun, Eine Landtagsrede. In: Bilder aus der deutschen Kleinstaaterei. Neue Folge. 1. Bd., Berlin 1870, S. 236–256, hier S. 252. Diese Rede Brauns ist in den Sitzungsprotokollen des Landtags nicht abgedruckt.
132 Wacker/Müller-Schellenberg, Das nassauische Militär (wie Anm. 1), S. 433 f.; W. Rosenwald, Die Herzoglich Nassauische Brigade im Feldzug 1866. Taunusstein 1983, S. 34 ff.
133 Rosenwald, Feldzug (wie Anm. 132), S. 231.
134 Rosenwald, Feldzug (wie Anm. 132), S. 235.
135 Rosenwald, Feldzug (wie Anm. 132), S. 238.
136 Rosenwald, Feldzug (wie Anm. 132), S. 242–245. Bei dem Kriegsopfer aus dem Amt Wehen handelt es sich um den Soldaten Weilnau aus Bechtheim.
137 W. Hug, W. Danner u. H. Busley, Geschichtliche Weltkunde. Bd. 2: Vom Zeitalter der Entdeckungen bis zum Ende des 19. Jahrhunderts. Frankfurt am Main 1977, S. 197.
138 Wettengel, Nassaus Beitrag (wie Anm. 1), S. 66; Rosenwald, Feldzug (wie Anm. 132), S. 122/123.
139 Wettengel, Nassaus Beitrag (wie Anm. 1), S. 66.
140 Rosenwald, Feldzug (wie Anm. 132), S. 108–207.
141 Rosenwald, Feldzug (wie Anm. 132), S. 200.
142 Rosenwald, Feldzug (wie Anm. 132), S. 212, 217 ff. Das im Mainz stationiert gewesene Depotbataillon war bereits am 28. August nach Wiesbaden zurückgekehrt, siehe Rosenwald Feldzug (wie Anm. 132), S. 211.
143 Rosenwald, Feldzug (wie Anm. 132), S. 215.
144 Rosenwald, Feldzug (wie Anm. 132), S. 226; A. Henche, Zur Geschichte des preußischen Kommissariats in Nassau im Jahre 1866. In: Nassauische Heimatblätter 1933 H. 1/2, S. 23.
145 Rosenwald, Feldzug (wie Anm. 132), S. 226. Um die Jahrhundertwende kam es zu einer regelrechten Nostalgie-Welle, mit der das Andenken an »Alt-Nassau« belebt wurde. Hinter dieser von Preußen geförderten »vaterländischen Gesinnung« standen konservative Kräfte, deren Ziel es war, die sich abzeichnende politische Machtverschiebung nach links aufzuhalten. Vgl. Wacker/Müller-Schellenberg, Das nassauische Militär (wie Anm. 1),

S. 583. Schon kurz nach seinem Tod errichteten traditionsbewußte Patrioten 1909 dem Herzog an der Grenze zwischen Wiesbaden und Biebrich ein Denkmal. Vgl. P. Even, Die Biebricher und »ihr« Herzog: Das nassauische Landesdenkmal am Henkellpark. In: A. u. G. Schmidt-von Rhein, Von Biebrich nach Wiesbaden. Köln und Wiesbaden 1998, S. 103–126. Zu Herzog Adolph siehe O. Renkhoff, Nassauische Biographie. Kurzbiographien aus 13 Jahrhunderten. Wiesbaden 1992, S. 564; R. Faber, Nassau bleibt unvergessen. In: Jahrbuch des Rheingau-Taunus-Kreises. 50. Jhrg. 1999, S. 69 ff. Wacker/Müller-Schellenberg, Das nassauische Militär (wie Anm. 1), S. 233, 434.
146 G. v. Diest, Aus dem Leben eines Glücklichen. Erinnerungen eines alten Beamten, Berlin 1904, S. 313; Weichel, Bürger von Wiesbaden (wie Anm. 7), S. 279–291.
147 Wettengel, Nassaus Beitrag (wie Anm. 1), S. 68.
148 Weichel, Bürger von Wiesbaden (wie Anm. 7), S. 280; K. Müller, Preußischer Adler und Hessischer Löwe. Hundert Jahre Wiesbadener Regierung 1866–1966. Dokumente der Zeit aus dem Akten. Wiesbaden 1966, S. 16.
149 Diest, Erinnerungen (wie Anm. 146), S. 320; Henche, Preußisches Kommissariat (wie Anm. 144), S. 17.
150 Rosenwald, Feldzug (wie Anm. 132), S. 222 f.
151 Diest, Erinnerungen (wie Anm. 146), S. 324; Müller, Preußischer Adler (wie Anm. 148), S. 20.
152 Diest, Erinnerungen (wie Anm. 146), S. 323 ff.; Müller, Preußischer Adler (wie Anm. 148), S. 24 f.
153 Diest, Erinnerungen (wie Anm. 146), S. 324.
154 Der Aar-Bote wurde am 1.10.1861 in Langenschwalbach (heute Bad Schwalbach) gegründet, ab 1.10.1867 »Amtliches Kreisblatt für den Unter-Taunus-Kreis«. Nach eigener Einschätzung konservatives (Aar-Bote Nr. 90 vom 9.11.1867) »politisches Lokalblatt«. Erschien (damals) zweimal wöchentlich im Umfang von meistens 4 Seiten. Überregionale Berichte wurden mit exakter Quellenangabe unkommentiert aus anderen Zeitungen übernommen. Der Aar-Bote war Stütze des Staates und half wesentlich mit, daß auch in den Dörfern preußischer Geist Eingang fand. Siehe H. Schmidt, Das war ihr Leben. Bd. 2: Das Dorf im Kaiserreich. Taunusstein-Orlen 1986, S. 275; Nach B. Liebelt, Politische Wahlen in Wiesbaden im Kaiserreich (1867–1918). Wiesbaden (Historische Kommission für Nassau) 1988, S. 65 war der Aar-Bote regierungsfreundlich.
155 Aar-Bote vom 10.10.1866.
156 Schmidt, Kaiserreich (wie Anm. 154), S. 22; Henche, Kommissariat (wie Anm. 144), S. 6.
157 Aar-Bote Nr. 78 vom 28.9.1867.
158 Aar-Bote Nr. 78 vom 28.9.1867, Nr. 80 vom 5.10.1867; Nr. 82 vom 12.10.1867, Nr. 83 vom 16.10.1867.
159 Wettengel, Nassaus Beitrag (wie Anm. 1), S. 68.
160 Diest, Erinnerungen (wie Anm. 146), S. 341, 351; zur Aufnahme der Preußen s. Schmidt, Kaiserreich (wie Anm. 154), S. 22; Weichel, Bürger von Wiesbaden (wie Anm. 7), S. 280 f.
161 Diest, Erinnerungen (wie Anm. 146), S. 328; Müller, Preußischer Adler (wie Anm. 148), S. 17. Daß die Skepsis der Katholiken berechtigt war, zeigte sich während des sogenannten Kulturkampfes (1871-1878). Der Staat versuchte auf Kosten Roms Einfluß, z.B bei der Besetzung von Pfarrstellen, auszuüben. Der Limburger Bischof Peter Joseph Blum, der sich zu widersetzen versuchte, kam seiner Verhaftung durch die Flucht nach Böhmen zuvor, konnte nach Beendigung des Kulturkampfes sein Amt aber wieder ausüben. S. Müller, Preußischer Adler (wie Anm. 148), S. 105–112.
162 Diest, Erinnerungen (wie Anm. 146), S. 346.
163 Diest, Erinnerungen (wie Anm. 146), S. 329; Wettengel, Nassaus Beitrag (wie Anm. 1), S. 68; Weichel, Bürger von Wiesbaden (wie Anm. 7), S. 281; Henche, Kommissariat (wie Anm. 144), S. 14 f.
164 Müller, Preußischer Adler (wie Anm. 148), S. 20.
165 Henche, Kommissariat (wie Anm. 144), S. 10; Wilhelmi, Wehen (wie Anm. 22), S. 455 f.
166 Wilhelmi, Wehen (wie Anm. 22), S. 433.
167 Diest, Erinnerungen (wie Anm. 146), S. 349; G. Schauß, Bismarck und Nassau, Wiesbaden 1900, S. 30.
168 Müller, Preußischer Adler (wie Anm. 148), S. 21.
169 Diest, Erinnerungen (wie Anm. 146), S. 341.
170 Müller, Preußischer Adler (wie Anm. 148), S. 46.
171 Diest, Erinnerungen (wie Anm. 146), S. 340.
172 Diest, Erinnerungen (wie Anm. 146), S. 340.
173 Herzog Adolph durfte seine Schlösser behalten und erhielt dazu eine Abfindung von 15 Millonen Gulden. Siehe Diest, Erinnerungen (wie Anm. 146), S. 330 f., 335 f., 339; W. Schüler, Die Herzöge von Nassau. Macht und Ohnmacht eines Regentenhauses im Zeitalter der nationalen und liberalen Bewegung. In: Nassauische Annalen Bd. 95, 1984, S. 172; Henche, Kommissariat (wie Anm. 144), S. 28–32; Weichel, Bürger von Wiesbaden (wie Anm. 7), S. 280.
174 VhStd 1866, 2. Kammer, S. 158.
175 Diest, Erinnerungen (wie Anm. 146), S. 349 ff.
176 Schmidt, Kaiserreich (wie Anm. 154), S. 22. Die Wahl des Vornamens Wilhelm läßt darauf schließen, daß die Eltern des kleinen Nickel nicht gerade preußenfeindlich gesinnt waren, ist es doch auch der Name des neuen Königs.

Guntram Müller-Schellenberg

Unter König und Kaiser.

Das Leben in Taunusstein von 1866 bis 1918

Inhalt

1.	Preußens Glorie in Nassaus Provinz	255
1.1	Vom Gulden zum Taler, vom ›Käppi‹ zur Pickelhaube	255
1.2	Die Reichsgründung 1871	258
1.3	Patrioten, Sänger und der Alltag	259
1.4	Recht und Ordnung im Dorf	260
1.5	Reiche und Einflußreiche: Wahlen und politisches Bewußtsein	261
1.6	Fortschritt in Technik und Verkehr	263
2.	Der 1. Weltkrieg	264
2.1	Zwischen »Hurra« und Hunger	264
2.2	Blockade und Mangelwirtschaft	265
2.3	Das Kriegsende	272
3.	Anmerkungen	273

1. Preußens Glorie in Nassaus Provinz

1.1 Vom Gulden zum Taler, vom ›Käppi‹ zur Pickelhaube

Wie[*] wir bereits im vorangegangenen Beitrag gesehen haben, änderte sich für die Bewohner der Orte, die heute die Stadt Taunusstein bilden (künftig ›Taunusstein‹ genannt), trotz der neuen Herrschaft vorerst wenig. In den Dörfern blieben die meisten Honoratioren im Amt. Das in jedem Ort gleichermaßen angesehene und auch gefürchtete Dreigestirn aus Pfarrer, Lehrer und Bürgermeister blieb also, wie es war. Auch Maße und Gewichte – in jenen Tagen in den deutschen Ländern noch höchst verschieden – änderten sich zunächst nicht.[1] Nur die Landesfarben waren neu, statt Blau-Orange nun eben Schwarz-Weiß. So erlebten die etwa 3 860 ›Taunussteiner‹[2] den Wechsel vom Herzogtum Nassau zum Königreich Preußen.

Natürlich wirkten sich die Veränderungen, die Nassau durch die Eingliederung nach Preußen erfuhr, nach und nach auch in der »Provinz« aus. *Viel Unmut und Unzufriedenheit brachte das preußische Geld.*[3] Das preußische Geld war der Taler mit seinen 30 Silbergroschen zu 12 Pfennigen, der am 1. Januar 1867 den Gulden mit seinen 60 Kreuzern ablöste.[4] Zum Umgewöhnen hatte man allerdings ein ganzes Jahr Zeit.[5] Ohne Taschenrechner und PC halfen beim Licht der Petroleumlampen Tabellen beim Umrechnen von Gulden und Kreuzern in Taler und Groschen. Solche Tabellen wurden beispielsweise im »Aar-Boten« zum Kauf angeboten.[6] Die Lehrer übten mit den Schulkindern, die Buben und Mädchen sollten dann zu Hause die Ihren unterrichten.[7]

Die Währungen der fortgeschrittenen Länder waren an die Preise für Gold und Silber gebunden, der Gehalt an Edelmetall bestimmte also die Kaufkraft der Münzen. Weil der Taler schwerer war als der Gulden, galt er entsprechend mehr. Getauscht wurde also auf der Basis des Silbergehalts der Münzen, so daß beim Wechseln keine Veränderungen in der Kaufkraft eintreten konnten. Papiergeld spielte nur eine untergeordnete Rolle. Allerdings betrieben Falschmünzer ihr Unwesen; so mußte der »Aar-Bote« noch vor der tatsächlichen Einführung der preußischen Währung vor gefälschten Talerstücken warnen.[8] Ende November 1867 wurde dann zum Umtausch der alten nassauischen Gulden und Kreuzer in Taler, Groschen und Pfennige aufgerufen. Für sieben Gulden gab es vier Taler.[9]

Viel Rechenarbeit kam auf die Gemeindeverwaltungen zu. Sie mußten ihre Jahresabschlüsse für 1867 noch in der Guldenwährung erstellen, die Endsummen aber in Talern ausweisen.[10] Die Etats für 1868 waren dann in der neuen Talerwährung aufzustellen. Der »Aar-Bote« kostete jetzt anstelle der gewohnten 33 Kreuzer 9 $1/2$ Silbergroschen pro Quartal.[11] Wer nun gedacht hatte, die Umstellung sei mit dem Stichtag 1.1.1868 endgültig geschafft, sah sich bitter getäuscht. Monatelang wurden Waren im »Aar-Boten« sowohl in der alten wie auch in der neuen Währung angeboten.[12] Mit Talern wurde zwar bei allen öffentlichen Kassen gerechnet, doch »im Handel und Wandel« hatten die Silbergroschen den Kreuzer aber noch lange nicht verdrängt.[13] An höherwertigen Gütern wurden etwa »Haushalts-Maschinen« in Talern angeboten[14], landwirtschaftliche Maschinen waren aber noch für Gulden zu haben.[15] Wie verwirrend es mitunter zugehen konnte, zeigt die Werbung einer Lotterie-Gesellschaft: Noch

---

[*] Für wertvolle Vorarbeiten danke ich Herrn Christian Thiels (M. A.), Wiesbaden, auch an dieser Stelle sehr herzlich. Herr Thiels hat freundlicherweise auch erlaubt, aus seinem Konzept einige Formulierungen in diesen Beitrag zu übernehmen. Besonders herzlich danke ich auch Herrn Archivoberrat Dr. Michael Wettengel (Koblenz) für kritische Durchsicht und wertvolle Anregungen. Mein Dank gilt auch Herrn Helmut Walther, der das Manuskript ebenfalls kritisch durchgesehen hat. Für wichtige Literaturhinweise bin ich Herrn Axel Ulrich vom Stadtarchiv Wiesbaden zu Dank verpflichtet. Herr Militärhistoriker Peter Wacker, Nürnberg, hat mehrere Beiträge dieses Buches mit seiner Kenntnis bereichert, wofür ihm auch hier sehr herzlich gedankt sei.

im Dezember 1868 – also fast ein ganzes Jahr nach der gesetzlichen Einführung der neuen Währung – verkaufte sie die Lose für Gulden, schüttete aber die Gewinne in Talern aus.[16] Noch Ende 1868 wurde sogar der Wechselkurs ausländischer Goldmünzen im »Aar-Boten« noch in Gulden angegeben.[17]

Außer den Münzen konnten auch die alten Briefmarken umgetauscht werden. Es galt nun im gesamten Postgebiet ein einheitlicher Tarif – von ›Taunusstein‹ nach Wiesbaden war das Briefporto nun dasselbe wie nach München, Königsberg, Wien oder Hamburg.[18]

Ebenfalls bereits 1867 wurde mit der Bildung von Kreisen eine neue Verwaltungsebene nach preußischem Vorbild geschaffen, an deren Spitze der in Nassau bisher unbekannte Landrat stand. Diese Kreise setzten sich aus mehreren Ämtern zusammen, deren Amtmänner dem Landrat unterstanden. Das Amt Wehen bildete zusammen mit den Ämtern Langenschwalbach (Bad Schwalbach) und Idstein den Untertaunuskreis, Kreisstadt war Langenschwalbach: quasi eine erste Gebietsreform.[19]

Sollte sich in den Dörfern mal ein Ordnungshüter nach dem Rechten umgesehen haben, so kam er jetzt nicht mehr wie ehemals im grünen Rock des nassauischen Militärs und im ›Käppi‹ daher, als preußischer Gendarm zeigte er sich farbenprächtig im dunkelgrünen Waffenrock mit rotgefaßten kornblumenblauen Aufschlägen. Bei seinem Auftritt mit dem sprichwörtlichen Wahrzeichen des preußischen Militärs, der Pickelhaube, den Säbel umgeschnallt, das Gewehr mit aufgepflanztem Bajonett geschultert, erstarrten wohl nicht nur die Schulbuben in Ehrfurcht.[20] Die Wehrpflichtigen kamen jetzt im preußischen blauen Waffenrock und in der Pickelhaube zum Urlaub in die Dörfer statt mit der gewohnten grünen, nach österreichischem Muster ge-

Abb. 1: Im ›Käppi‹ nach österreichischem Muster mußten 1866 auch ›Taunussteiner‹ für Herzog Adolph gegen Preußen ins Feld ziehen. Das Foto zeigt einen Mann des in Wiesbaden stationierten 2. Infanterieregiments.

schnittenen Uniform des nassauischen Militärs und dem ebenfalls österreichischen ›Käppi‹.[21]

Die Kinder erhielten neue Schulbücher, der Lehrplan wandelte sich, die nassauischen Fürsten und Herzöge mußten aus dem Geschichtsunterricht abtreten, um den preußischen Geschlechtern Platz zu machen. In kurzer Zeit kannten die ›Taunussteiner‹ Buben und Mädchen Geographie und Geschichte ihrer neuen großen glorreichen Heimat.[22] Wie schon in nassauischer Zeit gab es aber für die Schulkinder nicht viel Zeit für Spiel und Spaß. Sie hatten nicht nur an den meisten Schultagen bis drei Uhr nachmittags Unterricht, auch ihre Ferien waren »verplant«. Die waren nämlich so gelegt, daß die Kinder während der »Spitzenzeiten« im landwirtschaftlichen Jahresablauf den Eltern als Arbeitskräfte zur Verfügung standen: So gab es Ferien zum Kartoffelsetzen, zur Heu-, zur Getreide- und zur Kartoffelernte.[23] In der Schule bleute der Lehrer schon den Jüngsten neben dem ABC, frommen Liedern, Rechnen und dem Katechismus vor allem die preußischen Tugenden Ordnung, Zucht und Gehorsam ein. Für die Jungen wurde die Volksschule so zu einer »Vorschule« der Kaserne. *Der Schulmeister dressierte, der Unteroffizier drillte*, schreibt Helge Schmidt in seinem Buch »Das Dorf im Kaiserreich«.[24]

Der Lehrer war auch außerhalb der Schule unumschränkter Herrscher über die Kinder, er regierte mit dem Stock.[25] Der Lehrer seinerseits stand unter der Aufsicht des Pfarrers, der – wie schon in nassauischer Zeit – eine herausragende Stellung im Dorf hatte. Das »sittliche Leben« der »Untertanen«, zu denen auch der Lehrer gehörte, unterlag seiner Kontrolle. Auch war es eine seiner vornehmlichen Pflichten, bei den Mitgliedern seiner Gemeinde für Anerkennung des Staates und gehörigen Respekt vor der Obigkeit und ihren Repräsentanten zu sorgen.[26]

Abb. 2: Nach der Annexion Nassaus durch Preußen kamen die Wehrpflichtigen in anderem »Outfit« zum Urlaub nach ›Taunusstein‹. Das ›Käppi‹ hatte der Pickelhaube weichen müssen. Das Symbol des preußischen Militärs ist auf der Ablage deponiert.

1.2 Die Reichsgründung 1871

Kaum hatten die Waffen ein Jahr geschwiegen, da schwelten schon Gerüchte um einen neuen Krieg. In ihrer Heimatzeitung, dem »Aar-Boten«, mußten die ›Taunussteiner‹ lesen, Frankreich treffe Kriegsvorbereitungen, man solle sich aber nicht einschüchtern lassen, Preußen und Deutschland wüßten zu reagieren, auf einen groben Klotz gehöre halt ein grober Keil.[27] Im Dezember 1867 berichtet die Zeitung von einer zunehmenden »Erkaltung« der Beziehungen zwischen Paris und Berlin, man habe das Gefühl, daß es »zum Schlagen« komme.[28] Auch 1868 mußte man im »Aar-Boten« mehrfach von drohender Gefahr eines Krieges mit Frankreich lesen.[29] Im Sommer 1870 eskalierte der schwelende Konflikt. Und das kam so: Erbprinz Leopold von Hohenzollern-Sigmaringen sollte den vakant gewordenen spanischen Thron besetzen, zog seine Kandidatur aber rasch wieder zurück. Frankreich sah in Leopolds Ansprüchen nämlich eine Gefahr für das europäische Kräftegleichgewicht. Ein Mitglied der Hohenzollernfamilie, deren »Chef« der preußische König war, sollte Spanien nicht regieren. Schließlich – so fürchtete man in Paris – hätte Frankreich, die »grande nation«, dann im Osten und im Süden deutsche Adelshäuser als Nachbarn. Also forderten die Franzosen im Juli 1870 von Preußenkönig Wilhelm I., der seit 1866 ja auch Landesherr der ›Taunussteiner‹ war, eine Garantieerklärung, nach der er den Verzicht billigen und auch fortan die Kandidatur eines Hohenzollern nicht genehmigen würde. König Wilhelm, der sich in jenen Tagen unweit von Taunusstein im Kurort Bad Ems aufhielt, lehnte das französische Ansinnen ab und beauftragte Bismarck per Telegramm mit der Veröffentlichung seiner Entscheidung. Das war die berühmte »Emser Depesche«. Der Kanzler kürzte und verschärfte den königlichen Text dergestalt, daß sich die Franzosen tief brüskiert fühlen mußten und – wie Bismarck vermutet und insgeheim wohl auch gehofft hatte – am 19. Juli 1870 den Krieg erklärten.[30]

In diesen Krieg mußten auch viele ehemalige Nassauer ziehen, unter ihnen etliche ›Taunussteiner‹. Nicht alle kehrten aus dem Waffengang, der schließlich zur Gründung des Deutschen Reiches führte, zurück. Vier Männer aus Bleidenstadt, einer aus Wehen und einer aus Seitzenhahn mußten in diesem Feldzug ihr Leben lassen.[31] Der 24jährige Gustav Butzbach aus Orlen gehörte aber zu denen, die unversehrt zurückgekehrt sind und fortan stolz ihre Orden aus dem »glorreichen Ringen« trugen.[32]

Nach dem deutschen Sieg über Frankreich wurden – wie überall in Deutschland – auch in ›Taunusstein‹ Friedensfeiern abgehalten. Man dankte Gott für den Sieg. Im königlichen Erlaß zu diesen Jubelfestivitäten erfuhren auch die ›Taunussteiner‹, daß *die Opfer der Treue, der todesmutigen Hingebung unseres Volkes auf den Schlachtfeldern und daheim* nicht vergeblich gewesen seien[33]; königliche Worte über nichts anderes als Tod und Leiden. Im Siegestaumel überwog aber der Nationalismus. Kaum verwunderlich, bei Siegen fragt selten jemand nach den Toten und Verstümmelten.

Bismarck war jetzt am Ziel seines Strebens nach Gründung eines deutschen Reiches angelangt. Nach längeren Verhandlungen mit den süddeutschen Staaten war es dann am 18. Januar 1871 soweit. Im Spiegelsaal von Versailles, also auf französischem Boden, wurde der preußische König in Anwesenheit von zweitausend Fürsten, Offizieren, Beamten und Geistlichen zum deutschen Kaiser proklamiert.[34] Die deutschen Fürsten behielten ihre Throne. Für die ›Taunussteiner‹ war Wilhelm nun also König und Kaiser zugleich. Eine der Bestrebungen der 1848er Revolution war mit der Reichsgründung erreicht, nur kam sie nicht von unten, vom Volk, sondern von oben, von den Fürsten. So verwundert es nicht, daß man im Spiegelsaal von Versailles nach Abgeordneten des Volkes vergebens Ausschau halten muß.[35]

Die Gründung des Deutschen Reiches änderte in ›Taunusstein‹ wenig: Der neue Kaiser war der alte König. Der »Aar-Bote« schreibt am 25. Januar 1871[36]: *1870 liegt Frankreich darnieder und der Bonapartismus*[37] *hat Pleite gemacht, dagegen steht Deutschland in einer bisher ungekannten Machtfülle da und ein siegreicher Kaiser an seiner Spitze.* Daß Wilhelm über die Kaiserkrone gar nicht so glücklich war, ja regelrecht überredet werden mußte, den Thron zu besteigen, das wußte der Artikelschreiber damals freilich nicht.[38]

1.3 Patrioten, Sänger und der Alltag

Das patriotische Gebaren auch der folgenden Jahre schlug sich besonders in den Jubelfeiern zum sogenannten Sedantag nieder, der nach dem Ort der Entscheidungsschlacht im Krieg gegen Frankreich benannt war. Da wurden dann auch in ›Taunusstein‹ deutschtümelnde Hymnen gesungen, so etwa *Mein letzter Tropfen Blut ist dein, Du heißumkämpfter deutscher Rhein*.[39] Der Patriotismus der Menschen schlug sich aber nicht nur in musikalischen Lippenbekenntnissen zum neuen Deutschen Reich nieder. Junge Männer – wie der im vorigen Beitrag erwähnte ›Taunussteiner‹ Wilhelm Nickel – drängten als Berufssoldaten in den prestigeträchtigen, aber auch wirtschaftliche Sicherheit bietenden Militärdienst.[40]

Auch im ehemaligen Nassau mochte man sich dem nationalen Überschwang nicht entziehen. In vaterländischer Stimmung wurden Gesangvereine gegründet.[41] In Orlen trug er den Namen »Sänger-Einheit« und probte von 1871 an unter Leitung von Lehrer Philipp Bietz im Gasthaus Rose. Neben Liedern beispielsweise für Schulfeste hatte man natürlich auch Vaterländisches im Repertoire. Eines dieser Lieder, das den Titel »Dem König« trägt, preist den Landesherrn überschwenglich[42]: *Heil unserm König! Heil! Dem Landesvater Heil! Dem König Heil! Von seinem Volk geliebt, von Kummer ungetrübt, herrsch' er noch lang beglückt! Dem König Heil!* Mit derart monarchistischen Tönen, in denen Herzog Adolph als einstiger Herrscher offenbar völlig vergessen war, standen die Orlener natürlich nicht allein. Einen anderen dieser schwülstigen Liedertexte druckte der »Aar-Bote« in seiner Ausgabe vom 21. März 1877 ab.[43]

Eine ganz besondere Schwäche für die Provinz Nassau empfand des Kaisers Enkel und Nachfolger: Wiesbaden verdankt Wilhelm II. einen erheblichen Wachstumsschub. Die kleine ehemalige Residenzstadt mauserte sich zum »Weltkurbad«, zu dessen Gästen neben dem Kaiser bald auch zahlreiche Größen aus Militär, Politik und Kultur zählten. Viele wohlhabende Pensionäre und Rentiers verbrachten hier in luxuriösen Villen ihren Lebensabend.[44]

Die dadurch ausgelöste Bautätigkeit brachte zumindest für etliche ›Taunussteiner‹ durchaus positive Veränderungen in ihren Lebensverhältnissen. Viele Männer fanden in der nahen Kurstadt – vor allem im Bauhandwerk – Arbeit und Auskommen.[45] Mädchen und Frauen gingen als Küchenhilfen oder Hausmädchen in Hotels und privaten Haushalten »in Stellung«, junge Männer verdingten sich als Hausburschen oder Knechte.[46] Sogar der Wald veränderte sein Gesicht; verstärkt wurde die als Bauholz gesuchte schnellwüchsige Fichte angebaut, und noch heute bestimmt die damalige Maßnahme in einzelnen Schlägen das Bild der Taunussteiner Wälder.[47]

Veränderungen gab es auch bei den Maßen und Gewichten. Zwar galt in Nassau schon seit 1851 das metrische System[48], viele Bezeichnungen waren aber die alten geblieben. So hieß die Grundlage des Längenmaßes noch immer »Fuß«, hatte aber im Gegensatz zu den vorher regional unterschiedlichen Maßen exakt 30 Zentimeter. Jetzt galt aber nur noch der Meter mit seinen 100 Zentimetern. Um den Menschen diesen Wechsel zu erleichtern, druckte der »Aar-Bote« Verse ab, mit denen die neuen Maßeinheiten populär gemacht werden sollten. Das klang dann etwa so[49]: *Das Meter, oder deutsch der Stab/mißt Länge, Breite, Höhe ab;/an Größen zu vergleichen mit/Dem großen starken Mannesschritt.* Damit die Maße und Gewichte auch eingehalten wurden, fanden in regelmäßigen Abständen Überprüfungen der Meßwerkzeuge, sogenannte Aichrevisionen, statt.[50]

Ein weitaus tieferer Einschnitt in das tägliche Leben war auch für die ›Taunussteiner‹, daß schon wieder eine neue Währung eingeführt wurde. Man hatte sich gerade einigermaßen an Taler und Groschen gewöhnt, da begann Ende 1871 die Mark mit ihren hundert Pfennigen ihren Siegeslauf.[51] Wenn aber beispielsweise in Orlen ein Schmied noch Ende der 1870er Jahre in seinem Geschäftsbuch in der Talerwährung rechnete und nur den Jahresendbetrag in Mark und Pfennigen ausgewiesen hat[52], so ist das allerdings kein Wunder. Die Prägeanstalten kamen nämlich mit der Herstellung der Münzen nicht nach, so daß noch jahrelang Taler und Groschen, Mark und Pfennige nebeneinander Zahlungsmittel waren. Der alte »Vereinstaler« blieb als Dreimarkstück sogar bis 1907 im Umlauf.[53] Die Ein-

Abb. 3: Innerhalb weniger Jahre mußte man sich anstelle von Gulden und Kreuzern (obere Reihe) an Taler und Groschen (Mitte) und schließlich an Mark und Pfennig (unten) gewöhnen.

führung der Mark kam für die ›Taunussteiner‹ allerdings gar nicht so überraschend. Schon 1868, als der Gulden noch gegen den Taler kämpfte, wurde auch in den Spalten des »Aar-Boten« über ihre Einführung spekuliert.[54] Es wurde sogar darüber diskutiert, ob die neue Währung nicht der französischen angepaßt werden und wie diese »Franken« genannt werden sollte.[55] Die entscheidende Verbesserung der Mark gegenüber ihren Vorgängern war das Dezimalsystem. Der eigentliche Grund ihrer Einführung war aber ein anderer: Wegen der vermehrten Gewinnung von Silber, das zunehmend als Nebenprodukt beim Schmelzen von Blei und Kupfer anfiel, sank der Silberpreis im Verhältnis zu dem des Goldes. Das Deutsche Reich schuf deshalb eine mit Gold gedeckte Währung, die »Mark« genannt wurde. Dieser Coup hat auf den internationalen Kapitalmärkten starke Turbulenzen ausgelöst.[56] Veränderungen in der Kaufkraft waren auch mit dieser zweiten Währungsumstellung innerhalb weniger Jahre nicht verbunden.

1.4 Recht und Ordnung im Dorfalltag

Im Jahr 1886 mußten sich die ›Taunussteiner‹ nochmals an eine neue Verwaltungsstruktur gewöhnen. Die Ämter, also auch das Amt Wehen, wurden aufgelöst, den einst so gefürchteten Amtmann gab es nicht mehr. Gleichzeitig wurde aber die Stellung der Bürgermeister gestärkt, sie übernahmen vom Amtmann beispielsweise die Aufsicht über die Ortspolizei. Behördliches konnte nun aber nur noch in der Kreisstadt Langenschwalbach erledigt werden.[57] Für die Bewohner der umliegenden Orte blieb allerdings die traditionelle Verbindung nach Wehen weitgehend bestehen. Nach Wehen gingen die Konfirmanden, dort waren Standesamt, Apotheke, Post, Gefängnis und das Schöffengericht.[58] Vor den Kadi in Wehen kamen vor allem die »kleinen Sünder«, so etwa 1891 zwei Bewohner von Orlen, die bei einer Holzversteigerung trotz des Verbotes Branntwein verkauft hatten, oder 1897 zwei Jäger aus Orlen, die während der Schonzeit ein Rehkitz erlegt hatten.[59] Im März 1879 ging es um 278 Mark Arztkosten, die für die Behandlung eines jungen Burschen fällig wurden, der bei einer Rauferei durch Messerstiche erheblich verletzt worden war.⁶⁰ Der Ausgang des Streits ist nicht überliefert. Die 278 Mark waren in jenen Tagen eine beträchtliche Summe. Ein Pfund Kalbfleisch (Schlachtgewicht) hat ca. 50 Pfennig, ein Pfund Weizen ca. 13 Pfennig und ein guter Anzug aus Tuch 33 Mark gekostet.⁶¹ In der Stadt kostete 1887 ein Pfund Sauerkraut 5 Pfennig, ein Pfund Kartoffeln 3 Pfennig, ein Pfund Speck 80 Pfennig, ein Pfund Gerste 5 Pfennig, ein Pfund weiße Bohnen 16 Pfennig, ein Pfund Reis 18 Pfennig.⁶² Zum Vergleich: Ein Buchdrucker, in Deutschland nach dem Bergmann der bestbezahlte Arbeiter, verdiente 1879 in Frankfurt in der Woche an 6 Arbeitstagen zu 9 $\frac{1}{2}$ Stunden 21,45 Mark, das ist also ein Stundenlohn von 38 Pfennigen.⁶³

Das Zusammenleben in der Gemeinschaft regelten die »Polizei-Verordnungen«, die auf der Grundlage gesetzlicher Bestimmungen von den einzelnen Gemeinden erlassen und im »Aar-Boten« publiziert wurden. In der Verordnung für Orlen vom 20. September 1867 war beispielsweise die Polizeistunde festgesetzt. Im Winter hatte um 22 Uhr, im Sommer eine Stunde später Ruhe im Dorf zu herrschen. Das Gassenkehren am Vorabend eines jeden Sonn- und Feiertages und das Schneeräumen mußten – ähnlich wie heute noch – die Hauseigentümer besorgen.⁶⁴ Regelungsbedarf sah beispielsweise der Orlener Bürgermeister Wirth ganz offenbar auch beim Festsetzen der Geschwindigkeit von Fahrzeugen, die durch das Dorf fuhren: In § 6 der Polizei-Verordnung verfügte er daher eine Art Tempolimit. Verboten waren »schnelles« Fahren und Reiten sowie »das Aufsitzen auf Wagen und Karren, wenn der Fuhrmann das Leitseil nicht fest in Händen hält«. Wohl aus gutem Grund waren auch nächtliches »Singen, Lärmen und Umherziehen« auf den Ortsstraßen verboten.⁶⁵ Die ›Taunussteiner‹ waren offensichtlich ein fröhliches Völkchen und dem Feiern nicht abgeneigt. Geregelt war im bäuerlichen ›Taunusstein‹ natürlich – wie früher schon – auch der Ablauf der landwirtschaftlichen Tätigkeiten.⁶⁶ Die »Feldpolizei-Verordnung« von 1891 bestimmte beispielsweise, wann gemäht und gedüngt werden durfte.⁶⁷ Damit man sich auch an die Vorschriften hielt, gab es in den Gemeinden neben Tag- und Nachtwächtern auch Feldschützen.⁶⁸ Bis zu seinem Tod 1910 hatte in Orlen Peter Kreis das Amt des Nachtwächters inne. Noch um zwei Uhr in der Nacht lief er durch den Ort und verkündete mit seinem Horn die Uhrzeit; er erhielt dafür jährlich 200 Mark, pro Tag also 55 Pfennige.⁶⁹ Dafür konnte er sich 1899 etwa ein Pfund Schweinefleisch (Schlachtgewicht) oder gut sechs Pfund Weizen kaufen.⁷⁰ Ein Küchenmädchen hatte in Wiesbaden im Kurhausrestaurant mit 82 Pfennigen täglich einen deutlich höheren Lohn.⁷¹ Der uns schon bekannte Frankfurter Buchdrucker verdiente 1899 wöchentlich 24,68 Mark, täglich also 4,78.⁷² Davon konnte er eine vierköpfige Familie gerade so eben ernähren, kleiden und mit ihr in der Stadt zur Miete wohnen. Mit dem ›Taunussteiner‹ Nachtwächter ist das aber nicht zu vergleichen, weil der sicherlich im eigenen Häuschen gewohnt hat und nebenbei zur Selbstversorgung eine kleine Landwirtschaft betrieben haben wird. Die letzten Nachtwächterdienste sollen übrigens beispielsweise in Orlen während des 1. Weltkrieges geleistet worden sein.⁷³

1.5 Reiche und Einflußreiche: Wahlen und politisches Bewußtsein

Wie wir im vorausgegangenen Beitrag bereits gesehen haben, galt im ehemaligen Herzogtum Nassau schon vor der preußischen Zeit das Dreiklassenwahlrecht.⁷⁴ Der politische Einfluß des einzelnen Wahlberechtigten bemaß sich nach dessen Steueraufkommen. Dazu wurde die Summe der direkten Jahressteuer in einem Wahlkreis erfaßt und durch drei geteilt. Gemäß der Höhe der gezahlten Steuern fand sich jeder Wahlberechtigte in einer der drei Klassen wieder. Jede Klasse wählte die gleiche Anzahl von Wahlmännern, die dann ihrerseits den Bürgermeister wählten bzw. über die Zusammensetzung der Gemeinderäte und des Landtags bestimmten. Die wenigen hochbegüterten Wahlberechtigten hatten demnach erheblich mehr Gewicht als die größere Zahl der Wohlhabenden oder gar die Masse der Armen. Bei den Wahlen zum Reichstag hatte jeder Mann (die Frauen hatten kein Wahlrecht) die gleiche Stimme. Bis zum Ende des 1. Weltkrieges galt für Landtags- und Kommunalwahlen noch das Dreiklassenwahlrecht.

Für Orlen beispielsweise bedeutete das Dreiklassenwahlrecht, daß vier Mitglieder der Wählerklasse I genausoviel Gewicht in die politische Waagschale werfen konnten wie die zehn Mitglieder der Wählerklasse II und die fast 40 Mitglieder der Wählerklasse III. So wählte bei der Bürgermeisterwahl 1887 jede Klasse drei Wahlmänner aus ihrer Mitte. Bei der Klasse I bedeutete dies also, daß nur ein Wahlberechtigter kein Wahlmann wurde. Bei dieser Kommunalwahl führte dieses Ungleichgewicht in Orlen allerdings nicht zu einseitigen Verhältnissen, denn alle Wahlmänner wählten Bürgermeister Wirth erneut zum Oberhaupt der Gemeinde.[75]

Die fortschreitende Industrialisierung, die vor allem am Rhein und am Main einsetzte, hatte Auswirkungen bis nach ›Taunusstein‹. In Fabriken wie den 1858 in Biebrich gegründeten Chemischen Werken Albert[76], der 1863 in Amöneburg gegründeten Zementfabrik Dyckerhoff[77], der ebenfalls dort ansässigen Glasfabrik[78], der im gleichen Jahr in Biebrich gegründeten Firma Kalle[79] und vielleicht auch der seit 1863 in Höchst bestehenden Chemischen Fabrik von Meister, Lucius und Brüning, die später zur Hoechst AG werden sollte[80], und der 1871 gegründeten Ziegelei Böhler und Maus[81] dürften ›Taunusteiner‹ Beschäftigung gefunden haben. Die Männer hausten dort während der Sechs-Tage-Woche in einfachen Quartieren oder primitiven Schlafstellen. Nur zum Sonntag besuchten sie im Fußmarsch die Familien in ihren Heimatdörfern. Als später dann die Fahrt mit der Bahn möglich und Fahrräder erschwinglich waren, konnten sich die Arbeiter das tägliche Pendeln leisten. Das Betreiben der kleinen Landwirtschaft, die zur Existenzsicherung der meisten Arbeiterfamilien nötig war, mußte aber weiterhin von den Frauen und Kindern besorgt werden.[82]

Mit der Industrialisierung wuchs das politische Bewußtsein der Menschen. Auch in ›Taunusstein‹ nahmen vor allem die Arbeiter die Ungerechtigkeit ihres geringen Einflusses nicht mehr als Schicksal hin.[83]

Eduard Wilhelmi bedauert in seinem Buch »Wehen und sein Grund« diese Entwicklung. Er klagt[84]: *Wehen mit seinen vielen Arbeitern, die in den benachbarten Städten beschäftigt waren, [...] wurden in diesen Jahren auch schon mit den sozialistischen Ideen infiziert.* Eine exakte Untersuchung dazu, in welchem Umfang ›Taunussteiner‹ Beschäftigung in den Fabriken der benachbarten Städte aufnahmen und sich dort mit »sozialistischen Ideen infizieren« konnten, steht allerdings noch aus. Als gesichert darf aber angenommen werden, daß es recht viele ›Taunussteiner‹ Männer waren, die im Gewerbe und im Bauhandwerk der aufstrebenden Stadt Wiesbaden ihrem Broterwerb nachgingen. Hier lassen sich Anfänge der Arbeiterbewegung bis in die Zeit der Revolution von 1848/49 nachweisen; 1865 bildete sich ein Arbeiterverein, der sich bald mit anderen Vereinen in der Region zusammenschloß.[85] Ab 1870 kam es in Wehen und in Bleidenstadt trotz Behinderung durch die Obrigkeit gelegentlich zu sozialdemokratischen Kundgebungen mit auswärtigen Rednern.[86] Es ist nicht verwunderlich, daß sich im noch vorwiegend landwirtschaftlich strukturierten ›Taunusstein‹ erst verhältnismäßig spät Organisationen der Arbeiterschaft bildeten. Der erste Zusammenschluß war im Jahre 1896 der regionale Maurerverband.[87] Sozialdemokratisches Gedankengut wuchs – wie überall in Deutschland – vor allem in Vereinen. Die hatten scheinbar »harmlose« Ziele wie das Turnen oder den Gesang in ihren Statuten. So wurde in Orlen nach der 1871 gegründeten »Sänger-Einheit« 1911 die »Sängerlust« ins Leben gerufen[88], ein Verein, dessen Mitglieder bald den Beinamen »Die Roten« tragen sollten.[89] Daß die Gründung eines zweiten Gesangvereins in einem Ort von gerade mal 360 Einwohnern nicht nur in dem Wunsch nach Vielfalt des Vereinslebens begründet war, liegt wohl auf der Hand. In Wehen entstand 1920 der »Arbeiter-Gesangverein«.[90]

So sehr sich die Machthaber in Berlin auch bemühten, die »gemeingefährlichen Bestrebungen der Sozialdemokratie«, wie es im Sozialistengesetz 1878 heißt, einzudämmen, so gering war ihr Erfolg. Im heutigen Rhein–Main–Gebiet kletterte der Stimmenanteil der SPD bei den Reichstagswahlen von 1871 bis 1912 von durchschnittlich 2,5 Prozent auf 43,7 Prozent.[91] Im nassauischen Wahlkreis 2, zu dem auch ›Taunusstein‹ gehörte, lag der SPD-Anteil 1912 bei 35,8 Prozent.[92]

1.6 Fortschritte in Technik und Verkehr

Für die Landwirte ging, um eine Formulierung von Helge Schmidt zu benutzen, das »Mittelalter im Taunusdorf« erst um 1900 so richtig zu Ende. Die größeren Betriebe konnten sich jetzt Maschinen zum Säen, Mähen und Dreschen anschaffen.[93] Sicherlich haben sie den weniger begüterten Bauern und Nebenerwerbslandwirten mit ihren Geräten ausgeholfen und von ihnen als Vergütung Handarbeit geleistet bekommen.

Für schnellere Fortbewegung sorgte auf nun befestigten Wegen[94] das Fahrrad. Die Aartal-Bahn[95] brachte Futter- und Düngemittel in die Dörfer und ermöglichte die Gründung einer Genossenschaft. Von dem so bewirkten Strukturwandel profitierte vor allem Hahn.[96] Wohlhabende Städter wirbelten mit ihren »Automobilen« bei ihren Ausflugsfahrten in den Gassen der Taunusdörfer nicht nur Staub auf und verscheuchten die Hühner[97], sie waren auch gerngesehene Besucher in den Gaststätten und Pensionen, die wie Pilze aus dem Boden schossen. Durch die modernen Verkehrsmittel Bahn, Auto und Fahrrad war ›Taunusstein‹ zu einem Naherholungsgebiet für die Bewohner der umliegenden Städte geworden.[98] Zu den Neuerungen gehörte auch das Telefon, das »den Bürgermeister in Blitzesschnelle mit dem Landrat« verbinden konnte.[99] Von unschätzbarem Wert gerade für die Ackerbau und Viehzucht treibende Bevölkerung, mit der wir es in ›Taunusstein‹ ja immer noch vorwiegend zu tun haben, war

Von den verbesserten Verkehrsverhältnissen profitierten alteingesessene und neu gegründete ›Taunussteiner‹ Gasthäuser, Restaurants und Pensionen. Auf den Fotos, die alle um 1900 entstanden sind, ist der »Waldfrieden« in Wehen **(Abb. 4)** zu sehen. **Abb. 5** zeigt das »Gasthaus zur Burg« in Neuhof (heute Hotel, Eigentümerin Lotte Sturm).

aber die Versorgung der Häuser mit Wasser aus der Leitung.[100] Diese Neuerung bedeutete nicht nur eine erhebliche Arbeitserleichterung, da das mühsame Schöpfen und Pumpen von Wasser aus den Brunnen nun der Vergangenheit angehörte, das Leitungswasser war vielmehr ein Meilenstein in der Gesundheitsvorsorge. Das aus den Brunnen geschöpfte Wasser war nämlich oft durch die ins Erdreich gesickerte Gülle mit Krankheitserregern verseucht, während das aus dem Hahn gezapfte Naß »klar, farblos und frei von riechenden Gasen« war.[101] Die Quellenlage zur Einführung der technischen Neuerungen ist dürftig. Fließendes Wasser gab es in Niederlibbach ab 1902, in Orlen ab 1903. In Niederlibbach wurde 1904 das erste Telefon installiert, in Hahn gibt es seit 1910 Straßenbeleuchtung. Über elektrischen Strom konnte man sich in Bleidenstadt, Hahn, Wehen und Neuhof seit 1911 freuen, in Niederlibbach, Orlen und Wingsbach erst ab 1920.[102]

2. Der 1. Weltkrieg

2.1 Zwischen »Hurra« und Hunger

In diese Phase der allmählichen Verbesserung der Lebensbedingungen der ländlichen Bevölkerung platzte der Ausbruch des 1. Weltkrieges. Mit den Worten[103]: *Wir werden diesen Kampf bestehen – auch gegen eine Welt von Feinden. Noch nie ward Deutschland überwunden, wenn es einig war* versuchte Kaiser Wilhelm II. in seiner sogenannten Balkonrede vom 8. August 1914 die Bereitschaft der deutschen Bevölkerung zum Krieg zu wecken und anzufeuern.

Ganz so unerwartet kam der Kriegsbeginn allerdings nicht, er löste eine seit längerem knisternde Spannung, kam den Menschen gleichsam wie eine Erlösung vor. Thomas Mann faßte im September 1914 die Stimmung

Abb. 6: Blick von der Stiftstraße aus auf das inzwischen verschwundene »Gasthaus zur guten Quelle« in Bleidenstadt. **Abb. 7:** Das noch heute florierende »Gasthaus zum Taunus« in Hahn (Inhaber Werner Schäfer). Auf dieser mit Leben erfüllten Ansicht sieht man zwei Pferdekutschen und als modernes Verkehrsmittel einige Fahrräder, aber noch kein »Automobil«.

im Reich zusammen[104]: *Krieg! Es war Reinigung, Befreiung, was wir empfanden, und eine ungeheure Hoffnung.* Wenn Thomas Mann »wir« sagt, spricht er für das Bürgertum und vielleicht für einen Teil der Jugend.

Deutsche und Österreicher waren ebenso wie Franzosen und Engländer fest von ihrer »gerechten Sache« überzeugt. Alle meinten, Opfer eines brutalen Überfalls geworden zu sein.[105] Die ›Taunussteiner‹ machten da keine Ausnahme. Auch in Hahn, Bleidenstadt, Orlen und den anderen Dörfern im Taunus eilten die Männer – mal mehr, mal weniger freudig – zu den Fahnen. Viele Menschen auf dem Lande teilten nicht die Begeisterung von Thomas Mann, sie sahen dem neuen Waffengang mit Skepsis entgegen. So ist in einer Schulchronik zu lesen[106]: *Als in unserem Dorfe die Mobilmachung bekannt wurde, machte sich bei allen eine tiefe Niedergeschlagenheit bemerkbar. Viele kehrten vom Felde heim, ihre Arbeitskraft war gelähmt. Wohl war jeder bereit, für die Ehre unseres Vaterlandes einzustehen, aber da der Feinde so viele waren, so fürchtete mancher, der Kriegsschauplatz würde in unser Land verlegt werden.*

Schon bald wurde der Belagerungszustand verkündet und damit eine Reihe von Grundrechten außer Kraft gesetzt, die Regierungsgewalt ging auf die regionalen Militärbefehlshaber über. Diese Militärbefehlshaber hatten eine enorme Verfügungs- und Verordnungsgewalt, sie besaßen gewissermaßen diktatorische Vollmachten.[107] Für ›Taunusstein‹ war der Festungskommandant von Mainz zuständig. Im »Aar-Boten« sind häufig Anordnungen von ihm zu lesen.[108]

Unmittelbarer Anlaß für den Kriegsbeginn war die Ermordung des österreichischen Thronfolgers Erzherzog Franz Ferdinand und seiner Frau in Sarajevo am 28. Juni 1914. Das in eine »Doppelmonarchie« verflochtene Österreich-Ungarn, durch Verträge mit Deutschland verbündet, stellte Serbien ein Ultimatum, das von Belgrad jedoch abgelehnt wurde. Wien und Budapest erklärten Serbien daraufhin am 28. Juli den Krieg.[109] Das europaweite Bündnissystem, das über Jahrzehnte den Frieden auf dem Kontinent gewährleistet hatte, offenbarte nun einen fatalen Dominoeffekt: Rußland stellte sich auf Serbiens Seite, Deutschland erklärte daraufhin Rußland und Frankreich den Krieg. Auf die Seite der Gegner Deutschlands und seiner Verbündeten Türkei und Bulgarien traten nach und nach Großbritannien, Japan, Italien, Portugal, Rumänien, schließlich die USA und im Laufe des Krieges noch zwölf weitere Staaten.[110]

Schon in den ersten Kriegswochen starben auf den Schlachtfeldern in Frankreich und im Osten auch viele Männer aus ›Taunusstein‹.[111] Die Familien erhielten die Nachricht des Todes von Ehemann oder Sohn mit den Worten, er sei *in treuester Pflichterfüllung den Heldentod für das deutsche Vaterland gestorben.*[112] Mit einiger Verzögerung erfuhr man auch aus der Heimatzeitung, dem »Aar-Boten«, vom Schicksal der gefallenen, verwundeten und in Gefangenschaft geratenen Mitbürger.[113] Die meisten dieser Männer wären sicherlich viel lieber nicht als »Helden« gefeiert worden. Wenn auch jede Todesnachricht Bestürzung und Trauer im Dorf auslöste, so überwogen in den ersten Kriegsjahren doch die Hoffnung und das Gefühl, man werde den Krieg gewinnen. Die Orlener Schulchronik hält diesen »Zeitgeist« vom Jahresende 1914 fest[114]: *Die Zuversicht in Deutschland ist groß. Alles hofft aus unseren Sieg und die Freigebigkeit für unsere Truppen ist groß. Beim Jahresschluß steht Deutschlands gerechte Sache gut.*

2.2 Blockade und Mangelwirtschaft

Optimismus und Hoffnung auf ein schnelles Kriegsende wurden aber recht bald getrübt. Wie sich schon kurz nach Kriegsbeginn an Engpässen bei der Versorgung der Bevölkerung mit Nahrungsmitteln zeigte, war Deutschland nicht auf einen langwährenden Konflikt vorbereitet. Die Blockade, die vor allem von Großbritannien mit seiner übermächtigen Flotte schon direkt nach Kriegsbeginn wirksam betrieben wurde, schnitt Deutschland fast gänzlich vom Weltmarkt ab und verhinderte auch die Einfuhr von landwirtschaftlichen Produkten und Futtermitteln.[115] So wurde auch im »Aar-Boten« schon direkt nach Kriegsbeginn zum sparsamen Umgang mit Lebensmitteln aufgerufen.[116] Es blieb aber nicht lange bei Aufrufen und Ermahnungen, bald schon wurde zwangsweise das sogenannte Kriegsbrot eingeführt, bei dem das Mehl mit einem Drittel Kartoffeln gestreckt sein mußte.[117] Weizen durfte nicht mehr zum Brotbacken verwendet werden[118], das Kuchenbacken wurde verboten.[119] In den Ställen und Scheuern begann das große Zählen und Beschlagnahmen.[120] Vieh durfte nur noch mit amtlicher Genehmigung geschlachtet werden.[121] Das Rationieren von Lebensmitteln ließ nicht lange auf sich warten. Als erstes kamen die Brotmarken. Am 14. März 1915 mußten die ›Taunussteiner‹ im »Aar-Boten« lesen, daß man wöchentlich nur noch vier Pfund Brot essen durfte. Landwirte als sogenannte Selbstversorger durften monatlich im Haushalt neun Kilo Roggen pro Kopf behalten.[122] Da viele Bäcker bereits im Felde standen, sollte in den Dörfern wie früher wieder selbst gebacken werden und sollten dazu die alten Gemeindebackhäuser (»Backes«) wieder in Betrieb genommen werden.[123] Nur Schweinefleisch gab es für einige Monate reichlich: Da das Borstenvieh beim Verzehr von Kartoffeln Nahrungskonkurrent des Menschen war, wurden auf Anordnung der Obrigkeit massenhaft Schweine geschlachtet, sogar solche, die erst »halbreif« waren.[124] Wenn der Mensch den Gürtel enger schnallen muß, dann darbt das Vieh. Zum Strecken des Futters mußte Stroh herhalten.[125]

Aber nicht nur an Nahrung für Mensch und Vieh herrschte Mangel, den Frontsoldaten fehlte es sogar an wärmender Unterwäsche und an Decken. Mehrfach erschienen im »Aar-Boten« Aufrufe, für das Militär getragene Kleidung und Wollsachen zu spenden. Wolle wurde sogar beschlagnahmt, und Tischdecken, die nicht in Gebrauch waren, mußten gemeldet werden.[126] Sogar Lumpen weckten die Begehrlichkeit des Staates.[127] Da wundert es nicht, wenn für die Kriegsindustrie neben Tierhäuten auch Metalle bis hin zum kupfernen Küchengeschirr gesammelt wurden.[128] Und Gold brauchte der Staat. Nur mit dem Edelmetall war der Handel mit den wenigen Ländern, die nicht durch die Seeblockade abgeschnitten waren, noch möglich. Deshalb wurden im »Aar-Boten« auch die ›Taunussteiner‹ aufgerufen[129]: *Wer Gold hat, tauscht es bei den öffentlichen Kassen gegen Papiergeld um.*

Das alles war nur der Anfang, das alles geschah schon im ersten Kriegsjahr. Und mehr als drei schlimme Leidensjahre sollten noch folgen.

Gelitten haben nicht nur Mensch und Tier, gelitten hat auch der ›Taunussteiner‹ Wald. Als Futter für das liebe Vieh wurden Blätter und Knospen von den Zweigen gestreift, Reisig und Gras aus ihm geholt, Eicheln und Bucheckern gesammelt.[130] Als Ersatz für das Stroh, das verfüttert werden sollte, mußte der Wald Laub, Reisig, Moos und Fichtenzweige liefern.[131] Schweine und Rinder wurden zum Weiden in den Wald getrieben.[132] Das geschah nicht nur zum Schaden des Waldes; der zum Düngen der Felder dringend benötigte Stallmist wurde so »vertragen«. Zum Schaden des Waldes war auch der für Kriegszwecke stark vermehrte Holzeinschlag.[133] Das Holz wurde zum Bau von Stellungen an der Front, zur Herstellung von Gewehrschäften und zum Bau von Flugzeugen benötigt.

Die Not war bald schon so groß, daß man die Kinder anstelle in die Schule des öfteren zum Sammeln von Eicheln, Bucheckern, Roßkastanien, Linden- und Ahornfrüchten, Vogelbeeren und »Laubheu« in den Wald schickte.[134] Von den Buben und Mädchen gepflücktes Maikraut, gesammelte Blätter von Brennnesseln und

Abb. 8: Für abgeliefertem Goldschmuck gab es vom Deutschen Reich Papiergeld und eine Urkunde.

Brombeeren wurden – wie zum Beispiel in Orlen – auf dem Speicher des Schulhauses getrocknet.[135] Mit kochendem Wasser aufgegossen gab das einen Ersatz für echten Tee.[136] Auch in Feld und Flur machte sich die Jugend nützlich. Für eine kleine Vergütung wurden die schädlichen Kohlweißlinge weggefangen[137], es wurden Fallobst und Sonnenblumenkerne gesammelt[138] und zur Ergänzung des Viehfutters Löwenzahn und Disteln gestochen.[139] Auch innerhalb der Dörfer leisteten die Schüler ihren Beitrag zur Kriegswirtschaft. Zum Einsammeln von altem Gummi, Lederresten, Altpapier und Obstkernen, aus denen Öl gewonnen wurde, liefen sie von Haus zu Haus.[140] Da ist so manche Schulstunde ausgefallen. Aber auch die Ferien waren nicht nur zum Spielen da. Sie wurden so gelegt, daß die Kinder bei den Erntearbeiten helfen konnten. So gab es beispielsweise »Heuferien« und »Kornferien«.[141]

Natürlich spürten nicht nur die Kinder die Last des Krieges. Aus den anfänglichen Appellen zur Sparsamkeit waren schon bald harte Auflagen und einschneidende Einschränkungen geworden. Nach und nach wurden fast alle Lebensmittel rationiert und mit zunehmender Kriegsdauer die Rationen immer knapper bemessen. Um die Preise nicht ins Uferlose wuchern zu lassen, mußten die Landwirte ihre Erzeugnisse zu festgesetzten Höchstpreisen abgeben. Die Preissteigerungen, zu denen es trotzdem kam, trafen vor allem die weniger gut verdienenden Bevölkerungsschichten in den Städten schon ab 1915 mit großer Härte.[142] Diese Preiserhöhungen gingen über die Steigerung der Selbstkosten der Erzeuger hinaus. Das heißt: Landwirtschaft und Handel machten auf Kosten der städtischen Bevölkerung Gewinne.[143] Die Regierung reagierte zunächst vor allem nur mit Appellen, in denen die Bevölkerung zur Sparsamkeit ermahnt wurde.[144] So berichtete der »Aar-Bote« im April 1915 über einen Vortrag, den der Hambacher Lehrer Hellwig in Orlen gehalten hatte[145]: *Der Redner, der den betreffenden Kursus in Frankfurt besucht hat, schilderte in einstündiger Rede mit eindringlichen Worten die Nahrungsmittelverhältnisse in Deutschland und ermahnte seine zahlreich erschienenen Zuhörer zu größter Einfachheit und Sparsamkeit in der Lebenshaltung.* In anderen Vorträgen, die beispielsweise in Hahn und in Bleidenstadt stattfanden, rief man dazu auf, zur Verbesserung der Versorgung mit Milch und Fleisch Ziegen und Kaninchen zu halten.[146]

Auch den Landwirten als sogenannten Selbstversorgern wurden mehr und mehr Beschränkungen aufer-

Abb. 9: Diese beiden Soldaten aus Neuhof sind an der Uniform als Landsturmmänner von 1914/15 zu erkennen. Sie tragen noch die Pickelhaube, die dann durch den Stahlhelm ersetzt wurde.

legt; pro Person durften nur noch festgesetzte Mengen an Getreide, Kartoffeln, Fleisch, Milch, Butter und Eiern verbraucht werden. So standen den bäuerlichen Selbstversorgern ab April 1917 »offiziell« anstelle von bisher 18 Pfund Brotgetreide pro Kopf und Monat nur noch 13 Pfund zu.[147] Alle Vorräte, die über den erlaubten Mengen lagen, sollten zu den Festpreisen abgeliefert werden. Mit Phantasie und Energie verstand man es aber zumindest gelegentlich, diese Klippen wenigstens teilweise zu umschiffen. So war aus dem Untertaunus zwangsweise in den Rheingau geliefertes Getreide nicht nur feucht, sondern auch mit fünf Zentnern Sand vermischt.[148] Zudem war das, was die Selbstversorger »offiziell« für sich behalten durften, deutlich höher bemessen als die Rationen, die der übrigen Bevölkerung zustanden. Wenn Landwirte beispielsweise täglich zwei Pfund Kartoffeln verzehren durften, erhielten die sogenannten Versorgungsberechtigten Lebensmittelmarken für nur 450 Gramm täglich.[149] Und: Die staatlichen Kontrolleure konnten nicht allgegenwärtig sein. Wer kann schon jeden Haufen Kartoffeln oder Getreide wiegen, jedes Ei zählen, jeden Liter Milch messen? Mit der Dauer des Krieges verfeinerten die Behörden allerdings ihre Erfassungsmethoden. So wurde die Abgabe von Eiern so festgesetzt, daß von jedem gehaltenen Huhn eine bestimmte Anzahl von Eiern abzuliefern war.[150] Die Abgabe war so bemessen, daß jeder Nichterzeuger jährlich 26 Eier erhalten konnte, also alle zwei Wochen eines![151] Um die vorgeschriebene Ablieferung wenigstens bei Eiern zu erzwingen, wurde von der Regierung verfügt, daß Hühnerhalter die ihnen zustehende Menge Zucker nur noch dann erhielten, wenn sie ihrer Eierabgabepflicht vollständig nachgekommen waren.[152] Aber auch das war ein stumpfes Schwert, die Selbsterzeuger durften nämlich in unbeschränkter Menge Zuckerrüben für den Eigenbedarf als Sirup einkochen und hatten somit den Grundstoff zur Herstellung der als Brotaufstrich seit alters beliebten Latwerge.[153]

Die Einschränkungen, die man auf dem Lande hinnehmen mußte, standen also in keinem Verhältnis zu der Hungersnot, der die Menschen in den Städten zunehmend ausgesetzt waren. *Die Leute können einem tatsächlich leid tun*, heißt es in der Schulchronik von Orlen.[154] Auch in Wiesbaden mußten die Behörden spätestens ab 1917 »Zeichen von Unterernährung« feststellen.[155]

Natürlich waren auch andere Dinge des täglichen Bedarfs wie Textilien und Schuhe kaum noch zu haben. Kinder sollten anstelle von Lederschuhen solche aus Holz bekommen, auch für Erwachsene wurden im »Aar-Boten« Holzschuhe angeboten.[156] Auf wundersame Weise konnten die »Selbsterzeuger« aber auch nach Einführung der Abgabepflicht noch mit Lebensmitteln »bezahlen« und so ihren Bedarf an Textilien und Schuhen einigermaßen decken. Es blühte der Schleich- und Tauschhandel.[157] Dieser Tauschhandel konnte natürlich nur deshalb blühen und gedeihen, weil es der Regierung trotz hoher Strafandrohung (Überschreitung der Höchstpreise wurde mit 6 Monaten Gefängnis oder 1 500 Mark Geldstrafe bedroht[158]) und der namentlichen Nennung der bei Übertretungen Ertappten im »Aar-Boten« nicht gelungen war, die Selbsterzeuger zur Abgabe aller für den eigenen Bedarf nicht benötigten Erzeugnisse zu motivieren oder zu zwingen.[159] So konnten die Städter mit Aussicht auf Erfolg zum Betteln und Tauschen aufs Land ziehen; für diese Tätigkeit entstand der Ausdruck »Hamstern«.[160] Insgeheim gestand die Regierung sogar ein, daß ein großer Teil der städtischen Bevölkerung nur durch Hamstern in der Lage gewesen sei, sich in gewissem Grade selbst zu versorgen. Diese »Selbstversorgung« hätte wesentlich dazu beigetragen, daß die öffentliche Ruhe und Ordnung aufrechterhalten werden konnte.[161]

Im ländlich strukturierten ›Taunusstein‹ werden sich viele der Familien, die sonst selbst keine Landwirtschaft betreiben, mit einer Ziege und einigen Kaninchen die Lebenshaltung erleichtert haben. Jedenfalls wurde im »Aar-Boten« dazu aufgerufen, Ziegen anzuschaffen und sie an Abhängen, auf Trieschländern (zum Ausruhen des Bodens nicht bebauten Flächen), Wegen und Waldschneisen grasen zu lassen.[162] Bald schon kam aber die Ernüchterung, auch die Kaninchen wurden gezählt und die Milch der Ziegen rationiert.[163] Viele Nichtlandwirte werden ihren bäuerlichen Nachbarn auf dem Feld geholfen und dafür das eine oder andere für Küche und Keller abbekommen haben. Und doch gab es auch in ›Taunusstein‹ Bevölkerungsschichten, die auf milde Gaben angewiesen waren.[164]

Eines der größten Probleme auch der ›Taunussteiner‹ Landwirte war der Mangel an Arbeitskräften. Die Männer im arbeitsfähigen Alter standen fast alle an der Front. Invalide, Frauen und Kinder konnten die Arbeit nur zum Teil bewältigen. In der Schulchronik von Bleidenstadt wird berichtet[165]: *Alle männlichen Personen vom 18.–45. Lebensjahr sind restlos zum Heere eingezogen. Kinder, Frauen und Greise müssen die Lücken ausfüllen. Manch stilles Heldentum wird auch in der*

Abb. 10: Kriegsgefangene Franzosen in Hahn. Die Armbinde, die der Gefangene (im Bild links) trägt, weist ihn wahrscheinlich als Dolmetscher aus. Der Mann rechts von ihm ist an seiner Kopfbedeckung als Franzose zu erkennen. Bei der landwirtschaftlichen Maschine handelt es sich um eine Mähmaschine mit Handablage.

Heimat vollbracht. Der renommierte Historiker Thomas Nipperdey bringt das auf die Formel[166]: *Die Lebenswirklichkeit auf dem Lande war zwar nicht von Hunger und Armut, aber von härterer Arbeitsfron vor allem der Frauen bestimmt.* Als Arbeitskräfte willkommen waren da die französischen, russischen und englischen Kriegsgefangenen[167], die bald schon auch in der ›Taunussteiner‹ Landwirtschaft fest zupackten. Und tatsächlich waren sie willkommen, der »Aar-Bote« bezeichnete sie sogar als »unsere fremden Gäste«[168]. So war auch vorgeschrieben, daß die Verpflegung der »fremden Gäste« ihrer Arbeit entsprechend »reichlich

Abb. 11: Kriegsgefangene Franzosen in Wingsbach. Die drei Männer im Fez kommen aus Nordafrika (Algerien oder Tunesien). Die anderen sind Nationalfranzosen. Der Mann ganz rechts ist ein Unteroffizier der Gebirgsjäger. Die Schnüre, die einige Leute an den Schultern tragen, sind militärische Auszeichnungen.

und sättigend« zu sein hatte.[169] Für die Russen sollte ihrer Gewohnheit entsprechend dicke Suppe gekocht werden.[170] Soweit sich das aus dem »Aar-Boten« feststellen läßt, waren die Gefangenen nicht schlechter verköstigt als ihre deutschen Arbeitgeber. Zusätzlich zur Verpflegung erhielten die Gefangenen einen Arbeitslohn von täglich 30 Pfennigen.[171] Die Arbeitgeber mußten für die Gefangenen an den Staat Gebühren zahlen und für fluchtsichere Unterkünfte sorgen.[172] Die englischen Gefangenen durften von Angehörigen der amerikanischen Botschaft auch auf ihren Arbeitsstellen besucht werden.[173] Trotz der ausländischen Helfer, von denen die meisten nicht aus der Landwirtschaft kamen, ging die Agrarproduktion im Verhältnis zur Vorkriegszeit während des Krieges um 30 bis 40 Prozent zurück. Die Ursachen sind vielfältig. Sie reichen vom Mangel an menschlicher Arbeitskraft, an Pferden, Dünger, Saatgut und Ersatzteilen für die Maschinen bis hin zu Mißernten. Der Mangel an Dünger führte zum Auslaugen der Böden.[174] Kühe, die anstelle der eingezogenen Pferde als Zugvieh eingesetzt werden mußten, gaben wesentlich weniger Milch.

Mit zunehmender Kriegsdauer verschärfte sich der Mangel nicht nur bei Lebensmitteln und Textilien. Die Rüstungsindustrie fahndete nach Buntmetallen in Betrieben, Hotels, Gaststätten, Haushalten und in Gotteshäusern. Es wurden Glocken von den Türmen der Kirchen in Bleidenstadt, Neuhof, Niederlibbach, Orlen und Wehen abgeseilt und verschwanden auf Nimmerwiedersehen.[175] In der Orlener Schulchronik heißt es dazu ziemlich skeptisch[176]: *Am 24. Juli 1917 wurden die Orgelpfeifen abgeholt. Leider macht sich bei uns ein Rohstoffmangel bemerkbar, der für die Fortsetzung des Krieges vielleicht von Einfluß ist.* Im letzten Kriegsjahr war der Mangel an Buntmetall so groß, daß die nicht schon freiwillig abgelieferten Blitzableiter jetzt auf Kosten der Hauseigentümer von den Dächern montiert wurden[177], Aschenbecher, Verkleidungen von Heizkörpern, Briefbeschwerer, Briefkastenschilder, Garderobehaken, Wirtshausschilder – alles wurde vom Moloch Rüstungsindustrie verschlungen.[178] Schon seit dem ersten Kriegsjahr traktierte der »Aar-Bote« seine Leser mit Aufrufen und Anordnungen zur Abgabe von »kriegswichtigen« Gütern.[179] *Heute im 4. Kriegsjahr sind die Rohstoffe ebenso wichtig wie damals das Goldgeld*, liest man im »Aar-Boten«.[180] Daß Frauenhaar ein kriegswichtiges Gut war[181], läßt sich ja einsehen. Immerhin konnte man aus diesem Stoff Treibriemen für Maschinen und Filzstoffe für Militärdecken und -mäntel fertigen.[182] Welchem kriegerischen Zweck aber die gesammelten Zigarettenkippen und Zigarrenstummel[183] dienen sollten, bleibt uns Heutigen verborgen.

Die Bauern haben mit dem Verkauf ihrer Erzeugnisse auch nach Einführung der Abgabepflicht und der Festpreise Gewinnsteigerungen erzielt. Von Kriegsbeginn bis Kriegsende haben sich die »offiziellen« Erzeugerpreise für Kartoffeln etwa verdoppelt, wobei eine rapide Steigerung erst 1918 eingetreten zu sein scheint. Wegen der saisonbedingten und je nach Ernteergebnis unterschiedlichen Preise ist anhand der Notierungen im »Aar-Boten« ein Vergleich der Preise zwischen 1914 und 1918 nur schwer möglich.[184] Auch bei den Getreidepreisen ergibt sich aus den Veröffentlichungen im »Aar-Boten« kein klares Bild.[185] Bei Butter läßt sich die Entwicklung der Erzeugerpreise im »Aar-Boten« besser verfolgen, sie steigerten sich von 2,07 Mark im Jahr 1915 auf 4 Mark je 500 Gramm 1918, wobei die rapiden Preissteigerungen auch bei der Butter erst im Jahr 1918 zu verzeichnen sind.[186] Wegen des großen Bedarfs für das Heer stiegen 1918 die Erzeugerpeise für Hafer und Heu exorbitant.[187] Die Preise für Brennholz hatten sich während der Kriegszeit verdreifacht.[188]

Wenn Helge Schmidt in seinem Buch »Das Dorf im Kaiserreich« schreibt, ein Zentner Frühkartoffeln hätte in Wiesbaden 100 Mark, ein Pfund Wolle 20 Mark, ein Pfund Butter 18 Mark, ein Zentner Äpfel zwischen 40 und 60 Mark[189], ein altes Huhn bis zu 18 Mark, ein fettes Schwein zwischen 500 und 1 000 Mark gekostet[190], so nennt er die gegen Kriegsende in der Stadt geforderten und gezahlten Schwarzmarktpreise. Betrachten wir uns zum Vergleich die Löhne, so sehen wir, daß sich ein Arbeiter in nur sehr geringem Umfang auf dem Schwarzmarkt eindecken konnte. Bei einer wöchentlichen Arbeitszeit von ca. 50 bis 60 Stunden[191] verdiente ein Maurer im März 1918 1,90 Mark in der Stunde.[192]

Im Januar 1914 hatte der Stundenlohn des Maurers noch 66,5 Pfennig betragen[193], die Lohnerhöhungen wurden aber von den Preissteigerungen übertroffen. Am Ende des Krieges betrug der durchschnittliche Reallohn, also die Kaufkraft, nur noch 75 Prozent des Vorkriegsstandes.[194] Die Schwarzmarktpreise sind in dieser Berechnung natürlich nicht berücksichtigt. Im letzten Kriegsjahr sollen von manchen Lebensmitteln 30 bis 50 Prozent auf dem Schwarzmarkt umgesetzt worden sein.[195] Während sich auf der einen Seite Großbauern goldene Nasen verdienten, krebsten andererseits auch in ›Taunusstein‹ viele Klein- und Zwergbetriebe am Rande des Existenzminimums.[196]

Es werden aber nur wenige Bauern den Gewinn, den sie in der Kriegs- und direkten Nachkriegszeit erzielen konnten, über die in den zwanziger Jahren grassierende Inflation gerettet haben. Gut beraten war, wer von den Gewinnen noch vor der Inflation Schulden und Hypotheken getilgt hatte.[197]

Mit zunehmender Dauer des Krieges wurde der Mangel an Lebensmitteln vor allem in den Großstädten immer dramatischer. Es kam der berüchtigte »Rübenwinter«. Viele Landwirte bauten nämlich anstelle von Kartoffeln, für die sie auf dem offiziellen Markt nur die vorgeschriebenen Höchstpreise erhielten, Kohlrüben an. Sie hatten eine Marktlücke entdeckt, denn dem Staat war diese Frucht bei der Festsetzung der Lebensmittelpreise schlicht entgangen.[198] Dazu brachte der Winter 1916/17 »ungewöhnlich rauhes Wetter mit Schneestürmen« und extrem niedrigen Temperaturen.[199] Zu den Kohlrüben gab es im Frühjahr 1918 auf Marken nur noch 100 bis 125 Gramm Fleisch wöchentlich[200], im Sommer gab es dann zeitweise gar kein Fleisch mehr.[201] Auf dem Land soll man sich mit Kaninchen behelfen, heißt es im »Aar-Boten«.[202] »Magergänse« wurden zum Stückpreis von 17 bis 23 Mark angeboten[203], Eichhörnchen kosteten 2,25 bis 2,50 Mark je Stück.[204] In den Städten starben Tausende an Unter- und Mangelernährung.[205]

Auch wenn auf dem Lande – wie in ›Taunusstein‹ – nicht gerade Hunger herrschte, so machte sich doch auch hier Mangel bemerkbar. Textilien und Schuhe waren kaum noch zu bekommen, aus den Pfeifen der im Dorf verbliebenen Männer qualmte der Rauch von getrockneten Blättern aller möglichen Pflanzen. »Echter« Tabak war nur noch selten zu haben.[206]

2.3 Das Kriegsende

Nach Abschluß des Waffenstillstandes mit Rußland im Dezember 1917 keimte noch mal Siegeszuversicht in Deutschland auf. Truppen aus dem Osten konnten im März 1918 zur Frühjahrsoffensive nach Frankreich »an die Front geworfen« werden. Auch für die ›Taunussteiner‹ Landwirte bedeutete diese letzte Kraftanstrengung des Deutschen Reiches die Möglichkeit für einen guten Gewinn. Für jeden an das Heer verkauften Zentner Heu lobte die Regierung im »Aar-Boten« zusätzlich zum festgesetzten Preis vier Mark aus, für jeden Zentner Stroh gab es zwei Mark Prämie.[207] Wenn die Erzeuger ihrer Abgabepflicht pünktlich nachgekommen wären, hätte es diese stille Reserve, von der die Regierung offensichtlich wußte, gar nicht geben dürfen. Der Preis für Hafer schnellte jetzt über den von Weizen.[208]

Bis Juli erzielten die deutschen Armeen zwar Geländegewinne, ein entscheidender Durchbruch blieb jedoch aus. Diese Angriffe hatten die letzten Reserven aufgezehrt, die Alliierten starteten zum Gegenangriff. Wilhelm Alexi schrieb am 1. September 1918 an seinen Schwager Richard Schneider nach Orlen[209]: *Sie [die englischen Truppen] trieben uns vor sich her und schossen auf uns, wir liefen, ich setzte mich in ein Granatloch, dann bin ich in vollem Laufe wieder los, ich dachte entweder oder und kam mit Gottes Hilfe davon.*

Nach der Schlacht von Amiens und der alliierten Gegenoffensive zwischen Marne und Aisne blieb der Obersten Heeresleitung nichts anderes übrig, als im August 1918 die Fortführung des Krieges für sinnlos zu erklären. In einer Schulchronik liest sich das so[210]: *Nachdem schon seit Anfang Oktober Verhandlungen im Gange waren, wurde endlich am 11. November 1918 dem grausigen Dahinschlachten des Volkes durch den Waffenstillstand ein Ende bereitet. Leider war der Ausgang nicht so, wie es wohl jeder Deutsche* wünschte. Dennoch: *Gott sei Dank!* Der Historiker Thomas Nipperdey stellt fest[211]: *In der Materialschlacht ist der Patriotismus von 1914 vergangen.*

Für die Menschen kommt das Kriegsende als Erlösung, auch wenn die Zukunft ungewiß ist. Als im Wald von Compiègne der Waffenstillstand unterschrieben wird, sind 1,8 Millionen deutsche Soldaten in sinnlosen Materialschlachten gefallen, 4,2 Millionen wurden im Verlauf des Krieges verwundet, 600 000 waren in Gefangenschaft geraten.[212] Nach ›Taunusstein‹ sind aus den mörderischen Kämpfen zweihundert Männer nicht zurückgekehrt.[213]

Ab Ende November 1918 kamen die überlebenden Soldaten allmählich auch nach ›Taunusstein‹ zurück. In der Schulchronik von Orlen ist zu lesen[214]: *Weder Fahnen noch Girlanden waren zu sehen.*

3. Anmerkungen

1 Die Maße und Gewichte waren in Nassau mit Edikt vom 12.12.1851 reformiert worden. So bildeten *drei Zehntheile des Meters (drei Dezimeter) den Werkfuß, welcher in zehn Zolle (Werkzolle) eingeteilt* wurden. S. VOBlHN Nr. 24 vom 13.12.1851.
2 StHB 1865, S. 171–173.
3 E. Wilhelmi, Wehen und sein Grund. Wehen 1957, S. 455.
4 R. Klimpert, Lexikon der Münzen, Maße, Gewichte, Zählarten und Zeitgrößen aller Länder der Erde. Graz-Austria 1972 (Nachdruck der Ausgabe von 1895), S. 336; H. Rittmann, Deutsche Münz- und Geldgeschichte. In: Archiv für deutsche Postgeschichte, H. 1/1976, S. 74, 90; H. Rittmann, Deutsche Geldgeschichte. 1484–1914. Battenberg 1975, S. 557. S. auch H. Pentzlin, Das Geld. Berlin, Frankfurt/M., Wien 1982
5 Aar-Bote Nr. 85 vom 23.10.1867.
6 Aar-Bote Nr. 84 vom 19.10.1867.
7 Aar-Bote Nr. 102 vom 21.12.1867.
8 Aar-Bote Nr. 88 vom 2.11.1867.
9 Aar-Bote Nr. 96 vom 30.11.1867.
10 Aar-Bote Nr. 96 vom 30.11.1867.
11 Aar-Bote Nr. 100 vom 14.12.1867.
12 Beispielsweise Aar-Bote Nr. 2 vom 4.1.1868, Nr. 43 vom 27.5.1868, Nr. 55 vom 8.7.1868, Nr. 66 vom 15.8.1868, Nr. 103 vom 24.12.1868.
13 Aar-Bote Nr. 3 vom 8.1.1868.
14 Aar-Bote Nr. 45 vom 3.6.1868.
15 Aar-Bote Nr. 66 vom 15.8.1868.
16 Aar-Bote Nr. 104 vom 29.12.1868.
17 Aar-Bote Nr. 97 vom 2.12.1868.
18 Aar-Bote Nr. 104 vom 28.12.1867.
19 N. Zabel, Räumliche Behördenorganisation im Herzogtum Nassau (1806–1866). Wiesbaden 1981, S. 195–199; G. v. Diest, Aus dem Leben eines Glücklichen. Erinnerungen eines alten Beamten. Berlin 1904, S. 354–356; Im Februar 1867 wurde der preußische Regierungsbezirk Wiesbaden geschaffen, der sich aus dem ehemaligen Herzogtum Nassau, der vormals Freien Stadt Frankfurt, Hessen-Homburg und einigen vormals hessen-darmstädtischen Gebieten zusammensetzte. S. M. Wettengel, Vom Herzogtum Nassau zum Bundesland Hessen. In: Nassaus Beitrag für das heutige Hessen. Wiesbaden 1992, S. 665 f.; Aar-Bote Nr. 79 vom 2.10.1867.
20 H. Schmidt, Das war ihr Leben. Bd. 2: Das Dorf im Kaiserreich. Orlen 1986, S. 23 (die Uniformen sind hier nicht ganz korrekt beschrieben); P. Wacker (mit Beiträgen von G. Müller-Schellenberg), Das herzoglich-nassauische Militär 1813–1866. Militärgeschichte im Spannungsfeld von Politik, Wirtschaft und sozialen Verhältnissen eines deutschen Kleinstaates. Taunusstein 1998, S. 248, und freundliche Mitteilung von Herrn Peter Wacker, Nürnberg (Brief vom 9.8.1999).
21 Zu den preußischen Uniformen von 1866 bis 1918: P. Pietsch, Die Formations- und Uniformgeschichte des preußischen Heeres 1808–1914. 2 Bde. Hamburg 1963 u. 1966; H. Knötel et al., Das deutsche Heer. Friedensuniformen bei Ausbruch des Weltkrieges. Hamburg 1935/37.
22 Zur Schule in Taunusstein s. Schmidt, Kaiserreich (wie Anm. 20), S. 22–24, 79–117, 226–268, hier S. 23 f.; S. Brandt, Kindheit 1900–1925 in Taunusstein. Mainz 1998, S. 123 ff.
23 Schmidt, Kaiserreich (wie Anm. 20), S. 273; Brandt, Kindheit (wie Anm. 22), S. 106, 112, 116, 118, 132.
24 Schmidt, Kaiserreich (wie Anm. 20), S. 89, 277. Die neuere Forschung lehnt die Sichtweise der »schwarzen Pädagogik« ab. Freundliche Mitteilung von Archivoberrat Dr. Michael Wettengel (Brief vom 19.3.2000). In diesem Beitrag wird auf die von Helge Schmidt und Sibylle Brandt bei älteren Taunussteiner Bürgern vorgenommenen Befragungen zurückgegriffen.
25 Schmidt, Kaiserreich (wie Anm. 20), S. 267; Brandt, Kindheit (wie Anm. 22), S. 123 ff. Zu den Zuständen in den Volksschulen s. auch Wacker/Müller-Schellenberg, Das herzoglich-nassauische Militär (wie Anm. 20), S. 240 ff. und besonders H. Dauber, Bierstadter Schulgeschichte 1576–1918. Wiesbaden 1992, S. 51, 83.
26 Schmidt, Kaiserreich (wie Anm. 20), S. 268 f.
27 Aar-Bote Nr. 81 vom 9.10.1867.
28 Aar-Bote Nr. 103 vom 25.12.1867.
29 Aar-Bote Nr. 1 vom 1.1.1868, Nr. 84 vom 17.10.1868, Nr. 88 vom 31.10.1868, Nr. 103 vom 24.12.1868.
30 W. Hug, W. Danner u. H. Busley, Geschichtliche Weltkunde. Bd. 2: Vom Zeitalter der Entdeckungen bis zum Ende des 19. Jahrhunderts. Frankfurt/Main 1977, S. 197; ausführlich beschrieben ist die Vorgeschichte des Krieges bei Th. Nipperdey, Deutsche Geschichte 1866–1918. Zweiter Band. Machtstaat vor der Demokratie. München 1995, hier S. 56–63.
31 Die Gefallenen waren: aus Bleidenstadt Carl Beck (*27.5.1846, †6.8.1870 Schlacht bei Wörth, durch Unterleibschuß), Anton Christian Bieroth (*23.5.1848, †9.9.1870 im Militärkrankenhaus Amberg/Bayern), Philipp Rink (*29.9.1845, †20.10.1870 im Feldlazarett Versailles/Frankreich, Schumacher (sonst keine Angaben); aus Wehen Johann Martin Kelschenbach, Tagelöhner (*10.5.1844, †25.1.1871 in Erfurt in der Militärstrafabteilung); aus Seitzenhahn Philipp Carl Rücker (*12.10.1848, †31.8.1871 im Lazarett Frankfurt/M.). Recherchen von Frau Gertrud Kula, Taunusstein (1999).
32 Schmidt, Kaiserreich (wie Anm. 20), S. 24.
33 Schmidt, Kaiserreich (wie Anm. 20), S. 25.
34 Nipperdey, Deutsche Geschichte (wie Anm. 30), S. 79.
35 Nipperdey, Deutsche Geschichte (wie Anm. 30), S. 79 f.
36 Schmidt, Kaiserreich (wie Anm. 20), S. 26; Aar-Bote Nr. 7 vom 25.1.1871.
37 Bonapartismus = Anhängerschaft des französischen Kaisers Napoleon III.
38 Nipperedy, Deutsche Geschichte (wie Anm. 30), S. 79 f.
39 Aar-Bote vom 1.9.1895, zitiert nach Schmidt, Kaiserreich (wie Anm. 20), S. 27.

40 Schmidt, Kaiserreich (wie Anm. 20), S. 22.
41 In den zahlreichen Fest- und Jubiläumsschriften der Taunussteiner Vereine läßt sich leider nichts über eventuelle politische Ausrichtungen oder Tätigkeiten finden.
42 Schmidt, Kaiserreich (wie Anm. 20), S. 67.
43 Schmidt, Kaiserreich (wie Anm. 20), S. 28.
44 Th. Weichel, Die Bürger von Wiesbaden. Von der Landeshauptstadt zur »Weltkurstadt«. 1780–1914. München 1997, S. 239 f., 240, 287; G. Schmidt-von Rhein (Hrsg.), Wo Kaisers baden gingen. Wiesbadens preußische Zeit. Wiesbaden 1991.
45 W. Bender, W. Müller u. H. Steffens, Wehen zwischen 1870 und 1950. Vorgeschichte und Gründung der SPD in Wehen. In: 1819–1994. 75 Jahre SPD Wehen. Ein Stück Wehener Ortsgeschichte. Wehen 1994, S. 35.
46 Anzeigen im Aar-Boten, z. B. Nr. 69 vom 22.3.1899. In dieser Ausgabe wurden »3 bis 4 tüchtige Küchenmädchen« für das Wiesbadener Kurhausrestaurant und ein junger Hausbursche gesucht.
47 E. Munzel, Der Stadtwald Taunusstein. In: Taunusstein. Landschaft, Natur und Geschichte. Bd. 1: Landschaft und Natur. Taunusstein 1996, S. 156 f.
48 VOBlHN Nr. 24 vom 13.12.1851, S. 351–354.
49 Aar-Bote Nr. 81 vom 11.10.1871; Schmidt, Kaiserreich (wie Anm. 20), S. 29 f.; Rittmann, Deutsche Geldgeschichte (wie Anm. 4), S. 546.
50 Schmidt, Kaiserreich (wie Anm. 20), S. 30.
51 Klimpert, Lexikon der Münzen (wie Anm. 4), S. 213; Rittmann, Deutsche Geldgeschichte (wie Anm. 4), S. 92 f., 741–744, 747 f., 764.
52 Schmidt, Kaiserreich (wie Anm. 20), S. 31. Die Münzreform dauerte in ihrer technischen Durchführung bis Ende 1875. S. Rittmann, Deutsche Geldgeschichte (wie Anm. 4), S. 748.
53 Rittmann, Deutsche Geldgeschichte (wie Anm. 4), S. 748, 750; Rittmann, Deutsche Geldgeschichte (wie Anm. 4), S. 93; H. Pentzlin, Das Geld. Berlin, Frankfurt/M., Wien, S. 89 ff.; M. Wettengel, Keine verlorene Generation: Die Politiker und Parteivereine der Revolutionsjahre 1848/49. In: Archiv für hessische Geschichte und Altertumskunde. Bd. 57, 1999, S. 166.
54 Aar-Bote Nr. 68 vom 22.8.1868 u. Nr. 73 vom 9.9.1868.
55 Aar-Bote Nr. 73 vom 9.9.1868; Rittmann, Deutsche Geldgeschichte (wie Anm. 4), S. 747; Pentzlin, Das Geld (wie Anm. 53), S. 79, 84 f.
56 Rittmann, Deutsche Geldgeschichte (wie Anm. 4), S. 748 f.; Pentzlin, Das Geld (wie Anm. 53), S. 48, 116–120, 126, 132 f., 152, 162.
57 Zabel, Räumliche Behördenorganisation (wie Anm. 19), S. 200.
58 Schmidt, Kaiserreich (wie Anm. 20), S. 31 f.
59 Schmidt, Kaiserreich (wie Anm. 20), S. 32.
60 Schmidt, Kaiserreich (wie Anm. 20), S. 6.
61 Aar-Bote Nr. 89 vom 4.11.1876, Nr. 102 vom 20.12.1876, Nr. 104 vom 27.12.1876. Im »Aar-Boten« finden sich leider nur wenige Angaben zu Preisen von Lebensmitteln und Konsumgütern. Im Oktober 1867 hat ein Pfund Ochsenfleich 19 kr, 1 Pfund Hammelfleisch 16 kr, 1 Pfund Kalbfleisch 18 kr, 1 Pfund Schweinefleisch 19 kr, 1 Pfund Schmalz 32 kr, 1 Pfund Nierenfett 20 kr., 1 Pfund Schwarzbrot 19 kr und 1 Pfund Mischbrot 21 kr gekostet. S. Aar-Bote Nr. 84 vom 19.10.1867.
62 G. Beier, Schwarze Kunst und Klassenkampf. Bd. 1: Vom Geheimbund zum königlich-preußischen Gewerkverein. 1830–1890. Frankfurt 1966, S. 96.
63 Beier, Schwarze Kunst (wie Anm. 62), S. 91, 98.
64 Schmidt, Kaiserreich (wie Anm. 20), S. 33 f.
65 Schmidt, Kaiserreich (wie Anm. 20), S. 33.
66 Schmidt, Kaiserreich (wie Anm. 20), S. 35.
67 Schmidt, Kaiserreich (wie Anm. 20), S. 36 ff.
68 Schmidt, Kaiserreich (wie Anm. 20), S. 38.
69 Schmidt, Kaiserreich (wie Anm. 20), S. 59, 130.
70 Aar-Bote Nr. 68 vom 21.3.1899 u. Nr. 277 vom 26.11.1899.
71 Aar-Bote Nr. 69 vom 22.3.1899.
72 Beier, Schwarze Kunst (wie Anm. 62), S. 91. 1888 kostete in Orlen 1 Brot (4 Pfund) 43 Pf, 1 Pf. Kaffee 1,44 Mark, 1 Pf. Gerste 24 Pf, 1 Pf Reis 22 Pf, 1 Pf. Zucker 36 Pf, 1 Pf. Gries 26 Pf. S. Schmidt, Kaiserreich (wie Anm. 20), S. 149. Der Buchdrucker verdiente in Frankfurt 1888 23,06 Mark wöchentlich, täglich also 3,84. S. Beier, Schwarze Kunst (wie Anm. 62), S. 91.
73 Schmidt, Kaiserreich (wie Anm. 20), S. 59, 60.
74 VOBlHN Nr. 23 vom 26. 11. 1851, S. 333–350; Weichel, Bürger von Wiesbaden (wie Anm. 44), S. 241; B. Liebert, Politische Wahlen in Wiesbaden im Kaiserreich (1867–1918). Wiesbaden 1988 (zahlreiche Angaben zum Untertanuskreis und zu ›Taunusstein‹; Aar-Bote Nr. 76 vom 21.9.1867; s. auch Beitrag G. Müller-Schellenberg, Die letzten Jahre im Herzogtum Nassau, S. 235.
75 Schmidt, Kaiserreich (wie Anm. 20), S. 40–42, hier auch eine Namensliste aller Steuerpflichtigen mit ihrem Steueraufkommen.
76 Später in Amöneburg. S. O. Renkhoff, Nassauische Biographie. Kurzbiographien aus 13 Jahrhunderten. Wiesbaden 1992, S. 7.
77 G. Fünfrock, Der Weg der Familie Dyckerhoff von Amöneburg nach Wiesbaden. In: A. u. G. Schmidt-von Rhein, Von Biebrich nach Wiesbaden. Köln und Wiesbaden 1998, S. 157. Renkhoff, Nassauische Biographie (wie Anm. 76), S.154–157.
78 Fünfrock, Der Weg der Familie Dyckerhoff (wie Anm. 74), S. 157.
79 H. R. Horn, Die Kalle-Dynastie. In: 175 Jahre Wiesbadener Casino-Gesellschaft. 1816–1991. Wiesbaden 1991, S. 130. Renkhoff, Nassauische Biographie (wie Anm. 76), S. 376.
80 Renkhoff, Biographie (wie Anm. 76), S. 87, 481, 507.
81 C. Fuhr, Zwischen Biebrich und Wiesbaden: Das Waldstraßenviertel. In: Schmidt-von Rhein, Von Biebrich nach Wiesbaden (wie Anm 77), S. 157.
82 S. Brandt, Kindheit (wie Anm. 22) S. 32.
83 Bender, Gründung der SPD Wehen (wie Anm. 45), S. 35, 38.
84 Wilhelmi, Wehen (wie Anm. 3), S. 463.
85 M. Wettengel, Die Revolution von 1848/49 im Rhein-Main-Raum. Politische Vereine und Revolutionsalltag im Großherzogtum Hessen, Herzogtum Nassau und in der Freien Stadt Frankfurt. Wiesbaden 1989, S. 121 ff.; Bender, Gründung der SPD Wehen (wie Anm. 45), S. 35.
86 Bender, Gründung der SPD Wehen (wie Anm. 45), S. 35 f.; Liebert, Politische Wahlen (wie Anm. 74), S. 102, 176, 278, 283 ff., 287.
87 Bender, Gründung der SPD Wehen (wie Anm. 45), S. 36. Einen ungefähren Anhaltspunkt über die berufliche Zusammensetzung der ›Taunussteiner‹ männlichen Bevölkerung könnte die Liste der Gefallenen des 1. Weltkrieges geben. S. Anm. 137.
88 Schmidt, Kaiserreich (wie Anm. 20), S. 68.
89 Schmidt, Kaiserreich (wie Anm. 20), S. 180.
90 H. Schleich, Der Arbeitergesangverein Wehen 1920. In: 1819–1994. 75 Jahre SPD Wehen. Ein Stück Wehener Ortsgeschichte. Wehen 1994, S. 46.
91 K. Müller, Preußischer Adler und Hessischer Löwe. Hundert Jahre Wiesbadener Regierung 1866–1966. Dokumente der Zeit aus den Akten. Wiesbaden 1966, S. 135.
92 Müller, Preußischer Adler (wie Anm. 91), S. 135.
93 Schmidt, Kaiserreich (wie Anm. 20), S. 265.
94 Schmidt, Kaiserreich (wie Anm. 20), S. 266; s. auch E. Eichhorn, Taunusstein an alten und neuen Fern- und Landstraßen. In: Taunusstein. Landschaft, Natur und Geschichte. Bd. 1: Landschaft und Natur. Taunusstein 1996, S. 179–210, u. Kartenbeilage in Bd. 1.
95 Zur Aartalbahn s. Beitrag Klaus Kopp, S. 377–386.
96 Schmidt, Kaiserreich (wie Anm. 20), S. 265; Brandt, Kindheit (wie Anm. 22), S. 29.

97 Schmidt, Kaiserreich (wie Anm. 20), S. 265.
98 Brandt, Kindheit (wie Anm. 22), S. 37.
99 Schmidt, Kaiserreich (wie Anm. 20), S. 265.
100 Schmidt, Kaiserreich (wie Anm. 20), S. 44 f. Die Quellenlage zur Einführung des fließenden Leitungswassers in den einzelnen Ortsteilen ist schlecht. S. Brandt, Kindheit (wie Anm. 22), S. 37.
101 Schmidt, Kaiserreich (wie Anm. 20), S. 44 f.
102 S. Brandt, Kindheit (wie Anm. 22), S. 37.
103 D. Hoffmann u. F. Schütze, Weimarer Republik und nationalsozialistische Herrschaft. Deutschland zwischen Demokratie und Diktatur. Paderborn 1999, S. 36.
104 Th. Mann, Von Deutscher Republik. Politische Schriften und Reden in Deutschland. Frankfurt/M. 1984, S. 12; s. a. Nipperdey, Deutsche Geschichte (wie Anm. 30), S. 778 f.
105 Nipperdey, Deutsche Geschichte (wie Anm. 30), S. 778 f., 802.
106 Schmidt, Kaiserreich (wie Anm. 20), S. 248.
107 Nipperdey, Deutsche Geschichte (wie Anm. 30), S. 786.
108 So ging beispielsweise die Polizeigewalt auf den Festungskommandanten von Mainz über. Zusätzlich zur regulären Polizei wurden Soldaten zur Polizei kommandiert und durch Abzeichen an der Militäruniform als Polizisten kenntlich gemacht (Aar-Bote 1914 Nr. 194 v. 21.8.); die Artikel 5, 6 u. 27 wurden außer Kraft gesetzt (Aar-Bote 1915 Nr. 27 v. 2.2).
109 J. Hoffmann, E. Krautkrämer u. W. Hug, Geschichtliche Weltkunde. Bd. 3: Von der Zeit des Imperialismus bis zur Gegenwart. Frankfurt am Main 1990, S. 21.
110 Hoffmann, Weltkunde (wie Anm. 109), S. 21, 28.; Nipperdey, Deutsche Geschichte (wie Anm. 30), S. 769, 778, 815.
111 S. Beitrag G. Kula, Die Kriegtoten, S. 387–392.
112 Schmidt, Kaiserreich (wie Anm. 20), S. 249; die Regierung versuchte nach Kräften, die Überführung der Leichen Gefallener in die Heimat zu verhindern. Die würdigste Bestattung sei die auf dem Schlachtfeld, durch ein Umbetten würde die Ruhe der Toten gestört, das Exhumieren sei ohnehin nur bei Einzelgräbern möglich, die hohen Kosten müßten von den Angehörigen getragen werden (Aar-Bote 1916 Nr. 47 v. 25.2.).
113 Aar-Bote 1914 bis 1918. Diese Mitteilungen sind weder vollständig noch zuverlässig. So sind unter den Gefallenen aus Hahn und Neuhof auch solche angegeben, die aus anderen der vielen gleichnamigen Orten stammten.
114 Schmidt, Kaiserreich (wie Anm. 20), S. 249.
115 Müller, Preußischer Adler (wie Anm. 91), S. 173 f.; G. Mai, Das Ende des Kaiserreichs. Politik und Kriegführung im Ersten Weltkrieg. München 1987, S. 111; Nipperdey, Deutsche Geschichte (wie Anm. 30), S. 772, 791.
116 Zum Brotbacken soll nur noch Roggen verwendet werden (Aar-Bote 1914 Nr. 187 v. 13.8.); da Teuerung bei vielen Lebensmiteln zu erwarten sei, sollen Obst und Gemüse konserviert werden (Aar-Bote 1914 Nr. 217 v. 17.9.); Aufruf »Landwirte, verfüttert kein Brotgetreide!« (Aar-Bote 1914 Nr. 252 v. 28.10.); »Seid sparsam mit dem Brot!, Deutschland steht gegen eine Welt von Feinden!« (Aar-Bote 1915 Nr. 2 v. 81.1.) »Wer Brotgetreide verfüttert, versündigt sich am Vaterlande und macht sich strafbar« (Aar-Bote 1915 Nr. 12 v. 15.1.).
117 Aar-Bote Nr. 1914 Nr. 265 v. 12.11.
118 Aar-Bote 1914 Nr. 187 v. 13.8.
119 Aar-Bote 1915 Nr. 76 v. 31.3.
120 Aar-Bote 1914 Nr. 203 v. 1.9., 1915 Nr. 22 v. 27.1., Nr. 27. v. 2.2. (alle Getreide- und Mehlvorräte sind sind beschlagnahmt, unzulässige Verwendung wird mit Gefängnis bestraft), 1915 Nr. 60 v. 12.3., 1915 Nr. 62 v. 14.3., 1915 Nr. 65 v. 18.3., 1915 Nr. 83 v. 10.4., 1915 Nr. 159 v. 11.7. (Die gesamte Getreideernte auf dem Halm beschlagnahmt).

121 Aar-Bote 1914 Nr. 219 v. 19.9., Nr. 245 v. 20.10.
122 Schmidt, Kaiserreich (wie Anm. 20), S. 251 ff.; Aar-Bote 1915 Nr. 62 v. 14.3.
123 Aar-Bote 1914 Nr. 187 v. 13.8., 1916 Nr. 77 v. 31.3.
124 Aar-Bote 1915 Nr. 19 v. 23.1. (das Fleisch soll zu Dauerwaren verarbeitet werden), 1915 Nr. 72 v. 26.3. (damit die Kartoffeln bis zur Ernte reichen); im Zuge dieses »Schweinemordes« wurden 9 Mio. Schweine, etwa ein Drittel des Bestandes, geschlachtet. S. Nipperdey, Deutsche Geschichte (wie Anm. 30), S. 791; Mai, Das Ende des Kaiserreichs (wie Anm. 115), S. 112, hält den »Schweinemord« für unsinnig, weil Schweine auch Abfallverwerter waren.
125 Aar-Bote 1915 Nr. 196 v. 24.8., 1918 Nr. 34 v. 92.
126 Aar-Bote 1915 Nr. 242 v. 16.10, 1914 Nr. 256 v. 1.11., 1915 Nr. 11. v. 14.1., 1915 Nr. 53 v. 4.3., 1915 Nr. 207 v. 31.8.
125 Aar-Bote 1915 Nr. 125 v. 1.6.
128 Aar-Bote 1914 Nr. 281 v. 2.12., 1915 Nr. 90 v. 18.4., 1915 Nr. 102 v. 2.5., 1915 Nr. 199 v. 27.8.
129 Aar-Bote 1915 Nr. 20 v. 24.1. (unter Gold waren Goldmünzen zu verstehen), 1915 Nr. 163 v. 16.7., 1915 Nr. 182 v. 7.8.; da die deutsche Flotte die Ostsee beherrschte, konnte z. B. Erz aus Schweden bezogen werden. S. Nipperdey, Deutsche Geschichte (wie Anm. 30), S. 771 f.
130 Aar-Bote 1915 Nr. 258 v. 4.11., 1915 Nr. 75 v. 30.3., 1915 Nr. 137 v. 16.6. (das Laub wurde zur Ergänzung von Heu getrocknet und »Laubheu« genannt), 1916 Nr. 106 v. 6.5., 1917 Nr. 104 v. 5.5., 1916 Nr. 259 v. 4.11., 1916 Nr. 263 v. 9.11., 1918 Nr. 47 v. 24.2.
131 Aar-Bote 1915 Nr. 279 v. 30.11., 1918 Nr. 34 v. 9.2. Zum Gewinnen von technischen Ölen mußte sogar der Fingerhut seinen Samen lassen (Aar-Bote 1917 Nr. 161 v. 14.7.).
132 Aar-Bote 1915 Nr. 84 v. 11.4., 1915 Nr. 186 v. 12.8., 1916 Nr. 105 v. 5.5.
133 Aar-Bote 1916 Nr. 247 v. 21.10.; Pferde, die Holz für den Heeresbedarf abfuhren, erhielten eine Sonderration von 1 1/2 Pf Hafer pro Arbeitstag (Aar-Bote 1917 Nr. 21 v. 26.1.).
134 Aar-Bote 1915 Nr. 236 v. 9.10, 1915 Nr. 174 v. 29.7. (Waldbeeren für das Lazarett in Bad Schwalbach), 1916 Nr. 165 v. 18.7. (Brennesseln, die Stengel zur Herstellung von »Leinen«, die Blätter für Viehfutter), 1917 Nr. 104 v. 5.5., 1917 Nr. 155 v. 3.7., 1918 Nr. 113 v. 16.5., 1918 Nr. 244 v. 18.10.
135 Schmidt, Kaiserreich (wie Anm. 20), S. 257. Die Schulkinder mußten auch Schädlinge – wie z. B. die Raupen des Kohlweißlings – von den Nutzpflanzen absammeln. S. auch Müller, Preußischer Adler (wie Anm. 91), S. 183.
136 Schmidt, Kaiserreich (wie Anm. 20), S. 254, 264.
137 Aar-Bote 1915 Nr. v. 119 v. 23.5., 1916 Nr. 106 v. 6.5.
138 Aar-Bote 1915 Nr. 221 v. 22.9., 1915 Nr. 224 v. 25.9.
139 Aar-Bote 1916 Nr. 82 v. 6.4.
140 Aar-Bote 1915 Nr. 84 v. 11.4., 1918 Nr. 102 v. 2.5., 1917 Nr. 227 v. 29.9.), 1917 Nr. 156 v. 8.7., 1917 Nr. 158 v. 11.7. (aus 1.000 kg Kernen wurden 50 kg Öl gewonnen).
141 Aar-Bote 1914 Nr. 179 v. 4.8., 1915 Nr. 86 v. 14.4., 1918 Nr. 130 v. 7.6.
142 Müller, Preußischer Adler (wie Anm. 91), S. 173 f.
143 Müller, Preußischer Adler (wie Anm. 91), S. 176.
144 Hoffmann, Weltkunde (wie Anm. 109) S. 269.
145 Schmidt, Kaiserreich (wie Anm. 20), S. 249.
146 Aar-Bote 1916 Nr. 265 v. 11.11.
147 Schmidt, Kaiserreich (wie Anm. 20), S. 257; Aar-Bote 1917 Nr. 97 v. 27.4.
148 Aar-Bote 1915 Nr. 303 v. 29.12.; Schmidt, Kaiserreich (wie Anm. 20), S. 253.
149 Aar-Bote 1916 Nr. 217 v. 16.6., Erzeuger 1 1/2 Pf., Versorgungsberechtigte 1 Pf. (Aar-Bote 1916 Nr. 245 v. 19.10., 1918 Nr. 218 v. 18.9.).

150 Aar-Bote 1918 Nr. 35 v. 10.2.; Sachverständige sollten die Milchleistung jeder einzelnen Kuh schätzen (Aar-Bote 1917 Nr. 65 v. 18.3.).
151 Aar-Bote 1917 Nr. 122 v. 27.5.
152 Aar-Bote 1918 Nr. 191 v. 17.8.
153 Aar-Bote 1918 Nr. 205 v. 3.9. Latwerge ist Zwetschgenmus; weil sie oft alleine als Brotaufstrich verwendet wurde, hieß sie auch »Schwarze Butter«. S. auch F. Hottenroth, Die nassauischen Volkstrachten. Neuauflage der Ausgabe von 1905. Taunusstein 1985, S. 37 f.
154 Schmidt, Kaiserreich (wie Anm. 20), S. 258. Die Ernährung der Selbstversorger war auch 1918 noch ausreichend. S. Müller, Preußischer Adler (wie Anm. 91), S. 186.
155 Müller, Preußischer Adler (wie Anm. 91), S. 182.
156 Aar-Bote 1915 Nr. 281 v. 2.12., Holzschuhe für Erwachsene kosteten 4,80 Mark (Aar-Bote 1916 Nr. 68 v. 21.3.). Es gab kaum noch Leder für Schuhsohlen (Aar-Bote 1916 Nr. 170 v. 23.7.) Schuhe wurden mit Gummiresten oder Holz besohlt (Aar-Bote 1916 Nr. 152 v. 1.7.).
157 Schmidt, Kaiserreich (wie Anm. 20), S. 263.
158 Aar-Bote 1916 Nr. 113 v. 14.5.
159 Müller, Preußischer Adler (wie Anm. 91), S. 183; Aar-Bote 1917 Nr. 11. v. 14.1., 1917 Nr. 1917 Nr. 14 v. 18.1., 1917 Nr. 19 v. 24.1., 1917 Nr. 23 v. 28.1., 1917 Nr. 33 v. 9.2., 1917 Nr. 53 v. 4.3., 1917 Nr. 54 v. 6.3., 1917 Nr. 61 v. 14.3., 1917 Nr. 64 v. 17.3., 1917 Nr. 72 v. 27.3., 1917 Nr. 75 v. 30.3., 1917 Nr. 93 v. 22.4., 1917 Nr. 102 v. 3.5., 1917 Nr. 111 v. 13.5., 1917 Nr. 121 v. 26.5., 1917 Nr. 136 v. 15.6., 1917 Nr. 138 v. 17.6., 1917 Nr. 154 v. 6.7., 1917 Nr. 165 v. 19.7. Die vorgenannten Anzeigen betreffen Verstöße gegen die Höchstpreisverordnung oder den illegalen Verkauf von landwirtschaftlichen Erzeugnissen. Neben Landwirten waren auch die Inhaber von Bäckereien und Mühlen sowie Händler betroffen. Die Höhe der Strafen sind nicht veröffentlicht. Im Aar-Boten 1918 Nr. 161 v. 13.7. erfahren wir Einzelheiten: Ein Landwirt hat Milch mit 45 % Wasser verdünnt, dafür erhielt er eine Geldstrafe von 150 Mark; eine Kuh und ein Schwein wurden ohne Genehmigung geschlachtet, das ergab eine Strafe von 210 Mark; ein Arbeiter, der einen Schinken, Butter und Eier für den Schleichhandel gekauft hatte, mußte für 3 Tage ins Gefängnis und 15 Mark Strafe zahlen.
160 Zum Ausdruck »hamstern« s. Arbeitskreis Heimatgeschichte Hettenhain (Hrsg.), 800 Jahre Hettenhain im Taunus. Hettenhain 1995, S. 80. Der damalige Feldweg, der von Langenschwalbach (Bad Schwalbach) nach Hettenhain führte, hieß im Volksmund »Hamsterweg«, weil die Städter zum Betteln und Tauschen auf diesem Weg nach H. kamen. Der ehemalige Hamsterweg ist heute eine so benannte Straße im Neubaugebiet von H.; zu hamstern S. a. Duden, Das große Wörterbuch der deutschen Sprache in acht Bänden. Bd. 4. Mannheim 1999, S. 1657; H. Küpper, Illustriertes Lexikon der deutschen Umgangssprache, Bd. 3 Stuttgart 1983, S. 1162. Hier: »Ende 1914 aufgekommen. Ohne Bezug auf Lebensmittel schon 1826.« Freundliche Mitteilung von Herrn Helmut Walther, Wiesbaden.
161 Müller, Preußischer Adler (wie Anm. 91), S. 186, 189.
162 Aar-Bote 1916 Nr. 153 v. 4.7., 1916 Nr. 265 v. 11.11. Eine Ziege liefere Milch für einen ganzen Haushalt (Aar-Bote 1916 Nr. 83 v. 7.4.).
163 Aar-Bote 1916 Nr. 295 v. 17.12.; Ziegenhalter durften nur noch täglich 3/4 l Milch behalten (Aar-Bote 1917 Nr. 89 v. 18.4.)
164 Aar-Bote 1916 Nr. 5 v. 7.1.: Fabrikant Erkel aus Hahn hat für die minderbemittelte Bevölkerung von Hahn 1 Zentner »Kunstspeisefett« und 2 Zentner Haferflocken zur Verfügung gestellt.
165 Schmidt, Kaiserreich (wie Anm. 20), S. 261.
166 Nipperdey, Deutsche Geschichte (wie Anm. 30), S. 793.
167 Schmidt, Kaiserreich (wie Anm. 20), S. 249 f. Für die Beschriebe der Fotos mit Kriegsgefangenen danke ich Herrn Militärhistoriker Peter Wacker, Nürnberg, auch an dieser Stelle sehr herzlich.
168 Aar-Bote 1916 Nr. 101 v. 30.4.
169 Zur Verpflegung der Kriegsgefangenen s. Aar-Bote 1915 Nr. 131, 1915 Nr. 144 v. 24.6. (die Kriegsgefangenen sollten täglich 1/4 Pf Fleisch bekommen), 1915 Nr. 215 v. 14.9., 1916 Nr. 100 v. 28.4., 1917 Nr. 178 v. 3.8., 1918 Nr. 44 v. 21.2.).
170 Aar-Bote 1915 Nr. 144 v. 24.6.
171 Aar-Bote 1915 Nr. 144 v. 24.6.
172 Aar-Bote 1915 Nr. 132 v. 11.6., Aar-Bote 1915 Nr. 133 v. 12.6.
173 Aar-Bote 1916 Nr. 279 v. 29.11.
174 Mai, Das Ende des Kaiserreichs (wie Anm. 115), S. 111 f., 114.
175 S. Beitrag Rudolf Pereira, S. 328 ff.; Schmidt, Kaiserreich (wie Anm. 20), S. 252, 258, 259, 277.
176 Schmidt, Kaiserreich (wie Anm. 20), S. 258.
177 Aar-Bote 1918 Nr. 118 v. 23.5.
178 Aar-Bote 1918 Nr. 215 v. 14.9.
179 Aar-Bote 1914 Nr. 281 v. 2.12. (Beschlagnahme von Tierhäuten, Metallsammlung, auch kleine Gegenstände), 1915 Nr. 102 v. 2.5. (Beschlagnahme von Buntmetall), 1915 Nr. 125 v. 1.6 (Bestandsaufnahme und Beschlagnahme von Lumpen), 1915 Nr. 199 v. 27.8. (Beschlagnahme von Küchengeschirr aus Kupfer), 1915 Nr. 222 v. 23.9. (Sammlung von Konservendosen), 1915 Nr. 231 v. 3.10. (Termin zur freiwilligen Abgabe von Buntmetallen verlängert), 1915 Nr. 237 v. 10.10. (Enteignung von Buntmetall tritt in Kraft), 1915 Nr. 274 v. 24.11. (Reste von Bindegarn sollen abgeliefert werden), 1916 Nr. 65 v. 17.3. (Beschlagnahme von Buntmetall, auch Haushaltsgegenstände), 1916 Nr. 67 v. 19.3. (Beschlagnahme von Haushaltsgegenständen aus Kupfer, Messing und Nickel; wer nicht abliefert, macht sich strafbar), 1916 Nr. 80 v. 4.4. (Beschlagnahme und Bestandsaufnahme von Altgummi), 1916 Nr. 107 v. 7.5. (Abgabe von beschlagnahmtem Metall unter Aufsicht der Gendarmeriewachtmeister), 1916 Nr. 124 v. 27.5. (Beschlagnahme von Bastfasern), 1916 Nr. 143 v. 21.6., Nr. 160 v. 12.7. u. 1917 Nr. 5 v. 7.1. (zum Sparen der Gummibereifung durften Fahrräder nur noch zu Berufszwecken benutzt werden), 1917 Nr. 7 v. 10.1., Nr. 51 v. 2.3., Nr. 52 v. 3.3. u. Nr. 53 v. 4.3. (Beschlagnahme und Ablieferung von Kirchenglocken), 1917 Nr. 55 v. 7.3. (Beschlagnahme von Korken), 1917 Nr. 95 v. 25.4. (Beschlagnahme von Dachpappe), 1917 Nr. 125 v. 1.6. (Beschlagnahme von Kaninchen-, Hasen- und Katzenfellen), 1917 Nr. 131 v. 8.6. (Beschlagnahme von Schafwolle), 1917 Nr. 151 v. 3.7. (Beschlagnahme von Tierhaaren), 1917 Nr. 162 v. 15.7. (Schuhmacher dürfen Leder, das von Treibriemen stammen könnte, nicht annehmen), 1917 Nr. 172 v. 27.7. (Sammeln von Konservendosen » im vaterländischen Interesse«), 1917 Nr. 182 v. 8.8. (Beschlagnahme der Enden von Bindegarn), 1917 Nr. 183 v. 9.8. (Schuhe sollen im Sommer geschont werden, weil kein Leder für Reparaturen vorhanden ist), 1917 Nr. 199 v. 28.8. (Vorräte an Kohlen und Koks von mehr als 2 Zentnern müssen gemeldet werden), 1917 Nr. 200 v. 29.8. (Gemeinden sollen Sammelstellen einrichten für Frauenhaar, Papier-, Gummi-, Weißblechabfälle, Korken, Metalle, Glühlampensockel, Knochen usw.), 1917 Nr. 202 v. 31.8. (Beschlagnahme von Bett-, Haus- u. Tischwäsche in Hotels und Pensionen), 1917 Nr. 276 v. 27.11. (Beschlagnahme von Kaninchen- Hasen- u. Katzenfellen), 1917 Nr. 297 v. 21.12. (Beschlagnahme von Theaterkulissen, Segeltuch, Zelten, Planen usw.), 1917 Nr. 300 v. 28.12. (Sammlung von Flaschen), 1918 Nr. 4 v. 5.1.(Beschlagnahme von Papier), 1918 Nr. 8 v. 10.1. (Beschlagnahme von Nickelmünzen, gebrauchten Kleidungsstücken), 1918 Nr. 12 v. 15.1. (Beschlagnahme von Mauersteinen und Dachziegeln), 1918 Nr. 62 v. 14.3. (in Hotels und Gaststätten dürfen keine Servietten und Tischtücher mehr verwendet werden), 1918 Nr. 71 v. 21.3. (Beschlagnahme von Menschenhaaren), 1918 Nr. 83 v. 10.4. (Zuteilung von Nähgarn – für körperlich Arbeitende 50, sonst 40 Meter), 1918 Nr. 101 v. 1.5. (Beschlagnahme von Lumpen), 1918 Nr. 126 v. 9.6. (die Herstellung von Seife aus pflanzli-

chen und tierischen Fetten ist verboten), 1918 Nr. 173 v. 27.7. (Beschlagnahme und Enteignung von Fußbällen, Würfelbechern, getragenen Schuhen usw.), 1918 Nr. 191 v. 17.8. (von den Wiesbadener Denkmälern sind zum Einschmelzen vorgesehen: die Büste von Bodenstedt, das Kaiser-Friedrich-Denkmal (?), das Denkmal »Wilhelm der Schweiger«), 1918 Nr. 197 v. 24.8. (Sammlung getragener Lederhandschuhe zum Ernten von Brennesseln), 1918 Nr. 213 v. 19.9. (das Sammeln von Frauenhaar ist vaterländische Pflicht – wird zur Herstellung von Treibriemen und Filz benötigt).
180 Aar-Bote 1918 Nr. 84 v. 11.4.; die Goldspenden waren offensichtlich versiegt, die letzten Aufrufe zur Abgabe von Goldmünzen und Goldschmuck erschienen im Aar-Boten 1917 Nr. 164 v. 58.7. («alle noch versteckten« Goldmünzen und Goldschmuck sollen abgeliefert werden) und 1917 Nr. 172 v. 27.7. (bei der Abgabe von Gold soll keine Rücksicht mehr auf Pietät bei Familienstücken genommen werden), Trauringe waren von der Abgabepflicht nur »bis auf weiteres« ausgenommen (Aar-Bote 1916 Nr. 247 v. 21.10.).
181 Aar-Bote 1917 Nr. 200 v. 29.8., 1918 Nr. 213 v. 19.9.
182 Aar-Bote 1918 Nr. 213 v. 19.9.
183 Aar-Bote 1918 Nr. 232 v. 4.10.
184 Einige Beispiele aus dem Aar-Boten (Kartoffeln in Mark je Zentner): 1915 Nr. 88 v. 16.4.: Abgabepreis je Sorte zwischen 4,55 und 4,80; 1915 Nr. 214 v. 14.9.: Für Minderbemittelte ab Bahnhof 3,50; 1916 Nr. 35 v. 11.2. Abgabepreis: 4,30; 1916 Nr. 168 v. 21.7. im August: 9,–, 8,–, 7,–; im September: 6,–, 5,–, 4,50; im Oktober: 4,–; im Februar: 5,–; 1918 Nr. 175 v. 30.7.: Frühkartoffeln 9,– ; 1918 Nr. 194 v. 21.8.: 8,–; 1918 Nr. 201 v. 29.8.: Einzelhandelspreis 14,–.
185 Angaben im Aar-Boten in Mark je 100 kg: 1914 Nr. 166 v. 19.7. Roggen: 18,–, Weizen 21,75 (Großmarkt Frankfurt); 1914 Nr. 213 v. 12.9.: Roggen 21,25, Weizen 24,25 (Großmarkt Frankfurt); 1914 Nr. 268 v. 15.11.: Roggen 23,50, Weizen 27,25 (Großmarkt Frankfurt); 1915 Nr. 7 v. 9.1: Roggen 23,50, Weizen keine Notierung (Großmarkt Frankfurt); 1915 Nr. 17 v. 21.1.: Roggen 23,65, Weizen 27,65 (Großmarkt Frankfurt); 1918 Nr. 38 v. 14.2.: Roggen 28,–, Weizen 30,– [nach dem 1.3. jeweils 10,– weniger] (Erzeugerhöchstpreis); 1918 Nr. 154 v. 5.7.: Roggen 31,50, Weizen 33,50 (Erzeugerhöchstpreis).
186 Aar-Bote 1915 Nr. 261 v. 7.11 je 500 Gramm: Landbutter 1,75, Süßrahmbutter 2,40 (Durchschnitt 2,07); 1916 Nr. 113 v. 14.5.: 2,40; 1918 Nr. 68 v. 31.3.: 2,70; 1918 Nr. 161 v. 17.8.: 3,–; 1918 Nr. 223 v. 24.9.: 4,–.
187 Aar-Bote 1918 Nr. 132 v. 9.6.: Hafer je Zentner 30,–; 1918 Nr. 198 v. 25.8. Heu je Zentner je nach Qualität: 10 bis 11 Mark.
188 Schmidt, Kaiserreich (wie Anm. 20), S. 261.
189 Aar-Bote 1916 Nr. 244 v. 18.10.: Erzeuger erhielten »offiziell« für einen Zentner gepflückte Äpfel 18,–, für geschüttelte 7,50. Aar-Bote 1916 Nr. 211 v. 9.9.: Für Pflaumen und Zwetschgen erhielten Erzeuger je Zentner 10,–.
190 Schmidt, Kaiserreich (wie Anm. 20), S. 262 f.
191 Th. Meyer, S. Miller u. J. Rohfels (Hrsg.), Geschichte der deutschen Arbeiterbewegung. Darstellung – Chronologien – Dokumente. Teil 2, 2. Aufl. Bonn 1987, S. 362; H.-J. Bieber, Gewerkschaften in Krieg und Revolution. Arbeiterbewegung, Industrie, Staat und Militär in Deutschland 1914–1920. Hamburg 1981, S. 421 f.
192 J. Kuczynski, Die Geschichte der Lage der Arbeiter in Deutschland von 1800 bis in die Gegenwart. Berlin 1947, S. 370.
193 Kuczynski, Lage der Arbeiter (wie Anm. 192), S. 370.
194 Kuczynski, Lage der Arbeiter (wie Anm. 192), S. 351; Bieber, Gewerkschaften (wie Anm. 191), S. 192 ff., 199, 416, 419.
195 Mai, Das Ende des Kaiserreichs (wie Anm. 115), S. 114.
196 Brandt, Kindheit (wie Anm. 22), S. 31.
197 Mai, Das Ende des Kaiserreichs (wie Anm. 115), S. 114.
198 Nipperdey, Deutsche Geschichte (wie Anm. 30), S. 792; Aar-Bote 1917 Nr. 44 v. 22.2.
199 Im Taunus sackte das Thermometer auf Werte bis zu minus 20 Grad. S. Schmidt, Kaiserreich (wie Anm. 20), S. 255.
200 Aar-Bote 1918 Nr. 87 v. 14.4. Die staatlich festgesetzten Rationen betrugen bei Fleisch, Fisch, Schmalz und Hülsenfrüchten nur noch ca. 10 % des Verbrauchs der Vorkriegszeit. Vgl. Kuczynski, Lage der Arbeiter (wie Anm. 192), S. 351.
201 Aar-Bote 1918 Nr. 185 v. 10.8.
202 Aar-Bote 1918 Nr. 87 v. 14.4
203 Aar-Bote 1918 Nr. 144 v. 23.6.
204 Aar-Bote 1918 Nr. 256 v. 1.11.
205 Mai, Das Ende des Kaiserreichs (wie Anm. 115), S. 114; Bieber, Gewerkschaften (wie Anm. 191), S. 418.
206 Schmidt, Kaiserreich (wie Anm. 20), S. 262.
207 Aar-Bote 1918 Nr. 59 v. 10.3.
208 Aar-Bote 1918 Nr. 132 v. 9.6.
209 Schmidt, Kaiserreich (wie Anm. 20), S. 263.
210 Schmidt, Kaiserreich (wie Anm. 20), S. 264.
211 Nipperdey, Deutsche Geschichte (wie Anm. 30), S. 777.
212 Hoffmann, Weltkunde (wie Anm. 109), S. 31; Nipperdey, Deutsche Geschichte (wie Anm. 30), S. 778.
213 Bei 129 der 200 gefallenen ›Taunussteiner‹ sind die Berufe angegeben. Man sieht daran, daß ›Taunusstein‹ nicht mehr rein agrarisch strukturiert war. 56 Männer waren in der Land- und Forstwirtschaft tätig (45 Landwirte, 5 Tagelöhner, 4 Knechte, je 1 Schäfer und Förster), 3 weitere Landwirte waren gleichzeitig Handwerker (2 Tüncher, 1 Wagner); 50 Männer waren Handwerker (je 9 Schreiner und Maurer, 5 Tüncher, je 4 Schlosser und Spengler/Installateure, 3 Bäcker, je 2 Elektromonteure, Metzger, Schuhmacher und Zimmerleute, je 1 Chem. Reiniger, Dachdecker, Sattler, Schmied, Schriftsetzer und Tapezierer); 6 waren ungelernte Arbeiter (2 Rottenarbeiter, je 1 Fahrer, Hausbursche, Hilfsarbeiter und Wegewärter); 6 hatten kaufmännische Berufe (Handlungsgehilfe, Bürogehilfe, Kaufmann, Verwaltungsbeamter); 4 waren Lehrer, 3 Studenten, einer war Musiker und einer Briefträger. Ohne Berufsangaben: 71. Zusammengestellt nach Beitrag Gertrud Kula, Die Kriegstoten, S. 387–392.
214 Schmidt, Kaiserreich (wie Anm. 20), S. 264.

Peter Jakobi und Ferdinand Weckmüller

In der Weimarer Republik

Inhalt

1. Einleitung — 281
2. ›Taunusstein‹ unter französischer Besatzung — 281
3. Weiterhin katastrophale Knappheit an Lebensmitteln — 284
4. Die Demokratisierung — 285
5. Die Inflation — 285
6. Folgen der Besetzung des Ruhrgebietes sind auch in ›Taunusstein‹ spürbar — 286
7. Der Separatistenputsch — 287
8. Es geht wieder aufwärts — 288
9. Rückschlag durch die Weltwirtschaftskrise — 289
10. Der Siegeslauf der NSDAP — 289
11. Anmerkungen — 291
12. Tabellen — 293

1. Einleitung

Am* 18. Januar 1919 trat in Versailles die Friedenskonferenz zusammen: Am gleichen Tag und am selben Ort, an dem Deutschland mit der Krönung des preußischen Königs zum deutschen Kaiser 1871 einen seiner größten Triumphe gefeiert hatte, erlitt es eine seiner schmerzlichsten Demütigungen. Im Schloß von Versailles mußte dann am 28. Juni 1919 nach monatelangen Verhandlungen in Paris der Friedensvertrag, der den 1. Weltkrieg endgültig beendete, unterzeichnet werden. Dieser Friedensvertrag verlangte von Deutschland erhebliche Gebietsabtretungen und führte zu Reparationszahlungen, die bis an die Grenze der Belastbarkeit des Staates und seiner Bevölkerung heranreichten.[1] Von den Siegermächten besetzten Frankreich, England und die USA als Faustpfand für ihre Forderungen weite Teile des linksrheinischen Deutschlands.[2] Um die Festungen Mainz und Koblenz wurden wie mit dem Zirkel Halbkreise mit einem Radius von dreißig Kilometern auf das rechte Rheinufer geschlagen; diese rechtsrheinischen Gebiete wurden als sogenannte Brückenköpfe ebenfalls besetzt.[3]

2. ›Taunusstein‹ unter französischer Besatzung

Zu dem Mainzer Brückenkopf gehörte auch der Untertaunuskreis. So bekam man Anfang 1919 auch in ›Taunusstein‹ anstelle der französischen Kriegsgefangenen, die sich in Hof und Feld nützlich gemacht hatten, nun Militär als Einquartierung in Häuser, Ställe und Scheunen gelegt.[4] Viele ›Taunussteiner‹ mußten erhebliche Belastungen verkraften. In Orlen etwa kamen zunächst auf rund 350 Einwohner über hundert Besatzer mit ebensovielen Pferden.[5] Diese Artilleriekompanie wurde aber bald schon von algerischen Kolonialtruppen abgelöst.[6] In Hambach mit seinen ungefähr 120 Einwohnern nahmen 105 Mann mit der gleichen Anzahl an Pferden ihr Quartier.[7] Der Alltag war fortan geprägt von Einschränkungen und auch gelegentlichen Schikanen – kurz, die Besatzer führten ein strenges Regiment.[8] Sogar Schulgebäude wurden von den Franzosen beschlagnahmt und so der Unterricht der Kinder beeinträchtigt.[9] In Hahn beanspruchten die Besatzer außer einem Klassenzimmer auch alle drei Lehrerwohnungen. Den Schulhof nutzen die ungebetenen Gäste als Parkplatz für ihre Geschütze und anderes Kriegsgerät.[10]

Vom frühen Abend bis zum Morgen waren für alle Einheimischen Ausgangssperren angeordnet, die nur zu Zeiten, in denen auch nachts Feldarbeit unvermeidlich war, gelockert wurden.[11] Ständig mußte man einen Ausweis bei sich haben, der auf Verlangen den Posten vorzuzeigen war, zum Verlassen des Kreisgebietes war zusätzlich noch ein besonderer Paß erforderlich.[12] Lehrer Schütz aus Orlen, der wohl kein Feund der Franzosen war, wollte mal einen der Wachtposten foppen, indem er seinen Ausweis in den Rand seiner Mütze steckte und beim Passieren mit dem Zeigefinger mehrfach auf seine Kopfbedeckung mit dem darin befindlichen Ausweis deutete. Der Soldat verstand das sehr wohl, der Lehrer verschwand wegen »Vogelzeigens« für drei Tage im Arrest.[13] In Arrest gesteckt wurde auch ein Bauer, der beim Mistfahren seinen Ausweis nicht bei sich hatte und den kontrollierenden Posten anmurmelte: »Wenn de nur verrecke täst.« Pech für den Landwirt, der Franzose war Elsässer und hat alles verstanden.[14] Es hagelte auch Geldstrafen. So mußte Theodor Bendler aus Wehen »wegen unanständigen Benehmens« 50 Mark zahlen,[15] Karl Rossel aus Bleidenstadt war mit 30 Mark dabei. Er hatte eine Kontrolle nicht beachtet.[16] Weil er sein Fuhrwerk falsch geparkt hatte, mußte ein Orlener Landwirt ebenfalls 30 Mark zahlen.[17] Die Geldstrafen waren ziemlich schmerzhaft. Ein Schriftsetzer beispielsweise, der immerhin zu den höchstverdienenden Handwerkern gehörte, verdiente

---
* Für das Zusammenführen unserer ehemals selbständigen Texte und für das Auswerten weiterer Quellen danken wir Herrn Guntram Müller-Schellenberg, Taunusstein.

damals durchschnittlich knapp hundert Mark wöchentlich.[18] Lehrer Ferdinand Bödigheimer aus Hahn entging nur durch seine Flucht einer empfindlichen Strafe. Er hatte im Gasthaus »Sonne« in Hahn Aufnahmen von einem Flurschaden gemacht, der von betrunkenen französischen Soldaten dort angerichtet worden war.[19] Richtig gefährlich wurde es aber vor allem für die Hambacher, als bekannt wurde, daß ein dort stationierter Kolonialsoldat die Blattern mitgebracht hatte. An den Folgen der Impfung, der sich alle Einwohner unterziehen mußten, sind etliche ernsthaft erkrankt.[20] Von einem so dramatischen Ereignis wie es in Idstein geschehen ist, blieb man in ›Taunusstein‹ glücklicherweise verschont. Dort hatten französische Kolonialsoldaten ein junges Mädchen ermordet.[21]

An den Ortsausgängen hatten die Franzosen Schilderhäuser aufgestellt, in denen Posten standen. Auf ihrem geladenen Gewehr steckte das Bajonett. Deutsche mußten bei Tag von diesen Posten mindestens einen Meter Abstand halten, bei Dunkelheit waren sogar zwei Meter Abstand vorgeschrieben.[22] Motorräder und »Automobile« durften nur mit besonderer Erlaubnis der französischen Behörden benutzt werden.[23] Für den Bedarf der Besatzungstruppen an Brennholz muß-

Abb. 1: Dreschen mit einer von einem Traktor angetriebenen Maschine. Hier in einem Hof in Wingsbach.

ten stets wohlgefüllte Lager unterhalten werden, für die der Oberförster verantwortlich war.[24]

Gelegentlich konnte man sich über die fremden Gäste aber auch köstlich amüsieren. So beispielsweise bei der Begebenheit, als eine Bäuerin einen ausgeschwenkten Nachttopf – es war ja noch die Zeit ohne WC im Haus – zum Abtropfen an den Gartenzaun gestülpt hatte. Ein dem Aussehen nach aus Afrika stammender französischer Soldat fand Gefallen an dem Nachtgeschirr und nahm es an sich. Zum Erstaunen der Bauersfrau ging der Soldat mit seiner Neuerwerbung schnurstracks zur Feldküche zum Essenfassen.

Bevor die Franzosen aus dem Dorf abzogen, brachte der Mann seinen Napf zurück.[25] Amüsiert haben sich aber auch – sehr zum Leidwesen der einheimischen Burschen – viele Mädels auf den Tanzveranstaltungen der Franzosen.[26]

An die Gesichter der Franzosen mußte man sich in ›Taunusstein‹ nicht besonders gewöhnen. Wie viele der vormals bei den Bauern tätigen Kriegsgefangenen stammte auch ein großer Anteil der jetzigen Besatzer aus den damaligen französischen Kolonien Algerien, Tunesien und Marokko. Im Volksmund hießen sie »Utschebebbes«.[27]

Abb. 2: Dreschen auf dem Feld. Eine der Niederlibbacher Frauen hat ihren Nachwuchs im Kinderwagen dabei.

3. Weiterhin katastrophale Knappheit an Lebensmitteln

Wie schon während des Krieges kamen die Landwirte der Pflicht zur Abgabe ihrer nicht zum Eigenbedarf notwendigen Produkte nur zögerlich nach.[28] Mit dem Ende des Krieges hatte sich deshalb die Not der Städter nicht gelindert, in großen Scharen zogen sie weiterhin zum Hamstern auf die Dörfer.[29] Nachdem Appelle des Landrats fruchtlos geblieben waren, nahm sich die französische Besatzungsmacht der Sache an und verordnete für jede Gemeinde feste Abgabemengen landwirtschaftlicher Erzeugnisse, für deren Einhaltung die Bürgermeister verantwortlich gemacht wurden.[30] Der Landrat bedauert, *daß [die Landwirte] jetzt so wenig soziale Empfindungen für die minderbemittelte Bevölkerung haben, daß diese durch die französische Behörde geschüzt werden muß.*[31] Auch die Schließung der Hahner Mühle von Karl Hermann »wegen Unzuverlässigkeit«[32] deutet darauf hin, daß der Müller Getreide oder Mehl für den Schwarzmarkt abgezweigt haben könnte. Auch der Aarmühle bei Wehen wurde wegen »Unzuverlässigkeit« der Betrieb untersagt.[33] Für den Mangel an Lebensmitteln, dem viele Menschen ausge-

Abb. 3: Auch im Maschinenzeitalter mußte noch körperlich schwere Handarbeit geleistet werden. Hier Rübenernte in Wehen.

setzt waren, zeugt auch der Versuch der Gewerkschaften – gegen den sich die Bauern wehrten –, die Ausfuhr von Kartoffeln aus dem Untertaunuskreis zu unterbinden und den Abgabepreis je Zentner auf 20 Mark festzusetzen.[34] Zum Vergleich: Der oben bereits erwähnte gut verdienende Schriftsetzer hätte sich für seinen Wochenlohn gerade mal fünf Zentner Kartoffeln kaufen können.[35]

4. Die Demokratisierung

Etwas sehr Entscheidendes hatte sich aber nach dem verlorenen Krieg in Deutschland geändert: Erstmals in ihrer Geschichte schufen sich die Deutschen eine Demokratie mit allgemeinen, gleichen und geheimen Wahlen. Erstmals waren bei den Wahlen zur Nationalversammlung vom 19.1.1919 auch Frauen wahlberechtigt und wählbar.[36] Der Kaiser und mit ihm die anderen noch regierenden deutschen Fürsten mußten abdanken.[37]

Die Demokratisierung verlief aber alles andere als friedlich. In vielen Städten, vor allem in Berlin, floß bei den Auseinandersetzungen zwischen den Anhängern des rechten und des linken Spektrums Blut in Strömen.[38] Der am 19.1.1919 gewählte Reichstag[39] zog deshalb vom unruhigen Berlin in das beschauliche Weimar. Dort wurde eine Reichsverfassung erarbeitet und am 14.8.1919 in Kraft gesetzt.[40] Nach dieser Stadt trägt die erste deutsche Republik ihren Namen.[41] Es gab eine Vielzahl von Parteien und politischen Gruppierungen. Turbulent ging es zu – bis hin zu bewaffneten Auseinandersetzungen. Die linke Szene war von den Sozialdemokraten und ihrer Absplitterung USPD (Unabhängige Sozialdemokraten Deutschlands), die 1920 ihren linken Flügel an die Ende Dezember 1919 gegründete KPD (Kommunistische Partei Deutschlands) abgeben mußte, besetzt.[42] Rechts tummelten sich die Deutsch-Nationale Volkspartei (DNVP)[43], die Deutsche Volkspartei und die 1920 gegründete NSDAP (Nationalsozialistische Deutsche Arbeiterpartei).[44] In der Mitte rangierten das (katholische) Zentrum und die linksliberale Deutsche demokratische Partei.[45]

5. Die Inflation

Begünstigt wurden die politischen Turbulenzen durch die Abwertung der Währung, die schon unmittelbar nach Kriegsende eingesetzt hatte.[46] Insbesondere den Lohn- und Gehaltsempfängern ging es zusehends schlechter. Beschäftigungsmöglichkeiten waren in ›Taunusstein‹ nur begrenzt gegeben. Zudem verlegten einige Gewerbetreibende ihren Firmensitz nach außerhalb. So zogen beispielsweise 1920/21 die »Volton-Seil-Kabelwerke« von Hahn nach Frankfurt. Die Ge-

Abb. 4: Wehener Frauen machen Pause bei der Waldarbeit.

meinde verlor ihren wichtigsten Gewerbesteuerzahler und viele ›Taunussteiner‹ ihren Arbeitsplatz.[47]

Der Verfall der Währung nahm nun dramatische Züge an. Wesentliche Ursache für die galoppierende Inflation waren die ungedeckten Anleihen, mit denen der Krieg finanziert worden war.[48] Die immensen Reparationszahlungen, die Deutschland vor allem an Frankreich leisten mußte, waren erst in zweiter Linie Ursache des Desasters.[49] Da die Reichsregierung mit dem Drucken von Geldscheinen nicht mehr nachkam, gab der Untertaunuskreis – wie auch andere Kommunen und Gemeinden – ab Juli 1922 eigenes »Notgeld« heraus, das in Idstein in der Druckerei Grandpierre hergestellt wurde.[50] Ein Zeitzeuge aus Orlen schildert besonders anschaulich ein Drama, das in der Not dieser Zeit seine Ursache hat[51]: *Der 12-jährige Otto Hankammer erbte zusammen mit Verwandten den Hof »Schollese« in der Untergasse. Die Verwandten trieben immer wieder zum Verkauf, um Geld in die Finger zu bekommen, in der Zeit der Inflation ein großes Wagnis. Schließlich gab Ottos Vater dem Drängen nach und bot den Hof zum Verkauf an: für 1000000 Mark. [...] Voller Stolz ging der 12-jährige mit seinem Vater in die Stube und zählte die vielen Geldscheine, die dann sorgfältig in ein Wandschränkchen gesetzt wurden. Die Ernüchterung kam schnell. Eine gute Woche später bekam Otto Hankammer für seinen Erbanteil nur noch ein Stück Butter.*

Beispielhaft läßt sich die rasende Inflation am Brotpreis darstellen: So kostete 1 kg Roggenbrot[52]:

im Dezember	1919	0,80	Mark
im Dezember	1921	3,90	Mark
im Dezember	1922	163,15	Mark
im Juni	1923	1.428	Mark
im September	1923	1.512.000	Mark
im Oktober	1923	1.743.000.000	Mark
im November	1923	201.000.000.000	Mark
im Dezember	1923	399.000.000.000	Mark

Diese Abwertung des Geldes führte 1923 in den meisten Haushalten zu existenzbedrohenden Notlagen. Von einem Zeitzeugen hören wir[53]: *Die fast stündlich zunehmende Geldentwertung ist zum Schrecken aller Menschen geworden. [...] Kaum haben die Leute ein Quantum Papiermark eingenommen, so rennen sie auch schon davon, damit sie schnell noch Sachwerte dafür eintauschen, denn jedes Zeitversäumnis rächt sich. So ist's vorgekommen, daß Bauern, die eine große Kuh verkauft haben, das Geld aber eine Woche oder gar nur etliche Tage zu Hause liegen ließen, kaum noch 1 Paar Schuhe dafür einkaufen konnten.*

In einem Standardwerk, in dem die Lebensbedingungen der deutschen Arbeiterschaft untersucht werden, heißt es[54]: *Der Geldlohn hatte seinen Sinn verloren, sein Wert änderte sich von Tag zu Tag, bisweilen von Stunde zu Stunde.*

6. Die Folgen der Besetzung des Ruhrgebiets in ›Taunusstein‹

In dieser Situation besetzte Frankreich am 11.1.1923 das Ruhrgebiet. Es betrachtete das wegen der Kohlevorkommen und der Stahlproduktion bedeutende Industriegebiet als »produktives Pfand« für seine Reparationsansprüche an Deutschland.[55] Die deutsche Regierung reagierte auf diesen offensichtlichen Vertragsbruch mit dem Aufruf zum allgemeinen passiven Widerstand.[56] Daraufhin weigerten sich auch im Untertaunuskreis deutsche Beamte und das Personal der Langenschwalbacher Bahn (Aartal-Bahn)[57], den Anordnungen der französischen Militärbehörde Folge zu leisten. Die Franzosen reagierten mit der Ausweisung der streikenden Beamten und Bahnangestellten in das unbesetzte Gebiet.[58]

In den Erinnerungen von Ludwig Schauss, der in diesen Jahren Bürgermeister von Hahn war, heißt es dazu[59]: *Bald stand die Bahn still, und die Bahnbeamten wurden ausgewiesen. Jetzt betrieben die Franzosen selbst die Bahn, aber die Züge blieben leer, denn kein Deutscher fuhr mit. Alle gingen zu Fuß. Unser Landrat von Trotha wurde ausgewiesen. Der in Hahn stationierte Gend. Beamte [Polizist] Arend wurde ebenfalls ausgewiesen. Die Franzosen beauftragten den Hegemeister Kluge, den besten Waldbestand in der Gemarkung Hahn einzuschlagen. Dieser weigerte sich, worauf er ausgewiesen wurde. Jetzt stand ich noch ganz allein* da, da alle Verwaltungsbeamten ausgewiesen waren. Zu den Ausgewiesenen gehörte auch der Landrat von Trotha.[60] Zunächst wurde er vom Kreisdeputierten Guckes, dann durch das Kreisausschußmitglied Schmitt, beide aus Breithardt, vertreten.[61]

Wirtschaftlich gesehen ging es weiter bergab, schreibt Bürgermeister Schauss und fährt fort[62]: *[...] Dazu die Teuerung, die das Volk bis an den Rand der Verzweiflung trieb. Weiter hinzu kam, daß es mir nicht mehr möglich war, durch die Bahn Lebensmittel wie Kartoffeln heranzuschaffen. [...] Um Notfälle bereinigen zu können, schuf ich im Schulkeller ein kleines Reservelager, das ich persönlich verwaltete. Lebensmittel bekam man nur auf Karten und die Zuteilung an Brot für eine erwachsene Person 1000 Gramm pro Woche.*

7. Der Separatistenputsch

In diese Lage platzte der sogenannte Separatistenputsch. Schon kurz nach dem Krieg gab es Bestrebungen, das Rheinland vom Deutschen Reich abzutrennen und eine »Rheinische Republik« zu gründen. Die von der Bevölkerung wenig unterstützte Bewegung wurde vor allem von der französischen Besatzungsmacht gefördert und führte am 22.9.1923 in Aachen zur Proklamation dieses Gebildes.[63] Einer der Schwerpunkte der separatistischen Umtriebe war Wiesbaden.[64] Am 1. November war es dann auch im Untertaunus soweit[65]: *Kurz vor 9 Uhr fuhr bei dem damaligen Telegrafenbüro in der Reitallee* [in Langenschwalbach] *ein Auto mit vier Personen vor, in denen der Telegrafenbeamte Separa-*

Abb. 5: Die Inflation schritt so rapide voran, daß die Regierung mit dem Drucken von Geldscheinen nicht nachkam. Auch der Untertaunuskreis mußte deshalb bei der Druckerei Grandpierre in Idstein Notgeld herstellen lassen.

tisten zu erkennnen glaubte. Der Beamte alarmierte in der Nähe beschäftigte Bauarbeiter, die mit Knüppeln bewaffnet sofort anrückten, auch die Feuerwehr und zwei Mann Polizei waren bald zur Stelle. Auf vier Lastwagen brachten die Separatisten aber den »Rheinschutz«, ihre Kampforganisation, heran, und als dann noch eine Kompanie Marokkaner anrückte, konnten die Separatisten alle wichtigen Gebäude besetzen. Ähnlich verlief die »Machtübernahme« in den nächsten Tagen in Idstein und in Breithardt.[66] Die Verwaltung im Kreis und in den Kommunen lief aber fast ungestört weiter, fast so als gäbe es keinen »Rheinlandbund«, wie die »Rheinische Republik« auch genannt wurde.[67] Am 1. Februar 1924 verließ der letzte Separatist – von Bürgern, die ihn auf seinem Weg zum Bahnhof erkannt hatten, mit einer Tracht Prügel versehen – Langenschwalbach.[68] Was heute als skurriler Spuk erscheint, war zeitweise durchaus eine ernsthafte Gefährdung der Einheit des Deutschen Reiches.

8. Es geht wieder aufwärts

Die verhängnisvolle und in ihrem hektischen Betrieb jede vernünftige wirtschaftliche Entwicklung erstickende Inflation kam am 15. November 1923 mit der Einführung der sogenannten Rentenmark zum Stillstand.[69] Es handelte sich dabei um eine radikale Währungsreform. Die »Rentenmark« hatte den Wert der Reichsmark von 1914, der Dollar galt wieder 4,20 Mark[70]; im besetzten Gebiet wurde die Rentenmark erst am 22.11. eingeführt.[71]

Firmenzusammenbrüche und wachsende Arbeitslosigkeit waren die Folgen. Gewinner der Inflation waren geschickte Unternehmer, zu denen durchaus auch Landwirte gehören konnten. Man konnte alte Kredite und Hypotheken in jetzt weniger wertvollem Geld tilgen. Gewinner war aber auch der Staat, dessen Schuldenproblem am Ende der Geldentwertung praktisch gelöst war. Verlierer waren die Sparer, deren Vermögen

Abb. 6: Auch an den Fahrkarten der Aartal-Bahn läßt sich der Preisverfall und die französiche »Regie« ablesen.

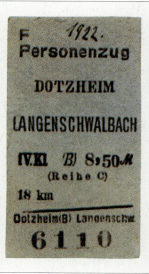

wertlos geworden waren.[72] Mit dieser Währungsreform begann die Ära der sogenannten Goldenen Zwanziger, wie die Jahre des wirtschaftlichen Aufschwunges von 1924 bis 1928 gerne bezeichnet werden. In der Praxis herrschte gerade im Untertaunuskreis oft aber noch der Tauschhandel. So lassen sich ein Totengräber und ein Nachtwächter für ihre Bemühungen mit Lebensmitteln honorieren, ein Schausteller nimmt von Kindern für eine Tour auf seinem Karussell »drei kräftige Kartoffeln«, auch Friseure verlangen anstelle von Bargeld Kartoffeln oder Getreide.[73]

Nach und nach stabilisierten sich die Verhältnisse auch im Untertaunuskreis. Wohl hatten viele Einwohner kaum oder keine Arbeit, aber die Gemeinden konnten nun vielfach einspringen und die gröbste Not lindern. Erwerbslose wurden in den Jahren 1925 und 1926 wöchentlich an zwei Tagen vor allem bei Wege- und Straßenbauarbeiten beschäftigt und erhielten dafür 50 Prozent Zuschlag[74] als Unterstützung. Die Gemeinden übernahmen außerdem die Kosten für die Werkzeuge und deren Instandhaltung. Notstandsarbeiten wurden auch für den Wohnungsbau sowie für eine neue Wasserleitung vergeben.[75]

Es ging also wieder aufwärts. Geschäfte wurden eröffnet – in Wehen etwa ein Lebensmittel- und Verbrauchsartikelladen sowie ein Sattler- und Polsterergeschäft, in Orlen entstanden mehrere Werkstätten. Vereine wurden gegründet, so in Wehen 1920 der Arbeiter-Gesangverein, der sich später »Liederkranz« nannte[76], ebenfalls in Wehen wurde 1926 im Gasthaus »Zur Krone« von 42 jungen Männern der Sportverein Wehen (SVW) gegründet, der sich schon damals dem Fußball verschrieben hatte und auf dem Halberg spielte.[77] In Hahn entstand 1926 der Turn- und Sportverein, in Orlen 1923 der Radfahrverein Solidarität und 1924 der Männergesangverein.[78] Sichtbares Zeichen der Aufwärtsentwicklung war auch der »sehr starke Autodurchgangsverkehr«.[79] Der Durchgangsverkehr schaffte aber nicht nur Verdruß wegen der mit ihm verbundenen Belästigungen, sondern in den ›Taunussteiner‹ Gaststätten und Pensionen auch Umsatz und Verdienst. So ist es nicht verwunderlich, daß es der Wirt des Gasthauses »Zum Taunus« – Heinrich Götz – war, der in ›Taunusstein‹ die erste Tankstelle einrichtete.[80] In Wehen betrieben die Geschwister Emma und Carla Busch die erste »Straßenzapfstelle«, wie man Tankstellen damals nannte.[81] Der Autoverkehr schaffte auch Arbeit; die teilweise schon gepflasterte Aarstraße mußte ausgebessert und streckenweise neu befestigt werden, was auf einigen Abschnitten schon durch Asphalt geschehen ist.[82]

9. Rückschlag durch Weltwirtschaftskrise

Alle diese aufkeimenden Hoffnungen dämpfte aber die Weltwirtschaftskrise; der 25. Oktober 1929 ist als »Schwarzer Freitag« in die Geschichte eingegangen.[83] Rapide Kursstürze an der New Yorker Börse lösten aufgrund der globalen Verflechtung der Kreditinstitute eine weltweite Wirtschaftskrise größten Ausmaßes in allen Industrieländern aus. Dramatisch verschärfte sich die Krise in Deutschland 1931 durch den kurzfristigen Abzug amerikanischer Kredite. Das führte zu einer massiven Geldknappheit.[84] Die daraus resultierende Repression (hier: wirtschaftlicher Niedergang) führte zu Absatzstockungen, Betriebseinschränkungen und zu einer Welle von Vergleichen und Konkursen. Die Zahl der Arbeitslosen schnellte sprunghaft in die Höhe.[85] In Hahn beispielsweise mußten 1931 fast alle ortsansässigen Betriebe schließen. Deshalb gab es alleine hier 120 bis 130 Arbeitslose.[86] Zudem zwang die leere Kasse den Staat zu Stellenabbau und Besoldungskürzungen. So mußte der Hahner Lehrer Carl von September 1930 bis Juli 1932 Abzüge von seiner Besoldung in Höhe von 25 % hinnehmen.[87]

10. Der Siegeslauf der NSDAP

So blieb es nicht aus, daß viele der in der Anfangszeit der Weimarer Republik für die Arbeiterschaft erreichten Verbesserungen kassiert werden mußten, von Streiks gar war keine Rede mehr. Die sinkenden Realeinkommen führten zwangsläufig zu Konsumverzicht, und die zurückgehende Nachfrage veranlaßte die betroffenen Betriebe, ihre Produktion zurückzufahren. Der durchschnittliche Nettoreallohn betrug 1932 nur noch 64 % des Wertes von 1928.[88] Ein großer Teil der Bevölkerung wurde mißmutig. Das war der Boden, auf dem die Saat der Radikalen von Rechts und Links aufgehen konnte. Geschürt von ungehemmter Propaganda, kam es zu Saalschlachten und Exzessen aller Art.[89]

Zusätzlichen Auftrieb gab der 30. Juni 1930 den nationalistisch Gesinnten. An diesem Tag endete die Besetzung Deutschlands durch die alliierten (mehrheitlich französischen) Truppen. Der Untertaunuskreis war zu diesem Zeitpunkt allerdings schon länger frei von Besatzungstruppen. Die Engländer, die auf Betreiben des Landrats 1925 die Franzosen abgelöst hatten[90], waren nur noch in den Städten Idstein und Langenschwalbach stationiert.[91] Idstein wurde bis auf ein kleines Kontingent schon 1927 geräumt, am 24.11.1929 verließ nach elf Jahren Besatzungszeit als letzte Einheit das 2. Bataillon des Dorsetshire-Regiments Bad Schwalbach und damit das Kreisgebiet.[92]

Auch in den Gemeinden an der oberen Aar wurden anläßlich der Befreiung Feiern abgehalten. Der Aar-Bote berichtete am 3. Juli 1930[93]: *Zur Feier der Befreiung loderte auf dem Halberg ein mächtiges Freudenfeuer. Um 12 Uhr erschollen die Glocken. [...] Mit dem gemeinsam gesungenen »Deutschlandlied« und einem Feuerwerk fand die Feier ihren Ausklang.* In Orlen wurde »Auf der Moll« *ein Freudenfeuer abgebrannt und das Vaterlandslied gesungen.*[94]

Unmittelbar nach der »Rheinlandbefreiung« veröffentlichte der Aar-Bote eine »Ehrentafel der Ausgewiesenen«. Dieser »Ehrentafel« ist zu entnehmen, daß die französische Militärbehörde eine ganze Reihe von Beamten und von Bediensteten der Aartal-Bahn ausgewiesen hatte. Aus Bleidenstadt waren es die Weichensteller Mehler und Schönfeld und die Eisenbahner August Haas, Schenk und Holtmann, aus Hahn Oberförster Zschintsch, Landjägermeister Arend, Bahnassistent Hankammer, Schrankenwärter Hollricher und Bahnhofsvorsteher Zimmermann, aus Wehen Amtsgerichtsrat Hinrichs und aus Wingsbach Eisenbahner Adolf Kaiser.[95]

Die NSDAP war zunächst nur eine von vielen Parteien in der Weimarer Republik. Im Untertaunuskreis hatte sie erstmals 1924 bei den Reichstagswahlen Wählerstimmen erhalten. Ihr Stimmenanteil lag bei rund 1,3 %. Im Untertaunuskreis war den Nationalsozialisten *zur Aufrechterhaltung der öffentlichen Ruhe, Sicherheit und Ordnung das öffentliche Tragen der sogenannten Parteiuniform der Nationalsozialistischen Deutschen Arbeiterpartei, einschließlich ihrer Unter-, Hilfs- und Nebenorganisationen [...] verboten. Zur Uniform gehören alle Gegenstände, die dazu bestimmt oder geeignet sind, abweichend von der üblichen bürgerlichen Kleidung die Zugehörigkeit zu den genannten Organisationen, insbesondere den Sturmabteilungen, Schutzstaffeln und der Hitlerjugend äußerlich zu bezeichnen. [...] Sämtliche Polizeibehörden [...] werden ersucht, das Verbot [...] durchzusetzen.*[96] Beamten war es verboten, NSDAP und KPD zu unterstützen.[97] Ab 1930 wußten die Nationalsozialisten trotz solcher Beschränkungen die Situation der politisch enttäuschten und um ihre Existenz fürchtenden Menschen für ihre Zwecke zu nutzen. *Den meisten fiel die Zustimmung leicht. Sie waren im Kaiserreich in die Schule gegangen und geprägt worden. Man hatte funktionierende Untertanen aus ihnen gemacht. Da kam in diesen Kriesenjahren ein Führer gerade recht. Der würde die Dinge schon wieder ins Lot bringen.*[98] Viele haben so gedacht, und immer mehr gaben bei Wahlen ihre Stimme der NSDAP. Lag der Stimmenanteil der Nationalsozialisten im Untertaunuskreis bei den Reichstagswahlen 1930 noch bei rund 18 %, betrug er bei denen von 1932 schon 57 %, zudem stieg die Wahlbeteiligung von 73,3 % in 1930 auf 90 % in 1932.

Was für den Kreis im Großen zutraf, galt auch für die Gemeinden im Kleinen. Immer mehr Menschen gaben den Nationalsozialisten mit ihrer Wählerstimme einen politischen Auftrag. Anfang 1933 gab es mit den Sozialdemokraten und den Nationalsozialisten nur noch zwei Parteien von politischem Gewicht. Obwohl die Wahlen im März dieses Jahres der NSDAP die von ihnen erhoffte Mehrheit im Reichstag nicht brachte, lag in den Dörfern an der Oberen Aar ihr Stimmenanteil bei insgesamt rund 56 %.[99]

Den Nationalsozialisten nicht genehme Mandatsträger, deren Amtszeit noch nicht abgelaufen war und die von der neuen Mehrheit nicht einfach abberufen werden konnten, wurden aus dem Amt gedrängt. So erging es auch dem langjährigen Landrat des Untertaunuskreises, Dr. Werner Pollak. In seinem Arbeitszimmer wurde er am 20. März von SS und SA bedroht und zur Abdankung aufgefordert. Als er sich weigerte, die vorbereitete Abtretungserklärung zu unterzeichnen, wurde er körperlich mißhandelt. Schließlich mußte er dem Druck weichen. Er ließ sich in den Ruhestand versetzen.[100]

Der liberale Journalist Hellmut von Gerlach bringt den Siegeslauf der NSDAP auf die Formel[101]: *Die Hitlerwähler setzen sich aus zwei Kategorien zusammen: einer kleinen Minderheit von Nationalsozialisten, die auf das Hakenkreuz eingeschworen sind, und einer riesigen Mehrheit von Mitläufern.*

11. Anmerkungen

1 J. Hoffmann, E. Krautkrämer u. W. Hug, Geschichtliche Weltkunde. Bd. 3. Von der Zeit des Imperialismus bis zur Gegenwart. Frankfurt 1990, S. 31–33; D. Hoffmann u. F. Schütze, Weimarer Republik und nationalsozialistische Herrschaft. Deutschland zwischen Demokratie und Diktatur. Paderborn 1999, S. 20, 58 f., 71 f. 85 ff., 95, 116, 122 f.
2 Hoffmann, Geschichtliche Weltkunde (wie Anm. 1), S. 31; Hoffmann, Weimarer Republik (wie Anm. 1), S. 75.
3 R. Struppmann, Der »Freistaat Flaschenhals«. In: Jahrbuch des Rheingau-Taunuskreises. 51. Jhrg., Bad Schwalbach 1999, S. 83–86; K. Müller, Preußischer Adler und Hessischer Löwe. Hundert Jahre Wiesbadener Regierung. 1866–1966. Dokumente aus den Akten. Wiesbaden 1966, S. 217 f.
4 H. Schmidt, Das war ihr Leben. Schwierige Zeiten im Dorf. (Taunusstein-)Orlen 1989, S. 14–17.
5 Schmidt, Schwierige Zeiten (wie Anm. 4), S. 14.
6 Schulchronik Orlen
7 Schmidt, Schwierige Zeiten (wie Anm. 4), S. 14.
8 L. Schauss, Meine Dienstzeit als Bürgermeister. Nicht veröffentlichtes Manuskript (im Besitz Dr. Peter Jakobi), S. 35.
9 Aar-Bote vom 31.1.1919.
10 Schulchronik Hahn.
11 Aar-Bote vom 1.6.1919.
12 Aar-Bote vom 15.1.1919; Aar-Bote vom 22.2.1919.
13 Schmidt, Schwierige Zeiten (wie Anm. 4), S. 15.
14 Schmidt, Schwierige Zeiten (wie Anm. 4), S. 15.
15 Aar-Bote vom 3.6.1919.
16 Aar-Bote vom 26.8.1919.
17 Aar-Bote vom 3.6.1919.
18 J. Kuczynski, Die Geschichte der Lage der Arbeiter in Deutschland von 1800 bis in die Gegenwart. 2. Aufl. Berlin 1947, S. 256, 303.
19 Schulchronik Hahn.
20 Schulchronik Hambach.
21 F. Geisthardt, Idsteins Geschichte. In: Idstein. Geschichte und Gegenwart. Idstein 1987, S. 130 f.
22 Müller, Preußischer Adler (wie Anm. 3) S. 220 f.
23 Aar-Bote vom 22.2.1919.
24 Aar-Bote vom 12.3.1919.
25 Schmidt, Schwierige Zeiten (wie Anm. 4), S. 16.
26 Schmidt, Schwierige Zeiten (wie Anm. 4), S. 15.
27 Lautmalerei der den ›Taunussteinern‹ unverständlichen Sprachen.
28 Aar-Bote vom 12.3.1919; Aar-Bote vom 16.3.1919; Aar-Bote vom 23.3.1919.
29 F. Lerner, Wirtschafts- und Sozialgeschichte des Nassauer Raumes 1816–1994. Wiesbaden 1965, S. 227.
30 Aar-Bote vom 1.4.1919.
31 Aar-Bote vom 1.4.1919.
32 Aar-Bote vom 15.2.1920.
33 Aar-Bote vom 30.12.1920.
34 Aar-Bote vom 28. u. vom 29.9.1920.
35 Kuczynski, Die Lage der Arbeiter (wie Anm. 18), S. 256, 303.
36 Zur Demokratisierung S. Hoffmann, Weimarer Republik (wie Anm. 1), S. 8 ff., 45 f., 60, 253 ff., 257; zum Stimmrecht der Frauen besonders S. 46, 49, 54.
37 Hoffmann, Weimarer Republik (wie Anm. 1), S. 47.
38 Hoffmann, Weimarer Republik (wie Anm. 1), S. 46 ff., 51, 81.
39 Hoffmann, Weimarer Republik (wie Anm. 1), S. 49.
40 Hoffmann, Weimarer Republik (wie Anm. 1), S. 55.
41 Hoffmann, Geschichtliche Weltkunde (wie Anm. 1), S.78.
42 Hoffmann, Weimarer Republik (wie Anm. 1), S. 51.
43 Hoffmann, Weimarer Republik (wie Anm. 1), S. 86 f.
44 Hoffmann, Weimarer Republik (wie Anm. 1), S. 83.
45 Hoffmann, Weimarer Republik (wie Anm. 1), S. 54.
46 Hoffmann, Weimarer Republik (wie Anm. 1), S. 78.
47 Schauss, Dienstzeit (wie Anm. 8), S. 3.
48 Hoffmann, Weimarer Republik (wie Anm. 1), S. 78 ff.
49 Hoffmann, Weimarer Republik (wie Anm. 1), S. 76, 78 ff., 83, 92, 99, 196 f., 186 (hier besonders S. 78); G. H. Boettger, Als Kreis und Gemeinden zu Notenbanken wurden. In: Heimat-Jahrbuch des Rheingau-Taunus-Kreises. 34. Jhrg., Bad Schwalbach 1983, S. 112–119).
50 Aar-Bote vom 4.9.1923; Boettger, Notenbanken (wie Anm. 49), S. 112 f.
51 Schmidt, Schwierige Zeiten (wie Anm. 4), S. 50.
52 Schmidt, Schwierige Zeiten (wie Anm. 4), S. 50; Hoffmann, Geschichtliche Weltkunde (wie Anm. 1), S. 82; Hoffmann, Weimarer Republik (wie Anm. 1), S. 76, 78, 83.
53 Schmidt, Schwierige Zeiten (wie Anm. 4), S. 49 f.
54 Kuczynski, Die Lage der Arbeiter (wie Anm. 18), S. 304.
55 Hoffmann, Geschichtliche Weltkunde (wie Anm. 1), S. 82; Hoffmann, Weimarer Republik (wie Anm. 1), S. 78.
56 Hoffmann, Geschichtliche Weltkunde (wie Anm. 1), S. 82; Hoffmann, Weimarer Republik (wie Anm. 1), S. 78.
57 S. auch Beitrag Klaus Kopp, S. 377–386)
58 Schauss, Dienstzeit (wie Anm. 8), S. 36.
59 Schauss, Dienstzeit (wie Anm. 8), S. 36.
60 Aar-Bote vom 30.1.1923.
61 F. Lendle, 100 Jahre Untertaunuskreis. Ein Landkreis im Wandel der Zeiten. In: Heimat-Jahrbuch des Untertaunuskreises. Bad Schwalbach 1966, S. 36.

62 Schauss, Dienstzeit (wie Anm. 8), S. 37.
63 Aar-Bote vom 23.10.1923; H. Albrecht, Aus der Separatistenzeit im Untertaunus. In: Heimat-Jahrbuch des Untertaunuskreises. 25. Jhrg., Bad Schwalbach 1974, S. 79–82; H. Albrecht, Separatistenunruhen in Langenschwalbach und Idstein. Ein historisches Protokoll aus dem Jahr 1923. In: Jahrbuch des Rheingau-Taunus-Kreises. 51. Jhrg. Bad Schwalbach 1999, S. 88; Müller, Preußischer Adler und Hessischer Löwe (wie Anm. 22), S. 207–239, hier besonders S. 207 ff, 234–238; G. Schmidt-von Rhein, Das Regierungsgebäude unter preußischer Herrschaft. In: Das Regierungsgebäude zu Wiesbaden. Ein Beitrag zu seinem 150jährigem Bestehen. 1843–1993. Taunusstein 1993, S. 94–99.
64 Schmidt-v. Rhein, Das Regierungsgebäude (wie Anm. 63), S. 94 ff.; Müller, Preußischer Adler und Hessischer Löwe (wie Anm. 22), S. 199, 207, 210, 234, 237, 238, 242.
65 Albrecht, Aus der Separatistenzeit (wie Anm. 63), S. 79–82; Albrecht, Separatistenunruhen (wie Anm. 63), S. 87–90.
66 Albrecht, Separatistenunruhen (wie Anm. 63), S. 89.
67 Aar-Bote von November bis Dezember 1923.
68 Albrecht, Aus der Separatistenzeit (wie Anm. 62), S. 79.
69 Hoffmann, Weimarer Republik (wie Anm. 1), S. 84 f.; Boettger, Notenbanken (wie Anm. 49), S. 119.
70 Hoffmann, Weimarer Republik (wie Anm. 1), S. 84.
71 Boettger, Notenbanken (wie Anm. 49), S. 119.
72 Hoffmann, Weimarer Republik (wie Anm. 1), S. 79.
73 Boettger, Notenbanken (wie Anm. 49), S. 119.
74 Schauss, Dienstzeit (wie Anm. 8), S. 5. Der Zuschlag von 50 % bezieht sich auf die Unterstützung.
75 Schauss, Dienstzeit (wie Anm. 8), S. 5. 1926 kauften die Hahner eine Quelle in Wehen, von der eine Verbindung in das Hahner Rohrnetz von 1910 hergestellt wurde.
76 H. Schleich, Der Arbeitergesangsverein Wehen 1920. In: SPD Wehen, S. 46.
77 K. E. Prinz, SV Wehen 1926 e.V. In: SPD Wehen, S. 137; Taunusstein – junge Stadt mit Tradition. 1200 Jahre Bleidenstadt. Taunusstein 1975, S. 108.
78 Zum Vereinswesen vgl. G. Körmer, Vereine und ihre Mitglieder in Taunusstein. Eine empirische volkskundliche Erhebung in einer Zuzugsgemeinde nach der Gebietsreform. Diss. Mainz 1979.
79 W. Müller, 14 Jahre Republik. In: SPD Wehen, S. 52.
80 Wiesbadener Kurier vom 27.8.1998.
81 Müller, 14 Jahre Republik (wie Anm. 79), S. 54.
82 Müller, 14 Jahre Republik (wie Anm. 79), S 54; Schulchronik Bleidenstadt.
83 Hoffmann, Weimarer Republik (wie Anm. 1), S. 89, 112 ff.
84 Hoffmann, Weimarer Republik (wie Anm. 1), S. 113)
85 Kuczynski, Die Lage der Arbeiter (wie Anm. 18), S. 316 ff.
86 Schulchronik Hahn
87 Schulchronik Hahn
88 Kuczynski, Die Lage der Arbeiter (wie Anm. 18), S. 324.
89 Lerner, Wirtschafts- und Sozialgeschichte (wie Anm. 29), S. 259.
90 W. Pollak, Der Untertaunuskreis im Sturm. In: Der Untertaunus. Heimat-Jahrbuch Untertaunuskreis 1954, S. 185 ff.
91 Pollak, Untertaunuskreis im Sturm. (wie Anm. 90).
92 Amtliches Kreisblatt, Sammelbnd 1929, S. 25; Geisthardt, Idsteins Geschichte (wie Anm. 21), S. 131.
93 Aar-Bote vom 3.7.1930.
94 Schulchronik Orlen
95 Aar-Bote vom 3.7.1930.
96 Amtliches Kreisblatt 1930, S. 24.
97 Amtliches Kreisblatt 1930, S. 25.
98 Schmidt, Schwierige Zeiten (wie Anm. 4), S. 218).
99 Auswertungen des Amtlichen Kreisblattes des Untertaunuskeises der Jahre 1928, 1930, 1932 u. 1933.
100 W.-A. Kropat, Die nationalsozialistische Machtergreifung am 30. Januar 1933 in Wiesbaden und Nassau. In: Nassauische Annalen Bd. 94, Wiesbaden 1983, S. 270.
101 Hoffmann, Weimarer Republik (wie Anm. 1), S. 125.

12. Tabellen

Tab. 1: Ergebnisse der Reichstagswahlen vom 7.12.1924.*

Partei	% / absolut	Bleidenstadt	Hahn	Hambach	Neuhof	Niederlibbach	Orlen	Seitzenhahn	Watzhahn	Wehen	Wingsbach	gesamt
Wahlberechtigte		556	554	76	354	146	223	190	53	697	142	2991
gültige Stimmen		454	342	61	200	140	150	125	32	502	65	2071
Wahlbeteiligung	%	82	68	80	57	48	68	66	60	72	46	64,7
SPD	absolut	234	178	30	82	96	37	62	3	240	11	973
	%	51,5	52,0	49,2	41,0	6,0	24,7	49,6	9,4	47,8	16,9	47,0
Deutsch Nation.	absolut	140	16	0	3	3	3	6	4	18	9	202
Volkspartei	%	30,8	4,7	0,0	1,5	2,1	2,0	4,8	12,5	3,6	13,8	9,8
Zentrum	absolut	127	27	0	9	124				10	2	299
	%	28,0	7,9	0,0	4,5	88,6	0,0	0,0	0,0	2,0	3,1	14,4
Deutsche	absolut	60	104	21	95	9	98	41	24	163	43	658
Volkspartei	%	13,2	30,4	34,4	47,5	6,4	65,3	32,8	75,0	32,5	66,2	31,8
KPD	absolut	14	11	4	1		3	1		11		45
	%	3,1	3,2	6,6	0,5	0,0	2,0	0,8	0,0	2,2	0,0	2,2
Deutsche Demokr.	absolut	5	36	6	7	1	6	14	1	40		116
Partei	%	1,1	10,5	9,8	3,5	0,7	4,0	11,2	3,1	8,0	0,0	5,6
NSDAP	absolut		1	1	1					3		6
	%	0,0	0,3	1,6	0,5	0,0	0,0	0,0	0,0	0,6	0,0	0,3
Sonstige	absolut	4	2		2		3	1		17		29
	%	0,9	0,6	0,0	1,0	0,0	2,0	0,8	0,0	3,4	0,0	1,4

* Quelle: Amtliches Kreisblatt 1928, S. 22 f.

Tab. 2: Ergebnisse der Reichstagswahlen vom 20.5.1928.*

Partei	% / absolut	Bleidenstadt	Hahn	Hambach	Neuhof	Niederlibbach	Orlen	Seitzenhahn	Watzhahn	Wehen	Wingsbach	gesamt
Wahlberechtigte		594	558	80	368	130	234	178	59	747	130	3078
gültige Stimmen		458	407	54	206	106	160	132	51	487	66	2127
Wahlbeteiligung	%	77	69	71	56	81	69	73	85	65	50	69,6
SPD	absolut	203	139	28	86	2	17	51	2	170	12	710
	%	44,3	34,2	51,9	41,7	1,9	10,6	38,6	3,9	34,9	18,2	33,4
Deutsch Nation.	absolut	10	19			1	1	3		9		43
Volkspartei	%	2,2	4,7	0,0	0,0	0,9	0,6	2,3	0,0	1,8	0,0	2,0
Zentrum	absolut	137	17		3	98				6		261
	%	29,9	4,2	0,0	1,5	92,5	0,0	0,0	0,0	1,2	0,0	12,3
Deutsche	absolut	19	25		2	2		6	1	17	1	73
Volkspartei	%	4,1	6,1	0,0	1,0	1,9	0,0	4,5	2,0	3,5	1,5	3,4
KPD	absolut	45	46	1	4		14	10		72	1	193
	%	9,8	11,3	1,9	1,9	0,0	8,8	7,6	0,0	14,8	1,5	9,1
Deutsche Demokr.	absolut	7	28	3	2		3	4		44		91
Partei	%	1,5	6,9	5,9	1,0	0,0	1,9	3,0	0,0	9,0	0,0	4,3
NSDAP	absolut	3	33		2		1			4	3	46
	%	0,7	8,1	0,0	1,0	0,0	0,6	0,0	0,0	0,8	4,5	2,2
Christl. Nation.	absolut	24	62	25	93	1	122	50	47	136	48	608
Bauern Partei	%	5,2	15,2	46,3	45,1	0,9	76,3	37,9	92,2	27,9	72,7	28,6
Sonstige	absolut	10	38		14	2	2		1	29	1	97
	%	2,2	9,3	0,0	6,8	1,9	1,3	0,0	2,0	6,0	1,5	4,6

* Quelle: Amtliches Kreisblatt 1928, S. 22 f.

Tab. 3: Ergebnisse der Kreistagswahlen vom 17.11.1929.*

Partei	% / absolut	Bleidenstadt	Hahn	Hambach	Neuhof	Niederlibbach	Orlen	Seitzenhahn	Watzhahn	Wehen	Wingsbach	gesamt
Wahlberechtigte		647	627	79	393	137	242	183	58	752	133	3251
ung. Stimmen		18	4	3	9	1	6	7	0	10	1	59
gültige Stimmen		506	423	59	260	39	193	152	39	554	65	2290
Wahlbeteiligung	%	81,0	68,1	78,5	68,4	29,2	82,2	86,9	67,2	75,0	49,6	72,3
SPD	absolut	169	159	40	74	2	59	41		216	3	763
	%	33,4	37,6	67,8	28,5	5,1	30,6	27,0	0,0	39,0	4,6	33,3
Zentrum	absolut	154	11		4			1		7		177
	%	30,4	2,6	0,0	1,5	0,0	0,0	0,7	0,0	1,3	0,0	7,7
Deutsche	absolut	16	24		4	1	2	5		14	1	67
Volkspartei	%	3,2	5,7	0,0	1,5	2,6	1,0	3,3	0,0	2,5	1,5	2,9
KPD	absolut	47	51	1	14	3	2	23		41		182
	%	9,3	12,1	1,7	5,4	7,7	1,0	15,1	0,0	7,4	0,0	7,9
Chr. Nat. Bauern- u.	absolut	75	75	14	98	19	91	64	32	155	20	643
Landvolkpartei	%	14,8	17,7	23,7	37,7	48,7	47,2	42,1	82,1	28,0	30,8	28,1
NSDAP	absolut	10	35	2	45	7	17		7	11	39	173
	%	2,0	8,3	3,4	17,3	17,9	8,8	0,0	17,9	2,0	60,0	7,6
Handeln und	absolut	13	16		3	3				16	1	52
Gewerbe	%	2,6	3,8	0,0	1,2	7,7	0,0	0,0	0,0	2,9	1,5	2,3
Handwerk und	absolut	22	52	2	15	4	22	18		93	1	229
Gewerbe	%	4,3	12,3	3,4	5,8	10,3	11,4	11,8	0,0	16,8	1,5	10,0
Heftrich und	absolut				3					1		4
Umgebung	%	0,0	0,0	0,0	1,2	0,0	0,0	0,0	0,0	0,2	0,0	0,2

* Quelle: Amtliches Kreisblatt 1929, S. 45 f.

Tab. 4: Ergebnisse der Reichstagswahlen vom 14.9.1930.*

Partei	% / absolut	Bleidenstadt	Hahn	Hambach	Neuhof	Niederlibbach	Orlen	Seitzenhahn	Watzhahn	Wehen	Wingsbach	gesamt
Wahlberechtigte		644	625	77	380	133	238	184	58	767	137	3243
Stimmscheine		0	18	2	3	1	1	0	0	9	0	34
ungültige Stimmem		3	6	0	2	0	2	0	0	2	0	15
gültige Stimmen		532	463	42	241	66	136	144	38	574	80	2316
Wahlbeteiligung	%	83,1	77,9	57,1	64,7	50,4	58,4	78,3	65,5	76,3	58,4	72,9
SPD	absolut	175	158	23	69	8	26	38	2	210	9	718
	%	32,9	34,1	54,8	28,6	12,1	19,1	26,4	5,3	36,6	11,3	31,0
Deutschnationale	absolut	5	12		4					7		28
Volkspartei	%	0,9	2,6	0,0	1,7	0,0	0,0	0,0	0,0	1,2	0,0	1,2
Zentrum	absolut	161	32		9			1		8		211
	%	30,3	6,9	0,0	3,7	0,0	0,0	0,7	0,0	1,4	0,0	9,1
KPD	absolut	60	54	6	26	8	17	14		83	1	269
	%	11,3	11,7	14,3	10,8	12,1	12,5	9,7	0,0	14,5	1,3	11,6
Deutsche	absolut	12	15		6	1	4	2		12	2	54
Volkspartei	%	2,3	3,2	0,0	2,5	1,5	2,9	1,4	0,0	2,1	2,5	2,3
Christlichsoziale	absolut		1			1	1	1		2	1	7
Volksgemeinsch.	%	0,0	0,2	0,0	0,0	1,5	0,7	0,7	0,0	0,3	1,3	0,3
Deutsche	absolut	9	23		4	1	2	2		20		61
Staatspartei	%	1,7	5,0	0,0	1,7	1,5	1,5	1,4	0,0	3,5	0,0	2,6
Wirtschaftspartei	absolut	3	26		2	1		2		7		41
	%	0,6	5,6	0,0	0,8	1,5	0,0	1,4	0,0	1,2	0,0	1,8
NSDAP	absolut	44	87	2	59	21	23	13	9	54	47	359
	%	8,3	18,8	4,8	24,5	31,8	16,9	9,0	23,7	9,4	58,8	15,5
Deutsches	absolut	44	44	10	58	24	59	69	27	122	17	474
Landvolk	%	8,3	9,5	23,8	24,1	36,4	43,4	47,9	71,1	21,3	21,3	20,5
Volksrechtspartei	absolut	1	1					23		1		26
	%	0,2	0,2	0,0	0,0	0,0	0,0	16,0	0,0	0,2	0,0	1,1
Deutsche	absolut		2		1		1			3		7
Bauernpartei	%	0,0	0,4	0,0	0,4	0,0	0,7	0,0	0,0	0,5	0,0	0,3
Konservative	absolut											0
Volkspartei	%	0,0	0,0	0,0	0,0	0,0	0,0	0,0	0,0	0,0	0,0	0,0
Christlichsozialer	absolut	12	7		1		2			41	3	66
Volksdienst	%	2,3	1,5	0,0	0,4	0,0	1,5	0,0	0,0	7,1	3,8	2,8
Kriegsbeschädigte	absolut	6	1		2			2		4		15
und Hinterbliebene	%	1,1	0,2	0,0	0,8	0,0	0,0	1,4	0,0	0,7	0,0	0,6
Unabhängige	absolut			1		1	1					3
Sozialisten	%	0,0	0,0	2,4	0,0	1,5	0,7	0,0	0,0	0,0	0,0	0,1

* Quelle: Amtliches Kreisblatt 1930, S. 36a.

Tab.5: Ergebnisse der Reichstagswahlen vom 5.3.1933.*

Partei	% / absolut	Bleidenstadt	Hahn	Hambach	Neuhof	Niederlibbach	Orlen	Seitzenhahn	Watzhahn	Wehen	Wingsbach	gesamt
Wahlberechtigte		644	625	77	380	133	238	184	65	767	137	3250
gültige Stimmen		625	578	65	363	102	225	156	65	686	127	2995
Wahlbeteiligung	%	97	92	84	95	77	95	85	100	90	93	92
NSDAP	absolut	193	340	38	307	90	166	97	65	350	123	1769
	%	30,9	58,8	58,5	84,6	88,2	73,8	62,2	100	50,8	96,9	59,1
SPD	absolut	150	127	9	28	8	44	17		204		587
	%	24,0	22,0	13,8	7,7	7,8	19,6	10,9	0,0	29,6	0,0	19,6
KPD	absolut	36	32	18	13	1	1	14		60		175
	%	5,8	5,5	27,7	3,6	1,0	0,4	9,0	0,0	8,7	0,0	5,8
Zentrum	absolut	212	31		5		2	1		8		259
	%	33,9	5,4	0,0	1,4	0,0	0,9	0,6	0,0	1,2	0,0	8,6
Kampffront Schwarz-Weiß-Rot	absolut	14	35		6	2	12	14		37	4	124
	%	2,2	6,1	0,0	1,7	2,0	5,3	9,0	0,0	5,4	3,1	4,1
Deutsche Volkspartei	absolut	2	6		1	1		1		7		18
	%	0,3	1,0	0,0	0,3	1,0	0,0	0,6	0,0	1,0	0,0	0,6
Christlichsozialer Volksdienst	absolut	15	1		1			1		9		27
	%	2,4	0,2	0,0	0,3	0,0	0,0	0,6	0,0	1,3	0,0	0,9
Deutsche Staatspartei	absolut	3	6					1		13		23
	%	0,5	1,0	0,0	0,0	0,0	0,0	0,6	0,0	1,9	0,0	0,8
Deutsche Bauernpartei	absolut			0	2					1		3
	%	0,0	0,0	0,0	0,6	0,0	0,0	0,0	0,0	0,1	0,0	0,1

* Quelle: Amtliches Kreisblatt 1933, S. 20 f., 28 f.

Tab. 6: Ergebnisse der Kreistagswahlen vom 12.3.1933.*

Partei	% / absolut	Bleidenstadt	Hahn	Hambach	Neuhof	Niederlibbach	Orlen	Seitzenhahn	Watzhahn	Wehen	Wingsbach	gesamt
Wahlberechtigte		696	661	76	392	136	239	180	63	788	137	3368
ung. Stimmen		4	5	0	0	4	4	2	0	7	1	27
gültige Stimmen		610	564	74	328	109	221	156	60	644	117	2883
Wahlbeteiligung	%	88,2	86,1	97,4	83,7	83,1	94,1	87,8	95,2	82,6	86,1	86,4
NSDAP	absolut	182	332	49	270	76	164	61	44	327	114	1619
	%	29,8	58,9	66,2	82,3	69,7	74,2	39,1	73,3	50,8	97,4	56,2
SPD	absolut	134	129	18	28	12	40	31		198		590
	%	22,0	22,9	24,3	8,5	11,0	18,1	19,9	0,0	30,7	0,0	20,5
KPD	absolut	23	20	1	7	6		6		36		99
	%	3,8	3,5	1,4	2,1	5,5	0,0	3,8	0,0	5,6	0,0	3,4
Zentrum	absolut	223	28		2		1	1		2		257
	%	36,6	5,0	0,0	0,6	0,0	0,5	0,6	0,0	0,3	0,0	8,9
Kampffront Schwarz-Weiß-Rot	absolut	42	37	2	15	5	14	55	16	45	2	233
	%	6,9	6,6	2,7	4,6	4,6	6,3	35,3	26,7	7,0	1,7	8,1
Handwerk und Gewerbe	absolut	6	16		6	9	2	2		32	1	74
	%	1,0	2,8	0,0	1,8	8,3	0,9	1,3	0,0	5,0	0,9	2,6
Nationaler Bürgerblock	absolut		1							4		5
	%	0,0	0,2	0,0	0,0	0,0	0,0	0,0	0,0	0,6	0,0	0,2
Sozialistische Kampfgemeinsch.	absolut		1	4		1						6
	%	0,0	0,2	5,4	0,0	0,9	0,0	0,0	0,0	0,0	0,0	0,2

* Quelle: Amtliches Kreisblatt 1933, S. 28 f.

Peter Jakobi

Die Zeit des Nationalsozialismus und des Zweiten Weltkrieges

Inhalt

1. Einleitung — 301
2. Die Machtübernahme durch die Nationalsozialisten — 301
3. Die jüdische Cultusgemeinde Wehen — 303
4. Die Zeit bis 1939 — 308
5. Der 2. Weltkrieg — 315
6. Der Zusammenbruch 1945 — 317
7. KZ oder Krankenhaus-Sonderanlage in Bleidenstadt? — 318
8. Anmerkungen — 319

1. Einleitung

1933 bis 1945 – 12 Jahre im Leben einer Region, die auf fast 2000 Jahre bekannter Geschichte zurückblicken kann. Ein kurzer Zeitraum also, der auf einigen Seiten abgehandelt werden kann? Wir alle wissen, daß dem nicht so sein kann und auch nicht sein darf! Zuviel ist geschehen in der kurzen Zeit des »Tausendjährigen Reiches«, zuviel wirkt nach bis in unsere Tage.

Obwohl gerade einmal fünf Jahrzehnte vergangen sind, ist es schwierig, der gestellten Aufgabe in vollem Umfang gerecht zu werden. Dies liegt zum einen daran, daß man bei Nachforschungen vielfach auf die Aussagen von Zeitzeugen angewiesen ist. Ihre Erinnerungen wenigstens teilweise anhand von Archivalien zu überprüfen ist nicht einfach; zuviele Unterlagen sind im Laufe der Jahre bewußt oder unbewußt vernichtet worden und damit unwiederbringlich verloren. So muß manches von dem, was diejenigen, die bereit sind, sich zu erinnern, mit großer Vorsicht bewertet werden.

Zum anderen – Taunusstein besteht aus zehn Stadtteilen. Sie haben alle ihre »eigene Geschichte« – auch für diese Zeit. So kann es nur darum gehen, jene Jahre skizzenhaft zu beschreiben. Mosaiksteine aus allen an der oberen Aar gelegenen Gemeinden ergeben dann ein Bild der Geschichte der Stadt Taunusstein für diese Zeit.

2. Die Machtübernahme durch die Nationalsozialisten

Ausgestattet mit der breiten Zustimmung der Bevölkerung, deren Entwicklung im vorigen Beitrag geschildert ist, begannen die Nationalsozialisten nach dem 30. Januar 1933, dem Tag der sogenannten Machtübernahme, den politischen Druck durch Schikanen und Machtdemonstrationen zu verstärken. Korrekter wäre das Ereignis vom 30. Januar allerdings mit der Bezeichnung »Macht*übergabe*« beschrieben, denn Reichspräsident Hindenburg übergab Adolf Hitler mit dessen Ernennung zum Reichskanzler weitgehende Befugnisse. Wie diese von den Nationalsozialisten nun ausgeübten Schikanen und Bedrückungen auch in kleinen Orten spürbar wurden, schildert ein wohlhabender Orlener Bauer[1]: *Ich war noch nicht der Partei beigetreten. Eines Tages wurde ich auf das Bürgermeisteramt bestellt. Als ich dort abends eintraf, redete man zunächst über dies und das. Dann wurde mir nahegelegt, es sei doch an der Zeit, daß auch ich der Partei beitrete.*

Vorbei war die Zeit, in der SA-Aufmärsche unter der Hakenkreuzfahne durch entsprechende Kundgebungen der SPD mit dem Reichsbanner[2] beantwortet werden konnten. Was jetzt kam, ist nur mit den Worten »Gleichschaltung« und »Ausschaltung« zu beschreiben.

Sozialdemokraten und Kommunisten wurden mißhandelt, nicht linientreue Lehrer in »Schutzhaft«[3] genommen, Pfarrer unter Druck gesetzt, Vereine zerschlagen oder von den Nationalsozialisten nahestehenden Organisationen einfach vereinnahmt. Besonders rasch traf es die Lehrerschaft. So wurde der Orlener Lehrer Fink am 30. März 1933 festgenommen, als er gerade mit einigen Kindern im Schulgarten arbeitete. Viele Dorfbewohner konnten nicht begreifen, was sie mit ansehen mußten; Kinder weinten.[4] In den amtlichen Unterlagen stellt sich der Vorgang völlig anders dar[5]: *Wie ich bereits heute fernmündlich mitgeteilt habe, erforderte die aufgeregte Stimme der Bevölkerung in der Gemeinde Orlen gestern die Festnahme des dortigen Lehrers Fink in Schutzhaft. Es war zu befürchten, daß sich in der vergangenen Nacht die aufgeregte Bevölkerung an dem Lehrer Fink vergriffen hätte. Der Lehrer soll der SPD angehören mit starker Hinneigung zu kommunistischen Ideen. Die Eltern der Schulkinder haben schon vor geraumer Zeit erklärt, daß sie sich weigern würden, ihre Kinder zu dem Lehrer Fink in die Schule gehen zu lassen. [...] Ich halte es zur Beruhigung der Verhältnisse für dringend geboten, dafür zu sorgen, daß Lehrer Fink nicht mehr nach Orlen zurückkehrt.*

Es dauerte tatsächlich längere Zeit, bis Herr Fink, inzwischen längst aus dem Schuldienst entlassen, nach Orlen zurückkommen konnte, um wenigstens seine persönlichen Sachen aus seiner ehemaligen Wohnung zu holen. Offen war das allerdings nicht möglich; es mußte bei Nacht in Etappen und auf Schleichwegen geschehen.[6] Seinem Lehrerkollegen Hummer aus Bleidenstadt erging es ganz ähnlich. Im August 1945 gab er zu Protokoll[7]: *Am Dienstag, den 28. März 1933 erhielt ich durch die Post eine offene Postkarte (abgestempelt Wiesbaden 27.3.33) mit folgendem handschriftlichen Satze: »Es ist höchste Zeit zum Abrücken, sonst kommt die schwarze Schaar«. Keine Unterschrift, nur ein Strich. Mit der schwarzen Schar werden wohl die »sauberen Elemente«, gemeint gewesen sein, die in der Nacht vom 25. auf den 26. März den Überfall auf das Wohnhaus des Landwirtes [...] ausgeführt hatten. [...] Am Donnerstag, den 30. März, morgens 10 Uhr erschienen im Schulhaus Landjägermeister [...], Bürgermeister [...] von Bleidenstadt und ein mir unbekannter Landjäger. Herr [... – gemeint ist der Landjägermeister] teilte mir im Auftrage seiner vorgesetzten Behörde mit, dass diese nicht mehr in der Lage sei, mich zu beschützen; ich solle abreisen zu Verwandten oder irgendwo hin, andernfalls ich in Schutzhaft genommen würde. [...] Am 17.6.33 bat ich das Landratsamt in Bad Schwalbach mir von amtlicher Seite die gemachten Vorwürfe bekannt zu geben. Unter dem 29. Juni 1933 erhielt ich vom Landrat des Untertaunuskreises folgende Antwort: »Auf die Eingabe vom 17. Juni 1933 gereicht Ihnen zum Bescheide, dass Ihnen Ende März d. J. zu Ihrer eigenen Sicherheit empfohlen wurde, Blei-*

Abb. 1: Blick in den jüdischen Friedhof auf dem Halberg. Die Grabsteine wurden kürzlich restauriert.

denstadt zu verlassen, da, wie die getroffenen Feststellungen ergaben[8] die aufgestaute Wut der Bevölkerung von Bleidenstadt und Umgebung sich nicht nur gegen Ihren Schwager, den Landwirt [...], sondern auch gegen Sie und Pfarrer Glotzbach richtete. Es liegt nach wie vor in Ihrem eigenen Interesse, wenn Sie nicht nach Bleidenstadt zurückkehren, sondern auch Ihrerseits Ihre alsbaldige Versetzung bei dem Herrn Regierungspräsidenten beantragen. Albert Hummer beantragte die Pensionierung und kam in Wiesbaden unter. Nach vier Monaten erhielt er die Erlaubnis, nach Bleidenstadt zu kommen, um seinen Umzug zu regeln. 1940 konnte er dann nach Bleidenstadt zurückkehren und hier in Ruhe leben. Im Protokoll betonte er ausdrücklich, daß er von einer »aufgestauten Wut der Bevölkerung« nie etwas gemerkt habe.

Auch Bleidenstadts katholischer Pfarrer Glotzbach bekam die Macht der Nationalsozialisten zu spüren.[9] In einer Dokumentation aus dem Jahr 1945 heißt es[10]: *Kurze Zeit nach dem Weggange des kath. Pfarrers wurde am Eingangstor zum Pfarrgehöft von den Gegnern des Herrn Pfarrers Glotzbach nachts ein Galgen aufgerichtet. Ein Plakat in der Nähe trug die Aufschrift: Der schwarze Hetzer und Aufwiegler soll nur nicht mehr hierherkommen sonst geht es ihm schlecht. Hängen lassen. Nicht abreißen,* – *Darunter befand sich eine primitiv gezeichnete Figur, die an den Händen aufgehängt war.*

Der katholische Jugendverband in Bleidenstadt, dem um 1932 etwa 30 bis 40 Jugendliche im Alter zwischen 14 und 20 Jahren angehörten, wurde aufgelöst. Mit Schreiben vom 8. Juli 1933 teilt der Landrat des Untertaunuskreises dem Bürgermeister in Bleidenstadt als Ortspolizeibehörde mit, daß *mit Rücksicht auf das bei dem Katholischen Jungmännerverband in Bleidenstadt am 1. D. Mts. Gefundene Material* [...] *bei diesem Verein die Auflösung bestehen bleibt.*[11]

Zeitzeugen wissen noch von manchen Personen zu berichten, die den neuen politischen Machthabern nicht linientreu erschienen sind und deshalb entsprechend »behandelt« wurden. Solche Personen wurden verhaftet und bei der SA in der Lessingstraße in Wiesbaden verhört. Meistens endete die Angelegenheit glücklich mit der Freilassung. Gelegentlich kam es aber auch zu länger andauernder Verbannung aus der Heimatgemeinde. Am 27.7.1934 konnte der Landrat des Untertaunuskreises an den Regierungspräsidenten berichten[12]: *Die früheren Gegner des Staates, insbesondere auch die entlassenen Schutzhäftlinge, verhalten sich durchaus ruhig.* Wesentlich schlimmer erging es aber den jüdischen Mitbürgern, die in Bleidenstadt, Hahn und Wehen wohnten. Deshalb soll auf ihr Schicksal hier näher eingegangen werden.

3. Die jüdische Cultusgemeinde Wehen

Auschwitz, Birkenau, Buchenwald, Dachau, Majdanek, Sobibor, Treblinka ... stehen für eine Ungeheuerlichkeit, die mit Worten kaum zu beschreiben ist – den systematischen Massenmord an jüdischen Menschen durch die Nationalsozialisten. Die Vernichtung der jüdischen Bevölkerung bedeutete auch das Ende der jüdischen Cultusgemeinde Wehen, die über sechshundert Jahre lang im heutigen Taunusstein das Leben mitgestaltete.

Überlieferte Nachrichten und Dokumente zur jüdischen Gemeinde sind bis ins 18. Jahrundert nur recht spärlich vorhanden. Bekannt ist aber, daß Graf Gerlach I. von Nassau-Idstein zusammen mit den Stadtrechten für Wehen 1329 vom Deutschen Reich auch die Berechtigung erhalten hat, Juden anzusiedeln. Für den Schutz, den ihnen der Graf gewährte, durfte er die sogenannte Judensteuer kassieren. Das war damals ein gutes Geschäft. Allein aus finanziellen Gründen kann deshalb davon ausgegangen werden, daß schon bald darauf die ersten Juden nach Wehen und in den Wehener Grund kamen. Dafür spricht auch die Annahme, daß schon um 1330 der Friedhof am Halberg (außerhalb der Stadtmauern) angelegt worden sein könnte.

Im Oktober 1993 wurde im Auftrag der Kommission für die Geschichte der Juden in Hessen der Wehener Judenfriedhof näher untersucht. Die Arbeiten erfolgten im Rahmen eines von der Stiftung Volkswagenwerk geförderten und von der Kommission durchgeführten Projektes zur Aufnahme ausgewählter jüdischer Friedhöfe in Hessen. Nachdem die zum Teil sehr stark veralgten und bemoosten Grabsteine gesäubert worden waren, konnten sie bei optimalen Lichtverhältnissen fotografiert werden. Dann wurde eine Lageskizze angelegt und die noch vorhandenen 57 Grabsteine durchnumeriert. Die noch erkennenbaren Daten wie Namen, Geburts- und Sterbedaten sowie die äußeren Merkmale wie Material, Beschriftung, Darstellung und Maße der Grabsteine wurden in entsprechenden Listen zusammengestellt. Zur Sicherung schwer entzifferbarer Inschriften wurden an Ort und Stelle Abschriften und Übersetzungen von zehn vom Verfall bedrohten Steinen vorgenommen.

Der jüdische Friedhof ist um 1330 angelegt worden. Bis 1749 sind dort auch Verstorbene jüdischen Glaubens aus Wiesbaden bestattet worden. Als Indiz mag ein Grabstein von 1735/38 gelten, der auf einen Juden aus Kloppenheim hinweist. Die jüdische Cultusgemeinde mußte für das Recht, einen eigenen Friedhof unterhalten zu dürfen, jährlich 15 Gulden an die Landesherrschaft zahlen. Auch als die Wiesbadener Gemeinde ihre eigene Begräbnisstätte errichten konnte, blieb die Gebühr in gleicher Höhe bestehen; die Wiesbadener Cultusgemeinde mußte nun ihrerseits auch 15 Gulden entrichten.

Bis 1933 war der Friedhof letzte Ruhestätte für Juden aus Bleidenstadt, Breithardt, Hahn, Holzhausen ü. A., Kettenbach, Laufenselden, Rückershausen, Wehen und Zorn. Eine Todesanzeige aus dem Jahre 1929 gibt Aufschluß, wie die Verstorbenen aus der Umgebung von Wehen auf ihrem letzten Weg begleitet wurden. Ihr ist zu entnehmen, daß der Trauerzug für den in Holzhausen ü. A. verstorbenen Max Meier zum Friedhof am Halberg vom Bahnhof Hahn-Wehen seinen Anfang nahm.[13]

Zwar weisen einzelne Grabsteingruppen wohl auf Familienbegräbnisstätten hin, doch ist besonders auffallend, daß die ältesten Grabsteine aus den Jahren 1694, 1702/03 und 1735/38 über das gesamte Gräberfeld verstreut zwischen weit jüngeren Grabsteinen stehen und sich aus dem langen Zeitraum von 1735/38 bis 1836 – wenn überhaupt – nur ein Grabstein finden läßt. Dieser Stein könnte mit einiger Vorsicht in die Zeit von 1735 bis 1738 datiert werden; er könnte für einen jüdischen Mitbürger aus Kloppenheim gesetzt worden sein, was darauf hinweisen würde, daß auch Juden aus der Gegend von Wiesbaden auf dem Halberg bestattet wurden.

Da nach dem Ritual ein jüdischer Friedhof Sinnbild der Vergänglichkeit alles Lebenden sein soll, werden die Einzelgräber nicht gepflegt, eingesunkene Grabhügel nicht wieder aufgerichtet oder gar eingeebnet und keine Blumen auf die Gräber gepflanzt. Daher wirkt die Friedhofsanlage auf den ersten Blick wenig sympathisch. Für die allgemeine Instandhaltung sorgte nach 1945 die Gemeinde Wehen; seit 1971 pflegt die Stadt Taunusstein die Anlage.

Der jüdische Friedhof in Wehen gilt als einer der besterhaltenen im Rheingau-Taunus-Kreis. Nachzutragen wäre an dieser Stelle, daß es wohl nur einem glücklichen Umstand zu verdanken ist, daß die Anlage überhaupt noch vorhanden ist. Mit der Begründung, der Friedhof würde nun nicht mehr benötigt, hatte das Gelände Kaufinteressen geweckt. Der Verkauf kam nicht zustande, die Gründe sind nicht bekannt.[14]

Aus dem 18. Jahrhundert sind zwei aufschlußreiche Dokumente erhalten. Bei dem Schutzbrief des Fürsten Georg August von Nassau-Idstein für Nathan, »Jud zu Wehen«, aus dem Jahre 1713 handelt es sich um das älteste erhaltene Dokument über Wehener Juden.[15] Der Schutzbrief enthält allerlei Auflagen für Nathan und schließt mit dem Aufzählen der Berufe, die von Juden ausgeübt werden durften. Genannt werden unter anderem Viehhandel, Geldverleih und das Metzgerhandwerk. Das nächstälteste Schriftstück, das die Zeiten überdauert hat, ist eine Gebührenordnung für Bestattungen auf dem Wehener Judenfriedhof.[16]

Im »Wochenblatt für die Ämter Langenschwalbach, Idstein, Nastätten und Wehen« von 1841 wird Moses Nassauer als Metzger in Wehen genannt. Steuerlisten von 1890 geben Auskunft über die Berufe der Juden. In Wehen finden sich Händler und Metzger, in Bleidenstadt ein Metzger; die Listen zeigen auch, daß die fällige Staatssteuer regelmäßig entrichtet wurde.

Im Jahre 1841 mußten alle Juden feststehende, vererbliche Familiennamen annehmen. Die Liste für ›Taunusstein‹ ist erhalten.[17] In ihr werden die Namen Nassauer und Simon für Wehen und Kahn für Bleidenstadt genannt. Einwohner mit diesen Familiennamen lassen sich bis 1942 in den beiden Orten nachweisen.

Etwa um 1842 muß die jüdische Gemeinde, die ihren Sitz in Wehen hatte, vor einer inneren Zerreißprobe gestanden haben. Zur Wehener Cultusgemeinde gehörten auch die Juden aus Bleidenstadt und Hahn sowie kurzzeitig auch die aus Kemel. Briefe des damaligen Cultusvorstandes Levi Simon machen deutlich, daß sich die Bleidenstädter Glaubensbrüder selbständig machen wollten. Sie unterhielten ein eigenes Betzimmer, was gegen die jüdische Gottesdienstordnung verstieß und einen Gottesdienst in Wehen unmöglich machte, da dort die geforderte Zahl von mindestens zehn Personen nicht mehr zusammen kam. Bei weniger Anwesenden durften die vorgeschriebenen Gebete nicht gesprochen werden. Schließlich gaben die Bleidenstädter nach.[18]

Zum religiösen Gemeindeleben in der Region ist aus der frühen Zeit kaum etwas in Erfahrung zu bringen. Man weiß, daß 1753 zwei Juden aus Niedernhausen zum christlichen Glauben übergetreten sind und 1756 eine weitere christliche Taufe einer Jüdin von ihren Glaubensgenossen in Wehen verhindert wurde. Um 1770/71 wollte ein Bleidenstädter Jude konvertieren, er soll jedoch kurz vor dem Termin spurlos verschwunden sein.[19]

Große Bedeutung für die jüdische Cultusgemeinde Wehen hatte zweifellos der Bau der kleinen Synagoge. Wohl als Ersatz für einen (unbekannt gebliebenen) früheren Versammlungsort entstand sie um 1800 und verfügte über 24 Männer- und 16 Frauenplätze.[20]

Hebelisten für die Beiträge der jeweiligen Gemeindeglieder zeigen, daß alle Forderungen von der Cultusgemeinde gemeinsam beglichen wurden; sie weisen auch häufig freiwillige Zahlungen aus. Obgleich man dies als ein Zeichen für eine starke Bindung der jüdischen Bevölkerung an *ihre* Cultusgemeinde deuten kann, läßt sich daraus nicht ableiten, daß sie ein Eigenleben führte. Sicher ist vielmehr, daß sie am Leben der Dorfgemeinschaft regen Anteil nahmen. Ab etwa Mitte des 19. Jahrhunderts waren Juden Mitglieder in den örtlichen Vereinen wie beispielsweise im Turn- und Karnevalverein. Ihren staatsbürgerlichen Pflichten kamen sie als »gute Deutsche« – etwa als Soldaten im 1. Weltkrieg – nach.[21]

In der jüdischen Cultusgemeinde Wehen lebten im Jahre 1933, dem Beginn der nationalsozialistischen Gewaltherrschaft, in Bleidenstadt, Hahn und Wehen zusammen noch 23 Einwohner jüdischen Glaubens. Im Jahr 1874 zählte die Gemeinde 46 Mitglieder, 1905 waren es noch 30.

In den Dörfern um Wehen und auch dort selbst wurden SA-Trupps gegründet, traten Menschen in die NSDAP ein, kam es zu anti-jüdischen Reden bei ihren Versammlungen.[22] Die Bevölkerung ließ sich im Zusammenleben mit der jüdischen Minderheit zunächst aber wenig beeinflussen – vordergründig betrachtet wenigstens. *Die Juden fielen nicht sonderlich auf, man lebte miteinander.*[23]

Die jüdischen Mitbürger lebten auch Anfang der 30er Jahre in der Hauptsache noch vom Viehhandel und dem Metzgerhandwerk, nebenbei wurde – wie von den übrigen Bewohnern – oft eine kleine Landwirtschaft betrieben. Das führte natürlich zu vielfältigen Kontakten der Juden zu der großen Mehrheit der anderen Bevölkerungsschichten. Auf geschäftlicher Ebene kam es gelegentlich zu Unstimmigkeiten, die jedoch zu keinen nennenswerten antisemitischen Handlungen führten. Eher war das Gegenteil der Fall. Jedenfalls klagt der Landrat des Untertaunuskreises im Juni 1935 dem Regierungspräsidenten[24]: *Leider handelt der Bauer noch immer viel mit Juden, ja, aus einzelnen Orten wird berichtet, daß der Judenhandel noch nie so schlimm gewesen sei wie eben.* Der Handel würde nachts – manchmal auf den Landstraßen außerhalb der Ortschaften stattfinden, fügt der Landrat noch an.

Dies alles klingt nach einer »heilen Welt«, die es aber sicher nicht gab. Bezeichnend für den beginnenden Antisemitismus auch unter der hiesigen Bevölkerung ist das Verhältnis der Kinder untereinander. Zeitzeugen wissen zu berichten, daß Raufereien zwischen jüdischen Kindern und ihren Altersgenossen etwas anderes waren als die üblichen Prügeleien unter der Jugend. Die Auseinandersetzungen wurden nicht selten mit Rufen wie *da ist der Jud* oder *heut ist der Jud reif* begonnen[25], was deutlich macht, daß es nicht um die Person ging, sondern um die jüdische Minderheit, die der betreffende Junge repräsentierte. Dies betraf selbstverständlich nicht alle Kinder und Jugendlichen. Dennoch zeigte sich, daß in einigen Familien der »von oben« gesäte Antisemitismus auf fruchtbaren Boden gefallen war. Auch wenn der geschürte Haß noch nicht offen ausbrach, wurde er am Verhalten der Kinder schon erkennbar.

So war es nicht verwunderlich, daß die jüdischen Familien, die den Geist der Zeit richtig beurteilten, versuchten auszuwandern. Als Aufnahmeländer kamen auf dem europäischen Festland die Schweiz, Italien und Frankreich sowie Polen in Betracht, in Übersee vor allem Großbritannien, die USA und Argentinien. Wie die Erfahrungen später zeigten, blieben nur diejenigen Juden vom NS-Terror verschont, denen es gelungen war, sich in die Schweiz abzusetzen oder die von einer ausreichenden Menge an Salzwasser von ihren Verfolgern getrennt waren. Es darf aber nicht verschwiegen werden, daß unbemittelte Juden kaum eine Chance zur Flucht ins Ausland hatten, auch nicht in die Schweiz. In den Ländern, die sich zur Aufnahme von ausreisewilligen Juden entschlossen hatten, sind diese nicht unbedingt mit »offenen Armen« aufgenommen worden; häufig wurde die Einreise nur gestattet, wenn die Flüchtlinge Vermögen nachweisen konnten. Die in die europäischen Nachbarländer geflüchteten Juden wurden nach Ausbruch des 2. Weltkriegs vom Judenhaß eingeholt und sind diesem – außer in der Schweiz – doch noch zum Opfer gefallen.

Die in Bleidenstadt ansässige Familie Kahn wanderte bereits 1933 nach Argentinien aus; noch vor 1938 verließ Otto Nassauer mit Familie Wehen und fand in den USA eine neue Heimat ebenso wie Eleonore Simon. Die geplante Auswanderung war für die jüdischen Familien mit großen Problemen verbunden. Nachdem der Antrag auf Ausstellung von Reisepässen den Behörden zugegangen war, wurden die betreffenden Familien von der Gestapo[26] überwacht, um, wie es in der Behördensprache hieß, »Steuer- und Kapitalflucht« zu verhindern. Innerhalb kurzer Zeit mußten sie nun für Grundbesitz und Hausrat Käufer finden, denn alles, was nicht mitgenommen werden konnte, mußte zu Geld gemacht werden, um sich im Ausland eine neue Existenz ermöglichen zu können. Die Kaufinteressenten wußten selbstverständlich um diese Zwangslage. Man drückte daher den Preis und erwarb vieles für den Bruchteil des eigentlichen Wertes. Unterlagen bezeugen, daß der Besitz einzelner jüdischer Familien in viele Teile zerrissen wurde – und daß auch etliche ›Taunussteiner‹ bei diesem Ausverkauf ein Schnäppchen gemacht haben.[27]

Im Jahre 1938 zeigte sich die Judenfeindlichkeit auch in Wehen offen; es kam von Teilen der Bevölkerung zu massiven Übergriffen auf Juden. Beispielhaft sei die Demütigung von Karl Simon genannt. Er wurde unter Trommelwirbel durch die Straßen von Wehen getrieben, weil er beschuldigt worden war, ein »arisches Dienstmädchen« belästigt zu haben. Man hatte ihm ein Schild mit der Aufschrift »Ich habe ein deutsches Mädchen geschändet« um den Hals gehängt.[28]

Am 9 November 1938 hielt Joseph Goebbels[29] in München vor SA-Leuten[30] und Mitgliedern der NSDAP seine berühmt-berüchtigte Rede, in der er in demagogischer Weise einen Juden beschuldigte, ein Mitglied der Deutschen Botschaft in Paris ermordet zu haben. Im Anschluß an die Rede stürmten Zuhörer an die Telefone und informierten Parteigenossen im gesamten Reich. Die Folge waren noch in derselben Nacht verübte Tätlichkeiten gegen Juden und ihr Eigentum, deren Ausmaß selbst unter der NS-Diktatur bis dahin ohne Beispiel war. Die Nacht vom 9. auf den 10. November 1938 ist als »Reichskristallnacht«[32] in die Geschichte eingegangen. Den Ausdruck »Kristallnacht« prägte der Berliner Volksmund angesichts der zersplitterten Schaufensterscheiben jüdischer Geschäfte.

In den frühen Morgenstunden des 10. November erhielt auch der Führer der Standarte 224 (Rheingau-Untertaunus) den Befehl, »bis 6 Uhr früh« sämtliche Synagogen im Bereich seiner Standarte zu zerstören, die Aktion in Zivil ausführen zu lassen und bis zum gleichen Zeitpunkt Vollzugsmeldung an die Brigade zu erstatten.[33] Wohl aus Zeitgründen war der Befehl bis zum vorgegebenen Zeitpunkt aber nicht auszuführen. Im Laufe des Tages rückten aber SA-Rollkommandos von den Städten in die kleineren Gemeinden, um dort Synagogen, Wohnungen und Geschäfte zu demolieren. Am späten Nachmittag kam eines dieser Rollkommandos auch nach Wehen. Noch weit vor dem Ortseingang trafen sie auf Siegfried Nassauer, stießen ihn vom Fahrrad und mißhandelten ihn schwer. Kurz darauf drang der Trupp in das jüdische Bethaus, das als solches schon geraume Zeit nicht mehr genutzt wurde, ein und schleppten die Einrichtungsgegenstände auf die Straße. Innerhalb kurzer Zeit gesellte sich eine große Menschenmenge zu ihnen, und es dauerte nicht lange, da »legten Wehener mit Hand an« und halfen, das Zerstörungswerk zu vollenden. Bald war das kleine Fachwerkhaus »mit Hilfe von Seilen und unter lauten Hauruck-Rufen« bis auf die Grundmauern niedergerissen.[34] Nicht verschont blieb auch das neben der Synagoge gelegene Haus der Familie Siegfried Nassauer. Die aufgebrachte Wehener Bevölkerung drang in das Anwesen ein und zerstörte die gesamte Inneneinrichtung. Das Inventar der im Haus untergebrachten Metzgerei landete ebenfalls auf der Straße, und *es hat einige gegeben, deren Tisch in den folgenden Tagen reichlich mit Wurst und Fleisch gedeckt war.*[35] Die Bewohner des Hauses flohen, spärlich bekleidet, und verbargen sich bis zum Einbruch der Dunkelheit am Ortsrand Wehens. Im Schutze der Nacht gelang es ihnen, nach Hahn zu fliehen, wo ihnen ein Schneidermeister bis zum nächsten Tag Obdach gewährte und sie auch mit Kleidung versorgte. Siegfried Nassauer wurde aber doch – wie alle anderen männlichen Juden – verhaftet und in das Konzentrationslager Dachau verschleppt, nach einigen Tagen aber wieder freigelassen.

Nach der Zerstörung der Synagoge und des angrenzenden Wohnhauses schien sich die »spontane Empörung«, wie solche Ausschreitungen von der NS-Führung gerne bezeichnet wurden, relativ rasch wieder gelegt zu haben. Von ähnlichen Übergriffen auf die anderen jüdischen Häuser in Hahn und Wehen ist nichts bekannt geworden; auch der jüdische Friedhof blieb offensichtlich von Verwüstungen verschont.

Mit Schreiben vom 14. November 1938 berichtet der Landrat des Untertaunuskreises an den Regierungspräsidenten[36]: *Vertraulich! Die anti-jüdischen Demonstrationen wirkten sich im Untertaunuskreise in folgenden Orten aus: [...] Wehen: die bereits baufällige Synagoge wurde abgerissen. Ferner wurde der Laden und die Wohnungseinrichtung eines jüdischen Geschäftsmannes zerstört. Geschätzter Schaden RM 2000.* Ob es der Cultusgemeinde wirklich gelungen war, die für sie wertvollen Gegenstände aus der Synagoge in Sicherheit zu bringen – wie behauptet wird –, ist ungewiß. Einer Legende nach sollen sie, in Kisten verpackt, unweit des Wehener Schlosses in einem der alten Wassergräben verborgen worden sein.

Die Ereignisse des Jahres 1938 hatten der jüdischen Bevölkerung schmerzlich vor Augen geführt, daß die Judenhasser auch in ihrer Gemeinde Gefolgschaft gefunden hatten. Durch die in der Folgezeit verfügten antijüdischen Gesetze des NS-Regimes wurde das Leben für die religiöse Minderheit immer schwieriger. Sie wurden auch in solch kleinen Gemeinden wie Hahn und Wehen zusehends isoliert und zum Abwandern genötigt.

Art und Umfang der nach dem Beginn des 2. Weltkriegs unmenschlich gewordenen Lebensbedingungen belegen eine Anzahl von Verfügungen gegen die jüdische Bevölkerung, die im Stadtarchiv Taunusstein erhalten geblieben sind. So wurde den Juden mit Wirkung vom 5. Oktober 1939 untersagt, ab 20 Uhr ihr Hausgrundstück zu verlassen, zudem hatten sie ab diesem Tag selbst für Luftschutzraum zu sorgen.[37] Seit dem 1. September 1941 war die Kennzeichnung der Juden und deren Wohnungen durch den sogenannten Judenstern vorgeschrieben, ab 11. Dezember 1941 duften sie nur noch zu festgelegten Zeiten (mittwochs und samstags von 9 Uhr bis 10 Uhr) in ausdrücklich benannten Geschäften einkaufen und nur noch bestimmte Handwerker mit Arbeiten beauftragen. Nach dem 27. Mai 1942 war ihnen die Inanspruchnahme von Dienstleistungen »arischer« Friseure untersagt. Hinzu kamen Beschränkungen bei der Benutzung von Verkehrsmitteln, das Verbot, die Heimatgemeinde ohne polizeiliche Erlaubnis zu verlassen und der Ausschluß von der Zuteilung von Lebensmittelkarten für bestimmte Artikel und für Luxusgüter (so zum Beispiel für Tabakwaren).[38]

Jüdische Geschäftsinhaber konnten kaum noch existieren. Jüdischen Rechtsanwälten wurde die Berufsausübung ebenso untersagt wie jüdischen Lehrern und anderen Akademikern. Lediglich jüdische Ärzte durften weiter praktizieren, allerdings nur für jüdische Patienten. Diese wiederum mußten im Krankheitsfalle jüdische Ärzte aufsuchen; für die Hahner und Wehener bedeutete dies eine Reise (zu Fuß oder mit dem Rad) nach Wiesbaden.

Von Bedeutung ist diese Anordnung auch in einem anderen Zusammenhang. Denn wer reisen wollte, benötigte eine polizeiliche Erlaubnis; und die wurde in einer »Liste der für Juden ausgestellten polizeilichen Erlaubnisscheine« vermerkt. Diese Liste ist im Stadtarchiv Taunusstein erhalten und weist nach dem 30. Juni 1942 keine weitere Eintragung mehr auf, so daß angenommen werden kann, daß nach diesem Tag keine Person jüdischen Glaubens mehr in Wehen wohnhaft war.[39]

Die genauen Umstände der Ausrottung der Wehener Cultusgemeinde werden wohl für immer ungeklärt bleiben – um die Einzelschicksale wissen wir aber: Familie Sally Kahn aus Bleidenstadt emigrierte 1933 nach Argentinien. Familie Otto Nassauer aus Wehen wanderte 1937 (Sohn Alex) und 1938 (Otto und Selma) in die USA aus. Familie Alfred Nassauer aus Wehen versuchte, sich durch einen Umzug nach Hannoversch-Münden zu retten, wurde aber dort verhaftet und in einem KZ ermordet. Die Familien Isidor Nassauer und Ludwig Levi aus Hahn wurden wie die Familien Siegfried Nassauer und Jakob Nassauer aus Wehen verhaftet und in einem KZ ermordet. Die Mitglieder der Familie Karl Simon aus Wehen wurden verhaftet, nach Wiesbaden gebracht und von dort in ein KZ deportiert. Sie sind nicht wiedergekommen.[40]

Nicht vergessen werden darf an dieser Stelle Clothilde Schrank. Obwohl überzeugte Protestantin und Mitglied der evangelischen Kirchengemeinde Wehen, wurde sie jahrelang von den Nationalsozialisten als Volljüdin verfolgt und sollte am 24. März 1943 in ein Konzentrationslager abtransportiert werden. Ihr Schicksal ahnend entzog sie sich der Deportation, indem sie sich unmittelbar davor das Leben nahm.[41]

Alex Nassauer war der erste derjenigen, die dank rechtzeitiger Emigration den Holocaust überlebt hatten und in ihre Heimat zurückkamen. Seinem ersten Besuch 1952 sollten bis zu seinem Tode 1987 noch einige folgen. Als im Oktober 1983 unweit des ehemaligen Standortes der Synagoge eine Gedenktafel enthüllt wurde, die den Opfern des Nationalsozialismus gewidmet ist, hielt er eine kleine Ansprache, die in Auszügen wiedergegeben wird[42]: *Wie Sie hören, kann ich aber noch gut deutsch, sogar noch Weher Platt, obwohl ich schon 46 Jahre von hier weg bin. [...] Dies ist für mich ein bewegender Augenblick, da ich zu denen gehöre, die Verfolgung und Vernichtung überlebt haben – Grausamkeiten, die vornehmlich uns Juden betrafen. [...] Ein solcher Gedenkstein hat auch heute noch seinen Sinn. Als ich 1952 das erste Mal nach dem Kriege aus Amerika wieder hier herkam, beteuerten viele Erwachsene, daß sie von all den Greueln des Dritten Reiches nichts gewußt hätten. Inzwischen sind neue Generationen herangewachsen, die diese Zeit nur vom Hören-Sagen kennen und sich nur schwer vorstellen können, was damals geschah. [...] Ich möchte heute keine alten Wunden aufreißen, aber doch darauf hinweisen, daß sich mit dieser Tafel für mich die Erinnerung an nicht weniger als 16 Verwandte verbindet, die im Dritten Reich ungekommen sind. [...] In Gedenken an alle, die Opfer dieser schlimmen Zeit geworden sind, sage ich Sholom, das meint auf deutsch Frieden [...].*

4. Die Zeit bis 1939

Wir sind der Zeit etwas vorausgeeilt und kehren zurück ins Jahr 1933. *Deutschlands Schicksalsjahr 1933 geht zu Ende,* heißt es in der Schulchronik von Orlen[43]: *Elf Monate echte deutsche Geschichte sind ins Land gegangen. Das in beängstigendem Tempo dem Abgrund zustrebende Schicksal des deutschen Volkes ist zum Stillstand gekommen. Mit dem Frühling 1933 brauste ein neuer Geist durch die Herzen des deutschen Volkes. Die nationalsozialistische Freiheitsbewegung hat das zum Schaden des gesamten deutschen Volkes eingerissene liberale und marxistische Unrecht besei-*

tigt. Wer diese Sätze liest, wird sich unweigerlich fragen, wie es möglich war, daß der Nationalsozialismus in so kurzer Zeit auch in den damals noch dörflich strukturierten Orten der heutigen Stadt Taunusstein Fuß fassen konnte. Mit dazu beigetragen haben mag, daß die Errichtung der NS-Diktatur mit dem Ende der Weltwirtschaftskrise[44] zusammenfiel und daraus einen arbeitsmarktpolitischen und somit wirtschaftlichen Vorteil zog, ohne daß diese »globalen« Vorgänge den Menschen bewußt wurden. Die Nationalsozialisten haben also von der Erholung der Wirtschaft profitiert. Mit eingängigen Schlagworten und nicht enden wollenden Massenaufmärschen ununterbrochen emotional in Hochstimmung gehalten, entging den Menschen der Zusammenhang zwischen der innenpolitischen Entwicklung und dem allgemeinen Geschehen in der Welt. Immer wieder wurde die Bevölkerung vor vollendete Tatsachen gestellt. Die Tragweite und den Umfang des Terrors bemerkte man erst, als sich das System bereits fest installiert hatte. Diese Taktik, mit der die NSDAP ihre Macht zu etablieren verstand, und ihr Geschick, mit der sie dazu an die niedrigsten Gefühle der Menschen appellierte, indem sie mit der Öffnung dieser Ventile die Aufmerksamkeit von ihren eigentlichen Zielen ablenkte, überspielte monatelang das Sich-Durchschlängeln auf wirtschaftlichem Gebiet. Auch die Nationalsozialisten mußten mit Wasser kochen, und sie hatten in ihrer Küche nicht einmal Meisterköche. So beschäftigte sie das Gros ihrer Mitläufer und die gesamte Öffentlichkeit mit der Errichtung einer schillernden Fassade und mit dem Geschäft der »Gleichschaltung« des ganzen öffentlichen Lebens. Mit der sprichwörtlichen »deutschen Gründlichkeit« wurde das besorgt. Fast problemlos, so mutet es rückblickend an, erfolgte

Abb. 2: Vereine wurden von den Nationalsozialisten »gleichgeschaltet« oder aufgelöst. Auch der »Krieger- und Nationalverein Neuhof« hatte nun anstelle eines Vorsitzenden einen »Führer«.

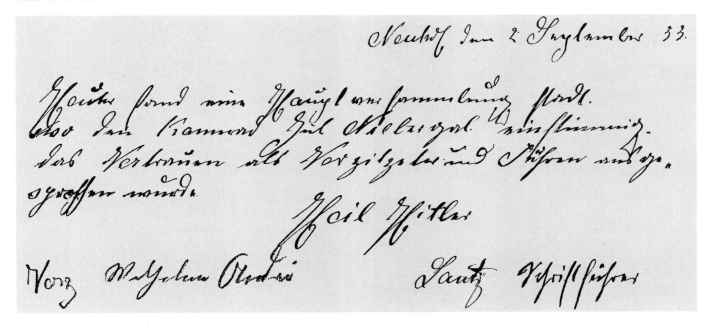

die Gleichschaltung der Gemeindeorgane. Gut drei Wochen nach den Märzwahlen von 1933 (neben Reichstagswahlen auch für Kommunalparlamente) trat die Wehener Gemeindevertretung zu ihrer konstituierenden Sitzung zusammen. In ihr wurden mit der Ernennung von Reichspräsident Hindenburg und Reichskanzler Hitler zu Ehrenbürgern der Gemeinde, der Beschaffung einer Hakenkreuzfahne und der Umbenennung der Hauptstraße in »Adolf-Hitler-Straße« durchaus richtungsweisende Entscheidungen getroffen. Ebenfalls einstimmig angenommen worden ist der Antrag der NSDAP-Vertreter, *künftig nur bei hiesigen Geschäftsleuten christlicher und deutscher Herkunft Waren und Leistungen zu bestellen.*[45] Das bedeutete den Boykott jüdischer Geschäftsleute. Schon im August dieses Jahres beschloß die Gemeindevertretung auch dann, wenn nach noch geltendem Gemeinderecht Beschlußunfähigkeit bestand, und Anfang November war ein Nationalsozialist Bürgermeister der Gemeinde. Das Abschaffen der Gemeindeselbstverwaltung, eine der demokratischen Errungenschaften der Weimarer Republik, wurde konsequent betrieben. Schon mit dem 15. Dezember 1933 trat ein neues Gemeindeverfassungsgesetz in Kraft. Möglich war das durch das Ermächtigungsgesetz, das es der Reichsregierung erlaubte, Gesetze ohne Zustimmung des Reichstages zu erlassen. Das Gesetz bestimmte unter anderem, daß künftig der Bürgermeister die Verwaltung führte und die Gemeinde nach außen hin vertrat. Die Gemeindevertreter mußten – in nunmehr nichtöffentlichen Sitzungen – nur noch *gehört* werden; der Dorfschulze, so heißt der Bürgermeister nun, bestimm-

Die Nationalsozialisten liebten pompöse Aufmärsche. **Abb. 3:** Mitarbeiter der Wehener Walzenmühle und Brotfabrik bei einer Kundgebung zum 1. Mai in Bad Schwalbach (wahrscheinlich 1934). **Abb. 4:** Umzug zum Erntedankfest in Bleidenstadt. Es fällt auf, daß einige

te gemäß dem »Führerprinzip« alleine die Geschicke der Gemeinde.⁴⁶

Ebenfalls gleichgeschaltet wurde das öffentliche Fest- und Vereinswesen. Der 1. Mai, 1918 in Deutschland als Feiertag der Arbeiterbewegung eingeführt, wurde zum »Ehrentag der Deutschen Arbeit«. In der Schulchronik von Orlen findet sich dazu der Eintrag⁴⁷: *Der 1. Mai vereinte das ganze Deutschland zu einer gewaltigen Feier einer Kundgebung, die, einzig organisiert, auf Anordnung unseres Führers bis ins kleinste Dörfchen durchgeführt wurde. Die Orlener Schuljugend, [...] schloß sich an die Neuhofer Schule an und nahm an den Feierlichkeiten in Idstein teil.* Mit dem Ziel der Verherrlichung der »Gefallenen fürs Vaterland« wurde der Volkstrauertag aus der Weimarer Republik zum »Heldengedenktag« umgedeutet. Auch die Sonnenwendfeier, Anfang des 20. Jahrhunderts in vielen Gegenden Deutschlands relativ weit verbreitet, wurde von NS-Organisationen übernommen. *Es erschreckt [...] heute, wenn wir sehen, mit welcher Selbstverständlichkeit da steht: Bisher SPD, jetzt SA.*«⁴⁸ Obwohl in den Gemeinden der oberen Aar bis dahin kaum traditionelle Feuer – wie Oster-, Mai- oder Fastenfeuer – abgebrannt wurden, konnte sich das per Verordnung des Reichsinnenministers vom 7. Juni 1933 vorgeschriebene Sonnenwendfeuer schnell durchsetzen⁴⁹: *Mit Begeisterung wurde auch die Sonnenwendfeier im Juni gefeiert. Im Marschschritt zogen die Parteigenossen, die Mitglieder der Gliederungen, der Gesangvereine, die HJ*⁵⁰*, der BDM*⁵¹ *und zahlreiche Volksgenossen zum Platz [...], wo ein Holzstoß errichtet worden war. Nach der Begrüßung durch den Stützpunktleiter [Orts-*

Häuser in der Stiftstraße nicht mit Fahnen, sondern nur mit Grün geschmückt sind. **Abb. 5:** Erntedankfest in Wehen. Die Männer vom Reichsarbeitsdienst marschieren im festen Tritt mit geschultertem Spaten durch die Weiherstraße.

gruppenleiter der NSDAP] *wurde das Feuer feierlich entzündet. Die Ansprache wurde beendet mit einem Treuegelöbnis auf den Führer und Reichskanzler, in das die Menge begeistert einstimmte. Mit dem Horst-Wessel-Lied*[52] *fand die Feier ihren würdigen Abschluß. Einmal schlossen sich die Orlener der Sonnenwendfeier auf dem Halberg in Wehen an.*

Fahnen, Marschschritt und Umzug waren auch die bestimmenden Elemente des früher kirchlich geprägten Erntedankfestes, das die Nationalsozialisten zu einem rein weltlichen Fest umwandeln wollten. Da sich Belege für öffentliche Erntefeste vor den 30er Jahren für ›Taunusstein‹ nicht finden lassen, liegt die Vermutung nahe, daß sie in jenen Jahren neu aufgekommen sind. Aus Bleidenstadt wird berichtet, daß um 1935 die Landjahr-Mädels und -Jungens[53], die dort vorwiegend in landwirtschaftlichen Betrieben tätig waren, *das Erntefest mit einem Umzug* [feierten], *bei dem Fahnen und Erntekrone mitgeführt wurden.*[54] Ähnliches gilt für Neuhof (1938)[55], und für Niederlibbach heißt es[56]: *Bis etwa 1939 war es Tradition, am ersten Sonntag im Oktober* [...] *das Erntefest zu feiern.*

Bei der Gleichschaltung standen natürlich die Vereine besonders im Blickpunkt. Soweit ideologisch von Nutzen, wurden sie dem Zeitgeist angepaßt oder sie paßten sich selbst an – wie etwa die Gesangvereine. Andere wurden kurzerhand verboten, beispielsweise der Arbeiterradfahrverein »Solidarität« in Orlen, der

Abb. 6: Auch die Feuerwehren wurden nach militärischem Muster organisiert. Hier sind Wehrmänner von Wingsbach zu sehen.

schon 1933 zerschlagen wurde[57]; einige Vereine kamen einem Verbot zuvor, indem sie ihre Aktivitäten einstellten, so der Turnverein Wingsbach.[58]

Besondere Unterstützung erhielten dagegen die Feuerwehren, allerdings um den Preis der Umorganisation auf das militärische Führerprinzip.[59] Anfang 1934 vollzog sich in allen Gemeinden, in denen es bislang Freiwillige Feuerwehren gab, die zum Teil schon seit dem vorherigen Jahrhundert existierten, der zwangsweise Übergang zur neuen Pflichtfeuerwehr (Feuerlöschpolizei). Dort, wo es solche bis dahin noch nicht gegeben hatte, gründete man sie. Alle Feuerwehren erhielten neue Ausrüstung und wurden mit viel Aufwand auf den neuesten technischen Stand gebracht.[60] Einen guten Einblick, wie sich die Nationalsozialisten der Vereine bemächtigten, bietet das Protokollbuch des »Krieger- und Militärvereins Neuhof«, das mit der Eintragung vom 3.12.1910 beginnt und mit dem Bericht über die Versammlung vom 29.12.1940 schließt.[61] Erstmals endet am 2.9.1933 ein Eintrag mit »Heil Hitler«. Das nächste Protokoll vom 24.12.1933 ist nicht mehr mit »Vorsitzender«, sondern von derselben Person mit »Vereinsführer« unterzeichnet, später heißt es dann nur noch »Führer«. In der Niederschift zu dieser Sitzung ist erstmals auch das unentschuldigte Fehlen von Mitgliedern festgehalten. Wahrscheinlich hat diesen »6 Kameraden« die politische Richtung nicht gepaßt, und sie sind deshalb der Versammlung ferngeblieben. Mit der Begründung, den Beitrag nicht mehr zahlen zu können, ist ein Mitglied ausgetreten, später folgten weitere. Auf der »Generalversammlung« vom 15.3.1934 wurden die Vorstandsmitglieder nicht mehr wie bisher gewählt, sondern vom »Führer« ernannt. Gewählt wurden nur noch der »Führer« – immer einstimmig – und die Kassenprüfer. Auf dieser Versammlung wurde auch zum Eintritt in die »S.A.R. II« (wahrscheinlich Gliederung der SA) aufgerufen. Dem Aufruf folgten 21 der ca. 50 Mitglieder. Geworben wurde bei dieser Veranstaltung auch für die »NS-Wohlfahrt«, den Luftschutzbund und für die »Kriegerdenkmalpflege«. Die Versammlung schloß »mit einem 3fachen ›Sieg Heil‹ auf unseren Führer [gemeint ist der Vereinsvorsitzende], seine Excelenz Herrn Reichspräsidenten von Hindenburg und unseren Reichskanzler Adolf Hitler«. Auf der Sitzung vom 17.12.1938 wurde nicht nur wie üblich der verstorbenen Vereinsmitglieder gedacht, es wurden auch die Toten der »Bewegung« geehrt.

Interessenverbände wurden durch linientreue Parteiorganisationen ersetzt. So trat an die Stelle der Gewerkschaften die Deutsche Arbeitsfront (DAF). In dieser Organisation waren nun Arbeitnehmer und Arbeitgeber zusammengefaßt. Für die Arbeitnehmerschaft bedeutete das eine drastische Einschränkung der Möglichkeiten zur Durchsetzung ihrer Interessen. Zudem sind Betriebsräte, Streik- und Tarifvertragsrecht abgeschafft worden. Parteiergebene Treuhänder legten jetzt ohne Mitsprache der Arbeitnehmer die Inhalte von Arbeitsverträgen und damit Arbeitsbedingungen fest.[62]

Neben der DAF entstanden in den ersten Jahren der NS-Diktatur zahlreiche weitere Massenorganisationen. Ein Zeitzeuge erinnert sich[63]: *Im Dorf war bald jeder erfaßt. Zu irgendeiner nationalsozialistischen Gruppe gehörte jeder. Da waren zunächst die Parteigenossen, das war eine beachtliche Zahl. Ihr Führer war der Stützpunktleiter [Ortsgruppenleiter]. Da waren die Gliederungen der NSDAP. Es gab viele SA-Männer. Zu der Motorrad- und Reiter-SA gehörten wenige. Die Bauern zählten zum Reichsnährstand, die Ortsbäuerin und der Ortsbauernführer standen an der Spitze. Die Frauen bildeten die Ortsfrauenschaft, auch sie hatten eine Leiterin, die Ortsfrauenschaftsleiterin. Die Arbeiter, die Handwerker und die ehemaligen Gewerkschaftsmitglieder gehörten jetzt zur DAF, zur Deutschen Arbeitsfront, die vom Obmann der DAF geführt wurde. Auch die NSV, die Nationalsozialistische Volkswohlfahrt, hatte eine beträchtliche Mitgliederzahl gewonnen. Die NSV wurde von dem NSV-Amtsleiter geführt. Die 10–14jährigen gehörten zum Jungvolk, die 14–18jährigen zur Hilterjugend oder zum Bund Deutscher Mädchen. Der Lehrer gehörte noch zum NSLB, zum Nationalsozialistischen Lehrerbund. Ab 1935 mußten ganze Jahrgänge beim Arbeitsdienst und dann bei der zweijährigen Wehrmacht ihren Dienst tun. Die Erfassung war total.*

Wer – gleich welchen Alters – so fest in den »weltlichen Fängen« gehalten wurde, Tag für Tag der nationalsozialistischen Propaganda der Massenmedien Rundfunk und Zeitung ausgesetzt war, der vollzog schließlich auch den geforderten letzten Schritt. Viele entzogen sich dem auf sie ausgeübten Druck und traten aus der Kirche aus. Aus der christlichen Taufe wurde die »Hitlertaufe«, an die Stelle der Konfirmation trat die nationalsozialistische »Jugendweihe«. Man war nicht mehr Christ, sondern gottgläubig. Parteifunktionäre nahmen Trauungen und Beerdigungen vor.[64] Zum Leidwesen des Landrats versuchte der katholische Pfarrer von Bleidenstadt »die Jugend, die ihm davongelaufen ist«, durch einen Kirchenchor wieder an sich zu binden und findet dabei auch noch die Unterstützung eines Lehrers aus Hahn.[65]

Ausschaltung, Erfassung, Gleichschaltung – all das ließen die Menschen in jenen Jahren zu, meist widerspruchs- und widerstandslos. Das war nicht nur Auswirkung des Terrors. Die Menschen hatten das Gefühl, daß es wirtschaftlich aufwärts ging. Nach Jahren der Sorgen und Nöte ums tägliche Brot gab es endlich einen Lichtblick – es gab Arbeit. Den ursächlichen Zusammenhang erkannten sie nicht. Schon 1933 begannen sich die Geschäfte insgesamt allmählich zu beleben, und diese Entwicklung hielt auch in den folgenden Jahren an – ohne Zutun der Regierung, ja man kann sagen, trotz ihrer Maßnahmen, die auf eine einseitige Ausrichtung des gesamten Außenhandels im Sinne ihrer Politik und deren ideologischen Grundlagen hinausliefen.[66]

Die Maßnahmen der Regierung bestanden im wesentlichen in der Wiederaufnahme der kommunalen Notstandsarbeiten. Auch ›Taunussteiner‹ fanden Lohn und Brot bei Bau- und Instandsetzungsarbeiten von Straßen und wie in Hahn und Orlen beim Trockenlegen von Wiesen in den Gemarkungen dieser beiden Gemeinden. Beschäftigung boten auch die wiederaufgenommenen Ausgrabungen am römischen Kastell Zugmantel und der Bau der Autobahn Köln–Frankfurt im Bereich Idstein.[67]

Die über ganz Deutschland verteilten Baustellen für die »Straßen des Führers« nahmen zwar wie die Notstandsarbeiten viele Erwerbslose auf, beseitigt wurde die Arbeitslosigkeit dadurch aber nicht. Statistisch ging die Zahl der Arbeitslosen zwar augenfällig zurück (von knapp über 6 Millionen am 31.1.1933 auf knapp unter 3 Millionen am 31.1.1935), hinter den Zahlen verbargen sich aber auch die Einberufungen zum Arbeitsdienst und zur Wehrmacht. Ganze Jahrgänge verschwanden so von der Straße.[68] Jüngere gingen ins sogenannte Landjahr. Ein Zeitzeuge aus Hahn äußert sich so zum Landjahr[69]: *Sinn und Zweck des Landjahres ist die Möglichkeit einer vormilitärischen Ausbildung der Jugendlichen gewesen. Daneben ist man als Erntehilfe eingesetzt worden und hat Arbeitsdienste wie Wald- und Flurreinigung und Aufforstungsarbeiten ableisten müssen. Dies mit dem Ziel, das bäuerliche Leben kennenzulernen und dessen Wichtigkeit für ein »autarkes«* [wirtschaftlich unabhängiges] *Heimatland.*

Die Wirtschaftspolitik der Nationalsozialisten war unsolide, unproduktiv und führte zu einer hohen Staatsverschuldung.[70] Reallöhne und -gehälter blieben auf einem Tiefstand, und ein Lebensstandard, dessen man sich um die Jahre 1928/30 erfreuen konnte, wurde für die Masse der Bevölkerung in der NS-Zeit nicht mehr erreicht.[71]

Wirklich gut – zumindest wirtschaftlich – ging es den Bauern. In ›Taunusstein‹ war dieser Berufsstand noch immer vorherrschend, so daß es der Mehrheit der Bewohner hier besser ging als der Masse der Arbeiter und Angestellten in den großen Städten. Die von den Nationalsozialisten angestrebte Unabhängigkeit von Importen landwirtschaftlicher Produkte sicherte den Landwirten den Absatz ihrer Erzeugnisse zu angemessenen Preisen.[72] Der Import von Nahrungs- und Genußmitteln wurde systematisch gedrosselt, um die Devisen aus dem industriellen Export für den Einkauf von Rohstoffen einsetzen zu können[73], die die ins Laufen gebrachte Rüstungsmaschinerie so dringend brauchte. Unter geschickter Ausnutzung der gleichgeschalteten Berufsorganisationen und genossenschaftlichen Einrichtungen gelang es, die landwirtschaftliche Produktion zu steigern und dazu auch viele Erkenntnisse einer zeitgemäßen Betriebsführung zu verbreiten.[74] Zusammenlegung von Flächen, Zwischenfruchtanbau, Wiederbelebung des Flachsanbaus und Förderung der Schafzucht unter anderem sollten auch den bäuerlichen Betrieben in ›Taunusstein‹ helfen, die sogenannte Erzeugerschlacht zu schlagen.[75] Nur wenige wußten oder ahnten, daß bald schon auf einem ganz anderen Schlachtfeld gekämpft und gestorben werden mußte.

5. Der 2. Weltkrieg

Dieses *bald* begann am 1. September 1939 in den frühen Morgenstunden mit dem Überfall deutscher Truppen auf Polen. Von der ersten Stunde an veränderte sich das Leben auch in ›Taunusstein‹. Wehrpflichtige Männer erhielten Einberufungsbescheide. Zum Schutz gegen eventuelle feindliche Angriffe aus der Luft wurde befohlen, bei Dunkelheit die Fenster aller Häuser so auszurüsten, daß kein Lichtstrahl nach außen dringen konnte, von Straßenbeleuchtung war natürlich keine Rede mehr. Diese Belästigungen konnte man noch hinnehmen, was viele Landwirte aber ins Mark traf, war das Wegnehmen von Pferden. Auch größere Betriebe mußten jetzt mit Kühen fahren und ackern, was nicht nur langsamer vor sich ging, sondern auch den Milchertrag reduzierte. Bald setzte auch die Zwangsbewirtschaftung ein. Lebensmittel, Textilien und andere Verbrauchsgüter gab es nur noch auf Bezugsscheine oder Karten.[76]

Wie schon im 1. Weltkrieg wurden die Bauern gezwungen, von ihren Erzeugnissen alles abzuliefern, was nicht für den streng festgesetzten Eigenbedarf behalten werden durfte. Ein Zeitzeuge erzählt[77]: *Die Bauern, die Selbstversorger, wurden scharf kontrolliert. Kontrolleure zählten und maßen alles: das Vieh, das Getreide, die Milch, die Kartoffeln, damit ja die vorgeschriebenen Mengen abgeliefert wurden.* Wie aber schon ihre Väter zur Zeit des 1. Weltkrieges Mittel und Wege gefunden hatten, Vorschriften zu umgehen, so taten es ihnen die Söhne jetzt nach. Wollte ein Bauer für den Eigenbedarf ein Schwein schlachten, mußte es vorher auf der Waage der Gemeinde amtlich gewogen werden. Der schlaue Bauer trieb ein mageres Tier, das er sich gelegentlich sogar vom Nachbarn ausgeliehen hatte, dorthin und schlachtete dann ein fettes.[78] Wenn sich rumgesprochen hatte, daß ein Kontrolleur zum Zählen des Federviehs im Ort aufgetaucht war, steckten die Bauern schnell einige Hühner in einen Sack, den sie im Keller verschwinden ließen.[79]

Die Männer, die nun Soldaten werden mußten, fehlten nicht nur in den Familien, sondern auch auf den Hö-

Abb. 7: Ab Frühjahr 1940 kamen polnische Gefangene als Helfer auch auf ›Taunussteiner‹ Höfe (hier in Wingsbach). Das »P« mußte als Kennzeichen erst später getragen werden.

fen als Arbeitskräfte. Wie schon im 1. Weltkrieg mußten Frauen und ältere Männer die Lücken durch Mehrarbeit füllen. Ab 1940 kamen dann Kriegsgefangene und aus Osteuropa zur Zwangsarbeit nach Deutschland verschleppte Zivilisten auch auf die Höfe von ›Taunussteiner‹ Bauern und in etliche hier ansässige Industriebetriebe.[80] Es gab aber auch sogenannte Fremdarbeiterinnen und Fremdarbeiter, in der Amtssprache als »Zivilarbeiterinnen« und »Zivilarbeiter« bezeichnet, die freiwillig aus ihren Heimatländern zur Arbeit nach Deutschland kamen. Sie halfen nicht nur in der Landwirtschaft, sondern wurden auch in den ansässigen Betrieben – etwa als Elektromaschinenbauer in Wehen – eingesetzt. Anhand erhaltener Namenslisten läßt sich feststellen, daß die überwiegende Mehrheit aus Polen und Rußland stammte. Aber auch aus Belgien, Frankreich, Holland, Italien, Lettland, Litauen, Spanien, der Ukraine, der Tschechoslowakei und aus Weißrußland kamen Frauen und Männer als Arbeitskräfte auch nach ›Taunusstein‹.[81] Wieviele von ihnen Verschleppte waren und wieviele freiwillig gekommen waren, läßt sich nicht mehr feststellen. Ihr Leben in Deutschland regelte eine Fülle von Verordnungen. Besonders hart traf es die polnischen Arbeiterinnen und Arbeiter. Sie mußten

Abb. 8: Mit zunehmender Dauer machte sich der Krieg auch in ›Taunusstein‹ bemerkbar. Etliche Flugzeuge stürzten abgeschossen über dem heutigen Stadtgebiet ab oder mußten notlanden. In Wingsbach wurde ein britischer Bomber zum Spektakel für Jung und Alt.

zur Erkennung auf jedem Kleidungsstück ein »violettes P in einem auf die Spitze gestellten gelben Viereck mit violetter Umrandung« tragen.[82] Soweit die ausländischen Arbeitskräfte Bauern zugeteilt waren, hatten sie ihr Nachtquartier meist in den Häusern der Familien, manchmal aber auch – wie in Bleidenstadt – in Baracken oder wie in Wingsbach in der Turnhalle. Essen mußten sie an Extratischen, der Besuch der Gastwirtschaften war ihnen ebenso verboten wie der Versuch, zwischenmenschliche Beziehungen zu einheimischen Mädchen und Frauen anzubahnen. Zwangsarbeiter, die in Firmen beschäftigt waren, wohnten entweder in Unterkünften auf dem Firmengelände oder in Lagern. Trotz Strafandrohungen entwickelte sich zwischen Einheimischen und ausländischen Arbeitskräften oft ein ausgesprochen gutes Verhältnis. Wenn das der Obrigkeit auffiel, konnte das gelegentlich zur Verlegung der Ausländer in andere Gemeinden führen.[83]

Mit zunehmener Dauer des Krieges kamen seine Schrecken nach und nach auch in jedes ›Taunussteiner‹ Haus. Am schlimmsten war es, wenn durch die Feldpost mitgeteilt wurde, daß ein Familienangehöriger gefallen war. Ab 1943 fielen in der Taunusregion nachts die ersten Spreng- und Brandbomben, und wenig später überflogen erstmals auch am Tage für alle sichtbar alliierte Bombengeschwader die Region. Damit war der Krieg nicht mehr an der Ost- oder Westfront und somit weit weg, sondern er war jetzt ganz nahe, sozusagen über dem eigenen Dach. Nun galt es, sich auf Schlimmes vorzubereiten. Splittergräben und Löschwasserteiche wurden angelegt, Luftschutzbunker gebaut und von der Gemeinde Feuerhandspritzen für jedes Anwesen ausgegeben.

Auf den Höhenlagen von ›Taunusstein‹ war schon vor Kriegsausbruch eine Reihe von militärischen Einrichtungen gebaut worden.[84] Vom Kriegsausbruch an bis etwa Mitte 1943 versahen an diesen Flak- und Scheinwerferstellungen reguläre Soldaten ihren Dienst. Als sie in den Kampfgebieten gebraucht wurden, traten an ihre Stelle die Männer, die nicht oder noch nicht eingezogen worden waren.[85] In einem vierwöchigen Schnellkurs wurden sie auf ihre Aufgabe als Flakhelfer vorbereitet und mußten dann abwechselnd nachts zum Dienst.[86] Tagsüber gingen sie weiterhin ihrer Arbeit nach.[87]

1944 nahmen die Luftangriffe auf die Städte im Rhein–Main–Gebiet an Häufigkeit und Schwere immer mehr zu – in manchen Nächten war der Himmel glutrot erleuchtet und zeugte vom Sterben der Städte.[88] Immer mehr Ausgebombte kamen auch in die ›Taunussteiner‹ Gemeinden und hofften hier auf Unterkommen. Die Feldarbeit wurde zunehmend gefährlicher, da Bomber der Alliierten nun auch tagsüber die Gegend überflogen und die Besatzungen ungezielt die Bomben abwarfen, die sie in ihrem eigentlichen Kampfgebiet nicht hatten einsetzen können. Auf ihrem gefährlichen Rückflug wären die Bomben unnötiger Ballast gewesen.

6. Der Zusammenbruch 1945

Anfang 1945 folgten gezielte Luftangriffe auch auf ›Taunusstein‹. In Hahn befand sich im Eschbachwald ein großes Munitionslager. Es war in den Abendstunden des 2. Februar 1945 Ziel eines Fliegerangriffs. Neben Brand- und Sprengbomben wurden auch Luftminen abgeworfen. Vor der Ziegelei in der Aarstraße ging eine 36 Zentner schwere Luftmine nieder, die jedoch nicht explodierte; sie wurde erst 1952 entdeckt und entschärft. Eine zweite Luftmine zerstörte nahe des Bahnhofes einen Betrieb, der Flugzeugersatzteile herstellte, und richtete auch im Ort erhebliche Schäden an. In der darauffolgenden Nacht wurde auch das Jagdschloß auf der Platte, wo sich eine Fliegerbeobachtungs- und Meldestelle befand, mit Sprengbomben belegt. Das Schloß, das benachbarte Forsthaus und die Gastwirtschaft gingen in Flammen auf. Zur Brandbekämpfung wurde auch die Wehener Feuerwehr alarmiert. Sie bestand damals mehrheitlich aus Frauen. Erna Schneider war Mitglied der Frauen-Feuerwehr und erinnert sich[89]: *Wie an vielen anderen Stellen mußten auch in der Feuerwehr die Lücken von Frauen geschlossen werden. [...] Zu unseren Aufgaben gehörte es, Schlauchleitungen zu legen, Brandwachen zu stellen und Aufräumarbeiten zu machen. Zum Glück war im bebauten Ortsbereich von Wehen im Krieg nie eine Bombe gefallen, und auch von »zivilen« Bränden blieb Wehen in dieser Zeit verschont. Aber in der Nacht vom 2. auf den 3. Februar 1945 [...] kamen die Feuerwehrfrauen doch noch zum Einsatz. [...] Wir fuhren zur Platte. [...] Das schöne Jagdschloß war im oberen Teil und im Inneren zerstört. [...] Der kleine Wasserbehälter auf der Platte war schnell leer. Wir Wehener Feuerwehr-Frauen wurden damit beschäftigt, Inventar aus den unteren Räumen des Jagdschlosses zu bergen und in die gegenüberliegenden Gebäude – Stallungen und Remisen – zu bringen.* Früh am Morgen des 25. März kam es zu einem zweiten gezielten Angriff auf Hahn. Sprengbomben gingen im Bereich Bahnhofstraße/Aarstraße nieder und töteten einen Soldaten.[90]

Flüchtende deutsche Soldaten waren ein deutliches Zeichen – das Ende des Krieges war ganz nahe. Zwar wurden gleichsam in letzter Minute alle verfügbaren Männer und männliche Jugendliche als letztes Aufgebot im sogenannten Volkssturm zusammengefaßt und zu Verteidigungsmaßnahmen verpflichtet. Viele waren jedoch besonnen und mutig genug, sich beim Annähern der amerikanischen Verbände abzusetzen.[91]

Im Morgengrauen des 28. März 1945 erreichten amerikanische Truppen Orlen, einen Tag später wurde Hahn besetzt. Haus für Haus wurde durchsucht, die angetroffenen deutschen Soldaten festgenommen und später abtransportiert. Es muß auch Kämpfe gegeben haben, bei denen deutsche Soldaten so kurz vor Kriegsende unnötig und unsinnig zu Tode kamen.[92] Bei zweien von ihnen ist im Kirchenbuch der evangelischen Gemeinde Bleidenstadt als Todesursache »Kopfschuß« vermerkt. Möglicherweise wollte der Pfarrer mit seinem Eintrag im Kirchenbuch andeuten, daß sich die Männer »abgesetzt« hatten und von deutschen Einheiten – möglicherweise SS – aufgegriffen und standrechtlich erschossen wurden.

Von den Amerikanern wurden die Bürgermeister, die ja alle der NSDAP angehörten, sofort abgesetzt und eine Ausgangssperre verhängt. In den folgenden Wochen und Monaten gleicht sich die Entwicklung der Ereignisse in allen Gemeinden an der oberen Aar. Die Militärregierung setzte Bürgermeister ein und war bestrebt, möglichst rasch eine demokratische Gemeindeselbstverwaltung aufzubauen. Dies war auch deshalb notwendig, weil auf die Gemeinden eine fast unlösbare Aufgabe zukam – die Aufnahme und Integration einer großen Anzahl von Landsleuten, die die östlichen Reichsgebiete hatten verlassen müssen. Im Untertaunuskreis wurde eine ganze Reihe der sogenannten Kreisflüchtlingslager eingerichtet, unter anderem auch in Bleidenstadt, Hahn und Wehen. Um die Versorgung der Bevölkerung mit Lebensmitteln sicherzustellen, blieb die Zwangsbewirtschaftung bestehen.

Die Funktionäre der NSDAP und die Mitglieder der ihr nahestehenden Organisationen wurden von den Alliierten zur Rechenschaft gezogen. Umerziehungslager oder Zuchthaus warteten auf viele, manche schlüpften auch durch die Maschen der Entnazifizierungsbehörde. In Hahn machte die Militärregierung – wenn auch nur für einige Zeit – »den Bock zum Gärtner«. Direkt nach der Besetzung der Gemeinde wurde der amtierende Bürgermeister seines Amtes enthoben und durch einen Mann ersetzt, der schon lange vor der »Machtergreifung« Mitglied der NSDAP geworden war. Erst nach fünf Monaten kam man seiner politischen Vergangenheit auf die Spur und verhaftete mit ihm einen Mann, der sich zunächst erfolgreich als politisch Verfolgter ausgegeben hatte.[93]

In den Familien begann das bange Warten auf Söhne und Männer. Manche kamen bald, andere erst nach Jahren – und viele sind nicht wiedergekommen.

7. KZ oder Krankenhaus-Sonderanlage in Bleidenstadt?

Eine Legende, die sich um mysteriöse unterirdische Bauten im Gebiet der jetzigen »Moschsiedlung« (zwischen Lindenstraße und Falken-/Fasanenweg) jahrelang gesponnen hat, soll noch ihre Aufklärung erfahren. Im April 1988 regte der Ortsbeirat Bleidenstadt beim Magistrat der Stadt Taunusstein an, nachforschen zu lassen, was während des 2. Weltkrieges in diesem

Bereich wirklich entstehen sollte. Es würden sich Gerüchte halten, daß in den letzten Kriegsjahren dort ein Konzentrationslager gebaut werden sollte; es würde aber auch von einem geplanten Krankenhauskomplex gesprochen.

Den Mitarbeitern des Museums im Wehener Schloß wurde die Aufgabe übertragen, in Erfahrung zu bringen, was es mit den Geschichten, Gerüchten und Legenden von »in Barackenwände geritzten Namen und Nummern und Gasrohren mit Querbohrungen« tatsächlich auf sich habe. Nach mühevoller Kleinarbeit[94] in Archiven, Befragungen von Zeitzeugen und Auswertungen von britischen Luftaufnahmen kam man zu dem Ergebnis, daß in dem fraglichen Gebiet ein »Ausweichkrankenhaus« gebaut werden sollte. Angesichts der zunehmenden Bedrohung der Großstädte durch feindliche Luftangriffe begannen die Nationalsozialisten Ende 1942/Anfang 1943 mit dem Bau von Ausweichkrankenhäusern auf dem flachen Lande. Die Pläne stammten von Professor Dr. Karl Brandt (Generalkommissar Hitlers für das Sanitäts- und Gesundheitswesen); das gesamte Vorhaben lief unter der Bezeichnung »Aktion Brandt«. Ingesamt waren 66 solcher Anlagen im Reichsgebiet mit einer Kapazität von insgesamt 78 550 Betten vorgesehen. Für Wiesbaden waren 500 Betten veranschlagt. Mit diesem Großbauvorhaben war die »Organisation Todt« (kurz OT genannt) beauftragt. Fritz Todt war bis 1942 Reichsminister für Bewaffnung und Munition. Später koordinierte er (auch als geistiger Vater der Reichsautobahnen bezeichnet) Großbauvorhaben und schaffte sich gleichsam eine eigene Armee von Arbeitskräften – die Organisation Todt. Im südlichen Bleidenstadt begannen die Bauarbeiten am 1. August 1943[95] mit der Rodung von vier Hektar Kiefernwald, den die Gemeinde abgeben mußte. Zur Lagerung von Baustoffen und für Bauhütten wurden angrenzende Flächen benötigt und von den privaten Eigentümern zur Verfügung gestellt.[96] Bei den Ausschachtungsarbeiten wurden bis zu fünf Meter hohe Erdwälle aufgeworfen. Die rund neunzig Arbeiter waren Mitglieder des Reichsarbeitsdienstes, Häftlinge aus Konzentrationslagern und Kriegsgefangene aus Rußland, Frankreich, Belgien und Holland.[97]

Innerhalb von 15 Monaten wurden zwei eingeschossige Baracken aus Stein (die eine 45 Meter lang und 13 Meter breit, die zweite 70 Meter lang und 13 Meter breit) errichtet. Weiterhin wurden fertiggestellt: 14 Fundamente (rund 50 Zentimeter dick, 70 Meter lang und 13 Meter breit), eine Reihe von tiefen Gräben (für Versorgungsleitungen), ein Wasserreservoir und ein Gewölbekomplex, in dem vermutlich eine Niederdruckdampfheizung entstehen sollte. An dem Projekt waren zwei Frankfurter Baufirmen sowie eine Heizungs- und Installationsfirma aus Wiesbaden beteiligt. Geplant waren für das Ausweichkrankenhaus, das einer Anlage in Köppern bei Frankfurt exakt gleichen sollte, die üblichen Abteilungen wie Gynäkologie, Urologie sowie Operationsräume.[98] Nach dem abrupten Baustopp Anfang 1945 blieb das Baumaterial liegen, angeblich »zur Freude der Bleidenstädter«. Binnen kurzer Zeit seien Sand, Zement, Waschbecken und Toilettenschüsseln verschwunden gewesen.[99]

Die Arbeiter waren in einem Lager in der heutigen Theodor-Heuss-Straße, dort wo jetzt das Simowerk steht, untergebracht. In zwei der fünf Baracken zogen 1946 Obdachlose ein. Die im Rohbau fertigen Steinbaracken des geplanten Krankenhauses wurden später für gewerbliche Zwecke genutzt, das Gelände in wesentlichen Teilen zunächst wieder aufgeforstet und dann Ende der 60er Jahre nach und nach größtenteils mit Einfamilienhäusern bebaut.

Längere Zeit erhalten hatte sich auch die Schmalspurbahn, die vom Bahnhof Eiserne Hand zum Baugebiet führte. Sie diente wahrscheinlich zum Weitertransport des mit der Aartal-Bahn herangefahrenen Baumaterials. Sie war in den 50er Jahren wohl noch relativ gut intakt – Jugendliche fuhren mit den Loren durch den Wald und »handelten sich dabei manchmal nicht nur blaue Flecken ein«.[100]

8. Anmerkungen

1 H. Schmidt, Das war ihr Leben. Band 3: Schwierige Zeiten im Dorf. Taunusstein 1989, S. 103. (Helge Schmidt hat mit den drei Bänden zu *Das war ihr Leben* der Dorfbevölkerung ein Denkmal gesetzt. Exemplarisch wird am Beispiel Orlens in einfacher, schnörkelloser Formulierung be-

schrieben, wie die Eltern und Großeltern gelebt, gearbeitet, gefeiert und getrauert haben. In vielfacher Hinsicht läßt sich der geschilderte Alltag auch auf die anderen Gemeinden der heutigen Stadt Taunusstein übertragen.
2. Reichsbanner = deutsche Fahne, die 1933 von der Hakenkreuzfahne abgelöst wurde.
3. Schutzhaft = Umschreibung für Verhaftung. Mit dem Wortspiel sollte suggeriert werden, daß die von der »Schutzhaft« betroffenen Personen »von der Empörung der Bevölkerung« zu schützen waren. Tatsächlich wurden sie verhaftet und eingesperrt. S. auch Beitrag Rudolf Pereira, S. 323–334.
4. Schmidt, Schwierige Zeiten (wie Anm. 1), S. 92.
5. HHStAW 418/1076.
6. Das Schicksal des Lehrers Fink ist ausführlich beschrieben in Schmidt, Schwierige Zeiten (wie Anm. 1), S. 90 ff.
7. Stadtarchiv Taunusstein XIX/5/2/41. Der Regierungspräsident in Wiesbaden ordnete am 19.6.1945 an, daß sämtliche Fälle strafbarer Handlungen auf politischem Gebiet oder erfolgten politischen Bedrückungsmaßnahmen gegen bestimmte Personen gemeldet werden müssen. Die festgestellten Tatbestände sollten in einer Chronik festgehalten werden. Diese Tatsachenberichte für Bleidenstadt hat Albert Hummer im August 1945 gefertigt.
8. Die Feststellungen wurden nicht beim Bürgermeister gemacht.
9. S. Beitrag Rudolf Pereira, S. 323–334.
10. Stadtarchiv Taunusstein XIX/5/2/41.
11. Stadtarchiv Taunusstein XIX/4/2/28.
12. K. Müller, Preußischer Adler und Hessischer Löwe. Hundert Jahre Wiesbadener Regierung. 1866–1966. Dokumente aus den Akten. Wiesbaden 1966, S. 286.
13. W. Müller, Die jüdische Gemeinde in Wehen. In: 1919–1994. 75 Jahre SPD Wehen. Ein Stück Wehener Ortsgeschichte. Taunusstein 1994, S 64.
14. Stadtarchiv Taunusstein XIX, Konv. 2.
15. HHStAW 136 V 6 Wehen XIV 4.
16. HHStAW 244/91.
17. HHStAW 244/91.
18. HHStAW 244/91.
19. HHStAWW 244/91.
20. Müller, Die jüdische Gemeinde in Wehen (wie Anm. 13), S. 61.
21. Aus der Familie Simon Nassauer fielen im 1. Weltkrieg drei Söhne. Selbst die Nationalsozialisten mußten zugeben, daß Siegfried Nassauer als Frontkämpfer am 1. Weltkrieg teilgenommen hatte. Auf einer Ehrentafel des Turnvereins Wehen ist auch der Name von Moritz Nassauer verzeichnet. Während der NS-Zeit wurde allerdings erwogen, den Namenszug des »Juden« zu entfernen.
22. Zeitzeuge aus Wehen.
23. Zeitzeuge aus Wehen.
24. Müller, Preußischer Adler (wie Anm. 12), S. 288.
25. Zeitzeuge aus Wehen (bestätigt durch Schriftwechsel mit Fred A. Kahn im Jahre 1986. Fred A. Kahn wohnte von 1934 bis Anfang 1938 bei der Familie Siegfried Nassauer (sie waren Tante und Onkel). Seine Eltern waren nach Belgien emigriert. S. Nassauer brachte Kahn am 2.10.1938 nach Aachen, von wo aus er mit Hilfe von Frau Marie Goar nach Belgien gelangte. Später übersiedelte er in die USA und überlebte so den Holocaust. Der Schriftwechsel befindet sich im Besitz des Autors.
26. Gestapo = Geheime Staatspolizei.
27. Vgl. beispielhaft Verkauf des Grundbesitzes von Sally Kahn aus Bleidenstadt. (Stadtarchiv Taunusstein XIX/6/3/14); Müller, Preußischer Adler (wie Anm. 12), S. 307 ff.
28. Zeitzeuge aus Wehen.
29. Seit März bzw. Herbst 1933 war Göbbels Reichsminister für Volksaufklärung und Propaganda und Präsident der Reichskammer.
30. SA = Abkürzung für Sturmabteilung, bezeichnete die uniformierte, politische Kampf- und Propagandatruppe der NSDAP; 1920 als Schutz der Versammlungen gegründet und 1921 von ehemaligen Freikorpsoffizieren zu paramilitärischen Kampforganisation umgeformt, nach dem Hitlerputsch verboten, 1925 Neuaufbau auf lokaler Ebene, ab 1933 als Massenheer (rund 700.000 meist jugendliche Mitglieder) im Straßenkampf und zur Terrorisierung politischer Gegner und der Staatsgewalt, ab 1933 zum Teil als Hilfspolizei gegen politischen Widerstand eingesetzt.
32. D. Hoffmann u. F. Schütze, Weimarer Republik und nationalsozialistische Herrschaft. Deutschland zwischen Demokratie und Diktatur. Paderborn 1999, S. 218.
33. Stadtarchiv Taunusstein XIX/5/2/3.
34. Zeitzeuge aus Wehen.
35. Zeitzeuge aus Wehen.
36. Stadtarchiv Taunusstein X/5/2/3.
37. Stadtarchiv Taunusstein XIX/5/2/3.
38. Im Stadtarchiv Taunusstein ist eine Fülle von Belegen erhalten.
39. Stadtarchiv Taunusstein XIX/5/2/3.
40. Bestätigt durch Schriftwechsel mit Fred A. Kahn und Alex Nassauer im Jahre 1986 (S. auch Anm. 25).
41. Zeitzeuge aus Wehen. Bestätigung auch durch Schriftwechsel mit der Familie im Jahre 1983.
42. Redemanuskript von Alex Nassauer vom 14.10.1983.
43. Schmidt, Schwierige Zeiten (wie Anm. 1), S. 104.
44. Hoffmann, Weimarer Republik (wie Anm. 32), S. 89, 112 ff., 148 f., 167 ff., 209.
45. P.-D. Schmutzler, Zwölf Jahre Diktatur. In: 1919–1994. 75 Jahre SPD Wehen. Ein Stück Ortsgeschichte. Taunusstein 1994, S. 68.
46. Schmutzler, Zwölf Jahre Diktatur. (wie Anm. 45), S. 67 ff.
47. Schmidt, Schwierige Zeiten (wie Anm. 1), S. 108.
48. M. Zender, Volksbrauch und Politik. In: Rheinische Vierteljahrsblätter H. 38, 1974, S. 371.
49. Schmidt, Schwierige Zeiten (wie Anm. 1), S. 113.
50. HJ = Abkürzung für Hitlerjugend. Jugendorganisation der NSDAP seit 1926, wurde durch Gesetz 1936 zur zentralen, dem Elternhaus und der Schule gegenüber bevorzugten Organisation zur körperlich-geistigen und sittlichen Erzeihung der Jugend sowie seit 1939 zur vormilitärischen Ertüchtigung.
51. BDM = Abkürzung für Bund Deutscher Mädel, Teil der HJ, für 14 bis 18jährige Mädchen, 1931 bis 1940 geleitet von B. v. Schierach, dann von A. Axmann.
52. Horst-Wessel-Lied = politisches Kampflied der NSDAP, seit 1933 zusammen mit dem Deutschlandlied Nationalhymne des III. Reiches, benannt nach seinem Urheber Horst Wessel.
53. Landjahr = männliche und weibliche Jugendliche, die nach der Schulentlassung keine Lehrstelle bekommen hatten, bekamen die Möglichkeit »ins Landjahr zu gehen«. Die Entscheidung, wer ins Landjahr kam, lag bei dem jeweiligen Schullehrer, wobei nach bestimmten Kriterien zu entscheiden war. Der Anwärter mußte ein relativ guter Schüler sein, mußte einer kinderreichen Familie entstammen und die Eltern mußten zustimmen. Sinn und Zweck des Landjahres war zum einen eine vormilitärische Ausbildung der männlichen Jugendlichen. Jungen und Mädchen wurden als Helfer in der Landwirtschaft eingesetzt und hatten Arbeitsdienste im Wald zu leisten. Dabei sollten sie auch einen Einblick in das bäuerliche Leben gewinnen und die Wichtigkeit eines »autarken Heimatlandes« erkennen.
54. Taunusstein vorgestern – gestern – heute. Horb a.N. 1984, S. 23.
55. Taunusstein vorgestern (wie Anm. 54), S. 52.

56 Taunusstein vorgestern (wie Anm. 54), S. 59.
57 Schmidt, Schwierige Zeiten (wie Anm. 1), S. 96.
58 Festschrift. 75 Jahre Turn- und Gesangverein Wingsbach. 2.–5. Juni 1988. S. 35.
59 S. Beitrag Dr. Ferdinand Tonke, S. 359–366.
60 S. Beitrag Dr. Ferdinand Tonke, S. 359–366.
61 Protokollbuch des »Krieger- und Militärvereins Neuhof« (Archiv Schellenberg'sche Verlagsbuchhandlung, Taunusstein). Der Verein hatte 1933 57, 1940 42 Mitglieder. Für den Hinweis danke ich Herrn G. Müller-Schellenberg, Taunusstein.
62 Hoffmann, Weimarer Republik (wie Anm. 32), S. 145, 172–176, 183, 189–192.
63 Schmidt, Schwierige Zeiten (wie Anm. 1), S. 105.
64 Schmidt, Schwierige Zeiten (wie Anm. 1), S. 100.
65 Müller, Preußischer Adler (wie Anm. 12), S. 294.
66 F. Lerner, Wirtschafts- und Sozialgeschichte des Nassauer Raumes 1816–1964. Wiesbaden 1965, S. 262 ff.
67 Schmidt, Schwierige Zeiten (wie Anm. 1), S. 120–124; zu den Ausgrabungen am Kastell Zugmante. S. Beitrag Dr. Bernhard Pinsker, S. 30.
68 Zeitzeuge aus Hahn. S. auch Lerner, Wirtschafts- und Sozialgeschichte (wie Anm. 66), S. 264.
69 Zeitzeuge aus Hahn.
70 Lerner, Wirtschafts- und Sozialgeschichte (wie Anm. 66), S. 267–276.
71 Schmidt, Schwierige Zeiten (wie Anm. 1), S. 71. Zu den Reallöhnen s. D. Petzina et al., Materialien zur Statistik des Deutschen Reiches 1914–1945. Sozialgeschichtliches Arbeitsbuch III. München 1978, S. 89-99, 107.
72 Lerner, Wirtschafts- und Sozialgeschichte (wie Anm. 66), S. 266.
73 Lerner, Wirtschafts- und Sozialgeschichte (wie Anm. 66), S. 266.
74 Hoffmann, Weimarer Republik (wie Anm. 32), S. 171.
75 Schmidt, Schwierige Zeiten (wie Anm. 1), S. 219.
76 Schmidt, Schwierige Zeiten (wie Anm. 1), S. 220.
77 Schmidt, Schwierige Zeiten (wie Anm. 1), S. 159.
78 Schmidt, Schwierige Zeiten (wie Anm. 1), S. 159.
79 Schmidt, Schwierige Zeiten (wie Anm. 1), S. 159.
80 Wiesbadener Kurier, Ausgabe Untertaunuskreis vom 22.12.1999, S. 7 (Sonderseite »Zwangsarbeiter im Untertaunus«).
81 Im Stadtarchiv Taunusstein sind umfangreiche Unterlagen für Bleidenstadt (Stadtarchiv Taunusstein XVIII/4/1/25) und Wehen (Stadtarchiv Taunusstein XVIII/4/1/17) erhalten.
82 Stadtarchiv Taunusstein XVIII/4/1/17.
83 Die Schulchronik Orlen vermerkt solch einen Austausch für 1943.
84 Vgl. R. Pereira, Topographische Karte. In: Taunusstein – Landschaft, Natur und Geschichte. Bd. 1. Landschaft und Natur. Taunusstein, 1996. In dieser Karte sind die als gesichert bekannten militärischen Anlagen und die Einrichtungen des Luftschutzes für die Zivilbevölkerung verzeichnet. Sie vermerkt auch die Absturzstellen abgeschossener und notgelandeter Kampfflugzeuge. Danach stürzten sieben Flugzeuge im Bereich der heutigen Stadt Taunusstein ab – alle im Jahre 1944. Dies belegt nachdrücklich, daß spätestens ab diesem Zeitpunkt die Kampfhandlungen auch ›Taunusstein‹ erreicht hatten.
85 Zeitzeuge aus Hahn. Nach Auskunft dieses Zeitzeugen hat es sich um ältere Männer gehandelt, die für den Militärdienst nicht tauglich waren.
86 Zeitzeuge aus Hahn.
87 Nach Auskunft des Zeitzeugen aus Hahn wurden die Flak-Stellungen nur nachts (während der Dämmerung oder Dunkelheit) besetzt.
88 G.-H. Boettger, Schicksalsjahr 1945 in Idstein. Bedrückendes Kriegsende und schwerer Neubeginn. Idstein 1995, S. 13 ff.
89 E. Schneider, Frauenfeuerwehr. In: 1919–1994. 75 Jahre SPD Wehen. Ein Stück Wehener Ortsgeschichte. Taunusstein 1994, S. 77.
90 L. Schauss, Meine Dienstzeit als Bürgermeister. Nicht veröffentlichtes Maunskript. (Im Besitz Dr. Peter Jakobi), S. 42.
91 Schmidt, Schwierige Zeiten (wie Anm. 1), S. 188 ff.
92 Nach Recherchen, die Frau Gertrud Kula, Taunusstein, 1999 in den Kirchenbüchern vorgenommen hat, sind im Gebiet der heutigen Stadt Taunusstein am 28./29.3.1945 in den Kämpfen mit den Amerikanern gefallen: Bleidenstadt (Gebiet um die Hohe Wurzel) Obergefreiter Edmund Berz, *18.5.1920 Lauterbach; Obergefreiter Erwin Dalchau, *11.11.1922 Steese bei Bentschon; Obergefreiter Gustav Nordt, *18.1.1908 Altenburg/Thüringen; Obergefreiter Rudolf Schönhals, *18.10.1914 Lutzmannstadt; Sanitätsunteroffizier Ludolf Trost, *6.11.1905 Leipzig. Am 29.3.1945 sind bei Hahn gefallen: Ludwig Griesbeck, *3.5.1917 München; Leutnant Karl Ringleib, *16.6.1919 Laar/Saar; Unteroffizier Walter Schaffler, *24.8.1920 Würzburg; Kanonier Wolfgang Schlange, *7.6.1926 Bad Salzdetfurth. Am 1.4.1945 ist bei Wingsbach Obergefreiter Heinz Donecker, *27.3.1922 Diepholz gefallen oder aufgefunden worden. Bei fast allen der Gefallenen ist im Kirchenbuch ihre Einheit angegeben. Sie haben zu verschiedenen Flakeinheiten gehört, so daß anzunehmen ist, daß sie als »letztes Aufgebot« zusammengestellt wurden. Als Flaksoldaten hatten sie natürlich keine Erfahrung im Infanteriegefecht. Bei zwei der Gefallenen von Hahn wird als Todesursache »Kopfschuß« angegeben. Der Pfarrer wird diese Einträge nicht willkürlich vorgenommen haben. Wahrscheinlich wollte er damit andeuten, daß diese Soldaten als Deserteure gestellt und ohne standrechtliches Urteil erschossen wurden. Bei einem standrechtlichem Urteil wären sie gehenkt worden. (Freundliche Mitteilung von Herrn Militärhistoriker Peter Wacker, Nürnberg).
93 Schauss, Dienstzeit, (wie Anm. 90), S. 40.
94 Erwähnt werden soll, daß es insbesondere dem Sachverstand und dem Engagement Herbert van Aakens (seinerzeit ehrenamtlicher Mitarbeiter im Museum im Wehener Schloß) zu verdanken ist, daß innerhalb kurzer Zeit relativ gesicherte Erkenntnisse über die Krankenhaus-Sonderanlage vorlagen.
95 Stadtarchiv Taunusstein XVII/12/10/1.
96 Stadtarchiv Taunusstein XVII/12/10/1 und XVII/12/9/19.
97 1947 wurde eine Liste der Namen der in Bleidenstadt beschäftigten ausländischen Arbeiter erstellt. Sie weist insgesamt 182 Namen auf, darunter auch viele von Frauen. Vgl. Stadtarchiv Taunusstein XVIII/4/1/25.
98 Zeitzeuge aus Bleidenstadt.
99 Zeitzeuge aus Bleidenstadt.
100 Zeitzeuge aus Hahn.

Rudolf Pereira

Kirchliches Leben in schwerer Zeit

Inhalt

1.	Die Kirchen in Bleidenstadt im »tausendjährigen Reich«	325
1.1	Aus der Chronik der evangelischen Kirche	325
1.2	Und wie erging es dem katholischen Pfarrer und seiner Gemeinde ?	328
2.	Glocken für den Krieg	328
2.1	Die Geläute von Bleidenstadt	329
2.1.1	Die katholische Pfarrkirche St. Ferrutius	329
2.1,2	Glocken der evangelischen Pfarrkirche St. Peter auf dem Berg, Bleidenstadt	330
2.1.3	Die Glocken der übrigen Taunussteiner Kirchen	330
2.1.4	Die Glocken der nach dem 2. Weltkrieg erbauten Taunussteiner Kirchen	330
2.1.5	Die Glocken von Taunusstein (Übersicht)	331
3	Anmerkungen	332

1. Die Kirchen in Bleidenstadt im »tausendjährigen Reich«

1.1 Aus der Chronik der evangelischen Kirche

Die Chronik des evangelischen Kirchspiels Bleidenstadt[1] für die Jahre 1934 bis 1945 macht die seelische Not deutlich, der damals ein evangelischer Pfarrer ausgesetzt war.[2] Die Eintragungen des Pfarrers Friedrich Donsbach sollen als Zeitdokument hier in nur geringfügig gekürztem Wortlaut wiedergegeben werden.

Als ich im Juli <u>1934</u> *meinen Dienst hier antrat, bestand noch ein Jungmädchenbund und ein evangelischer Kirchenchor. Die Tendenzen des Nationalsozialismus auf Gleichschaltung machen sich immer mehr bemerkbar. Der Bund der Mädchen (Burkhardthaus)[3] hat sich aber tapfer gegen eine Auflösung gewehrt. Der Kirchenchor, der noch in 1934 seine Stunden übte, bröckelt auch mehr und mehr ab. (2.8.1934 Trauergottesdienst f. Hindenburg[4]).*

<u>*1935/36.*</u> *Die Jugendbünde würden 1934 Ende zur Hitlerjugend zusammengeschlossen. Ein Vertrag wird mit den kirchlichen Verbänden gemacht, um keine Gegensätzlichkeiten heraufzubeschwören. Es werden Sonntage für Gottesdienste freigegeben. Es wird auch gestattet (!), daß sich die Jugend zur kirchl. Gemeinschaft hält in Stunden der Zusammenkunft und dergl. Ich glaube an all das nicht. Es sind Versprechungen. Ich hoffe nicht, daß ein Unbefugter diese Chronik liest.[5] Man merkt den Druck in der Gemeinde. Der Kirchenchor ist sozusagen nicht mehr. Die H.J.[6] beherrscht die Zeit. Evgl. Kindergarten muß eingehen!! Leider. Dankbar bin ich, daß ich einen Kirchenvorstand habe, der nicht zu den »Deutschen Christen«[7] tendiert. Mit 3 unter ihnen bin ich zu verschiedenen Vorträgen der Bekenntniskirche[8] nach Wiesbaden verschiedene Male gefahren. Sie stehen mir auch in der Gemeinde treu zur Seite. An Gemeindefeiern sei das F. Hilfe [Frauenhilfe][9] Fest (25jähriges) im Juni erwähnt, bei dem Pfarrer Schmidt aus Breithardt die Festpredigt hielt. Eine Nachfeier fand im Saalbau »Conradi« statt (7. Juni 1936). Überhaupt ist die F.H. noch sehr rege, aber es machen sich auch die Einbrüche der nationalsoz. Frauenschaft bemerkbar. Vorerst aber kommt sie noch treu zusammen. Ende 1935 erkrankte ich an einer Rippenfell- und Lungenentzündung. Die Vertretung hatte mein Nachbarpfarrer Brenner aus Wehen. Er versah den Dienst in aller Treue bei den vielen Dörfern. Bezeichnend für den polit. Druck, dem ich ausgesetzt war, war folgendes: Ein Paar – Mann in der Partei und der S.A.[10] – begehrte die Trauung. Mich lehnte man ab, aus polit. Gründen. Ich bot Herrn Dekan Färber an, aber auch der war nicht genehm. Es sollte ein Parteipfarrer sein, d.h. ein Pfarrer, der der Partei angehörte. Dahin steuerte der derzeitige Bürgermeister und setzte es trotz Widerstands des Kirchenvorstandes durch, daß ein Pf. von außerhalb die Trauung vollzog. Er drohte dem stellv. Vorsitzenden, der wegen meiner Krankheit die Verhandlungen führte mit meiner polit. Diffamierung. Da gab der K.V.[11] nach, denn ich war ja schon schwarz angeschrieben, weil ich 1934 ein nicht arisches Kind als Pensionär in meinem Haushalt hatte. Man nahm auf mein zu Tod-Erkranktsein in keiner Weise Rücksicht, wenn nur der Parteistandpunkt siegte. Nach meiner Gesundung wurde mir ein Vikar[12] für* $1/4$ *Jahr zugestanden.*

<u>*1937.*</u> *Besondere Ereignisse des Jahres sind nicht zu verzeichnen. Die Arbeit geht stille vor sich. Nach außen tritt die Kirche nicht in Erscheinung, der Kirchenkampf[13] lodert an allen Orten. Meine Gemeinde weiß wohl, wie ich stehe, aber ich habe es bis jetzt vermieden, den Kampf offen in die Gemeinde zu tragen. Seitens der Partei werde ich als Mitglied der B.K.[14] bezeichnet, obwohl ich es mitgliedsmäßig nicht bin, sondern nur innerlich dazu stehe.*

<u>*1938.*</u> *In diesem Jahr kommen die ersten Kirchenaustritte. Es ist nicht verwunderlich, denn der Kampf geht eindeutig auf die »organisatorische Verkümmerung« wie Rosenberg[15] sagt. Auch war uns der Katechismus-Unterricht in der Schule entzogen, trotzdem man uns Pfarrer noch kurz vorher im Oktober durch den Schulrat auf die Staatsführung vereidigt hat. Ebenso war mir das Recht entzogen, auf der Schule in Seitzenhahn u. Wingsbach Passionsandachten zu halten. In-*

folge des Entzuges der Schule können wir auch keinen Konfirmandenunterricht mehr halten. Ich gehe in Hahn in unser Gemeindeschwesternhaus – Rudolf-Gedächtnis-Haus[16] – u. in Born in die Kirche u. später auf das Rathaus, dessen Gebrauch mir der Bürgermeister gestattet. So wird die Arbeit immer schwieriger.

1939. Am 1. September ist das furchtbare Ereignis da.[17] Ich versage mir die politischen Ereignisse u. sich abwickelnden Geschehnisse aufzuzeichnen. Hier geht es nur um das Erlebnis der Gemeinde. So ganz anders ist dieser Krieg als 1914. Kein jubelnder Auszug – still in der Nacht werden die Leute beordert. Damals hatte jede [Kirchen-]Gemeinde mit ihren Gemeindegliedern im Briefwechsel gestanden. Jetzt ist der nicht gestattet. Angeblich um der Spionage vorzubeugen. Das Sammeln der Adressen der draußen Stehenden ist verboten.

Im Mai 1940 verzeichnet die Gemeinde ihren ersten Gefallenen, Adolf Bund. Eine Kirchenfahne gibt es nicht mehr. Es muß die Hakenkreuzfahne gehißt werden.

Kirchliche Ereignisse sind 1941 in der Gemeinde nicht zu verzeichnen. Die einzige kirchliche Institution, die noch besteht, ist die Frauenhilfe. Wohl wird sie stark berannt, aber ohne den Erfolg, daß sie sich auflöst, wie es in anderen Orten schon geschehen ist. Die Kirchenaustritte halten an. Meist sind es Parteimitglieder, auf die ein Druck ausgeübt wird.

1942. Die Gefallenenziffer steigt – auch in der Gemeinde. Der Überbringer der Botschaft ist nicht wie 1914/18 der Ortspfarrer, dem es zukäme, sondern der Hoheitsträger der Partei. Auch hier ist also die Kirche bewußt ausgeschaltet. Ich gehe natürlich nach Bekanntwerden zu der betr. Familie und muß dann oft den ganzen Haß u. die ganze Ablehnung hören, die man gegenüber Partei und Krieg hat. Dem Pfarrer sind die Gemeindeglieder offener als als einem Parteimitglied gegenüber. Es ist dann oft recht schwer zu trösten. Die Konfirmandenstunden werden trotz Hetze der Partei von allen besucht. Vor allem tut sich der Lehrer [...] im Filial [...] in seiner Agitation gegen Konf. Stunde – Kirchenbesuch – Taufe u. alle kirchlichen Handlungen sehr hervor. Ich halte mich möglichst aus einem offenen Kampf heraus, da ich doch den kürzeren ziehen würde. Bei einer Beerdigung bringt er es fertig, den Frauen, die am Grab singen wollten, den Gesang zu verbieten mit der Begründung, Frauenschaftsfrauen sei das nicht erlaubt. Auch mit der Kirchenbehörde komme ich nicht zu einem Erfolg. Der Lehrer ist Stützpunktleiter[18] und als solcher persona grata!

1943 wurden mir im Filial Seitzenhahn 5 Konfirmanden abspenstig gemacht. Sie kamen aber nach $1/2$ Jahr dennoch zum Unterricht. Seit Mai ist mein Nachbarkollege Brenner in Wehen [zum Militär] eingezogen. Ich muß seine Gemeinde Wehen mit Neuhof u. Orlen übernehmen. Dazu kommt noch alle 3 Wochen die Vertretung in dem Kirchspiel Laufenselden und Egenroth. Es erfordert eine ungeheure Kraft auf weiten Wegen in Schnee und Eis – dazu die Entfernungen. Ich habe nun mehr als ein gerütteltes Maß an Arbeit. 6 Gemeinden sind mein eigenes Kirchspiel plus 3 Gemeinden (Kirchspiel Wehen) plus 5 Gemeinden (Laufenselden u. Egenroth mit Filialen). Ein Wagen wird mir nicht zugestanden, ich muß alles mit dem Rad erledigen.

1944. Die Konfirmation wird mit der Prüfung zugleich verbunden. Die [feindlichen] Flieger machen sich stärker bemerkbar auch auf dem Land. Luftschutz – Verdunklung – immer sind Übungen und die Organisation wächst. Kirchlich lahmt das Leben. Verstorbene Kirchenvorsteher finden keinen Ersatz. Ein anderer tritt aus. In Hahn lange kein Ersatz. Auch im Kirchspiel Wehen das gleiche. Lähmend liegt die Furcht vor der Partei auf den Gemütern. Die Kirchensteuern gehen dagegen noch relativ gut ein, da Geld sehr flüssig ist.

1945 kommt schicksalsschwer! Am 2. Febr. erleidet Wiesbaden einen Angriff. Auch Bleidenstadt ist nachts taghell vom Feuer der brennenden Stadt. Es war eine notvolle Nacht. In Bl. gingen nur einige Fensterscheiben entzwei. Konfirmation an Palmarum 1945 war wegen der Fliegergefahr auf 7.30 angesetzt. Mitten in die kaum begonnene Feier platzten in Hahn zwei Bomben, die 3 Häuser beschädigten (Kaiser – Zoche – Bücher). Menschen kamen nicht zu Schaden. Die Menschen in der Kirche wurden natürlich unruhig und wollten fortlaufen. Auf gütiges Zureden u. im Vertrauen auf den, der seine Hand über uns halten kann, blieb die Gemeinde. *Die Feier verlief dann auch ohne Störung, sogar das Abendmahl konnte gehalten werden. Aber allen Konfirmanden in der Gemeinde wird der Tag unvergessen bleiben, in dem lauter als das Wort die Bomben ihre furchtbare Sprache redeten. Die Kämpfe kommen näher. Die Spannung der Gemeinde wächst. Der Rückstrom der Ostarbeiter*[19] *setzt in. Es beginnt das Chaos!! Mitte März wird jeder Eisenbahnverkehr eingestellt. Die Postzustellung hört auf. Jede Brücke – auch die kleinste – wird gesprengt. Panzersperren werden gebaut auf der Straße am Hähnchen (Unsinn). Amerikanische Panzer werden aus Kemel gemeldet. Spitzen schon in Bad Schwalbach. Zügellosigkeit macht sich unter der Bevölkerung bemerkbar. Man plündert das Wehrmachtslager bei A. Conradi. Am 28.3. starkes Feuer in nähe Seitzenhahn. Unsere Soldaten versuchen noch zu entkommen, vergeblich.*[20]

Am 29.3. erste Panzer gegen 11 h im Dorf [Bleidenstadt]. Gegen 2 h rücken amerik. Truppen ein. Erlassen sofortiges Ausgehverbot von 6 h abends bis 6 h morgens. Alle Häuser werden durchsucht. Der Gottesdienst am Karfreitag kann darum nicht gehalten werden. Daß nun Ruhe ist vor dem Fliegern wirkt erlösend bei all dem Leid. Am 31.3. um 5 h habe ich 4 Soldaten, die bei Bleidenstadt noch fielen, beerdigt unter Mitwirken des kathol. Ortspfarrers.[21] *Die Konfirmation in Wehen kann am 1. Ostertag nicht stattfinden, da ich keinen Passierschein habe. Sie wird auf 8 Tage später verschoben. Ebenso Born. Am Ostermontag kann Gottesdienst stattfinden. Es werden keine Schwierigkeiten seitens der Besatzung gemacht. Der Gottesdienst ist so sehr besucht wie es seit Jahren nicht der Fall gewesen. Nachmittags Beerdigung eines hier gefallenen deutschen Soldaten. Am 3.4. sind die [amerikanischen] Soldaten wieder fort. Sonntag 8.4. morgens 8 h Gottesdienst mit sehr gutem Besuch. Am 10.4. in Hahn 3 deutsche Soldaten beerdigt, die in den Wäldern gefallen. Kath. Pfarrer mitgemacht. Am 11.4. ebenfalls noch 1 deutscher Soldat in Hahn beerdigt. Da die Konfession nicht immer festzustellen war, ging auch der kathol. Pfarrer mit und sprach am Grab und segnete die Toten ein. Am 1.5. Tod Hitlers. Noch geht der unsinnige Kampf weiter bis zum 8. Mai Waffenruhe eintritt. Hier sei noch nachzutragen, daß das Verhältnis zu den Lehrern in alle den Jahren seit 1934 ein überaus gutes war – mit Ausnahme in [...]. Die evang. Lehrer, z. B. in Bleidenstadt, waren alle gute und treue Gottesdienstbesucher. Auch die in Filialdörfern nicht minder. So war unsere Zusammenarbeit sehr gut.*

[Nachlese] April 1955. *Ich will nun hier noch etwas über die Frauenhilfearbeit anfügen. Meine Frau war seit 1940/41 Vorsitzende der F. H. im Dekanat und hatte so den engen Kontakt mit allen F. H. der einzelnen Dekanatsgemeinden. Die Arbeit war wohl bis 1945 sehr erschwert, aber sie ruhte nicht. Da die F. H. nach außen nicht mehr in Erscheinung treten konnte, war ihre Arbeit verinnerlicht und bestand in der Hauptsache in der Bibelarbeit. So fanden immer wieder in den Gemeinden Rüstzeiten durch die Vicarinnen und Arbeiterinnen der F. H. statt, die guten Anklang fanden. Die Namen der einzelnen Berufsarbeiterinnen will ich hier nicht anführen. Sie haben alle in Treue im Dekanat gearbeitet. Auch die Jahresfeste wurden immer regelmäßig besucht.*

Pfarrer Donsbach blickt am 8. Oktober 1961, dem Tag seiner Abschiedspredigt, zurück: *Mein Wirken in Bleidenstadt umfaßte die Jahre des 3ten Reiches u. des Krieges. Im 3ten Reich gab es mancherlei Schwierigkeiten, auch von Seiten der Leute, die es nach 1945 nicht mehr wahr haben wollten.*

Wenn ich daran denke, welche Arbeit ich habe leisten müssen, dann begreife ich nicht, wie ich es durchgestanden habe. Ab 1940 hatte ich zusätzlich zu pastorisieren Laufenselden-Egenroth mit seinen Filialen. Alle drei Wochen fuhr ich mit dem Fahrrad – ein Auto stand mir nicht zu – nach Egenroth oder Laufenselden zum Gottesdienst. Das waren 52 km hin und zurück. Dazu die Konf.Stunden im Anschluß an den Gottesdienst. Es kam vor, daß ich von Egenroth nachmittags nach Neuhof oder Orlen mit dem Rad fahren mußte, oft im Schnee und auf glatter Straße. Wer den Weg kennt, weiß, was das bedeutet. In den Jahren 1943–1946 hatte ich an den Festtagen immer 5 Gottesdienste. Bleidenstadt – Wehen – Neuhof – Orlen und Born. Alles mit dem Rad. Die lebensmäßige Lage, die täglichen Rationen waren ja knapp. Gewiß habe ich manches in den

Gemeinden bekommen aber der Kräfteaufwand stand in keinem Verhältnis dazu.

Darf ich noch erwähnen die Belastung im 3ten Reich mit all den »arischen« Nachweisen[22]*! Rückblickend sage ich: es waren harte u. schwere Jahre. Jahre des Alleinseins. Kirchenvorsteher waren nicht oft in der Kirche. Sie waren nicht sehr mutig. Ich klage nicht an! Später, in den letzten Jahren war es anders – auch leichter. In schweren Jahren stand der Pfarrer allein – in den ungefährlichen Jahren, waren die K. V. oft harte Kritiker.*

Pfarrer Friedrich Donsbach starb am 15.7.1969 in Frankfurt am Main.

1.2 Und wie erging es dem katholischen Pfarrer und seiner Gemeinde?

Die Chronik der katholischen Kirchengemeinde ist – zunächst – allgemeiner gehalten.[23] Konkret wird sie mit dem Eintrag vom 30. März 1933. Am Abend dieses Tages wurde Pfarrer Glotzbach am Bahnhof in Bad Schwalbach verhaftet und nach Wiesbaden ins Gefängnis gebracht.[24] Über seine Verhaftung gab er am 7. April 1933 einen detaillierten Bericht an das Bischöfliche Ordinariat in Limburg.[25] Darin heißt es u. a.: *Am Dienstag, den 28. März erhielt ich eine Postkarte, abgestempelt: Wiesbaden, den 27.3.33, 20–21 Uhr, folgenden Inhalts: »Bis zum 3.4. haben Sie noch Zeit zum Auswandern, sollten Sie nicht verschwunden sein, werden wir Sie verschwinden lassen.« gez. Unterschrift.* Und weiter heißt es: *Als ich am Nachmittag des 30. März von einer Fahrt nach Limburg zurückkehrte, wurde ich auf dem Bahnhof zu Bad Schwalbach von Herrn [...] zum Verlassen des Zuges veranlaßt; dann erklärte er mir, daß er von dem Herrn Regierungspräsidenten den Auftrag erhalten habe, mich in Schutzhaft*[26] *zu nehmen. Im Bahnhofsgebäude teilte er mir mit, daß ich »leider ein Opfer des Herrn [...] geworden sei. In Wiesbaden wurde ich von dem Auto in das Polizeipräsidium gebracht, wo ich nach einiger Zeit in eine Gefangenenzelle eingeschlossen wurde. Am nächsten Tage – nach meiner Meinung zwischen 11 und 12 Uhr (die Uhr war mir tags zuvor abgenommen worden) wurde ich wieder in Freiheit gesetzt, nachdem ich zuvor das Versprechen habe ablegen müssen, nicht mehr nach Bleidenstadt ohne vorherige Zustimmung des Herrn Landrats zu Bad Schwalbach zurückzukehren. Vorerst bestehe noch Gefahr für mein Leben.*

Es folgt eine Darstellung der Ereignisse, die nach seiner Meinung zu seiner Verhaftung geführt haben. Sie standen im Zusammenhang mit einer politisch motivierten Auseinandersetzung am Ort.

Bis zum 1. Juli 1933 war Pfarrer Glotzbach im Priesterseminar in Limburg in Schutzhaft. Er hoffte, daß die Angelegenheit einen guten Ausgang nehmen würde und er nach seiner Pfarrei zurückkehren könnte. Die Schritte, die der Bischof und die Gemeinde unternahmen, blieben jedoch ohne Erfolg. Weder der Bischof noch Pfarrer Glotzbach haben jemals Antwort auf ihre Eingaben bekommen. Pfarrer Glotzbach durfte nicht mehr nach Bleidenstadt, wo er 19 Jahre als Seelsorger gewirkt hatte, zurückkommen. Es wurde ihm am 1. Juli 1933 die Pfarrei Girod auf dem Westerwald übertragen. Dort starb er am 10. November 1934.

2. Glocken für den Krieg

In den beiden Weltkriegen wurden auch aus den heute zu Taunusstein gehörenden Gemeinden neben profanen Gegenständen auch zahlreiche unersetzliche Kulturgüter wegen ihres für die Kriegsführung angeblich unentbehrlichen Metallgehaltes zum Einschmelzen enteignet und abtransportiert. Insbesondere waren Gegenstände aus Kupfer, Zinn, Nickel und Blei sowie Legierungen dieser Metalle dem Zugriff der Militärbehörden ausgesetzt. Vor allem Kirchenglocken weckten die Begehrlichkeit des Staates. Ausgenommen waren nur wenige Güter von besonders hohem künstlerischen oder historischem Wert.[27]

Neben dem Druck auf kirchliche Institutionen und den Repressalien, denen aufrechte Christen ausgesetzt waren[28] traf im »Dritten Reich« der Abtransport der Kirchenglocken die Seele all derer, die sich im Innern noch Glaube und Hoffnung an ein friedliches Leben bewahrt hatten. Der Vorsitzende des Deutschen Bischofskonferenz, Adolf Kardinal Bertram, wandte sich schriftlich an den Beauftragten für den Vierjahresplan, Generalfeldmarschall Hermann Göring mit der Bitte, in jeder größeren Gemeinde wenigstens eine Glocke zu belassen[29]: [...] *die Erfahrung des* [1.] *Weltkriegs sagt uns, daß die Abfuhr der Glocken eine starke Depression und Beunruhigung in der Volksseele weckt, die, wenn sie auch schweigend getragen wird, doch mehr zur Schwächung der Siegesgewißheit beiträgt.* Die Eingabe blieb unbeantwortet. Den Machthabern kam es nur darauf an, möglich große »Metallmengen« für die Kriegführung zu bekommen.[30] Bezeichnend für die kirchenfeindliche Einstellung der Regierung des »tausendjährigen Reiches« ist Görings Äußerung, nach der in ganz Deutschland nur zehn bis zwölf aus Bronze gegossene Glocken erhalten bleiben sollen.[31]

Im 1. Weltkrieg hatten die Glocken noch größere Chancen, in den Kirchtürmen zu verbleiben. Auch im Verfahren bei der Einziehung zeigen sich deutliche Unterschiede. Erst im dritten Jahr des 1. Weltkrieges hielt es die militärische Führung für notwendig, zur Materialbeschaffung auf Glocken zurückzugreifen. Vor einer Beschlagnahme wurden die kirchlichen Stellen von dem zuständigen Minister[32] sowie dem Kriegsministerium[33] auf die Notwendigkeit der bevorstehenden Beschlagnahme von Glocken hingewiesen. Erst dann erfolgte der definitive Durchführungsauftrag des Kriegsministeriums.[34]

Hermann Göring machte da kürzeren Prozeß. Ohne Konsultation kirchlicher Stellen leitete er bereits knapp sechs Monate nach Kriegsbeginn die Erfassung von Metallgegenständen ein.[35] Der Erlaß, der alle Gegenstände der öffentlichen Hand erfaßte, bezog erst einen Monat später auch die Kirchen und ihre Glocken mit ein.[36] Alle Glocken waren anzumelden und auf Anforderung abzuliefern.

In ergänzenden Richtlinien[37] und Durchführungsbestimmungen[38] wurde die Reihenfolge festgelegt, in der die Glocken zur Verhüttung kommen sollten. Mit nur wenigen Ausnahmen mußten alle nach dem Jahr 1800 gegossenen Glocken unverzüglich für die Ablieferung und den Abtransport vorbereit werden. Alle Glocken waren zu kennzeichnen. Auch vor mittelalterlichen Glocken sowie solchen von hohem musikalischem Wert wurde nicht Halt gemacht, doch wurden diese nicht sofort eingeschmolzen, sondern zunächst in Sammellager gebracht. Viele wurden vor dem Einschmelzen bewahrt, weil die Kapazität der Schmelzhütten nicht ausreichte.[39] Auf den Türmen sollten nur solche Glocken verbleiben dürfen, an denen die Entwicklung des deutschen Glockengusses im Wandel der Jahrhunderte dokumentiert werden konnte.

2.1 Die Geläute von Bleidenstadt

Es wird nun versucht, das Schicksal der Glocken der Taunussteiner Kirchengemeinden, insbesondere der beiden Kirchen in Bleidenstadt, zu verfolgen.

2.1.1 Die Glocken der Pfarrkirche St. Ferrutius

Die zu dem seinerzeit noch dreistimmigen Geläut der Pfarrkirche St. Ferrutius gehörende Evangelistenglocke galt lange Zeit als die älteste. Deshalb überdauerte sie unbeschadet beide Weltkriege. Nach neuerer Erkenntnis[40] wurde sie aber erst um 1500 gegossen und ist somit höchstwahrscheinlich jünger als die Glocke »Maria«. Diese trägt die Jahreszahl 1411 und könnte im Zuge des Wiederaufbaus der Kirche nach einem Brand im Jahre 1389 angeschafft worden sein. Die Glocke »Maria« mußte Anfang 1942 ausgebaut und abgeliefert werden, wobei sie die Inventarnummer 12/40/222/C erhielt.[41] Sie wurde glücklicherweise auf dem Hamburger »Glockenfriedhof« wieder aufgefunden und 1947 nach Bleidenstadt zurückgebracht. Am 6. September 1947 war sie erstmals wieder vom Turm zu hören.[42] Die dritte Glocke stammte aus dem Jahre 1928. Sie war anstelle von zwei 1917 abgelieferten kleineren Glocken angeschafft worden und und mußte zur sofortigen Verhüttung abgegeben werden.[43] Zur Ergänzung des nach dem Kriegs nur zweistimmigen Geläuts wurden 1967 zwei neue Glocken gegossen.[44]

2.1.2 Die Glocken der evangelischen Pfarrkirche St. Peter auf dem Berg

Von den in der zweiten Hälfte des 19. Jahrhunderts beschafften drei Bronzeglocken mußten zwei im 1. Weltkrieg angeliefert werden. Die dritte wurde 1920 zum Metallwert als Beitrag zur Finanzierung von drei neuen Stahlglocken abgegeben.[45] Da nur Glocken aus Bronze eingezogen wurden, konnte das Geläut der Kirche im 2. Weltkrieg auf dem Turm verbleiben.

2.1.3 Die Glocken der anderen Taunussteiner Kirchen

Die verfügbaren Unterlagen geben über sie nur sehr lückenhaft Auskunft.[46]

In der Evangelischen Kirche Wehen befinden sich drei Glocken, die 1920 als Ersatz für die im 1. Weltkrieg beschlagnahmten Bronzeglocken gegossen wurden. Als Stahlglocken blieben sie vor einer Beschlagnahme im 2. Weltkrieg bewahrt.

Die Glocke der evangelischen Kirche in Neuhof aus dem Jahre 1729 mußte im 1. Weltkrieg abgeliefert werden.[47] Ob Neuhof vor 1914 auch schon zwei Glocken hatte, ist nicht zu ermitteln. Die, wohl als Ersatz angeschaffte, auch heute noch im Dachreiter hängende Bronzeglocke aus dem Jahre 1920 hat den 2. Weltkrieg überlebt. Die zweite Glocke stammt aus dem Jahre 1955.

Niederlibbach besaß 1912 zwei kleinere Glocken, deren Alter nicht zu ermitteln war. Eine Glocke wurde am 16. Juli 1917 ausgebaut.[48] Über die zweite ist nichts überliefert. Von den heutigen beiden Glocken wurde eine 1925 gegossen, möglicherweise als Ersatz für die beiden früheren Glocken. Auch in Niederlibbach hat somit, aus welchen Gründen auch immer, eine Glocke den 2. Weltkrieg überdauert. Die zweite, sehr kleine Glocke, wurde 1963 gegossen.

Orlen besaß 1911 zwei Glocken.[49] Da die beiden heutigen Stahlglocken das Gußdatum von 1918 tragen, kann angenommen werden, daß ihre Vorgänger aus Bronze gefertigt waren und deshalb im ersten Weltkrieg abgeliefert werden mußten. Für eine ist dies nachgewiesen, sie wurde am 17. Juli 1917 ausgebaut.[50] Möglicherweise wurde die zweite Glocke erst nach dem 1. Weltkrieg abgenommen, um mit ihrem Metallwert zur Finanzierung der beiden neuen Stahlglocken beizutragen.

2.1.4 Die Glocken der nach dem 2. Weltkrieg erbauten Taunussteiner Kirchen

Die anderen Kirchen Taunussteins stammen alle aus der Zeit nach dem 2. Weltkrieg. Die 1948 erbaute Kapelle Herz Mariä in Wehen wurde 1975 durch ein großzügiges Pfarrzentrum ersetzt. Sie besitzt nur eine 1922 gegossene Glocke, die von einer Gemeinde im Hunsrück erworben wurde. Für die katholische Kirchengemeinde St. Johannes Nepomuk in Hahn wurde 1967 eine Notkirche errichtet. Die neue Kirche wurde 1991 erbaut; sie erhielt 1996 vier neue Glocken. Die evangelische Christuskirche in Hahn besaß seit 1969 einen Glockenträger neben dem Gemeindehaus mit vier Glocken, die 1991 in den Turm der neuen Pfarrkirche übernommen wurden.

Abb. 1: Die beiden zum Abtransport bestimmten und bereits gekennzeichneten Glocken von St. Ferrutius.

2.1.5 Die Glocken von Taunusstein (Übersicht)

Ort Kirche	Glocke Nr	Name	Gewicht kg	Durch- messer cm	Metall Bronze Stahl	Guß- jahr	Schlag- ton	Inschrift – Gießer die Zahl [1) ff.] entspricht den Fußnoten
Bleidenstadt	1	Evangelistengl.	690	101	B	???	a'	1) Herbort Kelner von Dirn
St.Ferrutius	2	Maria	220	71	B	1411	e''	2) unbekannt
kath.	3	Ferrutiusgl.	400	81	B	1967	c''	3) F.W.Schilling, Heidelberg
	4	Johannesgl.	270	73	B	1967	d''	4) F.W.Schilling, Heidelberg
Bleidenstadt	1	–	1200	144,5	S	1919	e'	5) Buderus,Wetzlar & F.W.Rincker, Sinn
St.Peter a. d. Berg	2	–	720	121,3	S	1919	g'	6) Buderus,Wetzlar & F.W.Rincker, Sinn
evang.	3	–	500	108,0	S	1919	a'	7) Buderus,Wetzlar & F.W.Rincker, Sinn
Hahn	1	St.Johannes-N.	262	69,0	B	1996	e''	8) Petit & Gebr. Edelbrock, Gescher
St.Johannes	2	Frieden	130	56,0	B	1996	g''	9) Petit & Gebr. Edelbrock, Gescher
Nepomuk	3	Glauben	96	51,5	B	1996	a''	10) Petit & Gebr. Edelbrock, Gescher
kath.	4	Hoffnung	65	43,5	B	1996	c''	11) Petit & Gebr. Edelbrock, Gescher
Hahn	1	Christusgl.	650	101,5	B	1969	a'	12) F.W.Rincker, Sinn
Christuskirche	2	Glaubensgl.	465	90,5	B	1969	h'	13) F.W.Rincker, Sinn
evang.	3	Hoffnungsgl.	340	82,0	B	1969	c''	14) F.W.Rincker, Sinn
	4	Liebesgl.	140	73,5	B	1969	d''	15) F.W.Rincker, Sinn
Neuhof	1	–	180	67	B	1955	es''	16) F.W.Rincker, Sinn
Ev. Kirche	2	–	100-110	56,5	B	1920	ges''	17) F.W.Rincker, Sinn
Niederlibbach	1	–	180	67	B	1925	es''	18) F.W.Rincker, Sinn
Ev. Kirche	2	Friedensgl.	26	31,5	B	1963	ges'''	19) F.W.Rincker, Sinn
Orlen	1	–	190	80	S	1918	e''	20) J.E.Weule, Bockenem
Ev. Kirche	2	–	100	65	S	1918	gis''	21) J.E.Weule, Bockenem
Wehen	1	Mathias	210(ca.)	69	B	1922	d''	22) Mabillon-Saarburg 1949 erworben v.d.Gemeinde St.Sebastian, Schnorbach (Dekanat Simmern, Hunsrück)
Herz Mariä kath.								
Wehen	1	–	1200	146	S	1920	e'	23) Buderus,Wetzlar & F.W.Rincker, Sinn
Ev. Kirche	2	–	750	120	S	1920	fis'	24) Buderus,Wetzlar & F.W.Rincker, Sinn
	3	–	500	110	S	1920	a'	25) Buderus,Wetzlar & F.W.Rincker, Sinn

1) MATHEOS.MARCOS,LUCAS.JOHANNES.MARIA. HE[I]ZEN.ICH HER HERBORT. KELNER.VON.DIRN.DAT.M[A]C[HIN].MICH.IX.IX". 2) Anno domini mccccxi menses maii sum facta et vocor maria. – 3) CUM SANCTO FERRUTIO LEGITIME IN TERRIS CERTANTES MEREAMUR IN CAELIS CORONARI - 4) VOX CLAMANTIS ST JOANNES CON VERTIMINI – 5) Vergiß,mein Volk, deinenToten nicht 6) Wachet und betet 7) Danket – Glaubet – Hoffet 8) Tut Eure Werke vor der Zeit, so wird er Euch den Lohn geben zu seiner Zeit; Relief Johannes Nepomuk 9) Frieden – Frieden Euch allen, die Ihr in Christus seid; Taube mit Zweig 10) Glaube – Doch jubeln sollen, die Zuflucht suchen bei Dir, frohlocken auf immer 11) Hoffnung – Hilfe ist allein bei dem Herrn, über Deinem Volke sei Dein Segen 12) Jesus Christus gestern und heute und derselbe auch in Ewigkeit; Andreaskreuz 13) Glaube -ich bin der Weg und die Wahrheit und das Leben; A+O 14) Hoffnung – ich bin die Auferstehung und das Leben; 3 Kreuze auf Golgatha 15) Liebe – ich bin der gute Hirte; Lamm 16) O Land Land Land höre des Herrn Wort (Keine Angabe über die Gießerei und das Gußdatum, Signatur Rincker 1955) 17) Nr. 2041 1920 18) Eigentum der Zivilgemeinde Niederlibbach, Nr. 3356; Oben umlaufender Ornamentkranz 19) Friede sei mit Euch – 1963 20) 1918 21) 1918 22) FUNDATA A MATHIA TENHAEFF EX ELLERN ET FUSA 1922 SUB JULIO EBERHARD PAROCHIO IN SCHNORBACH – S.MATHIA ! ORA PRO NOBIS; Christus am Kreuz – St. Mathias 23) Seid fröhlich in Hoffnung 24) Geduldig in Trübsal 25) Haltet an am Gebet

3. Anmerkungen

1. Kirchliches Leben in schwerer Zeit

1 Kirchenchronik des evangelischen Kirchspiels Bleidenstadt, Bd. I, S. 112–126.
2 Wörtliche Wiedergabe der seinerzeit niedergeschriebenen Notizen, die Pfarrer Donsbach erst nach dem Kriege in die Chronik übernahm. Das organisierte Kontrollsystem, dem auch die Kirchen unterworfen waren, ließ die Aufnahme kritischer Anmerkungen auch in eine Kirchenchronik nicht zu. Bei dem Nachtrag in die Chronik ließ Pfarrer Donsbach offensichtlich spätere politische Wertungen einfließen, die in seinen ursprünglichen Notizen nicht enthalten gewesen sein können. Namensangaben sowie einige Textstellen, die keinen Bezug zum eigentlichen Inhalt der Chronik haben, wurden herausgenommen. Zu Beginn gibt Pfarrer Donsbach in der Chronik eine kurze Einleitung: *Mit dem 15. Juli wurde ich, Friedrich Donsbach, dahier zu Bleidenstadt als Nachfolger des Herrn Dekan Färber im öffentlichen Gemeindegottesdienst eingeführt. Der Text meiner Predigt war Mt 23.8 »Einer ist unser Meister, ihr aber seid alle Brüder«. Die Feier wurde umrahmt durch Lieder des evgl. Kirchenchors von Bleidenstadt unter seinem Dirigenten Karl Gerlach. Dekan Bussweiler führte mich ein. Es assistierten: Pf. Rudolf Müller aus Michelbach, der 1907/08 hier Vikar war und Pfarrer Weygand aus Staffel. Im Namen des Kirchenvorstands sprach Herr Lehrer A. Pfeiffer Worte der Begrüßung. Es folgt ein kurzer Abriß seines Werdegangs, geb. 27.5.1894 in Hirschberg b. Diez.*
3 Burckhardthaus, gegründet 1893 und benannt nach Pfarrer Johannes Burkhardt, von 1893 bis 1914 Leiter des Reichsverbandes der evang. Jugend. In dem Haus wurden in den dreißiger Jahren Schwestern und Diakone ausgebildet.
4 Paul von Hindenburg (1847–1934), Reichspräsident (seit 1925).
5 Diese Bemerkung macht deutlich, daß es sich ursprünglich nur um Notizen gehandelt haben kann. Die Chronik selbst hätte nämlich jederzeit kontrolliert werden können (s. a. Anm. 2).
6 Abk. f. Hitler-Jugend (Jugendorganisation der NSDAP. Gegr. 1922 als Jugendbund, seit 1926 HJ.).
7 Deutsche Christen, Abk, DC. 1927/28 entstand in Ostthüringen eine Gruppierung, der später noch weitere folgten, die sich als Glaubensbewegung DC (GDC) 1932 zusammenschlossen. Ziel war die Gleichschaltung der evang. Kirche mit dem 3. Reich. Von der NSDAP unterstützt, avancierten die DC zur vorerst bestimmenden Kraft im deutschen Protestantismus. 1933 wurde Ludwig Müller zum Reichsbischof gewählt (Evangelisches Kirchenlexikon, 3. Aufl. Göttingen 1986, Bd. 1 Sp. 825 ff.).
8 Bekennende Kirche. Nach dem hohen Wahlsieg der Deutschen Christen bei den Kirchenwahlen 1933 bildete sich in Opposition dazu im Herbst 1933 u. a. durch Martin Niemöller und Dietrich Bonhoeffer der Pfarrerbund in Bindung an Bibel und Bekenntnis. Ihr Widerstand war getragen vom Ringen um eine innere Erneuerung der Kirche (Evangelisches Kirchenlexikon, 3. Aufl. Göttingen 1986, Bd. 1 Sp. 407 ff.).
9 Die Evang. Frauenhilfe, Bezeichnung für die seit 1900 zusammengeschlossenen kirchlichen Ortsvereine, deren Ziel die Bekämpfung der sittlichen Notstände war (S. a. Gr. Brockhaus Bd. 6 (1930) Sp. 549 f.), gegr. 1899, versucht, das Leben in den Gemeinden zu verlebendigen. 1918 erfolgte die Vereinigung aller Frauenverbände. 1930 begann die Müttererholungsarbeit. Das Wirken kam Mitte der dreißiger Jahre weitgehend zum Erliegen. Nach 1945 blühte die Frauenhilfe wieder auf. Hauptsitz in Düsseldorf.
10 SA = Abk. f. Sturmabteilung, Gegr. Aug. 1921 als Turn- und Sportabteilung. Seit Nov. 1921 SA. Sie war zunächst als Ordnergruppe bei Veranstaltungen vorgesehen, entwickelte sich aber bald zur Kampftruppe der Partei, aus der 1925 die Schutzstaffel (SS) hervorging, die in besonderer Weise auf Hitler und die NS-Ideologie eingeschworen wurde («Schlag nach«, Leipzig 1940, S. 204 ff.).
11 K. V. = Abk. f. Kirchenvorstand.
12 Ev. Pfarrvikar: Theologe, der sich nach Abschluß seines Studiums in der praktischen Ausbildung befindet, an deren Ende die 2. Prüfung vor der Kirchenbehörde als Voraussetzung für die Übernahme eines Pfarramtes abgelegt wird (n. Brockhaus-Enzyklopädie, Bd. 20, 1998, S. 49).
13 Kirchenkampf bezeichnet die Kirchengeschichte im Dritten Reich. Der Begriff taucht zuerst in einem Telegramm von sieben Oldenburger Pfarrern der Deutschen Christen an die DC-Reichsleitung (31.5.1933) »gegen die Entfesselung eines Kirchenkampfes um die Person des Reichsbischofs«. Kirchenkampf hat den Aspekt von Abwehr einer Bedrohung des Propriums (Eigentums) der Kirche. (Evangelisches Kirchenlexikon, 3. Aufl. Göttingen 1989, Bd. 3 Sp. 1126 ff.).
14 B. K.= Abk. f. Bekennende Kirche (S. Anm. 8).
15 Alfred Rosenberg (1946 hingerichtet), 1923 Hauptschriftleiter des »Völkischen Beobachters«, Parteizeitung (Kampfblatt) der NSDAP, verfaßte u. a. »Der Mythus des 20. Jahrhunderts« (München 1934, 44.–45. Aufl. Zitat S. 636). Er schreibt, daß *das Christentum seine dauernden Werte dem germanischen Charakter zu verdanken hat [...]. Die germanischen Charakterwerte sind deshalb das Ewige, wonach sich alles andere einzustellen hat. [...] Ein Mann oder eine Bewegung, welche diesen Werten zum vollkommenen Siege verhelfen will, haben das sittliche Recht, das Gegnerische nicht zu schonen. Sie haben die Pflicht, es geistig zu überwinden, es organisatorisch verkümmern zu lassen und politisch ohnmächtig zu erhalten.*
16 Das Haus in Hahn wurde nach dem im 1. Weltkrieg gefallenen (einzigen) Sohn von Dekan Färber, Rudolf Färber, benannt (Frdl. Ausk. Pfarrer Hoppe 16.8.1999). Er war auf dem Chorbild der ev. Kirche St. Peter auf dem Berg, das später entfernt werden mußte, mit dargestellt.
17 Ausbruch des 2. Weltkriegs am 1. September 1939. Beginn des Angriffs auf Polen. Zu den »Taunussteiner« Gefallenen des Krieges s. Beitrag Gertrud Kula, S. 393–398.
18 Die einschlägige Literatur gibt keine exakte Beschreibung eines Stützpunktleiters, doch geht daraus hervor, daß er in der untersten Stufe der »Politischen Leiter« der NSDAP vor Zellenleiter und Blockwart einzuordnen ist. Da der nächsthöhere Amtsträger, der Ortsgruppenleiter auf dem Lande oft mehrere Gemeinden kontrollierte, dürfte der Stützpunktleiter sein Vertreter in kleineren Gemeinden gewesen sein.
19 «Ostarbeiter« waren die während des 2. Weltkrieges nach Deutschland zur Zwangsarbeit verschleppten Ausländer. Sie kamen z. B. aus Polen, Rußland, Weißrußland und der Ukraine. Sie waren besonders strengen Beschränkungen unterworfen. Es handelte sich um Kriegsgefangene oder KZ-Häftlinge. S. Wiesbadener Kurier vom 6.11.1997 »Das Stichwort NS-Zwangsarbeit« und Wiesbadener Kurier (Ausgabe Untertaunus) vom 22.12.1999, S. 7).
20 S. Beitrag Dr. Peter Jakobi, S. 321.
21 Walter Leußler war 1939 bis 1950 kath. Pfarrer in Bleidenstadt.
22 Arische Nachweise: Der Begriff der arischen Abstammung wurde durch § 3 des Gesetzes zur Wiederherstellung des Berufsbeamtentums vom 7.4.1933 (RGBl. I S. 175) eingeführt und in der 1. DVO hierzu vom 11.4.1933 (RGBl. I S. 195) definiert. Durch die sog. Nürnberger Gesetze vom 15.9.1935 (benannt nach dem Nürnberger Parteitag 1935) »Reichsbürgergesetz« und »Gesetz zum Schutze des deutschen Blutes und der deutschen Ehre« (beide RGBl. I. S. 1196) trat der Begriff des deutschen oder artverwandten Blutes an die Stelle des bisherigen Begriffes. Zahlreiche Verordnungen befaßten sich seit 1933 mit dem Nachweis der ari-

23 Die Chronik der Kirchengemeinde St. Ferrutius gibt an dieser Stelle auszugsweise allgemeine historische Ereignisse des Jahres 1933 wieder. Der Eintrag in der Chronik wurde mitten im Satz unterbrochen. Danach heißt es – von anderer Hand – *Leider konnte der Chronist, Herr Pfarrer Glotzbach den Satz nicht mehr vollenden, da er am Abend des 30. März am Bahnhof in Bad Schwalbach verhaftet und nach Wiesbaden ins Gefängnis gebracht wurde* (Chronik, S. 63).
24 S. hierzu auch Beitrag Dr. Peter Jakobi, S. 303.
25 Pfarrakten St. Ferrutius, Bleidenstadt.
26 Hier im Sinne von Hausarrest zu verstehen.

2. Glocken für den Krieg

27 S. Beitrag G. Müller-Schellenberg, S. 266 u. Beitrag Dr. Peter Jakobi, S. 315 ff.
28 Hier sei beispielsweise auf das Schicksal von Mitgliedern der Bekennenden Kirche, die zunehmend Behinderungen seitens des Staates (etwa ab 1937 vesrtärkt) wie Rede-, Schreib-, Aufenthalts-, Druck- und Kommunikationsverbote bis hin zu Verhaftungen ausgesetzt waren, hingewiesen. Unter den Opfern war auch Dietrich Bonhoeffer, der am 9. April 1945 im KZ Flossenbürg hingerichtet wurde.
29 Schreiben vom 18.4.1940 (Diözesanarchiv Limburg, Sign. 277 A/1).
30 Anordnung des Beauftragten für den Vierjahresplan vom 15.3.1940 zur Durchführung des Vierjahresplans über die Erfassung von Nichteisenmetallen (RGBl. I S. 510; Hinweis im Amtsblatt der Preuß. Reg. zu Wiesbaden Nr. 14/1940 S. 53).
31 Ausschuß für die Rückführung der Glocken (Hrsg.). Das Schicksal der deutschen Kirchenglocken. Denkschrift über den Glockenverlust im Kriege. Hannover 1952, S. 3.
32 Erlaß des Ministers der geistlichen und Unterrichtsangelegenheiten U IV Nr. 6560 II. I G I pp. vom 19.2.1917 an die Oberpräsidenten und den Regierungspräsidenten in Sigmaringen (Diözesanarchiv Limburg, Sign. 563 E/17).
33 Schreiben des Kriegsministeriums vom 24.2.1917 an die deutschen Bischöfe (Diözesanarchiv Limburg (wie Anm. 32).
34 Bekanntmachung des Kriegsministerums vom 1.3.1917 (Diözesanarchiv Limburg wie Anm. 32).
35 Erlaß V. P. 3656 vom 23.21940 an die Herren Reichsminister (Diözesanarchiv Limburg, wie Anm. 32); Pfarrakten St. Ferrutius; Amtliche Veröffentlichung nicht nachweisbar.
36 S. Anm. 30.
37 Richtlinien für die geschichtliche und künstlerische Bewertung der durch die Verordnung vom 15. März 1940 in Anspruch genommenen Bronzeglocken (Pfarrakten St. Ferrutius; amtliche Veröffentlichung nicht nachweisbar.
38 Durchführungsbestimmungen vom 11.4.1940 (Reichsanz. u. Preuß. Staatsanz. Nr. 88 v. 15.4.1940, S. 2 f.; Min. Bl. d. Reichswirtschaftsmin. Nr. 11/1940 (40. Jhrg.) S. 155 f.; Min. Bl. d. Reichs- u. Preuß. Ministeriums d. Innern Nr.17/1940, (5. (101.) Jhrg. Sp. 782–784).
39 E. Sauermann, Die Deutsche Glocke und ihr Schicksal im Krieg. In: Aus der Arbeit des Deutschen Glockenarchivs, Hannover 1952, S. 6.
40 Gutachten (Klingelschmidt) aus dem Jahre 1917. S. Pfarrakten St. Ferrutius (wie Anm. 25). Das Gutachten war lange verschollen; möglicherweise wäre sonst 1942 die Evangelistenglocke anstelle der Glocke »Maria« beschlagnahmt worden.
41 Chronik der Kirchengemeinde St. Ferrutius, S. 85.
42 Chronik der Kirchengemeinde St. Ferrutius, S. 109; A. Calmano, Aus der Chronik der Pfarrgemeinde St. Ferrutius, Bleidenstadt. In: Gemeinde leben, Gemeinde erleben. Festschrift zur Einweihung des Pfarrzentrums. 16.–23.6.1979. S. 18.
43 Chronik der Kirchengemeinde St. Ferrutius, S. 5; Calmano (wie Anm. 42), S. 15.
44 Blickpunkt. Pfarrbrief der Kirchengemeinde St. Ferrutius. Okt. 1967. Anlage »Die Glocken«.
45 Zentralarchiv der ev. Kirche in Hessen und Nassau, Best. 1/2356 (Vertrag zwischen der evang. Kirchengemeinde Bleidenstadt und der Firma F. W. Rincker, Sinn v. 7. 11. 1919 (handschr.).
46 Die derzeit in den Türmen bzw. Dachreitern befindlichen Glocken wurden vom Verfasser selbst in Augenschein genommen.
47 Kurzbeschreibung der Kirche (Faltblatt der Kirchengemeinde Neuhof).
48 Chronik der Kirchengemeinde Strinz-Margarethä – Niederlibbach.
49 Zentralarchiv der ev. Kirche in Hessen und Nassau (Sonderakten Kirchenglocken Bd. I 1909–49. Best. 1/2313; Bd. II 1940–45 Best. 1/2317.
50 H. Schmidt, Das war ihr Leben. Das Dorf im Kaiserreich. Taunusstein-Orlen 1986, S. 259.

Walter Müller

Taunusstein.
Zweite Heimat für eine Mehrheit

Inhalt

1. Einheimische Bevölkerung und Zuwanderer – Eine Definition 337
2. Herkunft der Neubürger – Niederlassung aus verschiedenen Gründen 338
2.1 Neubürger von 1939 bis 1945 – Großstadtflüchter, Evakuierte, Fliegergeschädigte 338
2.2 Umsiedler aus Osteuropa – Heimatrecht der Ideologie geopfert 339
2.3 Flüchtlinge und Vertriebene aus den Gebieten jenseits von Oder und Neiße – Eine Minderheit zahlt die Zeche mit dem Verlust der Heimat 339
2.4 Gestrandete – Der Rückweg in die Heimat war versperrt 340
2.5 Verkehrsflüchter aus den Großstädten – Eine ungeplante Wanderungsbewegung 340
2.6 DDR-Flüchtlinge – Hohes Risiko für eine Existenz in Freiheit 341
2.7 »Gastarbeiter« und ihre Familien – Die Chance in der Fremde 341
2.8 Normale Zuwanderung – Arbeiten und Wohnen am Rande des Ballungsraums Rhein–Main 342
3. Endstation der Flucht oder Wahlheimat – Integration an der oberen Aar 343
3.1 Notunterkünfte – Vom Sammellager zur Einraumwohnung 344
3.2 Existenzgründungen – Neue Betriebe, Arbeitsplätze und Wohnungen 345
3.3 Engagement Einzelner – Diktat des Gewissens und Improvisationskunst 349
4. Ende der Rotation? – Rücken die Arbeitsplätze in Wohnungsnähe oder folgen die Arbeitskräfte den weichenden Arbeitsplätzen? 349
5. Quellen und Literatur 350

1. Einheimische Bevölkerung und Zuwanderer – eine Definition

Die Landschaft um den Rheinstrom war in den vergangenen zweitausend Jahren immer wieder Durchzugsgebiet von Völkern, Gruppen, Heeren, Kaufleuten, Handwerkern und Abenteurern. Einerseits blieben viele Male Gemeinschaften und Einzelne hängen und wurden seßhaft. Andererseits kamen als Folge von Plünderungen und Hungersnöten auch Auswanderungen vor. Die »bodenständige« Bevölkerung im ersten Drittel unseres Jahrhunderts war folglich nicht eine »rassisch« homogene Einheit, sondern eine Mischung aus europäischen Völkerschaften, vielleicht mit germanischer Majorität. Im »aufgeklärten« zwanzigsten Jahrhundert wurde diese Tatsache allen Ernstes bestritten. Die Folgen waren schrecklich.

Die Auffassung, die Völkerwanderungen seien ein abgeschlossenes Kapitel Geschichte aus dem ersten Jahrtausend, erwies sich als Irrtum. Der im zwanzigsten Jahrhundert erfolgte Zustrom von Menschen in den westlichen Teil Deutschlands, auch in die Dörfer an der oberen Aar, stellte frühere Wanderbewegungen noch weit in den Schatten. Die Zuwanderer zwischen 1940 und 1950 und in den darauf folgenden dreißig Jahren übertrafen nämlich die vorhandene Bevölkerung an Zahl um ein Mehrfaches (s. Kartenbeilage zu Taunusstein – Landschaft, Natur und Geschichte. In: Bd. 1, Landschaft und Natur.). Das gab es bei Zuwanderungen in früheren Zeiten wohl nicht.

Im Bereich der heutigen Stadt Taunusstein lebten im Jahr 1939 rund 5 000 Menschen. Bis Anfang 1945 waren rund 1 000 Personen dazugekommen, Evakuierte und Bombengeschädigte. Am Ende der achtziger Jahre betrug der Wanderungsgewinn insgesamt rund 23 000 Einwohner. Das Verhältnis zwischen alter und neuer Bevölkerung war also 1:4,6. Selbst unter Berücksichtigung des Umstands, daß die in den vergangenen vier Jahrzehnten hier geborenen und aufgewachsenen Kinder der Zuwanderer den jeweiligen Stadtteil und die Stadt Taunusstein als ihre (erste) Heimat ansehen, ist die Stadt an der oberen Aar für eine Mehrheit der Bevölkerung zur zweiten Heimat geworden.

Es wäre allerdings zu einfach, nur von einheimischer Bevölkerung und Zuwanderern zu sprechen und diese gar mit Vertriebenen gleichzusetzen. Die Zuwanderer kamen nämlich aus ganz unterschiedlichen Gebieten und unterschiedlichen Gründen, teils unter mittelbarem, teils unter unmittelbarem Zwang, teils auch aus freien Stücken: Evakuierte, Flüchtlinge, Vertriebene, Gestrandete, Wohnungssuchende, »Gastarbeiter«, Sowjetzonen- und DDR-Flüchtlinge, Verkehrsflüchter – Nassauer, Hessen und Nichthessen, Deutsche und Ausländer.

Die stürmische Entwicklung begann Ende der dreißiger Jahre in den Dörfern an der oberen Aar mit einem Bevölkerungsverlust. Die an Zahl zwar nicht große, aber über sechs Jahrhunderte in und um Wehen ansässige jüdische Bevölkerung wurde von den Nationalsozialisten in die Emigration gezwungen oder deportiert und ermordet. Da stand der Krieg Hitlers unmittelbar bevor. Er löste die Zuwanderungen aus.

Die ersten Neubürger waren Familien, die wegen der Lebensmittelrationierung und dem bald folgenden Bombenkrieg freiwillig die Städte verließen – in unserem Bereich insbesondere Wiesbaden, Mainz und Frankfurt – und aufs Land zogen. Unter mehr oder weniger Zwang Evakuierte folgten ihnen.

Nur der Vollständigkeit halber erwähnt werden sollen die Umsiedlungen deutscher Minderheiten in Osteuropa zwischen 1939 und 1943. Sie endeten nur in Ausnahmefällen in Westdeutschland. Überwiegend wurden diese Umsiedler im Osten des Reiches oder in den eroberten »Ostgebieten« angesiedelt.

Im Oktober 1944, in der Endphase des von Hitler entfesselten Krieges, überschritt die Sowjetarmee die Reichsgrenze in Ostpreußen. Die deutsche Bevölkerung aus Ostpreußen und – Wochen später – aus den besetzten polnischen Gebieten sowie aus Schlesien floh überstürzt, soweit keine Züge mehr fuhren, in endlosen Trecks nach Westen. Die meisten kamen über Pommern, Brandenburg und Sachsen nicht hinaus. Es wird geschätzt, daß sich bei dem verheerenden Luftangriff auf Dresden am 13./14. Februar 1945 etwa 600 000

Flüchtlinge aus Schlesien in der Stadt befanden. Soweit die Flüchtenden jenseits der späteren Oder–Neiße-Linie Zuflucht gesucht hatten, wurden sie bald zu einer weiteren Flucht veranlaßt.

Ein etwas anderes Schicksal erlitten die etablierten Deutschen in Böhmen und Mähren, die erst durch die Annektion des sogenannten Sudetenlandes im Jahr 1938 deutsche Staatsbürger geworden waren. Von wenigen Ausnahmen im Ostteil abgesehen, blieben Böhmen und Mähren bis zur deutschen Kapitulation am 8. Mai 1945 von deutschen Truppen besetzt. Die Flucht der ansässigen und der zum Schutz vor dem Bombenkrieg nach Böhmen und Mähren evakuierten deutschen Bevölkerung begann deshalb erst mit dem Kriegsende. Aufgrund einer Vereinbarung des Alliierten Kontrollrates vom 20.11.1945 wurden dann 3,2 Millionen Deutsche aus der wiederhergestellten Tschechoslowakei ausgewiesen. Nach dem gleichen Kontrollratsbeschluß erlitten auch 3,5 Millionen Deutsche aus Polen, 0,5 Millionen aus Ungarn und 150 000 »Reichsdeutsche« aus dem wiedererrichteten Österreich das Schicksal der Ausweisung. Nach Hessen gelangten vor allem Deutsche aus Ungarn und der Tschechoslowakei.

Der Krieg hatte nicht nur Westdeutsche in den europäischen Osten, sondern auch Ostdeutsche nach Westeuropa verschlagen. Letzteren war bei Kriegsende der Rückweg in die ostdeutsche Heimat versperrt. Viele blieben in Westdeutschland, nicht wenige heirateten hier oder holten später ihre Familienangehörigen zu sich.

Die Bildung der Besatzungszonen in Deutschland, der amerikanischen, britischen und französischen im Westen und der sowjetrussischen im Osten sowie die Gründung von zwei deutschen Nachfolgestaaten des de facto untergegangenen Deutschen Reiches, diese schließlich fast hermetisch voneinander abgeriegelt durch den »Eisernen Vorhang« mit einer sowjetischen Einflußsphäre im Osten und einem demokratischen Aufbau im Westen, löste eine erneute – diesmal innerdeutsche – Fluchtbewegung aus. Ungeachtet der Gefahren für Leib und Leben überquerten Tausende die im Laufe der Jahre immer perfekter mit Minen und Stacheldraht gesicherte innerdeutsche Grenze. Viele dieser Flüchtlinge haben sich im Westen allein durchgebissen, andere fanden mit Hilfe von Angehörigen und Freunden in Westdeutschland eine neue Existenz. Diese Wanderungsbewegung wurde zwar durch den Bau der DDR-Mauer gebremst, aber in achtundzwanzig Mauerjahren nie ganz gestoppt.

Ungeheure Zerstörungen in den westdeutschen Städten lösten, nachdem die Lähmung des ganzen öffentlichen Lebens nach Kriegsende überwunden war, einen stürmischen Wiederaufbau aus. Obwohl rund sieben Millionen Arbeitskräfte der Flüchtlinge und Vertriebenen zusätzlich bereitstanden, reichten die Arbeitskräfte bald nicht mehr aus. Es wurden »Gastarbeiter« in südeuropäischen Ländern angeworben. Und noch eine andere »Wanderungsbewegung« hatte Einfluß auf die Entwicklung der Dörfer und seit 1971 der Stadt an der oberen Aar: das sogenannte deutsche Wirtschaftswunder. Es hatte eine nie gekannte Mobilität und Stadtflucht zur Folge.

2. Herkunft der Neubürger – Niederlassung aus verschiedenen Gründen

2.1 Neubürger von 1939 bis 1945 – Großstadtflüchter, Evakuierte, Fliegergeschädigte

Bei Kriegsbeginn 1939 glaubten die meisten Deutschen – wie schon 1914 – an den raschen Sieg. Sie waren einer einseitigen Propaganda aufgesessen. Aber es gab auch Skeptiker und Weitblickende. Die vier Jahre Dauer des ersten Weltkriegs und den »Steckrübenwinter« von 1917 in Erinnerung, zogen sie es vor, ihren Wohnsitz aufs Land zu verlegen, einige auch in die Dörfer an der oberen Aar. Weniger freiwillig folgten ihnen nach Beginn des Bombenkrieges Frauen und Kinder auf der Suche nach Sicherheit. Und es folgten Familien, deren Wohnungen bei Luftangriffen zerstört wurden. Die meisten kamen hier als Mieter oder Untermieter in den Wohnhäusern unter. Andere erhielten sogenannte Schlafstellen zugewiesen. Bei der polizeilichen Anmeldung legten die meisten Evakuierten Wert auf den Vermerk, daß der seitherige Wohnsitz beibehalten wird. Die älteren unter den Einheimischen können sich noch gut an die in der Kriegswirtschaft entwickelten »Behelfsheime« erinnern, die den »Ausgebombten« zur Verfügung gestellt wurden. Eines dieser Heime steht übrigens noch immer in der Jahnstraße im Stadtteil Hahn.

2.2 Umsiedler aus Osteuropa – Heimatrecht der Ideologie geopfert

Der wahnwitzigen Idee, sogenannten Lebensraum im Osten zu gewinnen – zu Lasten des polnischen Volkes (!) – opferten die Nationalsozialisten bedenkenlos das Heimatrecht von Auslandsdeutschen. Ein gefährliches völkerrechtliches Präjudiz. Von 1939 bis 1943 schloß das Deutsche Reich mit mehreren osteuropäischen Staaten Verträge über Umsiedelungen der deutschen Minderheiten ab. Da diese Menschen mit wenigen Ausnahmen in Ostdeutschland oder in eroberten Gebieten angesiedelt wurden, erlitten sie am Ende des Krieges das Schicksal einer zweiten Vertreibung. Die einige Generationen zuvor aus purer Not aus Deutschland ausgewanderten Menschen »kehrten heim« aus den baltischen Staaten (Estland, Lettland, Litauen), aus Südostpolen (Westukraine, Galizien und Wolhynien), aus Rumänien (Bukowina und Dobrudscha), aus Bulgarien sowie von der Krim und anderen Gebieten am Schwarzen Meer.

Ein Sonderfall war der mit Italien abgeschlossene Vertrag über Umsiedelungen aus Südtirol. Hitler, ansonsten darauf aus, alle Deutschen »heim ins Reich« zu holen, verzichtete auf eine Angliederung von Südtirol. Er wollte seinem fast einzigen Verbündeten Mussolini keine Gebietsabtretung zumuten.

2.3 Flüchtlinge und Vertriebene aus den Gebieten jenseits von Oder und Neiße – Eine Minderheit zahlt die Zeche mit dem Verlust der Heimat

Der Strom der Flüchtlinge und Vertriebenen wurde nach Kriegsende in die nicht zerstörten westdeutschen Gemeinden gelenkt. Die Bürger aus dem Osten Deutschlands – obwohl mit dem Verlust der Heimat die Hauptverlierer des Hitlerkrieges – waren aber als Dauergäste im Westen keineswegs willkommen. Auf die Unterbringung so vieler Menschen war man nicht vorbereitet, weder planerisch und materiell noch psychologisch. Der unzerstörte Wohnraum war hier nach normalen Maßstäben schon überbelegt. Es mußte also improvisiert werden.

Aber die Gemeindeverwaltungen befanden sich im Neuaufbau und funktionierten noch nicht optimal. Nicht überall war es gelungen, auf Anhieb demokratisch untadelige Bürgermeister mit zugleich großem Organisationsgeschick zu finden. So gab es zwischen Einheimischen und Zuwanderern manche Irritationen. Sie abzubauen, bedurfte es in den Dörfern der Autorität großer Persönlichkeiten. Manche sind dabei über sich hinausgewachsen. Es wäre verdienstvoll, ihre Leistungen lokalgeschichtlich zu dokumentieren.

Flüchtlinge und Vertriebene, die es im Gefolge des Hitlerkrieges in den Untertaunus verschlagen hat, stellen den ersten großen Anteil an den Zuwanderungen. Ihre Ankunft war auf einen Zeitraum von nur etwa drei Jahren konzentriert, 1945 bis 1947. Es handelte sich im Gebiet Taunusstein um einen Zuwachs von gut 1 800 Personen (30 %). Ihre Unterbringung, auch die sehr provisorische, stellte die kommunale Selbstverwaltung vor erhebliche Probleme.

Die Vertriebenen – so heißt es in zeitgenössischen Berichten – kamen nur mit dem, was sie tragen konnten. Das ist eine bildhaft verständliche, aber nur teilweise zutreffende Beschreibung. Tatsächlich kamen sie in der Zeit bis Dezember 1945 in der Regel mit weniger als sie hätten tragen können. Manches von ihrem letzten Hab und Gut, das sie mit sich führten, mußten sie auf dem Transport gegen Lebensmittel eintauschen. Das Geld hatte seine Kaufkraft verloren. Viele Ostdeutsche wurden bei Flucht und Deportation völlig ausgeplündert. Von Mißhandlungen, Vergewaltigungen und Morden ganz zu schweigen. Mehr als zwei Millionen Deutsche starben auf der Flucht oder während der Vertreibung. Auf die Hintergründe und Details der Zwangsumsiedlungen, die dokumentiert sind, kann im Rahmen dieses Beitrags natürlich nicht eingegangen werden.

Über die Schilderungen von Flucht und Vertreibung wird regelmäßig vergessen, darauf hinzuweisen, daß die Deutschen aus Osteuropa und dem Osten des Reiches trotzdem erhebliche Werte mitbrachten: ihre Muttersprache, ihre Ausbildung, ihr berufliches Wissen und Können, ihre Anpassungsfähigkeit sowie einen ungeheuer großen Bedarf an allen Dingen des täglichen Lebens. Ihr Mut, von vorne anzufangen, ihr Fleiß beim Wiederaufbau der eigenen Existenz und die große Nachfrage nach Gütern waren ein gewaltiger Schub für das, was man das deutsche »Wirtschaftswunder« genannt hat.

2.4 Gestrandete –
Der Rückweg in die Heimat war versperrt

Am Ende des Zweiten Weltkriegs waren Deutschland und weite Teile Europas in einem totalen Chaos versunken. Demoliertes und verlassenes Kriegsmaterial lagen herum, Gewerbe- und Wohngebiete waren zerbombt. Verkehrswege und Brücken waren zerstört, Verwaltung, Lebensmittel- und Stromversorgung zusammengebrochen. Die Opfer der letzten Kriegshandlungen waren noch nicht bestattet. Der von den Nationalsozialisten mit unglaublicher Brutalität geführte Krieg hinterließ auf der einen Seite Haßgefühle und Vergeltungsdrang, auf der anderen Seite war bei Kriegsende Aufatmen, Trauer und tiefe Resignation. Die Besatzungsmächte setzten Militärregierungen ein. Man suchte nach alten Demokraten für den Wiederaufbau einer demokratischen Verwaltung. Millionen Menschen irrten umher: Ausgebombte suchten in den Trümmern der Städte nach Habe und Angehörigen, die Verschleppten des Krieges hatten das verständliche Ziel, nach Hause zu kommen, freilich ohne zu wissen, ob das Zuhause noch existierte. Dies galt für Millionen ausländischer Zwangsarbeiter und ausländischer Kriegsgefangener, aber auch für Angehörige der deutschen Streitkräfte. Soweit sie nicht in Gefangenschaft gerieten, versuchten sie in Zivilkleidung nachts und die strategischen Routen der Alliierten Streitkräfte meidend heimatlichen Boden zu erreichen.

Eine Gruppe von Deutschen allerdings hatte den Boden unter den Füßen völlig verloren. Den Menschen aus den Gebieten östlich von Oder und Neiße war der Rückweg nach Hause abgeschnitten; das Zuhause gab es nicht mehr. Und die Deutschen, deren Heimat von den sowjetischen Streitkräften besetzt war, trauten sich nicht mehr nach Hause. In ihrer Zwangslage suchten sie ein Unterkommen in den westlichen Besatzungszonen. Auch in den heutigen Taunussteiner Stadtteilen blieb mancher hängen und fand hier eine neue Heimat.

2.5 Verkehrsflüchter aus den Großstädten –
Eine ungeplante Wanderungsbewegung

In den ersten Jahren nach Kriegsende vollbrachten die Gemeinden, die Flüchtlinge und Vertriebene aufnahmen, eine ganz außergewöhnliche Leistung. Sie begann mit Beschlagnahme und Bereitstellung von Wohnraum. Dann wurden Baugebiete entwickelt, ohne die heute selbstverständliche Bauleitplanung. Es wurden neue Straßen, Wohnhäuser, Nebenerwerbssiedlungen gebaut, Gewerbe angesiedelt und Arbeitsplätze geschaffen. Viele Dörfer sind bei diesem Bauboom völlig unorganisch gewachsen. Als aber die Gemeinden in den sechziger Jahren darangingen, soweit noch möglich städtebauliche Korrekturen anzubringen, wurden sie von einer neuen Zuwanderung überrollt. Was war geschehen?

In den Städten hatte der Wiederaufbau der Wohn- und Gewerbegebiete eine Hochkonjunktur ausgelöst. Es entwickelte sich das »deutsche Wirtschaftswunder« mit dem VW-Käfer als Symbol. Der wachsenden Zahl von Automobilen war allerdings das Straßennetz bald nicht mehr gewachsen. Nach amerikanischem Vorbild projektierte man die »verkehrsgerechte Stadt«. Eine Entwicklung mit Folgen. Jede Verkehrsverbesserung löste Mehrverkehr aus. Der Wettlauf war – wie sich bald herausstellte – nicht zu gewinnen. Aber das Wohnklima in den Städten verschlechterte sich rapide. Wer es sich leisten konnte, zog aufs Land. Mit dem Auto war man ja mobil. Um der Nachfrage nach Wohnungen und Bauland zu genügen, entwickelte sich auch in den Dörfern an der oberen Aar eine hektische Bauleitplanung, meist ohne städtebauliches Konzept. Wer konnte schon die Entwicklung treffend vorausahnen?

2.6 DDR-Flüchtlinge – Hohes Risiko für eine Existenz in Freiheit

Es ist keine Frage, sondern Feststellung: die deutsche Einheit ist auch Jahre nach der Wende psychologisch nicht gelungen. Westdeutsche und Ostdeutsche verharren in ihren Denkschablonen aus der Zeit der getrennten deutschen Teilstaaten. Vielleicht erst die nächste Generation wird sich aus den Denkschemata befreien können. Nur eine Gruppe kann – heute – beide Seiten verstehen und die geistige Blockade überwinden, die der DDR-Flüchtlinge. Sie hatten den selbstmörderischen Mut, entweder unterzugehen oder in Freiheit zu leben, wobei sich manche dieser Konsequenz wohl erst im nachhinein bewußt wurden.

Bis zum Bau der Mauer in Berlin im August 1961 und der damit einhergehenden konsequenten Abriegelung der innerdeutschen Grenze war eine Ausreise nach dem Westen für die Bewohner der sowjetischen Besatzungszone und ab Oktober 1949 für die DDR-Bewohner zwar nicht erlaubt, aber mit einigen Mühen und Tricks doch realisierbar. Nun aber waren Mauer und doppelte Grenzbefestigung mit Stacheldraht und Minenfeldern zu überwinden, mußte man Wachtürmen, Hundestreifen der Grenztruppe und Alarmdrähten ausweichen. Auch eine Grenzzone innerhalb der DDR war zu überwinden, die nur mit Sonderausweis betreten werden konnte. Wer sich zur Flucht aus diesem Staat entschloß, riskierte also Leben und Gesundheit und im Falle der Ergreifung langjährige Gefängnisstrafen. Und trotzdem setzten viele Menschen alles auf eine Karte, die Karte der Freiheit. In Anbetracht der Risiken waren es sogar erstaunlich viele. Hessen nahm 456 688 Personen auf, die ihren Wohnsitz im Gebiet der DDR hatten. Auch nach Taunusstein kamen DDR-Flüchtlinge und bauten sich eine neue Existenz auf.

2.7 »Gastarbeiter« und ihre Familien – Die Chance in der Fremde

Die marktwirtschaftliche Wirtschaftsverfassung hat sich gegenüber anderen Systemen vielfach als überlegen erwiesen. Sie war in der kleinen (westdeutschen) Bundesrepublik das Fundament des Aufbaues. Mit den Eckpfeilern Marshallplan – qualifizierte Arbeitskräfte – große Binnen-Nachfrage wurde sie zur Voraussetzung des »Wirtschaftswunders«. In anderen Staaten Europas haben die wirtschaftlichen Weichenstellungen nach dem 2. Weltkrieg zunächst nicht zu vergleichbaren Ergebnissen geführt. In Deutschland eröffnete die blühende Binnenkonjunktur sogar bald auch Exporterfolge. Relativ schnell war das Arbeitskräftepotential aufgesogen. Um die Engpässe, insbesondere bei geringer qualifizierten Arbeiten, beseitigen zu können, wurden ausländische Arbeitskräfte vor allem in Südeuropa angeworben. Unter den Arbeitslosen in diesen Ländern ergriffen die flexibleren und vielleicht auch die ganz armen Teufel die Chance, mal für ein paar Monate oder ein bis zwei Jahre – wie man dachte – Geld zu verdienen. Sie beabsichtigten, damit die Existenz ihrer Familie zu Hause zu festigen.

Heute, dreißig bis vierzig Jahre danach, muß man vermuten, daß damals keine von beiden Seiten, weder die deutsche noch die ausländische, ahnte, welches Ausmaß der Strom der »Gastarbeiter« annehmen würde und welche Konsequenzen daraus erwachsen könnten. Aus Monaten der Arbeit in Deutschland wurden Jahre und Jahrzehnte, für viele »Gastarbeiter« gar ein ganzes Arbeitsleben. Von der fremden Sprache erlernten sie erstaunlich schnell so viel, um sich zurechtzufinden. Die kulturelle Anpassung fiel verständlicherweise schwerer. Zögernd zunächst, aber dann wie selbstverständlich, holten sie ihre Familien nach. Wer könnte es den Männern auch verdenken, daß sie nicht auf Jahre hinaus allein leben wollten.

Die Ehefrauen brachten größere und kleinere Kinder mit, weitere Kinder wurden in Deutschland geboren. Diese zweite Generation wuchs in einem Land auf, das sie sich – wie alle Kinder – als ihre Heimat eroberte. Von Ausnahmen abgesehen, können sich die erwachsenen

Kinder der »Gastarbeiter« nicht vorstellen, irgendwo anders als in Deutschland zu leben und zu arbeiten. Dies insbesondere auch deshalb, weil sie feststellen mußten, daß das Land ihrer Eltern ihnen weitgehend fremd ist und das Leben dort nicht ihren Vorstellungen entspricht. Da ist es durchaus verständlich, wenn viele Eltern ihre ursprüngliche Absicht aufgeben, mit dem Ausscheiden aus dem Arbeitsleben in ihre alte Arbeit zurückzukehren. Sie richten sich darauf ein, ihren Lebensabend in Deutschland und in der Nähe ihrer Kinder zu verbringen.

Schauen wir in das Telefonbuch von Taunusstein, dann finden wir fast vierhundert Eintragungen, die vom Namen her darauf schließen lassen, daß es sich um Ausländer oder Ausländer mit deutschem Paß handelt. Mit Stichtag 30.6.1994 wurden in Taunusstein 873 ausländische Arbeitnehmer und 2482 ausländische Mitbürger insgesamt registriert. Sie gehören 84 (!) Nationen an. Ein großer Teil von Ihnen dürfte den Lebensmittelpunkt in unserer Stadt gefunden haben. Ehrlich gefragt: Wollen wir unsere Italiener, Spanier, Balkan-Bewohner, Griechen und Türken oder Polen und Tschechen wieder missen? Es wäre eine Verarmung unseres gesellschaftlichen Lebens.

2.8 Normale Zuwanderung – Arbeiten und Wohnen am Rande des Ballungsraums Rhein–Main

Der Duden von 1949 kennt den Begriff Pendler noch nicht. Bis in die sechziger Jahre des zwanzigsten Jahrhunderts bestand noch die räumliche Einheit von Arbeit und Wohnen. Diejenigen, die ihren Arbeitsplatz zu Fuß, mit dem Fahrrad oder nach kurzer Fahrt mit Straßenbahn, Bus oder Zug erreichen – das waren so gut wie alle – galten nicht als Pendler. Das änderte sich mit der erreichten Mobilität durch das Auto. Wer sich einen Wagen leisten kann, ist nicht mehr gezwungen, am

Tab. 1: Zuwanderung und Einwohnerentwicklung im Bereich der Stadt Taunusstein.

Gemeinde/Stadtteil	Datum der Zählung							
	16.6.1933	17.5.1939	13.9.1950	31.12.1955	30.6.1966	31.12.1971	31.12.1980**	30.6.1994**
Bleidenstadt	1018	1059	1706	2303	3662	—*	8429	8107
Hahn	968	1004	1593	1813	2665	—*	6322	7198
Hambach	115	100	172	118	142	159	356	481
Neuhof	553	532	764	701	1012	—*	1934	2658
Niederlibbach	206	187	273	252	270	286	451	507
Orlen	366	370	529	476	524	599	904	1310
Seitzenhahn	290	302	450	413	468	—*	1138	1376
Watzhahn	90	84	158	139	210	—*	230	239
Wehen	1158	1138	1859	2026	3184	—*	6746	6690
Wingsbach	197	196	312	229	413	495	785	837
Bereich der Stadt Taunusstein	4961	4972	7816	8540	12550	18742	27255	29403
1939 = 100	99,8	100	157	172	252	377	548	591
Untertaunuskreis	34631	35234	54005	53202	64645	75653		
1939 = 100	98	100	153	151	183	215		

* Stadt Taunusstein nach dem Gebietsstand vom 1.10.1971 = 17.203; ** Haupt- und Nebenwohnsitz. Quelle: Stadtarchiv Taunusstein.

Tab. 2: Zuwanderung und Einwohnerentwicklung im Bereich der Stadt Taunusstein nach Gruppen gegliedert.

Jahr	Einwohner	Differenz	Grund der Zuwanderung / Überwiegende Herkunft
1939	4 972		
		1 028	Evakuierte, Fliegergeschädigte
1944 *	6 000		
		1 816	Flüchtlinge, Vertriebene, Gestrandete
1950	7 816		
		724	Familienzusammenführung, Suche nach besseren Arbeitsmöglichkeiten
1955	8 540		
		18 715	2 000 * Ausländer
			1 000 * Sowjetzonen- und DDR-Flüchtlinge
			15 715 * Verkehrsflüchter
1980	27 255 **		Normale Zuwanderung (Durchschnitt = 153 pro Jahr)
		2 148	davon
1994	29.403 **		2 482 Ausländer
			26 921 Inländer (davon rd. 1 500 Personen mit 2. Wohnsitz)
			26 421 Inländer mit 1. Wohnsitz

* geschätzt;   ** 1. und 2. Wohnsitz

Ort des Arbeitsplatzes oder an einem leistungsfähigen Strang des öffentlichen Nahverkehrs zu wohnen. Also sucht man die Wohnung dort, wo das Wohnklima und die kommunale Infrastruktur den gewachsenen Bedürfnissen entspricht. Oder man sucht den Arbeitsplatz dort, wo er mit vertretbarem Aufwand vom Wohnort her erreichbar ist.

Wir Taunussteiner leben am Rande des Wirtschaftsraumes mit der größten Kaufkraft in Europa. Die hohe Kaufkraft ist das Ergebnis einer Wirtschaft in günstiger Verkehrslage, mit ausgeprägtem Qualitätsniveau und rascher Anpassungsfähigkeit an den wissenschaftlichen und technischen Fortschritt. Das Rhein–Main–Gebiet zieht immer qualifizierte Arbeitskräfte an, die sich die Freiheit nehmen, dort zu wohnen, wo es ihren Bedürfnissen entspricht. Es besteht also eine doppelte Wanderungsbewegung: von wirtschaftsschwachen Gebieten in das wirtschaftlich starke Rhein–Main–Gebiet und innerhalb dieses Ballungsraums zu den besten Wohnstandorten. Die Stadt Taunusstein hat hier offenbar immer gute Chancen, Wanderungsgewinne zu erzielen. Als Beispiel und Beleg hierfür mag die Tatsache gelten, daß zahlreiche Angehörige des Zweiten Deutschen Fernsehens ihren Wohnsitz in Taunusstein genommen haben.

3. Endstation der Flucht oder Wahlheimat – Integration an der oberen Aar

Sich heute nach mehr als fünfzig Jahren in die Lage und die psychische Verfassung der Vertriebenen zu versetzen, als diese in Westdeutschland angekommen und »untergebracht« worden waren, dürfte selbst den Zeitzeugen schwerfallen. Wir müssen uns nämlich bewußt machen, daß die Deutschen aus Ost- und Südosteuropa nicht nur unter dem Schock der Ausweisung, also des Verlustes ihrer Heimat und ihrer Habe standen, sondern auch in der quälenden Ungewißheit über das Schicksal von Familienangehörigen, zu denen in den Wirren des Kriegsendes und der Vertreibung die Verbindung abgerissen war. Auch müssen wir die Grausamkeiten in Erinnerung rufen, denen im Krieg die Bevölkerung der von Deutschen besetzten Länder und nach Kriegsende die deutsche Minderheit in diesen Ländern ausgesetzt waren. Dazu kamen die Entbehrungen auf dem Fluchtweg und die nervliche Anspannung angesichts der Notdürftigkeit der Unterbringung in Westdeutschland und der fehlenden Solidarität und Hilfsbereitschaft eines Teils der hiesigen Bevölkerung. Das sind Tatsachen.

Es ist deshalb kein Wunder, daß es in den folgenden Jahren aus Gründen der Familienzusammenführung, der Verbesserung der Wohnsituation und der Suche nach Arbeitsmöglichkeiten immer wieder zu Zu- und Abwanderungen gekommen ist. Solche Wohnsitzwechsel waren übrigens äußerst schwierig dadurch, daß jeder Zuzug in eine Gemeinde einer Genehmigung bedurfte. Dies war keine bürokratische Willkür, denn die Versorgung mit Wohnraum blieb an allen attraktiven Wohnstandorten trotz Wohnungsbau noch für lange Zeit äußerst angespannt.

Als Belege für die Jahre andauernde Wanderungsbewegung nach der Vertreibung und ersten Unterbringung können eine Namensliste über 41 Personen, die von Mai bis Oktober 1945 aus der englischen und russischen Besatzungszone nach Bleidenstadt zugezogen sind, und ein Bericht des Bürgermeisters der Gemeinde Bleidenstadt an den Landrat des Untertaunuskreises dienen. Er meldete, daß noch von April bis Oktober 1949 vierzehn aus der CSR und Jugoslawien stammende Personen zugezogen seien, und zwar aus Bayern und Niedersachsen.

Die Mehrheit der in den heutigen Stadtteilen von Taunusstein »untergebrachten« Vertriebenen ist allerdings seßhaft geworden. Gründe dafür müssen nicht an den Haaren herbeigezogen werden. In Betracht kommen die zweifellos günstige Lage für Wohnen und Beschäftigung, die erheblichen Anstrengungen der ehrenamtlich verwalteten Gemeinden für Wohnungsbau und endgültige Eingliederung sowie Anpassungsfähigkeit und Fleiß der Neubürger.

Der schon früh einsetzende Integrationsprozeß war wesentlich auch das Werk von Vertriebenenverbänden und – beonders in Hessen – des »Block der Heimatvertriebenen und Entrechteten« (BHE). Diese Vertriebenenpartei konnte dank weitsichtiger Persönlichkeiten, wie zum Beispiel des langjährigen hessischen Landwirtschaftsministers Gustav Hacker, der Politik der Eingliederung wichtige Impulse geben.

Während das Gebiet an der oberen Aar für die Vertriebenen zur zufälligen Endstation der Flucht wurde und später für viele von ihnen zur zweiten Heimat, wählten die seit den fünfziger Jahren Zugewanderten ihren Wohnsitz bewußt an der oberen Aar. Für sie sind die Stadtteile von Taunusstein Wahlheimat. Bei allen Neubürgern ist im übrigen eine erstaunliche Einstellung zu beobachten: sie identifizieren sich mehr noch mit ihrem Stadtteil als mit der Stadt Taunusstein. Das ist ein Indiz dafür, daß sie in Nachbarschaft, Geschäftswelt und Vereinen Wurzeln geschlagen haben. Die Integration ist also weit fortgeschritten.

3.1 Notunterkünfte – Vom Sammellager zur Einraumwohnung

Die heute zu Taunusstein gehörenden Dörfer hatten 1944 zusammen nur rund 6000 Einwohner. In dieser Zahl enthalten sind rund 1000 Evakuierte und »Fliegergeschädigte«. Mit der Unterbringung dieses Personenkreises war der größte Teil des verfügbaren Wohnraumes in den Dörfern schon in Anspruch genommen. Für die Beherbergung von Flüchtlingen und Vertriebenen konnten deshalb fast nur noch Notunterkünfte bereitgestellt werden.

Nicht aus allen Taunussteiner Stadtteilen sind Akten erhalten, aus denen der Umfang der Unterbringung von Evakuierten, Flüchtlingen und Vertriebenen erkennbar ist. Aber aus Unterlagen aus Bleidenstadt und Wehen sind Rückschlüsse auf die Zuwanderung auch in die anderen Stadtteile möglich. Bleidenstadt brachte bis November 1945 insgesamt 252 Evakuierte unter. Sie stammten überwiegend, nämlich 166 Personen, aus dem heutigen Hessen und aus der Stadt Mainz. Eine Namensliste befindet sich im Stadtarchiv.

Vom 1. Januar 1945 bis zum 20. November 1946 betrug die Zuwanderung nach Bleidenstadt 448 Personen. Nach den Anmeldungen bei der polizeilichen Meldebehörde in Wehen wurden dort von 1942 bis zum Kriegsende insgesamt 385 Evakuierte und »Fliegergeschädigte« aufgenommen. Sie kamen vorwiegend aus Frankfurt am Main, Mainz und Wiesbaden, aber auch aus Darmstadt, Worms, Saarbrücken, Köln, Oberhausen, Stuttgart und anderen Städten. Auch nach Kriegsende nahm Wehen in den Jahren 1945 und 1946 noch Evakuierte und »Fliegergeschädigte« auf. Nach einer erhalten gebliebenen Zuzugsliste kamen diese u.a.

aus Gnesen, Breslau und Berlin, aus Hamburg und Kiel, aus Wiesbaden, Mainz und Trier. Die meisten der Evakuierten sind bis Ende 1948 wieder weggezogen.

Um die Transporte der vertriebenen Deutschen aus den osteuropäischen Staaten auffangen zu können, wurden Sammellager eingerichtet, im Untertaunuskreis u.a. in Bad Schwalbach, Mappershain und Wörsdorf. Von Februar bis Oktober 1946 hatte der Untertaunuskreis vierzehn Transporte mit rund 6300 Menschen aufzunehmen. Diese sind in einer Zu- und Abgangsliste im Stadtarchiv Abteilung Wehen erfaßt. Nach einem Aufenthalt von sechs bis zehn Tagen im Sammellager wurden die Vertriebenen in die Gemeinden des Untertaunuskreises verteilt.

Die Transporte kamen 1946
im Februar   aus Sternberg und Olmütz in Mähren,
im März   aus Pilsen und Mährisch-Rothmühl,
im April   aus Reichenberg, Mährisch-Neustadt sowie Eger und Brüx,
im Mai   aus Freudenthal, Tetschen und Bodenbach in Böhmen,
im Juni   aus Karlsbad sowie aus dem deutschen Siedlungsgebiet in der Baranya bei Pécs (Fünfkirchen) in Südungarn,
im Juli   aus Tepl und Marienbad,
im September aus dem Kreis Falkenau im Egerland.

Aus diesen Transporten wurden 217 Personen in die Dörfer des späteren Taunusstein eingewiesen. Aus dem letzten Transport im Oktober 1946 wurden unmittelbar keine Vertriebenen im Bereich Taunusstein untergebracht.

Vor welchen kaum lösbaren Problemen die ehrenamtlichen Bürgermeister der Taunusdörfer bei der Unterbringung von Flüchtlingen und Vertriebenen standen, das wird treffend belegt durch einen Schriftwechsel zwischen der Gemeinde Bleidenstadt und dem Landrat des Untertaunuskreises. Der Bleidenstadter Bürgermeister, es war Anton Beck, berichtet dem Landrat, er habe 204 Evakuierte untergebracht und könne höchstens noch weitere 100 Personen in Sälen und Baracken aufnehmen. Ungeachtet dessen kündigt der Landrat »nach anteilmäßiger Berechnung« die Zuweisung weiterer 640 Flüchtlinge an. Der Bürgermeister kontert, in der vom Landratsamt zugrundegelegten Einwohnerzahl von Bleidenstadt seien ja schon 234 Flüchtlinge und Evakuierte enthalten. Die Zuweisung müsse also auf 340 Personen reduziert werden. Abgesehen davon seien aber die von Idstein herbeigeschafften 155 Bettstellen noch nicht mit Strohsäcken ausgestattet, weshalb zur Zeit niemand aufgenommen werden könne. Der Landrat geht darauf nicht ein, korrigiert allerdings die Zahl der Zuweisungen auf 395. Die schlechte Papierqualität der Schriftstücke läßt leider keine Wiedergabe als Abbildung zu. Man schrieb damals auf alles Papier, das nicht schon bedruckt oder beschrieben war, auch auf Rückseiten entbehrlicher Akten.

3.2 Existenzgründungen – Neue Betriebe, Arbeitsplätze und Wohnungen

Mit der notdürftigen Unterbringung der Vertriebenen waren die Sorgen der ehrenamtlichen Bürgermeister noch lange nicht beendet, im Gegenteil. Die Gemeindeverwaltungen waren ausführende Organe der Lebensmittelrationierung und der Bewirtschaftung von Kleidung und Hausrat (Ausgabe von Lebensmittelkarten und Bezugsscheinen). Der Krieg hatte Unsummen gekostet. Folge war eine zurückgestaute Inflation, die erst mit der Währungsreform vom 20.6.1948 überwunden werden konnte. Der Wert der Reichsmark sank nahe Null. Das Warenangebot zum regulären Preis war äußerst dürftig. Der Schwarzmarkt blühte. Für eine Grundausstattung der Vertriebenen mußten Kleider- und Hausratssammlungen durchgeführt werden.

Auch bei der Abwicklung des »Lastenausgleichs« nach dem Gesetz vom 1.9.1952 hatten die Gemeindeverwaltungen große Aufgaben. Ziel des Gesetzes war die Abgeltung von Schäden und Verlusten, die infolge der Vertreibung und der Zerstörungen eingetreten waren, aber auch die Milderung von Härten als Folge der Währungsreform. Nur auf Antrag, der meist über die Gemeinde zu stellen war, wurden Ausgleichsleistungen bewilligt. Hierzu gehörten die Hauptentschädigung, die Eingliederungsdarlehen, die Kriegsschadenrente und die Hausratsentschädigung (nach dem Soforthilfegesetz vom 8.8.1949), ferner die Wohnraumhilfe, Leistungen aus dem Härtefonds, Entschädigungen im Währungsausgleich für Sparguthaben Vertriebener und nach dem Altsparergesetz sowie Leistungen aufgrund sonstiger Förderungsmaßnahmen.

Unabhängig von dieser zermürbenden Verwaltungsarbeit blieben Beseitigung der Wohnungsnot und Förderung der örtlichen Wirtschaft zur Schaffung von Arbeitsplätzen die Hauptaufgabe der ehrenamtlichen Bürgermeister. Da die Vertriebenen erst mit der Auszahlung der Hauptentschädigung über bescheidenes Eigenkapital verfügten und Baudarlehen aufnehmen

Abb. 1: Erste Bautätigkeit nach dem Krieg in Bleidenstadt. 1. Bahnhof, 2. Odenwaldstraße, 3. Roßbergstraße, 4. Limbachstraße, 5. Taunusstraße, 6. Feldbergstraße, 7. Stephanstraße, 8. Rudolf-Dietz-Straße, 9. Lindenstraße.

konnten (ab 1952), waren die Gemeinden einige Jahre lang Hauptträger des Wohnungsbaus und Förderer der Gewerbeansiedlung. Wie sind die Gemeinden an der oberen Aar dieser Verpflichtung nachgekommen?

Nach den bereits angeführten Beispielen über die Unterbringung der Vertriebenen in Bleidenstadt und Wehen ist zum Thema Wohnungsbau ein Bericht aus dem dritten der großen Taunussteiner Stadtteile aufschlußreich, nämlich aus Hahn. Diese Gemeinde hatte das Glück, daß über die unglaublich lange Zeit von 42 Jahren ein und derselbe tüchtige Bürgermeister an der Spitze stand: Ludwig Schauss. Er trat sein Amt schon im Jahr 1920 an und blieb – bei einer Unterbrechung im Jahr 1924 und einer zweiten von 1945 bis 1948 – Bür-

Abb. 2: Erste Bautätigkeit nach dem Krieg in Wehen. 1. Marktstraße, 2. Feldstraße, 3. Eichelberger Weg, 4. Marktplatz, 5. Seelbacher Weg, 6. Weiherstraße, 7. Neuer Weg, 8. Alter Friedhof, 9. Mainzer Allee.

germeister bis 1962. Im Ruhestand brachte Schauss eine kleine Ortsgeschichte zu Papier. Darin schreibt er über die Zeit nach dem zweiten Weltkrieg: 1946 setzte ein ungeheurer Flüchtlingsstrom aus dem Osten ein, der sich auf die einzelnen Gemeinden verteilte und dort unterzubringen war. Die Einwohnerzahl stieg [...] von 1000 auf 1500. Dies führte dazu, daß ganze Familien in einem Zimmer wohnen mußten. Es gab Wohnungsnotstände, die die Gemeindeverwaltung so löste, daß sie sofort mit dem Bau von Wohnhäusern begann und die Bevölkerung aufforderte, ihrem Beispiel zu folgen. Um ihnen dies schmackhaft zu machen, stellte sie sehr verbilligtes Bauland aus Gemeindebesitz zur Verfügung, und zwar unter der Auflage, hierauf innerhalb eines Jahres ein Wohnhaus zu bauen, in diesem eine Zweitwohnung einzurichten und eine Flüchtlingsfamilie aufzunehmen. Der Erfolg war bewundernswert. So kam es, daß die Gemeinde Hahn schon frühzeitig [...] den Wohnungsnotstand behoben hatte. Mehr als hundert Bauplätze hat die Gemeinde Hahn für diesen Zweck zur Verfügung gestellt. Aber mit dem Bau von Wohnhäusern war es nicht getan. In den neuen Baugebieten mußten Straßen hergerichtet, die Kanalisation durchgeführt und Wasserleitungen verlegt werden. Neue Wasserversorgungsanlagen waren erforderlich. Die Schule wurde zu klein, Sportplatz und Kinderspielplätze mußten geschaffen werden. Der Brandschutz reichte nicht mehr aus. [...] Bei der Durchführung der vielfältigen Aufgaben, die immer hohe Anforderungen materieller Art an die Gemeinde stellten, legte ich größten Wert auf die Gesunderhaltung der Gemeindefinanzen. [...] Die Bevölkerung hatte sich bis 1951 verdoppelt, und die Amtsräume im Schulgebäude reichten nicht mehr aus. Die damalige Schulraumnot zwang dazu, die Räume für Schulzwecke freizumachen. Zugleich aber war der Wohnungsbedarf bei weitem noch nicht gedeckt. Der Wohnungsbau war wichtiger als ein öffentlicher Bau. [...] Hahn fand eine salomonische Lösung, die dem sozialen Sinn des Ortes alle Ehre macht: Ein Wohnhaus wird gebaut, und ins Erdgeschoß kommt bescheiden das Bürgermeisteramt, bis Geld für ein Rathaus da ist.

Der Wohnungsbau ab 1946 konzentrierte sich in Hahn vor allem auf den Bereich der Altensteiner und der Ludwig-Schauss-Straße sowie der Forsthaus- und der Kesselbachstraße.

In Bleidenstadt entstanden Wohnhäuser vornehmlich für Sudetendeutsche in der Roßbergstraße und Nebenerwerbssiedlungen in der Limbachstraße. Ungarndeutsche wurden vorwiegend in der vorderen Stephanstraße (Hohlweg bis Stiftstraße) angesiedelt. Weitere Nebenerwerbssiedlungen entstanden im Erlenweg und Am Schillberg.

In Wehen wird 1946 das erste Baugelände »Auf dem Triescher« ausgewiesen, und die Gemeinde stellt Gartengelände für Flüchtlinge bereit. Weitere Baugebiete entstehen oberhalb der Frankfurter Straße und am Platter Pfad. Ab 1949 werden u.a. die Baugebiete Rheingauweg, Viehweide, Eichelberger Weg, Feldstraße, Erlenmeyerstraße, Marktstraße, Ober der Heckenmühle und Am Alten Orler Weg ausgewiesen.

Die dynamische Entwicklung in der ersten Hälfte der sechziger Jahre faßte der Wehener Bürgermeister Walter Petri in einem Leistungsbericht zusammen. Danach entstanden in nur fünf Jahren 105 Wohneinheiten im Rahmen des sozialen Wohnungsbaus, 241 private Ein-, Zwei- und Dreifamilienhäuser, 47 gewerbliche Bauten, 57 sonstige Bauten und 4 Aussiedlerhöfe. In dieser Zeit entstanden 14 Gewerbebetriebe. Die Entwicklung in den anderen Stadtteilen war in der Relation ähnlich.

Flüchtlingsgärten entstanden übrigens nicht nur in Wehen, sondern in den meisten Gemeinden, die Flüchtlinge aufgenommen haben. Die Gärten sollten Lücken in der Ernährung schließen, den Entwurzelten aber auch wieder Bindung an den Boden schaffen. Natürlich geschah die Auswahl der Flächen seitens der Einheimischen oft nicht ganz uneigennützig. Bevorzugt bereitgestellt wurden zum Beispiel solche Flächen, die nach Bodengüte, Hangneigung und geringer Größe für ein Beackern wenig geeignet waren. Die Umwandlung bestehender landwirtschaftlicher Nutzflächen in Flüchtlingsgärten war jedenfalls der Anfang einer stärkeren Wandlung der dörflichen Strukturen. Diese setzte sich fort mit der Ausweitung der Siedlungsflächen, mit Flurbereinigungen und mit dem Brachfallen von Grenzertragsböden.

3.3 Engagement Einzelner – Diktat des Gewissens und Improvisationskunst

Die Gemeinden in Westdeutschland erlebten das Jahr 1945 in jeder Hinsicht als ein Jahr der Umwälzungen. Deutschland lag in Trümmern, geistig und materiell. Der Nationalsozialismus war zusammengebrochen, die bis auf die kommunale Ebene reichende Diktatur hinweggefegt. Anstelle des Schulzen beziehungsweise Leiters der Gemeinde – so hieß in der braunen Zeit der Bürgermeister – mußte die kommunale Selbstverwaltung wieder aufgebaut werden. Im Januar 1946 fanden in Hessen die ersten Kommunalwahlen statt, und es wurden wieder demokratische Bürgermeister gewählt. Vorher hatte die Militärregierung der Besatzungsmacht Persönlichkeiten als kommissarische Bürgermeister eingesetzt, von denen man annahm, sowohl demokratisch zuverlässig zu sein als auch organisatorisch geschickt. Dieses Organisationsgeschick, aber auch Überzeugungs- und Durchsetzungsvermögen, hatten die Männer der ersten Stunde bitter nötig. Manche wären in einem normal verlaufenen Leben ohne solche Herausforderungen vielleicht über Mittelmaß nicht hinausgekommen. Jetzt aber spürten sie die ungeheure Verantwortung für ihre Mitmenschen und wuchsen über sich hinaus.

In den kleinen der Taunussteiner Dörfer blieb die Zuwanderung rein zahlenmäßig zwar in Grenzen, dennoch waren die ehrenamtlichen Bürgermeister dort vor Probleme gestellt, wie sie keiner ihrer Vorgänger zu meistern hatte. Und sie sind ihrer Verantwortung gerecht geworden. Ungleich schwieriger war die Situation in den drei großen Gemeinden; die im Stadtarchiv erhaltenen Dokumente sind hierfür ein deutliches Indiz. Wer aber waren die Männer, die das Chaos überwunden haben, die eine demokratische kommunale Selbstverwaltung wieder aufgebaut und die größte Zuwanderungswelle aufgefangen haben, seit die Dörfer an der oberen Aar existieren?

In Bleidenstadt wurden
1945 eingesetzt (Frühjahr) Jacob Deyer (Bürgermeister von 1924 bis 1933)
1945 eingesetzt (Herbst) Anton Beck
1948 gewählt Adolf Müller
1960 gewählt Arthur Fuhr.

In Hahn wurden
1945 eingesetzt (Frühjahr) Georg Bartmann
    beauftragt (Oktober) Karl Löcher
1948 gewählt Ludwig Schauss
1962 gewählt Werner Trottner.

In Wehen wurden
1945 eingesetzt (Frühjahr) Karl Zitzer
    eingesetzt (Juli) Karl Christmann
    verpflichtet (Juli) Wilhelm Blum
1946 gewählt Wilhelm Blum
1961 gewählt Walter Petri.

Der Aufstellung ist zu entnehmen, daß die Aufbauarbeit in Bleidenstadt von Anton Beck und Adolf Müller, in Hahn von Karl Löcher und Ludwig Schauss und in Wehen von Wilhelm Blum geleistet wurde. Den Ausbau der Dörfer zu modernen Wohnsitzgemeinden mit der heute selbstverständlichen Infrastruktur verdanken wir in Bleidenstadt Arthur Fuhr, in Hahn Werner Trottner sowie in Wehen Walter Petri.

Eine »Taunussteiner Geschichtswerkstatt« hätte, wenn sie einmal zustande käme, manch interessante Kapitel der Ortsgeschichte des Zwanzigsten Jahrhunderts aufzuarbeiten, auch Biographien heimischer Persönlichkeiten.

4. Ende der Rotation? – Rücken die Arbeitsplätze in Wohnungsnähe oder folgen die Arbeitskräfte den weichenden Arbeitsplätzen?

Die Stadt Taunusstein enstand am 1.10.1971 durch freiwilligen Zusammenschluß von sechs Gemeinden sowie durch Zuordnung von weiteren vier Gemeinden per Landesgesetz am 1.7.1972. Während bei der Kommunalreform im ländlichen Gebiet meist mehrere Dörfer einer Zentralgemeinde zugeordnet wurden, entstand

Taunusstein aus drei benachbarten als Kleinzentren ausgewiesenen Gemeinden und sieben zugeordneten Dörfern. Die nicht natürlich gewachsene Stadt besitzt folglich nicht *eine* Zentralität, sondern deren drei. Auch das Dienstleistungsangebot, und die Gewerbegebiete konzentrieren sich nicht auf *einen* Stadtteil, sondern sind aufgesplittert auf sogar vier Stadtteile. Diese Infrastruktur Taunussteins ist ein Nachteil insofern, als die bis zu sieben Kilometer auseinanderliegenden kleinen Geschäftszentren einfach nicht die Attraktivität eines großen Geschäftszentrums haben können. Die Folge sind Mehrverkehr und Kaufkraftabfluß.

Taunusstein hat einen hohen Anteil von Auspendlern. Das sind die Erwerbspersonen, die in der Stadt wohnen und auswärts arbeiten. Bei der Zählung von 1987 (der bis jetzt letzten) waren es 8946. Die meisten davon arbeiten in Wiesbaden. Auf diesen hohen Pendleranteil bezieht sich die zuweilen verächtlich gemeinte Bezeichnung Schlafstadt. Wer allerdings so argumentiert, muß sich freilich den Vorwurf gefallen lassen, nur die halbe Wahrheit zu sagen oder schlecht informiert zu sein. Unsere Stadt besaß nämlich dank ihrer landschaftlich reizvollen Lage am Rande des Wirtschaftsraumes Rhein–Main und auch dank kommunalpolitischer Anstrengungen schon 1987 7702 Arbeitsplätze in 1055 Arbeitsstätten. Und 1987 gab es immerhin 3744 Einpendler. Taunusstein ist also ein durchaus attraktiver Gewerbestandort. Im übrigen besitzt die Stadt mit ihrem kommunalen Anteil an der Einkommen- und Körperschaftsteuer auch einen beachtlichen Ertrag an der Wirtschaftsleistung der Auspendler.

Welche Entwicklungstendenz gibt es in der Relation Wohnen und Arbeit? Einerseits muß die Stadt Taunusstein immer Anstrengungen unternehmen, die Zahl der Arbeitsplätze am Ort zu erhöhen. Arbeitsplätze in Wohnungsnähe zu bringen, ist die beste Möglichkeit, die ökonomisch wie ökologisch schädlichen Berufspendlerströme einzudämmen. Andererseits wird es immer Gegenströmungen geben. Der attraktive Wirtschaftsraum Rhein-Main zieht qualifizierte Arbeitskräfte an, die sich die Freiheit nehmen, ihren Wohnsitz selbst zu bestimmen. Taunusstein – die Stadt im Grünen – hat bei diesen Menschen gute Chancen als Wohnort.

In Zeiten verschärfter Konkurrenz auf den Märkten neigt die Wirtschaft dazu, betrieblich zu konzentrieren, um Kosten zu sparen. Als Folge solcher Konzentrationen können natürlich auch in Taunusstein Arbeitsplätze verloren gehen. Ein Teil der Arbeitnehmer dürfte weichenden Arbeitsplätzen folgen, ein anderer Teil wird womöglich einen neuen Arbeitsplatz nur in einer nicht akzeptablen Entfernung von Taunusstein finden und wegziehen. Auf der einen Seite stehen also mögliche Wanderungsgewinne, auf der anderen eventuelle Wanderungsverluste. Da ist eine Prognose schwierig. Allerdings bestehen gute Gründe für die Annahme, daß die entgegengesetzt wirkenden Tendenzen sich ausgleichen. Der große Bauboom in Taunusstein dürfte vorbei sein. Die Rotation geht aber – stark verlangsamt – weiter.

5. Quellen und Literatur

A. Fuhr, Altbürgermeister, Auskünfte.
F. Grube u. G. Richter, Flucht und Vertreibung, Deutschland zwischen 1944 und 1947, 1980.
F. J. Heyen u. W. Janssen, Zeugnisse Rheinischer Geschichte. Neuss 1982.
Hessen-ABC, herausgegeben vom Hessendienst der Staatskanzlei.
Hessisches Hauptstaatsarchiv.
P. Jakobi, Juden in Taunusstein. Veröffentlichung des Heimatmuseums Taunusstein Nr. 1 1985.
W. Kuls, Wirtschaftsflächen und Feldsysteme im westlichen Hintertaunus. Frankfurt am Main 1951.
Rencontre Lexikon, Editions Rencontre Lausanne 1969.
L. Schauss, Meine Heimatgemeinde Hahn im Taunus, Herausgeber SPD Hahn 1972.
P.-D. Schmutzler, Zwei SPD-Bürgermeister trugen Verantwortung von 1945 bis 1971. In: 75 Jahre SPD Wehen. Ein Stück Wehener Ortsgeschichte, Wehen 1994.
Stadtarchiv Bleidenstadt VIII 18, K 8 F 2, 4, 7.
Stadtarchiv Taunusstein.
Stadtverwaltung Taunusstein, Statistik.
Y. R. Winkler, Flüchtlingsorganisationen in Hessen 1945–1954. Historische Kommission für Nassau. Wiesbaden 1998.

Gerhard Hofmann

Stadt Taunusstein – Die neue Kraft an der »Oberen Aar«

Inhalt

1. Einleitung — 353
2. Eine Stadt braucht einen Namen — 353
3. Aufbau der Verwaltung — 354
4. Ein neues zentrales Rathaus muß her — 354
5. Was hat sich sonst getan? — 356
6. Taunusstein – Stadt oder Dorf? — 356
7. Ein Blick in die Zukunft — 357

1. Einleitung

In den sechziger und siebziger Jahren nahm in Hessen der Gedanke Gestalt an, durch eine Gebietsreform größere und damit leistungsfähigere Gemeinden zu schaffen. Auch unsere Region war von der Umsetzung dieser Idee betroffen. Die Gemeinden Bleidenstadt, Hahn, Neuhof, Seitzenhahn, Watzhahn und Wehen schlossen sich zum 1. Oktober 1971 »freiwillig« zur Stadt Taunusstein zusammen. Am 1. Juli 1972 folgten die Gemeinden Hambach, Niederlibbach, Orlen und Wingsbach. Damit war die Stadt Taunusstein komplett.

Der sogenannte freiwillige Zusammenschluß hatte jedoch einen profanen Hintergrund. Die damalige Landesregierung stellte nämlich für zehn Jahre zusätzliche finanzielle Mittel für diejenigen Gemeinden zur Verfügung, die sich freiwillig zusammenschließen würden. Natürlich wurde im Vorfeld der Entscheidungen auch an der oberen Aar massiv um örtliche Interessen gerungen und gerangelt. Die Drohung eines zwangsweisen Zusammenschlusses sorgte aber in den jeweiligen Gemeindegremien zusammen mit der Einsicht und dem finanziellen Anreiz in relativ kurzer Zeit für die »von oben« gewünschten Entscheidungen.

So war die größte Stadt im Rheingau-Taunus-Kreis mit damals ca. 17500 Einwohnern doch recht schnell geschaffen. Es entstand ein stabiles und leistungsfähiges Verwaltungsgebilde mit hoher Kompetenz und starker Finanzkraft. Alleine die Entwicklung der Einwohnerzahl bestätigt das. Heute sind wir mehr als 28000 Bürgerinnen und Bürger. Die Gründung der Stadt Taunusstein war und ist also ein geschichtliches Datum für die Region der oberen Aar.

2. Eine Stadt braucht einen Namen

Ist der massive Einsatz für die jeweils örtlichen Interessen der zum Zusammenschluß vorgesehenen Gemeinden verständlich, so überrascht das langwierige Ringen um den Namen der neuen Großgemeinde. Es wurde ein Wettbewerb ausgeschrieben, an dem sich 220 Einsender mit 179 Namensvorschlägen beteiligten! Aktiv geworden waren dabei auch Schelme, Kritiker und Lokalpatrioten, die Namen wie Maulzou, Gernegroß, Urschiefern, Hahnstadt, Groß-Bleidenstadt oder Wehenstadt in die Debatte warfen. Auch ohne diese nicht ganz ernst gemeinten Vorschläge blieb noch eine überwältigend große Zahl von Namensvorschlägen übrig, hinter denen nicht nur Fantasie und Sprachgefühl steckte, sondern auch historisches Bewußtsein und Sinn für aktuelle Notwendigkeiten. Eine eigens eingesetzte Kommission hatte in der Tat die Qual der Wahl. Am Ende der ersten Sichtung durch eine Unterkommission verblieb ein Katalog mit folgenden Vorschlägen: Aarbach, Aarborn, Aarbrücke, Aarfelden, Aargrund, Aarhausen, Aarmühlen, Aarneustadt, Aarstätten, Aartal, Aarwalden, Altenstein, Grünau, Hohenaar, Königsgau, Langenaar, Oberaar, Oberaarstadt, Taunushain, Taunushöh, Taunusstadt, Taunusstein, Taunusstätten, Taunustal und Waldstätten.

Die Gesamtkommission entschied sich mit Mehrheit für »Taunushain«. Sie dachte, damit ihre Aufgabe erledigt zu haben. Doch sie hatte die Rechnung ohne den Wirt – sprich die Presse – gemacht. Die Schlagzeile vom nächsten Tag »Wir wollen keine Taunushainis sein« war für den gefundenen Namen tödlich. Die Kommission mußte erneut zusammentreten und nach einer anderen, weniger angreifbaren Lösung suchen. Was im Falle einer Eingemeindung nahegelegen hätte, nämlich den Namen der größten bzw. der Kerngemeinde für die neue Gesamtgemeinde zu übernehmen (Bleidenstadt), stieß in dieser Situation auf lokalpolitische Empfindlichkeiten. Zwar blieb Bleidenstadt, zusammen mit zwei weiteren historischen (Altenstein, Neukarlsburg) sowie drei neuzeitlichen (Taunusstadt, Taunusstein, Aarbrück) Namensvorschlägen bis zuletzt im Rennen – favorisiert übrigens von einer über 3000köpfigen Bürgeraktion! –, zog aber in der alles entscheidenden Schlußabstimmung der Mitglieder der Gemeindevorstände und Gemeindevertretungen von Bleidenstadt, Hahn, Neuhof, Seitzenhahn, Watzhahn und Wehen am 24. Juni 1971 gegenüber »Taunusstein« mit 27 gegen 52 Stimmen den kürzeren.

»Taunusstein« kann als Kompromiß zwischen Tradition und Moderne gelten. Dem Begriff »Taunus«, der eine hinreichend präzise geographische Zuordnung erlaubt, wurde als zweiter Bestandteil »stein« angefügt, der – auf den Altenstein bei Hahn verweisend – die historische Dimension aufzeigt. Und auch die Gesellschaft für deutsche Sprache, deren Stellungnahme man eingeholt hatte, äußerte sich zustimmend. Das Problem Namensgebung war also gelöst. Die bange Frage, ob Taunusstein als Eigenname auch die Qualität besitze, eine Identifizierung der Bürger mit ihrer Stadt zu bewirken, ein »Wir Taunussteiner«-Gefühl zu entfachen, blieb vorerst unbeantwortet. Inzwischen hat sich von diesem »Wir«-Gefühl mehr gebildet, als Skeptiker damals vermutet haben.

3. Aufbau der Verwaltung

Die erste große Aufgabe, vor der die in Politik und Verwaltung Verantwortlichen der »Jungen Stadt mit Tradition« standen, war der Aufbau einer leistungsfähigen Verwaltung. Das Zusammenführen der bisherigen kleinen Verwaltungseinheiten der zuvor selbständigen Gemeinden in den größeren Verband der Stadt Taunusstein war eine Pionierleistung. Es mußte nicht nur eine »bürgernahe« neue Struktur organisiert werden, es galt vielmehr auch, zusätzliche neue Aufgaben – wie die Einrichtung des Rechnungsprüfungsamtes – zu übernehmen. Diese Aufbauleistung ist auch deshalb so bemerkenswert, weil sie noch unter den damaligen räumlich beengten Verhältnissen der dezentralen in verschiedenen Stadtteilen angesiedelten Verwaltungsgebäude und ohne das heutige technische Know-how geschehen mußte. Das Ergebnis kann sich sehen lassen! Es entstand eine moderne, auf die Bedürfnisse der Bürgerinnen und Bürger orientierte hoch motivierte Verwaltung, die nunmehr seit dreißig Jahren (fast) reibungslos funktioniert.

4. Ein neues zentrales Rathaus muß her

Während des Aufbaus und der Fortentwicklung der Taunussteiner Verwaltung zeigte sich sehr bald die Notwendigkeit der Zusammenführung der einzelnen weit verstreuten Verwaltungssitze in *einem* Gebäude. Das war der Startschuß für die Überlegungen zum Bau eines zentralen und zentral gelegenen Rathauses. Über dieses Ziel waren sich die städtischen Gremien schnell einig. Auch aus der Bevölkerung waren kaum nennenswerte Einwände zu vernehmen. Diskussionen

Abb. 1: Foyer des neuen Rathauses.

entstanden jedoch über die Frage des Zeitpunktes der Verwirklichung der Idee und zum Standort.

Die Standortfrage wurde bereits Ende der siebziger Jahre von der Stadtverordnetenversammlung entschieden: Das neue Rathaus entsteht am Hahner Dreieck – in Verbindung mit anderen zentralen Einrichtungen wie Busbahnhof und Bürgerhaus Taunus. Die Realisierung des Vorhabens sollte noch lange Jahre auf sich warten lassen. Dies lag einerseits daran, daß sich die benötigten Grundstücke weitgehend in privatem Eigentum befanden und von der Stadt erst angekauft werden mußten. Die letzte Fläche konnte von der Stadt erst im Jahre 1993 erworben werden. Auch standen in den Anfangsjahren der neuen Stadt Taunusstein eine Menge

Abb. 2: Eingangsbereich des neuen Rathauses.

anderer Investitionen im Vordergrund, die für ihre kulturelle und wirtschaftliche Entwicklung vorrangig waren und für den Bau des Rathauses keinen finanziellen Spielraum ließen.

Nach dem letzten Grunderwerb wurde der Rathausbau dann doch mit Priorität versehen und zügig vorangetrieben. Im Jahr 1995 konnte ein Wettbewerb für die Planung ausgeschrieben werden. Die Konzeption des Architekten Bielak aus Hohenstein hat sich gegen zahlreiche Mitbewerber schließlich durchgesetzt. Schon 1996 konnte mit dem Bau begonnen werden. Kaum zwei Jahre später, 1998, bezogen die Mitarbeiter der Stadtverwaltung, die zuvor in zahlreichen Verwaltungsstellen verstreut waren, gemeinsam das neue schmucke Rathaus. In den nur zwei Jahren seines bisherigen Bestehens hat sich das neue Rathaus als Schaltstelle der Verwaltung, als zentraler Anlaufpunkt für die Bürger unserer Stadt und als Sitz einer leistungsfähigen bürgernahen Verwaltung bewährt.

5. Was hat sich sonst getan?

Während ihres nun dreißigjährigen Bestehens hat sich die Stadt Taunusstein dynamisch entwickelt. Es entstand eine Infrastruktur, die für eine Stadt dieser Größenordnung ihresgleichen sucht. Die herausragenden Schlaglichter sind:

- Die Einwohnerzahl hat sich von 17 500 auf über 28 000 (nur 1. Wohnsitz) erhöht. Das entspricht einer Steigerung von ca. 60 %.
- Die ärztliche Versorgung hat sich von einer Grundversorgungssituation in ein umfassendes Angebot fast aller Disziplinen verwandelt. Mit der Tagesklinik für ambulante Fälle wurde diese erfreuliche Entwicklung noch abgerundet.
- Die Kinderbetreuung konnte erheblich verbessert werden. Die Zahl der Kindergartenplätze ist von ca. 650 auf mehr als 1 000 angewachsen, und gleichzeitig konnten die Betreuungszeiten erheblich ausgeweitet werden. Auch das Angebot an Hortplätzen für Schulkinder konnte auf- und ausgebaut werden. Zudem wurden die ersten Krippenplätze für Kinder im Alter von unter drei Jahren geschaffen. An allen Grundschulen bestehen inzwischen Betreuungsangebote.
- Ein umfassendes Schulangebot ermöglicht alle denkbaren Abschlüsse, bis zum Abitur.
- Derzeit ca. 170 Vereine und Verbände beleben die Stadt mit einem vielfältigen und interessanten Angebot für Aktivitäten in Sport, Kultur, sozialen Einrichtungen und Unterhaltung. Das ehrenamtliche Engagement von vielen hundert Mitgliedern dieser Organisationen kann nicht hoch genug geschätzt werden. Ohne ihre Arbeit wäre die Stadt um vieles ärmer.
- Für Taunusstein von besonderer Bedeutung ist der Gewerbestandort am Rande des Rhein–Main–Gebietes. Diese vorteilhafte Lage, eine gelungene Ansiedlungspolitik und die Vielfalt in den gewerbetreibenden Branchen haben der Stadt ein stabiles Fundament geschaffen. In Taunusstein gibt es heute deshalb mehr als 7 000 Arbeitsplätze, die für die gesamte Region von großer Bedeutung sind. Der Einzelhandel ist attraktiv und flexibel; er kann nahezu alle Kundenwünsche erfüllen.

Die verantwortlichen Bürgermeister in den Jahren des Aufbaus waren bzw. sind:

1971	Walter Petri, SPD
1972–1978	Arthur Fuhr, SPD
1978–1990	Dr. Peter Nikolaus, CDU
1990–heute	Gerhard Hofmann, SPD.

6. Taunusstein – Stadt oder Dorf?

Taunusstein bezeichnet sich unter anderem als »Junge Stadt mit Tradition«. Der Begriff »jung« erklärt sich aus der Tatsache, daß Taunusstein als Großgemeinde gerade einmal dreißig Jahre alt ist. Die »Tradition« leitet sich aus der Geschichte der einzelnen Ortsteile ab, die – wie in diesem Buch bekundet – bis tief in das erste Jahrtausend unserer Zeitrechnung zurückreicht.

Ein Spannungsfeld würde die Antwort auf die Frage aufzeigen, als was sich die Bürgerin und der Bürger der Stadt Taunusstein heute verstehen. Verstehen sie sich als Wehener, Bleidenstadter, Hambacher oder als Taunussteiner? Auch die Unterschiedlichkeit der Stadtteile beispielsweise vom Dorf Watzhahn mit seinen etwa 250 Einwohnern bis zur Kleinstadt Bleidenstadt mit über 8 000 Einwohnern, spielt bei diesen Empfindungen eine zu beachtende Rolle. Beantwortet ist die Frage noch lange nicht.

In der Mehrzahl fühlen sich die Taunussteiner – sowohl die alteingesessenen wie auch die zugezogenen – aber wohl nach wie vor in erster Linie ihrem Ortsteil verbunden. Hier nimmt man Anteil am öffentlichen Leben, engagiert sich in Vereinen, pflegt nachbarschaftliche Kontakte, ist also in einen »funktionierenden«, in sich intakten Stadtteil eingebunden. Daneben wächst aber auch mehr und mehr das Bewußtsein, »Taunussteiner« zu sein. Das Nebeneinander von dörflicher und städtischer Struktur ist keinesfalls widersprüchlich, es macht vielmehr den besonderen Reiz aus, innerhalb einer Stadt in *der* Gemeinschaft wohnen zu können, die einem persönlich am meisten zusagt.

7. Ein Blick in die Zukunft

Ein Rückblick auf die bisherige Geschichte der noch jungen Stadt Taunusstein gibt also Anlaß zur Genugtuung. Es läßt sich gut wohnen in Taunusstein, ist das Fazit. Damit soll aber nicht gesagt sein, alles sei optimal gelaufen und es gäbe nichts mehr zu tun.

Einen Blick in die Zukunft zu wagen ist natürlich sehr viel riskanter und verwegener als einen Ausflug in die Vergangenheit zu unternehmen. Wer kann schon ahnen, wie sich die Rahmenbedingungen für kommunales Handeln in den nächsten Jahren verändern werden? Wie werden die Gremien der Stadt auf neue Herausforderungen reagieren und welche Beschlüsse werden sie fassen?

Einige Perspektiven dürfen aber aufgezeigt werden:

– Die seit Bestehen der Stadt Taunusstein geschaffenen Standards und die Infrastruktur werden nicht nur erhalten, sie werden den jeweiligen Entwicklungen angepaßt werden.
– Die Gesamtfläche der Taunussteiner Gemarkung beträgt ca. 6 700 Hektar (= 67 Quadratkilometer). Davon sind ca. 16 % als Bau- oder Verkehrsflächen genutzt. Der weitaus größte Teil besteht aus Wald und landwirtschaftlich genutzten Flächen, zu denen mit der Aar und einigen Teichen noch etwas Wasser hinzukommt. Dieser grünen Lunge von Taunusstein und ihrer Erhaltung ist auch in Zukunft die größte Aufmerksamkeit zu widmen.
– Taunusstein hat heute ca. 28 000 Einwohner. Es besteht kein Interesse daran, die Stadt noch erheblich wachsen zu lassen. Die Stadtentwicklungspolitik muß jedoch zwei Komponenten beachten: Die Bauleitplanung muß es möglich machen, daß Taunussteiner, die es wollen, in unserer Stadt verbleiben können, d. h. eine bescheidene Baulandentwicklung zur Abdeckung des Eigenbedarfes muß gewährleistet werden.
– Der Erhaltung und der Schaffung von Arbeitsplätzen kommt auch in unserer Region eine immer größere Bedeutung zu. Die Zusammenarbeit mit dem heimischen Gewerbe, die Förderung von Entwicklungsmöglichkeiten und die Ausweisung von zusätzlichen Gewerbeflächen müssen deshalb auch in Zukunft engagiert betrieben werden.
– Die Verkehrssituation in Taunusstein ist nicht in allen Bereichen befriedigend. Mit der Fortschreibung des Generalverkehrsplanes hat die Stadtverordnetenversammlung Maßnahmen eingeleitet, die erwarten lassen, daß in absehbarer Zeit Verbesserungen eintreten. Es wurde und wird dabei versucht, den verschiedenen Verkehrsteilnehmern (motorisierter Verkehr, Radfahrer und Fußgänger) gerecht zu werden. Aber auch Umweltfragen, Sicherheit und andere Gesichtspunkte sind zu beachten. Dieses Thema wird die Stadt und ihre Bürger noch lange begleiten. Es gilt, ein ausgewogenes Ergebnis aller Interessen herbeizuführen. Das wird mit Sicherheit nicht einfach sein, es bedarf der Überwindung ideologischer Schranken und positiver Grundeinstellung aller Beteiligten.

Zusammenfassend kann festgestellt werden, daß sich Taunusstein zu einem starken, leistungsfähigen und stabilen Gemeinwesen entwickelt hat. Die Stadt hat alle Chancen, auf diesem Wege erfolgreich fortzufahren und auch in den kommenden Jahrzehnten eine kontinuierlich aufstrebende Entwicklung zu nehmen. Auch die nach uns hier lebenden Generationen werden sagen können:

»Hier fühle ich mich wohl – hier möchte ich bleiben!«

Ferdinand Tonke

Die Freiwilligen Feuerwehren in unserer Stadt

Inhalt

1. Die Feuerwehren und die Anlässe der Gründungen — 361
2. Die Ausrüstung der Feuerwehren — 363
3. Die Mitglieder der Freiwilligen Feuerwehren — 364
4. Anmerkungen — 366

1. Die Feuerwehren und die Anlässe der Gründungen

In den Chroniken vieler Gemeinden ist nachzulesen, daß es bereits im 16. Jahrhundert in der Untertaunusregion die ersten Pflichtfeuerwehren gab. So schreibt Eduard Wilhelmi in »Wehen und sein Grund«[1]: *Bisher [1561] löschte man die Brände ja auch, aber in einer Weise, als habe man den Kopf verloren. Man hatte daher oft nicht den erwünschten Löscherfolg. Das Feuerlöschwesen mußte neu organisiert werden, damit im Notfalle jeder wußte, wie und wo er zuzugreifen hatte. Um das zu erreichen, führte die Behörde 1561 die Pflichtfeuerwehr ein. Jeder Ortseinwohner wurde verpflichtet, sich beim Löschen von Bränden zu beteiligen. Der Schultheiß war der Feuerwehrkommandant. Er bestimmte auch die Flächen, auf denen bei einem Brand das gerettete Gut abgelagert und gesichert werden sollte. Für das frühzeitige Erkennen von Bränden waren die Tag- und Nachtwächter zuständig.*[2] Die Zimmerleute, Dachdecker und Maurer mußten sich in der Handhabung der Feuerhaken und Feuerleitern üben. Bei einem Brand besorgten die übrigen Männer, die Frauen und die Jugendlichen das Herbeischaffen des Löschwassers. Es wurde dabei in zwei Reihen angetreten. Die Leute in der einen Reihe reichten die gefüllten Eimer zur Brandstelle, die der anderen Reihe gaben die leeren Eimer zurück zum Wasser.[3]

Bis weit in die Mitte des 19. Jahrhunderts hinein war die Brandgefahr in den Städten und Dörfern wesentlich größer als heute. Gerade die Dörfer bestanden fast nur aus leichtgebauten strohgedeckten Fachwerkhäusern, die beim geringsten Funkenflug in Flammen aufgehen konnten.[4] Zudem waren die Rauchabzüge der Bauernhäuser in Holz ausgebildet, oben in diesem »Kamin« hingen zum Räuchern die Würste und Speckseiten, in Haus und Stall wurde mit Öllampen und Kerzen hantiert – kurz: es paßte einfach alles, was ein gutes Feuer braucht.[5]

Für eine wirkungsvollere Brandbekämpfung wurden mit Beginn des 19. Jahrhunderts teilweise Feuerwehrzweckverbände aus dem Zusammenschluß mehrerer Gemeinden gegründet.[6] Der besseren Brandbekämpfung sollte auch das Edikt der nassauischen Regierung dienen, nach dem bei Neubauten anstelle der verwinkelten Anordnung der Häuser in den Straßen und Gassen gerade Fluchten eingehalten werden sollten.[7]

Freiwillige Feuerwehren gibt es in den heute zu Taunusstein gehörenden Orten erst seit 1890. Zeitweilig müssen Freiwillige Feuerwehren und Pflichtfeuerwehren nebeneinander bestanden haben, so ist z.B. im Ortsstatut über die Einrichtung des Feuerlöschwesens in der Gemeinde Bleidenstadt vom 25. Januar 1894 unter § 1 ausgesagt[8]: *Die Löschmannschaft der Gemeinde Bleidenstadt umfaßt 1. die Freiwillige Feuerwehr, 2. die Pflichtfeuerwehr und 3. tritt in Nothfällen zu der Feuerwehr die Hülfsmannschaft.*

Das Gründungsjahr der Freiwilligen Feuerwehren in den einzelnen Stadtteilen kann häufig mit vorangegangenen Bränden in Zusammenhang gebracht werden:

<u>Wehen</u>
  Gründungsjahr 1890 (Brand am 12. Mai 1890 in der Mühle von G. Schrank)[9];

<u>Hahn</u>
  Gründungsjahr 1891 (Brand am 14. Dezember 1890 in Wingsbach)[10];

<u>Bleidenstadt</u>
  Gründungsjahr 1893 (Brand am 25. März 1885 im Haus des Metzgers Kahn)[11].

In Wehen war Wilhelm Lingohr die treibende Kraft; er wurde dann in der Gründungsversammlung am 9. November 1890 von den 42 Anwesenden auch zum »Hauptmann« gewählt.[12] Die Bezeichnung »Hauptmann« für den heutigen Wehrführer weist darauf hin, daß die Freiwilligen Feuerwehren damals nach militärischem Muster organisiert waren. In der Chronik der Freiwilligen Feuerwehr Hahn heißt es, daß nur Kameraden zum Führer gewählt werden konnten, die ihren aktiven Militärdienst abgeleistet hatten.[13] In den Statuten der Freiwilligen Feuerwehr zu Bleidenstadt vom 3. Dezember 1893 ist festgehalten[14]: *Die ganze Feuerwehr steht unter der Leitung des Commandanten (Brandmeisters), welchem ein Führer als Adjutant und Hornist beigegeben wird.*

Organisatorische Gesichtspunkte dürften für die 1932 erfolgten Gründungen der Freiwilligen Feuerwehren in *Orlen* und *Seitzenhahn* ausschlaggebend gewesen sein.[15] Vermutlich hängt das mit der Einführung von Ortspolizeibezirken zusammen.

Die weiteren Neugründungen von Freiwilligen Feuerwehren sind auf das Gesetz über das Feuerlöschwesen vom 15. Dezember 1933 zurückzuführen. Nach diesem Gesetz mußte in jedem Ortspolizeibezirk eine leistungsfähige, den örtlichen Verhältnissen entsprechend ausgerüstete Feuerwehr bestehen. So wurden 1934 die Wehren von *Hambach, Niederlibbach, Neuhof, Watzhahn* und *Wingsbach* ins Leben gerufen. Dieses Gesetz brachte aber auch radikale Eingriffe in die Struktur der Feuerwehren. Die internen Wahlen wurden zugunsten des nationalsozialistischen Führerprinzips abgeschafft. Niedere Ränge hatten den nächst höheren Dienstgrad zu grüßen. Von den Feuerwehren gebildete Vereine und Verbände waren aufgelöst und aus den Freiwilligen Feuerwehren waren »Mußfeuerwehren« geworden.[16]

Abb. 1: Seite 1 der Nassau-Usingischen »Feuerverordnung« von 1750. Vor allem in den »Idsteinischen Landen« hatte es zuvor an einer »wohlgefaßten Feuer-Ordnung« gemangelt.

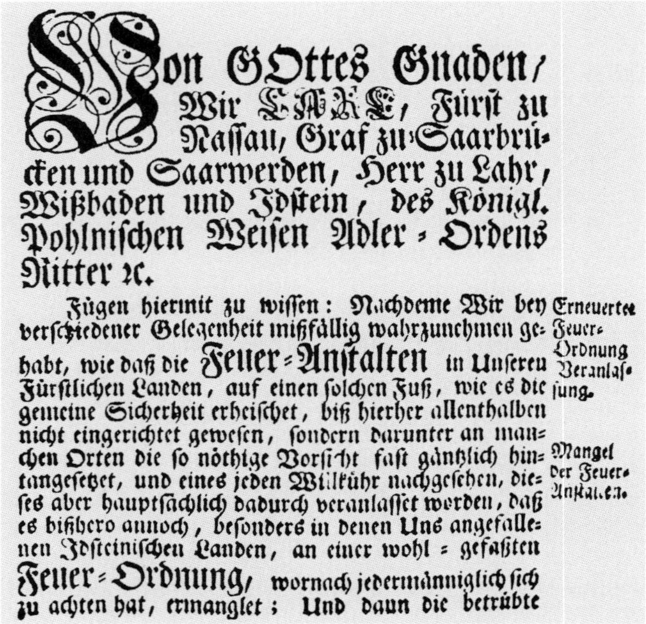

Von GOttes Gnaden / Wir CARL, Fürst zu Nassau, Graf zu Saarbrücken und Saarwerden, Herr zu Lahr, Wißbaden und Idstein, des Königl. Pohlnischen Weisen Adler-Ordens Ritter rc.

Fügen hiermit zu wissen: Nachdeme Wir bey verschiedener Gelegenheit mißfällig wahrzunehmen gehabt, wie daß die Feuer-Anstalten in Unseren Fürstlichen Landen, auf einen solchen Fuß, wie es die gemeine Sicherheit erheischet, biß hierher allenthalben nicht eingerichtet gewesen, sondern darunter an manchen Orten die so nöthige Vorsicht fast gäntzlich hintangesetzet, und eines jeden Willkühr nachgesehen, dieses aber hauptsächlich dadurch veranlasset werden, daß es bißhero annoch, besonders in denen Uns angefallenen Idsteinischen Landen, an einer wohl-gefaßten Feuer-Ordnung, wornach jedermänniglich sich zu achten hat, ermanglet; Und dann die betrübte

Erneuerter Feuer-Ordnung Veranlassung.

Mangel der Feuer-Anstalten.

In den bald folgenden Kriegsjahren waren die Feuerwehren auch mit Aufgaben im sogenannten Luftschutz, also der Bekämpfung von Schäden, die durch Fliegerangriffe und sonstige Kriegseinwirkungen verursacht waren, betraut. Für diese Einsätze waren sie oft weder ausgebildet noch ausgerüstet.[17]

Auch wenn es in den Chroniken der Freiwilligen Feuerwehren von Wehen, Hahn und Bleidenstadt nicht ausdrücklich festgehalten ist, so kann doch davon ausgegangen werden, daß in den ersten Jahrzehnten nach ihrer Gründung nur Männer aktive Mitglieder gewesen sind. Erst im Zweiten Weltkrieg mußten Frauen auch in den Feuerwehren »ihren Mann stehen« und die Lücken schließen, die der Krieg mit dem umfassenden Wehrdienst auch in die Reihen der Feuerwehrmänner gerissen hatte. So schreibt Erna Schneider in der Festschrift »75 Jahre SPD Wehen«[18]: *Als in Wehen nur noch ein kleiner Männer-Einsatztrupp vorhanden war, wurde zu seiner Unterstützung eine Frauen-Feuerwehr aufgestellt.* Die Frauen kamen nach dem Bombenangriff auf das Jagdschloß Platte in der Nacht vom 2. auf den 3. Februar 1945 zu ihrem ersten Einsatz.

Mit der Unterzeichnung des Waffenstillstandsvertrages am 8. Mai 1945 endete die 12jährige Epoche der »Mußfeuerwehren«. Da die amerikanische Besatzungsmacht in ihrer Zone zunächst keinerlei Körperschaften duldete, gab es auch keine Feuerwehren. Erst im November 1945 ordnete die Militärregierung die Errichtung von Pflichtfeuerwehren an. Zu örtlichen Leitern wurden die Bürgermeister bestimmt. Da jegliche Uniformen verboten waren, trat die Feuerwehr in Blauzeug auf.[19] Erst am 6. Dezember 1946 durfte auf Kreisebene wieder eine Freiwillige Feuerwehr gegründet werden.[20]

2. Ausrüstung der Feuerwehren

Die Ausrüstung der alten Pflichtfeuerwehren war äußerst dürftig. Sie bestand aus Eimern, Feuerhaken zum Niederreißen von Gebäudeteilen und aus Leitern. Die Eimer waren aus Leder, Segeltuch oder verpichten Strohseilen gefertigt. In der Zeit des Herzogtums Nassau (1806–1866) wurden sie in den Strafanstalten hergestellt. Jeder Haushalt mußte solch einen Eimer parat haben, ohne den Nachweis wurde keine Eheschließung genehmigt. Reiche Brautleute hatten zudem eine 20sprössige Leiter anzuschaffen.[21]

Bei ihrer Gründung verfügten die Freiwilligen Feuerwehren Wehen, Hahn und Bleidenstadt über kaum mehr als diese wenigen Gerätschaften. In Hahn hatte man allerdings schon seit 1884 eine handbetriebene Saug- und Druckspritze, die noch von der Pflichtfeuerwehr angeschafft worden war. Sie ist heute als Erinnerungsstück im Hahner Feuerwehrgerätehaus zu bewundern.[22] Wie Helge Schmidt berichtet, besaß auch die Feuerwehr Orlen bereits seit 1877 eine auf ein vierrädriges Wagengestell montierte Druckspritze, mit der man das Löschwasser 22 Meter weit »werfen« konnte.[23]

Von den Taunussteiner Stadtteilen hat die Gemeinde Wehen 1929 als erste eine Motorspritze erworben. Dieses seinerzeit modernste Gerät schaffte eine Pumpleistung von 400 Litern Wasser in der Minute. Wie alle damaligen Spritzen mußte auch sie auf Anhängern zum Einsatzort transportiert werden. Die Zeit der Löschfahrzeuge mit fest eingebauter Pumpe begann erst Anfang der 1960er Jahre. Die Bleidenstadter Wehr erhielt 1963 anläßlich des Jubiläums zu ihrem 70jährigen Bestehen als erste der Gemeinden, die heute die Stadt Taunusstein bilden, dieses damals modernste Löschfahrzeug. Heute sind in Taunusstein noch zwei Fahrzeuge dieses Typs mit der Bezeichnung »LF 8« im Einsatz.[24]

Wie sich die Ausrüstung der Feuerwehren im Laufe der Jahrhunderte – auch in ›Taunusstein‹ – verbessert hat, stellt Helmut Grzeschik in seinem Aufsatz »Geschichtliche Entwicklung des Feuerlöschwesens in Deutschland«, der in der Festschrift »100 Jahre Freiwillige Feuerwehr Taunusstein-Hahn« veröffentlicht ist, sehr anschaulich dar.[25]

Alle Freiwilligen Feuerwehren in Taunusstein zusammen verfügen derzeit (Stand 31.12.1998) über

ein	Hubrettungsfahrzeug (DLK – 23/12)
vier	Tanklöschfahrzeuge (TLF 16/25)
zwei	Löschfahrzeuge (LF 16 und LF 8)
zwei	Löschfahrzeuge (LF 8/6)
drei	Löschfahrzeuge ohne Wasser (LF 8)
zwei	Tragkraftspritzenfahrzeuge mit Wassertank (TSF – W)
zwei	Tragkraftspritzenfahrzeuge ohne Wasser (TSF)
elf	Kleinfahrzeuge (überwiegend Transportbusse).

Dazu kommt eine ganze Reihe von Spezialgeräten wie Hydraulikspreizer, Ausrüstung für Einsätze bei Ge-

Abb. 2: Feuerwehrspritze und Feuerwehrmann von 1848. Zeichnung aus einem Flugblatt, in dem dafür geworben wurde, daß sich die Bürgerwehren auch als Feuerwehren betätigen sollten.

fahrgutunfällen, Atemschutzgeräte, Funkgeräte und Rettungsscheren. In allen zehn Stadtteilen sind die Geräte in eigenen Feuerwehrgerätehäusern untergebracht.

3. Die Mitglieder der Freiwilligen Feuerwehren

Nach der Jahresstatistik 1998 haben die zehn Taunussteiner Freiwilligen Feuerwehren zusamen 317 aktive männliche und zehn aktive weibliche Mitglieder gehabt, 141 Mitglieder gehörten zur Alters- und Ehrenabteilung, 140 Mitglieder zählten die Jugendfeuerwehren. Die Leitung der Feuerwehren auf Ortsteilebene haben die Wehrführer, die Leitung aller Taunussteiner Feuerwehren obliegt dem Stadtbrandinspektor. Der städtische Haushalt 1998 weist im Verwaltungsteil für persönliche Ausrüstungsgegenstände, Arbeitskleidung und Personalkosten einen Betrag von 284 000,– DM aus.

Nach dem Hessischen Brandschutzhilfeleistungsgesetz (BrSHG) sind die Angehörigen der Freiwilligen Feuerwehren ehrenamtlich im Dienste einer Gemeinde oder eines Brandschutzverbandes tätig. *Die aktiven Angehörigen müssen den Anforderungen des Feuer-*

Abb. 3: Saug- und Druckspritze aus dem Jahr 1884 (Taunusstein-Hahn).

wehrdienstes geistig und körperlich gewachsen sein. Sie müssen das 17. Lebensjahr vollendet und dürfen das 60. Lebensjahr nicht überschritten haben. In die Jugendfeuerwehren kann aufgenommen werden, wer das zehnte Lebensjahr vollendet hat.[26]

Im Vermögenshaushalt der Stadt Taunusstein sind im Durchschnitt der letzten Jahre für Neuanschaffungen und Baumaßnahmen ca. eine Million Mark vorgesehen gewesen. Das zeigt den hohen Stellenwert, den die politischen Gremien der Stadt den Freiwilligen Feuerwehren beimessen. Es muß aber immer wieder das Engagement gewürdigt werden, das die Frauen und Männer *ehrenamtlich* oft unter Einsatz der persönlichen Gesundheit zum Wohl der Allgemeinheit erbringen. Neben den traditionellen Aufgaben – wie dem Löschen von Bränden – nehmen die technischen Hilfeleistungen, so beispielsweise bei Verkehrsunfällen und bei drohenden Gefahren für die Umwelt, ständig zu. Die Freiwillige Feuerwehr, die zu Recht als älteste Bürgerinitiative bezeichnet wird, ist aus unserer Gesellschaft nicht mehr wegzudenken.

Auch Hilfeleistungen der Feuerwehren über Gemeindegrenzen hinweg sind seit alters her schon Selbstverständlichkeit gewesen. So wird in der Festschrift der Freiwilligen Feuerwehr Bleidenstadt von einem Großfeuer berichtet, das am 7. Juli 1604 in Wehen ausge-

Abb. 4: Drehleiter der Freiwilligen Feuerwehr Hahn (DLK –23/12).

brochen ist[27]: *Wehener Feuerläufer alarmierten auch die Bleidenstadter Feuerwehr.* Und in der Chronik von Hahn heißt es[28]: *Für schnelle Überlandhilfe beim Brand auf der Michelbacher Hütte 1937 wurde der Freiwilligen Feuerwehr Hahn von der Nassauischen Brandversicherungsanstalt eine Löschprämie von RM 50,– ausgezahlt.* Gerd H. Boettger berichtet in seinem Buch »Schicksalsjahr 1945 in Idstein« von Einsätzen der Idsteiner Feuerwehr im gesamten Rhein–Main–Gebiet.[29]

4. Anmerkungen

1 E. Wilhelmi, Wehen und sein Grund. Wehen 1957, S. 73. Zur Feuerwehr sind im Heimatjahrbuch Untertaunuskreis bzw. Rheingau-Taunus-Kreis (ab 1977) folgende Aufsätze erschienen: G. H. Boettger, Freiwillige Feuerwehren, 1950, S. 117; G. H. Boettger, Feuerwehrgründungen im Schneeballsystem, 1986, S. 101; G. H. Boettger, Neugegründete Feuerwehren hatten es nicht leicht, 1987, S. 174; W. Diefenbach, Feuer- und Katastrophenschutz, 1967, S. 145; K. Kluge, 100 Jahre Freiwillige Feuerwehr Bad Schwalbach, 1970, S. 103; Kreisfeuerwehrverband Rheingau, Ausbildung und Kameradschaftspflege, 1998, S. 220; Kreisfeuerwehrverband Untertaunus, Neue verbandspolitische Ausrichtung erforderlich, 1999, S. 203; W. Mallmann, Die älteste Wehr, 1955, S. 190; W. Mallmann, Untertaunusfeuerwehren im Leistungswettkampf, 1961, S. 262; W. Mallmann, Freiwillige Feuerwehren; 1950, S. 119; W. Mallmann, Feuerlöschwesen, 1952, S. 155.
2 Wilhelmi, Wehen (wie Anm. 1), S. 73. 1872 wurde der »Nassauische Feuerwehrverband« und im selben Jahr die aus der »Nassauischen Brandassecuranz« von 1806 hervorgegangene »Nassauische Brandversicherungsanstalt« gegründet. Siehe hierzu auch Beitrag G. Müller-Schellenberg, Zwischen Reform und Reaktion. ›Taunusstein‹ in den Jahren 1792 bis 1848, S. 207 ff. In den damaligen Gaueinteilungen unterstanden die Wehren im Bereichsgebiet Wiesbaden der Oberaufsicht des Wiesbadener Branddirektors. 1891 fühlten sich die Wehren im Untertaunus stark genug, einen eigenen Verband zu bilden. Erster Vorsitzender dieses Kreisverbandes war der Schornsteinfegermeister Kauth aus Langenschwalbach. S. Manuskript zum Festvortrag am 3.11.1991 in Idstein (gehalten von Ortsbrandmeister Karl Löhr, Rückershausen) anläßlich des Jubiläums »100 Jahre Kreisfeuerwehr-Verband«. Löhr stützt sich hier auf auf das Protokollbuch der Freiwilligen Feuerwehr Wehen, Septemberniederschrift von 1891.
3 Wilhelmi, Wehen (wie Anm. 1), S. 73.
4 Müller-Schellenberg, Zwischen Reform und Reaktion (wie Anm. 2), S. 207 ff.
5 Löhr, Festvortrag (wie Anm. 2).
6 Festschrift zum 100jährigen Jubiläum der Freiwilligen Feuerwehr Bleidenstadt, 1993, S. 54.
7 Müller-Schellenberg, Zwischen Reform und Reaktion (wie Anm. 2), S. 207 ff.
8 Festschrift zum 100jährigen Jubiläum der Freiwilligen Feuerwehr Bleidenstadt, 1993, S. 65.
9 100 Jahre Freiwillige Feuerwehr Taunusstein-Hahn, 1991, S. 29.
10 100 Jahre Freiwillige Feuerwehr Taunusstein-Hahn, 1991, S. 29.
11 Festschrift zum 100jährigen Jubiläum der Freiwilligen Feuerwehr Bleidenstadt, 1993, S. 94.
12 100 Jahre Freiwillige Feuerwehr Taunusstein-Wehen, 1990, S. 25.
13 100 Jahre Freiwillige Feuerwehr Taunusstein-Hahn, 1991, S. 33.
14 Festschrift zum 100jährigen Jubiläum der Freiwilligen Feuerwehr Bleidenstadt, 1993, S. 58.
15 100 Jahre Freiwillige Feuerwehr Taunusstein-Hahn, 1991, S. 30.
16 Löhr, Festvortrag (wie Anm. 2).
17 Löhr, Festvortrag (wie Anm. 2); G. H. Boettger, Schicksalsjahr 1945 in Idstein. Bedrückendes Kriegsende und schwerer Neubeginn. Idstein 1995, S. 13, 15–20.
18 E. Schneider, Frauenfeuerwehr. In: 1919 bis 1994. 75 Jahre SPD Wehen. Ein Stück Wehener Ortsgeschichte. Wehen 1994, S. 77.
19 Löhr, Festvortrag (wie Anm. 2).
20 Löhr, Festvortrag (wie Anm. 2).
21 Wilhelmi, Wehen (wie Anm. 1), S. 73 f.; Löhr, Festvortrag (wie Anm. 2); Müller-Schellenberg, Zwischen Reform und Reaktion (wie Anm. 2), S. 207 ff.
22 100 Jahre Freiwillige Feuerwehr Taunusstein-Hahn, 1991, S. 42. Es ist nicht nachgewiesen, ob die Männer der Freiwilligen Feuerwehren der Orte, die heute zu Taunusstein gehören, damals schon uniformiert waren. Einiges spricht dafür, jedenfalls gehörten zur Ausrüstung der Freiwilligen Feuerwehr Langenschwalbach (Bad Schwalbach) als Bekleidung eine schwarze Joppe und ein Helm. Offensichtlich hatte man sogar eine zweite Uniform, die aus einer grauen Joppe mit Kappe bestand (Aar-Bote Nr. 247 vom 21.10.1899 und Nr. 262 vom 8.11.1899).
23 H. Schmidt, Das war ihr Leben. Das Dorf im Kaiserreich. Taunusstein 1986, S. 72.
24 Festschrift zum 100jährigen Jubiläum der Freiwilligen Feuerwehr Bleidenstadt, 1993, S. 27.
25 100 Jahre Freiwillige Feuerwehr Taunusstein-Hahn, 1991, S. 17–26.
26 Hessisches Brandschutzhilfeleistungsgesetz (BrSHG) vom 10.3.1988, § 19.
27 Festschrift zum 100jährigen Jubiläum der Freiwilligen Feuerwehr Bleidenstadt, 1993, S. 94. So reibungslos wie es hier dargestellt ist, funktionierte das System mit den Feuerläufern aber nicht immer. Wie der Aar-Bote in Nr. 31 vom 15.4.1868 berichtet, wurden bei einem Brand in Wehen die meisten Wehren der benachbarten Orten nicht durch Feuerläufer informiert, sie wurden vielmehr *durch die zum Himmel lodernden Flammen* auf den Brand aufmerksam und eilten daraufhin zu Hilfe. In diesem Zeitungsbericht wird »rügend« auch erwähnt, *daß die Löschgeräthschaften der Gemeinde Wehen sich keineswegs als in bester Ordnung befindlich erwiesen haben.*
28 100 Jahre Freiwillige Feuerwehr Taunusstein-Hahn, 1991, S. 40.
29 Boettger, Schicksalsjahr (wie Anm. 17), S. 13, 15–20.

Hans Jörg Vogel

Vereine, Verbände und Parteien

Inhalt

1. Der Verein – Wesen und Zweck 369
1.1 Sportvereine 370
1.2 Vereine mit kultureller Zielsetzung 371
1.3 Vereine mit sozialer Zielsetzung 372
1.4 Vereine mit der Zielsetzung zur Wahrung von Brauchtum, Ortsbild- und Landschaftspflege 374
1.5 Weitere Vereine 375
2. Ausblick 376
3. Anmerkungen 376

1. Der Verein – Wesen und Zweck

Wer immer in die Verlegenheit kommt, die Deutschen in ihrer nationalen Eigenart zu beschreiben, entdeckt in uns auch den Vereinsmeier, etwa nach dem Muster: Was dem Engländer sein Club, ist dem Deutschen sein Verein; oder in dem gängigen Witz ausgedrückt: Drei schiffbrüchige Deutsche finden sich auf einer einsamen Insel wieder. Was tun sie als erstes? Sie gründen einen Verein.

Wie in jedem Klischee steckt natürlich auch in diesem ein Körnchen Wahrheit, hier sogar eines, das sich mit eindrucksvollen Zahlen belegen läßt. Allein in Taunusstein gibt es mehr als einhundertsiebzig Vereine bzw. vereinsähnlich organisierte Vereinigungen mit schätzungsweise fünfzehntausend registrierten, aktiven oder passiven Mitgliedern; genauere Angaben sind aufgrund zahlreicher Doppel- und Mehrfachmitgliedschaften nicht möglich.[1]

Den Deutschen ist der Verein offensichtlich ans Herz gewachsen. Unser Klischee bringt, wenn auch grotesk zugespitzt, eine verbreitete Eigenschaft oder Neigung lediglich auf den Punkt. Der Deutsche liebt die Organisation; ihm wird weltweit ein ausgeprägtes Organsationstalent nachgesagt, das sich nicht zuletzt im Verein entfalten kann, in idealtypischer Weise vor allem dann, wenn es sich unter demokratischen Rahmenbedingungen mit der Wahrnehmung bürgerschaftlicher Selbstverantwortung verbinden läßt. Diese Konstellation, die uns heute so selbstverständlich erscheint, war im 19. Jahrhundert allenfalls in Ansätzen vorhanden. So bildeten sich in Folge der Freiheitsbewegung gegen die französische Fremdherrschaft 1813/14 auch in Nassau (z.B. in Idstein, Langenschwalbach [Bad Schwabach], Usingen und Wiesbaden) »Teutsche Vereine«, die liberale und nationalistische Ziele verfolgten. Mit Einsetzen der Reaktion wurden sie 1919 verboten. Aus einigen entstanden »Casinio-Gesellschaften« (so in Wiesbaden und Idstein), die aber nur noch gesellschaftliche unpolitische Unterhaltung zum Ziel hatten. In den 1830er Jahren (»Vormärz«) entstanden aus ihnen politische Untergrundbewegungen, die sich nach den Tagen ihrer Zusammenkünfte »Mittwochs-Gesellschaften« nannten. In diesen geheimen Zirkeln wurde die Revolution von 1848 vorbereitet.[2] Die im Vormärz in vielen Orten gegründeten Turn- und Gesangvereine, die vor allem von Handwerkern und Arbeitern getragen wurden, dienten oft nur als Tarnung politischer Aktivitäten. In den Orten, die heute zu Taunusstein gehören, hat man von diesen Bewegungen höchstens mal gerüchteweise gehört. Der Quellenlage nach hat es in nassauischer Zeit in ›Taunsstein‹ wohl nur zwei Vereine gegeben: 1848/49 den (katholischen politischen) Piusverein in Bleidenstadt[3] und den heute noch bestehenden Männergesangverein 1856 Wehen. In Wehen hatte zwar in den 1860er Jahren auch die Fortschrittspartei Anhänger, sie bildeten wahrscheinlich aber keine selbständige Ortsgruppe. Die weiteren Vereinsgründungen des 19. Jahrhunderts fielen in die preußische Zeit (ab 1866).[4]

Eine bedeutsame Zeitenwende stellte der 1. Januar 1900 auch für das Vereinswesen dar. Das an diesem Tag in Kraft getretene Bürgerliche Gesetzbuch (BGB) setzte den noch heute gültigen Rechtsrahmen, in dem Vereine als juristische Personen verankert sind.[5] In der Defintion des Gesetzes versteht sich der Verein als Zusammenschluß mehrerer Personen, die einen gemeinsamen ideellen (Idealverein) oder wirtschaftlichen Zweck (wirtschaftlicher Verein) verfolgen. Das BGB setzt weiterhin voraus, daß der Verein unter einem bestimmten Namen geführt wird, ferner daß ein Wechsel der Mitglieder stattfinden kann.[6]

Für die Öffentlichkeit besagt die formalrechtliche Zuordnung eines Vereins wenig. Aussagekräftiger sind Zweck und Ziele des Vereins, also der Inhalt seiner Arbeit, mit dem sich seine Mitglieder identifizieren und der zugleich weitere Gleichgesinnte anzuziehen vermag. Deswegen erscheint es sinnvoll, die in einem bestimmten Einzugsgebiet tätigen Vereine nach eben diesen Zielen zu gliedern und gruppenweise zu betrachten.[7] Da es bei den Vereinsaktivitäten Überschneidungen gibt, fällt die Zuordnung nicht immer leicht. Im Zweifel richtet sie sich nach der Eingruppierung, wie sie sich bei der Stadtverwaltung über die Jahre hinweg herausgebildet hat und im Internet unter www.stadt-taunusstein.de abgerufen werden kann. Hier ist der Stand vom September 2000 widergegeben.

1.1 Sportvereine

Die 36 Sportvereine bilden die weitaus größte Gruppe. Sie treten in fast allen denkbaren Spielarten auf; neben dem Großverein mit über 2000 Mitgliedern in 17 Sparten (TSV Bleidenstadt) gibt es mittelgroße Vereine, die sich ausschließlich oder überwiegend dem Fußball verschrieben haben (TuS Hahn, SV Neuhof, SV Seitzenhahn, SV Wehen) und schließlich kleine Vereine und Hobbygruppen mit teilweise ausgefallenen Interessen (Boccia, Schach, Tanzen, Tauchen, Tai Chi).

Unabhängig von Größe und Angebotsvielfalt unterscheiden sich die sporttreibenden Vereine auch durch ihre sportliche Zielsetzung. Während sich kleinere Vereine schon mangels Masse in der Regel nur bescheidene Ziele stecken können, das heißt nur im engeren Umfeld und auf mäßigem Niveau wettbewerbsfähig sind, erreichen die größeren schon einmal Erfolge, die weit über die heimatliche Region hinausstrahlen. Aktuelle Beispiele sind der TSV Bleidenstadt, dessen Rhönradgruppe sogar zur Weltspitze zählt, und der SV Wehen, der sich mit seiner ersten Fußballmannschaft bis in die (drittklassige) Regionalliga hoch gespielt hat.

Derartige Vorstöße in die Spitze sind heute allerdings weniger denn je Zufallsprodukte. Sie gründen auf einer langfristig angelegten Aufbauarbeit und setzen kompetente Übungsleiter voraus, die ihrerseits ein professionell arbeitendes Management an ihrer Seite wissen.

Fundament eines jeden Vereinssports ist jedoch nach wie vor die Breitenarbeit. Hier kann die Mehrzahl der Taunussteiner Vereine beachtliche Erfolge vorweisen. Sei es in den bereits erwähnten Sportarten Fußball und Rhönradturnen, sei es in Angeln, Badminton, Ballett, Basketball, Dart, Faustball, Handball, Judo, Kunstturnen, Leichtathletik, Reiten, Schießen, Schwimmen, Tennis, Tischtennis, Volleyball, Voltigieren, Wandern u.a. – die Aktiven finden ihrem individuellen Leistungsvermögen entsprechende Mitstreiter; allein die Volleyballabteilung des TSV Bleidenstadt meldet Jahr für Jahr bis zu zwanzig Mannschaften.

Neben der Pflege der traditionellen Sportarten fällt auf, daß die Vereine vermehrt den gesundheitlichen Aspekt sportlicher Betätigung herausstellen und in ihrem Programmangebot Geltung verschaffen. Gesundheitlich Geschädigte finden fachlich betreute Betätigung in Koronarsportgruppen, in der Multiple Sklerose Gesellschaft, in der Rheumaliga, im Diabetiker Bund oder im Guttempler Orden. An diesen Beispielen wird deutlich, wie die Grenzen zwischen leistungsorientierten Aktivitäten und therapeutischen Bedürfnissen mehr und mehr verschwimmen.

Historisch gesehen spiegeln die Taunussteiner Sportvereine weit mehr als hundert Jahre gesellschaftlicher Entwicklung in Deutschland wider. In die Anfänge des Bismarckreiches fällt die Gründung des Turnvereins 1873 Wehen. Der TSV Bleidenstadt (1901) und der Turnverein Hahn 1903 stehen vor großen Jubiläen, die Sportvereinigung Neuhof (1895) hat ein solches hinter sich. Der Turn- und Sportverein Hahn und der SV Wehen, beide 1926 aus der Taufe gehoben, sind Kinder der Weimarer Republik. Die weitaus meisten der heutigen Vereine sind allerdings Gründungen der Nachkriegszeit, wobei sich in den 50er Jahren (Reitergruppe Seitzenhahn, Schützenvereine Hahn und Wehen) der starke Zuzug Heimatvertriebener bemerkbar machte, während in den 70er und 80er Jahren (vier Tennisclubs) die kommunale Gebietsreform und die Stadt–Land–Flucht neue Schübe auslösten.

Sportvereine (in Klammern Vorsitz/Ansprechpartner): Boccia Club Taunusstein e. V. (Hans-Jürgen Rompel); Leichtathletik-Gemeinschaft Taunusstein (Dr. Ferdinand Tonke); Pferdesportgemeinschaft Taunusstein (Hannelore Illenberger); Reitergruppe Seitzenhahn 1953 e. V. (Friedrich Ladisch); Reit- und Voltigierclub Taunusstein e. V. (Dr. Werner Ruhland); Schachclub Taunusstein e. V. (Helmut Lietz); Schützenverein Aarfalke 1952 e. V. (Peter Münster); Schützenverein Hahn 1958 e. V. (Siegfried Götz); SG Taunusstein (Franz Schmitz); Skat-Spielgemeinschaft Taunusbuben (Wolfgang Werner); Ski-Club Taunusstein (Manfred Danböck); Sportgemeinschaft Orlen e. V. (Hans Körner); Sportschützenverein Bleidenstadt e.V. (Hanskurt Wicker); Sportvereinigung Neuhof 1895 e. V. (Arthur Hengstler); Sportverein Seitzenhahn e. V. (Gerhard Hötzel); Sportverein Wehen 1926 Taunusstein e.V. (Heinz Hankammer); Tai Chi Verein Taunusstein (Doris Tyson); Tanzsportclub Erato Taunusstein e. V. (Dr. Albrecht Feltz): Tauchclub Delphin Taunusstein 1975 e. V. (Jürgen Lüder-Lühr); Taunussteiner Angelsportverein 1974 e. V. (Dieter Lischewsky); Taunussteiner Schützen-Club 1977 e. V. (Klaus Walter); 1.Taunussteiner Skatclub (Bernd Schmidt); Tennisclub Blauweiß Taunusstein e. V. (Ingo Bletz); Tennisclub Freizeit 1978 e. V. (Lothar Förg); Tennisclub Taunusstein 1971 e. V. (Helmut Haberhauer); Tennisclub Wehen (Ekkehard Gruschke); Tischtennisgruppe Hambach (Joachim Großer); Tischtennissportverein Watzhahn e.V. (Manfred Leukel); TSV Taunusstein-Bleidenstadt e. V. (Gerd Rüppel); Turn- und Gesangverein Wingsbach (Ilona Thoermer); Turn- und Sportverein Hahn 1926 e. V. (Wolfgang Heck); Turn- und Sportverein Niederlibbach (Irmtraud Martin): TV Hahn 1903 e. V. (Ursula Debus); Turnverein 1873 Wehen e. V. (Günter Bürger); Wanderfreunde Taunusstein (Hans-Emmerich Stiegler); Wanderkameradschaft e. V. Tst.-Bad Schwalb.-Hohenst. (Dieter Petereit)

1.2 Vereine mit kultureller Zielsetzung

Zahlenmäßig ähnlich stark wie die Sportvereine sind die Kulturvereine. Dazu zählen neben den traditionsreichen Männergesangvereinen – deren Ursprünge meist in das 19. Jahrhundert zurückreichen – Frauen-, Jugend-, Kinder- und Kirchenchöre mit zum Teil ambitionierteren Zielen (Cantando Cantabile, Canta Nova, Pro Musica), aber auch Orchestervereine (Musikzug Bleidenstadt, Spielmannszug Wehen) und Kulturvereine unterschiedlichster Prägung. Sie entstanden in den letzten dreißig Jahren und schlossen Lücken im städtischen Kulturangebot. Zugleich sind sie Ausdruck eines gesellschaftlichen Wandels, der von einer bis heute anhaltenden Differenzierung der Wünsche und Bedürfnisse in Bezug auf eine möglichst abwechslungsreiche Ausgestaltung der ständig wachsenden Freizeit gekennzeichnet ist. Der Dynamik der Entwicklung wird auf Dauer nur gerecht, wer nicht nur Trends rechtzeitig erkennt, sondern darauf auch flexibel zu reagieren versteht. So startete die MachArt in den 70er Jahren mit ehrgeizigen Eigenproduktionen, um sich später mehr und mehr als Veranstaltungsagentur zu profilieren, geschickt ihre guten Kontakte zur Kunst- und Künstlerszene nutzend. Gleiches gilt für den Folk-Club, der eher noch konsequenter den Schritt zum Konzertmanagement vollzogen und sich durch Konzentration auf ein Genre eine in der Region konkurrenzlose Ausnahmestellung erobert hat.

An dieser Stelle bietet sich ein Blick über den Vereinszaun auf die Schulen an. Man kann beobachten – und dies gilt in besonderer Weise auch für den Sport –, daß sich die Schulen mehr und mehr öffnen, sich mit ihren Aktivitäten und Leistungen auch dem außerschulischen Publikum präsentieren und verstärkt die Kooperation mit den Vereinen suchen. Schulorchester und Theater-Arbeitsgemeinschaften treten öffentlich auf, Absolventen der Schulen engagieren sich in Vereinen und sorgen dort für die lebensnotwendige Verjüngung des aktiven Personals. Tritt dann noch ein Sponsor auf den Plan, sind beeindruckende Ergebnisse gemeinsamen Handelns zu bewundern. Jüngstes Beispiel ist das Kooperationsmodell Musikalische Früherziehung, zu dem sich der MGV Wehen, die Grund- und Hauptschule Wehen, der Lions-Club und ein ortsansässiges mittelständisches Unternehmen zusammen gefunden haben. Finanzhilfen der Wirtschaft erlauben eine intensivere Pflege des Chorgesangs an der Schule, der Verein baut Kinder- und Jugendchorgruppen auf, in denen die in der Schule geschaffenen Grundlagen weiter entwickelt werden, Sponsoren und Verein organisieren gemeinsam ein Festival für junge Chöre, bei dem sich 15 Chöre aus der ganzen Region im friedlichen Wettstreit messen und durch ein beeindruckendes Gemeinschaftserlebnis neue Motivation für ihr Hobby Singen erfahren.

Kulturarbeit der Vereine in Taunusstein bewirkt erstaunlich Vieles, aber natürlich nicht Alles. Das Kulturbüro der Stadt wird helfend tätig, ergänzt gezielt, in der Regel durch die Organisation von Gastspielen, die Vereinsaktivitäten und bemüht sich um ein der Stadt angemessenes kulturelles Gesamtangebot.

Vereine mit kultureller Zielsetzung (in Klammern Vorsitz/Ansprechpartner): Caecilia Taunusstein (Dr. Harald Howe); Diskordia 86 (Markus Weiß); Evangelischer Singkreis Wehen (Thomas Wächter); Folk-Club Taunusstein (Jürgen Weller); Frauenchor

Aartal-Lerchen (Ursula Saupp); Frauenchor Orlen e.V. (Sigrid Graeve); Frauenchor Wehen e.V. (Elfriede Schilling); Frauensingkreis Liederkranz Niederlibbach (Lydia Rost); Freie Theatergruppe Trauma (Thomas von der Osten-Sacken); Gesangverein Frohsinn 1877 Seitzenhahn (Willi Heiler); Gesangverein Liederkranz Neuhof 1877 e.V. (Hartmut Waldschmidt); Iranischer Kulturverein 1993 e.V. (F. Alizadeh Sawehi): Junger Chor Canta Nova im MGV Hahn (Dr. Helmut Demmelmeyer); Katholischer Kirchenchor Herz Mariä (Horst Gierlings); Katholischer Kirchenchor St. Ferrutius (Willigis Hill); Kinderchor Kleine Lerchen (Ursula Saupp); Kinderchor Zugmantelfinken (Bernd Hankammer); Kinderchor Lollipop Kids e.V. Taunusstein (Arnulf Reinhardt); Männergesangverein Eintracht Hahn 1906 e.V. (Dr. Helmut Demmelmeyer); Männergesangverein 1856 Wehen e.V. (Kurt Klöckner); Männergesangverein Orlen 1871 (Horst Schneider); Musikzug Bleidenstadt e.V. (Reinhard Swatosch), Parforcehornkorps Jagdschloß Platte e.V. (Karl Heinz Kliegel); Pro Musica Taunusstein (Richard Wolpert); Reiterliche Jagdhornbläser (Manfred Lommatzsch); Sängervereinigung Bleidenstadt-Watzhahn 1891 e.V. (Horst Fink); Schmalfilm- und Videoclub Taunusstein e.V. (Walter Berghäuser); Spielmannszug Wehen 1979 e.V. (Georg Spreizenbarth); Taunussteiner MachArt e.V. (Inge Meyer); Turn- und Gesangverein Wingsbach 1913 e.V. (Ilona Thoermer); Vokalensemble Cantando Cantabile (Arnulf Reinhardt); Volkshochschule Rheingau-Taunus e.V., Zwgst.Tst. (Herbert Felbel); Wiesbadener Musik- und Kunstschule e.V. (Rita Thies).

1.3 Vereine mit sozialer Zielsetzung

Den dritten großen Sektor des Vereinswesens bilden die Hilfsorganisationen: Freiwillige Feuerwehren, Rettungsdienste, Kranken- und Altenpflegestationen sowie Einrichtungen der Jugendhilfe.

Eine gewisse Sonderstellung nehmen die Freiwilligen Feuerwehren ein, da sie mit der Sicherstellung der örtlichen Brandbekämpfung eine Aufgabe des bürgerschaftlichen Selbstschutzes erfüllen (Gott zur Ehr – dem Nächsten zur Wehr). Während die existenzielle Bedeutung des Brandschutzes natürlich seit Menschengedenken auf der Hand liegt, steht seine organisatorische Ausgestaltung unter dem Einfluß gesellschaftlicher Entwicklungen und politischer Rahmensetzungen. In der föderal verfaßten Bundesrepublik gehört der Brandschutz zu den öffentlichen Aufgaben, die den Gemeinden von den Ländern als Pflicht auferlegt werden (pflichtige Selbstverwaltungsaufgaben). Das heißt, das Ob ist der Gemeinde vorgeschrieben, in ihrem Ermessen liegt das Wann und das Wie. Die Erfüllung einer solchen Aufgabe überwacht das Land mit dem Instrument der Rechtsaufsicht.[8] Da bei der Entscheidung über das Wie nicht nur sachliche, sondern auch finanzielle Überlegungen eine Rolle spielen (müssen), läuft es in der kommunalpolitischen Praxis darauf hinaus, daß in größeren Städten Berufsfeuerwehren vorgehalten werden und auf dem Lande freiwillige Feuerwehren anzutreffen sind. Die Verhältnisse in Taunusstein bestätigen diese Feststellung. Da das Sicherheitsbedürfnis der Bürger nicht von der Größe der Einwohnerzahl abhängt, versteht sich beinahe von selbst, daß sich Feuerwehren auch in den kleinsten selbständigen Gemeinden gebildet hatten und diese nach Stadtgründung im Jahre 1972 uneingeschränkt in die Struktur der neuen Großgemeinde integriert wurden. So verfügt Taunusstein mit seinen zehn Stadtteilen über zehn Freiwillige Feuerwehren.[9] Was deren Einsatzfähigkeit in unseren Tagen betrifft, so erscheint sie zumindest am Tage durchaus gefährdet: mehr Aktive als früher gehen ihrem Beruf auswärts nach und stehen im Alarmfall deshalb nicht zur Verfügung. Nebenbei wird in den Feuerwehren auch die Kameradschaft gepflegt.

Recht bewegt stellt sich die Entwicklung im Bereich des Rettungswesens sowie der Kranken- und Altenpflege dar. Hier ist eine Tendenz zur Differenzierung und Spezialisierung zu beobachten. So trat an die Seite des Deutschen Roten Kreuzes (DRK) 1971 der Arbeiter-Samariter-Bund (ASB) mit der speziellen Aufgabe, den Krankentransport und den Rettungsdienst in der Stadt sicherzustellen – eine Notwendigkeit, der nicht zuletzt auf Grund der steigenden Motorisierung und der damit einhergehenden Unfallhäufigkeit Rechnung getragen werden mußte. Der Nachfrage folgend wurden im Laufe der Zeit weitere Dienste aufgebaut, etwa ein Mobiler Sozialer Hilfsdienst, ein Hausnotrufdienst und Essen auf Rädern. Dem DRK Taunusstein, hervorgegangen aus der 1961 gegründeten Ortsgruppe Bleidenstadt und deren 1972 erfolgten Fusion mit den Ortsgruppen Hahn, Wehen und Neuhof, blieben wichtige Aufgaben erhalten, vor allem der Katastrophenschutz, der Blutspendedienst, Erste-Hilfe-Kurse und Wasserwacht.

Im Falle der Kranken- und Altenpflege vollzog sich gegen Ende der 70er Jahre eine grundlegende Neuorientierung. Als Ergebnis wurde 1981 das alte System der Gemeindekrankenschwestern, angestoßen durch ein Initiativprogramm des Landes, in die Trägerschaft des Caritasverbandes überführt, der eine Sozialstation für einen Einzugsbereich von 30000 Einwohnern aufbaute (1999 ergänzt durch eine Kurzzeitpflegestation). Der mobile Pflegedienst liegt in der Hand von erfahrenen Fachkräften, in die ergänzenden Dienste sind in beachtlicher Zahl ehrenamtliche Helfer eingebunden. Ein ebenfalls ehrenamtlich tätiger, aus Vertretern der Kommune, der Ärzteschaft und verwandter Organisationen zusammengesetzter Beirat begleitet die Arbeit des professionellen Teams, überwacht die Finanzen und dient als Gesprächsforum für inhaltliche und gesundheitspolitische Fragen. Als Folge von Veränderungen der rechtlichen Rahmenbedingungen ist mittlerweile ein Wettbewerb eingetreten, an dem außer den Wohlfahrtsverbänden auch private Dienstleister teilnehmen.

Um Alte wie um Junge kümmert sich die Arbeiterwohlfahrt, deren Taunussteiner Ortsverein im Jahre 1975 gegründet wurde. Die Vermittlung von Altenerholungs- und Müttergenesungskuren und freizeitpädagogische Seniorenbetreuung gehören ebenso zu ihren Tätigkeitsschwerpunkten wie sozialpädagogische Schülerhilfe und der inzwischen seit über einem Vierteljahrhundert organisierte Ferienspaß für 6- bis 12jährige.

Den Sorgen und Nöten der Heimkehrer, Kriegerwitwen und -waisen widmete sich ursprünglich der VdK. Mit zunehmendem Abstand zum Kriegsende gewann die Gruppe der Behinderten und Sozialrentner an Gewicht, das auch im vollständigen Namen Verband der Kriegs- und Wehrdienstopfer, Behinderten und Sozialrentner Deutschlands zum Ausdruck kommt. In Taunusstein sind die VdK-Mitglieder in vier Ortsgruppen (Bleidenstadt, Hahn, Seitzenhahn, Wehen/Neuhof/Orlen) zusammen gefaßt.

Die gleiche Zielgruppe, zumindest hinsichtlich der Altersstruktur, haben die stadtteilbezogenen Seniorenclubs im Auge. Stärker als beim VdK stehen hier jedoch Aspekte einer möglichst vielseitigen Freizeitgestaltung im Vordergrund, bei der mehr und mehr Weiterbildungsaktivitäten einbezogen werden – eine Reaktion auf die demografische Entwicklung: einerseits steigt die Lebenserwartung, andererseits die Zahl der Frührentner, für die der Übergang vom Berufsleben in den Ruhestand zu gestalten ist.

Vereine mit sozialer Zielsetzung (in Klammern Vorsitz/Ansprechpartner): Amnesty International (Erika Atzbach); Arbeiter-Samariter-Bund/Ortsverband Taunusstein (Gerhard Hofmann); Arbeiterwohlfahrt/Ortsverband Taunusstein e. V. (Willi Herrmann); Arbeiterwohlfahrt/Sozialpädagogische Schülerhilfe (Alfred Strauß); Arbeitsgemeinschaft 60- Plus (Arthur Fuhr); Arbeitskreis Kleine Hände (Annelie Heilhecker); ARCHE e. V. (Ingrid Lorenz); BRITA Kindergarten e. V. (Heinz Hankammer/Hans Jörg Vogel); Caritas Sozialstation (Elisabeth Reith); Deutsche Multiple Sklerose Gesellschaft/RTK (Martha Hussong); Deutsche Rheumaliga AG Taunusstein (Joachim Spring); Deutscher Diabetiker Bund/LV Hessen e. V. (Gabriele Stoll); Deutsches Rotes Kreuz/OV Taunusstein (Mansuet Heidenreich); Deutsches Rotes Kreuz/Wasserwacht (Dr. Bernd Schwalm); Evangelische Frauenhilfe Neuhof (Edith Becker); Evangelische Frauenhilfe Orlen (Helmi Usinger); Evangelische Frauenhilfe Seitzenhahn (Gerda Mair); Freie Stillgruppe Taunusstein (Ute Gazus); Freiwillige Feuerwehr Bleidenstadt (Hans Josef Roth); Freiwillige Feuerwehr Hahn (Norman Enk); Freiwillige Feuerwehr Hambach (Frank Hofmann); Freiwillige Feuerwehr Neuhof (Hans Joachim Ehrhardt); Freiwillige Feuerwehr Niederlibbach (Horst Hieß); Freiwillige Feuerwehr Orlen (Manfred Deußer): Freiwillige Feuerwehr Seitzenhahn (Maik Kugelstadt); Freiwillige Feuerwehr Watzhahn (Reinhold Leukel); Freiwillige Feuerwehr Wehen (Hans-Joachim Hippler); Freiwillige Feuerwehr Wingsbach (Peter Körner); Guttempler-Gemeinschaft Altenstein (Rolf Jung); Hamster e. V. [Elterninitiative Kita Hirschgraben] (Petra Stumm); Jugendfeuerwehr Taunusstein (Peter Usinger); Katholische Frauengruppe Bleidenstadt (Marianne Fuhrmann); Lions Club Untertaunus West (Ferdinand Pütz); Mütter- und Frauenzentrum e. V. (Susanne Collenbusch); Seniorenclub Ferrutiusstuben (Arnold Emsermann); Seniorenclub St. Marien (Johanna Heide); Seniorenclub Zehntscheune (Maria Ciesla); Seniorenclub Bleidenstadt/Seitzenhahn/Watzhahn (Irene Fuhr); Seniorenclub der AWO Taunusstein (Willi Herrmann); Seniorenclub Hahn (Edda Knab); Seniorenclub Hambach (Richard Hofmann); Seniorenclub Neuhof (Meta Hengstler); Seniorenclub Niederlibbach (Burgunde Gläser); Seniorenclub Orlen (Hildegard Oberndörfer); Seniorenclub Wehen (Klara Strahl); Seniorenclub Wingsbach (Rita Bayer) Seniorengemeinschaft Hahn (Gertrud Götz); Senioren-Kultur-Kreis (Wolfgang Tiedge); Seniorentreff Seitzenhahn (Betty Metz); Senioren-Union (Leonie Munsch-Ventura); Tomburger Ritterbund e. V. (Dirk Leimkuhl); VdK Ortsgruppe Bleidenstadt (Gertrud Wolf); VdK Ortsgruppe Hahn (Heinz-Günter Ramspott); VdK Ortsgruppe Seitzenhahn Herbert Köhler); VdK Ortsgruppe Wehen/Neuhof/Orlen (Rolf Fuchs).

1.4 Vereine mit der Zielsetzung zur Wahrung von Brauchtum, Ortsbild- und Landschaftspflege

Einen wahrhaft bunten Strauß bilden die Vereine dieser Gruppe. Die schillerndsten sind zweifellos diejenigen, die die Pflege des mehr oder weniger deutlich an Mainz ausgerichteten Karnevals auf ihre Fahnen geschrieben haben: die 1. Bleidenstadter Carnevals Gesellschaft (1953), der Taunussteiner Carnevalsverein Die Gockel (1979) und der Karneval-Verein Seitzenhahn (1987). Alle drei können mit eigenem Narrenpersonal aufwarten, pflegen aber, wie in der Szene verbreitet, darüber hinaus einen regen Austausch mit benachbarten und befreundeten Vereinen. Dabei legt insbesondere die 1. BCG Wert darauf, in ihren Prunk- und Fremdensitzungen programmatisch einen für das ganze Rhein–Main–Gebiet repräsentativen Querschnitt zu bieten.

Doch närrisches Treiben bleibt nicht den Spezialisten vorbehalten. Auch andere Vereine entdecken in der sogenannten fünften Jahreszeit die komischen Talente unter ihren Mitgliedern. Die Hahner Aartal-Lerchen (mit männlichem Elferrat), der MGV Orlen und der TGV Wingsbach (mit jeweils weiblichem Elferrat), der TV Wehen und der TuS Niederlibbach schicken Büttenredner, Tanzgarden und Gesangsgruppen auf die Bühne, vor der sich immer wieder auch auswärtige Liebhaber dieser Art von Humor einfinden. Dies gilt in auffälliger Weise für die inzwischen vier Fastnachtssitzungen je Kampagne der katholischen Pfarrgemeinde St. Ferrutius in Bleidenstadt, die sich dank ihrer kabarettistischen Qualität zum Geheimtip der Region gemausert haben.

Sozusagen zum Altbestand des hiesigen Brauchtums gehört das Kirchweihfest, hier Kerb genannt. Sie wird in Hahn, Neuhof, Seitzenhahn, Wehen und Wingsbach von Kerbegesellschaften ausgerichtet, in Bleidenstadt und Orlen von mehreren Vereinen, die sich zu diesem Zweck zu einer Arbeitsgemeinschaft zusammentun. In den größeren Stadtteilen haben sich diese Zusammenschlüsse übrigens längst in Form von Vereinsringen verfestigt, deren wesentliche Aufgabe darin besteht, die Vielfalt der stadtteilbezogenen Feste und Veranstaltungen terminlich abzustimmen und Kooperationsmöglichkeiten auszuloten.

Der Heimatpflege im weiteren Sinne sind die Verkehrs- und Verschönerungsvereine (Hahn, Seitzenhahn, Wehen) zuzuordnen, die sich der praktischen Ortsbildpflege, etwa durch Anlage und Pflege von öffentlichen Grünanlagen, verschrieben haben.

Die Bürgerinitiative Lebenswertes Neuhof engagiert sich intensiv in der Ortskernsanierung und in der Frage eines zukunftsträchtigen Leitbildes für den ganzen Stadtteil. Im weitesten Sinne der Natur verbunden sind darüber hinaus die Kleingärtner, die Tierfreunde, die sich der Vermittlung herrenloser Tiere widmen und einschreiten, wenn Tiere nicht artgerecht gehalten oder sonst gequält werden, der Naturschutzbund, der Rassegeflügel-Zuchtverein und der Verein für deutsche Schäferhunde.

Vereine für Brauchtum, Ortsbild- und Landschaftspflege (in Klannern Vorsitz/Ansprechpartner): 1. Bleidenstadter Carnevalsgesellschaft 1953 e. V. (Peter Täuber); Brauchtumsverein (Axel Petri); Bund für Umwelt und Naturschutz/OV Taunusstein (Ursula van Aaken); Bürgerinitiative Lebenswertes Neuhof (Horst Engel); DBV Naturschutzbund/Ortsgruppe Taunusstein (Monika Ertel); Fremdenverkehrs- u. Verschönerungsverein Seitzenhahn (Monika Toldrian); Hahner Kerbegesellschaft 1965 e. V. (Helmut Enders); Heimat- und Verschönerungsverein Hambach (Richard Hofmann); Interessengemeinschaft Freizeitgelände Heckerweg e.V. (Volker Behr); Karneval-Verein Seitzenhahn (Manfred Magerl); Kerbegesellschaft 1980 Seitzenhahn (Bernd Scheidt); Kerbegesellschaft Neuhof e. V. (Walter Ott); Kerbeverein Wingsbach 1997 e. V. (Axel Petri); Kleingartenverein Wingsbachtal e. V. (Ursula Debus); Nassauische Touristikbahn e. V. (Klaus Borchmeyer); Rassegeflügel-Zuchtverein (Alfons Felkel); Taunussteiner Carnevalsverein Die Gockel (Anita Wiesinger); Tierfreunde Taunusstein e. V. (Monika Hartmann; Verein für deutsche Schäferhunde/OG Taunusstein (Bernhard Hoffmann); Vereinigung der Kleingärtner Mühlfeld/Köpfchen (Peter Schuck); Verkehrs- und Verschönerungsverein Hahn 1913 e. V. (Konrad Bauer); Verkehrs- und Verschönerungsverein Wehen e. V. (Hanns-Joachim Kneipp); Wehener Spaß- und Kerbegesellschaft 99 e. V. (Marc Hoffmann).

1.5 Weitere Vereine

Weitere, bisher nicht erwähnte Vereinigungen pflegen Aktivitäten, die nicht ohne weiteres den klassischen Aktionsbereichen zuzuordnen sind und/oder in der Regel auch nicht in Wettbewerben antreten, oder sie üben Sonder- oder Querschnittsfunktionen aus. Dazu werden in diesem Zusammenhang Aktivitäten, der in den größeren Stadtteilen hauptsächlich als Dachverbände strukturierten Vereinsringe gezählt, die örtlichen Unterorganisationen der politischen Parteien und die verschiedenen Arbeitsgruppen des Agenda 21-Projekts. Nicht behandelt sind die Kirchen- und Religionsgemeinschaften mit Ausnahme bestimmter Gruppierungen, die vereinsähnliche (etwa soziale oder kulturelle) Zwecke verfolgen.

Von fundamentaler Bedeutung für alle Vereine ist die Rekrutierung von Nachwuchs. Der Erfolg eines Vereins hängt daher letztlich von der Kontinuität seiner Jugendarbeit ab, die sich bei einer ganzen Reihe von Vereinen in relativ selbständig agierenden Jugendorganisationen niederschlägt (Beispiele: ASB-Jugend, Jugendrotkreuz, Junge Union). Jugendliche, die aus den unterschiedlichsten Gründen keine dauerhafte Bindung an einen Verein eingehen wollen, können sich zur gemeinsamen Gestaltung ihrer Freizeit in freien Jugendclubs der Stadtteile oder im Jugend- und Kulturzentrum (JUKUZ) treffen.

Allgemeinen Zielen der Völkerfreundschaft und guten Nachbarschaft dienen Freundeskreise, die den Kontakt der Stadt Taunusstein zu ihren Partnergemeinden Herblay (Frankreich), Yeovil (England), Caldes de Montbui (Spanien) und Wünschendorf (Thüringen) pflegen.

Die bisher, einzeln oder summarisch, beschriebenen Vereinigungen dürfen allesamt Idealvereine im Sinne des Gesetzes genannt werden, wenngleich kaum einer überleben könnte, wenn er sich nicht auch wirtschaftlich betätigte. Im Grenzbereich zwischen Idealvereinen und wirtschaftlichen Vereinen bewegt sich daher die wachsende Zahl sogenannter Fördervereine, die ausschließlich zu dem Zweck gegründet wurden, die wirtschaftliche Basis bestimmter Idealvereine (z.B. MGV Wehen, Rhönradabteilung des TSV Bleidenstadt) oder Einrichtungen (z. B. Schulen) zu stärken.

Bewußt wirtschaftliche Interessen wiederum verfolgt der Gewerbeverein, der sich als Sprachrohr der ortsansässigen Industrie, des Handwerks, des Handels, der Gastronomie und der Freiberufler versteht und nicht zuletzt die Gesamtentwicklung der Stadt kritisch und konstruktiv zu begleiten sich bemüht.

Weitere Vereine (in Klammern Vorsitz/Ansprechpartner): David/Förderverein der dt. Kinderherzzentren e. V. (Heike Hieß); Agenda 21/TG Energie (Beate Kienle); Agenda 21/TG Frauen (Doris Schäfer); Agenda 21/TG Grünentwicklung (Doris Etges); Agenda 21/TG Kultur (Heidelore Buscher); Agenda 21/TG Siedlungsentwicklung (Doris Dickes-Völker); Agenda 21/TG Soziales (Maria Graffe); Agenda 21/TG Verkehr (Dr. August Thormann); Agenda 21/TG Wirtschaft (Hans Jörg Vogel); Arbeitsgemeinschaft der Jungsozialisten (Daniel Mollenhauer); Arbeitsgemeinschaft Sozialdemokratischer Frauen (Rosemarie Wilhelmi); ASB-Jugend (Christine Rischer-Schirmer); Briefmarkenverein Untertaunus (Hermann Schuster); CDU-Stadtverband Taunusstein (Peter Lachmuth); Deutsch-Australischer Schüleraustausch (Michael Krüger); Deutsche Heimat Partei (Heinz Brandmüller); Deutscher Amateur Radio Club e.V. (Dieter Gamlich); Deutscher Pfadfinderbund/Mädelschaft Rheinmöven (Christel Bott); Deutscher Pfadfinderbund/Stamm Wulfen (Matthias Bott); FDP-Ortsverband Taunusstein (Waldemar Dönges); Förderer und Freunde der Gesamtschule Obere Aar (Wilfried Schaab; Förderer und Freunde der Grundschule Wehen (Gisbert Müller); Förderverein der beruflichen Schulen Untertaunus (Otto Tolksdorff); Freie Wählergemeinschaft (Hannelore Manthey); Freundeskreis Caldes de Montbui (Klaus Möller); Freundeskreis des Verbandes Christlicher Pfadfinder (Wolfgang Zimmermann); Freundeskreis Herblay (Kurt Schneider) Freundeskreis Wehener Schloß (Barbara Berghäuser); Freundeskreis Wünschendorf (Gerhard Wittmeyer); Freundeskreis Yeovil (Elke Kaspereit); Gewerbeverein Taunusstein e.V. (Hans Jörg Vogel); Grundschulförderverein Bleidenstadt 1992 e. V. (Ingeborg Vorndran); Grüne/Bündnis 90 (Ursula van Aaken); Jugend- und Kulturzentrum Taunusstein e. V. (Aleksander Balaz); Jugendgruppe des Naturschutzbundes (Monika Ertel); Jugendrotkreuz (Alexander Heilhecker); Junge Union (Thomas Lorenz); Naturschutzjugend Rheingau–Taunus (Irene Müller): SPD-Ortsverein (Bernd Scheid); Verein der Freunde der Musikschule Taunusstein (Jörg Dietrich); Verein der Freunde und Förderer des MGV Wehen (Alfred Messer); Verein zur Förderung des Rhönradturnens (Monika Kraft); Vereinsring Bleidenstadt (Horst Fink); Vereinsring Hahn (Bernd Schauss); Vereinsring Neuhof (Hans-Hermann Manthey); Vereinsring Orlen (Ulrich Hendricks); Vereinsring Wehen (Peter May).

2. Ausblick

Die Vereinslandschaft nicht nur, aber besonders auch in Taunusstein ist eine Säule des gesellschaftlichen Lebens, die gar nicht überschätzt werden kann. Sie spiegelt die Verfassung der Bürgerschaft zutreffender wider, als kommunale und staatliche Organe dies vermögen. Ihre Erhaltung und kraftvolle Weiterentwicklung muß deshalb vornehmstes Anliegen aller Taunussteiner sein und bleiben. Dieses Ziel wird erreicht werden,

– wenn sich auch in Zukunft genügend Frauen und Männer ehrenamtlich engagieren und sich als Vereinsvorstände und Übungsleiter zur Verfügung stellen;
– wenn die Aktiven die sich wandelnden Bedürfnisse der Bevölkerung erkennen und sich mit ihrem Programmangebot geschmeidig darauf einstellen;
– wenn trotz augenscheinlicher Vielfalt auch mögliche Lücken wahrgenommen und durch neue Initiativen geschlossen werden.

3. Anmerkungen

1 www.stadt-Taunusstein.de; die Vereinslisten werden laufend aktualisiert, Informationen über Änderungen nimmt die Stadt jederzeit gerne entgegen.
2 P. Wacker u. G. Müller-Schellenberg, Das herzoglich-nassauische Militär 1813–1866. Taunusstein 1998, S. 219, 549 (Anm. 41).
3 M. Wettengel, Die Revolution im Rhein–Main–Raum 1848/49. Wiesbaden 1989, S. 421, 423 ff., 553.
4 So außer den heute noch existierenden Vereinen die Sänger-Einheit Orlen (1871) und der regionale Maurerverband (1896). Siehe Beitrag Guntram Müller-Schellenberg, S. 247, 259, 262.
5 BGB §§ 21–79.
6 G. Geckle, Vereins-Ratgeber. Planegg/München 1987, S. 9.
7 Soweit nicht gesondert angegeben, beruhen Aussagen zu den Vereinen auf eigenen Beobachtungen oder beziehen sich auf Selbstdarstellungen der Vereine (Programme, Festschriften und dgl.).
8 Aufgaben praktischer Kommunalpolitik. H. 1. Recklinghausen 1983, S. 21.
9 Zu Geschichte, Ausrüstung und Mitgliedern der Freiwilligen Feuerwehren siehe Beitrag Dr. Ferdinand Tonke S. 359–366.

Klaus Kopp

Die Aartalbahn

Inhalt

1. Von der Langenschwalbacher Bahn zur Nassauischen Touristikbahn 379
2. Anmerkungen 386
3. Literaturhinweise 386

1. Von der Langenschwalbacher Bahn zur Nassauischen Touristik-Bahn

Am 15. November 1889 ging es in Hahn und Bleidenstadt hoch her. Dorfhonoratioren wie biedere Landleute hatten sich an der neuen Bahnstrecke versammelt, denn der erste fahrplanmäßige Zug sollte an diesem Tag die Höhe erklimmen und der oberen Aar den Anschluß an die weite Welt, zumindest aber nach Wiesbaden und zur Kreis- und Badestadt Langenschwalbach bringen. Der Chronist Christian Spielmann berichtete im *Wiesbadener Tagblatt*, die Hahner hätten diesen Eröffnungstag als Festtag gewertet, geschlachtet und Kuchen gebacken, geflaggt und Musik aufgeboten. Auch in Bleidenstadt wurde der Zug von der Einwohnerschaft, an der Spitze der Dorflehrer mit seinen Schulkindern, jubelnd begrüßt.

Eine mehr als vier Jahrzehnte umfassende Phase der Projekte und der Auseinandersetzungen um Trassen und Kosten war schließlich doch erfolgreich durchgestanden worden. Schon 1845, also bereits zehn Jahre nach Eröffnung der ersten deutschen Eisenbahn zwischen Nürnberg und Fürth, diskutierte man im Rahmen einer Nord–Süd–Schienenverbindung die Linienführung durch das Aartal als denkbare Alternative. 1862 bildete sich ein Central-Comité zur Erbauung einer Aartalbahn zwischen Diez und Wiesbaden, das für die Trassierung über Wellritztal und Fasanerie mit Untertunnelung der Eisernen Hand und einer Station in Bleidenstadt eintrat.

Nach der Annexion Nassaus durch Preußen im Jahre 1866 verstärkten die interessierten Kreise ihre Bemühungen um die Realisierung des Projekts. Und tatsächlich erreichten sie 1870 als erste Ausbaustufe die Errichtung der Strecke Diez–Zollhaus durch die Königlich Preußische Eisenbahnverwaltung (KPEV). 1883/84 kam es zu erneuten Vorstößen, so daß das Ministerium der öffentlichen Arbeiten die Eisenbahndirektion Frankfurt/Main im August 1884 beauftragte, generelle Vorstudien anzufertigen. Aus dem folgenden Jahr datiert eine Übersichtskarte, die zwar einen Streckenverlauf über den Taunuspaß Eiserne Hand vorsah. Hahn blieb hiernach aber rechts liegen, da die Bahn erst bei Bleidenstadt in das enge Aartal eingefügt werden sollte. Der Bahnhof war zwischen Hahn und Bleidenstadt vorgesehen.

Moritz Hilf, ehemaliger Direktor der Herzoglich-Nassauischen Staats-Eisenbahn und danach technischer Leiter des (preußischen) Eisenbahnbetriebsamtes Wiesbaden, wurde mit Planung und Bau betraut. Die Detailplanung dieses angesehenen Experten, der Rhein- und Lahnbahn sowie die Bahnstrecke Diez–Zollhaus gebaut hatte, führte dann doch zu einem für Hahn günstigeren Verlauf. Um Kosten zu sparen, war Hilf gehalten, den Taunuskamm möglichst ohne aufwendige Tunnel- oder Brückenbauten zu bewältigen. Er wählte zur Überquerung des Taunus gleichfalls die Eiserne Hand (421,5 m), wobei der Rheinbahnhof (110 m) – an der heutigen Rhein–Main-Halle – sein Ausgangspunkt war. Dies konnte nur unter Inkaufnahme einer Steigung von 1 : 33 bewältigt werden – eine für den damaligen Lokomotiven- und vor allem Bremsenstandard ausgesprochen kühne Entscheidung. Immerhin war die Strecke damit die steilste im Kaiserreich, die ohne Zahnradunterstützung befahren wurde!

Ob die Überquerung des Taunus bei der Platte eine ernsthafte Alternative war, muß offen bleiben. Zwar wirft Wilhelmi in »Wehen und sein Grund« den Wehener Bauern Kurzsichtigkeit vor, weil sie nicht bereit gewesen seien, sich von ihrem Grund und Boden zu trennen, und damit die Streckenführung über die Platte nach Wehen vereitelt hätten. Dagegen spricht aber, daß die Königliche Eisenbahndirektion (KED) Frankfurt/Main schon bei den ersten Plänen eine westliche Trasse vorgesehen hatte, um das aufstrebende Dotzheim einzubeziehen und gegebenenfalls Schlangenbad mit einer Stichbahn von Chausseehaus aus anzubinden. Nachweislich versuchte die Gemeinde Wehen hingegen, unterstützt durch die Nachbargemeinden, zumindest das Eschbachtal ins Gespräch zu bringen, da ein Bahnhof dort immer noch vorteilhaft für Wehen und sein Hinterland mit beachtlichen 3000 Einwohnern gewesen wäre. Aber die KED Frankfurt/Main lehnte dies wegen der Terrainschwierigkeiten ab. Moritz Hilf realisierte dann eine Trasse, die zwischen Lauterbach und Eschbach verlief, so daß sich der auch für Hahn nähere Bahnhofsstandort ergab. Dabei überschätzt Wilhelmi wohl den Einfluß des Hahner Gastwirts Ohlenmacher auf die Landmesser und Ingenieure, der dadurch die Errichtung des Bahnhofs unmittelbar gegenüber seiner Wirtschaft erreicht habe. Vielmehr dürfte es gerade der Einsatz des Wehener Bürgermeisters Körner gewesen sein, der zugleich dem Untertaunuskreisausschuß und dem Provinziallandtag angehörte, daß eine Änderung der ursprünglichen Planung erfolgte. Ein kleiner Triumph gelang den Wehenern sowieso: Die Hahner Station erhielt die Bezeichnung Hahn–Wehen.

Am Tag der Eröffnung, also am 15. November 1889, war das Hahner Bahnhofsgebäude, mit dessen Bau man im Juni begonnen hatte, allerdings noch nicht fertiggestellt. Noch provisorischer ging es in Bleiden-

Abb. 1: Sommer 1889: Die Bauzüge der »Langenschwalbacher Bahn« erklimmen die Taunushöhen.

stadt zu. Eine Tafel mit der Stationsbezeichnung gab den Haltepunkt an. Ein am Bahndamm stehendes Haus diente vorläufig als Bahnhofsersatz.

Aber zumindest betriebstechnisch war die Kgl. Preuß. Eisenbahnverwaltung auf Nummer Sicher gegangen und hatte den ersten Zug nach Langenschwalbach (sechs zweiachsige Personenwagen sowie ein Post- und Gepäckwagen) mit drei Lokomotiven (Baureihe T3) versehen, um auf der ungewohnten Steilstrecke jedes Risiko auszuschließen.

In den folgenden Wochen übertraf die Fahrgastnachfrage alle Erwartungen. Bald mußten von anderen Strecken Loks und Wagen abgezogen werden, um den Ansturm bewältigen zu können. Für die wirtschaftliche Prosperität entscheidend war allerdings der Güterverkehr. Auch hier war die Nachfrage vom ersten Be-

Abb. 2: Bahnhof Bleidenstadt: 100 Jahre nach der Erbauung vorbildlich restauriert (1990).

triebstag an ungewöhnlich hoch. Sehr bald schon fuhren auch die Güterzüge fahrplanmäßig, damit sich Anlieger und Anlieferer entsprechend einrichten konnten. Ab 1890 verkehrten außerhalb der Saison wenigstens fünf, sonntags sogar sieben Personenzugpaare.

1891 war der Bleidenstadter Bahnhof fertiggestellt worden, der in seiner Ausführung den Anlagen in Dotheim und Hahn entsprach: Es handelte sich um spartanisch-schlichte Flachbauten, die Dienstzimmer, Warte- und Güterraum unter einem Dach vereinigten, die aber – wie der 1990/91 vorbildlich restaurierte Bahnhof Bleidenstadt belegt – durch abwechslungsreichen Einbau von hellen und roten Ziegelsteinen und zurückhaltender Verwendung von Fachwerk eine ansprechende Gestaltung aufzuweisen hatten. Der rege Zugverkehr brachte auch Nachteile mit sich, und zwar besonders

Abb. 3: 1952: Reger Verkehr im Bahnhof Bleidenstadt. Der mittlere Waggon ist ein klassischer »Langenschwalbacher«.

für Bleidenstadt, das von der Bahnstrecke durchschnitten wurde. Als deshalb am 8. August 1891 am Bahnübergang ein erstes Opfer – ein trächtiges Schwein – zu verzeichnen war, das gemäß sachverständigem Bericht des Bürgermeisters für seinen Eigentümer danach nur noch einen sehr geringen Wert hatte[1], und kurz darauf, am 19. September 1891, der Landmann Karl Hasselbach mit seinem Holzfuhrwerk fast vom Morgenzug erwischt worden wäre, da der Zug, nach Zeugenaussagen, herangebraust kam und dann erst geläutet und gepfiffen hatte[2], lautete die eindeutige Forderung der Gemeinde, endlich Schranken einzubauen. Der Wiesbadener Regierungspräsident griff diese Forderung verständlicherweise unverzüglich auf.

Ab 1891/92 wurden neue Lokomotiven und Wagen eingesetzt, die für die ungewöhnlichen Verkehrs- und Betriebsanforderungen dieser taunensischen Bergbahn konzipiert worden waren, nämlich eine Tenderlok mit der Achsfolge C1 (mit hinterer Laufachse also) und kurvengängige leichte und kurze Personenwagen mit zweiachsigen Drehgestellen. Beide Bauarten machten als »Langenschwalbacher« preußisch-deutsche Eisenbahngeschichte.

1894 schloß die KPEV die Verbindungslücke zwischen Zollhaus und Langenschwalbach, so daß durchgehender Betrieb zwischen Limburg und Wiesbaden möglich wurde. Der ständig steigende Verkehr zwang die Eisenbahnverwaltung unaufhörlich zur Verbesserung der Anlagen. Ein besonders gutes Beispiel hierfür ist der Waldbahnhof Eiserne Hand, dritter Bahnhof auf dem Gebiet der heutigen Stadt Taunusstein. Ursprünglich bestand er aus einer schlichten Wartehalle für die auf den Zug wartenden Jäger oder Waldarbeiter. Bald folgte ein bescheidener Wirtschaftsbetrieb. Doch als immer mehr Wiesbadener und ihre Kurgäste die Taunuswälder entdeckten, mußte die Station kontinuierlich ausgebaut werden. Schließlich – 1909/10 – glich das Gelände mehr einem florierenden Biergarten mit Bahnanschluß als einer Station. 1906/09 erhielt der Bahnhof Hahn–Wehen zwei weitere Gleise auf der Südseite; eine eiserne Fußgängerbrücke überspannte die Gleise. Die Schranken wurden dort 1907 eingebaut.

Es ist verständlich, daß diese günstige Aufwärtsentwicklung der Aartalbahn diejenigen nicht ruhen ließ, die auf einen Bahnanschluß hatten verzichten müssen. Bereits am 18. Dezember 1898 hatten sich in Neuhof Vertreter der Gemeinden getroffen, die eine Verbindung zwischen Hahn und einem Bahnhof der Bahnstrecke Limburg–Frankfurt/Main anstrebten, wobei einige Idstein und andere Niedernhausen als Knotenpunkt favorisierten. Daneben gab es noch das Projekt einer Direktverbindung Idstein–Langenschwalbach. Vor allem für den Güterverkehr versprach man sich durch eine Streckenführung über Niedernhausen wesentliche Verbesserungen. Denn das große Kalksteinaufkommen Hahnstättens mußte über Limburg nach Süddeutschland transportiert werden, weil die Strecke über die Eiserne Hand hierfür zu steil war. Auch reizte die Verkürzung der Strecke zum interessanten Frankfurter Markt: Über Wiesbaden waren es von Langenschwalbach 65 km, über Niedernhausen nur 52 km, das heißt 20% weniger. Natürlich durften damals militärische Überlegungen nicht fehlen. Die Befürworter der Verbindungsbahn verwiesen in einer Petition vom 23. Oktober 1905 an das Ministerium auf die natürliche Deckung, welche der Höhenrücken des Taunus bietet.[3]

Als Störfeuer dürfte da der Vorstoß des Untertaunus-Landrats von Köller empfunden worden sein, der am 30. November 1902 bei der Elektrizitäts-AG Nürnberg wegen des Projekts einer schienenlosen elektrischen Omnibusverbindung zwischen Bahnhof Hahn–Wehen über Neuhof bis zur Stadtmitte Idstein nachgefragt hatte. Ein Repräsentant der Gesellschaft erörterte die Angelegenheit noch vor Jahresende 1902 mit dem Landrat, berechnete den Strombedarf und arbeitete Alternativen aus. Selbst die Steigung bei Eschenhahn (10%) schien nicht unüberwindlich. Die Chausseeverhältnisse wurden als mustergültig gewertet. Dennoch gehörte Mut dazu, dieses Projekt zu verwirklichen, denn die Gesellschaft konnte lediglich auf eine Pilotanlage in Dresden verweisen. So erstaunt es nicht, daß es schon nach wenigen Monaten wieder still um die schienenlose Verbindung wurde.[4]

Doch auch die Bahnprojekte kamen nicht über das Erörterungsstadium hinaus. Denn im Grunde reichte es aus, daß eine Personenpost dreimal täglich den Postort Wehen mit der Bahnstation Hahn–Wehen verband. Im übrigen gab es nach Ausbruch des 1. Weltkrieges im August 1914 andere Prioritäten. Und nach Kriegsende 1918 besetzten die siegreichen Franzosen den Mainzer Brückenkopf, zu dem neben Wiesbaden große Gebiete des Taunus gehörten. Die Aartalbahn durfte deshalb nur innerhalb des besetzten Gebietes verkehren, also von Wiesbaden bis Langenschwalbach. Die Situation verschärfte sich, als die Franzosen im Zuge der Auseinandersetzungen um das Ruhrgebiet Bahnhöfe und Bahnanlagen ihres Besatzungsgebietes beschlagnahmten und eine eigene Eisenbahnregie einführten, die das deutsche Bahnpersonal ausschloß und auf speziellen Transportbons (Verkehrsscheine in französischer Währung) basierte. Die Fahrt von Langenschwalbach nach Bleidenstadt kostete beispielsweise einen halben Franc. Die deutsche Verwaltung wurde erst am 16. November 1924 wieder eingesetzt. Schon am 12. Mai 1924 war die Klage der Gemeinde Hahn, vom Reich Kostenersatz für die von den Franzosen angeordnete Bewachung der Bahnübergänge zu erhalten, abgewiesen worden.[5]

Obwohl die Reichspost ab 1. April 1925 eine Kraftpostlinie Idstein–Hahn–Schwalbach betrieb, die werktäglich zweimal verkehrte und in Idstein Anschluß an den Eilzug nach Frankfurt hatte (Zeitersparnis gegenüber dem Bahnangebot über Wiesbaden/Hauptbahnhof: 1/2 Stunde), wollten die interessierten Untertaunuskreise nicht von ihren alten Träumen der Taunuslängsbahn lassen: In der »Wiesbadener Zeitung« vom 4. August 1926 wurde erneut die Frage der verbesserten Erschließung des Taunus durch die Eisenbahn aufgerollt. Noch immer konkurrierte die Trasse Bad Schwalbach–Idstein mit der Streckenführung Bad Schwalbach–Niedernhausen, wobei beide Teilstück der angestrebten überregionalen Verbindung zwischen Lorch und der Main–Weser–Bahn bei Butzbach sein sollten. Am 22. Februar 1928 beendete der preußische Minister für Handel und Gewerbe die Diskussion durch die Aufforderung, konkrete Baukostenzuschüsse oder Darlehen aufzuzeigen, da sonst die Realisierungsaussichten gering seien. Seitdem herrschte Ruhe.

Nicht unerwähnt soll die Spezialverbindung Wingsbach–Wiesbaden bleiben: Der Milchfuhrmann Fricke von Steckenroth sammelte die Milch von Strinz-Margarethä und Niederlibbach und fuhr sie über Steckenroth und Wingsbach nach Wiesbaden. Für eine Mark nahm er Fahrgäste mit. Sarkastisch stellte Landrat Dr. Pollack

Abb. 4: Transportbons der »Regiebahn« der französischen Besatzungstruppen (1923/24).

am 1. Februar 1926 fest: Diese primitive Personenbeförderung gelegentlich der Milchfuhren bedeutet keine Konkurrenz für die Linien der Oberpostdirektion.[6]

Die Aartalbahn hingegen florierte weiter. Manche Güterzüge verkehrten wegen ihrer Länge fahrplanmäßig mit doppeltem Lokvorspann. Auch gelang es, die Fahrzeit spürbar zu senken.

Über die dreißiger Jahre gibt es kaum etwas zu berichten. Erst nach Ausbruch des 2. Weltkriegs geriet die Bahn wieder in das allgemeine Interesse. Denn sie erwies sich trotz aller kriegsbedingten Beschneidungen des Fahrplans als Rückgrat des Verkehrs zwischen dem Aartal und Wiesbaden.

Zu Beginn der vierziger Jahre kam ein interessantes Projekt auf, dessen Realisierung die spätere Entwicklung der Stadt Taunusstein mit Sicherheit erheblich beeinflußt hätte. Landrat Herrchen schlug am 9. Juli 1940 vor, die Bahnhöfe von Hahn und Bleidenstadt zusammenzulegen, um das zwischen den Gemeinden liegende Areal besser erschließen zu können. Am 28. August 1940 besichtigte eine Kommission den von der Reichsbahndirektion ins Auge gefaßten Standort. Der Raum zwischen Bahn und Aarstraße wurde für Wohnbauten vorgesehen, das Gelände zum Wald hin für Industriewerke. Auch betrieblich hätte sich die neue Bahnhofsanlage positiv ausgewirkt, da die starke Steigung hinter dem Hahner Bahnhof schon mit Volldampf erreicht worden wäre.[7] Anschaulich berichtet der Hahner Lehrersohn und Fahrschüler Eduard Bruggaier[8] von den Problemen, die die Lok der Baureihe 93 hinter dem Hahner Bahnhof hatte; manchmal half bei durchdrehenden Rädern nur ein zweiter Anlauf, der weit vor Hahn–Wehen einsetzte. Zu einer vertieften Verfolgung der Bahnhofsneuorientierung kam es aber nicht. Im Gegenteil – die Luftüberlegenheit der alliierten Streitkräfte wurde immer bedrohlicher. Gegen Kriegsende konnte die Aartalbahn nur noch im Schutz der Dunkelheit in den frühen Morgenstunden und am späten Abend verkehren. Schließlich mußte der Bahnbetrieb ganz eingestellt werden, da die sich zurückziehenden deutschen Truppen nahezu jede Aarbrücke sprengten. Erst am 7. Juli 1945 wurde der Bahnverkehr zwischen Wiesbaden und Bad Schwalbach wieder aufgenommen, Ende September 1945 gab es durchgehenden Verkehr Wiesbaden–Limburg. Der Ansturm war ungeheuerlich. Nur selten konnten die unbeleuchteten und unbeheizten Wagen, bei denen kaum eine Fensterscheibe heil geblieben war, alle Fahrgäste aufnehmen. Selbst auf den Klappen der Übergänge zwischen den einzelnen Waggons drängten sich die Menschen, während der für die US-Besatzungsangehörigen reservierte Wagen meist leer blieb. Allmählich erst – vor allem nach der Währungsreform vom Juni 1948 – normalisierten sich die Verkehrsverhältnisse auf der Bahn, doch schon bald machte sich der Wettbewerb der Straße bemerkbar. Kleinere Zugeinheiten waren nun gefragt. 1957 tauchten die ersten Schienenbusse auf der Aartalbahn auf, spartanisch schlicht eingerichtet, sehr laut und kaum belüftbar, treffend als Ferkeltaxi karikiert. Bis zu sechs Fahrzeuge bildeten zuweilen die Zuggarnituren, die mit Mühe die Eiserne Hand bewältigten. Dann ging die Deutsche Bundesbahn dazu über, sich mit Bahnbussen selbst Konkurrenz zu machen. Seit Sommer 1964 ersetzten sie in den Morgen- und Abendstunden den Schienenverkehr. Erst am 31. Mai 1980 verschwanden die Schienenbusse von der Aarstrecke. Seit Beginn der siebziger Jahre stützte sich die Bahn mehr und mehr auf die moderneren Akku-Triebwagen der Baureihen 515/517. Bereits 1966 war die letzte Limburger Dampflok der Baureihe 93 außer Dienst gestellt worden; diese Baureihe war seit den zwanziger Jahren der häufigste Loktyp auf der Aartalbahn.

Seit 1967 kursierten Gerüchte, die Strecke stehe vor der Stillegung. 1969 kündigte die DB-Direktion Frankfurt/Main dem Landrat die Einstellung des Personenverkehrs Wiesbaden–Bad Schwalbach an. Schon 1962 wurde der Waldbahnhof auf der Eisernen Hand seiner Kreuzungsgleise beraubt, 1967 folgte Bleidenstadt. Hingegen erhielt Hahn–Wehen noch 1972 eine zentrale und überdimensionierte Stückguthalle. Und als 1977 die Magistrale, die Umgehungsstraße zwischen Hahn und Bleidenstadt, geplant wurde, erklärte die DB, die Strecke komme für eine Stillegung des Güterverkehrs nicht in Betracht. Doch zu Beginn der achtziger Jahre wurde es ernst. Am 28. Dezember 1982 genehmigte der Bundesminister für Verkehr die Einstellung des Personen- und Güterverkehrs zwischen Landeshauptstadt und Kreisstadt, die die Bundesbahndirektion Frankfurt/Main am 24. September 1983 vollzog. Tausende nahmen am letzten Betriebstag Abschied vom Schwalbacher Bähnchen.

Am 5. Dezember diesen Jahres begannen die Bagger, den den Fortbau der Magistrale hindernden Bahndamm zu beseitigen. Doch hatte sich die Stadt Taunusstein verpflichten müssen, eine Brücke über diese Magistrale zu schlagen, falls eine Reaktivierung der Aartalbahn erfolgen sollte.

Zwar scheiterten die Bemühungen der privaten Aartalbahn-GmbH, die Kalksteintransporte zwischen Zollhaus und dem Zementwerk der Dyckerhoff AG in Amöneburg auf die Schiene zurückzuholen, doch gelang es dann der Nassauischen Touristik-Bahn, einer am 18. Juni 1986 gegründeten Historisch-Technischen Vereinigung, die Bahnstrecke, die mittlerweile durch die Stadtwerke Wiesbaden AG von der DB gepachtet worden war, mit Museumsbahnbetrieb zu reaktivieren. Als die Bundesbahn allerdings dennoch mit dem Rückbau der Strecke liebäugelte, handelte Hessens engagierter Landeskonservator Prof. Dr. Kiesow und ließ die Aartalbahn am 28. August 1987 unter Denkmalschutz stellen.

Nicht zu verhindern war hingegen, daß die Deutsche Bundesbahn am 26. September 1986 den Personenverkehr auch auf dem Streckenabschnitt Bad Schwalbach–Diez einstellte; bis 1999 bestand noch ein bescheidener Güterverkehr zwischen Kettenbach und Diez.

In der Folgezeit gelang es, mit finanzieller Unterstützung von Land und Stadt die durch die Magistrale entstandene Lücke mit Hilfe einer kombinierten Fußgänger-Radfahrer-Eisenbahnbrücke von 27 m Länge zu schließen, so daß die Nassauische Touristik-Bahn ab 28. März 1991 bis Bad Schwalbach und ab 1. Mai 1994 – genau hundert Jahre nach der Eröffnung der Gesamtstrecke – bis Hohenstein (Nassau) verkehren konnte. Dabei erwies sich die 1989 aus Polen bezogene Dampflok (Baujahr 1955) als Publikumsmagnet. Rechtzeitig zu dieser Streckenerweiterung hatte die Evangelische Kirchengemeinde Bleidenstadt den dortigen Bahnhof ansprechend restauriert und zu einem Gemeindetreff umgewidmet.

Seit Beginn der neunziger Jahre wird die Reaktivierung der Aartalbahn als Stadtbahn im politischen Raum mit unterschiedlichen Resonanzen diskutiert. Gutachten liegen mittlerweile vor, deren Ergebnisse in ihren Konsequenzen überdacht werden müssen. Aber dies gehört nicht mehr zur Verkehrs*geschichte* von Taunusstein, sondern ist aktuelle Verkehrs*politik*.

2. Anmerkungen

1   Bericht vom 12.8.1891 in HHStAW 418 Nr. 241.
2   Bericht vom 19.9.1891 a.a.O.
3   Stadtarchiv Taunusstein, Wehen XXV/3, Konvolut 1, Faszikel 10.
4   HHStAW 418 Nr. 685.
5   Stadtarchiv Taunusstein, Hahn XXV/3, Konvolut 1, Faszikel 36.
6   HHStAW 418 Nr. 1870.
7   Stadtarchiv Taunusstein, Bleidenstadt XXV/3, Konvolut 1, Faszikel 37.
8   E. Bruggaier, Die Schwalbacher Bahn. Auszug aus den Lebenserinnerungen. Unveröffentlichtes Manuskript. Eschborn 1995.

3. Literaturhinweise

N. Eifler, Der Langenschwalbacher. Geschichte eines außergewöhnlichen Reisezugwagens. Freiburg 1978.
J. Joesten, Moritz Hilf. In: Nassovia 1907, S. 208 ff.
K. Kopp, Taunuslängsbahn heißt der Ruf. In: Heimatjahrbuch des Rheingau-Taunus-Kreises 1994, S. 149 ff.
K. Kopp, Langenschwalbacher Bahn (Aartalbahn). Zur Geschichte der berühmten Bäderbahn des Nassauer Landes. Wiesbaden 1994.
G. Schilp, Jetzt fährt kein Aar-Kall mehr. In: Heimatjahrbuch des Rheingau-Taunus-Kreises 1987, S. 117.
J. Seyferth, Die Aartalbahn. Schiene-Foto Band 2. Wiesbaden 1989.
Ch. Spielmann, Eine Waldfahrt auf der Bahn. In: Wiesbadener Tagblatt vom 17.11.1889, S. 46 ff.
Weißbuch Aartalbahn als leistungsfähige Vorortbahn. Wiesbaden 1982/86.

Gertrud Kula

Die Kriegstoten der beiden Weltkriege

Die Daten wurden in den Kirchenbüchern der Evangelischen Gemeinden Bleidenstadt, Strinz-Margarethä und Wehen, in den Standesämtern Hahn und Breithardt sowie im Betriebsamt Orlen recherchiert. Allen Personen, die bei diesen Stellen stets bereitwillig und kooperativ mitgewirkt haben, sei auch an dieser Stelle herzlich gedankt. Außerdem wurden die Kriegerdenkmäler Bleidenstadt (Kirche St. Peter), Hahn, Hambach (Friedhof), Neuhof (Friedhof), Niederlibbach (Kirche), Orlen (Evangelische Kirche), Seitzenhahn (Friedhof), Watzhahn (Friedhof), Wehen (Friedhof) und Wingsbach (Friedhof) für diese Untersuchung herangezogen.

Die Kriegstoten des 1. Weltkrieges

Alberti, Wilhelm, Tüncher u. Landwirt, 28 Jahre, *Bleidenstadt*, †9.10.1915.
Albus, Karl Jean August, Spengler, *15.9.1897 *Watzhahn*, wohnh. Oberlibbach, †17.5.1917 bei Leno, Frankreich, im Stellungskampf.
Alexi, Karl, *Orlen*, †27.9.1915; sonst keine Angaben.
Andrä, Karl, *Orlen*, †16.2.1915; sonst keine Angaben.
Bach, Friedrich, Tagelöhner, *19.3.1873 *Neuhof*, †15.3.1917.
Barth, August, *14.11.1889 *Niederlibbach*, †7.9.1914
Barth, August, Zimmermann, 25 Jahre, geb. Oberlibbach, wohnh. *Orlen*, †7.8.1914 bei Alliancelles.
Baum, Heinrich, 9.2.1892 *Wehen*, wohnh. in Wiesbaden, †30.6.1924 Lazarett in Wiesbaden. Wurde am 7.8.1917 verschüttet (Westfront), seither gelähmt.
Baum, Karl, Tüncher, 27 Jahre, *Wehen*, †17.10.1914 Lazarett in Frankreich.
Bauschmann, Fritz, Elektromonteur, 24 Jahre, *Wehen*, †31.8.1916 Longueau/Somme.
Becht, Karl, Landwirt, 29 Jahre, *Seitzenhahn*, †8.3.1916 Villesus Terrbe.
Beck, Jakob, Landwirt, 20 Jahre, *Bleidenstadt*, †27.8.1915 bei Lysa an der Zlota-Lipa.
Becker, Ludwig, Bäcker, 19 Jahre, *Neuhof*, †13.12.1916 vor Stanislau.
Becker, Robert, Elektrotechniker, *12.9.1896 *Neuhof*, †15.9.1917 Lazarett Wiesbaden an Tbc.
Becker, Wilhelm, *Bleidenstadt*; sonst keine Angaben.
Bender, Adolf Karl Emil, Sattler, *6.1.1896 *Wehen*, †6.9.1917 bei Verdun/Frankreich.
Bender, Karl Adolf, Tüncher, 28 Jahre, *Wehen*, †26.6.1916 bei Verdun.
Bender, Ferdinand, Maurer und Tüncher, *14.10.1888 *Wehen*, †7.2.1916 Festungslazarett Namur/Frankreich.
Bender, Wilhelm, Landwirt, 22 Jahre, *Wehen*, †8.4.1918 Hattencourt.
Bendinger, August, Zimmermann, 36 Jahre, †4.11.1917 Kriegslazarett zu Kronstadt.
Bertram, Anton, *Bleidenstadt*; sonst keine Angaben.
Best, Erwin, Landwirt, 32 Jahre, *Hahn*, †21.3.1916 Spital 6 Rußland.
Best, Ludwig, Bäcker, 26 Jahre, *Hahn*, †18.9.1914 bei Bermericourt.
Bielly, Anton, *Seitzenhahn*; sonst keine Angaben.

Bieroth, Jean, *Bleidenstadt*; sonst keine Angaben.
Blum, Adolf, *Wehen*; sonst keine Angaben.
Brech I, Julius, Wegewärter, 37 Jahre, *Neuhof*, †4.5.1916 Dannevaux.
Brech II, Julius, Schuhmacher, 20 Jahre, geb. Strinz Margarethä, wohnh. *Neuhof*, †4.1.1916 Kopfschuss Lazarett Göttingen.
Bücher, Adolf, Landwirt, 24 Jahre, *Wehen*, †5.10.1915 Ronvoy/Stellungskampf.
Bücher, Karl, Schlosser, 21 Jahre, *Wehen*, †10.1.1916 Maison de Champagne.
Bücher, Theodor, Landwirt, 32 Jahre, *Wehen*, †1.12.1914 Lazarett in Sechault.
Bücher, Wilhelm, Landwirt, 20 Jahre, *Wehen*, †28.5.1918 bei Bandoncourt.
Conrad, Ernst, 25 Jahre, *Neuhof*, †4.2.1919 Oberschönweide.
David, Hermann, *Wehen*; sonst keine Angaben.
Debus, Wilhelm, Knecht, 30 Jahre, *Watzhahn*, †22.8.1914 Frankreich.
Deuser, Anton, Rottenleiter, 25 Jahre, *Bleidenstadt*, †5.4.1918 bei Ovillers.
Dewald, Heinrich, Maurer, 33 Jahre, *Wehen*, geb. in Eschenhahn, †2.9.1917 an der Ruhr im Lazarett Tarnopol.
Dewald, Philipp, Wilhelm, 25 Jahre, Eschenhahn, wohnh. *Neuhof*, †7.3.1917 Borrieswalde, Hauptverbandsplatz.
Döring, Adolf, *Bleidenstadt*; sonst keine Angaben.
Donecker, August, 27 Jahre, Seitzenhahn, †1919 Erfurt.
Donecker, Friedrich, *Hahn*; sonst keine Angaben.
Donecker, Karl, Schreiner, *5.4.1887 *Hahn*, †28.10.1914 an Wundstarrkrampf im Paulinenstift/Wiesbaden.
Dorn, August Wilhelm, Landwirt, *12.7.1889, 26 Jahre, *Niederlibbach*, †30.10.1914 Ypern/Belgien begraben.
Eckel, Ludwig, Tischler, 29 Jahre, *Bleidenstadt*, †15.6.1915, Südl. Zydaczow.
Egert, Peter, Rottenarbeiter, 21 Jahre, *Bleidenstadt*, †1.9.1914 bei Chalon.
Ehrengard, Hermann, Briefträger, *11.2.1896 *Wehen*, †19.12.1914 Lazarett Aachen.
Emsermann, Wilhelm, Maurer, 30 Jahre, *Bleidenstadt*, †12.10.1915 bei Beaulencourt.
Enders, August, Maurer, *22.12.1890 *Hambach*, †18.4.1916 Frankreich.

Die Kriegstoten der beiden Weltkriege / 1. Weltkrieg

Ernst, August, Tagelöhner, 43 Jahre, *Hahn*, †31.12.1914 Slugocice.

Ernst, Erwin, Landwirt, 33 Jahre, *Wehen*, †2.10.1918 bei Essigny le Petit.

Ernst, Julius, *Hahn*; sonst keine Angaben.

Färber, Rudolf, Theologiestudent, 20 Jahre, geb. Frohnhausen, Kreis Biedenkopf, wohnh. *Bleidenstadt* †30.10.1914 bei Fromelles.

Felling, Wilhelm, *Bleidenstadt*.

Fink, Heinrich, Schreiner, 22 Jahre, *Bleidenstadt*, †30.9.1915 Champagne.

Frankenbach, August, Metzger, 41 Jahre, *Hahn*, †22.12.1917 Feldlazarett 1 XVI AK.

Fraund, Wilhelm August, Maurer, *24.6.1879 *Hambach*, †3.12.1915 Argonnen/Frankreich, begraben auf dem Militärfriedhof von Vauh.

Freund, Karl, Schreiner, 26 Jahre, *Bleidenstadt*, †30.1.1915 Lazarett Hospital I, Vonziers.

Frohn, Bernhard, *Hahn*; sonst keine Angaben.

Füll, Jakob, Tüncher, 32 Jahre, *Bleidenstadt*, †3.9.1914 Argonnen.

Fuhr, Wilhelm, Schlosser, 21 Jahre, *Hahn*, †13.2.1917 Lazarett II, Wiesbaden.

Ful, Karl, *Wehen*; sonst keine Angaben.

Gerlach, Johannes Karl, Landwirt, 20 Jahre, *Bleidenstadt*, †30.11.1917 bei Cambrai.

Gerlach, Karl, Landwirt, 20 Jahre, *Bleidenstadt*, †30.11.1918 bei Cambrai, Frankreich.

Germann, Emil, *Bleidenstadt*, ist im Feld der Ehre gefallen; sonst keine Angaben.

Gies, Emil, Schuhmacher, 26 Jahre, *Hahn*, †18.9.1914 bei Bermericourt.

Gros, Albert, Landwirt, 23 Jahre, *Orlen*, †31.10.1918 Feldlazarett Alost, Belgien.

Gros, Albert, *Neuhof*, †14.4.1918; sonst keine Angaben.

Gros, Artur, Landwirt, *31.7.1896 *Neuhof*, †1.2.1920.

Gros, Paul, 22 Jahre, *Neuhof*, †16.6.1918 bei Locon.

Gros, Wilhelm, Landwirt, 22 Jahre, *Orlen*, †28.7.1916 Südostgalizien.

Grässer, Karl, *Seitzenhahn*; sonst keine Angaben.

Grund, Wilhelm Karl, Landwirt, *4.8.1894 *Niederlibbach*, †15.7.1916 bei Tylska/Rußland, Herzschuß.

Günther, Heinrich, *Wehen*; sonst keine Angaben.

Guth, August, Amtsrichter, 36 Jahre, geb. in Wetzlar, wohnh. *Wehen*, †11.9.1914 durch Artilleriegeschoß getötet bei Wolfshöhe/Ostpreußen.

Hähnchen, Wilhelm, *Hahn*; sonst keine Angaben.

Häuser, Adolf, *22.7.1886 *Bleidenstadt*, †9.7.1918 Lazarett St. Jean Dovai/Belgien.

Hanson, Reinhardt, Landwirt, 30 Jahre, geb. Strinz Margarethä, wohnh. *Wingsbach*, †27.9.1918 Frankreich.

Hasselbach, Ferdinand, *Bleidenstadt*; sonst keine Angaben.

Heckelmann, Wilhelm, 25 Jahre, Anmenau/Lahn, wohnh. *Hahn*, †20.11.1916 Frankreich.

Heilhecker, August, *15.4.1899 *Niederlibbach*, †16.8.1918.

Hellwig, Georg,, Lehrer, *31.8.1893, Neuludwigsdorf bei Biedenkopf, wohnh. Hambach, †21.10.1915 Lazarett Heidelberg, verwundet in der Champagne/Frankreich.

Henkes, Karl, *Bleidenstadt*; sonst keine Angaben.

Hermann, August, 26 Jahre, *Wehen*, †16.6.1917 bei Monchi.

Hermann, Wilhelm, Landwirt, 22 Jahre, *Wehen*, †5.3.1915 Polen (Mroszkiwice).

Hiess, Rudolf, * 1898 *Wingsbach*, vermißt 1916.

Hölzel, Adolf, 26 Jahre, *Hahn*, starb im Feld/Sancourt am 29.8.1918.

Hollinger, Peter, *Bleidenstadt*; sonst keine Angaben.

Holtmann, Johannes, *Bleidenstadt*; sonst keine Angaben.

Holtmann, Karl, Landwirt, 32 Jahre, *Bleidenstadt*, †20.9.1917.

Holtmann, Richard, Handlungsgehilfe, 20 Jahre, *Bleidenstadt*, †27.8.1918 Feldlazarett.

Horlacher, Ferdinand, *Hahn*; sonst keine Angaben.

Jäger, Karl, *Seitzenhahn*; sonst keine Angaben.

Jakobs, Peter, Fabrikschreiner, 22 Jahre, *Bleidenstadt*, †20.9.1914 Berry/Frankreich.

Jakobs, Georg, Schriftsetzer, 19 Jahre, *Bleidenstadt*, †18.7.1918 nördl. Villers le Petit.

Jentes, August, *Hahn*; sonst keine Angaben.

Jung, Adolf, Student, 20 Jahre, *Hahn*, †26.7.1915 bei Dornbrowka.

Jung, Josef, 20 Jahre, *Bleidenstadt*, †7.10.1915 Lazarett Nr. 8.

Kaltwasser, Adolf, Landwirt, 28 Jahre, *Seitzenhahn*, †7.6.1917 bei Messines.

Kaltwasser, Karl, *Seitzenhahn*; sonst keine Angaben.

Kern, Gustav, Landwirt, 22 Jahre, W*ingsbach*, †25.5.1915 Krzywobole, Rußland.

Kern, Wilhelm, Landwirt, *1888 *Wingsbach*, †1918 gefallen in Frankreich.

Kimpel, Hermann, *Orlen*, †26.3.1917; sonst keine Angaben.

Klink, Karl, Landwirt, 22 Jahre, *Wehen*, †31.10.1918.

Klöhs, Gustav, Verwaltungsbeamter, 21 Jahre, geb. Rossbach, wohnh. *Wehen*, †26.5.1915.

Koch, Wilhelm, Hilfsarbeiter, 38 Jahre, Schlangenbad, wohnh. *Bleidenstadt*, †2.2.1915 Krankenhaus Konstanz.

Die Kriegstoten der beiden Weltkriege / 1. Weltkrieg

Krämer, Karl August, Landwirt, 8.1.1897 *Niederlibbach*, †25.7.1917 Frankreich.

Krämer, Wilhelm Heinrich, Spengler, *24.4.1887 *Niederlibbach*, †30.11.1915 in Roye/Frankreich durch Granatsplitter.

Kraft, August, *Wehen*; sonst keine Angaben.

Kraft, Eduard, Landwirt, 21 Jahre, *Wehen*, †26.8.1916 Stopi.

Kraft, Karl, Knecht, 23 Jahre, *Wehen*, †5.10.1915 Plotyscza.

Kraft, Philipp, Fahrer, 35 Jahre, *Wehen*, †25.9.1918 Feldlazarett.

Krieger, Wilhelm, Landwirt, 32 Jahre, *Seitzenhahn*, †27.7.1915 Königl. Preuß. Feldlazarett 12.

Küster, Wilhelm, *Neuhof*, †20.11.1917; sonst keine Angaben.

Kugelstadt, Hermann, Landwirt, 20 Jahre, *Wehen*, †9.12.1916 Belsagnies.

Kugelstadt, Julius, Hausbursche, 22 Jahre, *Wehen*, †22.8.1914 in Frankreich, Bertrix.

Kugelstadt, Willi, Landwirt, 30 Jahre, *Wingsbach*, †1.4.1918 Krankenhaus le Bapaume/ Frankreich.

Lauch, Nikolaus, Lehrer, 25 Jahre, Flörsheim, wohnh. *Hahn*, †15.6.1917 Galizien.

Lehner, Christian Julius, Landwirt, *27.4.1890 *Neuhof*, †21.11.1919 starb an einer Kriegsverletzung.

Lendle, Adolf, †16.4.1914 verunglückte auf der Bahnstation Oberlahnstein.

Lendle, Karl, Tagelöhner, 24 Jahre, *Wehen*, †26.2.1916 bei Verdun.

Lieser, Alois, *Bleidenstadt*; sonst keine Angaben.

Limbart, Adolf, *Hambach*, †1915; sonst keine Angaben.

Limbarth, August, Tüncher, 41 Jahre, *Hahn*, †21.3.1918 Südl. Rieniwirt.

Limbart, Hermann 1, Landwirt Wagner, *2.9.1884 *Hambach*, †14.4.1918 an der Lys/Frankreich.

Limbart, Hermann 2, *Hambach*, †1918; sonst keine Angaben.

Löcher, Wilhelm, Schlosser, 20 Jahre, geb. Oberwalluf, wohnh. *Hahn*, †14.7.1916 im gesunken Boot/Nordsee deutsche Bucht.

Maschik, Jakob, Landwirt, 27 Jahre, Hohenstein, wohnh. *Seitzenhahn*, †1.9.1919 bei Caguiceurt.

Maurer, Adolf, Maurer, 19 Jahre, *Orlen*, †10.9.1917 östlich Ypern.

May, Johannes, *Bleidenstadt*; sonst keine Angaben.

Mederer, Ludwig, *Bleidenstadt*; sonst keine Angaben.

Mehl, Wilhelm, Landwirt, 31 Jahre, *Wingsbach*, †3.9.1917 bei Lens.

Mehl, Karl, Landwirt, 23 Jahre, *Hahn*, †24.8.1918 Groiselles.

Mehler, Josef, Maurer, 38 Jahre, *Bleidenstadt*, †15.9.1918 an der Somme auf dem Weg zum Verbandsplatz.

Mehler, Karl, Schreiner, 34 Jahre, *Bleidenstadt*, †3.9.1914 Frankreich.

Menges, Willi, Landwirt, *9.1.1887, Strinz Trinitatis, wohnh. *Hambach*, †3.7.1915 Lipnic, Rußland.

Menz 1, Karl, Schreiner, 34 Jahre, Wiesbaden, wohnh. *Hahn*, †4.11.1916 Lazarett 138 zu Vendhuille.

Messerschmidt, H. Joh. Friedrich, 29 Jahre, geb. Schwäbisch Hall, wohnh. *Hahn*, †2.10.1914 Res. Lazarett I Jülich.

Meuth, Ludwig, Landwirt, 32 Jahre, *Orlen*, †Mai 1918 bei Charantigny.

Müller, Adolf, Knecht, 25 Jahre, *Orlen*, †10.9.1914 Frankreich.

Müller, Georg, Lehrer, geb. Ostheim/Krs. Hofgeismar, wohnh. *Seitzenhahn*, †17.6.1916 bei Berlin.

Müller, Karl, Landwirt, 23 Jahre, *Wehen*, †8.10.1918 bei Cambrai/Frankreich.

Muth, Karl, Förster, 25 Jahre, *Orlen*, †10.9.1918 bei Epehy.

Nassauer, Moritz, Kaufmann, 28 Jahre, *Wehen*, †21.3.1918 Harly bei St. Quendin.

Neigenfind, Hermann, Bürogehilfe, 20 Jahre, Wiesbaden, wohnh. *Bleidenstadt*, †5.4.1915 Reserve Lazarett 67.

Nickel, Adolf, 23 Jahre, *Orlen*, 28.5.1920 Kriegsfolgen.

Ohly, Ernst, Student, 19 Jahre, *Wehen*, †23.2.1915 Polen.

Petri, Wilhelm, *Bleidenstadt*; sonst keine Angaben.

Petroll, Karl, Schreiner, 33 Jahre, geb. Stuben, wohnh. *Hahn*, †25.9.1915 Ville de Tourbe.

Ring, Friedrich, *Bleidenstadt*; sonst keine Angaben.

Ritter, Emil, Metzger, 22 Jahre, *Wehen*, †22.8.1914 in Frankreich, Bertrix,

Rock, Philipp, *Hahn*; sonst keine Angaben.

Rummel, Heinrich, *Hahn*; sonst keine Angaben.

Ruppert, Friedrich, Schlosser, 21 Jahre, *Orlen*, †2.8.1916 Feldlazarett 133.

Salli, Julius, *Wehen*; sonst keine Angaben.

Schäfer, Karl Hermann, Schäfer, 22 Jahre, *Hahn*, †14.4.1918 bei Marseille.

Schenk, Ludwig, Kaufmann, 21 Jahre, geb. Hohenstein, wohnh. *Bleidenstadt*, †24.3.1918 Frankreich.

Schmidt, Adolf, Landwirt, 22 Jahre, *Orlen*, †28.10.1918 Rouse.

Schmidt, August Adolf, Landwirt, *31.8.1884 *Niederlibbach*, †11.7.1916 im russischen Polen durch Kopfschuß beim Patroillengang.

Schmidt, Anton, Kaufmann, 27 Jahre, *Bleidenstadt*, †27.8.1914 Lazarett Ems.

Die Kriegstoten der beiden Weltkriege / 1. Weltkrieg

Schmidt, Heinrich, *Hahn*; sonst keine Angaben.
Schmidt, Wilhelm, *Hahn*, sonst keine Angaben.
Schneider, Fritz, Schreinergehilfe, 37 Jahre, *Wehen*, †17.12.1916 Lazarett Romagne.
Schneider, Heinrich, *Hahn*; sonst keine Angaben.
Schneider, Karl, Landwirt, 21 Jahre, *Wingsbach*, †6.6.1916 Galizien.
Schneider, Philipp, Tapezierer, 22 Jahre, *Wehen*, †4.9.1915 Szylowicze.
Schuster, Adolf, *Hahn*; sonst keine Angaben.
Schwab, Wilhelm, *6.9.1890, †24.5.1917 Landshut, weitere Angaben unbekannt.
Schwindt, Karl, Landwirt, 25 Jahre, *Wehen*, †22.3.1918.
Silbereisen, Julius, chem. Reiniger, 37 Jahre, geb. Berlin. wohnh. *Hahn*, †14.3.1916 Frankreich.
Stahl, Georg, *18.9.1898 Groß Gerau, wohnh. *Hahn*, †2.9.1918 Milette Kanal/Berlin.
Steeg, Adolf, Spengler, Installateur, 22 Jahre, *Neuhof*, †1.3.1915 bei Rocankanizna.
Steeg, Christian, Dachdecker, 29 Jahre, *Neuhof*, †8.4.1918 Landricourt.
Stillger, Max, *Wehen*; sonst keine Angaben.
Ullrich, Gustav Christ Adolf, Bäcker, *15.1.1892 *Niederlibbach*, †27.1.1915 durch Kopfschuß in den Argonnen/Frankreich.
Ulrich, August, Knecht, 25 Jahre, geb. in Scheuern, wohnh. *Neuhof*, †23.9.1915 südl. Cernay en Dormois.
Usinger, Gustav, Musiker, 21 Jahre, *Wingsbach*, †6.1.1918 Kriegslazarett 28 in Sterray.
Währing, Franz, *Hahn*; sonst keine Angaben.
Walter, Georg, 21 Jahre, *Bleidenstadt*, †27.11.1918 Frankreich.

Weigand, Heinrich, *Bleidenstadt*; sonst keine Angaben.
Weimar, August, Tüncher, 31 Jahre, *Orlen*, †23.9.1914 Ville sur Tourbe.
Weimar, Wilhelm, 33 Jahre, *Neuhof*, †6.9.1914 Mallefille, Frankreich.
Wilhelmi, Adolf, Installateur, 22 Jahre, *Hahn*, †25.9.1915 auf der Höhe 191 nördlich Massiges.
Wilhelmi, August, Maurer, 37 Jahre, *Hahn*, †15.12.1917 Hochland Forgles, beerdigt Soldatenfriedhof Vilosnes.
Wilhelmi, Fritz Wilhelm Heinrich, Landwirt, *19.6.1895 *Wehen*, †7.7.1918 nach Verwundung im Lazarettzug zwischen Hamburg/Gütersloh.
Wilhelmi, Heinrich, Tagelöhner, 42 Jahre, *Wehen*, †30.4.1917 bei Paris.
Wink, August, Landwirt, 29 Jahre, *Seitzenhahn*, †1915 beim Schloss Bortniki-Motodyce.
Wirth, Hermann, Landwirt, 26 Jahre, *Orlen*, †10.9.1914 Frankreich.
Wittekind, Reinhard, 31 Jahre, Mainz, wohnh. *Hahn*, †15.7.1917 Lazarett zu Mühlhausen/Elsaß.
Wittlich, Heinrich, Streckenarbeiter, 21 Jahre, *Hahn*, †14.8.1915 bei Damery.
Wittlich, Karl, Landwirt, 38 Jahre, *Hahn*, †4.9.1916 bei Chilly.
Wolf, Heinrich, Lehrer, 25 Jahre, geb. Tiefenbach, wohnh. *Neuhof*, †20.9.1917 bei Zonnebeke.
Zehner, August, Landwirt, 21.12.1880 Strinz Trinitatis, wohnh. *Neuhof*, †17.4.1915 Kriegslazarett Nr. 6 Stuttgart.
Zipp, Richard, *Neuhof*, †7.7.1917; sonst keine Angaben.
Ziss, August 1., *Hahn*; sonst keine Angaben.
Ziss, August, Tagelöhner, 38 Jahre, geb. Strinz Margarethä, wohnh. *Wehen*, †15.10.1916 Polen.

Die Kriegstoten des 2. Weltkrieges

Albus, Erwin, *29.12.1920 *Watzhahn*, †20.7.1944 Gorbusi.
Albus, Karl, Arbeiter, * 10.11.1912 Ketternschwalbach, wohnh. *Hahn*, †20.12.1941 Ostfront.
Albus, Karl, *Wehen*; sonst keine Angaben.
Albus, Willi, *7.8.1914 *Watzhahn*, †2.11.1941.
Alexi, Richard, Zimmermann, *15.10.1911 *Orlen*, wohnh. *Neuhof*, †2.1.1942 Nordostfront Rußland.
Altenhofen, Georg Karl, Maler, *8.12.1916 *Hahn*, wohnh. *Bleidenstadt*, †Aug./Sept. 1944 Frankreich.
Andersch, Rudi, *Neuhof*, †6.10.1944; sonst keine Angaben.
Andrä, Ernst, *19.9.1922 *Neuhof*, †16.12.1944 Mischeid/Eifel, überführt nach *Neuhof*.
Andrä, Karl, *24.4.1919 *Orlen*, † 1.1.1945 Bliesbrücken/Saar, überführt nach *Orlen*.
Andrä, Otto Willi, *21.2.1912 *Orlen*, †28.5.1945 Mainz-Kastel, überführt nach *Orlen*.
Andrä, Willi, Tüncher, *21.3.1924 *Orlen*, bis 25.1.1945 im Lager bei Stalino.
Balzarek, Franz, *1917 *Wingsbach*, †1944.
Bargel, Georg, *5.3.1916 *Bleidenstadt*, †4.4.1944.
Barth, Hermann, *Niederlibbach*, †1944; sonst keine Angaben.
Barth, Willi, *11.8.1906 *Niederlibbach*, †Februar 1946 in russischer Kriegsgefangenschaft (Lager Nr. 19).
Baum, Gustav, *7.2.1921 *Wehen*, †23.2.1945 Holzfeld.
Baum, Robert, *14.10.1913 *Wehen*, †24.08.1944 Mittelmeer.
Becht, Paul, Landwirt, *13.9.1919 *Seitzenhahn*, †30./31.10.1942 Nordafrika.
Behrbalk, Josef, *Orlen*, †10.09.1944; sonst keine Angaben.
Bender, Ernst, Postfacharbeiter, *23.5.1915 *Wehen*, †27.7.1944 bei Kreuzburg/Lettland.
Bender, Erich Paul, *1.5.1922 *Wehen*, †18.8.1945 in *Wehen*, an einem in Afrika zugezogenen Leiden.
Bender, Willi, Schlosser, *8.7.1912 *Wehen*, †11.1.1942 Rosslawl, Ostfront durch Erfrieren.
Bendinger, Emil, *17.6.1908 *Hahn*, †4.8.1945 Lazarett Frankreich.
Bernd, Josef, *14.9.1914 *Watzhahn*, †4.1.1945.
Bernhardt, Albert, Schreiner, *17.3.1903 *Orlen*, †31.12.1945 für tot erklärt.
Best, Erich, Werkzeugmacher, *14.2.1924 *Hahn*, †15.11.1943 Ostfront.
Best, Hermann 2., *14.2.1924 *Hahn*, †16.6.1944 Diavata.

Best, Karl, Kaufmann, *12.1.1913 Wiesbaden, wohnh. *Hahn*, †31.3.1945 in der Nähe von Eisenach nach *Hahn* überführt.
Beurer, Ernst, *Wehen*; sonst keine Angaben.
Birnkraut, Wilhelm, *1890 *Wingsbach*, †1945.
Birnkraut, Wilhelm, *1921 *Wingsbach*, †1942.
Bittner, Franz, *2.3.1919 *Bleidenstadt*, †1945 Insterburg.
Blum, Willi, Seiler, *20.1.1923 *Wehen*, †25.7.1943 bei Orel, Rußland.
Bodenheimer, Hugo, *Seitzenhahn*; sonst keine Angaben.
Bodenheimer, Hugo, *Hambach*, †1942; sonst keine Angaben.
Bodenheimer, Karl, *10.11.05 *Hambach*, †15.7.1942 Frankreich.
Brandmayer, Ernst, *Hahn*; sonst keine Angaben.
Brech, Wilhelm, *Neuhof*, *13.8.1944; sonst keine Angaben.
Brechter, Erich, †18.9.1903 *Bleidenstadt*.
Bruch, Emil, Landwirt, *2.10.1918 *Wehen*, †18.3.1942 Ostfront, Mittelabschnitt.
Brühl, Albert, *Hambach*, †1945; sonst keine Angaben.
Brühl, Hermann, *1.1.1907 *Wehen*, †14.11.1946 bei Kursk, Rußland.
Bosch, Guido, *Wehen*; sonst keine Angaben.
Bücher, Alfred, *Hambach*, †1943; sonst keine Angaben.
Bücher, Ernst, *3.8.1917 *Hambach*, †3.4.1943 Nordafrika.
Bücher, Ernst, *Wehen*; sonst keine Angaben.
Bücher, Karl, Kaufmannsgehilfe, *23.2.1922 *Wehen*, †29.7.1943 Rußland südlich von Bogoroditschnöje.
Bund, Adolf, *7.5.1914 *Bleidenstadt*, †12.6.1940 Frankreich.
Butzbach, Otto, Bauhilfsarbeiter, *4.4.1918 *Orlen*, †13.6.1943 Rußland.
Butzbach, Wilhelm, Maurer, *6.4.1908 *Orlen*, letzte Nachricht 24.6.1944 Wittebsk, Rußland, für tot erklärt.
Christmann, Alwin, *7.2.1916 *Niederlibbach*, †24.1.1942 Star-Ustinowako, Ostfront.
Conradi, Adolf, *1.1.1913 *Hahn*, †27.3.1943 Lazarett Breslau.
Conradi, Wilhelm, *Wehen*; sonst keine Angaben.
Conradi, Willi, *Hahn*; sonst keine Angaben.
Cramme, Karl, *Wehen*; sonst keine Angaben.
Cron, Alfred, *2.12.1921 Wiesbaden, wohnh. *Hahn*, †15.9.1943 Rußland.
Debus, Alfred, *11.2.1920 *Hahn*, †16.10.1944 bei Kemnat Krs. Melz

Die Kriegstoten der beiden Weltkriege / 2. Weltkrieg

Debus, Alfred, *23.12.1920 *Watzhahn*, †19.12.1942 vermißt.
Denzer, Rudolf, *1909 *Wingsbach*, †1943.
Denzer, Rudolf, Schuhmacher, *13.3.1909 Holzhausen, wohnh. *Neuhof*, †27.5.1943 Ostfront.
Deyer, Wilhelm, Maurer, *17.8.1913, wohnh. *Bleidenstadt*, †6.9.1942 Ostfront.
Diefenbach, Anton, Schreiner, *3.7.1908 Ffm.-Sindlingen, wohnh. *Bleidenstadt*, †6.11.1944 Gefangenschaft Rußland.
Diefenbach, Heinrich, Sektarbeiter, *30.1.1906 *Wehen*, †11.4.1944 bei Fliegerangriff/Dessau.
Diels, Albert, *4.5.1918 *Niederlibbach*, †5.5.1940 nördl. Linz im Gefecht.
Dörr, Otto, *31.8.1913 in *Wingsbach*, wohnh. in *Bleidenstadt*, †18.7.1944 in Rußland.
Donecker, Adolf, *31.12.1917 *Seitzenhahn*, †9.8.1941 Rußland.
Dorn, Albert, *8.6.1912 *Niederlibbach*, †11.7.1944 Rußland.
Dorn, August, *4.8.1914 *Niederlibbach*, wohnh. *Hahn*, †27.3.1948 Bad Schwalbach.
Dorn, Karl, *5.2.1920 *Niederlibbach*, †6.10.1941 Ostfront.
Eberl, Vinzenz, *1.12.1911 *Bleidenstadt*, †18.11.1945.
Eckel, Karl, *Seitzenhahn*; sonst keine Angaben.
Emsermann, Jakob, *26.6.1914 *Bleidenstadt*, †1.9.1943 Rußland.
Emsermann, Jakob, *Hahn*; sonst keine Angaben.
Emsermann, Karl, *22.12.1919 geb. Wiesbaden, wohnh. *Bleidenstadt*, †2.12.1943 Jurzewo Rußland.
Enk, Karl, Landwirt, *6.10.1905 Adolfseck, wohnh. *Hahn*, †10.2.1943 Stalino, östl. Kreis, Ostfront.
Ernst, August 3., Arbeiter, *31.12.1923 *Hahn*, †22.8.1942 Ostfront.
Ernst, Heinrich 3., Seiler, *4.12.1906 *Hahn*, †29.11.1943 Ostfront.
Ernst, Otto, Arbeiter, *7.1.1910 *Hahn*, †28.12.1943 Ostfront.
Etz, Willi, *14.5.1905 *Bleidenstadt*, †19.1.1945 im Lazarett.
Faulhaber, Karl, *4.2.1906 *Bleidenstadt*, †29.3.1945 bei Heckarhausen.
Fehr, Willibald, *1911 *Wingsbach*, †1943.
Feix, Emil, Schlosser, *4.4.1922 *Hahn*, †30.6.1942 Ostfront.
Feix, Hans 1., Kaufmann, *12.8.1925 Wiesbaden, wohnh. *Hahn*, †4.2.1944 Ostfront.
Feix, Hans 2., *14.2.1925 *Hahn*, †14.3.1945 Resiutta.
Feix, Otto 1., *17.9.1905 *Hahn*, †12.1.1947 Kriegsgef.Lager Schwarzes Meer.
Feix, Theodor, *23.9.1907 *Hahn*, †20.3.1946 Kriegsgefangenschaft Rußland.
Feix, Willi 3., Waldarbeiter, *1.11.1909 *Hahn*, †15.12.1943 Ostfront.
Feix, Willi, Maurer, *31.3.1920 in Dotzheim, wohnh. *Wehen*, †11.4.1940 bei Reims durch Brust und Kopfschuß.
Felde, August, *17.9.1914 *Bleidenstadt*, †15.7.1944.
Felix, Hermann, *Wehen*; sonst keine Angaben.
Fink, Heinrich, *18.9.1920 *Bleidenstadt*, †19.7.1944 Ostfront.
Fink, Philipp, *15.10.1891 *Bleidenstadt*, †9.12.1944 bei Dillingen/Pachten.
Frankenbach, Heinz, Koch u. Konditor, *24.4.1925 *Hahn*, †15.4.1945.
Frankenbach, Otto, *9.8.1914 *Hahn*, wohnh. Köln, †2.3.1945 Köln bei Fliegerangriff.
Frankenbach, Werner 1., *25.11.1907 *Hahn*, †26.8.1944 Ingoldstadt.
Franz, Alfred, *Wehen*; sonst keine Angaben.
Fraund, Adolf, *22.1.1915 *Hambach*, †25.6.1942 Tschernöjo, Ostfront.
Fraund, Emil, *15.6.1909 *Hambach*, †17./18.2.1944 Rußland.
Freund, Emil, Klempner, *23.8.1912 *Bleidenstadt*, †16.4.1941 Bulgarien.
Freund, Ernst, Schneider, *16.6.1906 wohnh. *Bleidenstadt*, †15.11.1943 in Stalingrad.
Fröhlich, Willi, Opernsänger, *8.12.1907 Wiesbaden-Biebrich, wohnh. *Hahn*, †23.1.1945 Kurland.
Führer, Walter, *9.1.1914 Insterburg, wohnh. *Bleidenstadt*, †9.5.1944.
Füll, Erich, *Seitzenhahn*; sonst keine Angaben.
Füll, Karl, *17.9.1907 *Bleidenstadt*, †1.9.1944 Rußland.
Füll, Rudolf, *26.6.1914 *Bleidenstadt*, †13.2.1944.
Gärtner, Erich Karl, Gärtner, *6.4.1926 *Hahn*, †13./14.7.1944 beerdigt in Honteville.
Geidt, Paul, *22.11.1920 *Watzhahn*, †25.7.1944.
Gens, Ernst, *Hahn*; sonst keine Angaben.
Gerhardt, Erich, Schreiner, *23.3.1924 wohnh. *Bleidenstadt*, †31.10.1943 Rußland.
Gerlach, August, *25.8.1916 *Bleidenstadt*, †23.10.1943 bei Orseka.
Gerstenberger, Alfred, *Orlen*, †19.3.1944; sonst keine Angaben.
Göbel, Friedel, *16.9.1912 *Wehen*, †10.4.1945 Heggen Krs. Olpe überführt nach *Wehen*.
Göbel, Heinrich Otto Adolf, *11.5.1911 *Wehen*, †3.8.1944 Kriegsgef.Lager 7100 Rußland.
Göbel, Karl, *28.3.1915 *Wehen*, †22.9.1941 Ostfront.
Gottlieb, Oskar, *9.3.1924 *Bleidenstadt*, †19.7.1944.
Gottlieb, Josef, *31.10.1913 *Bleidenstadt*, †1.3.1944.

Die Kriegstoten der beiden Weltkriege / 2. Weltkrieg

Grässer, Karl, Sattler u. Tapezierer, *13.2.1919 *Seitzenhahn*, †27.12.1942 Ostfront.
Gros, Albert, Landwirt, *12.2.1916 *Orlen*, †20.2.1945 bei Prekulin/Kurland.
Gros, Alwin Ludwig, *4.7.1908 *Neuhof*, †31.12.1944 Breitsheim/Düren überführt nach *Neuhof*.
Gros, Karl 1., *Hahn*; sonst keine Angaben.
Gros, Kurt, *Hahn*; sonst keine Angaben.
Gros, Otto, *28.8.1912 *Hahn*, †26.4.1945 Ried bei Ulm.
Grosmann, Hermann, Gast- und Landwirt, *11.4.1893 Limbach wohnh. *Wehen*, †1.6.1944 Lazarett Genk.
Gross, Hermann, *Neuhof*, †2.5.1944; sonst keine Angaben.
Gross, Karl, *27.7.1898 *Neuhof*, †11.4.1940 Wiesbaden.
Gottwald, Josef, *31.10.1913 *Bleidenstadt*, †1.3.1944
Guth, Horst, *18.11.1910 Hachenburg/Oberwesterwaldkreis, wohnh. *Wehen*, †13.11.1944.
Haab, Helmut Wilhelm, *4.3.1926 *Wehen*, wohnh. *Hahn*, †26.2.1945 Lazarett 188 in Libau.
Hämmerlein, Willi, *22.7.1916 *Wehen*, †22.8.1944.
Häuser, Adolf, Arbeiter, *5.5.1920 *Watzhahn*, †19.2.1943 Ostfront.
Häuser, August, *20.3.1923 *Watzhahn*, †20.9.1944 vermißt.
Hainz, Josef, *7.6.1910 Mainz, wohnh. *Neuhof*, †17.1.1945 Röschwoog.
Hainz, Karl, Metzger, *24.11.1919 Mainz, wohnh. *Neuhof*, †23.5.1940 Beaumont, Frankreich.
Hasselbach, Karl, Maschinenschlosser, *23.12.1920 *Bleidenstadt*, †3.10.1940 Glinka, Rußland.
Hasselbach, Willi, Schlosser, *15.12.1924 *Bleidenstadt*, †16.2.1943 in Koblenz.
Hauser, Georg, *Neuhof*, †23.3.1946; sonst keine Angaben.
Hausner, Franz, *31.3.1913 *Bleidenstadt*, †27.11.1943.
Hengster, Artur, *10.7.1925 *Neuhof*, †7.8.1944 Orieka.
Herget, Willi Anton, *4.5.1923 *Hahn*, †28.6.1942 Homburg/Saar.
Hermann, Adolf 1., *23.3.1915 *Hahn*, †10.6.1940 Frankreich.
Hertling, Hermann, *12.10.1922 *Orlen*, †15.2.1944 Ostfront.
Hertling, Karl, *13.11.1920 Ehrenbach, wohnh. *Orlen*, †15.8.1943 Kirsino, Ostfront.
V. d. Heydt, Hermann, *20.9.1908 *Bleidenstadt*, †3.4.1945 Jugoslawien.
Hiess, Wilhelm, *30.8.1914 *Wingsbach*, †Juni 1945 im Gefangenenlager Hoyerswerda erschossen.
Hiller, Walter, *11.4.1924 Oberlibbach, wohnh. *Wehen*, *1945 in Prag erschossen.
Hilz, Hermann, *2.9.1919 *Hahn*, †15.3.1945 Oberrhein/Saar.

Hilz, Willi, *12.1.1908 *Hahn*, wohnh. *Wehen*, †1.11.1944 unbekannt.
Hinko, Hermann, *Neuhof*, †11.12.1944; sonst keine Angaben.
Hodina, Artur, *Hahn*; sonst keine Angaben.
Hölzel, Otto, *23.9.1913 *Hahn*, wohnh. *Wehen*, †27.8.1944 Bochina, Ostfront.
Hoffmann, Ernst, *Hahn*; sonst keine Angaben.
Hoffmann, Paul, Kaufmann, *9.3.1919 Wiesbaden, wohnh. *Hahn*, †2.8.1944 Ostfront.
Holtmann, Peter, Landwirt, *2.11.1915 *Bleidenstadt*, 12.6.1940 Frankreich.
Horn, Heinrich, *Wehen*; sonst keine Angaben.
Hübner, Heinrich, *Seitzenhahn*; sonst keine Angaben.
Jankowetz, Willi, *Seitzenhahn*; sonst keine Angaben.
Janson, Alfred, *1.7.1902 in Ffm. wohnh. *Bleidenstadt*, †23.9.1944 Lazarett Darmstadt durch Luftgranate.
Jentes, Otto, Hilfsarbeiter, *29.3.1919 Erzweiler, wohnh. *Wehen*, †14.8.1943 bei Wjasma, Rußland.
Jeske, Alfred, *Wehen*; sonst keine Angaben.
Jeske, Heinz, *Wehen*; sonst keine Angaben.
Jung, Karl, *Hahn*; sonst keine Angaben.
Jung, Ludwig, *26.3.1918 *Bleidenstadt*, wohnh. *Hahn*, †17.2.1945 Lausitz.
Jung, Wilhelm, Polsterer und Tapezierer, *22.5.1913 wohnh. *Bleidenstadt*, †1942 in Russland.
Kaiser, Karl, *26.11.1919 *Wingsbach*, †14.12.1943 Ostfront.
Kaiser, Willi, Student, *14.2.1925 *Hahn*, †12.11.1945 Osten (Kalaborock).
Kaltwasser, Emil, *Wehen*; sonst keine Angaben.
Kaltwasser, Paul, *Wehen*; sonst keine Angaben.
Kaltwasser, Werner, *Seitzenhahn*; sonst keine Angaben.
Kaltwasser, Wilhelm, Maurer, *16.12.1907 Hambach, wohnh. *Orlen*, †17.8.1943 Rußland.
Kaltwasser, Willi, *22.9.1915 *Wehen*, †17.9.1945 in Prag.
Keiper, Erich, Student, *20.8.1923 *Wehen*, †7.2.1944 Rußland.
Kilian, Artur, Landwirt, *27.7.1921 *Wingsbach*, †21.11.1945 in russ. Kriegsgefangenschaft.
Kilian, Karl, Landwirt, *27..12.1914 *Orlen*, †letzte Nachricht 19.3.1945 Ratibor, Ostpreußen.
Kilian, Walter, Friseur, *4.9.1922 *Orlen*, letzte Nachricht 4.3.1945 Preßburg/Slowakei für tot erklärt.
Klaube, Helmut, *25.9.1923 Kaltohnfeld, †12.9.1944 *Neuhof*.
Klepsch, Rudolf, *Seitzenhahn*; sonst keine Angaben.
Klink, Adolf, Schreiner, *25.4.1918 *Neuhof*, †2.11.1941 bei Wjasma Rußland.

Die Kriegstoten der beiden Weltkriege / 2. Weltkrieg

Klink, Artur, *21.7.1922 *Wingsbach*, †15.7.1943 Ostfront.
Klink, Walter, *11.9.1924 *Wingsbach*, †25.1.1944.
Klöppinger, Walter, *21.11.1912 Pfungstadt, wohnh. *Bleidenstadt*, †27.5.1941 in Posen.
Knab, Anton, *3.4.1913 *Watzhahn*, †18.8.1941.
Knapp, Hans, Bahnarbeiter, *28.12.1914 Völklingen, wohnh, *Seitzenhahn*, †16.8.1942 Ostfront.
Koch, Ernst, Elektromonteur, *15.4.1914 *Bleidenstadt*, †März 1943 Stalingrad.
König, Viktor, *23.2.1902 *Bleidenstadt*, †23.6.1945 Breslau.
Körner, Heinz, *Hahn*; sonst keine Angaben.
Kopp, Karl, *30.12.1925 *Bleidenstadt*, †1944.
Kraft, Adolf, Vermessungsinspektor, *4.8.1910 *Wehen*, †28.12.1941 Ostfront.
Kreitinger, Fritz, *Hahn*; sonst keine Angaben.
Kretz, Franz, *Hahn*; sonst keine Angaben.
Krieger, Erich, *20.8.1923 *Wehen*, †7.2.1944 Italien.
Kugelstadt, Adolf, Friseur, *26.7.1915 *Orlen*, wohnh. *Neuhof*, †14.9.1942 bei Rschew/Rußland.
Kugelstadt, Emil, *22.7.1912 *Wingsbach*, †12.10.1945 in russischer Gefangenschaft.
Kugelstadt, Gustav, *19.12.1916 *Wingsbach*, †17.10.1943.
Kugelstadt, Karl, *25.11.1898 *Wehen*, †März/April 1946 Hospital Rußland.
Kugelstadt, Otmar, *28.6.1913 *Watzhahn*, †20.2.1945 Beurig/Varneburg.
Kuhfus, Anton, *Wehen*; sonst keine Angaben.
Kullmann, Karl, *Bleidenstadt*; sonst keine Angaben.
Ladisch, Friedrich, *Seitzenhahn*; sonst keine Angaben.
Lattner, Ludwig, Tüncher, *17.9.1907 Fehlheim Krs. Bensheim, wohnh. *Wehen*, †20.12.1942 Ostfront.
Lauer, Ernst, Student, *1.12.1921 *Wehen*, †24.4.1942 (Eintrag Kirche), 6.5.1942 Ostfront (Eintrag Standesamt).
Lehmann, Wilfried, *Hahn*; sonst keine Angaben.
Lehr, Ernst, Maschinenschlosser, *2.1.1926 Wiesbaden, wohnh. *Wehen*, †9.6.1944 Malon Frankreich.
Limbart, August, *11.7.1915 Hambach, †15.3.1942 Fürth/B.
Limbart, Otto, Hambach, †1942; sonst keine Angaben.
Limbart, Walter, *7.4.1920 Niederlibbach, †31.8.1942 Ostfront.
Link, Otto, Reichsbahnzugschaffner, *30.5.1915 Idstein, wohnh. *Hahn*, †8.4.1945 Kurland.
Löcher, Alfred, *16.11.1925 *Wehen*, wohnh. *Hahn*, †4.3.1945 Graudenz Westpreußen.
Lorenz, Herbert, *Wehen*; sonst keine Angaben.
Loh, Heinrich, *13.2.1890 *Bleidenstadt*, †9.6.1945 Neudörfel.
Marderner, Josef, *18.3.1915 *Watzhahn*, †23.12.1944.

Maschek, Franz, *Wehen*; sonst keine Angaben.
Maul, Franz, *12.6.1927 *Bleidenstadt*, Frühjahr 1945 Rumänien.
Maurer, Karl, *29.1.1917 *Orlen*, †14.6.1945 Beuren/Hohenzollern.
Maurer, Willi, Maurerlehrling, *26.8.1924 *Orlen*, letzte Nachricht 19.10.1943 Wiskori, Dnepr, Rußland.
May, Horst, *7.5.1920 *Bleidenstadt*, †9.8.1942 in Markkleeberg.
Meibusch, Willi, *Wehen*; sonst keine Angaben.
Mehler, Jean, *23.3.1908 *Bleidenstadt*, †Januar 1945 Rußland.
Meissner, Johannes, *Hahn*; sonst keine Angaben.
Meyrer, Alfred, *Hahn*; sonst keine Angaben.
Müller, Karl, *Seitzenhahn*; sonst keine Angaben.
Müller, Franz, *Hahn*; sonst keine Angaben.
Müller, Werner, *Neuhof*, †23.12.1944.
Müller, Wilhelm Karl, Tüncher, *2.8.1914 *Neuhof*, †8.9.1941 bei Leningrad.
Müller, Willi, *8.2.1923 *Wehen*, †5.5.1945 Lazarett Olmütz.
Nagel, Willi, *25.5.1910 *Neuhof*, wohnh. *Wehen*, †14.4.1945 Wischönen.
Nef (Vef), Alfred, *4.12.1919 *Neuhof*, †25.2.1945 Fürstenberg/Berlin.
Neumann, Fritz, *21.6.1914 *Bleidenstadt*, †29.5.1940 Frankreich.
Nimführ, Friedrich, *11.3.1920 *Bleidenstadt*, †20.7.1941 in Rußland.
Ohlemacher, Otto, *16.2.1907 *Wehen*, †15.3.1945 Flammersfeld, Westfalen, beerdigt.
Ohliger, Rolf, *Hahn*; sonst keine Angaben.
Ott, Hermann, *28.1.1888 *Neuhof*, †7.5.1945 Lazarett Teterow.
Pauly, August, *Hahn*, sonst keine Angaben.
Pawek, Franz, *1915 *Wingsbach*, †1942.
Perner, Willi, Kaufmann, *5.2.1921 wohnh. *Bleidenstadt*, †10.7.1942 in Rußland.
Pfeiffer, Kurt, Schreiner, *23.12.1926 Gnichwitz//Breslau, wohnh. *Orlen*, †29.12.1944.
Pietsch, Franz, *Seitzenhahn*; sonst keine Angaben.
Pohl, Robert, *Seitzenhahn*; sonst keine Angaben.
Porket, Adolf, *9.6.1914 *Bleidenstadt*, †10.4.1943 in Rußland.
Prims, Hermann, Schlosser, *14.3.1904 Sternberg, wohnh. *Orlen*, letzte Nachricht 1945 von Einheit.
Prokosch, Heinrich, *Seitzenhahn*; sonst keine Angaben.
Quint, Hermann, Arbeiter, *30.11.1902 *Hahn*, †28.3.1943 Gelsenkirchen Laz.

Die Kriegstoten der beiden Weltkriege / 2. Weltkrieg

Reinhardt, Willi, Landwirt, *10.6.1919 *Neuhof*, †7.9.1941 bei Desna Südrußland durch Splitter bei Fliegerangriff.
Richter, Rudolf, *Wehen*; sonst keine Angaben.
Richter, Werner, *Hahn*; sonst keine Angaben.
Riedel, Alois, *Hahn*; sonst keine Angaben.
Ritter, Ernst, *Wehen*, sonst keine Angaben.
Rock, Karl, *Hahn*; sonst keine Angaben.
Röder, Rudolf, *Wehen*; sonst keine Angaben.
Rogall, Josef, *24.8.1922 *Bleidenstadt*, †3.8.1943.
Rossel, Adolf, *26.6.1921 *Bleidenstadt*, †1945.
Rossel, Albert, *8.7.1923 *Bleidenstadt*, †13.2.1945.
Rossel, Karl, Landwirt, *14.8.1892 *Seitzenhahn*, †4.8.1945 in Bad Schwalbach beim Einmarsch der Amerikaner, Schußverletzungen (29.3.1945) denen er erlag.
Rossel, Karl, *8.5.1922 *Bleidenstadt*, †9.5.1945 Sudeten/Krs. Leitmeritz.
Rossel, Rudolf, *16.9.1920 *Bleidenstadt*, †20.9.1944 Altenkirchen/Westerwald.
Roth, Alfred, *Neuhof*, †23.1.1945; sonst keine Angaben.
Roth, Alfred, Schneider, *9.7.1914 Wallrabenstein, wohnh. *Hahn*, †23.1.1945 Oberschlesien.
Roth, Alwin, *7.5.1920 *Wehen*, †17.9.1944 Eifel, überführt nach *Wehen*.
Roth, Arnold, *Neuhof*, †26.2.1942; sonst keine Angaben.
Roth, Erich, Feinmechaniker, *26.11.1924 *Neuhof*, †28.7.1943 Ostfront.
Roth, Heinrich, Tüncher, *13.8.1910 *Neuhof*, †Februar 1945 Uglitsch, Rußland.
Ruppert, Alfred, Tüncher, *Orlen*, †26.2.1944 bei Mettuno, Italien.
Ruppert, Emil, *28.10.1909 *Hambach*, †6.10.1942 Michojewo, Ostfront.
Ruppert, Otto, *18.7.1916 *Hambach*, †2.11.1941 Ostfront.
Ruppert, Willi, Bäcker, *20.4.1919 *Orlen*, letzte Nachricht 3.12.1944 Knin/Dalmatien.
Schäfer, Hans, *Seitzenhahn*.
Schäfer, Ludwig August, *18.7.1901 *Hahn*, †24.8.1945 Nähe Jaroslawl, Rußland gefangen.
Schauss, Alfred, *Hahn*; sonst keine Angaben.
Schauss, Alwin, *27.2.1911 *Orlen*, †12.6.1944 Lublin.
Schauss, Werner, *14.6.1921 *Orlen*, †19.3.1945 Endenbach/Siegkreis, überführt nach *Orlen*.
Schauss, Willi, Landwirt, *24.1.1913 *Orlen*, †9.1.1945 Weichselbogen.
Scheffler, Emil, *19.2.1926 Wiesbaden, wohnh. *Seitzenhahn*, †5.1.1945 Frankreich.
Scheidt, Emil, *Seitzenhahn*; sonst keine Angaben.

Scheidt, Karl, Tüncher, *13.5.1913 *Seitzenhahn*, †3.5.1943 Ostfront.
Schiffer, Eduard, Zimmermann, *6.11.1924 Wiesbaden, wohnh. *Neuhof*, †11.10.1944 Italien.
Schlabs, Emil, *26.11.1921 *Bleidenstadt*, †1941 Rußland.
Schmidt, Albert, Schuhmacher, *9.12.1916 *Orlen*, †17.8.1941 Nordostfront/Rußland.
Schmidt, Hermann, Angestellter, *17.3.1914 Wiesbaden-Schierstein, †10.6.1948 an Kriegsfolgen in *Bleidenstadt*.
Schmidt, Sen. Jean, *1.9.1891 *Bleidenstadt*, †27.10.1943 in Frankreich.
Schmidt, Richard Otto, *22.6.1923 *Bleidenstadt*, 26.8.1944 in Polen, Laszowka.
Schneider, Friedel, *Wehen*, Rußland; sonst keine Angaben.
Schneider, Walter, *2.11.1919 *Orlen*, wohnh. *Wingsbach*, †28.2.1944 Ostfront.
Schneider, Willi, Anstreicher, *13.12.1922 *Orlen*, †Februar 1942 bei Moskau, Roslawe.
Schönfeld, Willi, Maurer, *23.7.1915 *Bleidenstadt*, †23.7.1944 Rußland.
Schrankel, Albert, Metzger, *26.1.1908 Bernbach, wohnh. *Orlen*, †letzte Nachricht 20.11.1943 Donezbecken
Schrankel, Erich, Weißbinder, *27.1.1926 *Orlen*, †4.1.1945 Weichselbogen.
Schüller, Georg, *23.1.1927 *Bleidenstadt*, †13.9.1944 Frankreich.
Schuster, Willi, Schreiner, *22.7.1920 Kesselbach wohnh. *Neuhof*, †27.8.1943 Rußland.
Schwab, Helmut, *Hahn*; sonst keine Angaben.
Schwarz, Jean, *10.2.1924 in Wiesbaden, wohnh. in *Bleidenstadt*, †7.10.1943.
Schweitzer, Richard, *Neuhof*, †23.11.1944; sonst keine Angaben.
Seel, Rudolf, Schlachtermeister, *1.1.1899 *Orlen*, †24.4.1945 in Danzig verwundet.
Seibel, Adolf, Arbeiter, *26.2.1920 *Wehen*, †8.1.1942 durch Kopfschuss bei Tischenka, Rußland.
Seifert, Heinz, *13.1.1926 Frankfurt/M., wohnh. *Hahn*, †25.4.1945 bei Wangerooge (Nordseebad).
Seifert, Helmut, *Hahn*; sonst keine Angaben.
Seipel, Ernst, *10.4.1925 *Seitzenhahn*, †17.7.1944 Saint Lo, Frankreich.
Simon, Ludwig, *4.7.1902 Erzweiler Krs. Birkenfeld, wohnh. *Wehen*, †10.5.1945 bei Hohenelba.
Sommer, Anton, *28.8.1925 *Bleidenstadt*, †29.8.1944 Frankreich.

Spann, Anton, *30.7.1900 Gängershof, wohnh. *Hahn*, †14.10.1950 Weiden/Bayern.
Sper, Gerold, *Wehen*; sonst keine Angaben.
Spitzer, Ernst Gerhard, *Wehen*.
Stiehl, Emil, *13.4.1914 Bromberg, wohnh. *Wingsbach*, †23.1.1945 Kriegsgefangenenlager Nikolajew.
Straub, Heinz, Wäscher u. Plätter, *1.3.1922 *Wehen*, †8.10.1942 Ostfront bei Rschew.
Stoll, Adolf, Gärtner, *30.7.1915 *Wehen*, †13.7.1942 bei El Alamin/Nordafrika.
Stumpf, Kurt, *26.6.1925 *Neuhof*, †15.10.1944 Ungarn.
Tutsch, Gustav, *5.4.1913 *Bleidenstadt*, †9.8.1941.
Ullmann, Otto, Schreiner, *4.9.1921 *Bleidenstadt*, †10.5.1942 in Koblenz.
Ullrich, Willi, Maler, *16.3.1920 *Wehen*, wohnh. *Hahn*, †15.9.1941 Lazarett Warschau.
Wagner, Anton, *22.4.1915 *Bleidenstadt*, †1945.
Wartusch, Hans, *1.8.1922, *Watzhahn*, †11.9.1944.
Weber, Albert, *12.2.1912 *Niederlibbach*, †30.7.1944 La Sande.
Weber, Josef, *14.3.1909 *Bleidenstadt*, †26.11.1944 Ungarn.
Weber, Karl, *7.1.1925 *Wehen*, †8.7.1944 Podberesje.
Weber, Otto, *25.11.1926 *Wehen*, †27.4.1945 Italien.
Weigand, Heinrich, Schreiner, *28.11.1909 Wilmeringshausen, wohnh. *Bleidenstadt*, †6.1.1944 Ostfront.
Weiland, Karl, *21.6.1899 Dotzheim, wohnh. *Hahn*, †16.9.1944 Lazarett 1/531.
Weimar, Adolf, *Wehen*; sonst keine Angaben.
Weimar, Arnold, *Neuhof*, †26.10.1943; sonst keine Angaben.
Weimar, Ernst, *Hambach*, †1944; sonst keine Angaben.
Weinrich, Hans, Zahntechniker, *12.8.1923 *Wehen*, †9.12.1942 bei Rschew/Russland.
Wenig, Paul, *Seitzenhahn*; sonst keine Angaben.
Werner, Fritz, *Hambach*, †1942; sonst keine Angaben.
Werner, Rolf, *5.4.1915 Herkreuzstädt Krs. Leipzig., wohnh., †11.3.1940 Schwäbisch Hall.
Werner, Viktor, *26.7.1922 *Bleidenstadt*, †1945.
Weyell, Heinrich, *Hahn*; sonst keine Angaben.
Wilde, Ludwig, *Hahn*; sonst keine Angaben.
Wilhelm, Emil, Sattler u. Polsterer, *22.9.1922 *Seitzenhahn*, †17.8.1942 Ostfront.
Wilhelm, Ernst, *19.2.1910 *Seitzenhahn*, †4.12.1942 Ostfront.
Wilhelm, Fritz, *12.2.1910 *Seitzenhahn*, 4.12.1942 Starmotalewka.
Wilhelm, Karl, *1.3.1920 *Seitzenhahn*, 5.4.1944 Ostfront.
Wilhelm, Friedel, Spengler, *26.4.1921 *Wehen*, †27.8.1943 Ostfront.
Wilhelmi, Kurt Hans, Friseurgeselle, *29.6.1923 *Wehen*, †3.11.1942 Stalingrad.
Wilhelmi, Rudi, *Hahn*; sonst keine Angaben.
Wirth, Hermann, *Orlen*, †24.3.1944.
Wittlich, Albert, Bäcker, *27.6.1912 *Wingsbach*, wohnh. *Wehen*, †29.7.1941 Ostfront.
Wittlich, Heinrich, *14.2.1925 *Neuhof*, †16.12.1944 Eifel.
Wittlich, Otto, *Hambach*, †1943; sonst keine Angaben.
Wittlich, Werner, *15.6.1906 Dahlen, wohnh. *Neuhof*, †19.10.1944 Ungarn.
Witzel, Karl Heinz, *6.5.1912 Freiwachdorf, wohnh. *Wehen*, †19.8.1944 Villendien/Argentau.
Wolf, Emil, Wagner, *9.12.1905 *Neuhof*, †25.10.1943 Ostfront.
Wolf, Herbert, *30.11.1921 Grasargrün, wohnh. *Hahn*, †23.3.1945 Fulda.
Wutschka, Willi, *Seitzenhahn*; sonst keine Angaben.
Zahn, Josef, *Seitzenhahn*; sonst keine Angaben.
Zehner, Willi, *31.3.1911 *Neuhof*, †14.8.1944 Ostfront in Komorna.
Zeiger, Erich, Kaufmann, *29.3.1917 Wiesbaden, wohnh. *Hahn*, †13.11.1943 Ostfront.
Zitzer, Otto Franz, Ingenieur, *Juli 1914 in Dortmund wohnh. in *Wehen*, †11.4.1942 Ostfront.
Zöpfel, Willi, *Seitzenhahn*; sonst keine Angaben.
Zorn, August, *9.9.1913 *Watzhahn*, †9.9.1943.

Abkürzungsverzeichnis

Anm.	Anmerkungen
fl	Gulden (1 Gulden = 60 Kreuzer)
FZ	Freie Zeitung
HHStAW	Hessisches Hauptstaatsarchiv, Wiesbaden.
Hist. Komm. f. Nassau	Historische Kommission für Nassau, Wiesbaden.
kr	Kreuzer (60 Kreuzer = 1 Gulden)
Landw. Wochbl.	Landwirthschaftliches Wochenblatt für das Herzogthum Nassau. 1849: Nassauische Zeitschrift für Land- und Forstwirthe, Weinbauer, Gärtner, Seidenzüchter, und Thierärzte. Ab 1850: Wochenblatt des Vereins Nassauischer Land- und Forstwirthe.
Nass. Ann.	Nassauische Annalen. Jahrbuch des Vereins für Nassauische Altertumskunde und Geschichtsforschung. Wiesbaden.
StHb	Staats- und Adreß-Handbuch des Herzogthums Nassau.
StCal	Staats- und Adreß-Calender des Herzogthums Nassau.
VhStd	Sitzungs-Protokolle der Landständischen Deputirten-Versammlung des Herzogthums Nassau (auch Verhandlungen der Stände-Versammlung des Herzogthums Nassau, Verhandlungen der Landes-Deputirten-Versammlung; wenn 1. und 2. Kammer gemeinsam gemeint sind, auch Ständeversammlung, Landtag).
VhStdHb	wie vor, jedoch Herrenbank.
VOBlHN	Verordnungsblatt für das Herzogthum Nassau

Abbildungsnachweis

Beitrag **Dr. Bernhard Pinsker, Die Gemarkung Taunusstein von der Vorgeschichte bis zum frühen Mittelalter** (S. 11–51): Abb. 1, 2, 3, 6, 14, 19, 20 Museum Wiesbaden; Abb. 4 Saalburg Jahrbuch 14, 1955; Abb. 5, 15, 16 Fotos Dr. Bernhard Pinsker, Hessisches Landesmuseum Darmstadt; Abb. 7 D. Baatz u. F.-R. Herrmann (Hrsg.), Die Römer in Hessen. Stuttgart 1982; Abb. 8, 9, 10, 11 Fundberichte aus Baden-Württemberg 13, 1988; Abb. 12, 17 Saalburg Museum; Abb. 18 Germania 55, 1977. Beitrag **Ferdinand Weckmüller, Die Geschichte des Klosters Bleidenstadt** (S. 53–94): Abb. 1, 2 HHStAW (Nachlaß Vogel); Abb. 3, 12 Fotos Krömer (entnommen aus G. Krämer, M. Schäfer, H.-J. Vogel u. A. Fuhr, Taunusstein – junge Stadt mit Tradition. 1200 Jahre Bleidenstadt. Taunusstein 1975); Abb. 4, 5, 12 Fotos Studio Starke, Taunusstein (entnommen aus G. Krämer, M. Schäfer, H.-J. Vogel u. A. Fuhr, Taunusstein – junge Stadt mit Tradition. 1200 Jahre Bleidenstadt. Taunusstein 1975); Abb. 6 entnommen aus W. Sauer, Nassauisches Urkundenbuch. Erster Band. Tafel I. Wiesbaden 1885 (Archiv Schellenberg'sche Verlagsbuchhandlung); Abb. 7, 8 Archiv Pfarrgemeinde St. Ferrutius, Taunusstein-Bleidenstadt; Abb. 9 Foto Rudolf Pereira, Taunusstein; Abb. 10 Foto-Studio Starke, Taunusstein (Archiv der Stadt Taunusstein); Abb. 11 HHStAW Abt./Nr. 14; 672 II; Abb. 13, 14 Staatsbibliothek zu Berlin, Preußischer Kulturbesitz (Handschriftenabteilung) Ms. lat. quart 851 Bl. 13·; Abb. 15 Staatliche Museen zu Berlin – Preußischer Kulturbesitz Inv.-Nr. 1917, 100. Beitrag **Dr. Ludolf Pelizaeus, Von der Reformation bis zum Vorabend des Dreißigjähigen Krieges** (S. 95–107): Abb. 1, 2, 4, 5, 7, 9 entnommen aus H.-J. Raupp, Bauernsatiren. Entstehung und Entwicklung des bäuerlichen Genres in der deutschen und der niederländischen Kunst. Niederzier 1986; Abb. 3 HHStAW Abt./Nr. 3011; 1433 H; Abb. 6 Archiv R. Suchier, Wiesbaden; Abb. 8 entnommen aus M. Henker et al., Bauern in Bayern. Von der Römerzeit bis zur Gegenwart. Regensburg 1992. Beitrag **Dr. Ludolf Pelizaeus, Leben in der Stadt und auf dem Lande vom 17. bis in das frühe 19. Jahrhundert** (S. 109–143): Abb. 1 mit freundlicher Genehmigung des Moritz Diesterweg Verlages entnommen aus W. Hug et al., Geschichtliche Weltkunde. Bd. 1. Frankfurt/M. 1986; Abb. 2 HHStAW Abt. Wehen 136 IIIb/2; Abb. 3, 4 Foto Starke, Bleidenstadt (entnommen aus K. Lorek u. G. Weber, Bleidenstadt. Porträt einer Gemeinde. Bleidenstadt [ca. 1971]); Abb. 5 Archiv Detlef Werner, Taunusstein-Hambach; Abb. 6 entnommen aus Diderots Enzyklopädie. Die Bildtafeln. Zweiter Band. Nachdruck Augsburg 1995; Abb. 7–18 entnommen aus J. Amann u. L. Sachs, Das Ständebuch. Nachdruck Hannover 1984 (Archiv Schellenberg'sche Verlagsbuchhandlung, Taunusstein); Abb. 19 HHStAW 136/2 (entnommen aus W. Fritzsche, I. Laib u. S. Schreier, Taunusstein im späten Mittelalter. Taunusstein 1993); Abb. 20 Foto Kretzer (entnommen aus H. v. Aaken u. N. Greif, Die Wehener Stadtmauer 1330–1990. Taunusstein 1991. Beitrag **Heike Gockel, Der Dreißigjährige Krieg in der Region der heutigen Stadt Taunsstein** (S. 145–158): Abb. 1, 2 entnommen aus H. Lamger, Kulturgeschichte des 30jährigen Krieges. Stuttgart 1978; Abb. 3 entnommen aus "Die Zeit" vom 3.12.1998; Abb. 4 entnommen aus »Die Zeit« vom 22.10.1998. Beitrag **Prof. Dr. Hella Hennessee, Leben und Wirken der Pfarrer in Wehen und Bleidenstadt im 17. und 18. Jahrhundert** (S. 167–179): Abb. 1 HHStAW Abt./Nr. 3004, B 32 97 v; Abb. 2 entnommen aus M. Henker et al., Bauern in Bayern. Von der Römerzeit bis zur Gegenwart. Regensburg 1992; Abb. 3 entnommen aus J. L. Schellenberg, Autobiographie eines nassauischen Pfarrers. Taunusstein 1989. Beitrag **Guntram Müller-Schellenberg, Zwischen Reform und Reaktion** (S. 181–220): Abb. 1, 7, 8 entnommen aus P. Wacker u. G. Müller-Schellenberg, Das herzoglich-nassauische Militär. Taunusstein 1998. (Das Originalgemälde zu Abb. 1 befindet sich im Besitz von Frau Clotilde v. Rintelen, geb. Gräfin Merenberg, Wiesbaden); Abb. 2 Stadt Taunusstein; Abb. 3 Archiv Peter Wacker, Nürnberg (entnommen aus P. Wacker u. G. Müller-Schellenberg, Das herzoglich-nassauische Militär. Taunusstein 1998); Abb. 4 Foto-Studio Wolf + v. Schweinitz, Taunusstein (Archiv der Stadt Taunusstein); Abb. 5, 6 Archiv Schellenberg'sche Verlagsbuchhandlung, Taunusstein (entnommen aus A. u. G. Schellenberg, Geschichte der Familie Schellenberg und Schellenberger, Wiesbaden, ca. 1930, S. 252); Abb. 9 Hessisches Landesvermessungsamt, Wiesbaden (Kartenaufnahme der Rheinlande, Bl. 101 Wehen, aufgenommen und gezeichnet 1819 von Leutnant Vogel. Das Original befindet sich in der Staatsbibl. Preuß. Kulturbesitz Berlin); Abb. 10 Hessisches Hauptstarchiv Wiesbaden (Bildersammlung); Abb. 11, 12, 14, 15 Archiv Schellenberg'sche Verlagsbuchhandlung, Taunusstein; Abb. 13 Museum Wiesbaden, Sammlung Nassauischer Altertümer. Beitrag **Dr. Michael Wettengel, Die Revolution von 1848/49 im Gebiet des heutigen Taunsstein** (S. 221–232): Abb. 1, 2, 4 Archiv Schellenberg'sche Verlagsbuchhandlung, Taunusstein (entnommen aus der Zeitschrift »Die Wäschbitt«

Nr. 3 1898); Abb. 3 entnommen aus W. H. Riehl, Nassauische Chronik des Jahres 1848. Neudruck Idstein 1979; Abb. 5 entnommen aus M. Wettengel, Die Wiesbadener Bürgerwehr 1848/49. Taunusstein 1998. Beitrag **Guntram Müller-Schellenberg, Die letzten Jahre im Herzogtum Nassau** (S 233–251): Abb. 1 entnommen aus B. Pinsker et al, 200 000 Jahre Kultur und Geschichte in Nassau. Wiesbaden 1993; Abb. 2 Museum Wiesbaden, Sammlung Nassauischer Altertümer; Abb. 3 Sammlung Detlef Werner, Taunusstein; Abb. 4 entnommen aus W. Rosenwald, Die Herzoglich-Nassauische Brigade im Feldzug 1866. Taunusstein 1983; Abb. 5 entnommen aus R. Faber u. G. Schmidt-von Rhein, Das Regierungsgebäude zu Wiebaden. Wiesbaden 1993. Beitrag **Guntram Müller-Schellenberg, Unter König und Kaiser** (S. 253–277): Abb. 1 entnommen aus W. Rosenwald, Die Herzoglich-Nassauische Brigade im Feldzug 1866. Taunusstein 1983; Abb. 2 Archivum Militare Peter Wacker, Nürnberg; Abb. 3 Münzen freundlicherweise zur Verfügung gestellt von Nassauische Sparkasse, Wiesbaden (Foto: Studio Boersch, Wiesbaden); Abb. 4, 5, 6 Sammlung Detlef Werner, Taunusstein; Abb. 7, 9, 10 Stadt Taunusstein; Abb. 8 Archiv Schellenberg'sche Verlagsbuchhandlung. Beitrag **Dr. Peter Jakobi u. Ferdinand Weckmüller, In der Weimarer Republik** (S. 279–298): Abb. 1, 2, 3, 4 Stadt Taunusstein; Abb. 5 G. H. Boettger (entnommen aus Heimatjahrbuch des Rheingau-Taunus-Kreises 1983 (34. Jhrg.); Abb. 6 Stadtarchiv Bad Schwalbach (Foto Fred Storto, Diez). Beitrag **Dr. Peter Jakobi, Die Zeit des Nationalsozialismus und des Zweiten Weltkrieges** (S. 299–322): Abb. 1 Fotostudio Kathrein, Taunusstein (U. Kempter) aufgenommen Sommer 2000; Abb. 2 Archiv Schellenberg'sche Verlagsbuchhandlung, Taunusstein; Abb. 3, 4, 6, 7, 8 Stadt Taunusstein; Abb. 5 Foto Emmi Großmann, Taunusstein. Beitrag **Rudolf Pereira, Kirchliches Leben in schwerer Zeit** (S. 323–334): Abb. 1 Archiv Pfarrgemeinde St. Ferrutius. Beitrag **Dr. Walter Müller, Taunusstein. Zweite Heimat für eine Mehrheit** (S. 335–350): Abb. 1, 2 Stadt Taunusstein. Beitrag **Dr. Ferdinand Tonke, Die Freiwilligen Feuerwehren in unserer Stadt** (S. 359–366): Abb. 1 Archiv Berufsfeuerwehr Wiesbaden; Abb. 2 Stadtarchiv Wiesbaden; Abb. 3 Foto Dr. Tonke; Abb. 4 Foto Kathrein (U. Kempter), Taunusstein. Beitrag **Gerhard. Hofmann, Stadt Taunusstein – Die neue Kraft an der oberen Aar** (S. 351–358): Abb. 1, 2 Foto Kathrein (U. Kempter), Taunusstein. Beitrag **Klaus Kopp, Die Aartalbahn** (S. 377–386): Abb. 1 entnommen aus K. Kopp, Langenschwalbacher Bahn. Wiesbaden 1994; Abb. 2 Foto Kathrein (U. Kempter), Taunusstein; Abb. 3 Foto Hans Scheffler (Sammlung Peter Scheffler, Wiesbaden); Abb. 4 Sammlung Klaus Kopp, Wiesbaden.

Einband: Obere Reihe: Stadt Taunusstein; Museum Wiesbaden (5 Abb.); Dr. Bernhard Pinsker. Untere Reihe: HHStAW Abt./Nr. 14; 672 II; Staatsbibliothek zu Berlin, Preußischer Kulturbesitz (Handschriftenabteilung) Ms. lat. quart 851 Bl. 13'; Stadt Taunusstein; Fotostudio Kathrein, Taunusstein.

Alphabetische Zusammenfassung der Fotografen: Foto-Studio Boersch, Wiesbaden (Inh. P. Gottschild); Emmi Großmann, Taunusstein; Fotostudio Kathrein, Taunusstein (Ute Kempter); Foto Kretzer (Wiesbadener Kurier); Krömer; Dr. Bernhard Pinsker, Oestrich-Winkel; Rudolf Pereira, Taunusstein; Studio Starke, Taunusstein; Foto-Studio Wolf + v. Schweinitz, Taunusstein.

Sollte trotz aller Bemühungen um korrekte Urheberangaben ein Irrtum unterlaufen sein, bittet der Herausgeber darum, sich mit ihm in Verbindung zu setzen, damit eventuelle Korrekturen bzw. die üblichen Vergütungen vorgenommen werden können.

Die Autoren

Heike Gockel MA. Hübnerstraße 2, 80637 München. Studium der Mittleren und Neueren Geschichte sowie der französischen und spanischen Philologie in Aix-en-Provence (Frankreich), Mainz und Dijon (Frankreich). Von 1996–1999 Redakteurin in einem Multimedia-Verlag in München, seit 1999 Projektleiterin in einem Multimedia- und Software-Unternehmen bei München.

Prof. Dr. Hella Hennessee. University of Dallas, Texas. Studium der Geschichte und Literatur an deutschen und amerikanischen Universitäten. Promotion mit einem kulturgeschichtlichem Thema zum Herzogtum Nassau. Zu diesem Thema weitere wissenschaftliche Veröffentlichungen; zur Zeit umfangreiche Arbeit über das Wiesbadener Theater. Professorin für Germanistik und Geschichte an oben genannter Universität.

Gerhard Hofmann. Am Heiligenhaus 28, 65232 Taunusstein. Bürgermeister der Stadt Taunusstein seit 1.2.1990. Vor der Wahl zum Bürgermeister 35 Jahre Verwaltungsdienst bei der Stadt Wiesbaden, zuletzt als Leiter des Sozialamtes.

Dr. Peter Jakobi. Herzog-Johann-Straße 1a, 59494 Soest. Studium: Deutsche Volkskunde, Buch-, Schrift- und Druckwesen sowie Publizistik in Mainz. 1987 Promotion mit dem Thema »Öffentliche Feste und Bräuche in Taunusstein«. 1985–1994 neben-/ehrenamtlicher Leiter des Museums im Wehener Schloß der Stadt Taunusstein. 1988–1994 Amtsleiter des Amtes für Kultur, Jugend, Sport und Sozialangelegenheiten der Stadt Taunusstein. 1990–1996 Weiterbildung »Management in sozialen Organisationen«. 1992–1995 Obmann für historische Grenzsteine im Altkreis Untertaunus.

Klaus Kopp. Panoramastraße 28, 65199 Wiesbaden. Jurist, Vorstandsmitglied der Wiesbadener Versorgungs- und Verkehrsbetriebe. Seit 1977 Mitglied der Historischen Kommission für Nassau, von 1990 bis 2000 Vorsitzender des Vereins für Nassauische Altertumskunde und Geschichtsforschung e.V. Zahlreiche Veröffentlichungen zur regionalen und lokalen Verkehrs- und Versorgungsgeschichte sowie speziell zur Dotzheimer Ortsgeschichte.

Gertrud Kula. Arndtstraße 40 a, 65232 Taunusstein. Chemo-technische Assistentin, Hausfrau. Seit vielen Jahren ehrenamtlich in der Präsenzbibliothek der Gesamtschule Obere Aar tätig.

Dr. Walter Müller. Weimarer Straße 24, 99444 Blankenhain. Ministerialrat i. R. Studium der Agrarwissenschaften, Promotion 1953. Tätigkeit in der Industrie in Wiesbaden und Mannheim sowie im hessischen Staatsdienst. Arbeitsgebiet Fachberatung, Grundsatzfragen der Agrar- und Umweltpolitik, landwirtschaftliche Liegenschafts-, Wirtschafts- und Vermögensverwaltung, Bauunterhaltung, Denkmalschutz. 30 Jahre kommunalpolitische Aktivitäten mit den Schwerpunkten Stadtentwicklung, Ortsgeschichte, Seniorenpolitik. Von 1976–1997 wohnhaft in Taunusstein; 1993–1997 Vorsitzender des Seniorenbeirates.

Guntram Müller-Schellenberg. Feldbergstraße 31, 65232 Taunusstein. 1954–1957 Lehre als Schriftsetzer. Dann Druckerei- und Verlagskaufmann, zwischenzeitlich journalistisch tätig. Seit 1985 nebenberuflich Verlag »Schellenberg'sche Verlagsbuchhandlung« (nassauische Regionalgeschichte). Veröffentlichungen zu regionalgeschichtlichen Themen (z. B. im Heimatjahrbuch des Rheingau-Taunus-Kreises, Ko-Autor des Werkes »Das herzoglich-nassauische Militär 1813–1866«).

Dr. Ludolf Pelizaeus. Konsul-Vejento-Straße 26, 55270 Klein-Winternheim. Studium der Mittleren und Neueren Geschichte, Kunstgeschichte und Deutschen Volkskunde an den Universitäten Mainz, Freiburg, Würzburg, Dijon (Frankreich) und Salamanca (Spanien). Von 1993–1998 Wissenschaftlicher Mitarbeiter am Lehrstuhl für Allgemeine und Neuere Geschichte der Universität Mainz, seit Oktober 1998 Wissenschaftlicher Assistent. Promotion 1998.

Rudolf Pereira. Dipl.-Ing., Ministerialrat a. D. Feldbergstraße 14, 65232 Taunusstein. Studium der Architektur in Stuttgart und Darmstadt. 1964–1969 Sachgebietsleiter für Flächennutzungsplanung im Stadtplanungsamt Fankfurt am Main, 1969–1993 Referent für Planungstechnik (Karten, Lufttbildwesen) in der Obersten Landesplanungsbehörde Hessen. 1992–1996 Vorsitzender des Heimat- und Geschichtsvereins Taunusstein e.V.

Dr. BERNHARD PINSKER. Lindenstraße 7, 65375 Oestrich-Winkel. 1975–1980 Studium der Vor- und Frühgeschichte, Provinzialrömische Archäologie, Vorderasiatische Archäologie und Historische Ethmologie an der Johann Wolfgang Goethe-Universität in Frankfurt am Main mit Abschluß Magister Artium. 1983 Promotion an gleicher Stelle mit einem bronzezeitlichem Thema. 1985 wissenschaftlicher Angestellter beim Wetterau-Museum in Friedberg/Hessen. 1986–2000 zuerst wissenschaftlicher Angestellter, dann Kustos an der Sammlung Nassauischer Altertümer des Museums Wiesbaden. Seit 1.7.2000 am Hessischen Landesmuseum Darmstadt.

Dr. FERDINAND TONKE. Schützenstraße 14, 65232 Taunusstein. Von Mai 1990 bis April 1996 hauptamtlicher Stadtrat der Stadt Taunusstein und von 1990 bis 1994 als Brandschutzdezernent zuständig für die Freiwilligen Feuerwehren.

HANS JÖRG VOGEL. Lerchenweg 3, 65232 Taunusstein. 1978 bis 1990 Stadtkämmerer sowie Dezernent für Soziales, Kultur und Sport in Taunusstein. Danach als Prokurist in der Industrie (BRITA GmbH), seit 1997 als selbständiger Unternehmensberater tätig. Ehenamtliche Funktionen in Vereinen (Volkhochschule Rheingau-Taunus, Gewerbeverein Taunusstein). Veröffentlichungen zu ortsgeschichtlichen Themen im Heimatjahrbuch des Rheingau-Taunus-Kreises und in Publikationen der Stadt Taunusstein.

FERDINAND WECKMÜLLER. Adolfstraße 6, 65329 Hohenstein. Busfahrer. Vorsitzender des Heimat- und Geschichtsvereins Hohenstein. Forschungen und Veröffentlichungen zur Regional- und mittelalterlichen Kirchengeschichte.

Dr. MICHAEL WETTENGEL. Bundesarchiv, Potsdamer Staße 1, 56075 Koblenz. Nach dem Studium der Geschichtswissenschaft 1988 Promotion in Hamburg über »Die Revolution von 1848/49 im Rhein–Main–Raum«. Mitglied der Historischen Kommission für Nassau seit 1992 und des Brauweiler Kreises für Landes- und Zeitgeschichte seit 1996. Zahlreiche Veröffentlichungen zur nassauischen Landesgeschichte. Seit 1989 wissenschaftlicher Archivar im Bundesarchiv, seit 1991 als Referatsleiter (derzeit für Bundesbehörden im Bereich Inneres und Justiz sowie oberste Bundesgerichte). Seit 1995 Archivoberrat; seit 1994 nebenamtliche Lehraufträge an der Archivschule Marburg.